LE CORAN

Traduit de l'arabe
par
Kasimirski

Chronologie et préface
par
Mohammed Arkoun

GF Flammarion

© 1970, GARNIER-FLAMMARION, Paris.
ISBN : 2-08-070237-8

LE CORAN

*Les grands textes de sagesse
dans la même collection*

LE BOUDDHA, *Dhammapada.*

CONFUCIUS, *Entretiens avec ses disciples.*

SAINT AUGUSTIN, *Les Confessions.*

SAINT PAUL, *Épître aux Romains. Épître aux Galates. La Genèse.*

CHRONOLOGIE

Histoire politique.

V. 570 Année dite de l'Eléphant. Naissance présumée de Muḥammad.

590-628 Chosroès II Parvîz, roi de Perse ; conquérant de l'Orient byzantin.

610-641 Héraclius, empereur de Byzance ; vainqueur de Chosroès II.

V. 612 Début de la prophétie ; Muḥammad reçoit la première Révélation à La Mecque.

622 An I de l'Hégire. Muḥammad quitte La Mecque pour Médine *(Hijra)* lieu de naissance de l'*Umma*-Cité.

624 Bataille de *Badr*. Institution de la *qibla*, symbole du nouveau « Peuple de Dieu ».

630 Prise de La Mecque par le Prophète.

631 Pèlerinage d'adieu.

632 Mort de Muhammad.

632-661 Califes dits orthodoxes ; capitale Médine. Abû-Bakr (632-634) ; ʻUmar (634-644) ; ʻUthman (644-656); ʻAli (656-651). Premières conquêtes.

637-638 Fondation de Basra et Kufa.

657 Bataille de Siffîn ; débuts des schismes dans l'*Umma*-Cité.

661-750 Dynastie omeyyade ; capitale Damas. Le Califat devient une royauté héréditaire. Effort centralisateur de l'administration omeyyade.

670 Fondation de Kairouan.

680 Mort de Ḥusayn à Kerbela. Martyrologe shîʻite.

707 Les musulmans arrivent jusqu'à l'Indus.

Histoire culturelle.

Promotion du dialecte qurayshite au rang de langue sacrée.

Début des « institutions musulmanes ».
L'Histoire prend un *sens* pour les Arabes.

Début de la recension du Coran.
Constitution de la vulgate sous le règne de 'Uthman. Mais le problème des « lectures » reste posé.

Apparition et développement des mouvements kharéjites et shî'ites.
Essor de la poésie politique, « courtoise » et citadine. Débuts des discussions théologico-politiques.

Histoire politique.

711	Les Arabo-Berbères traversent le détroit de Gibraltar.
718	Les musulmans repoussés devant Constantinople.
728	
756-1031	Dynastie omeyyade d'Espagne. Capitale Cordoue.
750-1258	Dynastie abbāsside à Bagdad fondée en 762.
750-836	Apogée de la dynastie avec surtout Al-Manṣūr, Hārūn al-Rashīd et Ma'mūn.
836	Transfert de la capitale à Sâmarrâ.
945	Entrée des Būyides à Bagdad. Le califat n'est plus qu'une « fiction » juridique.
1055	Les Turcs seljoukides remplacent les Iraniens Būyides à Bagdad. **1099 :** Première Croisade.
788-974	Idrissides à Fès.
761-911	Rustamides à Tiaret.
800-909	Aghlabides à Kairouan.
868-905	Tulunides au Caire.
910-1171	Fatimides au Maghreb puis en Egypte.
972-1152	Zirides et Ḥammadides en Ifrîqiyâ.
1062-1147	Almoravides à Marrakech.
1198-1250	Frédéric II roi de Sicile.
1147-1269	Almohades au Maghreb et en Andalus.
1212	Défaite des Almohades à Las Navas de Tolosa.
1254-1517	Les Mamelouks en Egypte.
1258	Prise de Bagdad par les Mongols.
1299-1922	Dynastie ottomane.
1492	Chute de Grenade.
1499-1722	Le shî'isme duodécimain devient religion officielle sous les Séfévides.
1799	Début de la Nahdha. Bonaparte en Egypte.
1804	Les wahhabites restaurent l'Islam ḥanbalite.
1952	La « Révolution arabe ».

Histoire culturelle.

Mort de Ḥasan al-Baṣrī, grande personnalité religieuse.

Le *fait islamique* se distingue de plus en plus du *fait coranique;* l'Islam devient une somme de rites, d'institutions, de valeurs morales et culturelles systématisés sous l'influence de forces socio-culturelles très complexes.

IXᵉ-XIᵉ s. Essor sur tous les plans de la civilisation islamique. Mouvements sunnites (Ḥanbalite, Malikite, Ḥanafite, Shafi'ite, Mu'tazilite, Ẓâhirite,...) shî'ites (Imâmite, Zaydite, Ismaélien...) soufisme puis maraboutisme à partir du XIIIᵉ s. Les *Islam* populaires l'emportent sur l'Islam classique réduit à un certain nombre de *signes* cultuels et culturels communs.

1198. Mort d'Averroès.

1240. Mort d'Ibn'Arabî.

1406. Mort d'Ibn Khaldoun.

Essor de la « philosophie prophétique » ou illuminative. Les Spirituels shî'ites.

1870. Fondation de l'Université américaine à Beyrouth. **1874.** Université Saint-Joseph.

COMMENT LIRE LE CORAN?

> *J'en jure par l'étoile qui se couche, Votre Compatriote n'est point égaré, il n'a point été séduit. Il ne parle pas de son propre mouvement. Ce qu'il dit est une révélation qui lui a été faite.*
>
> Coran, LIII, 1-4.

Le Coran est un de ces textes de portée universelle sur lequel on a trop dit, trop écrit et qui demeure, cependant, mal connu. Pour nous en tenir au cas du public français, il faut convenir que, malgré les traductions variées qui lui sont proposées, il en est resté à des idées sommaires, voire à des préjugés séculaires. Il est vrai qu'en bien des points, le « Livre de Dieu » décourage les efforts des meilleurs exégètes. Il est encore plus vrai que le lecteur non musulman ne dispose pas de cette capacité d'émotion religieuse qui demeure le moyen le plus sûr de recevoir le Message. Pour un esprit moderne habitué à suivre une démonstration, une évocation, une description, un récit dans des textes composés selon un plan rigoureux, le Coran est particulièrement rebutant par sa présentation désordonnée, son usage inhabituel du discours, l'abondance de ses allusions légendaires, historiques, géographiques, religieuses, ses répétitions, ses inconséquences, bref par tout un ensemble de *signes* qui ne trouvent plus guère de supports concrets ni dans nos procédés intellectuels, ni dans notre environnement physique, social, économique, moral. L'impossibilité d'entrer dans l'univers coranique est fonction de la mutation mentale que subit l'humanité depuis l'avènement de l'âge industriel. Les musulmans eux-mêmes sont de plus en plus enfermés dans cette impossibilité, puisque eux aussi sont en proie aux ravages des idéologies — religions modernes — qui justifient tous les sacrifices en vue de la croissance économique. Pour eux, comme pour tous les hommes, la motivation profane finit par éliminer la motivation religieuse.

Dès lors, le problème primordial que doit poser et tenter de résoudre une présentation *actuelle* du Coran est celui de savoir *comment lire ce Livre aujourd'hui ?* Faut-il accumuler des montagnes d'érudition pour faire revivre — le temps d'une lecture! — des significations absentes de notre existence quotidienne ? Peut-on s'en tenir au seul plan de l'analyse conceptuelle et réduire la Parole de Dieu à un simple document déchiffrable par le philologue, intéressant pour l'historien des idées ? Convient-il surtout de continuer à considérer que le Coran est de toute façon le Livre des musulmans et qu'au mieux, le non-musulman le découvrira avec sympathie et tolérance sans se sentir à aucun titre directement interpellé ?

Des questions du même ordre se sont déjà posées dans les milieux juifs et chrétiens au sujet de la Bible et du Nouveau Testament. Des théologiens et des philosophes de grand renom s'efforcent depuis quelques années de dépasser les problématiques classiques pour parler du Dieu révélé conformément aux exigences de l'intelligence contemporaine. Un tel effort n'a *jamais* été tenté encore dans la pensée islamique. Celle-ci n'offre rien d'équivalent aux travaux d'un A. Néher pour la pensée juive, d'un J. Daniélou, Y. Congar, J. Maritain, E. Gilson, etc., pour la pensée catholique, K. Barth, R. Bultmann, A. Dumas, etc., pour la pensée protestante. Cette carence s'explique par beaucoup de raisons que nous ne pouvons détailler ici [1]; elle entraîne malheureusement l'absence du *témoignage islamique* dans le débat en cours sur la Révélation, la Vérité et l'Histoire [2].

Tout ce qu'on peut lire sur le sujet sous la plume de musulmans, ce sont des réaffirmations plus ou moins véhémentes du caractère véridique, éternel, parfait du Message reçu et délivré par le prophète Muḥammad. « Apologie défensive » plus que quête d'une intelligibilité, la littérature moderne sur le Coran est inférieure à beaucoup d'égards à la littérature classique [3]. Dès lors, la Parole de Dieu contredite, mise en échec par la *praxis* de nos sociétés actuelles, respectée, mais, en fait, contour-

1. Il faut, cependant, signaler la tentative courageuse d'un professeur égyptien, Muḥammad Khalaf Allah, qui en 1953 a publié une thèse novatrice sur *L'Art du récit dans le Coran (al-fann al qasasi fi-l-qur'ân)*, 3ᵉ éd. Le Caire 1965.
2. On comprend que l'orientalisme ne puisse porter un tel témoignage : il pratique un respect qui, d'un point de vue strictement scientifique, aboutit à un désengagement de l'intelligence. Il faut reconnaître que le problème des rapports entre Révélation, Vérité et Histoire ne préoccupe guère encore que quelques savants : cf. H. I. MARROU, *Théologie de l'Histoire*, Seuil 1968.
3. La théologie dogmatique *(kalâm)* au Moyen Age a été, aussi, définie comme une « apologie défensive » (L. Gardet); mais même dans ses parties polémiques, elle a conservé un sens de la transcendance qui fait défaut, de plus en plus, chez les modernes. Ceux-ci n'ont encore réussi ni à assumer jusqu'au bout l'exigence critique de notre époque, ni à redonner vraiment vie à la conscience indivise des Anciens.

née par les musulmans, réduite par l'érudition orientaliste au rang de simple événement culturel, cause d'immobilisme plus que de progrès, attend d'être restaurée dans la plénitude de son *Intention en tant qu'interpellation adressée à tous les hommes par ce même Dieu Vivant, Créateur et Juge, révélé dans la Bible.* On comprendra que nous négligions totalement, dans cette présentation, des connaissances courantes sur l'histoire extérieure et le contenu du Livre [1], pour mettre l'accent sur les conditions qui rendent possible sa réinsertion non seulement dans la vie spirituelle des musulmans, mais dans l'horizon scientifique du philosophe désireux de comprendre le *fait* religieux comme catégorie de la conscience humaine. Notre attitude, on le voit, est philosophique; mais elle reste ouverte aux apports et aux interrogations des théologies classiques et modernes. Nous voulons rejoindre le débat en cours sur « le moment « économique » et le moment « ontologique » dans la *sacra doctrina* » [2] pour obliger les théologies et les philosophies de la religion en voie d'élaboration à franchir le pas décisif qui les fera entrer dans le statut épistémologique commun à toutes les investigations scientifiques. « La Parole de Dieu, en vérité, écrit le R. P. Congar, c'est Jésus-Christ : *il n'y en a point d'autre. Dieu ne nous est accessible et connaissable que dans le Christ* [3]. » Tous les musulmans souscriront à cette profession de foi, à condition seulement de remplacer Jésus-Christ par le Coran. C'est ainsi que pendant des siècles, les hommes ont été enfermés dans des certitudes *subjectives* que la conscience contemporaine doit et *peut*, enfin, dépasser. Il s'agit maintenant de montrer que les oppositions d'origine religieuse se situent au niveau des *signes* linguistiques, rituels, historiques, artistiques qui renvoient à la même Transcendance, au même Dieu qui dit : « Je suis celui qui est [4] ». Il ne faut pas voir là un syncrétisme facile; il convient plutôt de se rendre à la seule évidence acceptable dans l'état actuel de nos connaissances : la Parole de Dieu manifestée dans la Bible, puis dans Jésus-Christ, l'est aussi dans le Coran. L'analyse textuelle et la phénoménologie de la conscience islamique ne laissent aucun doute là-dessus. Dès lors, la Révélation faite à Muḥammad resurgit en face des « gens du Livre » avec son allure de défi initial; mais au lieu d'un défi polémique opposant un dogme à d'autres dogmes, il s'agit, cette fois, d'un défi scientifique. Ou bien, en effet, la révélation

---

1. Voir l'orientation bibliographique.
2. Pour la définition des expressions ou concepts entre guillemets, cf. Y. M. J. CONGAR : *Le Moment « économique » et le Moment « ontologique » dans la Sacra doctrina (Révélation, Théologie, Somme théologique)*, in Mélanges M. D. Chenu, Vrin 1967, pp. 135 sv.
3. *Op. cit.*, p. 146.
4. *Exode*, III, 14.

coranique n'est qu'un langage humain parodiant la vraie Révélation et il faudra alors expliquer pourquoi une parodie de la
Révélation aboutit à des résultats psychologiques, culturels, historiques, comparables sinon identiques à ceux de la vraie Révélation; ou bien, le Coran est pleinement, lui aussi, Parole de
Dieu, occupant une place dans ce que les chrétiens nomment
l'Economie du salut, et l'effort théologique moderne ne peut
plus l'éluder comme tel, ainsi qu'il l'a fait jusqu'ici [1].

Notre ambition est de rendre possible une prise en charge
solidaire des Ecritures saintes par les « gens du Livre ». Pour
cela, nous inviterons le lecteur à déchiffrer le Coran selon les
règles d'une méthode applicable à tous les grands textes doctri-
naux et consistant : (1) à dégager le sens de ce qu'on peut nommer
la *sacra doctrina* en Islam en soumettant le Texte coranique et
tous ceux qui, dans l'histoire de la pensée islamique, ont cherché
à l'éclairer, à un examen critique propre à dissiper les confusions,
à mettre en relief les erreurs, les déviations, les insuffisances, à
orienter vers des enseignements toujours valides;

(2) à définir une critériologie où seront analysés les motifs que
l'intelligence contemporaine peut alléguer soit pour rejeter, soit
pour maintenir les conceptions étudiées [2].

Il s'agit là d'un programme trop vaste pour être rempli dans
le cadre d'une introduction. Nous allons nous contenter de poser
quelques jalons qui permettront surtout de signaler les difficultés
du parcours.

1. — LE SENS DU CORAN

On ne se donnera pas le ridicule de définir — enfin! — le vrai
sens du Coran. Tant de générations d'exégètes ont cédé à cette
illusion que la recherche du sens, aujourd'hui, doit commencer
par démystifier les interprétations successives en séparant le
noyau de signification originaire des sédiments de toutes natures
charriés par la pensée spéculative. On est même tenté de substituer à la méthode « objective » qui n'est qu'un dogmatisme voilé,

---

1. Le schéma de Vatican II sur les religions non chrétiennes ouvre des perspectives dans ce sens, sans, toutefois, quitter au moins méthodologiquement,
l'unique foyer de vérité religieuse qui est le catholicisme et vers lequel finiront
par converger les autres expressions de la Volonté divine. Or, il nous semble
qu'à notre époque où triomphe l'idéologie égalitaire, le projet théologique *doit*
au moins aller de pair avec le projet philosophique : « la foi en quête d'intelligence » doit être complétée à tous les stades de la recherche par une intelligence
en quête de foi. Il y a une connivence objective entre l'idéologie égalitaire sans
fondements biologiques, psychologiques, ontologiques et les théologies dogmatiques, fondées sur des Écritures partielles, « altérées » dit le Coran.
2. Cette démarche est préconisée par H. Gouhier pour toute l'histoire de la
philosophie : cf. *Les Grandes Avenues de la pensée philosophique en France*, Paris-
Louvain 1968.

une méthode de la *dérision*. La dérision ne vise évidemment pas le Message coranique qui « donne toujours à penser », mais toute prétention à fixer son sens d'une manière définitive. Nous sommes en face d'une somme de virtualités dont l'actualisation dépend de l'interrogateur et de tout ce qui déclenche l'interrogation. Ainsi, en partant de notre situation spirituelle et intellectuelle en cette seconde moitié du xxᵉ siècle, notre lecture devra nécessairement comporter trois moments :

(1a) un moment linguistique qui nous permettra de découvrir un ordre profond sous un désordre apparent;

(1b) un moment anthropologique qui consistera à reconnaître dans le Coran le langage de structure mythique;

(1c) un moment historique où seront définies la portée et les limites des exégèses logico-lexicographiques et des exégèses imaginatives tentées jusqu'à nos jours par les musulmans.

1a) *Approche linguistique.*

Tirant les conséquences de la conception saussurienne selon laquelle la langue n'est pas substance, mais forme, L. Hjelmslev a proposé de substituer à la méthode traditionnelle d'étude des langues — qui est inductive — une méthode analytique et spécifiante dont l'application au Coran a déjà donné des résultats encourageants [1]. Au lieu de partir de faits isolés (phonème, mots, proposition, phrase), il faut considérer le *texte* dans sa totalité en tant que système de *relations* internes. La signification est au niveau de ces relations et non des unités artificiellement isolées dans la totalité. En retrouvant toutes les relations internes qui forment le Texte coranique, on ne rend pas seulement compte de la structure et du dynamisme propre à la langue arabe; on saisit un mode de penser et de sentir qui va justement jouer un rôle de premier plan dans l'histoire *vécue* de la conscience islamique. Cela veut dire aussi que l'analyse ne peut être conduite qu'à l'intérieur de la langue arabe pour montrer comment la physiologie, l'acoustique, la psychologie, la sociologie, l'histoire, etc., se fondent mutuellement et arrivent à constituer un réseau de significations indissociables.

Pour illustrer ces vues théoriques, nous prendrons trois exemples parmi les plus suggestifs : *mâl, kitâb, jâhil*, soit, respectivement, l'avoir, livre, ignorant. Si nous nous contentons de saisir le sens de ces mots au niveau des seuls versets où ils interviennent, nous en resterons à une connaissance *éclatée* en détails lexicographiques, juridiques, éthiques, psychologiques. Tout ce

1. Cf. T. Izutsu, *God and man in the Koran : a semantical analysis of the koranic weltanschauung*, Tokyo 1964.

que ces mots reçoivent de l'intention signifiante globale du Texte [1]
et tout ce qu'ils apportent, en retour, pour colorer, orienter le
Texte d'une certaine façon, est relégué dans *l'implicite*, c'est-à-
dire pour nous modernes [2], dans l'imperceptible, voire l'inutile.
Ainsi, tout ce qui relève de l'avoir dans le Coran (richesses maté-
rielles, femmes, enfants, esclaves, héritage, etc.) donnera naissance aux faux et interminables débats du type Islam et Capi-
talisme, Islam et Socialisme, Islam et Démocratie... De même,
le mot *livre* se prête aisément à une signification neutre; appliqué au Coran, il risque donc d'être détaché des associations qui
en réactivent le sens à plusieurs niveaux. Le cas de *jâhil* est encore
plus délicat; tout essai de traduction, ou même de définition
brise une des corrélations axiales du Texte.

Pour accéder au sens, il faut ici renoncer à toute lecture
linéaire qui privilégie l'acception courante et la logique grammaticale. Même si les versets avaient été classés par centres d'intérêt [3], il demeurerait indispensable de dépasser l'ordre rhétorique
pour découvrir un ordre plus essentiel qui est *structurel*. Le discours coranique est, en fait, une orchestration à la fois musicale
et sémantique de concepts-clefs puisés dans un lexique arabe
commun qui s'est trouvé radicalement transformé pour des
siècles. Nous négligerons l'aspect stylistique que les auteurs arabes
ont beaucoup étudié pour démontrer le caractère miraculeux
(*iᵉjâz*) du Livre; mais nous reviendrons à nos trois exemples
pour définir les grandes lignes d'une analyse structurale [4].

On partira de l'idée que le Coran fait un usage vertical du
vocabulaire, obligeant ainsi le lecteur à accomplir un constant
mouvement ascendant et descendant à travers quatre sphères de
significations, elles-mêmes dominées par Dieu. Dans la figure
ci-contre, on voit comment on va du moins perceptible au plus
perceptible, de l'infini au fini, du perdurable au périssable en
suivant la « descente » de la Révélation (*tanzîl*). Celle-ci imprègne
les réalités de ce monde en suggérant à l'homme l'existence du
Mystère (*ghayb*), en lui dévoilant les conditions de l'Autre vie
(*âkhira*) et en lui montrant les merveilles des cieux et de la terre.
Tout le savoir (*ᵉilm*) ainsi révélé a donc pour fonction d'enrichir

---

1. En écrivant Texte avec une majuscule, nous voulons souligner que le discours coranique est un système hautement élaboré de relations sémantiques
(associations, implications, oppositions,...). Ainsi, chaque texte particulier ou
verset, ne reçoit son sens plein que s'il est rattaché aux réseaux lexicologiques
dont la reconstitution reconduit toujours au Texte.
2. Y compris ceux des musulmans qui ne mémorisent plus le Coran selon les
règles et la constance d'autrefois.
3. Comme cela a été tenté par J. LABEAUME, *Le Coran analysé*; repris en
arabe par M. F. ʿAbd al-Bâqî : *Tafṣîl âyât al-qurʾân al-ḥakim*, Le Caire 1955.
4. On trouvera une application poussée de cette méthode dans T. Izutsu,
op. cit.

le regard intérieur *(qalb, lubb, ᵉaql* [1]*)* et de diriger vers le haut les prières *(duᵉâ')*, les pensées *(dhât al-ṣudûr)* et les actions *(ᵉamal)* de l'homme. Il en résulte pour la langue un privilège qui ne sera sérieusement remis en question qu'à partir de l'avènement de la science contemporaine. La Parole de Dieu instaure un mode de connaissance caractéristique de l'*être-au-monde-créé* (schéma i) et parfaitement distinct de celui de l'être-au-monde-

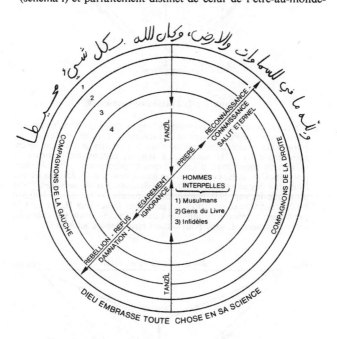

1) Sphère du Mystère *(ghayb)*.

2) Sphère de l'eschatologie *(âkhira)*.

3) Sphère des Cieux.

4) Terre : *objets terrestres* (merveilles de la Création ; dons de Dieu pour Le reconnaître = Avoir, pouvoir et valoir → objet de l'activité humaine orientée vers → Dieu.

N.-B. — Le symbolisme de la Sphère et du Cercle a dominé la vision antique et médiévale. Il réfère à l'unité, à la totalité et au Dieu de totalisation que le Coran avive par toute sa présentation de la Création.

1. Respectivement : cœur, centre vital, raison. Chacun de ces mots a un contenu psychologique précis dans le Coran.

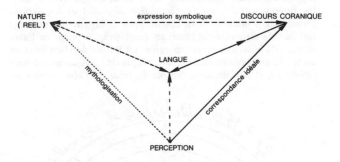

Schéma I : L'ÊTRE-AU-MONDE-CRÉÉ.

Le discours coranique puise dans la langue arabe qu'il va, en retour,
transformer profondément et durablement. L'homme, désormais,
puisera les vraies significations dans ce discours, médiation nécessaire entre lui et la nature. La langue, cependant, demeure la
médiation commune à d'autres types de perception : « totalisation
non réflexive, [elle] est une raison humaine qui a ses raisons et que
l'homme ne connaît pas » (Cl. Lévi-Strauss, *Pensée sauvage*). C'est
ainsi que les rapports perception — nature — langue — langage
évolueront vers la situation suggérée par le schéma II. Et tout le
problème, aujourd'hui, consiste à savoir lire le Coran, par exemple,
selon le schéma I, sans pour autant renoncer au schéma II.

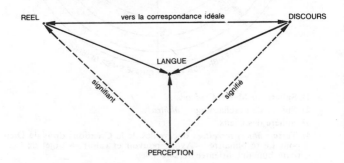

Schéma II : L'ÊTRE-AU-MONDE.

La perception vise à dépasser l'imagerie mentale pour faire coïnci-
der les réalités signifiantes avec les réalités signifiées dans le discours. A la limite, l'esprit objectif doit s'installer dans une langue
devenue « une totalisation réflexive ».

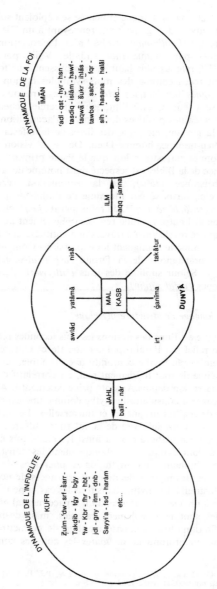

Schéma III : STRUCTURES SÉMANTIQUES.

objectif (schéma II). Langue et pensée se déploient solidairement dans un univers de significations renvoyant à un Dieu Créateur-Ordonnateur *(khâliq mudabbir)* à l'aide d'associations en chaîne déclenchées par chaque mot-symbole. Voilà pourquoi *mâl*, *kitâb*, *jâhil*, retenus plus haut, ne remplissent leur fonction que s'ils sont reçus comme des mots-symboles et non comme de simples *signes* linguistiques. *Mâl* et tous les êtres ou objets qui le concrétisent (énumérés à l'intérieur du cercle, schéma III) sont moins des réalités positives dont on vise l'acquisition, la conservation, la gestion, etc., que des lieux de manifestation du lien sacré Dieu-homme, homme-Dieu. De là, la vision dualiste de toute donnée terrestre selon que le Pacte primordial *(mîthâq)* (l'Alliance de la Bible) est respecté par l'homme de la foi *(îmân)*, de l'obéissance *(tâ°a)*, de la soumission reconnaissante *(šukr)*, etc., ou brisé par l'homme de l'infidélité *(kufr)*, de la rébellion *(°asâ, bagà, tagâ)*, du refus ingrat *(jahl)*, etc. On notera que l'une et l'autre attitude renvoient également au même Etre absolu qui se révèle ainsi à travers une antithèse elle-même symbolique, comme le soulignent les expressions Compagnons de la Gauche/Compagnons de la Droite *(ashâb al-shimâl/ashâb al-yamîn);* le Séjour sublime des Elus *(°illiyyûn)*/ l'état inférieur des damnés *(asfal sâfilîn)*.

1b) *Un langage de structure mythique.*

Le mythe est l'une des notions les plus fécondes réhabilitées et mises en relief par l'anthropologie sociale et culturelle. Le discrédit jeté sur le mythe confondu avec la fable, le récit imaginaire, dénué de tout fondement réel, est corrélatif de la promotion de la raison depuis Aristote principalement [1]. Aujourd'hui, on s'accorde à considérer le mythe comme une expression symbolique de réalités originelles et universelles. Le récit mythique est plus ou moins solidaire de la situation culturelle du groupe social où il est élaboré : on a ainsi les récits très épurés de la Bible où sont évoquées symboliquement les constantes de la condition humaine, les mythologies poétiques de l'antiquité gréco-latine, les mythes dégradés et passagers de notre civilisation industrielle. Le mythe, dans tous les cas, a pour fonction de ramener à un âge d'innocence, à un espace mental où les actions humaines sont non seulement valables, mais désirables. Une telle définition offre l'immense avantage de permettre une interprétation en profondeur de *toutes* les cultures considérées en

---

1. Cf. G. Durand, *L'Imagination symbolique*, P.U.F. 1964; M. Eliade : *Aspects du mythe*, Gallimard 1963.

elles-mêmes et par rapport à nous. Ainsi, en nous demandant quel type de mythologie instaure le Coran, nous accroissons nos chances de saisir les mécanismes subtils de son expression symbolique, tout en découvrant pourquoi son Appel peut encore retentir dans la pensée contemporaine.

L'approche linguistique nous a amené à opposer le concept-idée générale — servant de base à la connaissance logicisante — au mot-symbole — source jaillissante de notions multiples, dynamisées par des relations d'opposition, d'implication, de corrélation, de symétrie. La promotion du mot-signe en mot-symbole assure celle du langage discursif ou concret en langage mythique. Tous les traits déjà reconnus à celui-ci dans la Bible et le Nouveau Testament se retrouvent dans le Coran [1]. Ainsi, il est aisé de montrer que le langage coranique :

1) *est « vrai »* parce qu'efficace sur la conscience humaine non encore promue par un autre langage mythique ouvrant des perspectives équivalentes;

2) *il est efficace* parce qu'il rattache au Temps primordial de la Création et parce qu'il inaugure lui-même un temps privilégié; le temps de la Révélation, de la Prophétie de Muḥammad et des pieux Anciens *(al-salaf al-sâlih);* ce temps auquel la conscience musulmane voudra obstinément revenir pour repartir sur la bonne Voie *(al-hudâ)* tracée par Dieu, mais perdue au cours des cheminements historiques. L'interprétation positiviste dira que l'Islam ignore la notion de progrès; mais pour la conscience mythique, le progrès consiste à revenir au Temps inaugural [2];

3) *il est spontané :* c'est un jaillissement continu de *certitudes* qui ne s'appuient pas sur une démonstration, mais sur une profonde adéquation aux élans permanents de la sensibilité humaine. Les caractères stylistiques de la proposition nominale [3] si fréquente dans le Coran accentuent la force de ce jaillissement qui investit *à la fois* toutes les instances psychiques de l'auditeur (car le Coran doit être récité et non lu silencieusement). Même dans les passages polémiques contre les « gens du Livre », les incrédules, les hypocrites, le style demeure de l'affirmation plus

---

1. Cela ne veut pas dire que les mythes sont identiques. Au contraire, notre méthode permet d'éviter les vaines comparaisons textuelles et historiques qui concluent à l'infidélité du Coran à l'égard de l'Ancien Testament, aux déformations, aux simplifications, etc. Cf. une récente application de cette critique textuelle dans H. Speyer : *Die Biblischen erzählungen im Qoran*, Hildesheim 1961. Il s'agit plutôt de montrer comment le Coran use à sa façon de personnages, de récits, de symboles déjà exploités pour instaurer sa propre mythologie. Il y a similitude dans les procédés d'élaboration et la finalité des mythes, différence dans les faits retenus.

2. Cette attitude est bien illustrée en Islam par l'histoire du ḥanbalisme : cf. H. LAOUST, *Les Schismes dans l'Islam*, Payot 1965.

3. Proposition courte dans laquelle le verbe être au présent est sous-entendu : elle se prête à l'énoncé de faits et de vérités durables.

que de la réfutation, du surgissement de la vérité face aux forgeries, aux futilités, aux inconséquences des sourds, des rebelles, des cœurs fermés, etc.;

4) *il est symbolique*. Il faut en finir avec la dérision du « paradis d'Allah peuplé de houris lascives et où coulent les rivières de vin, de miel, » etc. La traduction aggrave ici les dangers d'une évocation qui recourt à des images concrètes. Celles-ci ne prennent toute leur force suscitatrice et leur valeur suggestive que si on les rattache aux structures de l'imagination poétique chez les Bédouins. Les descriptions « réalistes » du paradis et de l'enfer visent le même but que les récits puisés dans l'histoire sainte, les rappels insistants des expériences exemplaires de peuples sauvés, ou damnés, des conduites idéales des prophètes : il s'agit de nourrir et de légitimer l'Espérance constitutive de notre condition humaine. En cette Espérance convergent l'attente de la Justice totale et irrévocable, le désir de percer les mystères innombrables de l'homme, du monde et de Dieu (cf. les versets « scientifiques » et les attributs), la volonté de dépasser les imperfections, les insécurités, la précarité de notre existence terrestre. Exploitant jusqu'à une perfection effectivement inégalée les virtualités poétiques de la langue arabe, le Coran comble la conscience en lui proposant une vaste construction symbolique qui ne cesse d'inspirer jusqu'à nos jours l'action et la pensée des fidèles. On retrouvera les éléments de cette construction en distinguant :

a) « *le symbolisme de la conscience de faute* » que la réflexion théologique, juridique et morale aplatira en un code formel, rigide et oppressif. Ce passage du prophétisme au légalisme, du commandement comme « modalité de la présence, à savoir l'expression d'une volonté sainte » à la casuistique des docteurs de la Loi, a été analysé par P. Ricœur pour l'Ancien Testament en des termes qu'on peut appliquer au Coran [1].

b) « *le symbolisme de l'horizon eschatologique* » qui assigne à l'histoire un sens : c'est-à-dire une direction et une signification. Les Arabes et tous les peuples islamisés se trouvent ainsi inclus dans l'Histoire sainte du peuple de Dieu; en tant que dépositaires de la dernière expression de la Volonté Sainte — Muḥammad a clos définitivement la série des Envoyés —, ils deviennent le Peuple élu qui doit montrer aux autres l'horizon du Salut;

c) *le symbolisme de la Communauté (Umma)* qui traduit le précédent et reçoit une projection historique concrète à Médine en l'an I (: 622). Il faut insister ici sur la grave option philosophique que l'historien moderne fait *implicitement* — ce qui est

---

1. Cf. *La Symbolique du mal*, Paris 1960, pp. 55-57 et *passim*.

encore plus néfaste — lorsqu'il parle seulement de la naissance d'un Etat musulman en 622. En fait, toutes les péripéties historiques de l'*Umma* jusqu'à nos jours sont concentrées dans cet Evénement inaugural vécu par les intéressés comme l'actualisation de la Volonté de Dieu sur terre, l'entrée dans une étape ultime du cheminement de tous les hommes, car tous sont appelés, — vers le Salut éternel. Le caractère symbolique de l'événement est souligné par l'institution d'une Ere nouvelle. Mais la transcendance ainsi mise à la portée de l'homme, subira les atteintes, les souillures, les contradictions de l'histoire concrète. Les tensions entre Révélation et histoire, compliquées par l'intervention du rationalisme aristotélicien, donneront naissance au conflit majeur de la conscience médiévale : celui de la raison et de la foi. C'est pourquoi, le destin de l'*Umma*-Cité devra se lire comme une dialectique incessante entre Révélation ⇄ Vérité ⇄ Histoire [1].

d) « *le symbolisme de la vie et de la mort* » qui n'atteint pas la richesse de celui du Nouveau Testament, puisqu'il repose essentiellement sur l'antithèse lancinante entre mépris de ce monde et résurrection, vie terrestre conçue comme épreuve passagère et vie éternelle présentée comme une seconde et définitive Création. Ces thèmes convergeront avec ceux de la philosophie platonicienne et stoïcienne et donneront lieu à une abondante littérature éthico-religieuse [2].

Comme l'a montré l'étude du vocabulaire, ces divers symbolismes s'interpénètrent, se renforcent mutuellement pour instaurer une vision du monde « vraie » : entendons « fonctionnelle », parfaitement adaptée à la recherche de notre salut. Plus explicitement encore, on dira que c'est une vision « vraie » parce qu'elle délimite sous forme de théorèmes les possibilités existentielles et ontologiques de l'homme ; elle peuple l'imagination de représentations mythiques contre lesquelles viendront se briser les prétentions démystifiantes de la raison raisonnante et même les faits massifs de l'histoire réelle. En Islam particulièrement, la vision imaginative, transhistorique finira par l'emporter sur la vision métaphysique rationalisante [3].

---

1. Nous avons tenté cette lecture en nous appuyant sur l'œuvre de Ghazâlî : cf. M. ARKOUN, *Révélation, Vérité et Histoire d'après l'œuvre de Ghazâlî*, in Mélanges J. Schacht, *Studia Islamica* XXXI. Nous rejoignons l'explication marxiste, mais avec une différence capitale : la religion n'est pas nécessairement et uniquement « l'opium du peuple » ; elle est un des modes de réalisation historique de l'homme et comme telle, elle est liée aux vicissitudes de l'histoire où elle perpétue l'affirmation d'un absolu.

2. Pour l'étude de ces convergences, cf. notre ouvrage à paraître chez Vrin : *Contribution à l'étude de l'humanisme arabe au IVᵉ siècle de l'hégire : Miskawayh philosophe et historien*. Les quatre types de symbolismes ont été distingués par P. BARTHEL, *Interprétation du langage mythique et théologie biblique*, Leyde 1963.

3. Cf. H. CORBIN, *Histoire de la philosophie islamique*, Gallimard 1964.

1c) *Portée et limites des exégèses traditionnelles.*

Toute réflexion sérieuse sur la signification du fait religieux considéré comme une des données du réel objectif doit tenir compte non seulement des Ecritures saintes, mais également des innombrables lectures tentées par les générations passées. Mais il y a deux manières de s'intéresser à la tradition exégétique : ou bien on y recherche des solutions faisant autorité en s'adressant de préférence aux docteurs consacrés par la plus large unanimité; ou bien on s'attache à décrire *toutes* les interprétations classiques comme autant de témoignages sur la conscience musulmane cherchant à intégrer le Texte révélé à des niveaux de réalité différents. Dans le premier cas, on reçoit un enseignement reconnu valide, donc à l'abri de toute critique; dans le second cas, on met toute la pensée islamique en perspective phénoménologique et épistémologique : il s'agit, à la fois, de découvrir et de situer par rapport aux nôtres les moyens et les critères de cette pensée. Cette dernière méthode est la seule, croyons-nous, qui libère notre horizon intellectuel des vieux présupposés théologiques et philosophiques, ouvrant ainsi une voie neuve à une relecture des textes sacrés.

Marx, Nietzsche, Freud représentent le sommet d'où descendent deux versants de l'histoire de l'intelligence; un passé dominé par « la conscience fausse », un avenir ouvert à l'esprit objectif. Le premier philosophe a assuré l'avènement de la raison dialectique appliquée au rôle de l'économie dans l'histoire; le second a défini les conditions d'une métaphilosophie, c'est-à-dire d'une réflexion « au-delà du Bien et du Mal », du Vrai et du Faux, de « l'humain trop humain »; le troisième, enfin, a fait surgir le vaste continent psychique voilé, comprimé par la conscience claire et distincte. « Si l'on remonte à leur intention commune, écrit P. Ricœur, on y découvre la décision de considérer d'abord la conscience dans son ensemble comme conscience « fausse ». Par là, ils reprennent, chacun dans un registre différent, le problème du doute cartésien, pour le porter au cœur même de la forteresse cartésienne. Le philosophe formé à l'école de Descartes sait que les choses sont douteuses, qu'elles ne sont pas telles qu'elles apparaissent; mais il ne doute pas que la conscience ne soit telle qu'elle s'apparaît à elle-même; en elle, sens et conscience du sens coïncident ; depuis Marx, Nietzsche et Freud, nous en doutons. Après le doute sur la chose, nous sommes entrés dans le doute sur la conscience » [1].

1. *De l'Interprétation*, Seuil 1965, p. 41.

Ce précieux raccourci d'histoire de la philosophie jette une lumière nouvelle sur la signification et les limites de la pensée islamique. Dans la mesure où celle-ci s'est développée sur les bases du donné révélé, du conceptualisme logique d'Aristote et du dualisme néoplatonicien, elle tombe sous les coups de toutes les critiques adressées à la scolastique chrétienne et, plus généralement, à l'idéalisme objectif. On peut aisément montrer comment les trois principaux courants d'exégèse appliqués au Coran — courant logique, linguistique et prophétique — n'ont fait qu'ériger une « conscience fausse » en juge souverain de l'absolu et du relatif, du vrai et du faux, du bien et du mal, etc. On retrouve partout la même pensée essentialiste qui, sous l'influence massive d'une métaphysique syncrétiste [1], a figé en raisonnements linéaires et formels, en antithèses abstraites et irrévocables, en controverses plates et stériles, ou en constructions gnostiques, ce langage de structure mythique que nous avons reconnu dans le Coran. Il faut ajouter, cependant, que l'humanité médiévale récupérait par les rites ce qu'elle perdait par la spéculation, de même que nous pouvons retrouver, aujourd'hui, grâce à une connaissance adéquate du réel, le sens qui nous échappe parce que nous renonçons aux rites. Ceux-ci réglaient l'existence quotidienne du croyant et le maintenaient en contact permanent avec le sacré. Ils permettaient d'actualiser par le geste et la parole les modèles et les intentions suggérés dans les mythes-symboles [2]. Le problème est alors de savoir pourquoi et comment cet univers mythique perpétué grâce aux rites s'est le plus souvent dégradé en systèmes rigides sur le plan spéculatif. Essayons de répondre à cette question en relevant dans chacun des trois courants signalés les principaux points de rupture.

Du point de vue qui nous occupe — analyser les procédés de lecture appliqués au Coran — il est difficile de séparer le courant logique du courant linguistique. Certes, on ne sait pas encore avec exactitude ce que les études grammaticales et lexicographiques entreprises en Irak à partir du IIᵉ siècle de l'hégire doivent, dès les débuts, aux méthodes logiques irano-grecques [3]. Mais il est facile de montrer que la Parole de Dieu profondément engagée dans l'histoire du fait même qu'elle s'est fait entendre dans un langage humain a très vite été exploitée dans tous les

---

1. Où l'enseignement néoplatonicien (théologie d'Aristote), des éléments de gnose d'origines diverses sont plus ou moins bien systématisés à l'aide des *Catégories* d'Aristote.
2. Sur le rite, cf. J. CAZENEUVE, *Les Rites et la Condition humaine*, P.U.F. 1957. Pour l'étude des rites islamiques, le meilleur ouvrage demeure l'*Ihyâ* de Ghazâli qui ne se contente pas d'une description extérieure des gestes et des formules.
3. Cf. H. FLEISCH, *Traité de philologie arabe*, t. I, Beyrouth 1961.

domaines du savoir et de l'existence quotidienne selon les
méthodes de compréhension et d'interprétation en cours dans
les milieux cultivés du Proche-Orient. Dans un premier temps,
l'influence diffuse des traditions intellectuelles irano-byzantines
l'a, sans doute, emporté sur l'influence savante. Dès le début du
IIIe siècle, l'intervention en force de la philosophie grecque
favorisée par un régime en quête d'une « idéologie » va fournir
l'instrument « scientifique » d'une double trahison : d'une part,
en effet, on va céder plus que jamais aux tentations de l'étymo-
logie, de la structure grammaticale et des procédés rhétoriques;
d'autre part, les docteurs de la Loi — théologiens et jur002iscon-
sultes fondamentalistes *(usûlî)* — vont transformer la Révélation en un code éthico-religieux qui faussera et appauvrira le
travail législatif sans pour autant sauver théoriquement le caractère transcendant de la Parole de Dieu assimilée, en l'occurrence,
à celle du Prophète *(Ḥadîth)* [1]. De leur côté, les philosophes
hellénisants *(falâsifa)* vont prendre ostensiblement leurs dis-
tances à l'égard du Coran auquel ils préféreront l'enseignement
des deux sages — Platon et Aristote. Il en est résulté une large
diffusion de la métaphysique classique dans toute la culture islamique. Pour mesurer les conséquences néfastes de ce triomphe
dans l'histoire générale de l'Islam, il nous semble utile de rappeler les principes directeurs qui, en Occident chrétien comme
en Islam, ont commandé le déchiffrage des Ecritures et, par suite,
le destin des sociétés [2]. On insistera sur cinq principes :

a) les catégories d'Aristote, telles qu'elles ont été reçues à travers les commentateurs, ont élevé au rang d'essences métaphy-
siques un découpage du réel propre à la langue grecque. L'arabe,
le latin et les langues occidentales ont été logicisés dans leurs
structures grammaticales, de sorte que Dieu et les Ecritures ont
été pensés à l'intérieur de cadres conceptuels arbitraires [3];

b) les principes rationnels d'identité, de non-contradiction,
du syllogisme consacrent la notion d'un temps social homogène
où la pratique du raisonnement par analogie *(qiyâs)* est possible
et même nécessaire. Ainsi, ce raisonnement a été imposé par les
docteurs musulmans comme méthode de contrôle de l'histoire
par la Révélation. Méthode combien illusoire, néfaste et surtout
contraire à l'intention vivificatrice de la Parole de Dieu qui
dynamise l'histoire. On aboutira au paradoxe si significatif de
l'œuvre d'un des penseurs les plus respectés en Islam : Ghazâlî

---

1. Cette assimilation doit être interprétée, semble-t-il, comme un des symp-
tômes de la conscience mythique qui unifie tout dans le sens du sacré.
2. Cette formulation ne retient qu'un mouvement de l'interaction entre
culture et société. Il ne faut donc pas penser à une causalité à sens unique.
3. Cf. E. BENVÉNISTE, *Catégories de pensée et Catégories de langue*, in *Problèmes de linguistique générale*, Gallimard 1966, pp. 63-74.

(m. 505-1111) délivre un enseignement tout orienté vers « la revivification des sciences de la religion », mais il consacre un de ses ouvrages à prouver que le Coran contient toutes les formes et figures du syllogisme [1] ! Plus généralement, nombre de commentateurs, nourris de ces principes rationnels, appliquent au Coran les notions de chose, d'état, de genre, d'individu, etc., qui impliquent des découpages statistiques dans le temps réel du devenir;

c) le principe de causalité est rejeté par la théologie dite orthodoxe (sunnite) dans sa formulation philosophique, mais pas dans la vision déterministe, linéaire et abstraite qu'il impose. Au lieu de parler de Moteur premier, ou de Cause première, on dira que toute chose est recréée à chaque instant par le Créateur : la causalité est atomisée mais non rejetée, comme principe explicatif qui ignore la genèse concrète, le devenir, le dynamisme dialectique de la réalité;

d) à côté de la vérité révélée — ou face à elle — s'affirme une vérité rationnelle — conçue comme le résultat contraignant d'une application correcte de ces principes et catégories intemporels; ainsi naîtront les fameux conflits entre foi et raison et les pseudo-solutions dues surtout aux *falâsifa;*

e) le dualisme âme-corps enseigné par Platon, accentué par Plotin, exploité à leur manière par les stoïciens, substitue à l'Espérance ouverte par la Révélation une mythologie du vouloir. La volonté éclairée par la raison peut choisir le salut de l'âme — principe spirituel, pur, immortel, dont la vraie patrie est le ciel — au détriment du corps — réalité matérielle, impure, passagère. Il s'ensuit un système de valeurs éthico-politiques qu'on projettera sur l'enseignement coranique.

Ces principes ont reçu une application plus ou moins rigoureuse selon les auteurs. Dans tous les cas, ils ont fait surgir dans le Texte coranique des contradictions « logiques » telles que celles de la prédestination et du libre arbitre *(al-jabr wal-qadar)*, de la prophétie — wilâya et du califat-émirat-sultanat, Coran créé ou incréé, versets ambigus, attributs, etc. Pour demeurer malgré tout dans la voie *(al-hudâ)* qui mène à Dieu, diverses solutions spéculatives liées à des attitudes politico-religieuses se sont fait jour dans des contextes historiques précis. Il y a eu ainsi les littéralistes *(ḥanbalites, ẓâhirites)* dont l'attachement exclusif au sens obvie *(zâhir)* du texte exprime à la fois un souci d'intérioriser l'Appel de Dieu en deçà de toute rationalisation et le refus socio-politique d'une aristocratie trop engagée dans le monde; les rationalistes *(muʿtazilites, ashʿarites, falâsifa)* dont la

1. Cf. *Al-Qistas al-mustaqim*, éd. V. Chelhot, Beyrouth 1959.

confiance en la raison aristotélicienne — présentée comme *la
raison humaine* — traduit l'adhésion à une idéologie officielle,
c'est-à-dire le souci de gérer efficacement les affaires de la cité
en utilisant la religion comme mythologie et comme code; il y a
eu, enfin, ceux que nous appellerons les imaginatifs *(sûfîs, shî'ites)*
dont les doctrines oscillent entre les symboliques conçues comme
une découverte expérimentale des mythes-symboles et la gnose
vécue comme une rêverie libératrice [1].

Cette dernière famille d'esprits a surtout illustré le courant
prophétique. Les *shî'ites* maintenus dans l'opposition politico-
religieuse par leurs adversaires *sunnites*, seuls détenteurs du pouvoir jusqu'en 334 [2], ont élaboré une « philosophie prophétique »
centrée sur la figure de l'*Imâm* — Guide charismatique de l'*Umma*
— et qui tire les conséquences extrêmes d'une intention direc-
trice, mais *latente* dans le Coran. Les luttes sans merci que se
sont livrées *shî'ites* et *sunnites* depuis la mort du Prophète — premier Guide charismatique — expriment parfaitement le sens
complet de la Révélation qui dynamise la dialectique dans l'histoire en y introduisant la dimension de la transcendance. En
effet, ceux qui se sont arrogé le titre flatteur d'orthodoxes *(sunnites)*, ont adopté une méthode de lecture du Coran appropriée
à l'élaboration d'une théorie du fait accompli : il faut obéir au
calife en place en légitimant son pouvoir d'après des textes
explicites et le comportement des premiers disciples. Autrement
dit, il suffit de veiller au respect des commandements et des
défenses pris à la lettre et d'ailleurs conformes à la raison [3]. La
possibilité même d'un sens latent du Coran se trouve ainsi
rejetée. Or c'est cette latence du sens que les shî'ites vont justement privilégier et s'efforcer de mettre au jour grâce à une technique d'interprétation *(ta'wîl)* qui traverse les apparences du
langage pour atteindre l'intention cachée *(bâtin)*. De fait, ceux
que l'idéologie officielle a présentés comme des hétérodoxes
ont eu le mérite d'opposer à l'attitude pragmatique, et, somme
toute, laïcisante des sunnites, la seule attitude religieuse capable
de maintenir dans le cœur des hommes l'exigence première de la
Révélation : incarner par un effort exténuant, la transcendance
dans l'histoire. Ils ont ainsi soutenu que la signification ultime

---

1. Cf. H. CORBIN, *L'Imagination créatrice dans le soufisme d'Ibn ᵉArabî*,
Flammarion 1958. Le mot rêverie est à prendre dans le sens défini dans les
œuvres de G. Bachelard.
2. Date de la prise du pouvoir à Bagdad par les Būyides qui étaient
d'obédience shi'ite : cf. H. Laoust, *op. cit.*
3. La conformité absolue des dispositions de la Loi religieuse *(shari'a)* à la
raison a été la préoccupation constante des docteurs jurisconsultes entraînés
dans cette voie par les philosophes hellénisants. Cela a beaucoup contribué à
faire prévaloir la religion comme code appliqué par les censeurs officiels, sur
l'esprit religieux.

de la prophétie *(nubuwwa)*, c'est la projection *continue* et infaillible de l'inspiration divine dans l'existence humaine. Le Prophète a transmis et appliqué intégralement, fidèlement, la Volonté de Dieu sur terre; une telle intervention a créé une situation irréversible : l'*Umma*-Cité ne peut, sans tomber dans l'infidélité, se passer d'un Guide charismatique. Il faut donc que la prophétie soit prolongée par la *wilâya*, vicariat spirituel consistant à manifester devant les hommes jusqu'à la fin des temps, une présence vivante de Dieu. Car le *walî*, c'est proprement l'ami proche de Dieu, l'homme qui réalise par une grâce spéciale, la parfaite réciprocité de perspectives de l'Amour.

Il s'agit bien, on le voit, d'un commentaire de la Parole de Dieu prise à son niveau de langage de structure mythique. L'*Imâm* shî'ite appelé aussi le Maître de Justice, concentre dans sa personne symbolique les aspirations archétypales des hommes : toutes ces aspirations aiguisées, rendues expérimentables par le Coran. Le *shî'isme*, bien sûr, n'a pas non plus échappé aux contingences culturelles de l'époque; il a ainsi lié l'héritage spirituel à la descendance biologique de Muḥammad et lorsque l'Ismâ'ilisme a pris le pouvoir en *Ifrîqiyâ* [1], puis en Egypte, il a bien fallu transformer l'exigence spituelle réalisée au niveau du discours, en exigence légaliste et ritualiste pour maîtriser l'histoire.

2. — LE CORAN DEVANT LA PENSÉE CONTEMPORAINE

Nous en avons assez dit sur les perspectives ouvertes par le Texte coranique et les approches tentées par la pensée islamique classique pour aborder la seconde question que nous posions au début de cet exposé : quels motifs peut invoquer l'intelligence contemporaine pour s'intéresser au Coran non pas seulement en tant que document historique et littéraire, mais en tant que modalité d'expression et lieu de ressourcement de la conscience universelle ?

L'étude du Coran et de la pensée islamique dans la ligne que nous venons de définir peut répondre à trois nécessités urgentes :

a) dépasser définitivement la mentalité ethnocentriste et les exclusives théologiques;

b) développer une recherche scientifique où Révélation, Vérité et Histoire soient considérées dans leurs rapports dialectiques comme les termes structurants de l'existence humaine;

---

1. Entité politique au Moyen Age couvrant une partie de la Libye actuelle, la Tunisie et l'Est algérien.

   c) remembrer la conscience contemporaine et les langages par lesquels elle s'exprime.

   Faute de place, nous nous contenterons, ici encore, d'indications provisoires sur les perspectives qu'ouvre le Coran à l'élaboration d'un humanisme à la mesure de notre temps.

2a) *Au-delà des excluvives.*

   On a coutume de parler surtout de l'égocentrisme occidental; le thème continue d'avoir une grande vogue pour exorciser les démons toujours actifs de l'âge impérialiste, autant que pour démystifier une prétention exorbitante à l'universalité. Les progrès de l'anthropologie et de l'ethnologie sont trop récents, trop insuffisants et trop discutés pour contrebalancer les effets d'une sensibilité séculaire en ce qui touche aux vérités religieuses. Celles-ci sont liées à la race, à la mentalité, à tout ce qui fonde, au niveau de l'irrationnel, un refus fondamental de l'autre, donc des *valeurs* dont cet autre vit. Sans doute, la culture universitaire a-t-elle dépassé le stade de l'intolérance; les chrétiens, enthousiasmés par le mouvement œcuménique, cherchent même à favoriser une fraternisation spirituelle avec les religions non chrétiennes [1]. Mais il reste que l'universitaire s'en tient à la description « objective » de phénomènes qui, existentiellement, ne le touchent nullement; tandis que le théologien chrétien n'abandonne rien d'une problématique exclusiviste [2].

   Toutefois, si, en Occident, on n'arrive pas à franchir un dernier pas vers une réelle prise en charge intellectuelle des cultures étrangères, on reconnaîtra, du moins, qu'une telle exigence s'y formule de plus en plus. Il n'en va pas de même du côté des pays dits sous-développés, c'est-à-dire des musulmans en particulier. Chez ces derniers, l'Occidentalisme qui fait pendant, depuis le XIXe siècle, à l'Orientalisme, est caractérisé soit par l'acceptation naïve des idées révolutionnaires, des techniques d'expression littéraire et, davantage encore, des conquêtes de la civilisation matérielle; soit, plus récemment, par un rejet passionnel d'une humanité sans âme. Ainsi, aux égoïsmes culturels des uns, répondent les imprécations des autres. Dans ces conditions, la promotion du Coran au rang de document témoin de la conscience universelle n'a pu encore se faire. Or, c'est cette promotion qu'il est temps d'assurer de part et d'autre pour ouvrir

---

   1. Cf. *supra* note 1, p. 14.
   2. Cette résistance du théologien est cependant compréhensible : il craint que la philosophie du fait religieux ne conduise rapidement à la fin des religions. Mais celles-ci sont en train de se transformer sous l'action corrosive de facteurs qui tendent à éliminer jusqu'à l'inquiétude du philosophe!

des voies nouvelles aux sciences historiques, philosophiques et théologiques. Il ne s'agit pas de réaliser « en imagination et en sympathie [1] » une attitude semblable à celle du musulman, en proclamant gratuitement que Dieu a interpellé les hommes par l'intermédiaire de Muḥammad. Au contraire, l'apport original du Coran pour une philosophie de la religion, c'est que, malgré ses liens évidents avec les circonstances de la vie du Prophète, il ne cesse d'être reçu comme une Révélation. Il oblige dès lors à considérer, enfin, dans toutes ses implications positives, un phénomène humain abandonné jusqu'ici aux constructions dogmatiques des théologiens et aux interprétations arbitraires des scientistes. Il est très significatif qu'une discipline aussi importante que *l'histoire comparée des religions* n'ait même pas conquis sa place dans l'enseignement supérieur [2]. Une immense tâche de démystification et de démythologisation dans l'histoire religieuse de l'humanité reste ainsi à accomplir avec une intention scientifique dégagée de tous les préalables théologiques. Les grandes œuvres théologiques elles-mêmes doivent faire l'objet de cet examen critique. Il manque encore à l'effort déployé dans ce sens pour le christianisme une visée plus résolument anthropologique : les résistances à la démythologisation prouvent qu'on ne veut pas passer de la réflexion sur *une* foi à une intelligence de *la* foi comme réalité humaine fonctionnelle dans les contextes historiques les plus divers. Il faudrait définir une méthodologie et un vocabulaire communs — conditions de toute science — qui permettraient de lire toutes les Ecritures saintes comme autant d'événements faisant partie de l'Economie du Salut de l'homme. On passerait ainsi de la théologie comme discours à usage restreint à une philosophie de la théologie; on chercherait non plus à défendre la vérité d'une foi, mais à comprendre la foi comme vérité. C'est à cette condition que le Coran cessera d'être l'ultime Révélation pour les uns, une simple construction géniale pour les autres.

2b) *Aventures de la dialectique et transcendance.*

Une telle approche, objecteront les croyants traditionnels, finira par couper l'homme de la transcendance et le priver de cette espérance que seule la religion peut nourrir. En réduisant la religion à une somme de rites, d'institutions, d'activités séculières accessibles à l'analyse scientifique, on accélère, en effet, le

---

1. Expression de P. Ricœur.
2. A la Sorbonne, chaque année, un ou deux candidats seulement choisissent l'Islam pour passer le certificat d'histoire des religions!

processus de désacralisation du monde et de l'existence humaine pour s'installer dans le profane, l'immédiat, le contingent. Dès lors, on fait davantage droit à la conception qui limite les significations au plan de l'histoire concrète déchiffrée comme une suite d'aventures sans finalité et souvent même absurdes. Et l'on aboutit à ce résultat très caractéristique de notre époque où une nostalgie de l'homme ancien s'affirme comme une accusation devant l'engagement sans réserve dans l'action historique, soumise au jeu dialectique des forces économiques et sociales. Le refus de lier la transcendance aux aventures de la dialectique est justement une des expressions de cette nostalgie. Il permet de comprendre pourquoi les hommes n'ont jamais été si peu contemporains. Au Moyen Age, le riche et le pauvre, le maître et l'esclave, l'intellectuel et l'inculte se retrouvaient à égalité dans le temps et l'espace sacrés instaurés par les mythes et les rites; aujourd'hui, la séparation est radicale entre l'homme de Dieu et l'homme de la cité : les efforts pour réduire la distance ne dépassent guère le plan du langage, ou plutôt d'un langage qui porte lui-même les marques de l'éclatement. Une part importante de la spéculation philosophique et théologique perpétue ainsi la vieille problématique du spiritualisme et du matérialisme qui cache une incapacité de l'intelligence humaine à s'élever à une remise en question radicale de toutes les interprétations fragmentaires.

La lecture que nous proposons ne coupe pas l'homme de la transcendance; elle oblige seulement à suivre celle-ci dans la réalité historique où elle s'est incarnée de diverses façons. Ainsi, un texte comme le Coran, rétabli comme la Bible et le Nouveau Testament dans toutes ses significations phénoménologiques et historiques, confirme l'urgence et la possibilité de relire le passé humain avec d'autres yeux. Il n'est pas sûr, en effet, que l'isolement et la dislocation actuels des consciences soient uniquement aux progrès de la civilisation industrielle. L'intelligence, engagée pour la première fois dans tous les domaines du savoir avec une exigence scientifique, n'est pas encore parvenue au stade de la vision unifiante. L'histoire, en particulier, est en train d'être reconstituée dans sa réalité économique et sociale après l'avoir été pendant des siècles avec des préoccupations théologiques, éthiques et idéologiques. Mais on doit désormais poser la question suivante : est-il légitime, en droit en en fait, de relater l'expérience historique vécue « sous la bannière du Coran » [1], ou sous l'influence directe ou camouflée des Evangiles et de la Bible, en continuant à distinguer histoire doctrinale, histoire événemen-

---

1. Titre suggestif d'un ouvrage célèbre de Muṣṭafa Ṣādiq al-Rāfiᵉi.

tielle, histoire économique et sociale, etc. ? Peut-on encore se contenter de réduire l'histoire à une description exhaustive des faits constatables et chiffrables — l'infrastructure économique et sociale, diront les marxistes — en laissant toujours dans l'ombre l'immense domaine de la psychologie historique ? C'est un fait qu'un certain sociologisme tend à relayer le positivisme d'hier. Le sentiment religieux est le plus souvent traité à part comme un épiphénomène et les oppositions profane-sacré, temporel-spirituel continuent d'évoquer une schématisation de la réalité humaine totale. On répétera ainsi comme un dogme qu'en Islam le temporel n'est jamais séparé du spirituel par référence à la chrétienté où la séparation serait nette; de même qu'on s'abstiendra de comprendre les transformations du sacré en profane et du profane en sacré.

Ces trop brèves réflexions [1] tendent à accréditer une connaissance historique qui s'attacherait pour chaque époque et pour chaque groupe humain à évaluer sans idée préconçue l'importance respective de la révélation, de la vérité et de l'histoire concrète — ou, si l'on veut, du mythe, de la raison et de l'événement — dans l'évolution de l'humanité. Ce que nous nommons l'histoire totale est le résultat de ces trois facteurs qui sont en tension perpétuelle ainsi que nous l'avons indiqué plus haut. Les civilisations islamiques permettent d'illustrer ces vues à l'aide d'exemples aussi riches que nombreux. Dans le Coran, déjà, on peut suivre la pénétration de la transcendance dans l'histoire, la mythisation de la conscience et, inversement, l'historisation de la transcendance et la rationalisation du mythe. Cette dialectique s'intensifie avec l'intervention du logos grec [2]. Une telle approche, on le voit, a le mérite de ramener à l'horizon de la pensée contemporaine la notion de transcendance qui active notre existence *en même temps* [3] que l'économique, le social, le politique, etc. Elle est la seule concevable présentement pour promouvoir un remembrement de la conscience grâce à un remembrement du langage.

2 c) *Vers la réciprocité des consciences.*

En récupérant un sens de la transcendance dans l'histoire, nous récupérons aussi une mémoire mythique qui est en train

1. Chaque phrase réfère à des exemples précis dans les littératures anciennes et actuelles sur les sujets évoqués. Nous avons préféré renoncer à gonfler démesurément notre annotation.
2. L'œuvre d'un Jâḥiẓ — écrivain très admiré du IIIᵉ siècle de l'hégire — en témoigne avec éclat. Mais, en fait, les exemples abondent.
3. Dans l'état actuel de nos connaissances sur l'homme, nous ne pouvons pas dire « plus », « autant », ni « moins »; il appartient justement à une recherche *ouverte* de le dire. Mais y parviendra-t-elle jamais ?

d'être éliminée par la mémoire historique. Celle-ci est divisée, éparpillée, partielle, donc nécessairement partiale; celle-là est synoptique, totalisante, ouverte aux manifestations symboliques de l'Etre, donc à la communication en profondeur. On répète souvent que juifs, chrétiens, musulmans sont les descendants spirituels d'Abraham; ils croient en un Dieu Vivant, Créateur qui s'est manifesté aux hommes par l'intermédiaire de prophètes : ce qui entraîne le recours à un langage de structure mythique utilisant des symboles homologues. Mais les chances de communion ainsi ouvertes ont été éliminées par des mémoires historiques divergentes : l'histoire qui se vit se cristallise, en effet, pour chaque communauté, en « valeurs spécifiques » consignées dans l'histoire qui s'écrit. Le plus grave, c'est que, pendant des siècles, chaque religion a justement servi à *consacrer* — au sens premier — les conduites économiques et politiques de ses fidèles. De là l'ambiguïté mortelle du mot qui désigne les actes cultuels et les croyances par lesquels l'homme traduit sa relation avec Dieu, mais en même temps l'ensemble des doctrines, des codes, des mœurs, des traditions développés dans chaque corps social. Une extension abusive du religieux a ainsi permis la sacralisation de l'Etat et des institutions islamiques tout comme dans le judaïsme et la chrétienté. C'est ce qui explique, aujourd'hui, une mise au point vigoureuse comme dans ce paragraphe de K. Barth :

« La religion ne peut rien changer à ceci que l'action de cet homme en ce monde est faite sans Dieu. Elle ne peut que découvrir l'athéisme en toute sa fleur. Car la religion en tant qu'être, avoir et agir de l'homme, est chair. Elle participe au désordre et au caractère profane de tout l'humain. Elle est sa plus haute pointe, son achèvement, mais elle n'est pas son dépassement, sa rénovation. Pas même la religion des premiers chrétiens [1]. Ni la religion d'Isaïe, ou des Réformateurs. Ce n'est pas par hasard qu'une odeur de mort se dégage précisément des sommets de la religion : que Zwingle a répandu autour de lui un plat libéralisme bourgeois, Kierkegaard un surpiétisme toxique, Dostoïevski un déchirement hystérique... Malheur, quand des sommets de la religion ne sort que religion! Elle ne libère pas, elle emprisonne, dans des conditions pires que tout ce qui peut emprisonner [2]. »

Il s'est ainsi formé au cours des âges des consciences sédimentées, emmurées dans un ensemble de certitudes sacralisées par un lent travail de mythologisation. C'est ce travail que l'intelligence moderne a l'audace « sacrilège » de vouloir analyser pour en retrouver le mécanisme, en détendre les ressorts et instaurer

---

1. Ni, ajouterions-nous, celle des « pieux Anciens » qu'invoquent les musulmans chaque fois qu'ils veulent restaurer la « vraie » religion.
2. K. Barth cité dans H. Brouillard, *K. Barth*, I, p. 54.

enfin, si possible, une intelligibilité sans détour, sans médiation, une lecture directe et totalisante du réel. Il se peut qu'en cours d'exploration, la démythologisation projetée se mue subrepticement en une nouvelle mythologisation. Le danger est d'autant plus menaçant que nous vivons dans l'ère des idéologies qui sont des mythologies rationalisées, où le concept a remplacé le symbole. C'est pourquoi les philosophes et théologiens prennent soin de distinguer (dé)mythologisation et (dé)mythisation. L'iconoclasme de la critique moderne rejoint, en définitive, l'attitude la plus constante de tout l'Islam classique, par exemple : celui-ci a toujours prêché le retour à la Révélation par-delà les interprétations, les trahisons, les idoles de toutes natures engendrées par l'histoire. Il faut retrouver, par la récitation, « la fraîcheur première » de la Parole de Dieu, ont répété les soufis. Aujourd'hui, nous disons qu'il est nécessaire de libérer le noyau mythique originel, l'Intention libératrice des Ecritures de toutes les doctrines, pratiques et croyances confondues sous le nom de religion. Notre privilège par rapport aux Anciens, c'est que nous pouvons réaliser cette démythologisation sans refuser l'histoire : en y déployant, au contraire, une activité plus lucide, moins aliénante. Déjà, grâce à l'exigence critique ouverte à l'Appel, mais s'exerçant sans défaillance sur les divinités créées par l'homme, des consciences de plus en plus nombreuses entrent en dialogue dans « une réciprocité de perspectives ». C'est ce dialogue que vise à favoriser la lecture du Coran que nous préconisons.

Toutes les vues qui précèdent demandent sûrement à être appuyées sur des analyses de textes scrupuleuses, des enquêtes larges et diversifiées, des confrontations rigoureuses avec les données changeantes de la pensée scientifique en pleine évolution. Nous espérons apporter bientôt une contribution plus substantielle à cette vaste entreprise. Pour l'heure, nous reconnaîtrons volontiers que l'impatience de mettre fin aux lieux communs les plus affligeants qui courent encore sur l'un des textes les plus extraordinaires proposés à l'attention des hommes nous a peut-être entraîné dans des formulations imprudentes. Chaque fois qu'il en aura le sentiment, le lecteur voudra bien se souvenir que nous l'invitons à une réflexion plus qu'à recevoir des solutions définitives. On pourra, cependant, retenir pour acquis les points suivants :

1) la critique historique et philologique, tout en représentant un indispensable premier travail d'élucidation, perd ses droits

devant la description phénoménologique des significations telles
qu'elles ont été reçues et vécues par la conscience musulmane;

2) la raison dialectique alliée à l'imagination symbolique,
autrement dit la conscience indivise, est seule capable d'intégrer
le langage de la Révélation, y compris les « contradictions » qu'y
a fait surgir la raison raisonnante, cette « raison qui frémit à
chaque page du Coran » comme disait Voltaire;

3) le Coran ne peut être traité comme un document littéraire
et historique que *de surcroît;* cela veut dire qu'il faut inverser la
méthode mise en honneur par les fondamentalistes anciens et les
commentateurs modernes : les versets ne reçoivent pas leur sens
des « circonstances de la Révélation » *(asbâb al-nuzûl),* mais ils
peuvent fournir à l'historien des indications sur l'état de la
culture et de la société en Arabie au début du VIIᵉ siècle. Lier
les versets à la circonstance, c'est accréditer, comme on l'a fait,
l'idée positiviste d'une Révélation opportuniste, d'un prophète
appelant Dieu au secours dans les moments utiles; c'est figer
dans la contingence la portée d'un Texte dont l'intention première et le résultat effectif est d'activer l'histoire. Il est temps
de réviser cette attitude mortelle de la théologie essentialiste
développée au Moyen Age;

4) l'exigence critique en matière d'interprétation est parvenue
à un seuil où elle est condamnée à se répéter et à se diluer dans
des examens de détail, ou à se dépasser vers un remembrement
du langage et, par suite, de la conscience. Cependant, cette nouvelle étape de la recherche ne fait que commencer.

Mohammed ARKOUN.

Note de l'éditeur : L'auteur de cette introduction n'a révisé le
texte de la traduction que sur des points de détail.

ORIENTATION BIBLIOGRAPHIQUE

Contrairement aux bibliographies courantes qui orientent directement vers la lecture d'ouvrages consacrés au Coran et à l'Islam en général, nous conseillerons vivement de commencer par découvrir les grands problèmes soulevés par l'histoire générale des religions, la philosophie de la religion, la sociologie des religions, l'histoire générale de la philosophie, l'anthropologie sociale et culturelle. Les ouvrages sur l'Islam ouverts aux problèmes traités dans toutes ces disciplines encore trop neuves sont rares. Aborder le Coran en les utilisant comme guides, c'est donc se vouer d'avance à *répéter* une science, alors qu'il convient de la prolonger, voire de la dépasser.

Toutefois, nous ne pouvons donner ici une orientation bibliographique complète dans le domaine complexe des sciences humaines. Outre les titres mentionnés dans nos notes, nous signalerons que la collection *Foi vivante* publie en livres de poche des textes souvent intéressants, proches de notre sujet. On s'attachera à prendre connaissance aussi des œuvres de G. Bachelard, Cl. Lévi-Strauss, G. Balandier, M. Eliade, J. Cazeneuve, H. Duméry, P. Ricœur, C. G. Jung, G. Gusdorf, R. Bultmann, K. Barth, J. Daniélou, J. Maritain, etc.

Pour les ouvrages traitant directement du Coran, on commencera par l'*Introduction au Coran* (2ᵉ éd. Besson et Chantemerle 1959) et *Le Problème de Mahomet* (P.U.F. 1952) de R. Blachère. Ces deux ouvrages apportent une mise au point difficile à dépasser sur tous les problèmes de critique historique et philologique, dans la traduction du Coran selon un reclassement chronologique des sourates (2 vol., G. P. Maisonneuve 1947-1951). M. Rodinson a récemment publié un *Mahomet* (Seuil 1968) où la vie et l'œuvre du Prophète sont envisagées du point de vue d'une réflexion « sur les constantes des idéologies et des mouvements à base idéologique ». Sur le milieu natif de l'Islam, on se reportera à T. Fahd : *La Divination arabe : études religieuses sociologiques et folkloriques sur le milieu natif de l'Islam,* Strasbourg 1966; J. Chelhod : *Les Structures du sacré chez les Arabes,* Paris 1965. Sur l'histoire de la pensée islamique, outre les ouvrages signalés d'H. Laoust, H. Corbin, on lira : L. Gardet : *Les Grands Problèmes de la théologie musulmane, Dieu et la destinée de l'homme,* Vrin; 1967; R. Arnaldez : *Grammaire et Théologie chez Ibn Hazm de Cordoue,* Vrin 1956; A. Badawî : *La Transmission de la philosophie grecque au monde arabe,* Vrin 1968; R. Blachère : *Histoire de la littérature arabe,* 3 vol. parus, Paris 1952-1966; Ch. Pellat : *Le milieu basrien et la formation de Gāḥiẓ,* Paris 1953; G. Lecomte : *Ibn Qutayba, l'homme, son œuvre, ses idées,* Damas 1965; M. Allard : *Le Problème des attributs divins dans la doctrine d'Al-Aš'ari,* Beyrouth 1965; A. Miquel : *La Géographie humaine du monde musulman jusqu'au milieu du XIᵉ siècle,* Mouton et Cᵒ 1967; J. C. Vadet : *L'Esprit courtois en Orient dans les cinq premiers siècles de l'Hégire,* Paris 1968; J. Jomier : *Le Commentaire coranique du Manar,* Paris 1954; A. Mérad : *Le Réformisme musulman en Algérie de 1925 à 1940,* Mouton et Cᵒ 1967. Enfin, pour l'histoire générale de l'Islam, voir J. et D. Sourdel : *La Civilisation de l'Islam classique,* Arthaud 1968, et A. Miquel : *L'Islam et sa civilisation,* A. Colin 1968.

SOURATE PREMIÈRE [1]

Donnée à La Mecque. — 7 versets.

Au nom de Dieu clément et miséricordieux [2].

1. Louange à Dieu souverain de l'univers [3],
2. Le clément, le miséricordieux,
3. Souverain au jour de la rétribution.
4. C'est toi que nous adorons, c'est toi dont nous implorons le secours.
5. Dirige-nous dans le sentier droit,
6. Dans le sentier de ceux que tu as comblés de tes bienfaits,
7. De ceux qui n'ont point encouru ta colère et qui ne s'égarent point. *Amen.*

---

1. Le mot *Coran* veut dire lecture, récitation, « prédication religieuse »·
Avec l'article *al*, la lecture; la prédication par excellence. Cette première sourate
n'a d'autre titre que *fâtihat al-kitab*, sourate qui ouvre le livre.
2. En arabe, *b-ısmı-bláh al-rahmān al-rahīm*. Cette invocation se lit en tête de
toutes les sourates du Coran, la sourate IX seul exceptée. Le mot *rahman* est
appliqué à Dieu comme embrassant dans sa miséricorde tous les êtres sans distinction aucune; *rahim*, au contraire, veut dire miséricordieux, dans un sens
plus restreint, envers les bons, les fidèles, ceux qui méritent sa grâce. Bien que la
traduction donnée ici ne rende pas la nuance qui existe entre ces deux mots
arabes, nous l'avons conservée comme étant généralement adoptée.
3. Le mot *'âlamîn* qui se trouve dans le texte a été traduit diversement. La
collation de différents passages où se trouve ce mot nous permet de le traduire
tantôt par univers, tantôt par tous, tout le monde.

SOURATE II

LA GÉNISSE [1]

Donnée à Médine. — 286 versets.

Au nom de Dieu clément et miséricordieux.

1. A. L. M. [2] Voici le livre sur lequel il n'y a point de doute; c'est la *direction* de ceux qui craignent le Seigneur;

2. De ceux qui croient aux choses cachées, qui observent exactement la prière et font des largesses des biens que nous leur dispensons;

3. De ceux qui croient à *la révélation* qui a été donnée à toi et à ceux qui t'ont précédé; de ceux qui croient avec certitude à la vie future.

4. Eux seuls seront conduits par leur Seigneur, eux seuls seront bien heureux.

5. Pour les infidèles, il leur est égal que tu les avertisses ou non : ils ne croiront pas.

6. Dieu a apposé un sceau sur leurs cœurs et sur leurs oreilles; leurs yeux sont couverts d'un bandeau, et le châtiment cruel les attend.

7. Il est des hommes qui disent : Nous croyons en Dieu et au jour dernier, et cependant ils ne sont pas du nombre des croyants.

8. Ils cherchent à tromper Dieu et ceux qui croient, mais ils ne tromperont qu'eux-mêmes et ils ne le comprennent pas.

9. Une infirmité siège dans leurs cœurs [3], et Dieu ne fera que l'accroître; un châtiment douloureux leur est réservé, parce qu'ils ont traité les prophètes de menteurs.

10. Lorsqu'on leur dit : Ne commettez point de désordres sur la terre, ils répondent : Loin de là, nous y faisons fleurir l'ordre.

---

1. Cette sourate a été intitulée *La Génisse*, parce que, entre autres choses, il s'agit de la génisse que Moïse avait ordonné aux Israélites d'immoler. Voyez le verset 63.

2. Un grand nombre de sourates du Coran portent, soit pour titre, soit au premier verset, des lettres isolées dont la signification et la valeur sont inconnues.

3. Partout dans le Coran, par les hommes dont le cœur est atteint d'une infirmité, Muḥammad entend les hypocrites, les hommes de foi douteuse et chancelante.

11. Ils commettent des désordres, mais ils ne le comprennent pas.

12. Lorsqu'on leur dit : Croyez, croyez ainsi que croient tant d'autres, ils répondent : Croirons-nous comme croient les sots ? N'est-ce pas plutôt eux qui sont des sots ? mais ils ne le sentent pas.

13. S'ils rencontrent des fidèles, ils disent : Nous avons la même croyance que vous; mais dès qu'ils se trouvent à l'écart, en société de leurs tentateurs, ils disent : — Nous sommes avec vous, et nous nous rions de ceux-là.

14. Dieu se rira d'eux; il les fera persister longtemps dans leur rébellion, errant incertains çà et là.

15. Ce sont eux qui ont acheté l'erreur avec la *monnaie* de la vérité, mais leur marché ne leur a point profité; ils ne sont plus dirigés *dans la droite voie*.

16. Ils ressemblent à celui qui a allumé du feu; lorsque le feu a jeté sa clarté sur les objets d'alentour et que Dieu l'a enlevée soudain, laissant les hommes dans les ténèbres, ils ne sauraient voir.

17. Sourds, muets et aveugles, ils ne peuvent plus revenir sur leurs pas [1].

18. Ils ressemblent à ceux qui, lorsqu'un nuage gros de ténèbres, de tonnerre et d'éclairs, fond du haut des cieux, saisis par la frayeur de la mort, se bouchent les oreilles de leurs doigts, à cause du fracas du tonnerre, pendant que le Seigneur enveloppe de tous côtés les infidèles.

19. Peu s'en faut que la foudre ne les prive de la vue; lorsque l'éclair brille, ils marchent à sa clarté; et lorsqu'il verse l'obscurité sur eux, ils s'arrêtent. Si Dieu voulait, il leur ôterait la vue et l'ouïe, car il est tout-puissant. O hommes [2]! adorez votre Seigneur, celui qui vous a créés, vous et ceux qui vous ont précédés. Craignez-moi.

20. C'est Dieu qui vous a donné la terre pour lit et élevé la voûte des cieux pour abri; c'est lui qui fait descendre l'eau des cieux, qui par elle fait germer les fruits destinés à vous nourrir. Ne donnez donc point d'associés à Dieu. Vous le savez.

21. Si vous avez des doutes sur le livre que nous avons envoyé

---

1. Les commentateurs donnent à ces mots le sens de : *ils ne se convertiront point.*
2. Lorsqu'un prédicateur, dans la mosquée, ou un orateur arabe, harangue le peuple, il se sert, dans son allocution, des mots : O hommes! c'est-à-dire : O vous qui m'écoutez. De même, dans le Coran, ces mots ne s'étendent pas à tous les hommes, aux mortels, mais aux Mecquois ou aux Médinois que prêchait Muḥammad. C'est le caractère propre à tous les discours tenus par Muḥammad et à toutes les institutions et préceptes d'avoir une application actuelle et restreinte aux peuples de l'Arabie, sans embrasser les autres peuples, le genre humain.

à notre serviteur, produisez un chapitre au moins pareil à ceux qu'il renferme, et appelez, si vous êtes sincères, vos témoins que vous invoquez à côté de Dieu [1].

22. Mais si vous ne le faites pas, et *à coup sûr* vous ne le ferez pas, redoutez le feu préparé pour les infidèles, *le feu* dont les hommes et les pierres [2] seront l'aliment.

23. Annonce à ceux qui croient et qui pratiquent les bonnes œuvres, qu'ils auront pour demeure des jardins arrosés de courants d'eau. Toutes les fois qu'ils recevront des fruits de ces jardins, ils s'écrieront : Voilà les fruits dont nous nous nourrissions autrefois [3]; mais ils n'en auront que l'apparence [4]. Là, ils trouveront des femmes exemptes de toute souillure, et ils y demeureront éternellement.

24. Dieu ne rougit pas d'offrir en parabole un moucheron ou quelque autre objet plus relevé. Les croyants savent que c'est la vérité qui leur vient de leur Seigneur : mais les infidèles disent : Qu'est-ce donc que Dieu a voulu nous dire en nous proposant cette parabole ? Par de telles paraboles, il égare les uns et dirige les autres. — Non, il n'y aura d'égarés que les méchants,

25. *Les méchants*, qui rompent le pacte du Seigneur conclu antérieurement, qui séparent ce que Dieu avait ordonné de conserver uni, qui commettent des désordres sur la terre : ceux-là sont des malheureux.

26. Comment pouvez-vous être ingrats envers Dieu [5], vous qui étiez morts et à qui il a rendu la vie, qui vous fera mourir, qui plus tard vous fera revivre de nouveau, et auprès duquel vous retournerez un jour ?

27. C'est lui qui a créé pour vous tout ce qui est sur la terre; *cette œuvre terminée*, il se porta vers le ciel et en forma sept cieux, lui qui s'entend en toutes choses [6].

---

1. Les mots *min douni'llahi* sont traduits ordinairement par : *à l'exclusion de Dieu*. Cependant *min douni* est une locution adverbiale qui exprime qu'avant de parvenir à tel objet on en rencontre un autre sur son chemin; ainsi, dans ce passage, et dans les passages analogues du Coran, elle veut dire que dans le culte idolâtre il y avait entre les hommes et le Dieu unique des êtres, des divinités intermédiaires. Muḥammad n'accuse pas les Arabes d'adorer les divinités exclusivement et absolument, mais de mêler au culte de Dieu celui d'autres divinités. C'est ce qui résulte de beaucoup de passages du Coran, où les idolâtres sont réputés reconnaître l'action du Dieu suprême.

2. Les pierres, c'est-à-dire, les statues en pierre des fausses divinités.

3. C'est-à-dire : dans l'autre monde, sur la terre.

4. C'est-à-dire que ces fruits seront d'un goût bien plus exquis que ceux de la terre, quoique semblables en apparence à ces derniers, et ce pour leur causer une surprise agréable.

5. On pourrait traduire : Comment pouvez-vous ne pas croire en Dieu ? le même mot en arabe servant à rendre les deux.

6. Le ciel formait un tout; Dieu l'a partagé en sept cieux superposés les uns au-dessus des autres, comme les pellicules de l'oignon.

28. Lorsque Dieu dit aux anges : Je vais établir un vicaire sur la terre, les anges répondirent : Veux-tu établir un être qui commette des désordres et répande le sang pendant que nous célébrons tes louanges et que nous te sanctifions sans cesse ? — Je sais, répondit le Seigneur, ce que vous ne savez pas.

29. Dieu apprit à Adam les noms de tous les êtres, puis, les amenant devant les anges, il leur dit : Nommez-les-moi, si vous êtes sincères.

30. Loué soit ton nom, répondirent les anges; nous ne possédons d'autre science que celle que tu nous as enseignée; tu es le savant, le sage.

31. Dieu dit à Adam : Apprends-leur les noms de tous les êtres, et lorsqu'il l'eut fait, le Seigneur dit : Ne vous ai-je pas dit que je connais le secret des cieux et de la terre, ce que vous produisez au grand jour et ce que vous cachez ?

32. Lorsque nous ordonnâmes aux anges d'adorer Adam, ils l'adorèrent tous, excepté Eblis; celui-ci s'y refusa et s'enfla d'orgueil, et il fut du nombre des ingrats.

33. Nous [1] dîmes à Adam : Habite le jardin avec ton épouse; nourrissez-vous abondamment de ses fruits, de quelque côté du jardin qu'ils se trouvent; seulement n'approchez pas de l'arbre que voici, de peur que vous ne deveniez coupables.

34. Satan a fait glisser leur pied et les a fait bannir du lieu où ils se trouvaient. Nous leur dîmes alors : Descendez de ce lieu; ennemis les uns des autres [2], la terre vous servira de demeure et de possession temporaire.

35. Adam apprit de son Seigneur des paroles *de prière;* Dieu agréa son repentir; il aime à revenir *à l'homme qui se repent;* il est miséricordieux.

36. Nous leur dîmes : Sortez du paradis tous tant que vous êtes; un livre destiné à vous diriger vous viendra de ma part; la crainte n'atteindra jamais ceux qui le suivront, et ils ne seront point affligés.

37. Mais ceux qui ne croiront pas, qui traiteront nos signes [3] de mensonge, seront livrés au feu éternel.

---

1. Dans le verset précédent, c'est Muḥammad qui raconte lui-même ou répète les paroles de l'ange Gabriel, c'est Dieu qui est censé parler lui-même. Ce changement subit de narrateur se reproduit à chaque instant dans le Coran, non seulement dans les différents versets, mais dans la même période.

2. C'est-à-dire, hommes et démons.

3. Le mot arabe *âya* signifie *signe*, mais surtout un signe d'avertissement du ciel, et par conséquent *miracle, prodige;* mais il signifie en outre *verset du Coran,* chaque verset étant la parole de Dieu, et regardé comme un *miracle* et un *avertissement.* Pour nous rapprocher autant que possible du texte arabe, nous avons conservé partout la signification de *signe.* Et c'est à cause de cela qu'on trouvera dans cette traduction les mots : *réciter ou relire les signes de Dieu,* c'est-à-dire, les versets du Coran révélés à Muḥammad.

38. O enfants d'Israël! souvenez-vous des bienfaits dont je vous ai comblés, soyez fidèles à mon alliance, et je serai fidèle à la vôtre; révérez-moi, et croyez au livre que j'ai envoyé pour corroborer vos écritures; ne soyez pas les premiers à lui refuser votre croyance; n'allez point acheter avec mes signes un objet de nulle valeur. Craignez-moi.

39. Ne revêtez pas la vérité de la robe du mensonge; ne cachez point la vérité [1] quand vous la connaissez.

40. Observez exactement la prière, faites l'aumône, et courbez-vous avec mes adorateurs.

41. Commanderez-vous les bonnes actions aux autres pendant que vous vous oublierez vous-mêmes? Vous lisez cependant le livre [2]; ne comprendrez-vous donc jamais?

42. Appelez à votre aide la patience et la prière; la prière est une charge, mais non pas pour les humbles,

43. Qui pensent qu'un jour ils reverront leur Seigneur et qu'ils retourneront auprès de lui.

44. O enfants d'Israël, souvenez-vous des bienfaits dont je vous ai comblés, souvenez-vous que je vous ai élevés au-dessus de tous les humains.

45. Redoutez le jour où une âme ne satisfera point pour une autre âme, où il n'y aura ni intercession, ni compensation, ni secours à attendre.

46. Souvenez-vous que nous vous avons délivrés de la famille de Pharaon qui vous infligeait de cruels supplices; on immolait vos enfants et l'on n'épargnait que vos filles. C'était une rude épreuve de la part de votre Seigneur.

47. Souvenez-vous que nous avons fendu la mer pour vous, que nous vous avons sauvés, et noyé Pharaon sous vos yeux.

48. Lorsque nous formions notre alliance avec Moïse pendant quarante nuits, vous avez pris, pendant son absence, un veau pour objet de votre adoration et vous avez agi iniquement.

49. Nous vous pardonnâmes ensuite, afin que vous nous soyez reconnaissants.

50. Nous donnâmes à Moïse le livre et la distinction [3], afin que vous soyez dirigés dans la droite voie.

1. Muḥammad reproche aux juifs et souvent aux chrétiens d'altérer le sens des Ecritures pour en ôter ou éluder les passages dans lesquels la venue de Muḥammad a dû être prédite selon lui.

2. Le livre, pris absolument, veut dire : tout livre révélé, les Ecritures : le Pentateuque en parlant aux juifs; l'Evangile, en parlant aux chrétiens; il s'applique aussi au Coran. Nous ferons observer, à ce sujet, que dans ces prédications, Muḥammad distingue les idolâtres et les ignorants de ceux qui ont, à quelque époque que ce soit, reçu des Ecritures; ces derniers sont appelés famille du Livre.

3. La distinction : al-forqān s'applique ici au Pentateuque comme au Coran dans d'autres passages. C'est tout livre de révélation divine en tant qu'il distingue le licite de l'illicite. On peut dire que, dans chaque livre divin, la partie

51. Moïse dit à son peuple : Vous avez agi iniquement envers vous-mêmes en adorant le veau. Revenez à votre créateur, ou bien donnez-vous la mort; ceci vous servira mieux auprès de lui. Il vous pardonnera, car il aime à revenir à l'homme converti, et il est miséricordieux.

52. Vous dites alors à Moïse : O Moïse, nous ne te donnerons aucune créance avant que nous ayons vu Dieu manifestement. Le châtiment *de cette conduite* vous saisit soudain.

53. Nous vous avons ressuscités après votre mort, afin que vous soyez reconnaissants.

54. Nous fîmes planer un nuage sur vos têtes, et nous vous envoyâmes de la manne et les cailles en vous disant : Mangez des mets délicieux que nous vous avons accordés; vous avez agi iniquement envers vous-mêmes plus encore qu'envers nous.

55. Nous dîmes *au peuple d'Israël :* Entrez dans cette ville, jouissez des biens qui s'y trouvent, au gré de vos désirs; mais en entrant dans la ville prosternez-vous et dites : Indulgence, ô Seigneur! et il vous pardonnera vos péchés. Certes nous comblerons les justes de nos bienfaits.

56. Mais les méchants d'entre eux substituèrent à la parole qui leur fut indiquée une autre [1] parole, et nous fîmes descendre du ciel un châtiment comme rétribution de leur perfidie.

57. Moïse demanda à Dieu de l'eau pour désaltérer son peuple, et nous lui dîmes : Frappe le rocher de ta baguette. Tout d'un coup jaillirent douze sources, et chaque troupe connut aussitôt le lieu où elle devait se désaltérer. Nous dîmes *aux enfants d'Israël :* Mangez et buvez des largesses de Dieu, et ne commettez point des désordres sur la terre.

58. Lorsque vous avez dit : O Moïse! nous ne pouvons supporter plus longtemps une seule et même nourriture; prie ton Seigneur qu'il fasse pousser pour nous de ces produits de la terre, des légumes, des concombres, des lentilles, de l'ail et des oignons, Moïse vous répondit : Voulez-vous échanger ce qui est bon contre ce qui est mauvais ? Eh bien, rentrez en Egypte, vous y trouverez ce que vous demandez. Et l'avilissement et la pauvreté s'étendirent sur eux, et ils s'attirèrent la colère de Dieu, parce qu'ils ne croyaient point à ses signes et tuaient injustement leurs prophètes [2]. Voilà quelle fut la rétribution de leur révolte et de leurs méchancetés.

qui traite des usages, des aliments, etc., s'appelle *al-forqan* (distinction), de même que la partie dogmatique *al houda* (direction).
1. D'après les commentateurs, les juifs, au lieu de dire *hittat*, absoute, indulgence, mot qu'on leur avait ordonné de prononcer en entrant dans la ville, auraient dit en plaisantant *habbat*, etc., un grain d'orge.
2. On voit par cette version sur le retour des Israélites en Egypte que Muḥammad refait à son gré l'histoire du peuple de Dieu. Nous nous dispenserons, à l'avenir, de relever les discordances du Coran avec les livres de l'Ecriture.

59. Ceux qui ont cru [1], ceux qui suivent la religion juive, les chrétiens, les sabéens et quiconque aura cru en Dieu et au jour dernier, et qui aura pratiqué le bien, tous ceux-là recevront une récompense de leur Seigneur; la crainte ne descendra point sur eux, et ils ne seront point affligés.

60. Lorsque nous acceptâmes votre alliance et que nous eûmes dressé au-dessus de vos têtes le mont Sinaï, nous dîmes : Recevez avec un ferme dévouement *les lois* que nous vous donnons, et souvenez-vous de ce qu'elles contiennent. Peut-être craindrez-vous Dieu.

61. Mais vous vous en êtes éloignés dans la suite, et si ce n'était la grâce de Dieu et sa miséricorde, vous auriez péri. Vous connaissez ceux d'entre vous qui ont transgressé le jour du sabbat : nous les transformâmes en vils singes,

62. Et nous les fîmes servir d'exemple terrible à leurs contemporains, à leurs descendants, et de signe d'*avertissement* à tous ceux qui craignent.

63. Moïse dit un jour à son peuple : Dieu vous ordonne d'immoler une génisse; les Israélites s'écrièrent : Nous prendras-tu en dérision ? Que Dieu me préserve, dit-il, d'être au nombre des insensés ? Prie ton Seigneur, répondirent les Israélites, de nous expliquer clairement quelle doit être cette génisse. Dieu veut, dit-il, qu'elle soit ni vieille ni jeune, mais d'un âge moyen. Faites donc ce qui vous est ordonné.

64. *Les Israélites ajoutèrent :* Prie ton Seigneur de nous expliquer clairement quelle doit être sa couleur. Dieu veut, leur dit Moïse, qu'elle soit d'un jaune très prononcé, d'une couleur telle qu'elle réjouisse l'œil de quiconque la verra.

65. — Prie le Seigneur de nous expliquer distinctement quelle doit être cette génisse, car nous trouvons bien des génisses qui se ressemblent, et nous ne serons bien dirigés *dans notre choix* que si Dieu le veut.

66. Dieu vous dit, *reprit Moïse*, que ce ne soit pas une génisse fatiguée par le travail du labourage ou de l'arrosement des champs, mais une génisse dont le mâle n'ait jamais approché, qu'elle soit sans aucune tache. Maintenant, s'écria le peuple, tu nous as dit la vérité. — Ils immolèrent la génisse; et cependant peu s'en fallut qu'ils ne l'eussent point fait.

67. Rappelez-vous ce meurtre qui a été commis sur un

---

1. On a voulu conclure des paroles de ce verset, que les hommes de toute religion pouvaient être sauvés, pourvu qu'ils reconnaissent l'existence d'un seul Dieu et pratiquent les bonnes œuvres; mais le sentiment unanime des commentateurs s'oppose à cette interprétation, d'autant plus que le verset 79 de la sourate III abroge celui-ci en mettant la profession de l'Islam pour condition indispensable du salut.

homme d'entre vous; ce meurtre était l'objet de vos disputes. Dieu fit voir au grand jour ce que vous cachiez [1].

68. Nous commandâmes de frapper le mort avec un des membres de la génisse; c'est ainsi que Dieu ressuscite les morts et fait briller à vos yeux ses miracles; peut-être finirez-vous par comprendre.

69. Vos cœurs se sont endurcis depuis; ils sont comme des rochers, et plus durs encore, car des rochers coulent des torrents; les rochers se fendent et font jaillir l'eau; il y en a qui s'affaissent par la crainte de Dieu, et certes Dieu n'est pas inattentif à vos actions.

70. Désirerez-vous maintenant, ô *musulmans!* que les juifs deviennent croyants à cause de vous? Un certain nombre d'entre eux cependant obéissaient à la parole de Dieu; mais par la suite ils l'altérèrent sciemment après l'avoir comprise.

71. S'ils rencontrent les fidèles, ils disent : Nous croyons; mais aussitôt qu'ils se voient seuls entre eux, ils disent : Racontez-vous aux musulmans ce que Dieu vous a révélé, afin qu'ils s'en servent devant lui pour vous combattre? Ne comprenez-vous pas où cela aboutit?

72. Ignorent-ils donc que le Très-Haut sait ce qu'ils cachent comme ce qu'ils mettent au grand jour?

73. Parmi eux le vulgaire ne connaît pas le livre (le Pentateuque), mais seulement les contes mensongers, et n'a pas de croyance ferme. Malheur à ceux qui, écrivant le livre de leurs mains *corruptrices*, disent, pour en tirer, un vil salaire : Voilà le livre de Dieu. Malheur à eux, à cause de ce que leurs mains ont écrit, et à cause du gain qu'ils en retirent.

74. Ils disent : Si le feu nous atteint, ce ne sera que pour un petit nombre de jours. Dis-leur : En avez-vous reçu de Dieu un engagement qu'il ne révoquera jamais, ou bien n'avancez-vous pas ce que vous ignorez?

75. Bien loin de là : ceux qui n'ont pour tout gain que leurs mauvaises actions, ceux que leurs péchés enveloppent de tous côtés, ceux-là seront voués au feu, et ils y demeureront éternellement.

76. Mais ceux qui ont cru et pratiqué le bien, ceux-là seront en possession du paradis, et y séjourneront éternellement.

77. Quand nous reçûmes l'alliance des enfants d'Israël, nous leur dîmes : N'adorez qu'un seul Dieu; tenez une belle conduite envers vos pères et mères, envers vos proches, envers les orphelins et les pauvres; n'ayez que des paroles de bonté pour tous les

---

1. C'est une allusion à un événement arrivé chez les juifs, et à la manière dont fut découvert l'auteur d'un meurtre.

hommes; acquittez-vous exactement de la prière; donnez l'aumône. Excepté un petit nombre, vous vous êtres montrés récalcitrants, et vous vous êtes détournés de nos commandements.

78. Quand nous stipulâmes avec vous que vous ne verseriez point le sang de vos frères, et que vous ne vous banniriez point réciproquement de votre pays, vous y donnâtes votre assentiment, et vous en fûtes vous-mêmes témoins.

79. Et cependant vous avez exercé des meurtres entre vous, vous avez chassé une partie d'entre vous de votre pays, vous vous prêtez une assistance mutuelle pour les accabler d'injures et d'oppression; mais s'ils deviennent vos captifs, vous les rachetez, et il vous était défendu de les chasser de leur pays. Croirez-vous donc à une partie de votre livre, et en rejetterez-vous une autre; et quelle sera la récompense de celui qui agit de la sorte ? L'ignominie dans ce monde sera leur partage, et au jour de la résurrection ils seront refoulés vers le plus cruel des châtiments. Et certes Dieu n'est pas inattentif à vos actions.

80. Ceux qui achètent la vie de ce monde au prix de la vie future, le châtiment ne sera point adouci pour eux, et ils n'auront aucun secours.

81. Nous avons donné le livre de la loi à Moïse, et nous l'avons fait suivre par d'autres envoyés; nous avons accordé à Jésus, fils de Marie, des signes manifestes (de sa mission), et nous l'avons fortifié par l'esprit de la sainteté [1]. Toutes les fois que les envoyés du Seigneur vous apporteront une doctrine qui heurte vos passions, leur résisterez-vous orgueilleusement, en accuserez-vous une partie de mensonge, et massacrerez-vous les autres ?

82. Ils ont dit : Nos cœurs sont incirconcis. Dieu les a maudits à cause de leur incrédulité. Oh! combien le nombre des croyants est petit!

83. Après qu'ils eurent reçu de la part de Dieu un livre confirmant leurs Ecritures (auparavant ils imploraient le secours du ciel contre les incrédules); après qu'ils eurent reçu le livre qui leur avait été prédit, ils ont refusé d'y ajouter foi! Que la malédiction de Dieu atteigne les infidèles.

84. C'est un vil prix que celui pour lequel ils ont vendu leurs âmes; ils ne croient point à ce qui est envoyé d'en haut, par jalousie, parce que Dieu a, par l'effet de sa grâce, envoyé un livre à celui d'entre ses serviteurs qu'il lui a plu de choisir. Ils s'attirent de la part de Dieu colère sur colère. Le châtiment ignominieux est préparé aux infidèles.

85. Lorsqu'on leur dit : Croyez à ce que Dieu a envoyé du ciel, ils répondent : Nous croyons aux Ecritures que nous avons

---

1. C'est, conformément à l'opinion de Muḥammad, l'ange Gabriel.

reçues; et ils rejettent le livre venu depuis, et cependant ce livre confirme leurs Ecritures. Dis-leur : Pourquoi donc avez-vous tué les envoyés du Seigneur, si vous aviez la foi ?

86. Moïse était venu au milieu de vous avec des signes manifestes, et vous avez pris le veau pour objet de votre adoration. N'avez-vous donc pas agi avec iniquité ?

87. Lorsque nous eûmes accepté votre alliance et élevé au-dessus de vos têtes le mont Sinaï, nous fîmes entendre ces paroles : Recevez nos lois avec une résolution ferme de les conserver, et écoutez-les. Ils répondirent : Nous avons entendu, mais nous n'obéirons pas; et leurs cœurs étaient encore abreuvés du culte du veau. Dis-leur : Viles suggestions que celles que vous inspire votre croyance, si vous en avez une.

88. Dis-leur : S'il est vrai qu'un séjour éternel séparé du reste des mortels vous soit réservé chez Dieu, osez désirer la mort, si vous êtes sincères.

89. Mais non, ils ne la demanderont jamais, à cause des œuvres de leurs mains, et Dieu connaît les pervers.

90. Tu les trouveras plus avides de vivre que tous les autres hommes, que les idolâtres même; tel d'entre eux désire vivre mille ans; mais ce long âge ne saurait l'arracher au supplice qui les attend, parce que Dieu voit leurs actions.

91. Dis : Qui se déclarera l'ennemi de Gabriel ? c'est lui qui, par la permission de Dieu, a déposé sur ton cœur le livre destiné à confirmer les livres sacrés venus avant lui pour servir de direction et annoncer d'heureuses nouvelles aux croyants.

92. Celui qui sera l'ennemi du Seigneur, de ses anges, de ses envoyés, de Gabriel et de Michel, aura Dieu pour ennemi, car Dieu hait les infidèles.

93. Nous t'avons envoyé des signes manifestes, les pervers seuls refuseront d'y croire.

94. Toutes les fois qu'ils stipulent un pacte, se trouvera-t-il un portion parmi eux qui le mette de côté ? Oui, la plupart d'entre eux ne croient pas.

95. Lorsque l'apôtre vint au milieu d'eux de la part de Dieu, confirmant leurs livres sacrés, une portion d'entre ceux qui ont reçu les Ecritures jetèrent derrière leur dos le livre de Dieu, comme s'ils ne le connaissaient pas.

96. Ils ont suivi ce que les démons avaient imaginé contre le royaume de Salomon; mais ce n'est pas Salomon qui fut infidèle, ce sont les démons. Ils enseignent aux hommes la magie et la science qui avait été donnée aux deux anges de Babylone, Harout et Marout. Ceux-ci n'instruisaient personne dans leur art sans dire : Nous sommes la tentation, prends garde de devenir infidèle; les hommes apprenaient d'eux les moyens de semer

la désunion entre l'homme et sa femme; mais les anges n'atta-
quaient personne sans la permission de Dieu; cependant les
hommes apprenaient ce qui leur était nuisible, et non pas ce qui
pouvait leur être avantageux, et ils savaient que celui qui avait
acheté cet art était déshérité de toute part dans la vie future. Vil
prix que celui pour lequel ils ont livré leurs âmes, s'ils l'eussent su!

97. La foi et la crainte du Seigneur leur aurait procuré une
meilleure récompense, s'ils l'eussent su!

98. O vous qui croyez! ne vous servez pas du mot *ra‘ina*
(observez-nous), dites *unzurna* (regardez-nous [1]). Obéissez à cet
ordre. Un châtiment douloureux attend les infidèles.

99. Ceux qui possèdent les Ecritures ainsi que les idolâtres,
ne veulent pas qu'une faveur quelconque descende sur vous de
la part de votre Seigneur; mais Dieu accorde sa grâce à qui il
veut, car il est plein de bonté et il est grand.

100. Nous n'abrégerons aucun verset de ce livre, ni n'en
ferons effacer un seul de ta mémoire sans le remplacer par un
autre, meilleur ou pareil. Ne sais-tu pas que Dieu est tout-puissant ?

101. Ne sais-tu pas que l'empire du ciel et de la terre appartient à Dieu, et que vous n'avez d'autre protecteur ni de défenseur que lui ?

102. Exigerez-vous de vos apôtres ce que les juifs exigeaient
autrefois de Moïse [2] ? Celui qui échange la foi contre l'incrédulité,
celui-là s'égare du chemin droit.

103. Beaucoup d'entre ceux qui possèdent les Ecritures
désirent vous faire retomber dans l'incrédulité, excités par la
jalousie et après que la vérité eut apparu clairement à leurs
yeux. Pardonnez-leur; mais évitez-les jusqu'à ce que vous rece-
viez à cet égard les ordres du Très-Haut qui est tout-puissant.

104. Acquittez-vous avec exactitude de la prière, faites l'aumône; le bien que vous aurez fait, vous le retrouverez auprès de
Dieu qui voit vos actions.

105. Ils disent : Les juifs ou les chrétiens seuls entreront dans
le paradis. C'est une de leurs assertions mensongères. Dis-leur :
Où sont vos preuves ? apportez-les si vous êtes sincères.

106. Loin de là, celui qui se sera livré entièrement [3] à Dieu
et qui aura pratiqué le bien trouvera sa récompense auprès de

---

1. Muḥammad a voulu substituer dans la salutation le mot *Unzur* au mot
râ‘i, car ce dernier était, d'après les commentateurs, susceptible d'une signification malveillante, surtout employé par les juifs de son temps.
2. De leur faire voir Dieu.
3. On pourrait traduire ces mots par : *qui se sera fait mouslim* (musulman) :
le mot *mouslim* veut dire celui qui se résigne à la volonté de Dieu et qui se
livre entièrement à lui. Nous observerons seulement qu'il est plus exact de
traduire *soumis à la volonté de Dieu* que d'y substituer le mot *mouslim*, musulman, car, dans ce dernier cas, le mot serait sans régime.

son Seigneur; la crainte ne l'atteindra pas, et il ne sera point affligé.

107. Les juifs disent : Les chrétiens ne s'appuient sur rien; les chrétiens de leur côté disent : Les juifs ne s'appuient sur rien et cependant les uns et les autres lisent les Ecritures. Les idolâtres qui ne connaissent rien tiennent un langage pareil. Au jour de la résurrection, Dieu prononcera entre eux sur l'objet de la dispute.

108. Qui est plus injuste que celui qui empêche que le nom de Dieu retentisse dans les temples, et qui travaille à leur ruine ? Ils ne devraient y entrer qu'en tremblant. L'ignominie sera leur partage dans ce monde, et le châtiment cruel leur est préparé dans l'autre.

109. A Dieu appartiennent le levant et le couchant; de quelque côté que vous vous tourniez, vous rencontrerez sa face [1]. Dieu est immense et il sait tout.

110. Ils disent : Dieu a des enfants. Loin de lui ce blasphème! Tout ce qui est dans les cieux et sur la terre lui appartient, et tout lui obéit.

111. Unique dans les cieux et sur la terre, dès qu'il a résolu quelque chose, il dit : *Sois*, et elle est.

112. Ceux qui ne connaissent rien (les idolâtres) disent : Si Dieu ne nous parle pas, ou si tu ne nous fais voir un signe, nous ne croirons point. Ainsi parlaient leurs pères; leurs langages et leurs cœurs se ressemblent. Nous avons fait éclater assez de signes pour ceux qui ont la foi.

113. Nous t'avons envoyé avec la vérité et chargé d'annoncer et d'avertir. L'on ne te demandera aucun compte de ceux qui seront précipités dans l'enfer.

114. Les juifs et les chrétiens ne t'approuveront que quand tu auras embrassé leur religion. Dis-leur : La direction qui vient de Dieu est seule véritable; si tu te rendais à leurs désirs, après avoir reçu la science [2], tu ne trouverais en Dieu ni protection ni secours.

115. Ceux à qui nous avons donné le livre et qui le lisent comme il convient de le lire, ceux-là croient en lui; mais ceux qui n'y ajoutent aucune foi seront voués à la perdition.

116. O enfants d'Israël! souvenez-vous des bienfaits dont je vous ai comblés; souvenez-vous que je vous ai élevés au-dessus de tous les humains.

117. Redoutez le jour où une âme ne satisfera point pour

---

1. Ce verset se trouve abrogé par le verset 139 de la même sourate. Or, le temple de la Kaaba, à La Mecque, a été définitivement désigné comme le point vers lequel les musulmans doivent se tourner en priant.
2. C'est-à-dire après la révélation du Coran.

une autre âme, où ne sera reçue aucune compensation, où ne
sera admise aucune intercession, où il n'y aura aucun secours
à attendre.

118. Lorsque Dieu tenta Abraham par des paroles, et que
celui-ci eut accompli ses ordres, Dieu lui dit : Je t'établirai l'Imâm
des peuples [1]. Choisis-en aussi dans ma famille, dit Abraham. Mon
alliance, reprit le Seigneur, ne comprendra point les méchants.

119. Nous établîmes la maison sainte pour être la retraite et
l'asile des hommes, et nous dîmes : Prenez la station d'Abraham
pour oratoire; nous fîmes un pacte avec Abraham et Ismaël
en leur disant : Purifiez ma maison pour ceux qui viendront
en faire le tour [2], pour ceux qui viendront pour y vaquer à
la prière, aux génuflexions et aux prosternations.

120. Alors Abraham dit à Dieu : Seigneur, accorde à cette
contrée la sécurité et la nourriture de tes fruits à ceux qui croiront en Dieu et au jour dernier. Je l'accorderai aux infidèles
aussi, mais ils n'en jouiront qu'un espace de temps borné;
ensuite je les refoulerai vers le châtiment du feu. Quelle affreuse
route que la leur!

121. Lorsque Abraham et Ismaël eurent élevé les fondements
de la maison, ils s'écrièrent : Agrée-la, ô notre Seigneur, car tu
entends et connais tout.

122. Fais, ô notre Seigneur, que nous soyons résignés à ta
volonté (musulmans), que notre postérité soit un peuple résigné
à toi (musulman); enseigne-nous les rits sacrés, et daigne jeter
tes regards vers nous, car tu aimes à agréer la pénitence et tu
es miséricordieux.

123. Suscite un apôtre au milieu d'eux, afin qu'il leur lise le
récit de tes miracles [3], leur enseigne le Coran et la sagesse, et
qu'il les rende purs.

124. Et qui aura de l'aversion pour la religion d'Abraham,
si ce n'est l'insensé ? Nous l'avons élu dans ce monde, et il sera
dans l'autre au nombre des justes.

125. Lorsque Dieu dit à Abraham : Résigne-toi à ma volonté,
il répondit : Je me résigne à la volonté de Dieu maître de l'univers.

126. Abraham recommanda cette croyance à ses enfants, et
Jacob en fit autant; il leur dit : O mes enfants! Dieu vous a
choisi une religion, ne mourez pas sans l'avoir embrassée.

---

1. C'est-à-dire chef en matière de religion, chargé de diriger les hommes dans
l'accomplissement des œuvres de dévotion.
2. C'était une des cérémonies religieuses que de faire le tour d'un temple :
cette cérémonie, pratiquée par les Arabes idolâtres relativement à leur temple,
s'est conservée dans l'Islam relativement au temple de la Kaaba.
3. Mot à mot : qui leur lise tes signes. Le mot *signe* étant applicable aux versets
d'un livre divin, on peut lui adjoindre le mot *lire*.

127. Etiez-vous témoins lorsque la mort vint visiter Jacob, et lorsqu'il demanda à ses enfants : Qu'adorerez-vous après ma mort ? Ils répondirent : Nous adorerons ton Dieu, le Dieu de tes pères Abraham, Ismaël et Jacob, le Dieu unique, et nous serons résignés à lui.

128. Cette génération a passé, elle a emporté avec elle le prix de ses œuvres; vous en recevrez aussi celui des vôtres, et on ne vous demandera point compte de ce qu'ils ont fait.

129. On vous dit : Soyez juifs ou chrétiens, et vous serez sur le bon chemin. Répondez-leur : Nous sommes plutôt de la religion d'Abraham, vrai croyant, et qui n'était point du nombre des idolâtres.

130. Dites : Nous croyons en Dieu et à ce qui a été envoyé d'en haut à nous, à Abraham et à Ismaël, à Isaac, à Jacob, aux douze tribus, aux livres qui ont été donnés à Moïse et à Jésus, aux livres accordés aux prophètes par le Seigneur; nous ne mettons point de différence entre eux, et nous sommes résignés à la volonté de Dieu.

131. S'ils (les juifs et les chrétiens) adoptent votre croyance, ils sont dans le chemin droit; s'ils s'en éloignent, ils font une scission avec vous; mais Dieu vous suffit, il entend et sait tout.

132. C'est une confirmation de la part de Dieu; et qui est plus capable de donner une confirmation que Dieu ?

133. Dis-leur : Disputerez-vous avec nous de Dieu ? Il est notre Seigneur et le vôtre; nous avons nos actions et vous avez les vôtres. Nous sommes sincères dans notre culte.

134. Direz-vous qu'Abraham, Ismaël, Isaac, Jacob et les douze tribus étaient juifs ou chrétiens ? Dis-leur : Qui donc est plus savant, de Dieu ou de vous ? Et qui est plus coupable que celui qui cache le témoignage dont Dieu l'a fait le dépositaire ? Mais Dieu n'est point inattentif à ce que vous faites.

135. Ces générations ont disparu. Elles ont emporté le prix de leurs œuvres, de même que vous emporterez celui des vôtres. On ne vous demandera point compte de ce qu'elles ont fait.

136. Les insensés parmi les hommes demanderont : Pourquoi Muḥammad change-t-il la *qibla* [1] ? Réponds-leur : L'Orient et l'Occident appartiennent au Seigneur; il conduit ceux qu'il veut dans le droit chemin.

137. C'est ainsi que nous avons fait de vous, une nation intermédiaire, afin que vous soyez témoins vis-à-vis de tous les hommes, et que l'Apôtre soit témoin par rapport à vous.

138. Nous n'avons établi la précédente *qibla* que pour distinguer celui d'entre vous qui aura suivi le prophète de celui qui

1. *Qibla* est le point vers lequel on se tourne ne priant.

s'en détourne [1]. Ce changement est une gêne, mais non pas pour ceux que Dieu dirige. Dieu ne souffrira pas que votre croyance soit sans fruit, car il est plein de bonté et de miséricorde pour les hommes.

139. Nous t'avons vu tourner incertain ton visage de tous les côtés du ciel; nous voulons que tu le tournes *dorénavant* vers une région dans laquelle tu te complairas. Tourne-le donc vers la plage de l'oratoire sacré. En quelque lieu que vous soyez, tournez-vous vers cette plage. Ceux qui ont reçu les Ecritures savent que c'est la vérité qui vient du Seigneur, et Dieu n'est point inattentif à leurs actions.

140. Quand même tu ferais en présence de ceux qui ont reçu les Ecritures toute sorte de miracles, ils n'adopteraient pas ta *Qîbla* (direction dans la prière). Toi tu n'adopteras pas non plus la leur. Parmi eux-mêmes, les uns ne suivent point la *Qîbla* des autres. Si, après la science que tu as reçue, tu suivais leurs désirs, tu serais du nombre des impies.

141. Ceux qui ont reçu les Ecritures connaissent l'Apôtre comme leurs propres enfants [2]; mais la plupart cachent la vérité qu'ils connaissent.

142. La vérité vient de ton Seigneur. Ne sois donc pas de ceux qui doutent.

143. Chaque peuple a une plage du ciel vers laquelle il se tourne en priant. Vous, efforcez-vous à pratiquer les bonnes œuvres partout où vous êtes. Dieu vous rassemblera tous un jour, car il est tout-puissant.

144. De quelque lieu que tu sortes, tourne ton visage vers l'oratoire sacré. C'est un précepte vrai émané de ton Seigneur, et Dieu n'est point inattentif à vos actions.

145. De quelque lieu que tu sortes, tourne ton visage vers l'oratoire sacré. En quelque lieu que vous soyez, tournez vos visages de ce côté-là, afin que les hommes n'aient aucun prétexte de dispute contre vous. Quant aux impies, ne les craignez point, mais craignez-moi; afin que j'accomplisse mes bienfaits sur vous, et que vous soyez dans la droite voie.

146. C'est ainsi que nous avons envoyé des prophètes de votre nation, afin qu'ils vous lisent le récit de nos miracles; afin que chacun d'eux vous rende purs et vous enseigne le livre (le Coran), la sagesse, et qu'il vous apprenne ce que vous ignoriez.

147. Souvenez-vous de moi, et je me souviendrai de vous; rendez des actions de grâces, et ne soyez pas ingrats envers moi.

---

1. Mot à mot : qui se retourne sur ses talons.
2. C'est-à-dire qu'au fond ils sont convaincus de la vérité de sa mission.

148. O croyants! implorez le secours du ciel par la prière et la patience. Dieu est avec les patients.

149. Ne dites pas que ceux qui sont tués dans la voie de Dieu sont des morts. Non, ils sont vivants; mais vous ne le comprenez pas.

150. Nous vous éprouverons par la peur et la faim, par les pertes dans vos biens et dans vos hommes, par les dégâts dans vos récoltes. Annonce des nouvelles heureuses à ceux qui souffriront patiemment.

151. A ceux qui, lorsqu'un malheur s'appesantit sur eux, s'écrient : Nous sommes à Dieu, et nous retournerons à lui,

152. Les bénédictions du Seigneur et sa miséricorde s'étendront sur eux. Ils seront dirigés dans la droite voie.

153. Safa et Merwa[1] sont des monuments de Dieu; celui qui fait le pèlerinage de La Mecque ou qui visitera la maison sainte ne commet aucun péché, s'il fait le tour de ces deux collines. Celui qui aura fait une bonne œuvre de son propre mouvement recevra une récompense; car Dieu est reconnaissant et connaît tout.

154. Que ceux qui dérobent à la connaissance des autres les miracles et la vraie direction après que nous les avons fait connaître dans le livre (le Pentateuque) soient maudits de Dieu et de tous ceux qui savent maudire.

155. Ceux qui reviennent à moi, qui se corrigent et font connaître la vérité aux autres; à ceux-là, je reviendrai aussi, car j'aime à revenir *vers un pécheur converti*, et je suis miséricordieux.

156. Ceux qui mourront infidèles seront frappés de la malédiction de Dieu, des anges et de tous les hommes.

157. Ils en seront éternellement couverts; leurs tourments ne s'adouciront point, et Dieu ne tournera point vers eux ses regards.

158. Votre Dieu est le Dieu unique; il n'y en a point d'autre, il est le clément et le miséricordieux.

159. Dans la création des cieux et de la terre, dans la succession alternative des jours et des nuits, dans les vaisseaux qui voguent à travers la mer pour apporter aux hommes des choses utiles, dans cette eau que Dieu fait descendre du ciel et avec laquelle il rend la vie à la terre morte naguère et où il a disséminé des animaux de toute espèce, dans les variations de vents et dans les nuages astreints au service entre le ciel et la terre, dans tout ceci il y a certes des signes pour tous ceux qui ont de l'intelligence.

1. *Safa et Merwa*, collines à peu de distance de La Mecque, sont consacrées par la religion.

160. Il est des hommes qui placent à côté de Dieu des compagnons qu'ils aiment à l'égal de Dieu; mais ceux qui croient aiment Dieu par-dessus tout. Oh! que les impies reconnaîtront au moment du châtiment qu'il n'y a d'autre puissance que celle de Dieu, et qu'il est terrible dans ses châtiments!

161. Lorsque les chefs [1] seront séparés de ceux qui les suivaient; qu'ils verront le châtiment, et que tous les liens qui les unissaient seront rompus,

162. Les sectateurs s'écrieront : Ah! si nous pouvions retourner sur la terre, nous nous séparerions d'eux comme ils se séparent maintenant de nous. C'est ainsi que Dieu leur fera voir leurs œuvres. Ils pousseront des soupirs de regrets, mais ils ne sortiront point du feu.

163. O hommes [2]! nourrissez-vous de tous les fruits licites et délicieux. Ne marchez point sur les traces de Satan, car il est votre ennemi déclaré.

164. Il vous ordonne le mal et les infamies, il vous apprend à dire de Dieu ce que vous ne savez pas.

165. Lorsqu'on leur dit : Suivez la loi que Dieu vous a envoyée, ils répondent : Nous suivons les habitudes de nos pères. Comment suivront-ils leurs pères qui n'entendaient rien, et qui n'étaient point dans la droite voie ?

166. Les infidèles ressemblent à celui qui crie à un homme qui n'entend que le son de la voix et le cri (sans distinguer les paroles). Sourds, muets, aveugles, ils ne comprennent rien.

167. O croyants! nourrissez-vous des mets délicieux que nous vous accordons, et rendez grâces à Dieu si vous êtes ses adorateurs.

168. Il vous est interdit de manger les animaux morts, le sang, la chair du porc, et tout animal sur lequel on aura invoqué un autre nom que celui de Dieu. Celui qui le ferait, contraint par la nécessité et non comme rebelle et transgresseur, ne sera pas coupable, car Dieu est indulgent et miséricordieux.

169. Ceux qui dérobent aux hommes les préceptes du livre envoyé d'en haut par l'appât d'un vil intérêt remplissent leurs entrailles de feu. Dieu ne leur adressera pas la parole au jour de la résurrection et ne les absoudra pas. Un supplice douloureux les attend.

170. Ceux qui achètent l'égarement pour la *direction* et le châtiment pour le pardon de Dieu, comment supporteront-ils le feu ?

171. Ils y seront condamnés, parce que Dieu a envoyé un

---

1. Mot à mot : ceux qui ont été suivis.
2. Voyez, sur la valeur de cette allocution, la note du verset 19.

livre véritable, et que ceux qui se disputent à son sujet forment une scission qui les place bien loin de la vérité.

172. La vertu ne consiste point en ce que vous tourniez vos visages du côté du levant ou du couchant : vertueux sont ceux qui croient en Dieu et au jour dernier, aux anges et au livre, et aux prophètes, qui donnent pour l'amour de Dieu des secours à leurs proches et aux orphelins, aux pauvres et aux voyageurs, et à ceux qui demandent, qui rachètent les captifs, qui observent la prière, qui font l'aumône, remplissent les engagements qu'ils contractent, se montrent patients dans l'adversité, dans les temps durs et dans les temps de violences. Ceux-là sont justes et craignent le Seigneur.

173. O croyants! la peine du talion vous est prescrite pour le meurtre. Un homme libre pour un homme libre, l'esclave pour l'esclave, et une femme pour une femme. Celui qui obtiendra le pardon de son frère, sera tenu de payer une certaine somme, et la peine sera prononcée contre lui avec humanité.

174. C'est un adoucissement [1] de la part de votre Seigneur et une faveur de sa miséricorde; mais quiconque se rendra coupable encore une fois d'un crime pareil sera livré au châtiment douloureux.

175. Dans la loi du talion est votre vie, ô hommes doués d'intelligence! Peut-être finirez-vous par craindre Dieu.

176. Il vous est prescrit que lorsqu'un d'entre vous se trouve à l'approche de la mort, il doit laisser par testament ses biens à ses père et mère et à ses proches d'une manière généreuse. C'est un devoir pour ceux qui craignent Dieu.

177. Celui qui, après avoir entendu les dispositions du testateur *au moment de sa mort*, les aura dénaturées commet un crime [2]. Dieu voit et entend tout.

178. Celui qui, craignant une erreur ou une injustice de la part du testateur, aura réglé les droits des héritiers avec justice n'est point coupable. Dieu est indulgent et miséricordieux.

179. O croyants! le jeûne vous est prescrit, de même qu'il a été prescrit à ceux qui vous ont précédés. Craignez le Seigneur.

180. Le jeûne ne durera qu'un nombre de jours déterminé. Mais celui qui est malade ou en voyage *(et qui n'aura pas pu accomplir le jeûne dans le temps prescrit)* jeûnera dans la suite un nombre de jours égal. Ceux qui, pouvant supporter le jeûne, le rompront donneront à titre d'expiation la nourriture d'un pauvre. Quiconque accomplit volontairement une œuvre de dévo-

---

1. A la rigueur de la loi du talion.
2. Le texte porte : *son crime retombe sur ceux qui les dénaturent*, c'est-à-dire qu'on ne saurait faire un reproche au testateur des dispositions défavorables, mais bien à celui qui les a altérées en les rapportant.

tion en retire un avantage. Avant tout, il est bien que vous observiez le jeûne si vous connaissez la loi.

181. La lune de Ramadan dans laquelle le Coran est descendu d'en haut pour servir de *direction* aux hommes, pour leur en donner une explication claire, et de distinction *entre le bien et le mal*, est le temps destiné à l'abstinence. Quiconque aura aperçu cette lune se disposera aussitôt à jeûner. Celui qui sera malade ou en voyage jeûnera dans la suite un nombre de jours égal. Dieu veut vous mettre à votre aise, il ne veut point de choses difficiles. Il veut seulement que vous accomplissiez le nombre voulu, et que vous le glorifiiez de ce qu'il vous dirige dans la droite voie; il veut que vous soyez reconnaissants.

182. Lorsque mes serviteurs te parleront de moi, je serai près d'eux, j'exaucerai la prière du suppliant qui m'implore; mais qu'ils m'écoutent, qu'ils croient en moi, afin qu'ils marchent droit.

183. Il vous est permis de vous approcher de vos femmes dans la nuit du jeûne. Elles sont votre vêtement et vous êtes le leur. Dieu savait que vous aviez été transgresseurs à cet égard. Il est revenu à vous et vous a pardonné. Voyez vos femmes dans le désir de recueillir les fruits qui vous sont réservés. Il vous est permis de manger et de boire jusqu'au moment où vous pourrez déjà distinguer le fil blanc d'un fil noir. A partir de ce moment observez strictement le jeûne jusqu'à la nuit. Pendant ce temps n'ayez aucun commerce avec vos femmes, passez-le plutôt en actes de dévotion dans les mosquées. Telles sont les limites de Dieu [1]. N'en approchez point de peur de les franchir. C'est ainsi que Dieu développe, explique ses *signes* [2] aux hommes, afin qu'ils le craignent.

184. Ne dissipez point vos richesses en dépenses inutiles entre vous; ne les portez pas non plus aux juges dans le but de consumer injustement le bien d'autrui. Vous le savez.

185. Ils t'interrogeront sur les nouvelles lunes. Dis-leur : Ce sont les temps établis pour l'utilité des hommes et pour marquer le pèlerinage de La Mecque. La vertu ne consiste pas en ce que vous rentriez dans vos maisons par une ouverture pratiquée derrière [3], elle consiste dans la crainte de Dieu. Entrez donc dans vos maisons par les portes d'entrée et craignez Dieu.
— Vous serez heureux.

1. C'est-à-dire posées par Dieu. De là, le mot limite se prend pour tout précepte divin.
2. Ou versets du Coran.
3. Lorsque les Arabes revenaient du pèlerinage de La Mecque, ils se croyaient sanctifiés, et regardant comme profane la porte par laquelle ils entraient d'habitude dans leurs maisons, ils en faisaient ouvrir une au côté opposé. Muḥammad condamne cet usage.

186. Combattez dans la voie de Dieu [1] contre ceux qui vous feront la guerre. Mais ne commettez point d'injustice en les attaquant les premiers, car Dieu n'aime point les injustes.

187. Tuez-les partout où vous les trouverez, et chassez-les d'où ils vous auront chassés. La tentation à l'idolâtrie est pire que le carnage à la guerre. Ne leur livrez point de combat auprès de l'oratoire sacré, à moins qu'ils ne vous y attaquent. S'ils le font, tuez-les. Telle est la récompense des infidèles.

188. S'ils mettent un terme à ce qu'ils font : certes Dieu est indulgent et miséricordieux.

189. Combattez-les jusqu'à ce que vous n'ayez point à craindre la tentation, et que tout culte soit celui du Dieu unique. S'ils mettent un terme à leurs actions, plus d'hostilités. Les hostilités ne seront dirigées que contre les impies.

190. Le mois sacré pour le mois sacré. S'ils vous attaquent dans l'enceinte sacrée, agissez de même par droit du talion. Quiconque agira violemment contre vous, agissez de même à son égard. Craignez le Seigneur, et apprenez qu'il est avec ceux qui craignent.

191. Employez vos biens pour la cause de Dieu, et ne vous précipitez pas de vos propres mains dans l'abîme. Faites le bien, car Dieu aime ceux qui font le bien.

192. Faites le pèlerinage de La Mecque, et la visite du temple en l'honneur de Dieu. Si vous en êtes empêchés étant cernés par les ennemis, envoyez au moins quelque légère offrande. Ne rasez point vos têtes jusqu'à ce que l'offrande soit parvenue au lieu où l'on doit l'immoler. Celui qui serait malade ou que quelque indisposition obligerait à se raser sera tenu d'y satisfaire par le jeûne, par l'aumône ou par quelque offrande. Lorsque vous n'avez rien à craindre de vos ennemis, celui qui se contente d'accomplir la visite du temple et remet le pèlerinage à une autre époque fera une légère offrande; s'il n'en a pas les moyens, trois jours de jeûne en seront une expiation pendant le pèlerinage même, et sept après le retour : dix jours en tout. Cette expiation est imposée à celui dont la famille ne se trouvera pas présente au temple de La Mecque. Craignez Dieu, et sachez qu'il est terrible dans ses châtiments.

193. Le pèlerinage se fera dans les mois prescrits. Celui qui l'entreprendra doit s'abstenir des femmes, des transgressions des préceptes et de rixes. Le bien que vous ferez sera connu de Dieu. Prenez des provisions pour le voyage. La meilleure provision est la piété. Craignez-moi donc, ô hommes doués de sens!

---

1. L'expression de : *combattre dans la voie de Dieu* est consacrée pour la *guerre sainte*, ou pour la cause de Dieu en général.

194. Ce n'est point un crime de demander à Dieu l'accroissement de vos biens en exerçant le commerce durant le pèlerinage. Lorsque vous retournerez du mont Arafat, souvenez-vous du Seigneur près du *monument sacré* [1]; souvenez-vous de lui, parce qu'il vous a dirigés dans la droite voie, vous qui étiez naguère dans l'égarement.

195. Faites ensuite des processions dans les lieux où les autres les font. Implorez le pardon de Dieu, car il est indulgent et miséricordieux.

196. Lorsque vous aurez terminé vos cérémonies, gardez le souvenir de Dieu comme vous gardez celui de vos pères, et même plus vif encore. Il est des hommes qui disent : Seigneur, donne-nous notre portion de biens dans ce monde. Ceux-ci n'auront point de part dans la vie future.

197. Il en est d'autres qui disent : Seigneur, assigne-nous une belle part dans ce monde et une belle part dans l'autre, et préserve-nous du châtiment du feu.

198. Ceux-ci auront la part qu'ils auront méritée. Dieu est prompt dans ses comptes avec les hommes.

199. Vous vous acquitterez des œuvres de dévotion pendant un nombre de jours marqué. Celui qui aura hâté le départ (de la vallée de Mina) de deux jours n'est point coupable; celui qui l'aura retardé ne le sera pas non plus, si toutefois il craint Dieu. Craignez donc Dieu, et apprenez que vous serez un jour rassemblés devant lui.

200. Tel homme excitera ton admiration par la manière dont il te parlera de la vie de ce monde [2]; il prendra Dieu à témoin des pensées de son cœur. Il est le plus acharné de tes adversaires.

201. A peine t'a-t-il quitté qu'il parcourt le pays, y propage le désordre, cause des dégâts dans les campagnes et parmi les bestiaux. Dieu n'aime point le désordre.

202. Si on lui dit : Crains Dieu, l'orgueil s'ajoute à son impiété. Le feu sera sa récompense. Quel affreux lieu de repos!

203. Tel autre s'est vendu soi-même pour faire une action agréable à Dieu. Dieu est plein de bonté pour ses serviteurs.

204. O croyants! entrez tous dans la vraie religion; ne marchez pas sur les traces de Satan; il est votre ennemi déclaré.

205. Si vous tombez dans le péché après avoir reçu les signes évidents [3], sachez que Dieu est puissant et sage.

---

1. C'est le nom d'une montagne où, Muḥammad s'étant retiré un jour pour prier, son visage devint tout rayonnant.
2. Allusion à un personnage qui voulait passer pour contempler des choses mondaines et pour ami de Muḥammad.
3. Les versets du Coran.

206. Les infidèles attendent-ils que Dieu vienne à eux dans les ténèbres d'épais nuages, accompagné de ses anges. Alors tout sera consommé. Tout retournera à Dieu.

207. Demande aux enfants d'Israël combien de signes évidents nous avons fait éclater à leurs yeux. Celui qui fera changer les faveurs que Dieu lui avait accordées apprendra que Dieu est terrible dans ses châtiments.

208. La vie de ce monde est pour ceux qui ne croient pas et qui se moquent des croyants. Ceux qui craignent Dieu seront au-dessus d'eux au jour de la résurrection. Dieu nourrit ceux qu'il veut sans leur compter ses bienfaits.

209. Les hommes formaient autrefois une seule nation. Dieu envoya les prophètes chargés d'annoncer et d'avertir. Il leur donna un livre contenant la vérité, pour prononcer entre les hommes sur l'objet de leurs disputes. Or, les hommes ne se mirent à disputer que par jalousie les uns contre les autres, et après que les signes évidents leur furent donnés à tous. Dieu fut le guide des hommes qui crurent à la vérité de ce qui était l'objet des disputes avec la permission de Dieu, car il dirige ceux qu'il veut vers le chemin droit.

210. Croyez-vous entrer dans le paradis sans avoir éprouvé les maux qu'ont éprouvés ceux qui vous ont précédés ? Les malheurs et les calamités les visitèrent; ils furent ballottés par l'adversité au point que le prophète et ceux qui croyaient avec lui s'écrièrent : Quand donc arrivera le secours de Dieu ? Le secours du Seigneur n'est-il pas proche ?

211. Ils t'interrogeront comment il faut faire l'aumône. Dis-leur : Il faut secourir les parents, les proches, les orphelins, les pauvres, les voyageurs. Le bien que vous ferez sera connu de Dieu.

212. On vous a prescrit la guerre et vous l'avez prise en aversion.

213. Il se peut que vous ayez de l'aversion pour ce qui vous est avantageux et que vous aimiez ce qui vous est nuisible. Dieu le sait; mais vous, vous ne le savez pas.

214. Ils t'interrogeront sur le mois sacré; ils te demanderont si l'on peut faire la guerre dans ce mois. Dis-leur : La guerre dans ce mois est un péché grave; mais se détourner de la voie de Dieu, ne point croire en lui, et à l'oratoire sacré, chasser de son enceinte ceux qui l'habitent, est *un péché* encore plus grave. La tentation à l'idolâtrie est pire que le carnage. Les infidèles ne cesseront point de vous faire la guerre tant qu'ils ne vous auront pas fait renoncer à votre religion, s'ils le peuvent. Mais ceux d'entre vous qui renonceront à leur religion et mourront en état d'infidélité, ceux-là sont les hommes dont les œuvres

ne profiteront ni dans cette vie ni dans l'autre. Ils sont voués au feu où ils resteront éternellement.

215. Ceux qui abandonnent leur pays et combattent dans le sentier de Dieu peuvent espérer sa miséricorde, car il est indulgent et miséricordieux.

216. Ils t'interrogent sur le vin et le jeu. Dis-leur : L'un et l'autre sont un mal. Les hommes y cherchent des avantages, mais le mal est plus grave que l'avantage n'est grand. Ils t'interrogeront aussi sur ce qu'ils doivent dépenser en largesses.

217. Réponds-leur : Donnez votre superflu. C'est ainsi que Dieu nous explique ses signes [1], afin que vous méditiez

218. Sur ce monde et sur l'autre. Ils t'interrogeront sur les orphelins. Dis-leur : Leur faire du bien est une bonne action.

219. Si vous vivez avec eux, regardez-les comme vos frères. Dieu sait distinguer le méchant d'avec le juste. Il peut vous affliger s'il le veut, car il est puissant et sage.

220. N'épousez point les femmes idolâtres tant qu'elles n'auront pas cru. Une esclave croyante vaut mieux qu'une femme libre idolâtre, quand même celle-ci vous plairait davantage. Ne donnez point vos filles aux idolâtres tant qu'ils n'auront pas cru. Un esclave croyant vaut mieux qu'un incrédule libre, quand même il vous plairait davantage.

221. Les infidèles vous appellent au feu et Dieu vous invite au paradis et au pardon; par sa volonté seule il explique ses enseignements aux hommes, afin qu'il les méditent.

222. Ils t'interrogeront sur les règles des femmes. Dis-leur : C'est un inconvénient. Séparez-vous de vos épouses pendant ce temps, et n'en approchez que lorsqu'elles seront purifiées. Lorsqu'elles se seront purifiées, venez à elles comme vous l'ordonne Dieu. Il aime ceux qui se repentent, il aime ceux qui observent la pureté.

223. Les femmes sont votre champ. Cultivez-le de la manière que vous l'entendrez, ayant fait auparavant quelque acte de piété. Craignez Dieu, et sachez qu'un jour vous serez en sa présence. Annonce aux croyants d'heureuses nouvelles.

224. Ne prenez point Dieu pour point de mire quand vous jurez d'être justes, vertueux et de le craindre; il sait et entend tout.

225. Dieu ne vous punira point pour une parole inconsidérée dans vos serments, il vous punira pour les œuvres de vos cœurs. Il est clément et miséricordieux.

226. Ceux qui font vœu de s'abstenir de leurs femmes auront un délai de quatre mois. Si pendant ce temps-là ils reviennent à elles, Dieu est indulgent et miséricordieux.

1. Ou versets du Coran.

227. Si le divorce est fermement résolu; Dieu sait et entend tout.

228. Les femmes répudiées laisseront écouler le temps de trois menstrues avant de se remarier. Elles ne doivent point cacher ce que Dieu a créé dans leur sein, si elles croient en Dieu et au jour dernier. Il est plus équitable que les maris les reprennent quand elles sont dans cet état, s'ils désirent la paix. Les femmes à l'égard de leurs maris, et ceux-ci à l'égard de leurs femmes, doivent se conduire honnêtement. Les maris sont supérieurs à leurs femmes. Dieu est puissant et sage.

229. La répudiation peut se faire deux fois [1]. Gardez-vous votre femme? traitez-la honnêtement; la renvoyez-vous? renvoyez-la avec générosité. Il ne vous est pas permis de garder ce que vous leur avez donné, à moins que vous ne craigniez de ne point observer les limites de Dieu *(en vivant avec elles).* Si vous craignez de ne point les observer, il ne résultera aucun péché pour aucun de vous, de tout ce que la femme fera pour se racheter. Telles sont les limites posées par Dieu [2]. Ne les franchissez pas; car qui franchit les bornes de Dieu est injuste.

230. Si un mari répudie sa femme trois fois, il ne lui est permis de la reprendre que lorsqu'elle aura épousé un autre mari, et que celui-ci l'aura répudiée à son tour. Il ne résultera aucun péché pour aucun des deux, s'ils se réconcilient croyant pouvoir observer les préceptes de Dieu. Tels sont les préceptes que Dieu déclare aux hommes qui entendent.

231. Lorsque vous répudiez une femme et que le moment de la renvoyer est venu, gardez-la en la traitant honnêtement, ou renvoyez-la avec générosité. Ne la retenez point par force pour exercer quelque injustice envers elle; celui qui agirait ainsi, agirait contre lui-même. Ne vous jouez pas des enseignements de Dieu, et souvenez-vous des bienfaits de Dieu, du livre et de la sagesse qu'il a fait descendre sur vous et par lesquels il vous donne des admonitions. Craignez-le et sachez qu'il connaît tout.

232. Lorsque vous répudiez vos femmes et qu'elles auront attendu le temps marqué, ne les empêchez pas de renouer les liens de mariage avec leurs maris, si les deux époux conviennent de ce qu'ils croient juste. Cet avis regarde ceux d'entre vous qui croient en Dieu et au jour dernier. Ce procédé est plus méritoire, Dieu sait et vous ne savez pas.

233. Les mères répudiées allaiteront leurs enfants deux ans complets si le père veut que le temps soit complet. Le père de

1. Sans entraîner d'autre conséquence que de reprendre simplement sa femme.
2. Voyez la note 1 du verset 183.

l'enfant est tenu de pourvoir à la nourriture et aux vêtements de la femme d'une manière honnête. Personne ne doit être chargé au-delà de ses facultés; que la mère ne soit pas lésée dans ses intérêts à cause de son enfant, ni le père non plus. L'héritier du père est tenu aux mêmes devoirs. Si les époux préfèrent de sevrer l'enfant avant le terme de consentement volontaire et après s'être consultés mutuellement, cela n'implique aucun péché. Si vous préférez de mettre vos enfants en nourrice, il n'y aura aucun mal à cela, pourvu que vous payiez ce que vous avez promis. Craignez Dieu et sachez qu'il voit tout.

234. Si ceux qui meurent laissent des femmes, elles doivent attendre quatre mois et dix jours. Ce terme expiré, vous ne serez point responsables de la manière dont elles disposeront honnêtement d'elles-mêmes. Dieu est instruit de ce que vous faites.

235. Il n'y aura aucun mal à ce que vous fassiez ouvertement des propositions de mariage à ces femmes [1], ou que vous en gardiez le secret dans vos cœurs. Dieu sait bien que vous y penseriez; mais ne leur faites point de promesses en secret, et ne leur tenez qu'un langage honnête.

236. Ne décidez des liens du mariage que quand le temps prescrit sera accompli, et sachez que Dieu connaît ce qui est dans vos cœurs; sachez qu'il est indulgent et miséricordieux.

237. Il n'y a aucun péché de répudier une femme avec laquelle vous n'aurez point cohabité ou à qui vous n'aurez pas assigné de dot. Donnez-leur le nécessaire — l'homme aisé selon ses moyens, l'homme pauvre selon les siens — d'une manière honnête et ainsi qu'il convient à ceux qui pratiquent le bien.

238. Si vous répudiez une femme avant la cohabitation, mais après l'assignation de dot, elle en gardera la moitié, à moins que la femme ne se désiste (de sa moitié), ou bien que celui qui de sa main a lié le nœud du mariage ne se désiste de tout. Se désister est plus proche de la piété. N'oubliez pas la générosité dans vos rapports. Dieu voit ce que vous faites.

239. Accomplissez exactement la prière, surtout celle du milieu. Levez-vous pénétrés de dévotion.

240. Si vous craignez quelque danger, vous pouvez prier debout ou à cheval. Quand vous êtes en toute sécurité, pensez de nouveau à Dieu, car il vous a appris ce que vous ne saviez pas.

241. Ceux d'entre vous qui mourront laissant après eux leurs femmes leur assigneront un legs destiné à leur entretien pendant une année, et sans qu'elles soient obligées de quitter la maison. Si elles la quittent d'elles-mêmes, il ne saurait résulter aucun

1. Pendant ces quatre mois et dix jours.

péché pour vous de la manière dont elles disposeront honnêtement d'elles-mêmes. Dieu est puissant et sage.

242. Un entretien honnête est dû aux femmes répudiées; c'est un devoir à la charge de ceux qui craignent Dieu.

243. C'est ainsi que Dieu vous explique ses signes, afin que vous réfléchissiez.

244. N'as-tu pas remarqué ceux qui, au nombre de plusieurs mille, sortirent de leur pays par crainte de la mort? Dieu leur a dit : Mourez. Puis il les a rendus à la vie, car Dieu est plein de bonté pour les hommes; mais la plupart ne le remercient point de ses bienfaits.

245. Combattez dans le sentier de Dieu, et sachez que Dieu entend et sait tout.

246. Qui veut faire un prêt magnifique à Dieu? Dieu le multipliera à l'infini, car Dieu borne ou étend ses faveurs *à son gré*, et vous retournerez tous à lui.

247. Rappelle-toi l'assemblée des enfants d'Israël après la mort de Moïse, lorsqu'ils dirent à un de leurs prophètes : Créez-nous un roi et nous combattrons dans le sentier de Dieu. Et lorsqu'on vous le commandera, leur répondit-il, ne vous y refuserez-vous pas? Et pourquoi ne combattrions-nous pas dans le sentier de Dieu, dirent-ils, nous qui avons été chassés de notre pays et séparés de nos enfants? Cependant, lorsqu'on leur ordonna de marcher, ils changèrent d'avis, un petit nombre excepté. Mais Dieu connaît les méchants.

248. Le prophète leur dit : Dieu a choisi Talout (Saül) pour être votre roi. Comment, reprirent les Israélites, aurait-il le pouvoir sur nous? nous en sommes plus dignes que lui; il n'a pas même l'avantage des richesses. Le prophète reprit : Dieu l'a choisi pour vous commander; il lui a accordé une science étendue et la force. Dieu donne le pouvoir à qui il veut. Il est immense et savant.

249. Le prophète leur dit : En signe de son pouvoir viendra l'arche d'alliance. Dans elle vous aurez la sécurité de votre Seigneur; elle renfermera quelques gages de la famille de Moïse et d'Aaron[1]; les anges la porteront. Cela vous servira de signe céleste si vous êtes croyants.

250. Lorsque Talout partit avec ses soldats, il leur dit : Dieu va vous mettre à l'épreuve au bord de cette rivière. Celui qui s'y désaltérera ne sera point des miens; celui qui s'en abstiendra (sauf à en puiser dans le creux de la main) comptera parmi les miens. Excepté un petit nombre, tous les autres burent à leur

---

1. L'arche devait contenir les souliers et la baguette de Moïse, un vase plein de manne et les débris des deux tables de la loi.

gré. Lorsque le roi et les croyants qui le suivaient eurent traversé la rivière, les autres s'écrièrent : Nous n'avons point de force aujourd'hui contre Djalout (Goliath) et ses soldats; mais ceux qui crurent qu'au jour dernier ils verraient la face de Dieu dirent alors : Oh! combien de fois, par la permission de Dieu, une armée nombreuse fut vaincue par une petite troupe! Dieu est avec les persévérants.

251. Sur le point de combattre Djalout et son armée, ils s'écrièrent : Seigneur! accorde-nous la constance, affermis nos pas, et donne-nous la victoire sur ce peuple infidèle.

252. Et ils le mirent en fuite par la permission de Dieu. David tua Djalout, Dieu lui donna le livre [1] et la sagesse; il lui apprit ce qu'il voulut. Si Dieu ne contenait les nations les unes par les autres, certes la terre serait perdue. Mais Dieu est bienfaisant envers l'univers.

253. Tels sont les enseignements de Dieu. Nous te les révélons parce que tu es du nombre des envoyés célestes.

254. Nous élevâmes les prophètes les uns au-dessus des autres. Les plus élevés sont ceux à qui Dieu a parlé. Nous avons envoyé Jésus, fils de Marie, accompagné de signes évidents, et nous l'avons fortifié par l'esprit de la sainteté [2]. Si Dieu avait voulu, ceux qui sont venus après eux et après la manifestation des miracles ne se seraient point entre-tués. Mais ils se mirent à disputer; les uns crurent, d'autres furent incrédules. Si Dieu l'avait voulu, ils ne se seraient point entre-tués; mais Dieu fait ce qu'il veut.

255. O croyants! donnez l'aumône des biens que nous vous avons départis, avant que le jour vienne où il n'y aura plus ni vente ni achat, où il n'y aura plus ni amitié ni intercession. Les infidèles sont les méchants.

256. Dieu est le seul Dieu; il n'y a point d'autre Dieu que lui, le Vivant, l'Eternel. Ni l'assouplissement ni le sommeil n'ont point de prise sur lui. Tout ce qui est dans les cieux et sur la terre lui appartient. Qui peut intercéder auprès de lui sans sa permission ? Il connaît ce qui est devant eux et ce qui est derrière eux, et les hommes n'embrassent de sa science que ce qu'il a voulu leur apprendre. Son trône s'étend sur les cieux et sur la terre, et leur garde ne lui coûte aucune peine. Il est le Très-Haut, le Grand.

257. Point de violence en matière de religion. La vérité se distingue assez de l'erreur. Celui qui ne croira pas au Thagout [3]

1. C'est le livre des Psaumes que les mahométans comptent parmi les livres saints.
2. Par l'esprit de la sainteté, Muḥammad entend l'*ange Gabriel*.
3. Par ce mot il entend les idoles.

et croira en Dieu aura saisi une anse solide à l'abri de toute brisure. Dieu entend et connaît tout.

258. Dieu est le patron de ceux qui croient; il les fera passer des ténèbres à la lumière.

259. Quant aux infidèles, Thagout est leur protecteur. Il les conduira de la lumière dans les ténèbres; ils seront voués aux flammes où ils demeureront éternellement.

260. N'as-tu rien entendu de celui [1] qui disputa avec Abraham au sujet du Dieu qui lui donna la royauté ? Abraham avait dit : Mon Seigneur est celui qui fait mourir et qui ressuscite. C'est moi, répondit l'autre, qui fais mourir et je rends à la vie. Dieu, reprit Abraham, amène le soleil de l'Orient, fais-le venir de l'Occident. L'infidèle resta confondu. Dieu ne dirige point les pervers.

261. Ou bien n'as-tu pas entendu parler de ce voyageur qui, passant un jour auprès d'une ville renversée jusque dans ses fondements, s'écria : Comment Dieu fera-t-il revivre cette ville morte ? Dieu le fit mourir, et il resta ainsi pendant cent ans, puis il le ressuscita et lui demanda : Combien de temps as-tu demeuré ici ? Un jour, ou quelques heures seulement, répondit le voyageur. Non, reprit Dieu, tu es resté ici durant cent ans. Regarde ta nourriture et ta boisson : elles ne sont pas encore gâtées; et puis regarde ton âne (il n'en reste que des ossements). Nous avons voulu faire de toi un signe d'instruction pour les hommes. Vois comment nous redressons les ossements et les couvrons ensuite de chair. *A la vue de ce prodige*, le voyageur s'écria : Je reconnais que Dieu est tout-puissant.

262. Lorsque Abraham dit à Dieu : Seigneur, fais-moi voir comment tu ressuscites les morts, Dieu lui dit : Ne crois-tu point encore ? Je crois, reprit Abraham; mais que mon cœur soit parfaitement rassuré. Dieu lui dit alors : Prends quatre oiseaux et coupe-les en morceaux; disperse leurs membres sur la cime des montagnes, appelle-les ensuite : ils viendront à toi; et sache que Dieu est puissant et sage.

263. Ceux qui dépensent leurs richesses dans le sentier de Dieu ressemblent à un grain qui produit sept épis et dont chacun donne cent grains. Dieu augmente les biens de celui qu'il veut. Il est immense et savant.

264. Ceux qui dépensent leurs richesses dans le sentier de Dieu et qui ne font point suivre leurs largesses de reproches ni de mauvais procédés auront une récompense auprès de leur Seigneur; la crainte ne descendra point sur eux, et ils ne seront point affligés.

1. Ce doit être Nemrod.

265. Une parole honnête, l'oubli des offenses, vaut mieux qu'une aumône qu'aura suivie un mauvais procédé. Dieu est riche et clément.

266. O croyants! ne rendez point vaines vos aumônes par les reproches ou les mauvais procédés, comme agit celui qui fait des largesses par ostentation, qui ne croit point en Dieu et au jour dernier. Il ressemble à une colline rocailleuse couverte de poussière; qu'une averse fonde sur cette colline, elle n'y laissera qu'un rocher. De pareils hommes n'auront aucun produit de leurs œuvres, car Dieu ne dirige point les infidèles.

267. Ceux qui dépensent leur avoir dans le désir de plaire à Dieu, et pour l'affermissement de leurs âmes, ressemblent à un jardin planté sur un coteau arrosé par une pluie abondante, et dont les fruits ont été portés au double. Si une pluie n'y tombe pas, ce sera la rosée. Dieu voit ce que vous faites.

268. Quelqu'un de vous voudrait-il avoir un jardin planté de palmiers et de vignes arrosé par des courants d'eau, riche en toute espèce de fruits, et qu'au milieu de ces jouissances la vieillesse le surprenne, et qu'il ait des enfants en bas âge, et qu'un tourbillon gros de flammes consume ce jardin ? C'est ainsi que Dieu vous explique ses enseignements : peut-être vous les méditerez.

269. O croyants! faites l'aumône des meilleures choses que vous avez acquises, des fruits que nous avons fait sortir pour vous de la terre. Ne distribuez pas en largesses la partie la plus vile de vos biens;

270. Telle que vous ne la recevriez pas vous-mêmes, à moins d'une connivence avec celui qui vous l'offrirait. Sachez que Dieu est riche et comblé de gloire.

271. Satan vous menace de la pauvreté et vous commande les actions infâmes; Dieu vous promet son pardon et ses bienfaits, et certes Dieu est immense et savant.

272. Il donne la sagesse à qui il veut; et quiconque a obtenu la sagesse a obtenu un bien immense; mais il n'y a que les hommes doués de sens qui y songent.

273. L'aumône que vous ferez, le vœu que vous formerez, Dieu les connaîtra. Les méchants n'auront aucune assistance. Faites-vous l'aumône au grand jour ? c'est louable; la faites-vous secrètement et secourez-vous les pauvres ? cela sera plus méritoire. Une telle conduite fera effacer vos péchés. Dieu est instruit de ce que vous faites.

274. Tu n'es point chargé de diriger les infidèles. C'est Dieu qui dirige ceux qu'il veut. Tout ce que vous aurez distribué en largesses tournera à votre avantage; tout ce que vous aurez distribué dans le désir de contempler la face de Dieu vous sera

payé, et vous ne serez point traités injustement. Il est parmi vous des pauvres qui, occupés uniquement à combattre dans le sentier de Dieu, ne peuvent s'établir dans le pays; l'ignorant les croit riches, car ils sont modestes; tu les reconnaîtras à leurs marques; ils n'importunent point les hommes par leurs demandes. Tout ce que vous aurez donné à ces hommes, Dieu le saura.

275. Ceux qui feront l'aumône le jour et la nuit, en secret et en public, en recevront la récompense de Dieu. La crainte ne descendra point sur eux, et ils ne seront point affligés.

276. Ceux qui avalent le produit de l'usure se lèveront au jour de la résurrection comme celui que Satan a souillé de son contact. Et cela parce qu'ils disent : L'usure est la même chose que la vente. Dieu a permis la vente, il a interdit l'usure. Celui à qui parviendra cet avertissement du Seigneur et qui mettra un terme à cette iniquité obtiendra le pardon du passé; son affaire ne regardera plus que Dieu. Ceux qui retourneront à l'usure seront livrés au feu où ils demeureront éternellement.

277. Dieu exterminera l'usure et fera germer l'aumône. Dieu hait tout homme infidèle et pervers. Ceux qui croient et pratiquent les bonnes œuvres, qui observent la prière et donnent l'aumône, recevront une récompense de leur Seigneur; la crainte ne descendra point sur eux, et ils ne seront point affligés.

278. O croyants! craignez Dieu et abandonnez ce qui vous reste encore de l'usure, si vous êtes fidèles.

279. Si vous ne le faites pas, attendez-vous à la guerre de la part de Dieu et de son envoyé. Si vous vous repentez, votre capital vous reste encore. Ne lésez personne et vous ne serez point lésés.

280. Si votre débiteur éprouve de la gêne, attendez qu'il soit plus aisé. Si vous lui remettez sa dette, ce sera plus méritoire pour vous, si vous le savez.

281. Craignez le jour où vous retournerez à Dieu, où toute âme sera rétribuée selon ses œuvres; nul n'y sera lésé.

282. O vous qui croyez, lorsque vous contractez une dette solvable à une époque fixée, mettez-le par écrit. Qu'un écrivain la mette fidèlement par écrit. Que l'écrivain ne refuse point d'écrire selon la science que Dieu lui a enseignée; qu'il écrive et que le débiteur dicte; qu'il craigne son Seigneur et n'en ôte la moindre chose. Si le débiteur est ignorant ou faible, ou s'il n'est pas en état de dicter lui-même, que son patron dicte fidèlement pour lui. Appelez deux témoins choisis parmi vous; si vous ne trouvez pas deux hommes, appelez-en un seul et deux femmes parmi les personnes habiles à témoigner; afin que, si l'une oublie, l'autre puisse rappeler le fait. Les témoins ne doivent pas refuser de faire leurs dépositions toutes les fois qu'ils en seront requis. Ne

dédaignez point de mettre par écrit une dette, qu'elle soit petite ou grande, en indiquant le terme du paiement. Ce procédé est plus juste devant Dieu, mieux accommodé au témoignage, et plus propre à ôter toute espèce de doute, à moins que la marchandise ne soit devant les yeux; alors il ne saurait y avoir de péché si vous ne mettez pas la transaction par écrit. Appelez des témoins dans vos transactions, et ne faites de violence ni à l'écrivain ni au témoin; si vous le faites, vous commettez un crime, Craignez Dieu : c'est lui qui vous instruit, et il est instruit de toutes choses.

283. Si vous êtes en voyage et que vous ne trouviez pas d'écrivain, il y a lieu à un nantissement. Mais si l'un confie à l'autre un objet, que celui à qui le gage est confié le restitue intact, qu'il craigne Dieu son Seigneur. Ne refusez point de rendre témoignage; quiconque le refuse a le cœur corrompu. Mais Dieu connaît vos actions.

284. Tout ce qui est dans les cieux et sur la terre appartient à Dieu; que vous produisiez vos actions au grand jour ou que vous les cachiez, il vous en demandera compte; il pardonnera à qui il voudra, et punira celui qu'il voudra. Dieu est tout-puissant.

285. Le prophète croit dans ce que le Seigneur lui a envoyé. Les fidèles croient en Dieu, à ses anges, à ses livres et à ses envoyés. Ils disent : Nous ne mettons point de différence entre les envoyés célestes. Nous avons entendu et nous obéissons. Pardonne-nous nos péchés, ô Seigneur! nous reviendrons tous à toi.

286. Dieu n'imposera à aucune âme un fardeau au-dessus de ses forces. Ce qu'elle aura fait sera allégué pour elle ou contre elle. Seigneur, ne nous punis pas des fautes commises par oubli ou par erreur. Seigneur, ne nous impose pas le fardeau que tu as imposé à ceux qui ont vécu avant nous. Seigneur, ne nous charge pas de ce que nous ne pouvons supporter. Efface nos péchés, pardonne-nous-les, aie pitié de nous, tu es notre Seigneur. *Donne-nous la victoire sur les infidèles.*

SOURATE III

LA FAMILLE DE ʿIMRĀN

Donnée à Médine. — 200 versets.

Au nom de Dieu clément et miséricordieux.

1. A. L. M. [1] Dieu. Il n'y a point d'autres dieux que lui, le Vivant.

2. Il t'a envoyé le livre contenant la vérité et qui confirme les Ecritures qui l'ont précédé. Avant lui il fit descendre le Pentateuque et l'Evangile pour servir de direction aux hommes. Il a fait descendre le livre de la Distinction.

3. Ceux qui ne croiront point à nos signes éprouveront un châtiment terrible. Dieu est puissant et il sait tirer vengeance.

4. Rien de ce qui est dans les cieux et sur la terre ne lui est caché. C'est lui qui vous forme comme il lui plaît dans le sein de vos mères. Il n'y a point d'autre Dieu que lui. Il est puissant et sage.

5. C'est lui qui t'a envoyé le livre. Parmi les versets qui le composent, les uns sont fermement établis et contiennent les préceptes; ils sont la base du livre; les autres sont allégoriques. Ceux qui ont du penchant à l'erreur dans leurs cœurs s'attachent aux allégories par amour du schisme et par le désir de les interpréter; mais Dieu seul en connaît l'interprétation. Les hommes consommés dans la science diront : Nous croyons au Livre, tout ce qu'il renferme vient de Dieu. Les hommes sensés réfléchissent.

6. Seigneur! ne permets point à nos cœurs de dévier de la droite voie, quand tu nous y as dirigés une fois. Accorde-nous ta miséricorde, car tu es le dispensateur suprême.

7. Seigneur! tu rassembleras le genre humain dans le jour au sujet duquel il n'y a point de doute. Certes Dieu ne manque point à ses promesses.

8. Les infidèles ne retireront aucun avantage de leurs richesses et de leurs enfants auprès de Dieu. Ils seront la victime des flammes.

9. Tel a été le sort de la famille de Pharaon et de ceux qui

---

1. Voyez au sujet de ces lettres la note 2 de la sourate II, p. 40.

l'ont précédé. Ils ont traité nos signes de mensonges. Dieu les a punis de leurs péchés, et il est terrible dans ses châtiments.

10. Dis aux incrédules : Bientôt vous serez vaincus et rassemblés dans l'enfer. Quel affreux séjour!

11. Un prodige a éclaté devant vos yeux, lorsque les deux armées se rencontrèrent. L'une combattait dans le sentier de Dieu, l'autre c'étaient des infidèles. Vous parûtes à leurs yeux deux fois aussi nombreux qu'eux. Dieu favorise de son secours celui qu'il lui plaît. Certes il y avait dans ceci un avertissement pour les hommes clairvoyants.

12. L'amour des plaisirs, tels que les femmes, les enfants, les trésors entassés d'or et d'argent, les chevaux superbes, les troupeaux, les campagnes, tout cela paraît beau aux hommes, mais ce ne sont que des jouissances temporaires de ce monde; la retraite délicieuse est auprès de Dieu.

13. Dis : Que puis-je annoncer de plus avantageux à ceux qui craignent Dieu, que des jardins arrosés par des fleuves où ils demeureront éternellement, des femmes exemptes de toute souillure, et la satisfaction de Dieu ? Dieu regarde ses serviteurs.

14. Tel sera le sort de ceux qui disent : Seigneur, nous avons cru; pardonne-nous nos péchés et préserve-nous de la peine du feu;

15. De ceux qui ont été patients, véridiques, soumis, charitables et implorant le pardon de Dieu à chaque lever de l'aurore.

16. Dieu a rendu ce témoignage : Il n'y a point d'autre Dieu que lui; les anges et les hommes doués de science et de droiture répètent : il n'y a point d'autre Dieu que lui, le Puissant, le Sage.

17. La religion de Dieu est l'Islam [1]. Ceux qui suivent les Ecritures ne se sont divisés entre eux que lorsqu'ils ont reçu la science [2], et par jalousie. Celui qui refusera de croire aux signes de Dieu éprouvera combien il est prompt à demander compte des actions humaines.

18. Dis à ceux qui disputeront avec toi : Je me suis résigné entièrement à Dieu, ainsi que ceux qui me suivent.

19. Dis à ceux qui ont reçu les Ecritures et aux hommes dépourvus de toute instruction : Vous résignerez-vous à Dieu ? S'ils le font, ils seront dirigés sur la droite voie; s'ils tergiversent, tu n'es chargé que de la prédication. Dieu voit ses serviteurs.

20. Annonce à ceux qui ne croient pas aux signes de Dieu, qui assassinent leurs prophètes et ceux qui leur prêchent l'équité, annonce-leur un châtiment douloureux.

21. Ils ont rendu vain le mérite de leurs œuvres dans ce monde et dans l'autre. Ils n'auront point de défenseurs.

1. Islām, dont on fait l'islamisme, signifie s'en remettre à la volonté de Dieu.
2. C'est-à-dire que la science ou la révélation a fait surgir des disputes entre eux.

22. N'as-tu pas vu ceux qui ont reçu une portion des Ecritures (les juifs), recourir au livre de Dieu, pour qu'il prononce dans leurs différends, et puis une partie d'entre eux tergiverser et s'éloigner ?

23. C'est qu'ils se sont dit : Le feu ne nous atteindra que pendant un petit nombre de jours. Leurs mensonges mêmes les aveuglent dans leur croyance.

24. Que sera-ce lorsque nous vous rassemblerons dans ce jour au sujet duquel il n'y a point de doute, le jour où toute âme recevra le prix de ses œuvres et où personne ne sera lésé ?

25. Dis : Seigneur, toi qui disposes à ton gré des royaumes, tu les donnes à qui il te plaît et tu les ôtes à qui tu veux ; tu élèves qui tu veux et tu abaisses qui tu veux. Le bien est entre tes mains, car tu as le pouvoir sur toutes choses.

26. Tu fais succéder la nuit au jour et le jour à la nuit, tu fais sortir la vie de la mort et la mort de la vie. Tu accordes la nourriture à qui tu veux sans compte ni mesure.

27. Que les croyants ne prennent point pour alliés des infidèles plutôt que des croyants. Ceux qui le feraient ne doivent rien espérer de la part de Dieu, à moins que vous n'ayez à craindre quelque chose de leur côté. Dieu vous avertit de le craindre : car c'est auprès de lui que vous retournerez. Dis-leur : Soit que vous cachiez ce qui est dans vos cœurs, soit que vous le produisiez au grand jour, Dieu le saura. Il connaît ce qui est dans les cieux et sur la terre, et il est tout-puissant.

28. Le jour où toute âme retrouvera devant elle le bien qu'elle a fait et le mal qu'elle a commis, ce jour-là, elle désirera qu'un espace immense la sépare de ses mauvaises actions. Dieu vous avertit qu'il faut le craindre, car il regarde d'un œil propice ses serviteurs.

29. Dis-leur : Si vous aimez Dieu, suivez-moi ; il vous aimera, il vous pardonnera vos péchés, il est indulgent et miséricordieux. Obéissez à Dieu et à son prophète ; mais si vous tergiversez, sachez que Dieu n'aime point les infidèles.

30. Dieu a choisi entre tous les hommes Adam et Noé, la famille d'Abraham et celle d'Imran. Ces familles sont sorties les unes des autres. Dieu sait et entend tout.

31. L'épouse d'Imran adressa cette prière à Dieu : Seigneur, je t'ai voué le fruit de mon sein ; agrée-le, car tu entends et connais tout. Lorsqu'elle eut enfanté, elle dit : Seigneur, j'ai mis au monde une fille (Dieu savait ce qu'elle avait mis au monde : le garçon n'est pas comme la fille [1]), et je l'ai nommée Mariam

---

1. C'est-à-dire que le garçon pouvait s'acquitter des cérémonies religieuses comme prêtre.

(Marie); je la mets sous ta protection, elle et sa postérité, afin que tu les préserves des ruses de Satan, le lapidé [1].

32. Le Seigneur accueillit favorablement son offrande; il fit produire à Marie un fruit précieux. Zacharie eut soin de l'enfant; toutes les fois qu'il allait visiter Marie dans sa cellule, il voyait de la nourriture auprès d'elle. D'où vous vient, lui demanda-t-il, cette nourriture ? Elle me vient de Dieu, répondit-elle, car Dieu nourrit abondamment ceux qu'il veut et ne leur compte pas les morceaux.

33. Zacharie se mit à prier Dieu. Seigneur, s'écria-t-il, accorde-moi une postérité bénie; tu aimes à exaucer les prières. L'ange l'appela tandis qu'il priait dans le sanctuaire.

34. Dieu t'annonce la naissance de (Iahia) Jean, qui confirmera la vérité du Verbe de Dieu; il sera grand, chaste et un des plus vertueux prophètes.

35. Seigneur, d'où me viendra cet enfant ? demanda Zacharie : la vieillesse m'a atteint, et ma femme est stérile. L'ange lui répondit : C'est ainsi que Dieu fait ce qu'il veut.

36. Zacharie dit : Seigneur, donne-moi un signe comme gage de ta promesse. Voici le signe, répondit l'ange : pendant trois jours tu ne parleras aux hommes que par des signes. Prononce sans cesse le nom de Dieu, et célèbre ses louanges le soir et le matin.

37. Les anges dirent à Marie : Dieu t'a choisie, il t'a rendue exempte de toute souillure, il t'a élue parmi toutes les femmes de l'univers.

38. O Marie, sois dévouée au Seigneur, adore-le, et incline-toi devant lui avec ceux qui l'adorent.

39. C'est ici le récit des mystères que nous te révélons. Tu n'étais pas parmi eux lorsqu'ils jetaient les chalumeaux à qui aurait soin de Marie; tu n'étais pas parmi eux quand ils se disputaient Marie.

40. Les anges dirent à Marie : Dieu t'annonce son Verbe. Il se nommera le Messie, Jésus fils de Marie, honoré dans ce monde et dans l'autre, et un des confidents de Dieu.

41. Il parlera aux hommes, enfant au berceau et adulte, et il sera du nombre des justes.

42. Seigneur, répondit Marie, comment aurais-je un fils ? Aucun homme ne m'a approchée. C'est ainsi, reprit l'ange, que Dieu crée ce qu'il veut. Il dit : *Sois*, et il est.

43. Il lui enseignera le livre et la sagesse, le Pentateuque et l'Evangile. Jésus sera son envoyé auprès des enfants d'Israël.

---

1. C'est l'épithète donnée constamment à *Satan*, parce que, dit la tradition, Abraham assaillit un jour à coups de pierres le diable qui voulait le tenter.

Il leur dira : Je viens vers vous accompagné de signes du Seigneur ; je formerai de boue la figure d'un oiseau ; je soufflerai dessus, et par la permission de Dieu l'oiseau sera vivant ; je guérirai l'aveugle de naissance et le lépreux ; je ressusciterai les morts par la permission de Dieu ; je vous dirai ce que vous aurez mangé et ce que vous aurez caché dans vos maisons. Tous ces faits seront autant de signes pour vous, si vous êtes croyants.

44. Je viens pour confirmer le Pentateuque que vous avez reçu avant moi ; je vous permettrai l'usage de certaines choses qui vous ont été interdites. Je viens avec des signes de la part de votre Seigneur. Craignez-le et obéissez-moi. Il est mon Seigneur et le vôtre. Adorez-le : c'est le sentier droit.

45. Jésus s'aperçut bientôt de l'infidélité des juifs. Il s'écria : Qui m'assistera dans le sentier de Dieu ? C'est nous, répondirent les apôtres, qui seront des aides dans le sentier de Dieu. Nous croyons en Dieu, et tu témoigneras que nous nous sommes soumis [à Sa Volonté] [1].

46. Seigneur, nous croyons à ce que tu nous envoies et nous suivons l'apôtre. Ecris-nous au nombre de ceux qui rendent témoignage.

47. Les juifs imaginèrent des artifices contre Jésus. Dieu en imagina contre eux ; et certes Dieu est le plus habile.

48. Dieu dit à Jésus : Je te ferai subir la mort et je t'élèverai à moi ; je te délivrerai des infidèles, et j'élèverai ceux qui t'ont suivi au-dessus de ceux qui ne croient pas, jusqu'au jour de la résurrection. Vous retournerez tous à moi, et je jugerai vos différends.

49. Je punirai les infidèles d'un châtiment cruel dans ce monde et dans l'autre. Ils ne trouveront nulle part de secours.

50. Ceux qui croient et pratiquent les bonnes œuvres, Dieu leur donnera leur récompense, car il n'aime pas ceux qui agissent iniquement.

51. Voilà les enseignements et les sages avertissements que nous te récitons.

52. Jésus est aux yeux de Dieu ce qu'est Adam. Dieu le forma de poussière, puis il dit : Sois, et il fut.

53. Ces paroles sont la vérité qui vient de ton Seigneur. Garde-toi d'en douter.

54. Dis à ceux qui disputeront avec toi à ce sujet depuis que tu as reçu la science parfaite : Venez, appelons nos enfants et les vôtres, allons-y nous et vous, adjurons le Seigneur et invoquons sa malédiction sur les imposteurs.

1. Muḥammad emploie à dessein le mot *muslimūn*, parce que ce mot est devenu pour lui un symbole de la foi qu'il prêchait. Il veut rattacher ainsi son culte à celui des anciens.

55. Ce que je vous prêche est la vérité même. Il n'y a point d'autres divinités que Dieu; il est puissant et sage.

56. S'ils tergiversent, certes Dieu connaît les méchants.

57. Dis aux juifs et aux chrétiens : O vous qui avez reçu les Ecritures, venons-en à un accommodement; n'adorons que Dieu seul et ne lui associons d'autres seigneurs que lui. S'ils s'y refusent, dites-leur : Vous êtes témoins vous-mêmes que nous nous résignons entièrement à la volonté de Dieu.

58. O vous qui avez reçu les Ecritures, pourquoi vous disputez-vous au sujet d'Abraham ? Le Pentateuque et l'Evangile n'ont été envoyés d'en haut que longtemps après lui. Ne le comprendrez-vous donc jamais ?

59. Vous qui disputez des choses dont vous êtes instruits, pourquoi cherchez-vous à disputer sur celles dont vous n'avez aucune connaissance ? Dieu sait; mais vous, vous ne savez pas.

60. Abraham n'était ni juif ni chrétien; il était pieux et résigné à Dieu, et il n'associait point d'autres êtres à Dieu.

61. Ceux qui tiennent le plus de la croyance d'Abraham sont ceux qui le suivent. Tel est le prophète et les croyants. Dieu est le protecteur des fidèles.

62. Une partie de ceux qui ont reçu les Ecritures désireraient vous égarer; mais ils n'égarent qu'eux-mêmes, et ils ne le sentent pas.

63. O vous qui avez reçu les Ecritures, pourquoi ne croyez-vous pas aux signes du Seigneur quand vous en avez été témoins ?

64. O vous qui avez reçu les Ecritures, pourquoi revêtez-vous la vérité de la robe du mensonge ? pourquoi la cachez-vous, vous qui la connaissez ?

65. Une partie de ceux qui ont reçu les Ecritures ont dit : Croyez au livre envoyé aux croyants (mahométans) le matin, et rejetez leur croyance le soir; de cette manière ils abandonneront leur religion.

66. N'ajoutez foi qu'à ceux qui suivent votre religion. Dis-leur : La vraie direction est celle qui vient de Dieu; elle consiste en ce que les autres participent à la révélation qui vous a d'abord été donnée. Disputeront-ils avec vous devant le Seigneur? Dis-leur : Les grâces sont dans les mains de Dieu : il les dispense à qui il veut. Il est immense et savant.

67. Il accordera sa miséricorde à qui il voudra. Il est le suprême dispensateur des grâces.

68. Parmi ceux qui ont reçu les Ecritures il y en a à qui tu peux confier la somme d'un talent et qui te le rendront intact; il y en a d'autres qui ne te restitueront pas le dépôt d'un dinar, si tu ne les y contrains.

69. Ils agissent ainsi, parce qu'ils disent : Nous ne sommes point tenus à rien envers les hommes du peuple (les hommes non instruits, tels que les Arabes). Ils prêtent sciemment un mensonge à Dieu.

70. Celui qui remplit ses engagements et craint Dieu saura que Dieu aime ceux qui le craignent.

71. Ceux qui pour le pacte de Dieu et leurs serments achètent l'objet de nulle valeur n'auront aucune part dans la vie future. Dieu ne leur adressera pas une seule parole, il ne jettera pas un seul regard sur eux au jour de la résurrection, il ne les absoudra pas; un châtiment douloureux leur est destiné.

72. Quelques-uns d'entre eux torturent les paroles des Ecritures avec leurs langues pour vous faire croire que ce qu'ils disent s'y trouve réellement. Non, ceci ne fait point partie des Ecritures. Ils disent : Ceci vient de Dieu. Non cela ne vient point de Dieu. Ils prêtent sciemment des mensonges à Dieu.

73. Convient-il que l'homme à qui Dieu a donné le livre de la sagesse et le don de prophétie dise aux hommes : Soyez mes adorateurs ? — Non, soyez les adorateurs de Dieu, puisque vous étudiez la doctrine du livre et que vous cherchez à le comprendre.

74. Dieu ne vous commande pas d'adorer les anges et les prophètes. Vous ordonnerait-il de vous faire incrédules après que vous avez résolu d'être résignés à la volonté de Dieu ?

75. Lorsque Dieu reçut le pacte des prophètes, il leur dit : Voici le livre et la sagesse, que je vous donne. Un prophète viendra un jour confirmer ce que vous recevez. Croyez en lui et aidez-le de tout votre pouvoir. Y consentez-vous et acceptez-vous le pacte à cette condition ? Ils répondirent : Nous y consentons. Soyez donc témoins, reprit le Seigneur, je rendrai le témoignage avec vous.

76. Quiconque, après cet engagement, chercherait à s'y soustraire sera du nombre des pervers.

77. Désirent-ils une autre religion que celle de Dieu, pendant que tout ce qui est dans les cieux et sur la terre se soumet à ses ordres de gré ou de force, et que tout doit un jour retourner à lui ?

78. Dis : Nous croyons en Dieu, à ce qu'il nous a envoyé, à ce qu'il a révélé à Abraham, Ismaël, Jacob et aux douze tribus; nous croyons aux livres saints que Moïse, Jésus et les prophètes ont reçus du ciel; nous ne mettons aucune différence entre eux, nous sommes résignés à la volonté de Dieu.

79. Quiconque désire un autre culte que la résignation à Dieu (Islam), ce culte ne sera point reçu de lui, et il sera dans l'autre monde du nombre des malheureux.

80. Comment Dieu dirigerait-il dans le sentier droit ceux qui, après avoir cru et rendu témoignage à la vérité de l'Apôtre, après

avoir été témoins des miracles, retournent à l'infidélité ? Dieu ne conduit point les pervers.

81. Leur récompense sera la malédiction de Dieu, des anges et de tous les hommes.

82. Ils en seront éternellement couverts. Leur supplice ne s'adoucira point, et Dieu ne jettera pas un seul regard sur eux.

83. Il n'en sera pas de même avec ceux qui reviendront au Seigneur par leur repentir et qui pratiqueront la vertu. Car Dieu est indulgent et miséricordieux.

84. Ceux qui redeviennent infidèles après avoir cru, et qui ne font ensuite qu'accroître leur infidélité, le repentir de ceux-là ne sera point accueilli, et ils resteront dans l'égarement.

85. Pour ceux qui étaient infidèles et moururent infidèles, autant d'or que la terre en peut contenir ne saurait les racheter du châtiment cruel. Ils n'auront point de défenseur.

86. Vous n'atteindrez à la vertu parfaite que lorsque vous aurez fait l'aumône de ce que vous chérissez le plus. Et tout ce que vous aurez donné, Dieu le saura.

87. Toute nourriture était permise aux enfants d'Israël, excepté celle que Jacob s'interdit à lui-même, avant que le Pentateuque fût venu. Dis-leur : Apportez le Pentateuque, et lisez si vous êtes sincères.

88. Quiconque forge des mensonges sur le compte de Dieu est du nombre des impies.

89. Dis-leur : Dieu ne dit que la vérité. Suivez donc la religion d'Abraham qui était pieux et n'associait point d'autres êtres à Dieu.

90. Le premier temple qui ait été fondé par les hommes, est celui de *Bekka* [1], temple béni, et *qibla* [2] de l'univers.

91. Vous y verrez les traces des miracles évidents. Là est la station d'Abraham. Quiconque entre dans son enceinte est à l'abri de tout danger. En faire le pèlerinage, est un devoir envers Dieu pour quiconque est en état de le faire.

92. Quant aux infidèles, qu'importe ? Dieu peut se passer de l'univers entier.

93. Dis à ceux qui ont reçu les Ecritures : Pourquoi refusez-vous de croire aux signes de Dieu ? Il est témoin de vos actions.

94. Dis-leur : O vous qui avez reçu les Ecritures, pourquoi repoussez-vous les croyants du sentier de Dieu ? Vous voudriez le rendre tortueux et cependant vous le connaissez. Mais Dieu n'est point inattentif à ce que vous faites.

1. *Bekka* est le nom de La Mecque.
2. C'est-à-dire le point vers lequel on doit se tourner en priant.

95. O croyants! si vous écoutez quelques-uns d'entre ceux qui ont reçu les Ecritures, ils vous feront devenir infidèles.

96. Mais comment pourriez-vous redevenir infidèles, lorsqu'on vous récite les signes de Dieu, lorsque son envoyé est au milieu de vous ? Celui qui s'attache fortement à Dieu sera dirigé dans la droite voie.

97. O croyants! craignez Dieu comme il mérite d'être craint, et ne mourez pas sans vous être soumis à sa volonté.

98. Attachez-vous fortement à Dieu et ne vous en séparez jamais; et souvenez-vous de ses bienfaits lorsque, ennemis que vous étiez, il a réuni vos cœurs, et que par les effets de sa grâce vous êtes tous devenus un peuple de frères.

99. Vous étiez au bord du précipice du feu et il vous en a retirés. C'est ainsi qu'il vous fait voir ses miracles, afin que vous ayez un guide;

100. Afin que vous deveniez un peuple appelant les autres au bien, ordonnant les bonnes actions et défendant les mauvaises. Les hommes qui agiront ainsi seront bienheureux.

101. Ne soyez point comme ceux qui, après avoir été témoins de signes évidents, se sont divisés et ont formé des schismes; car ceux-là éprouveront un châtiment cruel.

102. Au jour de la résurrection il y aura des visages blancs et des visages noirs. Dieu dira à ces derniers : N'est-ce pas vous qui, après avoir cru, devîntes infidèles ? Allez goûter le châtiment pour prix de votre incrédulité.

103. Ceux dont les visages seront blancs éprouveront la miséricorde de Dieu et en jouiront éternellement.

104. Voilà les signes de Dieu que nous te récitons en toute vérité, car Dieu ne veut point de mal à l'univers.

105. A lui appartient tout ce qui est dans les cieux et sur la terre, et tout retournera à lui.

106. Vous êtes le peuple le plus excellent qui soit jamais surgi parmi les hommes; vous ordonnez ce qui est bon et défendez ce qui est mauvais, et vous croyez en Dieu. Si les hommes qui ont reçu les Ecritures voulaient croire, cela ne tournerait qu'à leur avantage; mais quelques-uns d'entre eux croient, tandis que la plupart sont pervers.

107. Ils ne sauraient vous causer que des dommages insignifiants. S'ils avisent de vous faire la guerre, ils tourneront bientôt le dos et ne seront point secourus.

108. Partout où ils s'arrêteront l'opprobre s'étendra comme une tente sur leurs têtes, s'ils ne cherchent une alliance avec Dieu ou avec les hommes. Ils s'attireront la colère de Dieu, et la misère s'étendra encore comme une tente au-dessus de leurs têtes. Ce sera le prix de ce qu'ils ont refusé de croire aux signes de Dieu,

qu'ils assassinaient injustement les prophètes; ce sera le prix de leur rébellion et de leurs iniquités.

109. Tous ceux qui ont reçu les Ecritures ne se ressemblent pas. Il en est dont le cœur est droit; ils passent des nuits entières à réciter les signes de Dieu et l'adorent.

110. Ils croient en Dieu et au jour dernier; ils commandent le bien et interdisent le mal; ils s'empressent à pratiquer les bonnes œuvres, et ils sont vertueux.

111. Le bien qu'ils auront fait ne sera point méconnu, car Dieu connaît ceux qui le craignent.

112. Les infidèles, leurs richesses et leurs enfants ne leur seront d'aucune utilité auprès de Dieu; ils seront livrés au feu et y demeureront éternellement.

113. Les aumônes qu'ils font dans ce monde sont comme un vent glacial qui souffle sur les campagnes des injustes et les détruit. Ce n'est point Dieu qui les traitera injustement, ils ont été injustes envers eux-mêmes.

114. O croyants! ne formez de liaisons intimes qu'entre vous; les infidèles ne manqueraient pas de vous corrompre : ils désirent votre perte. Leur haine perce dans leurs paroles; mais ce que leurs cœurs recèlent est pire encore. Nous vous en avons déjà fait voir des preuves évidentes, si toutefois vous savez comprendre.

115. Vous les aimez et ils ne vous aiment point. Vous croyez au livre entier; lorsqu'ils vous rencontrent, ils disent : Nous avons cru; mais à peine vous ont-ils quittés qu'enflammés de colère, ils se mordent les doigts. Dis-leur : Mourez dans votre colère; Dieu connaît le fond de vos cœurs.

116. Le bien qui vous arrive les afflige. Qu'il vous arrive un malheur, ils sont remplis de joie; mais si vous avez de la patience et de la crainte de Dieu, leurs artifices ne pourront vous nuire, car Dieu embrasse *de sa science* toutes leurs actions.

117. Rappelle-toi le jour où tu as quitté ta maison le matin à dessein de préparer aux fidèles un camp pour combattre, et Dieu écoutait et savait tout.

118. Rappelle-toi le jour où deux cohortes de votre armée allaient prendre la fuite, et que Dieu fut leur protecteur. Que les croyants mettent donc leur confiance en Dieu.

119. Dieu vous a reconnus à la journée de Bedr où vous étiez inférieurs en nombre. Craignez donc Dieu et rendez-lui des actions de grâces.

120. Tu disais aux fidèles : Ne vous suffit-il pas que Dieu envoie trois mille anges à votre secours ?

121. Ce nombre suffit sans doute; mais si vous avez la persévérance, si vous craignez Dieu et que les ennemis viennent tout

à coup fondre sur vous, il fera voler à votre secours cinq mille anges tout équipés.

122. Dieu vous l'annonce pour porter dans vos cœurs la sécurité et la confiance, car la victoire vient de Dieu seul, le Puissant, le Sage. Il saurait tailler en pièces les infidèles, les renverser et les culbuter.

123. Que Dieu leur pardonne ou qu'il les punisse, leur sort ne te regarde pas. Ce sont des impies.

124. A Dieu appartient tout ce qui est dans les cieux et sur la terre; il pardonne à qui il veut et châtie celui qu'il veut. Il est indulgent et miséricordieux.

125. O croyants! ne vous livrez pas à l'usure en la portant au double, et toujours au double. Craignez le Seigneur et vous serez heureux.

126. Craignez le feu préparé aux infidèles; obéissez à Dieu et au prophète, afin d'obtenir la miséricorde de Dieu.

127. Efforcez-vous de mériter l'indulgence du Seigneur et la possession du paradis, vaste comme les cieux et la terre, et destiné à ceux qui craignent Dieu.

128. A ceux qui font l'aumône dans la prospérité et dans l'adversité, qui savent maîtriser leur colère, et qui pardonnent aux hommes *qui les offensent.* Certes Dieu aime ceux qui pratiquent le bien.

129. Ceux qui, après avoir commis une action malhonnête ou une iniquité, se souviennent aussitôt du Seigneur, lui demandent pardon de leurs péchés (car quel autre que Dieu a le droit de pardonner ?) et ne persévèrent point dans les péchés qu'ils reconnaissent :

130. Tous ceux-là éprouveront l'indulgence de leur Seigneur et habiteront éternellement des jardins arrosés par des courants d'eau. Qu'elle est belle la récompense des vertueux!

131. Avant vous il y eut des châtiments infligés aux méchants. Parcourez la terre, et voyez quelle a été la fin de ceux qui traitent d'imposteurs les envoyés de Dieu.

132. Ce livre-ci est une déclaration adressée aux hommes; il sert de guide et d'avertissement à ceux qui craignent.

133. Ne perdez point courage, ne vous affligez point, vous serez victorieux si vous êtes croyants.

134. Si les blessures vous atteignent, eh! n'en ont-elles pas atteint bien d'autres ? Nous alternons les revers et les succès parmi les hommes, afin que Dieu connaisse les croyants, qu'il choisisse parmi vous ses témoins [1] (il hait les méchants);

135. Afin d'éprouver les croyants et de détruire les infidèles.

1. Témoins veut dire ici *martyrs.*

136. Croyez-vous entrer dans le paradis avant que Dieu sache qui sont ceux d'entre vous qui ont combattu et ceux qui ont persévéré ?

137. Vous désiriez la mort avant qu'elle se fût présentée : vous l'avez vue, vous l'avez engagée, et vous avez fléchi.

138. Muḥammad n'est qu'un apôtre. D'autres apôtres l'ont précédé. S'il mourait ou s'il était tué, retourneriez-vous à vos erreurs ? Votre apostasie ne saurait nuire à Dieu, et il récompense ceux qui lui rendent des actions de grâces.

139. L'homme ne meurt que par la volonté de Dieu, d'après le livre qui en fixe le terme (de sa vie). Celui qui désire la récompense de ce monde, nous la lui accorderons; nous accorderons aussi celle de la vie future à celui qui la désirera, et nous récompenserons ceux qui sont reconnaissants.

140. Combien de prophètes ont combattu contre des armées nombreuses sans se décourager des disgrâces qu'ils avaient éprouvées en combattant dans le sentier de Dieu! Ils n'ont point fléchi, ils ne se sont point avilis par la lâcheté. Dieu aime ceux qui persévèrent.

141. Ils se bornaient à dire : Seigneur, pardonne-nous nos fautes, les transgressions des ordres reçus, dont nous nous sommes rendus coupables; raffermis notre courage, et prête-nous ton assistance contre les infidèles. Dieu leur accorda la récompense de ce monde et une belle part dans l'autre, car Dieu aime ceux qui font le bien.

142. O croyants! si vous écoutez les infidèles, ils vous feront revenir à vos erreurs et vous serez renversés et défaits.

143. Dieu est votre protecteur. Qui mieux que lui peut vous secourir ?

144. Nous jetterons l'épouvante dans le cœur des idolâtres parce qu'ils ont associé à Dieu des divinités sans que Dieu leur ait donné aucun pouvoir à ce sujet; le feu sera leur demeure. Qu'il est affreux le séjour des impies!

145. Dieu a déjà accompli ses promesses, lorsque, avec sa permission, vous avez anéanti vos ennemis; mais votre courage a fléchi, et vous disputâtes sur les ordres du prophète; vous les violâtes, après qu'il vous eut fait voir ce qui était l'objet de vos vœux.

146. Une partie d'entre vous désirait les biens de ce monde, les autres désiraient la vie future. Dieu vous a fait prendre la fuite devant vos ennemis pour vous éprouver, mais il vous a pardonné ensuite, parce qu'il est plein de bonté pour les fidèles.

147. Tandis que vous preniez la fuite en désordre, et que vous n'écoutiez la voix de personne, le prophète vous rappelait au combat. Dieu vous a fait éprouver affliction sur affliction, afin

que vous ne ressentiez plus de chagrin à cause du butin qui vous échappa et du malheur qui vous atteignait. Dieu est instruit de toutes vos actions.

148. Après ce revers, Dieu fit descendre la sécurité et le sommeil sur une partie d'entre vous. Les passions ont suggéré aux autres de vaines pensées à l'égard de Dieu, des pensées d'ignorance. Que gagnons-nous à toute cette affaire? disaient-ils. Réponds-leur : Toute l'affaire dépend de Dieu. Ils cachaient au fond de leurs âmes ce qu'ils ne te manifestaient pas. Ils disaient : Si nous eussions dû obtenir quelque avantage de toute cette affaire, certes nous n'aurions pas été défaits ici. Dis-leur : Quand vous seriez restés dans vos maisons, ceux dont le trépas était écrit là-haut seraient venus succomber à ce même endroit, afin que le Seigneur éprouvât ce que vous cachiez dans vos seins et débrouillât ce qui était au fond de vos cœurs. Dieu connaît ce que les cœurs recèlent.

149. Ceux qui se retirèrent le jour de la rencontre des deux armées furent séduits par Satan, en punition de quelque faute qu'ils avaient commise. Dieu leur a pardonné, parce qu'il est indulgent et clément.

150. O croyants! ne ressemblez pas aux infidèles qui disent à leurs frères, quand ceux-ci voyagent dans le pays ou quand ils vont à la guerre : S'ils étaient restés avec nous, ils ne seraient pas morts, ils n'auraient pas été tués. Dieu a voulu que ce qui est arrivé jetât dans leurs cœurs d'amers regrets. Dieu donne la vie et la mort, et il voit vos actions.

151. Si vous mourez ou si vous êtes tués en combattant dans le sentier de Dieu, l'indulgence et la miséricorde de Dieu vous attendent. Ceci vaut mieux que les richesses que vous ramassez.

152. Que vous mouriez ou que vous soyez tués, Dieu vous rassemblera au jour dernier.

153. Tu leur as dépeint la miséricorde de Dieu douce et facile, ô Muḥammad! Si tu avais été plus sévère et plus dur, ils se seraient séparés de toi. Aie donc de l'indulgence pour eux, prie Dieu de leur pardonner, conseille-les dans leurs affaires et, lorsque tu entreprends quelque chose, mets ta confiance en Dieu, car il aime ceux qui ont mis en lui leur confiance.

154. Si Dieu vient à votre secours, qui est-ce qui pourra vous vaincre ? S'il vous abandonne, qui est-ce qui pourra vous secourir ? C'est en Dieu seul que les croyants mettent leur confiance.

155. Ce n'est pas le prophète qui vous tromperait. Celui qui trompe paraîtra avec sa tromperie au jour de la résurrection. Alors toute âme recevra le prix de ses œuvres, et personne ne sera traité avec injustice.

156. Pensez-vous que celui qui aura suivi la volonté de Dieu

sera traité comme celui qui a mérité sa colère, et dont la demeure sera le feu ? Quelle détestable route que cette route-là !

157. Ils occuperont des degrés différents auprès de Dieu. Il voit vos actions.

158. Dieu a déjà fait éclater sa bienfaisance pour les fidèles en leur envoyant un apôtre d'entre eux pour leur réciter ses signes, les rendre purs et les instruire dans le livre (le Coran) et dans la sagesse, eux qui naguère étaient dans un égarement manifeste.

159. Lorsqu'un revers vous a atteints pour la première fois (et vous aviez précédemment fait éprouver à vos ennemis le double de vos malheurs), vous avez dit : D'où nous vient cette disgrâce ? Réponds-leur : De vous-mêmes. Dieu est tout-puissant.

160. Le revers que vous avez éprouvé le jour où les deux armées se sont rencontrées eut lieu par la volonté de Dieu, afin qu'il distinguât les fidèles des hypocrites. Quand on leur cria : Avancez, combattez dans le sentier de Dieu, repoussez l'ennemi, ils répondirent : Si nous savions combattre nous vous suivrions. Ce jour-là ils étaient plus près de l'infidélité que de la foi.

161. Ils prononçaient de leurs lèvres ce qui n'était point dans leurs cœurs; mais Dieu connaît ce qu'ils cachent.

162. A ceux qui, restés dans leurs foyers, disent : Si nos frères nous avaient écoutés ils n'auraient pas été tués, réponds : Mettez-vous donc à l'abri de la mort si vous êtes véridiques.

163. Ne croyez pas que ceux qui ont succombé en combattant dans le sentier de Dieu soient morts : ils vivent près de Dieu, et reçoivent de lui leur nourriture.

164. Remplis de joie à cause des bienfaits dont Dieu les a comblés, ils se réjouissent de ce que ceux qui marchent sur leurs traces et qui ne les ont pas encore atteints seront à l'abri des frayeurs et des peines.

165. Ils se réjouissent à cause des bienfaits de Dieu et de sa générosité, de ce qu'il ne laisse point périr la récompense des fidèles.

166. Ceux qui après le revers (essuyé à Ohod) obéissent à Dieu et au prophète, qui font le bien et craignent le Seigneur, ceux-là recevront une récompense magnifique.

167. Ceux qui, lorsqu'on leur annonce que les ennemis se réunissent et qu'il faut les craindre, ne font qu'accroître leur foi et disent : Dieu nous suffit, c'est un excellent protecteur.

168. Ceux-là retournent comblés de grâces de Dieu; aucun malheur ne les a atteints; ils ont suivi la volonté de Dieu, dont la libéralité est infinie.

169. Souvent Satan intimide ses adhérents; ne le craignez point, mais craignez-moi, si vous êtes fidèles.

170. Que ceux qui se précipitent à l'envi dans l'infidélité ne s'affligent point; ils ne sauraient causer le moindre dommage à Dieu. Dieu leur refusera toute part dans la vie future; le châtiment terrible seul leur est réservé.

171. Ceux qui achètent l'infidélité au prix de leur foi ne sauraient causer aucun dommage à Dieu. Un châtiment douloureux les attend.

172. Que les infidèles ne regardent point comme un bonheur de vivre longtemps. Si nous prolongeons leurs jours, c'est afin qu'ils mettent le comble à leurs iniquités. Une peine ignominieuse les attend.

173. Dieu ne laissera point les fidèles dans l'état où vous êtes; mais il séparera le bon du mauvais.

174. Dieu ne vous fera point connaître les mystères. Il choisit les envoyés qu'il lui plaît pour les leur confier. Croyez donc en Dieu et à ses envoyés; si vous croyez, et si vous craignez, vous recevrez une récompense généreuse.

175. Que ceux qui sont avares des dons que Dieu leur a dispensés ne croient point y trouver leur avantage. Loin de là, ces dons ne tourneront qu'à leur perte.

176. Les objets de leur avarice seront attachés à leur cou au jour de la résurrection. L'héritage des cieux et de la terre appartient à Dieu; il est instruit de toutes vos actions.

177. Il a entendu la voix de ceux qui ont dit : Dieu est pauvre, et nous sommes riches. Nous tiendrons compte de leurs paroles et du sang des prophètes assassinés injustement, et nous leur dirons : Subissez le châtiment du feu,

178. Pour prix des œuvres de vos mains, car Dieu n'est pas injuste envers ses serviteurs.

179. A ceux qui disent : Dieu nous a promis que nous ne serons tenus de croire à un prophète que lorsqu'il présentera une offrande que le feu du ciel consume,

180. Réponds : Vous aviez des prophètes avant moi qui ont opéré des miracles, et même celui dont vous parlez, pourquoi donc les avez-vous tués? dites-le, si vous êtes véridiques.

181. S'ils te traitent d'imposteur, les apôtres envoyés avant lui ont été traités de même, bien qu'ils eussent opéré des miracles, et apporté le livre des Psaumes et le livre qui éclaire [1].

182. Toute âme subira la mort [2]. Vous recevrez vos récompenses au jour de la résurrection. Celui qui aura évité le feu et qui entrera dans le paradis, celui-là sera bienheureux, car la vie d'ici-bas n'est qu'une jouissance trompeuse.

---

1. Par le livre qui éclaire, Muḥammad entend l'Evangile.
2. Mot à mot : *toute âme goûtera la mort*. Par *âme* il faut entendre toute âme vivante, tout homme.

183. Vous serez éprouvés dans vos biens et dans vos personnes. Vous entendrez beaucoup d'injures de ceux qui ont reçu les Ecritures avant vous et des idolâtres; mais prenez patience et craignez Dieu : toutes ces choses sont dans les décrets éternels.

184. Dieu a stipulé avec les juifs qu'ils auraient à expliquer le Pentateuque aux hommes et qu'ils ne le cacheront pas. Ils l'ont jeté par-dessus leurs épaules et l'ont vendu pour un vil prix. Vilaine marchandise que celle qu'ils ont reçue en retour!

185. Ne pensez pas que ceux qui se réjouissent de leurs œuvres, ou qui veulent être loués de ce qu'ils n'ont point fait, soient à l'abri des châtiments. Un châtiment douloureux les attend.

186. Le royaume des cieux et de la terre est à Dieu; il a le pouvoir sur toutes choses.

187. Dans la création des cieux et de la terre, dans l'alternation des nuits et des jours, il y a sans doute des signes pour les hommes doués d'intelligence,

188. Qui, debout, assis, couchés, pensent à Dieu et méditent sur la création des cieux et de la terre. Seigneur, disent-ils, tu n'as point créé tout cela en vain. Que ce doute soit loin de ta gloire. Préserve-nous de la peine du feu.

189. Seigneur, celui que tu jetteras dans le feu sera couvert d'ignominie. Les pervers n'obtiendront aucun secours.

190. Seigneur, nous avons entendu l'homme qui appelait; il nous appelait à la foi et il criait : Croyez en Dieu, et nous avons cru.

191. Seigneur, pardonne-nous nos fautes, efface nos péchés, et fais que nous mourions dans la voie des justes.

192. Seigneur, accorde-nous ce que tu nous a promis par tes apôtres, et ne nous afflige pas au jour de la résurrection, puisque tu ne manques point à tes promesses.

193. Dieu les exauce et leur dit : Il ne sera point perdu une seule œuvre d'aucun d'entre vous, homme ni femme. Les femmes sont issues des hommes.

194. J'effacerai les péchés de ceux qui auront émigré ou auront été chassés de leur pays, qui auront souffert dans mon sentier (pour ma cause), qui auront combattu et succombé. Je les introduirai dans les jardins où coulent des fleuves.

195. C'est la récompense de Dieu; et certes Dieu dispose de magnifiques récompenses.

196. Que la prospérité des infidèles (qui sont à La Mecque) ne t'éblouisse point. C'est une jouissance de courte durée. Leur demeure sera le feu. Quel affreux lieu de repos!

197. Mais ceux qui craignent le Seigneur habiteront les jardins arrosés par des courants d'eau; ils y demeureront éternellement.

Ils seront les hôtes de Dieu, et tout ce qui vient de Dieu vaut mieux pour les justes.

198. Parmi les juifs et les chrétiens il y en a qui croient en Dieu et aux livres envoyés à vous et à eux, qui s'humilient devant Dieu, et ne vendent point ses signes pour un vil prix.

199. Ils trouveront leur récompense auprès de Dieu, qui est prompt à régler les comptes.

200. O croyants! soyez patients; luttez de patience les uns avec les autres; soyez fermes et craignez Dieu. Vous serez heureux.

SOURATE IV

LES FEMMES

Donnée à Médine. — 175 versets.

Au nom de Dieu clément et miséricordieux.

1. O hommes! craignez votre Seigneur qui vous a créés tous d'un seul homme; de l'homme il forma sa compagne, et fit sortir de ces deux êtres tant d'hommes et de femmes. Craignez le Seigneur au nom duquel vous vous faites des demandes mutuelles. Respectez les entrailles qui vous ont portés. Dieu observe vos actions.

2. Restituez aux orphelins leurs biens; *ne substituez pas le mauvais pour le bon.* Ne consumez pas leur héritage en le confondant avec le vôtre; c'est un crime énorme.

3. Si vous craignez d'être injustes envers les orphelins, n'épousez que peu de femmes, deux, trois ou quatre parmi celles qui vous auront plu. Si vous craignez encore d'être injustes, n'en épousez qu'une seule ou une esclave [1]. Cette conduite vous aidera plus facilement à être justes. Assignez librement à vos femmes leurs dots; et s'il leur plaît de vous en remettre une partie, jouissez-en commodément et à votre aise.

4. Ne remettez pas aux soins des hommes ineptes les biens dont Dieu vous a confié la garde; mais donnez-leur la nourriture et les vêtements. N'usez à leur égard que de paroles honnêtes.

5. Cherchez à vous assurer de leurs facultés intellectuelles jusqu'à l'âge où elles pourraient se marier; et quand vous leur connaîtrez un jugement sain, remettez-leur l'administration de leurs biens. Gardez-vous de les dissiper en les prodiguant ou en vous hâtant de les leur confier parce qu'elles grandissent.

6. Que le tuteur riche s'abstienne de toucher aux biens de ses pupilles. Celui qui est pauvre ne doit en user qu'avec discrétion.

7. Au moment où vous leur remettez leurs biens, faites-vous

---

1. Il y a dans le texte : *ce que vos mains droites ont acquis,* c'est-à-dire les captifs pris à la guerre ou les esclaves achetés à prix d'argent. Cette expression étant consacrée dans le Coran pour les esclaves de deux sexes, nous nous servirons constamment de cette dernière.

assister par des témoins. Dieu vous tiendra compte de vos actions, et cela vous suffit.

8. Les hommes doivent avoir une portion des biens laissés par leurs pères et mères et leurs proches; les femmes doivent aussi avoir une portion de ce que laissent leurs pères et mères et leurs proches. Que l'héritage soit considérable ou de peu de valeur, une portion déterminée leur est due.

9. Lorsque les parents, les orphelins et les pauvres sont présents au partage, faites-leur en avoir quelque chose, et tenez-leur toujours un langage doux et honnête.

10. Que ceux qui craignent de laisser après eux des enfants dans la faiblesse de l'âge n'abusent point de la position des orphelins; qu'ils craignent Dieu et n'aient qu'une parole droite.

11. Ceux qui dévorent iniquement l'héritage des orphelins se nourrissent d'un feu qui consumera leurs entrailles.

12. Dieu vous commande, dans le partage de vos biens entre vos enfants, de donner au fils mâle la portion de deux filles; s'il n'y a que des filles, et qu'elles soient plus de deux, elles auront les deux tiers de la succession; s'il n'y en a qu'une seule, elle recevra la moitié. Les père et mère du défunt auront chacun le sixième de la succession, s'il a laissé un enfant; s'il n'en laisse aucun et que ses ascendants lui succèdent, la mère aura un tiers; s'il laisse des frères, la mère aura un sixième, après que les legs et les dettes du testateur auront été acquittés. Vous ne savez pas qui de vos parents ou de vos enfants vous sont plus utiles. Telle est la loi de Dieu. Il est savant et sage.

13. La moitié des biens d'une femme morte sans postérité appartient au mari, et un quart *seulement* si elle a laissé des enfants, les legs et les dettes prélevés.

14. Les femmes auront un quart de la succession des maris morts sans enfants, et un huitième seulement s'ils en ont laissé, les legs et les dettes prélevés.

15. Si un homme hérite d'un parent éloigné ou d'une parente éloignée, et qu'il ait un frère ou une sœur, il doit à chacun des deux un sixième de la succession; s'ils sont plusieurs ils concourront au tiers de la succession, les legs et les dettes prélevés,

16. Sans préjudice des héritiers. Tel est le commandement de Dieu; il est savant et clément.

17. Tels sont les commandements de Dieu. Ceux qui écouteront Dieu et l'Apôtre seront introduits dans les jardins où coulent des fleuves; ils y demeureront éternellement. C'est un bonheur ineffable.

18. Celui qui désobéira à Dieu et à l'Apôtre, et qui transgressera les lois de Dieu, sera précipité dans le feu où il restera éternellement, livré à un châtiment ignominieux.

19. Si vos femmes commettent l'action infâme (l'adultère), appelez quatre témoins [1]. Si leurs témoignages se réunissent contre elles, enfermez-les dans des maisons jusqu'à ce que la mort les visite ou que Dieu leur procure un moyen de salut.

20. Si deux individus parmi vous [2] commettent une action infâme, punissez-les tous deux; mais s'ils se repentent et s'amendent, laissez-les tranquilles, car Dieu aime à pardonner et il est miséricordieux.

21. Le pardon de Dieu est acquis à ceux qui ont péché par ignorance, mais qui se repentent promptement. Dieu leur pardonne, car il est savant et sage.

22. Le repentir n'est d'aucune utilité à celui qui commet constamment les mauvaises actions, et qui s'écrie, à l'approche de la mort : Je me repens. Il n'est d'aucune utilité à ceux qui meurent infidèles. Nous avons préparé pour ceux-ci un châtiment douloureux.

23. O croyants! il ne vous est pas permis de vous constituer héritiers de vos femmes contre leur gré, ni de les empêcher de se marier (quand vous les avez répudiées), afin de leur ravir une portion de ce que vous leur avez donné, à moins qu'elles ne soient coupables d'un crime manifeste. Soyez honnêtes dans vos procédés à leur égard. Si parmi vos femmes il y en a que vous n'aimez pas, il se peut que vous n'aimiez pas celles dont Dieu a voulu faire un riche trésor.

24. Si vous voulez répudier une femme à qui vous avez donné une dot de la valeur d'un talent [3] pour en prendre une autre, laissez-lui la dot entière. Voudriez-vous la lui arracher par une injustice et une iniquité évidentes ?

25. Voudriez-vous la lui ravir après avoir cohabité avec elle, et après qu'elle a reçu votre foi ?

26. N'épousez pas les femmes qui ont été les épouses de vos pères; c'est une turpitude, c'est une abomination et un mauvais usage : toutefois laissez subsister ce qui est déjà accompli.

27. Il vous est interdit d'épouser vos mères, vos filles, vos sœurs, vos tantes paternelles et maternelles; vos nièces, filles de vos frères ou de vos sœurs; vos nourrices, vos sœurs de lait, les mères de vos femmes, les filles confiées à votre tutelle et issues de femmes avec lesquelles vous auriez cohabité. Mais si vous n'avez pas cohabité avec elles, il n'y a aucun crime à les épouser. N'épousez pas non plus les filles de vos fils que vous avez

---

1. Les dispositions contenues dans ce passage sont modifiées par celles de la sourate XXIV.
2. On n'est point d'accord sur le sexe des personnes que ce passage concerne.
3. En arabe : *qintar*, cent *dinars* ou pièces d'or.

engendrés, ni deux sœurs. Si le fait est accompli, Dieu sera indulgent et miséricordieux.

28. Il vous est défendu d'épouser des femmes mariées, excepté celles qui seraient tombées entre vos mains comme esclaves. Telle est la loi de Dieu. Il vous est permis du reste de vous procurer avec de l'argent des épouses que vous maintiendrez dans les bonnes mœurs et en évitant la débauche. Donnez à celle avec laquelle vous avez cohabité la dot promise; ceci est obligatoire. Il n'y a aucun crime de faire des conventions en sus de ce que la loi prescrit. Dieu est savant et sage.

29. Celui qui ne sera pas assez riche pour se marier à des femmes honnêtes et croyantes prendra des esclaves croyantes. Dieu connaît votre foi. Vous venez tous les uns des autres (et d'Adam, le père commun). N'épousez les esclaves qu'avec la permission de leurs maîtres. Dotez-les équitablement. Qu'elles soient chastes, qu'elles évitent la débauche, et qu'elles n'aient point d'amants.

30. Si après le mariage elles commettent l'adultère, qu'on leur inflige la moitié de la peine prononcée contre les femmes libres. Cette loi est établie en faveur de celui qui craint de pécher, en restant célibataire. Mais si vous vous absteniez, cela serait plus méritoire. Dieu est indulgent et miséricordieux.

31. Dieu veut vous expliquer clairement ses volontés et vous guider dans le chemin de ceux qui vous ont précédés. Il agréera votre repentir, car il est savant et sage.

32. Dieu veut agréer votre repentir; mais ceux qui suivent leurs passions veulent vous entraîner dans une pente rapide. Dieu veut vous rendre son joug léger, car l'homme a été créé faible.

33. O croyants! ne dissipez pas entre vous vos biens pour des choses vaines. Que le commerce se fasse avec un consentement mutuel; ne vous tuez pas entre vous. Dieu lui-même est miséricordieux envers vous.

34. Quiconque agira ainsi par iniquité et méchanceté, nous le ferons consumer par le feu. Certes cela sera facile à Dieu.

35. Si vous savez éviter les grands péchés qu'on vous a défendu de commettre, nous effacerons vos fautes, et nous vous procurerons une entrée honorable au paradis.

36. Ne convoitez pas les biens par lesquels Dieu vous a élevés les uns au-dessus des autres. Les hommes auront chacun une portion correspondante à leurs œuvres, et les femmes aussi. C'est à Dieu que vous demanderez ses dons. Il a la connaissance de toutes choses.

37. Nous avons désigné à chacun les héritiers qui doivent recueillir la succession laissée par les ascendants, par les parents

et par ceux de vos esclaves qui se sont attachés à vous par un pacte d'amitié. Rendez à chacun la portion qui lui est due, car Dieu est témoin de toutes vos actions.

38. Les hommes sont supérieurs aux femmes à cause des qualités par lesquelles Dieu a élevé ceux-là au-dessus de celles-ci, et parce que les hommes emploient leurs biens pour doter les femmes. Les femmes vertueuses sont obéissantes et soumises; elles conservent soigneusement pendant l'absence de leurs maris ce que Dieu a ordonné de conserver intact. Vous réprimanderez celles dont vous aurez à craindre l'inobéissance; vous les reléguerez dans des lits à part, vous les battrez; mais aussitôt qu'elles vous obéissent, ne leur cherchez point querelle. Dieu est élevé et grand.

39. Si vous craignez une scission entre les deux époux, appelez un arbitre de la famille du mari et un autre choisi dans celle de la femme. Si les deux époux désirent la réconciliation, Dieu les fera vivre en bonne intelligence, car il est savant et instruit de tout.

40. Adorez Dieu et ne lui associez rien dans son culte. Témoignez de la bonté à vos pères et mères, à vos parents, aux orphelins, aux pauvres, aux clients qui vous sont liés par le sang et aux clients étrangers, à vos compagnons, aux voyageurs et à vos esclaves. Dieu n'aime pas les orgueilleux et les présomptueux.

41. Il n'aime pas les avares qui recommandent l'avarice aux autres et cachent soigneusement les biens que Dieu leur a accordés. Nous avons préparé aux infidèles une peine ignominieuse.

42. Il n'aime pas ceux qui font l'aumône par ostentation et qui ne croient point en Dieu et au jour dernier. Quiconque a Satan pour compagnon, celui-là a un mauvais compagnon.

43. Qu'auraient-ils perdu à croire en Dieu et au jour dernier, à faire l'aumône des biens que Dieu leur a accordés, quand Dieu connaît les actions de l'homme?

44. Dieu ne lésera qui que ce soit, pas même pour le poids d'un atome; une bonne action, il la paiera double, et accordera une récompense généreuse.

45. Que feront les méchants, lorsque nous rassemblerons contre eux les témoins de toutes les nations, lorsque nous invoquerons contre eux ton propre témoignage, ô *Muḥammad!* Dans ce jour terrible, les infidèles et ceux qui ont été rebelles au prophète aimeraient mieux que la terre fût à leur niveau et les dérobât à la vue de tous. Mais ils ne sauront dérober aucune de leurs actions aux yeux de l'Eternel.

46. O croyants! ne priez point lorsque vous êtes ivres : attendez que vous puissiez comprendre *les paroles* que vous prononcez. Ne priez point quand vous êtes souillés : attendez que vous

ayez fait vos ablutions, à moins que vous ne soyez en voyage. Si vous êtes malades ou en voyage, si vous avez satisfait vos besoins naturels, ou si vous avez eu commerce avec une femme, frottez-vous le visage et les mains avec de la menue poussière à défaut d'eau. Dieu est indulgent et miséricordieux.

47. N'avez-vous pas remarqué ceux qui ont reçu une portion des Ecritures ? ils vendent l'erreur et voudraient vous faire quitter le droit chemin; mais le Seigneur connaît vos ennemis. Il vous suffit d'avoir Dieu pour protecteur et d'avoir son assistance.

48. Parmi les juifs il y en a qui déplacent les paroles de leurs Ecritures et qui disent : Nous avons entendu, mais nous ne voulons pas obéir. Ecoute des choses que tu ne saurais comprendre, et examine-nous *(ra'ina* [1]*)*. Ils embrouillent leurs paroles avec leurs langues, et calomnient la vraie religion.

49. Que ne disent-ils plutôt : Nous avons entendu et nous obéirons ? Ecoute-nous et jette un regard sur nous. Ce langage leur serait bien plus profitable et serait plus loyal. Mais Dieu les a maudits à cause de leur infidélité, et il n'y a parmi eux qu'un petit nombre de croyants [2].

50. Vous qui avez reçu des Ecritures, croyez à ce que Dieu a fait descendre du ciel pour confirmer vos livres sacrés, avant que nous effacions les traits de vos visages et que nous les rendions unis comme le derrière de vos têtes [3]. Croyez avant que nous vous maudissions comme nous avons maudit ceux qui violaient le sabbat; l'ordre de Dieu fut aussitôt accompli.

51. Dieu ne pardonnera point le crime de l'idolâtrie; il pardonnera les autres péchés à qui il voudra, car celui qui associe à Dieu d'autres créatures commet un crime énorme.

52. Vous les avez vus, ces hommes, comme ils cherchaient à se justifier. Mais Dieu ne justifiera que ceux qu'il voudra, et personne n'éprouvera la moindre injustice de sa part.

53. Ne vois-tu pas comme ils forgent des mensonges à l'égard de Dieu ? Cela suffit pour les rendre coupables d'une iniquité patente.

54. N'as-tu pas remarqué ceux qui, après avoir reçu une partie des Écritures, croient au Djibt et au Taghout [4], et qui disent aux infidèles qu'ils suivent une route plus vraie que les croyants ?

55. Ce sont eux que Dieu a couverts de sa malédiction. Qui pourra protéger ceux que Dieu a maudits ?

1. Voyez, au sujet de ce mot, la sourate II, verset 98.
2. C'est-à-dire, qu'il n'y a qu'un petit nombre dans la race juive qui aient embrassé la religion de Muḥammad.
3. C'est un des châtiments dont Muḥammad menace les infidèles.
4. Noms des divinités ou des temples des Arabes idolâtres.

56. Auront-ils leur part dans le royaume qu'ils rêvent, eux qui regretteraient une obole donnée à leurs semblables ?

57. Envieront-ils les bienfaits que Dieu a accordés à d'autres ? Nous avons cependant donné à la lignée d'Abraham les Ecritures, la sagesse et un grand royaume.

58. Parmi eux, les uns croient au prophète, les autres s'en éloignent. Mais le feu de l'enfer suffira à leurs crimes.

59. Ceux qui refuseront de croire à nos signes, nous les approcherons du feu ardent. Aussitôt que leur peau sera brûlée, nous les revêtirons d'une autre, pour leur faire éprouver un supplice cruel. Dieu est puissant et sage.

60. Ceux qui croiront et pratiqueront les bonnes œuvres seront introduits dans les jardins arrosés de courants d'eau; ils y demeureront éternellement; ils y trouveront des femmes exemptes de toute souillure, et des ombrages délicieux.

61. Dieu vous commande de rendre le dépôt à qui il appartient, et de juger vos semblables avec équité. C'est une belle action que celle que Dieu vous recommande. Il entend et voit tout.

62. O croyants! obéissez à Dieu, obéissez à l'Apôtre et à ceux d'entre vous qui exercent l'autorité. Portez vos différends devant Dieu et devant l'Apôtre, si vous croyez en Dieu et au jour dernier. C'est le meilleur moyen de terminer vos contestations.

63. N'as-tu pas vu ceux qui prétendent croire aux livres envoyés à toi et avant toi demander d'être jugés devant Thagout, bien qu'il leur fût défendu de croire en lui ? Mais Satan veut les faire dévier le plus loin de la vérité.

64. Si on leur dit : Revenez au livre descendu d'en haut et à l'Apôtre, hypocrites qu'ils sont, tu les verras se détourner et s'éloigner.

65. Que feront-ils lorsque, pour prix de leurs œuvres, une grande calamité s'appesantira sur eux ? Ils viendront vers toi, et jureront par Dieu qu'ils ne désiraient que le bien et la concorde.

66. Dieu lit au fond de leurs cœurs. Romps avec eux; faisleur entendre des admonitions sévères et des paroles qui pénètrent leurs âmes.

67. Nous avons envoyé des apôtres, afin qu'on leur obéît. Si ceux qui ont commis des iniquités reviennent à toi; s'ils demandent à Dieu la rémission de leurs péchés, et que le Prophète intercède pour eux, ils trouveront Dieu clément et prêt à accueillir leur repentir.

68. J'en jure par ton Dieu, ils ne seront point croyants jusqu'à ce qu'ils t'aient établi le juge de leurs différends. Ensuite, ne trouvant eux-mêmes aucune difficulté à croire ce que tu auras décidé, ils y acquiesceront d'eux-mêmes.

69. Si nous leur avions prescrit de se donner la mort à eux-mêmes ou d'abandonner leur pays, peu d'entre eux l'auraient fait. Cependant s'ils avaient exécuté les ordres de Dieu, cela leur aurait été plus profitable et plus propre à raffermir leur foi.

70. Nous les aurions récompensés magnifiquement, et nous les aurions guidés vers un chemin droit.

71. Ceux qui obéiront à Dieu et à l'Apôtre entreront dans la communion des prophètes, des justes, des martyrs, des hommes vertueux que Dieu a comblés de ses bienfaits. Quelle belle communion que la leur!

72. Telle est la libéralité de Dieu. Sa science suffit à tout.

73. O croyants! soyez prudents dans la guerre, et avancez, soit par détachements, soit en masse.

74. Il y en aura parmi vous un tel qui se traînera lentement à votre suite. Si vous éprouvez des revers, il dira : Dieu m'a témoigné une grâce particulière, en ce que je n'ai point assisté au combat.

75. Si Dieu vous donne la victoire, il dira — comme si aucune amitié n'existait entre vous et lui — [1] : Plût à Dieu que j'eusse combattu avec eux! J'aurais emporté un riche butin.

76. Que ceux qui sacrifient la vie d'ici-bas à la vie future combattent dans la voie de Dieu; qu'ils succombent ou qu'ils soient vainqueurs, nous leur donnerons une récompense généreuse.

77. Et pourquoi ne combattriez-vous pas dans le sentier du Seigneur, quand les faibles, les femmes, les enfants s'écrient : Seigneur, tire-nous de cette ville des méchants, envoie-nous un défenseur de ta part, donne-nous un protecteur ?

78. Les croyants combattent dans le sentier de Dieu et les infidèles dans le chemin de Thagout. Combattez donc les suppôts de Satan, et certes les stratagèmes de Satan seront impuissants.

79. Vous avez remarqué ceux à qui on a dit : Reposez-vous pendant quelque temps des combats, vaquez à la prière et faites l'aumône : lorsque ensuite on leur a ordonné de combattre, la plupart d'entre eux, craignant les hommes autant ou plus que Dieu même, se sont écriés : Seigneur, pourquoi nous ordonnes-tu la guerre ? pourquoi ne nous laisses-tu parvenir au terme *naturel* de nos jours ? Réponds-leur : Le monde d'ici-bas n'est que de peu de valeur, la vie future est le vrai bien pour ceux qui craignent Dieu. Là on ne vous trompera pas de la plus mince portion.

80. En quelque lieu que vous soyez, la mort vous atteindra; elle vous atteindrait dans des tours élevées. Les infidèles rem-

1. C'est-à-dire : n'étant intéressé que pour lui-même

portent-ils quelque avantage, ils disent : Cela vient de Dieu.
Essuient-ils quelque disgrâce, ils s'écrient : Cela vient de toi,
ô Muḥammad! Dis-leur : Tout vient de Dieu. Qu'a-t-il donc
ce peuple, qu'il est si loin de comprendre ?

81. S'il t'arrive quelque bien, il t'arrive de Dieu. Le mal vient
de toi. Et toi, Muḥammad, nous t'avons envoyé vers les hommes
avec la mission de prophète. Le témoignage de Dieu est suffisant.

82. Celui qui obéit au Prophète obéit à Dieu. Nous ne t'avons
pas envoyé pour être le gardien de ceux qui se détournent de toi.

83. Ils disent devant toi : Nous obéissons. Sortis de ta présence, la plupart d'entre eux couvent dans la nuit des desseins
contraires à leurs paroles; mais Dieu couche par écrit leurs
machinations. Eloigne-toi d'eux et mets ta confiance en Dieu. Il
te suffira de l'avoir pour défenseur.

84. N'examinent-ils pas attentivement le Coran ? Si tout
autre que Dieu en était auteur, n'y trouveraient-ils pas une foule
de contradictions ?

85. Reçoivent-ils une nouvelle qui leur inspire de la sécurité
ou telle autre qui les alarme, ils la divulguent aussitôt. S'ils l'annonçaient au prophète ou à leurs chefs, ceux qui désireraient la
savoir l'apprendraient de la bouche de ces derniers. Si la grâce
de Dieu et sa miséricorde ne veillaient sur vous, la plupart sui-
vraient le conseil de Satan.

86. Combats dans le sentier de Dieu et n'impose des charges
difficiles qu'à toi-même. Excite les croyants au combat. Dieu est
là pour arrêter la violence des infidèles. Il est plus fort qu'eux, et
ses châtiments sont plus terribles.

87. Celui dont l'intercession aura un but louable en recueil-
lera le fruit; celui qui intercédera dans un mauvais but en recevra
la peine. Dieu observe tout.

88. Si quelqu'un vous salue, rendez-lui le salut plus honnête
encore, ou au moins égal. Dieu compte tout.

89. Dieu est le seul Dieu. Il vous rassemblera au jour de la
résurrection. Il n'y a point de doute là-dessus. Et qui est plus sincère dans ses paroles que Dieu ?

90. Pourquoi êtes-vous divisés en deux partis au sujet des
hypocrites ? Dieu les a anéantis pour prix de leurs méfaits. Voulez-vous conduire ceux que Dieu a égarés ? Tu ne trouveras point
de sentier pour celui que Dieu égare.

91. Ils ont voulu vous rendre infidèles comme eux, afin que
vous soyez tous égaux. Ne formez point de liaisons avec eux jusqu'à ce qu'ils aient quitté leur pays pour la cause du Seigneur.
S'ils retournaient à l'infidélité, saisissez-les et mettez-les à mort
partout où vous les trouverez. Ne cherchez parmi eux ni protecteur ni ami;

92. Excepté ceux qui chercheraient un asile chez vos alliés, et ceux qui sont forcés de vous faire la guerre ou de la faire à leur propre tribu. Si Dieu avait voulu, il leur aurait donné l'avantage sur vous, et ils vous combattraient sans cesse. S'ils cessent de porter les armes contre vous, et s'ils vous offrent la paix, Dieu vous défend de les attaquer.

93. Vous en trouverez d'autres qui chercheront à gagner également votre confiance et celle de leur nation. Chaque fois qu'ils tremperont dans la sédition, ils seront défaits. S'ils ne se mettent pas à l'écart, s'ils ne vous offrent pas la paix et ne s'abstiennent pas de vous combattre, saisissez-les et mettez-les à mort partout où vous les trouverez. Nous vous donnons sur eux un pouvoir absolu.

94. Pourquoi un croyant tuerait-il un autre croyant, si ce n'est involontairement ? Celui qui le tuera involontairement sera tenu d'affranchir un esclave croyant, et de payer à la famille du mort le prix du sang fixé par la loi, à moins qu'elle ne fasse convertir cette somme en aumône. Pour la mort d'un croyant d'une nation ennemie, on donnera la liberté à un esclave croyant. Pour la mort d'un individu d'une nation alliée, on affranchira un esclave croyant, et on paiera la somme prescrite à la famille du mort. Celui qui ne trouvera pas d'esclave à racheter jeûnera deux mois de suite. Voilà les expiations établies par Dieu le savant et sage.

95. Celui qui tuera un croyant volontairement aura l'enfer pour récompense; il y demeurera éternellement. Dieu irrité contre lui le maudira et le condamnera à un supplice terrible.

96. O croyants! lorsque vous marchez pour la guerre sainte, pesez vos démarches. Que la soif des biens de ce monde ne vous fasse pas dire à celui que vous rencontrerez et qui vous adressera le salut : C'est un infidèle. Dieu possède des richesses infinies. Telle fut votre conduite passée. Le ciel vous l'a pardonnée. Examinez donc avant d'agir. Dieu est instruit de toutes vos actions.

97. Les fidèles qui resteront dans leurs foyers sans y être contraints par la nécessité ne seront pas traités comme ceux qui combattront dans le sentier de Dieu, avec le sacrifice de leurs biens et de leurs personnes. Dieu a assigné à ceux-ci un rang plus élevé qu'à ceux-là; il a fait de belles promesses à tous; mais il a destiné aux combattants une récompense plus grande qu'à ceux qui restent dans leurs foyers;

98. Un rang plus élevé, l'indulgence et la miséricorde. Certes Dieu est indulgent et miséricordieux.

99. Les anges, en ôtant la vie à ceux qui avaient agi iniquement envers eux-mêmes, leur demandèrent : De quel pays êtes-vous ? Ils répondirent : Nous étions les faibles de la terre. Les anges leur dirent : La terre de Dieu n'est-elle pas assez vaste ?

Ne pouviez-vous pas, en abandonnant votre pays, chercher un asile quelque part ? C'est pourquoi l'enfer sera leur demeure. Quel détestable route que la leur !

100. Les faibles d'entre les hommes et d'entre les femmes et les enfants incapables de se servir d'une ruse et dépourvus de tout moyen de salut peuvent obtenir le pardon de Dieu, qui est indulgent et miséricordieux.

101. Celui qui abandonnera son pays pour la cause de Dieu trouvera sur la terre d'autres hommes forcés d'en faire autant ; il trouvera des biens en abondance. Pour celui qui aura quitté son pays pour embrasser la cause de Dieu et que la mort viendra surprendre, son salaire sera à la charge de Dieu, et Dieu est indulgent et miséricordieux.

102. Si vous courez le pays, il n'y aura aucun péché d'abréger vos prières, si vous craignez que les infidèles ne vous surprennent ; les infidèles sont vos ennemis déclarés.

103. Lorsque tu seras au milieu de tes troupes et que tu feras accomplir la prière, qu'une partie prenne les armes et prie ; lorsqu'elle aura fait les prosternations, qu'elle se retire derrière, et qu'une autre partie de l'armée, qui n'a pas encore fait la prière, lui succède. Qu'ils prennent leurs sûretés et soient sous les armes. Les infidèles voudraient bien que vous abandonnassiez vos armes et vos bagages, afin de fondre à l'improviste sur vous. Si la pluie vous incommode, ou si vous êtes malades, ce ne sera point un péché d'ôter vos armes ; toutefois, prenez vos sûretés. Dieu prépare aux infidèles un supplice ignominieux.

104. La prière terminée, pensez encore à Dieu, debout, assis ou couchés sur vos côtés. Aussitôt que vous vous voyez en sûreté, accomplissez la prière. La prière est prescrite aux croyants dans les heures marquées.

105. Ne vous ralentissez point dans la poursuite des ennemis. Si vous souffrez, ils souffriront aussi comme vous ; mais vous devez espérer de Dieu ce qu'ils ne sauraient espérer. Dieu est sage et savant.

106. Nous t'avons envoyé le livre contenant la vérité, afin que tu juges ente les hommes d'après ce que Dieu t'a fait connaître. N'entre point en dispute avec les perfides, et implore le pardon de Dieu. Il est indulgent et miséricordieux.

107. Ne dispute pas avec nous en faveur de ceux qui ont agi perfidement envers eux-mêmes. Dieu n'aime pas l'homme perfide et criminel.

108. Ils peuvent dérober leurs plans aux regards des hommes, mais ils ne les déroberont pas à Dieu. Il est avec eux, quand dans la nuit ils tiennent des discours qui lui déplaisent. Il embrasse de sa science tout ce qu'ils font.

109. Vous disputez avec moi en leur faveur dans ce monde. Qui disputera avec Dieu en leur faveur au jour de la résurrection ? qui sera leur patron ?

110. Quiconque aura commis une mauvaise action, agi iniquement envers sa propre âme, mais implorera ensuite le pardon de Dieu, le trouvera indulgent et miséricordieux.

111. Celui qui commet un péché le commet à son détriment. Dieu est savant et sage.

112. Celui qui commet une faute ou un péché, et puis les rejette sur un homme innocent, portera la charge du mensonge et d'un péché évident.

113. N'était la grâce de Dieu et sa miséricorde envers toi, une partie d'entre ceux qui avaient résolu de t'égarer auraient réussi; mais ils n'ont égaré qu'eux-mêmes et n'ont pu te nuire. Dieu a fait descendre sur toi le livre et la sagesse; il t'a appris ce que tu ne savais pas. La grâce de Dieu a été grande envers toi.

114. Rien de bon n'entre dans la plupart de leurs délibérations. Mais celui qui recommande l'aumône ou une action honnête, ou la concorde entre les hommes, s'il le fait par désir de plaire à Dieu, recevra certainement de nous une récompense magnifique.

115. Celui qui se séparera du Prophète après que la *direction* lui aura été clairement manifestée, celui qui suivra un autre sentier que celui des croyants, nous tournerons le dos à celui-là de même qu'il nous l'a tourné à nous; nous le brûlerons au feu de la géhenne. Quel affreux dénouement !

116. Dieu ne pardonnera pas le crime de ceux qui lui associent d'autres divinités; il pardonnera tout le reste à qui il voudra. Car quiconque lui associe d'autres dieux est dans un égarement lointain.

117. Ils invoquent les divinités femelles plutôt que Dieu [1]; plutôt que Dieu, ils invoquent Satan le rebelle.

118. Que la malédiction de Dieu soit sur lui. Il a dit : Je m'empare d'une certaine portion de tes serviteurs, je les égarerai, je leur inspirerai des désirs, je leur ordonnerai de couper les oreilles de certains animaux [2], je leur ordonnerai d'altérer la création de Dieu. Quiconque prend Satan pour patron plutôt que Dieu, celui-là est perdu d'une perte évidente.

119. Il leur fait des promesses et leur inspire des désirs, mais Satan ne promet que pour aveugler.

120. Ceux-là auront la géhenne pour demeure, et ils ne lui trouveront point d'issue.

121. Pour ceux qui croient et pratiquent les bonnes œuvres,

---

1. Les Arabes adoraient *Lât*, '*Uzza* et *Manât*, qu'ils croyaient être filles de Dieu.
2. C'est une allusion à quelques superstitions des Arabes.

nous les introduirons dans les jardins arrosés de rivières; ils y resteront éternellement, en vertu d'une promesse vraie de Dieu. Et qui est plus vrai dans ses paroles que Dieu ?

122. Cela ne saurait être selon votre fantaisie ni selon la fantaisie des hommes des Ecritures. Quiconque aura fait le mal sera rétribué par le mal, et ne trouvera aucun patron ni aucune assistance contre Dieu.

123. Hommes ou femmes, ceux qui pratiqueront les bonnes œuvres, et qui seront en même temps croyants, entreront dans le paradis et ne seront fraudés de la moindre part de leur récompense [1].

124. Qui professe une plus belle religion que celui qui s'est résigné tout entier à la volonté de Dieu, qui fait le bien et suit la croyance d'Abraham l'orthodoxe ? Dieu a pris Abraham pour ami.

125. A Dieu appartient tout ce qui est dans les cieux et sur la terre. Il environne tout.

126. Ils te consulteront au sujet des femmes. Dis-leur : Dieu vous a instruits là-dessus; on vous lit dans le livre (le Coran) des préceptes relatifs aux orphelines, à qui vous ne donnez pas ce qu'on vous a prescrit, et que vous refusez d'épouser. Il vous instruit relativement aux enfants faibles; il vous prescrit d'agir en toute équité avec les orphelins. Vous ne ferez aucune bonne action qui soit inconnue de Dieu.

127. Si une femme craint la violence de son mari ou son aversion pour elle, il n'y a aucun mal à ce qu'ils s'arrangent à l'amiable [2] : la réconciliation vaut mieux. Les hommes sont portés à l'avarice; si vous êtes bienfaisants et craignant Dieu, il sera instruit de vos actions.

128. Vous ne pourrez jamais traiter également toutes vos femmes, quand même vous le désireriez ardemment. Gardez-vous donc de suivre entièrement la pente et d'en laisser une comme en suspens; mais si vous êtes généreux et craignant Dieu, il est indulgent et miséricordieux.

129. Si les deux époux, se séparent, Dieu les comblera de dons. Il est immense et sage.

130. A lui appartient ce qui est dans les cieux et sur la terre. Nous avons déjà recommandé à ceux qui ont reçu les Ecritures avant vous, ainsi qu'à vous-mêmes, de craindre Dieu et n'être point incrédules. Si vous l'êtes, sachez que tout ce qui est dans les cieux et sur la terre lui appartient. Il est riche et glorieux.

---

1. De ce que peut contenir la fossette d'un noyau de datte.
2. Il est permis à la femme de céder une portion ou la totalité de sa dot au mari, afin qu'il lui accorde le divorce. (D. Sl.)

131. A lui appartient tout ce qui est dans les cieux et sur la terre. Le patronage de Dieu suffit.

132. O hommes! s'il veut, il peut vous faire disparaître et créer d'autres hommes à votre place. Certes, Dieu est assez puissant pour le faire.

133. Quelqu'un désire-t-il la récompense de ce monde? La récompense de ce monde, comme celle de l'autre, est *auprès* de Dieu. Il entend et voit tout.

134. O croyants! soyez stricts observateurs de la justice quand vous témoignez devant Dieu, dussiez-vous témoigner contre vous-mêmes, contre vos parents, contre vos proches, vis-à-vis du riche ou du pauvre. Dieu est plus près que vous du riche et du pauvre. Ne suivez point vos passions, de peur de dévier. Si vous refusez votre témoignage, si vous vous abstenez, sachez que Dieu est instruit de ce que vous faites.

135. O croyants! croyez en Dieu, en son apôtre, au livre qu'il lui a envoyé, aux Ecritures descendues avant lui. Celui qui ne croit pas en Dieu, en ses anges, à ses livres, à ses apôtres et au jour dernier est dans un égarement lointain.

136. Ceux qui crurent et retournèrent à l'incrédulité, puis crurent de nouveau et ensuite redevinrent incrédules en laissant accroître leur infidélité; Dieu ne pardonnera pas à ceux-là, il ne les conduira pas dans le chemin droit.

137. Annonce aux hypocrites un supplice douloureux;

138. A ces hypocrites qui cherchent leurs amis parmi les infidèles plutôt que parmi les croyants. Est-ce pour s'en faire gloire? La gloire appartient toute à Dieu.

139. On vous a déjà révélé dans le Coran que lorsque vous êtes là pour écouter les signes de Dieu, on n'y croit pas, on les prend en dérision. Gardez-vous donc de vous asseoir avec les infidèles, jusqu'à ce que la conversation se reporte sur un autre sujet; autrement vous deviendriez leurs semblables. Dieu réunira ensemble les hypocrites et les infidèles dans la géhenne.

140. Ce sont ceux qui attendent les événements. Si Dieu vous accorde la victoire, ils disent : Ne sommes-nous pas avec vous? Si la fortune est pour les infidèles, ils disent à ceux-ci : N'avions-nous pas la supériorité sur vous? Ne vous avons-nous pas protégés contre les croyants? Dieu jugera entre vous au jour de la résurrection. Il ne donnera pas aux infidèles l'avantage sur les croyants.

141. Les hypocrites cherchent à tromper Dieu; c'est Dieu qui les trompera le premier. Quand ils se disposent à faire la prière, ils le font avec nonchalance, ils en font étalage devant les hommes, mais ils ne pensent que très peu à Dieu,

142. Flottant entre l'un et l'autre, n'appartenant ni à ceux-ci

ni à ceux-là. Mais celui que Dieu égare ne trouvera pas la route.

143. O croyants! ne prenez point d'amis parmi les infidèles plutôt que parmi les croyants. Voulez-vous fournir à Dieu un argument contre vous, un argument irréfragable ?

144. Les hypocrites seront relégués au fond de l'abîme de feu, et n'obtiendront aucun secours.

145. Mais ceux qui se seront convertis et corrigés, qui se seront fermement attachés à Dieu et montrés sincères dans leur foi, seront de nouveau avec les croyants. Or Dieu décernera aux croyants une récompense magnifique.

146. Pourquoi Dieu vous infligerait-il le châtiment si vous avez de la reconnaissance et si vous avez cru ? Dieu est reconnaissant et savant.

147. Dieu n'aime point que l'on divulgue le mal, à moins qu'on ne soit victime de l'oppression. Dieu entend et sait tout.

148. Soit que vous divulguiez le bien ou le cachiez, soit que vous pardonniez le mal, Dieu est indulgent et puissant.

149. Ceux qui ne croient pas à Dieu et à ses apôtres, ceux qui veulent séparer Dieu de ses apôtres, qui disent : Nous croyons aux uns, mais nous ne croyons pas aux autres (ils cherchent à prendre un terme moyen),

150. Ceux-là sont véritablement infidèles. Nous avons préparé pour les infidèles un supplice ignominieux.

151. Ceux qui croient à Dieu et à ses apôtres et ne mettent point de distinction entre aucun d'eux obtiendront leurs récompenses. Dieu est indulgent et miséricordieux.

152. Les hommes des Ecritures te demanderont de leur faire descendre le livre du ciel. Ils avaient demandé à Moïse quelque chose de plus. Ils lui disaient : Fais-nous voir Dieu distinctement ; mais une tempête terrible fondit sur eux, comme punition de leur méchanceté. Puis, ils prirent pour l'objet de leurs adorations le veau, bien que des signes évidents leur fussent déjà venus. Mais nous le leur pardonnâmes, et nous avons donné à Moïse des preuves évidentes.

153. Nous élevâmes au-dessus de leurs têtes le mont Sinaï pour gage de notre alliance, et nous leur dîmes : Entrez dans la porte de la ville en vous prosternant *devant le Seigneur;* ne transgressez point le sabbat. Nous avons conclu avec eux un pacte solennel.

154. Mais ils violaient leur pacte, ils niaient les signes de Dieu, ils mettaient injustement à mort les prophètes, ils disaient : Nos cœurs sont enveloppés d'*incrédulité*. Oui, Dieu a mis le sceau sur leurs cœurs. Ils sont infidèles; il n'y en a qu'un petit nombre qui croient.

155. Ils n'ont point cru à *Jésus;* ils ont inventé contre Marie un mensonge atroce.

156. Ils disent : Nous avons mis à mort le Messie, Jésus fils de Marie, l'apôtre de Dieu. Non, ils ne l'ont point tué, ils ne l'ont point crucifié; un autre individu qui lui ressemblait lui fut substitué, et ceux qui disputaient à son sujet ont été eux-mêmes dans le doute. Ils n'en avaient pas de connaissance précise, ce n'était qu'une supposition. Ils ne l'ont point tué réellement. Dieu l'a élevé à lui, et Dieu est puissant et sage.

157. Il n'y aura pas un seul homme parmi ceux qui ont eu foi dans les Ecritures qui ne croie en lui avant sa mort [1]. Au jour de la résurrection, il (Jésus) témoignera contre eux.

158. Pour prix de leur méchanceté, et parce qu'ils détournent les autres du sentier de Dieu, nous leur avons interdit des aliments délicieux qui leur étaient d'abord permis.

159. Parce qu'ils exercent l'usure qui leur a été défendue, parce qu'ils dévorent le bien des autres en futilités, nous avons préparé aux infidèles un châtiment douloureux.

160. Mais ceux d'entre eux qui sont forts dans la science, les croyants qui croient à ce qui a été révélé à toi et avant toi, ceux qui observent la prière, qui font l'aumône, qui croient en Dieu et au jour dernier, à tous ceux-là nous accorderons une récompense magnifique.

161. Nous t'avons donné la révélation, comme nous l'avons donnée à Noé et aux prophètes qui ont vécu après lui. Nous l'avons donnée à Abraham, à Ismaël, à Isaac et à Jacob, aux douze tribus : Jésus, Job, Jonas, Aaron, Salomon; et nous donnâmes les psaumes à David.

162. Il y eut des envoyés que nous t'avons déjà fait connaître précédemment; il y en eut dont nous ne te parlerons pas. Dieu a adressé réellement la parole à Moïse.

163. Il y eut des envoyés chargés d'annoncer et d'avertir, afin que les hommes n'aient aucune excuse devant Dieu après la mission des apôtres. Dieu est puissant et sage.

164. Dieu lui-même est témoin de ce qu'il t'a envoyé dans sa science; les anges en sont témoins. Mais Dieu est un témoin suffisant.

165. Ceux qui ne croient pas, qui détournent les autres du sentier de Dieu, sont dans un égarement lointain.

---

1. Il y a dans le texte un vague occasionné par l'emploi du pronom relatif *avant sa mort.* Les uns pensent que Muḥammad a voulu dire que tout chrétien ou juif interrogé à son agonie par l'ange avouera qu'il croit à Jésus. D'autres pensent que le pronom se rapporte à Jésus, qui doit encore revenir sur la terre pour tuer l'Antéchrist et mourir. Alors tout l'univers croira en lui.

166. Ceux qui ne croient pas et agissent avec iniquité, Dieu ne leur pardonnera pas, il ne leur montrera pas le chemin;

167. Si ce n'est le chemin de la géhenne où ils demeureront éternellement; ce qui est facile à Dieu.

168. O hommes! un apôtre vous apporte la vérité de la part de votre Seigneur. Croyez donc; ceci vous sera plus avantageux; mais si vous restez incrédules, tout ce qui est dans les cieux et sur la terre lui appartient *(et il peut se passer de vous)*. Il est savant et sage.

169. O vous qui avez reçu les Ecritures, ne dépassez pas les limites dans votre religion, ne dites de Dieu que ce qui est vrai. Le Messie, Jésus fils de Marie, est l'apôtre de Dieu et son verbe qu'il jeta dans Marie : il est un esprit venant de Dieu. Croyez donc en Dieu et à ses apôtres, et ne dites point : Il y a Trinité. Cessez de le faire. Ceci vous sera plus avantageux. Car Dieu est unique. Loin de sa gloire qu'il ait eu un fils. A lui appartient tout ce qui est dans les cieux et sur la terre. Son patronage suffit; il n'a pas besoin d'un agent.

170. Le Messie ne dédaigne pas d'être le serviteur de Dieu, pas plus que les anges qui l'approchent.

171. Dieu rassemblera un jour les dédaigneux et les orgueilleux.

172. Ceux qui croient et pratiquent les bonnes œuvres, Dieu leur paiera exactement leur salaire : il l'accroîtra du trésor de sa grâce; mais il fera subir un châtiment terrible aux dédaigneux et aux orgueilleux.

173. Ils ne trouveront ni patron ni protecteur contre Dieu.

174. O hommes! une preuve vous est venue de votre Seigneur. Nous avons fait descendre pour vous la lumière éclatante. Dieu fera entrer dans le giron de sa miséricorde et de sa grâce ceux qui croient en lui et s'attachent fermement à lui; il les dirigera vers le sentier droit.

175. Ils te consulteront. Dis-leur : Dieu vous instruit au sujet des parents éloignés. Si un homme meurt sans enfants et s'il a une sœur, celle-ci aura la moitié de ce qu'il laissera. Lui aussi sera son héritier, si elle n'a aucun enfant. S'il y a deux sœurs, elles auront deux tiers de ce que l'homme aura laissé; s'il laisse des frères et des sœurs, le fils aura la portion de deux filles. Dieu vous l'explique clairement, de peur que vous ne vous égariez. Dieu sait toutes choses.

SOURATE V

LA TABLE

Donnée à Médine [1]. — 120 versets.

Au nom de Dieu clément et miséricordieux.

1. O croyants! soyez fidèles à vos engagements. Il vous est permis de vous nourrir de la chair de vos troupeaux; mais ne mangez pas des animaux qu'il vous est défendu de tuer à la chasse, pendant que vous êtes revêtus du vêtement de pèlerinage. Dieu ordonne ce qu'il lui plaît.

2. O croyants! gardez-vous de violer les cérémonies religieuses du pèlerinage, le mois sacré, les offrandes et les ornements *que l'on suspend aux victimes*. Respectez ceux qui se pressent à la maison de Dieu pour y chercher la grâce et la satisfaction de leur Seigneur.

3. Le pèlerinage accompli, vous pouvez vous livrer à la chasse. Que le ressentiment contre ceux qui cherchaient à vous repousser de l'oratoire sacré ne vous porte pas à des actions injustes. Aidez-vous mutuellement à exercer la bienfaisance et la piété, mais ne vous aidez point dans le mal et dans l'injustice, et craignez Dieu, car ses châtiments sont terribles.

4. Les animaux morts, le sang, la chair du porc, tout ce qui a été tué sous l'invocation d'un autre nom que celui de Dieu, les animaux suffoqués, assommés, tués par quelque chute ou d'un coup de corne; ceux qui ont été entamés par une bête féroce, à moins que vous ne les ayez purifiés par une saignée; ce qui a été immolé aux autels des idoles; tout cela vous est défendu. Ne vous les partagez pas en consultant les flèches, car ceci est une impiété. Le désespoir attend ceux qui ont renié votre religion; ne les craignez point, craignez-moi.

5. Aujourd'hui j'ai mis le sceau à votre religion, et je vous ai comblés de la plénitude de ma grâce. Il m'a plu de vous donner l'Islam [2] pour religion. Celui qui, cédant à la nécessité de la faim et sans dessein de mal faire, aura transgressé nos disposi-

---

1. Selon d'autres à La Mecque.
2. L'*Islam* est la soumission à la volonté de Dieu.

tions, celui-là sera absous, car Dieu est indulgent et miséricordieux.

6. Ils te demanderont ce qui leur est permis. Réponds-leur : Tout ce qui est bon et délicieux vous est permis. La proie des animaux de chasse que vous aurez dressés à la manière des chiens, d'après la science que vous avez reçue de Dieu, vous est permise. Mangez ce qu'ils vous auront procuré en invoquant le nom de Dieu. Craignez-le, car il est prompt à faire rendre compte.

7. Aujourd'hui la jouissance de tout ce qui est bon vous a été permise; la nourriture de ceux qui ont reçu les Ecritures est licite pour vous, et la vôtre l'est également pour eux. Il vous est permis d'épouser les filles honnêtes des croyants et de ceux qui ont reçu les Ecritures avant vous, pourvu que vous leur assigniez leurs dots. Vivez chastement avec elles, ne commettez pas de fornication, et ne les prenez pas comme concubines. Celui qui trahira sa foi perdra le fruit de ses bonnes œuvres, et sera dans l'autre monde au nombre des malheureux.

8. O croyants! quand vous vous disposez à faire la prière, lavez-vous le visage et les mains jusqu'au coude; essuyez-vous la tête et les pieds jusqu'aux chevilles.

9. Purifiez-vous après la cohabitation avec vos épouses; mais si vous êtes malades ou en voyage, quand vous aurez satisfait vos besoins naturels ou lorsque vous aurez eu commerce avec une femme, dans le cas où vous ne trouveriez pas d'eau, frottez-vous le visage et les mains avec du sable fin et pur. Dieu ne veut vous imposer aucune charge; mais il veut vous rendre purs et mettre le comble à ses bienfaits, afin que vous lui soyez reconnaissants.

10. Souvenez-vous donc de ses bienfaits, et du pacte qu'il a conclu avec vous, quand vous dites : Nous avons entendu et nous obéirons. Craignez Dieu, car il connaît les mystères de vos cœurs.

11. O vous qui croyez, soyez droits devant Dieu dans les témoignages que vous porterez; que la haine ne vous engage point à commettre une injustice. Soyez justes : la justice tient de près à la piété. Craignez Dieu, parce qu'il connaît vos actions.

12. Dieu a fait des promesses à ceux qui croient et pratiquent les bonnes œuvres; l'indulgence et une récompense éclatante les attendent.

13. Ceux qui ne croient pas, et qui traitent nos signes de mensonges, ceux-là seront voués au feu.

14. O croyants! souvenez-vous des bienfaits du Seigneur. Lorsque vos ennemis étaient près d'étendre leurs bras sur vous, Dieu arrêta leurs bras. Craignez Dieu; les vrais croyants ne mettent de confiance qu'en lui.

15. Dieu accepta l'alliance des enfants d'Israël, leur donna douze chefs, et leur dit : Je serai avec vous. Si vous vous acquittez exactement de la prière, si vous faites l'aumône, si vous ajoutez foi à mes envoyés, si vous les aidez et si vous faites à Dieu un prêt généreux, j'expierai vos offenses et vous introduirai dans les jardins arrosés de courants d'eau. Celui qui, après ces avertissements reçus, refuse de croire, celui-là s'égare de la droite voie.

16. Ils ont violé le pacte conclu, et nous les avons maudits. Nous avons endurci leurs cœurs. Ils déplacent les paroles des Ecritures et oublient une partie de ce qui leur fut enseigné. Tu ne cesseras de dévoiler leur fraude; presque tous en sont coupables. Mais sois indulgent envers eux, car Dieu aime ceux qui agissent noblement.

17. Nous avons aussi accepté l'alliance de ceux qui se disent chrétiens; mais ceux-là aussi ont publié une partie de nos signes [1]. Nous avons suscité au milieu d'eux l'inimitié et la haine qui doivent durer jusqu'au jour de la résurrection. Dieu leur apprendra ce qu'ils ont fait.

18. O vous qui avez reçu les Ecritures! notre envoyé vous en a indiqué beaucoup de passages que vous cachiez, et il a passé outre sur beaucoup d'autres. La lumière vous est descendue des cieux ainsi que ce livre évident par lequel Dieu guidera ceux qui suivent sa volonté dans le sentier du salut. Il les fera passer des ténèbres à la lumière et les dirigera dans la voie droite.

19. Ceux qui disent que Dieu c'est le Messie, fils de Marie, sont des infidèles. Réponds-leur : Qui pourrait arrêter le bras de Dieu s'il voulait anéantir le Messie, fils de Marie, et sa mère, et tous les êtres de la terre ?

20. A Dieu appartient la souveraineté des cieux et de la terre, et de l'espace qui les sépare. Il donne l'existence à son gré, car il est tout-puissant.

21. Nous sommes les enfants chéris de Dieu, disent les juifs et les chrétiens. Réponds-leur : Pourquoi donc vous punit-il de vos péchés ? Vous n'êtes qu'une portion des hommes qu'il a créés; il pardonne ou châtie à son gré. A lui appartient la souveraineté des cieux, de la terre et de tout ce qui est entre eux. Il est le terme où tout aboutira un jour.

22. O vous qui avez reçu les Ecritures! notre envoyé va vous éclairer sur la cessation des prophètes. Vous ne direz plus : Il ne nous vient plus d'apôtres pour nous annoncer ses promesses

---

1. Le plus grave reproche que Muḥammad adresse aux chrétiens, c'est d'avoir interpolé ou altéré les Ecritures, dans le but d'en ôter toute allusion à la venue de Muḥammad.

et ses menaces. L'un d'eux est au milieu de vous, et Dieu est tout-puissant.

23. Lorsque Moïse dit aux Israélites : Souvenez-vous des bienfaits que vous avez reçus de Dieu : il a suscité des prophètes dans votre sein, il vous a donné des rois, et il vous a accordé des faveurs qu'il n'avait jamais accordées à aucune autre nation.

24. Entre, ô mon peuple, dans la terre sainte que Dieu t'a destinée; ne vous tournez pas en arrière, de peur que vous ne marchiez à votre perte.

25. Ce pays, répondirent les Israélites, est habité par des géants. Nous n'y entrerons point tant qu'ils l'occuperont. S'ils en sortent, nous en prendrons possession.

26. Présentez-vous à la porte de la ville, dirent deux hommes craignant le Seigneur et favorisés de ses grâces : vous ne serez pas plustôt entrés que vous serez vainqueurs. Mettez votre confiance en Dieu si vous êtes fidèles.

27. O Moïse, dit le peuple, nous n'y pénétrerons point tant que le peuple qui l'habite n'en sera pas sorti. Va avec ton Dieu et combattez tous deux. Nous demeurerons ici.

28. Seigneur, s'écria Moïse, je n'ai de pouvoir que sur moi et sur mon frère; prononce entre nous et ce peuple d'impies.

29. Alors le Seigneur dit : Cette terre leur sera interdite pendant quarante ans. Ils erreront dans le désert, et toi, cesse de t'alarmer pour ce peuple d'impies.

30. Raconte-leur l'histoire véritable de ceux des fils d'Adam qui présentèrent leurs offrandes. L'offrande de l'un fut acceptée, celle de l'autre fut rejetée. Ce dernier dit à son frère : Je vais te tuer. Dieu, répondit l'autre, ne reçoit des offrandes que des hommes qui le craignent.

31. Quand même tu étendrais ta main sur moi pour me tuer, je n'étendrais pas la mienne pour t'ôter la vie, car je crains Dieu, souverain de l'univers.

32. J'aime mieux que toi seul en sortes, chargé de mes péchés et des tiens, et que tu sois voué au feu, récompense des pervers.

33. La passion subjugua l'injuste; il tua son frère, et fut au nombre des malheureux.

34. Dieu envoya un corbeau qui grattait la terre pour lui montrer comment il devait cacher le cadavre de son frère. Malheureux que je suis! s'écria le meurtrier, ne pouvais-je, comme ce corbeau, creuser la terre pour cacher les restes de mon frère! et il s'abandonna au repentir.

35. C'est pourquoi nous avons donné ce précepte aux enfants d'Israël : Celui qui aura tué un homme sans que celui-ci ait commis un meurtre, ou exercé des brigandages dans le pays, sera regardé comme le meurtrier du genre humain; et celui qui aura

rendu la vie à un homme sera regardé comme s'il avait rendu la vie à tout le genre humain.

36. Nos envoyés ont paru au milieu d'eux accompagnés de signes évidents ; mais, en dépit des signes, la plupart des hommes ont été prévaricateurs.

37. Voici quelle sera la récompense de ceux qui combattent Dieu et son apôtre, et qui emploient toutes leurs forces à commettre des désordres sur la terre : vous les mettrez à mort ou vous leur ferez subir le supplice de la croix ; vous leur couperez les mains et les pieds alternés ; ils seront chassés de leur pays. L'ignominie les couvrira dans ce monde, et un châtiment cruel dans l'autre,

38. Sauf ceux qui se seront repentis avant que vous les ayez vaincus ; car sachez que Dieu est indulgent et miséricordieux.

39. O croyants ! craignez Dieu : efforcez-vous de mériter un accès auprès de lui ; combattez pour sa religion, et vous serez heureux.

40. Quand les infidèles posséderaient deux fois autant de richesses que la terre en contient, et les offriraient pour se racheter du supplice au jour de la résurrection, leurs offres ne seraient point acceptées. Un châtiment cruel les attend.

41. Ils voudraient sortir du feu, mais ils n'en sortiront jamais. Un châtiment qui leur est réservé est éternel.

42. Vous couperez les mains des voleurs, homme ou femme, en punition de leur crime. C'est ·la peine que Dieu a établie contre eux. Il est puissant et sage.

43. Quiconque se sera repenti de ses iniquités et se sera corrigé, Dieu accueillera son repentir ; car il est indulgent et miséricordieux.

44. Ignores-tu que Dieu est le souverain des cieux et de la terre ? il punit qui il veut, et pardonne à qui il veut ; il est tout-puissant.

45. O prophète ! ne t'afflige pas à cause de ceux qui courent à l'envi des uns des autres vers l'infidélité, ni à cause de ceux dont les bouches prononcent : Nous croyons, tandis que leurs cœurs ne croient pas ; ni à cause des juifs qui, prêtant avidement l'oreille aux mensonges et aux discours des autres, ne viennent jamais entendre les tiens. Ils déplacent les paroles de l'Ecriture, et disent ensuite aux autres : S'il vous lit l'Ecriture de cette manière, acceptez-la, sinon défiez-vous-en. Qui est-ce qui pourra préserver de l'erreur celui que Dieu voudra égarer ? Ceux dont Dieu n'aura point purifié le cœur seront couverts d'opprobre dans ce monde et souffriront dans l'autre un châtiment terrible.

46. Ils prêtent avidement l'oreille aux mensonges, ils recherchent les mets défendus. S'ils ont recours à ton jugement, prononce entre eux ou abstiens-toi. Si tu t'abstiens, ils ne pour-

ront te nuire; mais si tu te charges de juger, juge-les avec équité, car Dieu aime ceux qui jugent avec équité.

47. Mais comment te prendraient-ils pour arbitre? Ils ont cependant le Pentateuque où sont renfermés les préceptes du Seigneur, mais ils s'en sont éloignés et ne croient pas.

48. Nous avons fait descendre le Pentateuque; il contient la lumière et la direction. Les prophètes, vrais croyants résignés à Dieu, devaient juger les juifs d'après ce livre; les docteurs et les prêtres jugeaient d'après les parties du livre de Dieu, dont ils avaient le dépôt; ils étaient *comme* témoins *de la loi vis-à-vis des juifs.* O juifs, ne craignez point les hommes; craignez-moi et ne vendez point mes signes pour un prix infime. Ceux qui ne jugeront pas conformément à la vérité que Dieu a fait descendre d'en haut sont infidèles.

49. Dans ce code nous avons prescrit aux juifs : Ame pour âme, œil pour œil, nez pour nez, oreille pour oreille, dent pour dent. Les blessures seront punies par la loi du talion. Celui qui, recevant le prix de la peine, la changera en aumône fera bien, cela lui servira d'expiation de ses péchés. Ceux qui ne jugeront pas d'après les livres que nous avons fait descendre sont impies.

50. Après les autres prophètes, nous avons envoyé Jésus fils de Marie pour confirmer le Pentateuque. Nous lui avons donné l'Evangile qui contient la lumière et la direction, et qui confirme le Pentateuque, et qui sert d'admonition à ceux qui craignent Dieu.

51. Que ceux qui s'en tiennent à l'Evangile jugent d'après son contenu. Ceux qui ne jugeront pas d'après un livre de Dieu sont impies.

52. Nous t'avons envoyé le livre contenant la vérité, qui confirme les Ecritures qui l'ont précédé, et qui les met à l'abri de toute altération. Juge entre eux tous selon les commandements de Dieu, et garde-toi, en suivant leurs désirs, de t'éloigner de ce qui t'a été donné spécialement. Nous avons assigné à chacun de vous un code et une règle de conduite.

53. Si Dieu l'avait voulu, il aurait fait de vous tous un seul peuple; mais il a voulu éprouver votre fidélité à observer ce qu'il vous a donné. Courez à l'envi les uns des autres vers les bonnes actions; vous retournerez tous à Dieu; il vous éclaircira lui-même l'objet de vos différends.

54. Prononce entre eux, selon les commandements descendus du ciel; n'écoute pas leurs vœux, et tiens-toi sur tes gardes, de peur qu'ils ne t'éloignent de certains commandements qui te furent donnés d'en haut. S'ils s'éloignent, sache que c'est pour quelques péchés que Dieu veut les punir, et certes le nombre des pervers est considérable.

55. Désirent-ils suivre les maximes du paganisme ? Quel juge meilleur que Dieu peuvent avoir ceux qui croient fermement ?

56. O croyants! ne prenez point pour amis les juifs et les chrétiens; ils sont amis les uns des autres. Celui qui les prendra pour amis finira par leur ressembler, et Dieu ne sera point le guide des pervers.

57. Tu verras ceux dont le cœur est atteint d'une infirmité se rendre auprès des infidèles, et leur dire : Nous craignons que les vicissitudes du sort ne nous atteignent; mais il sera facile à Dieu de donner la victoire au prophète, ou des ordres qui les feront repentir de leurs desseins.

58. Les fidèles diront alors : Sont-ce là ceux qui juraient par des serments solennels qu'ils étaient de notre parti ? Leurs efforts n'auront abouti à rien, et ils périront.

59. O vous qui croyez, si vous abandonnez votre religion, Dieu en appellera d'autres à prendre votre place. Dieu les aimera, et ils l'aimeront. Doux envers les vrais croyants, ils seront sévères envers les infidèles. Ils combattront pour la foi, et ne craindront point les reproches de celui qui blâme. C'est la faveur de Dieu qui l'accorde à qui il veut. Il est immense et savant.

60. Vos protecteurs sont Dieu et son apôtre, et ceux qui croient, qui s'acquittent avec exactitude de la prière, qui font l'aumône et s'inclinent devant Dieu.

61. Ceux qui prennent pour protecteurs Dieu, son apôtre et les croyants sont comme la milice de Dieu; la victoire est à eux.

62. O croyants! ne cherchez point d'appui chez les hommes qui ont reçu l'Ecriture, ni chez les infidèles qui font de votre culte l'objet de leurs railleries. Craignez Dieu, si vous êtes fidèles.

63. N'en cherchez pas non plus auprès de ceux qui, quand ils vous entendent appeler à la prière, s'en font un objet de railleries et de dérision. Ils sont dépourvus de jugement.

64. Dis à ceux qui ont reçu l'Ecriture : Pourquoi nous fuyez-vous avec horreur ? Est-ce parce que nous croyons en Dieu, à ce qui nous a été donné d'en haut et à ce qui a été envoyé antérieurement, et que la plupart d'entre vous sont impies ?

65. Dis-leur encore : Vous annoncerai-je, en outre, quelque chose de plus terrible relativement à la rétribution que Dieu leur réserve ? Ceux que Dieu a maudits, ceux contre lesquels il est courroucé, qu'il a transformés en singes et en porcs, ceux qui adorent Thagout, ceux-là sont dans une situation plus déplorable et plus éloignés du sentier droit.

66. Lorsqu'ils se sont présentés devant vous, ils ont dit :

Nous croyons. Ils sont entrés avec l'infidélité, et ils sont sortis avec elle. Mais Dieu connaît ce qu'ils cachaient.

67. Tu en verras un grand nombre courir à l'envi vers l'iniquité, et l'injustice rechercher les mets défendus. Que leurs actions sont détestables!

68. Si ce n'étaient les docteurs et les prêtres qui les empêchent de se livrer à l'impiété dans leurs discours et aux mets défendus, quelles horreurs ne commettraient-ils pas?

69. Les mains de Dieu sont liées, disent les juifs. Que leurs mains soient liées à leur cou [1]; qu'ils soient maudits pour prix de leurs blasphèmes. Loin de là, les mains de Dieu sont ouvertes; il distribue ses dons comme il veut, et le don que Dieu t'a fait descendre d'en haut ne fera qu'accroître leur révolte et leur infidélité. Mais nous avons jeté au milieu d'eux l'inimitié et la haine, qui durera jusqu'au jour de la résurrection. Toutes les fois qu'ils allumeront le feu de la guerre, Dieu l'éteindra. Ils parcourent le pays pour le ravager et y commettre des désordres. Mais Dieu n'aime point ceux qui commettent le désordre.

70. Oh! si les hommes des Ecritures avaient la foi et la crainte du Seigneur, nous effacerions leurs péchés, nous les introduirions dans les jardins de délices. S'ils observaient le Pentateuque et l'Evangile, et les livres que le Seigneur leur a envoyés, ils jouiraient de biens qui se trouvent sous leurs pas et au-dessus de leurs têtes. Il en est parmi eux qui agissent avec droiture; mais le plus grand nombre, oh! que leurs actions sont détestables!

71. O prophète! fais connaître tout ce que Dieu t'a révélé; si tu ne parviens pas à le faire complètement, ne cherche point à remplir ta mission. Dieu te mettra à l'abri des violences des hommes; il n'est pas le guide des infidèles.

72. Dis aux hommes des Ecritures : Vous ne vous appuierez sur rien *de solide* tant que vous n'observerez pas le Pentateuque, l'Evangile et ce que Dieu a fait descendre d'en haut. Le livre que tu as reçu du ciel, *ô Muḥammad!* ne fera qu'accroître la rébellion et l'infidélité d'un grand nombre d'entre eux; mais ne t'inquiète pas du sort des infidèles.

73. Ceux qui croient [2], les juifs, les sabéens, les chrétiens qui croient en Dieu et au jour dernier, et qui auront pratiqué la vertu, seront exempts de toute crainte et ne seront point affligés.

74. Nous avons accepté le pacte des enfants d'Israël, et nous leur avons envoyé des prophètes; toutes les fois que les prophètes leur annonçaient les vérités que rejetaient leurs penchants, ils accusaient les uns d'imposture et assassinaient les autres.

---

1. C'est la signification du mot arabe, et les musulmans croient que les juifs se présenteront au jour du jugement dernier, la main droite attachée au cou.
2. Par ces mots il faut entendre ceux qui professent l'Islam.

75. Ils ont pensé que leurs crimes resteront impunis; ils sont devenus aveugles et sourds. Le Seigneur leur a pardonné; un grand nombre d'entre eux devinrent sourds et aveugles de nouveau; mais Dieu connaît leurs actions.

76. Infidèle est celui qui dit : Dieu, c'est le Messie, fils de Marie. Le Messie n'a-t-il pas dit lui-même : O enfants d'Israël, adorez Dieu qui est mon Seigneur et le vôtre ? Quiconque associe à Dieu d'autres dieux, Dieu lui interdira l'entrée du jardin, et sa demeure sera le feu. Les pervers n'auront plus de secours à attendre.

77. Infidèle est celui qui dit : Dieu est un troisième de la Trinité. Il n'y a point de Dieu si ce n'est le Dieu unique. S'ils ne désavouent ce qu'ils avancent, un châtiment douloureux atteindra les infidèles.

78. Ne retourneront-ils pas au Seigneur ? n'imploreront-ils pas son pardon ? Il est indulgent et miséricordieux.

79. Le Messie, fils de Marie, n'est qu'un apôtre; d'autres apôtres l'ont précédé. Sa mère était juste. Ils se nourrissaient de mets [1]. Vous voyez comme nous leur expliquons l'unité de Dieu, et vous voyez également comme ils s'en détournent.

80. Dis-leur : Adorerez-vous à côté de Dieu ce qui n'est capable ni de vous nuire ni de vous être utile, tandis que Dieu entend et sait tout ?

81. Dis aux hommes des Ecritures : Ne franchissez point les limites de la religion contrairement à la vérité, et ne suivez point les penchants des hommes qui étaient dans l'égarement avant vous, qui ont entraîné dans l'erreur la plupart des hommes, et qui sont éloignés de la droite voie.

82. Ceux qui ont été infidèles parmi les enfants d'Israël ont été maudits de Dieu par la bouche de David et de Jésus, fils de Marie, parce qu'ils ont été rebelles, transgresseurs, et ne cherchaient point à se détourner mutuellement des mauvaises actions qu'ils commettaient. Que leurs actions sont détestables!

83. Tu verras un grand nombre d'entre eux se lier d'amitié avec les infidèles. Que leurs actions sont abominables! ces actions par lesquelles ils ont provoqué le courroux de Dieu. Ils seront voués aux tourments éternels.

84. S'ils eussent cru en Dieu, à l'apôtre et au Coran, ils n'auraient jamais recherché l'alliance des infidèles; mais la plupart d'entre eux ne sont que des pervers.

85. Tu reconnaîtras que ceux qui nourrissent la haine la plus violente contre les fidèles sont les juifs et les idolâtres, et que ceux

---

1. C'est-à-dire que Jésus et Marie n'étaient que des humains qui ne pouvaient se passer de la nourriture.

qui sont le plus disposés à les aimer sont les hommes qui se disent chrétiens : c'est parce qu'ils ont des prêtres et des moines, hommes exempts de tout orgueil.

86. Lorsqu'ils entendront les versets du Coran, tu verras des larmes s'échapper en abondance de leurs yeux, car ils ont reconnu la vérité. Ils s'écrient : O Seigneur, nous croyons. Inscris-nous au nombre de ceux qui rendent témoignage *de la vérité du Coran.*

87. Pourquoi ne croirions-nous pas en Dieu et aux vérités qu'il nous déclare ? Pourquoi ne désirerions-nous pas qu'il nous donne une place parmi les justes ?

88. Pour récompense de leurs paroles, Dieu leur a accordé les jardins arrosés de courants d'eau, où ils demeureront éternellement; c'est la récompense de ceux qui font le bien. Mais ceux qui ne croient pas, qui traitent nos signes de mensonges, sont voués à l'enfer.

89. O croyants! n'interdisez point l'usage des biens délicieux que Dieu a déclarés licites pour vous. Ne transgressez point ses préceptes, car il n'aime pas les transgresseurs.

90. Nourrissez-vous des aliments que Dieu vous accorde, des aliments licites et bons, et craignez ce même Dieu qui est l'objet de votre croyance.

91. Il ne vous châtiera pas pour un serment inconsidéré, mais il vous châtiera si vous manquez à un engagement réfléchi. L'infraction commise coûtera la nourriture de dix pauvres, nourriture de qualité moyenne et telle que vous la donnez à vos familles, ou bien leur vêtement, ou bien l'affranchissement d'un esclave. Celui qui sera hors d'état de satisfaire à cette peine jeûnera trois jours. Telle sera l'expiation de votre serment si vous avez juré. Observez donc vos serments. C'est ainsi que Dieu vous manifeste ses signes, afin que vous soyez reconnaissants.

92. O croyants! le vin, les jeux de hasard, les statues et le sort des flèches [1] sont une abomination inventée par Satan; abstenez-vous-en, et vous serez heureux.

93. Satan désire exciter la haine et l'inimitié entre vous par le vin et le jeu, de vous éloigner du souvenir de Dieu et de la prière. Ne vous en abstiendrez-vous donc pas ? Obéissez à Dieu, obéissez au prophète, et tenez-vous sur vos gardes; car si vous vous détournez des préceptes, sachez que l'apôtre n'est obligé qu'à la prédication.

94. Ceux qui croiront et qui auront pratiqué les bonnes œuvres ne seront point coupables pour avoir mangé des choses défen-

---

1. Les Arabes idolâtres, entre autres manières de consulter le sort que le Coran condamne toutes, avaient l'habitude de le consulter au moyen des flèches sacrées, conservées dans les temples.

dues, s'ils ont cru et s'ils sont pénétrés de la crainte de Dieu, s'ils pratiquent le bien et craignent Dieu, et croient et craignent encore et font le bien; et certes Dieu aime ceux qui font le bien.

95. O vous qui croyez! Dieu cherche à vous éprouver, quand il vous offre *dans votre pèlerinage* un riche butin que peuvent vous procurer vos bras et vos lances. Il fait cela pour savoir qui est celui qui le craint au fond de son cœur. Dorénavant quiconque transgressera ses lois sera livré au châtiment cruel.

96. O vous qui croyez! ne vous livrez point à la chasse pendant que vous vous acquittez du pèlerinage de La Mecque. Quiconque d'entre vous aura tué un animal de propos délibéré sera puni comme s'il avait tué un animal domestique; deux hommes équitables le jugeront; il enverra un présent au temple de la Kaaba, ou bien il l'expiera par la nourriture donnée aux pauvres, ou bien il jeûnera, et cela afin qu'il éprouve la honte de son action. Dieu oublie le passé; mais celui qui retombe dans le péché encourra la vengeance de Dieu; et certes Dieu est puissant et vindicatif.

97. Il vous est permis de vous livrer à la pêche pour vous nourrir de ses produits et d'y chercher votre profit. La pêche est permise aux voyageurs; mais la chasse vous est interdite tout le temps de votre pèlerinage à La Mecque. Craignez Dieu; un jour vous serez rassemblés autour de lui.

98. Dieu a fait de la Kaaba une maison sacrée destinée à être une station pour les hommes; il a établi un mois sacré et l'offrande de la brebis, et les ornements suspendus aux victimes, afin que vous sachiez qu'il connaît tout ce qui se passe aux cieux et sur la terre, qu'il connaît toutes choses. Apprenez aussi que Dieu est terrible dans ses châtiments, mais en même temps indulgent et miséricordieux.

99. Le Prophète n'est tenu qu'à la prédication. Dieu connaît ce que vous manifestez et ce que vous cachez.

100. Dis-leur : Le bon et le mauvais ne sauraient être d'un prix égal, bien que l'abondance de ce qui est mauvais vous plaise. O hommes doués de sens, craignez Dieu et vous serez heureux.

101. O vous qui croyez! ne vous interrogez point au sujet des choses qui, si elles vous étaient dévoilées, pourraient vous nuire. Si vous les demandez quand le Coran aura été révélé en entier, elles vous seront déclarées. Dieu vous pardonnera votre curiosité, parce qu'il est indulgent et miséricordieux. Avant vous il y eut des hommes qui ont absolument voulu les connaître : leur connaissance les a rendus infidèles.

102. Dieu n'a rien prescrit au sujet de Bahira, et Saïba, et

Vasila et Ham [1]; les infidèles forgent ces mensonges et les prêtent à Dieu; mais la plupart d'entre eux sont sans intelligence.

103. Lorsqu'on leur a dit : Venez et embrassez la religion que Dieu a révélée à son apôtre, ils ont répondu : la croyance de nos pères nous suffit. Peu leur importe que leurs pères n'aient eu ni science ni guide pour être dirigés!

104. O croyants! le soin de vos âmes vous regarde. L'égarement des autres ne vous nuira point si vous êtes guidés. Tous tant que vous êtes, vous retournerez à Dieu qui vous retracera vos œuvres.

105. O croyants! voici les conditions du témoignage au moment où la mort visite quelqu'un d'entre vous et qu'il se dispose à faire un testament : réunissez deux hommes droits choisis parmi vous, ou parmi les étrangers si vous vous trouvez sur quelque point de la terre et que le malheur de la mort vous surprenne; vous les renfermerez tous les deux après la prière, et si vous doutez de leur bonne foi, faites-leur prêter ce serment devant Dieu : Nous ne vendrons pas notre témoignage à quelque prix que ce soit, pas même à nos parents, et nous ne cacherons pas notre témoignage, car nous serions criminels.

106. S'il était évident que ces deux témoins eussent prévariqué, deux autres, parents du testateur et du nombre de ceux qui ont découvert le parjure, seront substitués aux deux premiers. Ils prêteront serment devant Dieu en ces termes : Notre témoignage est plus vrai que celui des deux autres; nous n'avançons rien d'injuste, autrement nous serions du nombre des criminels.

107. Par suite de cette disposition il sera plus facile d'obtenir que les hommes rendent un témoignage vrai; car ils craindront qu'un autre ne soit rendu après le leur. Craignez donc Dieu et écoutez-le; il ne dirige point les pervers.

108. Un jour Dieu rassemblera les prophètes, et leur demandera ce que les peuples ont répondu à leurs exhortations. Seigneur, diront les prophètes, la science n'est point notre partage, toi seul connais les secrets.

109. Il dira à Jésus, fils de Marie : Souviens-toi des bienfaits que j'ai répandus sur toi et sur ta mère lorsque je t'ai fortifié par l'esprit de sainteté, afin que tu parles aux hommes, enfant au berceau et à l'âge plus avancé.

110. Je t'ai enseigné l'Ecriture, la Sagesse, le Pentateuque et l'Evangile; tu formas de boue la figure d'un oiseau par ma permission; ton souffle l'anima par ma permission; tu guéris un aveugle de naissance et un lépreux par ma permission; tu fis

---

1. Noms des chamelles et des chameaux qui se rattachent à quelques superstitions des Arabes idolâtres.

sortir les morts de leurs tombeaux par ma permission. Je détournai de toi les mains des juifs. Au milieu des miracles que tu fis éclater à leurs yeux, les incrédules d'entre eux s'écriaient : Tout ceci n'est que de la magie!

111. Lorsque j'ai dit aux apôtres : Croyez en moi et à mon envoyé, ils répondirent : Nous croyons, et tu es témoin que nous sommes résignés à Dieu.

112. O Jésus, fils de Marie, dirent les apôtres, ton Seigneur peut-il nous faire descendre des cieux une table toute servie ? Craignez le Seigneur, leur répondit Jésus, si vous êtes fidèles.

113. Nous désirons, dirent-ils, nous y asseoir et y manger; alors nos cœurs seront tranquilles, nous saurons que tu nous as prêché la vérité, et nous rendrons témoignage en ta faveur.

114. Jésus, fils de Marie, adressa cette prière : Dieu, Notre Seigneur, fais-nous descendre une table du ciel; qu'elle soit un festin pour le premier et le dernier d'entre nous, et un signe de ta puissance. Nourris-nous. Tu es le plus libéral des dispensateurs.

115. Le Seigneur dit alors : Je vous la ferai descendre; mais malheur à celui qui, après ce miracle, sera incrédule; je préparerai pour lui un châtiment le plus terrible qui fût jamais préparé pour une créature.

116. Dieu dit alors à Jésus : As-tu jamais dit aux hommes : Prenez pour dieux moi et ma mère plutôt que le Dieu unique ? — Loin de ta gloire ce blasphème. Comment aurais-je pu dire ce qui n'est pas vrai ? Si je l'avais tu, ne le saurais-tu pas ? Tu sais ce qui est au fond de mon âme, et moi j'ignore ce qui est au fond de la tienne, car toi seul connais les secrets.

117. Je ne leur ai dit que ce que tu m'as ordonné de leur dire : Adorez Dieu mon Seigneur et le vôtre. Tant que je demeurai sur la terre, je pouvais témoigner contre eux; et lorsque tu as accompli mes jours, tu avais les yeux sur eux, et tu vois clairement toutes choses.

118. Si tu les punis, tu en as le droit, car ils sont tes esclaves; si tu leur pardonnes, tu en es le maître, car tu es puissant et sage.

119. Le Seigneur dira alors : Ce jour-ci est un jour où les justes profiteront de leur justice; les jardins arrosés par des fleuves seront leur séjour éternel. Dieu sera satisfait d'eux, et ils seront satisfaits de Dieu. C'est un bonheur immense.

120. A Dieu appartient la souveraineté des cieux et de la terre, de tout ce qu'ils contiennent. Il est tout-puissant.

SOURATE VI

LE BÉTAIL

Donnée à La Mecque. — 165 versets.

Au nom de Dieu clément et miséricordieux.

1. Louanges à Dieu qui a créé les cieux et la terre, qui a établi les ténèbres et la lumière. Néanmoins, les incrédules donnent des égaux à leur Seigneur.

2. C'est lui qui vous a créés de limon et a fixé un terme *à votre vie*. Le terme marqué est dans sa puissance, et vous doutez encore.

3. Il est Dieu dans les cieux et sur la terre; il connaît ce que vous cachez et ce que vous dévoilez; il connaît ce que vous gagnez *par vos œuvres*.

4. Il ne leur apparaît pas un seul signe d'entre les signes de Dieu, qu'ils ne s'en détournent.

5. Ils ont traité de mensonge la vérité qui vint à eux; bientôt il leur viendra un message concernant ce qu'ils ont pris pour objet de leurs railleries.

6. Ne voient-ils pas combien de générations nous avons anéanties avant eux ? Nous les avions établies dans le pays plus solidement que vous; nous fîmes tomber du ciel des pluies abondantes; nous fîmes couler des rivières sous leurs pieds; puis nous les anéantîmes pour leurs péchés, et nous fîmes surgir à leur place une génération nouvelle.

7. Quand même nous t'aurions fait descendre du ciel le livre en feuillets, et que les infidèles l'eussent touché de leurs mains, ils diraient encore : C'est de la magie pure.

8. Ils disent : A moins qu'un ange ne lui soit envoyé, *nous ne croirons point*. Si nous avions envoyé un ange, leur affaire aurait été déjà décidée; ils n'auraient pas eu un instant de répit.

9. Si nous avions envoyé un ange, nous l'aurions envoyé sous la forme humaine et revêtu de vêtements semblables aux leurs.

10. Avant toi aussi, des apôtres ont été l'objet des railleries; le châtiment dont ils se moquaient enveloppa les moqueurs.

11. Dis-leur : Parcourez la terre, et voyez quelle a été la fin de ceux qui traitaient nos apôtres de menteurs.

12. Dis : A qui appartient tout ce qui est dans les cieux et sur

la terre ? Dis : C'est à Dieu. Il s'imposa à lui-même la miséricorde comme un devoir; il vous rassemblera au jour de la résurrection, il n'y a point de doute là-dessus. Ceux qui se perdent
eux-mêmes sont ceux qui ne croiront pas.

13. A lui appartient tout ce qui existe dans la nuit et dans le
jour; il entend et sait tout.

14. Dis : Prendrais-je pour protecteur un autre que Dieu le
créateur des cieux et de la terre ? il nourrit et il n'est point nourri.
Dis : J'ai reçu l'ordre d'être le premier de ceux qui se résignent
à Dieu. Vous aussi ne soyez point idolâtres.

15. Dis : Je crains, en désobéissant à mon Seigneur, d'encou-
rir la peine du grand jour.

16. Si quelqu'un l'évite dans ce jour, c'est que Dieu lui aura
montré sa miséricorde. C'est un bonheur manifeste.

17. Si Dieu t'atteint d'un mal, lui seul pourra t'en délivrer;
s'il t'accorde un bien, c'est qu'il est tout-puissant.

18. Il est le maître absolu de ses serviteurs; il est sage et instruit de tout.

19. Dis : Qui est-ce qui témoigne avec plus de poids ? Dis :
Dieu est témoin entre vous et moi. Le Coran m'a été révélé afin
que je vous avertisse vous et ceux à qui il parviendra. Témoi-
gnerez-vous qu'il y a d'autres dieux à côté de Dieu ? Dis : Moi
je ne témoignerai pas. Dis : Certes il est le Dieu unique, et je suis
innocent de ce que vous lui associez.

20. Ceux à qui nous avons donné les Écritures connaissent le
prophète comme ils connaissent leurs enfants; mais ceux qui
perdent leurs âmes ne croiront point en lui.

21. Qui est plus méchant que celui qui invente des mensonges
qu'il met sur le compte de Dieu, que celui qui traite nos signes
de mensonges ? Dieu ne fera point prospérer les méchants.

22. Un jour nous nous rassemblerons tous; alors nous dirons à
ceux qui associent : Où sont les compagnons que vous associez
à Dieu et que vous avez imaginés vous-mêmes ?

23. Et quelle autre excuse trouveront-ils que de dire : Nous
jurons, par Dieu notre Seigneur, que nous n'avons point associé
(d'autres dieux à Dieu).

24. Vois comme ils mentent contre eux-mêmes, et comme se
sont dérobées les divinités qu'ils avaient inventées.

25. Il en est parmi eux qui viennent t'écouter; mais nous avons
mis plus d'une enveloppe sur leurs cœurs, afin qu'ils ne comprennent rien, et de la pesanteur dans leurs oreilles. Quand même
ils verraient toute sorte de miracles, ils ne croiraient pas, ils
viendront même, les incrédules, disputer avec toi et diront : Ce
Coran n'est qu'un amas de fables des anciens.

26. Ils écartent les autres du Prophète et s'en éloignent eux-

mêmes; mais ils ne perdent que leurs propres âmes, et ils ne le savent pas.

27. Si tu les voyais au moment où, placés sur le feu de l'enfer, ils s'écrieront : Plût à Dieu que nous fussions rendus à la terre! oh! nous ne traiterions plus de mensonges les signes de notre Seigneur; nous serions croyants.

28. Oui, ce qu'ils recelaient autrefois est mis au grand jour; mais s'ils étaient renvoyés sur la terre, ils retourneraient à ce qui leur était défendu, car ils ne sont que des menteurs.

29. Ils disent : Il n'y a point d'autre vie que la vie d'ici-bas, et nous ne serons point ressuscités.

30. Si tu les voyais au jour où ils seront amenés devant leur Seigneur; il leur dira : N'était-ce pas la vérité ? Oui, par notre Seigneur. Goûtez donc, dira le Seigneur, le châtiment pour prix de votre incrédulité.

31. Ceux qui traitaient de mensonge la comparution devant Dieu seront perdus lorsque l'heure les surprendra inopinément. Ils diront alors : Malheur à nous pour l'avoir oublié sur la terre; ils porteront leurs fardeaux sur leurs dos, et quel mauvais fardeau!

32. La vie de ce monde n'est qu'un jeu et une frivolité; la vie future vaut mieux pour ceux qui craignent; ne le comprendrez-vous pas ?

33. Nous savons que leurs paroles t'affligent. Ce n'est pas toi qu'on accuse de mensonge; les infidèles nient les signes de Dieu.

34. Avant toi des apôtres ont été traités de menteurs; ils supportèrent avec constance les accusations et l'injustice jusqu'au moment où notre assistance vint les appuyer, car qui pourrait changer les paroles de Dieu ? Mais tu connais l'histoire des apôtres.

35. L'éloignement des infidèles pour la vérité te pèse; certes, si tu le pouvais, tu désirerais pratiquer un antre dans la terre ou une échelle pour monter au ciel, afin de leur montrer un miracle. Si Dieu voulait, ils se réuniraient tous dans la direction du chemin droit. Ne sois donc pas du nombre des ignorants.

36. Certes, il exaucera ceux qui écoutent; les morts, Dieu les ressuscitera et ils retourneront à lui.

37. A moins qu'un miracle ne descende vers lui, nous ne croirons pas. Dis-leur : Dieu est assez puissant pour faire descendre un miracle, mais la plupart ne le savent pas.

38. Il n'y a point de bêtes sur la terre ni d'oiseau volant de ses ailes, qui ne forme une troupe comme vous. Nous n'avons rien négligé dans le livre. Toutes les créatures seront rassemblées un jour.

39. Ceux qui traitent nos signes de mensonges sont sourds et

muets, errant dans les ténèbres. Dieu égare celui qu'il veut et conduit celui qu'il veut dans le sentier droit.

40. Dis : Si le supplice était prêt, si l'heure arrivait, invoqueriez-vous un autre que Dieu ? dites, si vous êtes sincères.

41. Oui, c'est lui que vous invoqueriez; s'il voulait, il vous délivrerait des peines qui vous le feraient invoquer, vous oublieriez les divinités que vous lui associez.

42. Nous avions déjà envoyé des apôtres vers les peuples qui ont existé avant toi; nous les avions visités par des maux et des adversités afin qu'ils s'humilient.

43. Notre colère les visita, et cependant ils ne s'humilièrent point; bien plus, leurs cœurs s'endurcirent, Satan leur prépara leurs actions.

44. Et lorsqu'ils eurent oublié les avertissements qu'on leur faisait, nous ouvrîmes devant eux les portes de tous les biens jusqu'au moment où, plongés dans la joie à cause des biens qu'ils reçurent, nous les saisîmes tout à coup, et les voilà dans le désespoir.

45. Ce peuple méchant fut anéanti jusqu'au dernier. Gloire en soit à Dieu, Seigneur de l'univers.

46. Dis-leur : Que vous en semble ? Si Dieu vous privait de l'ouïe et de la vue, s'il mettait un sceau sur vos cœurs, quelle autre divinité que Dieu vous les rendrait ? Vois de combien de manières nous retournons les enseignements, et cependant ils se détournent.

47. Dis-leur : Qu'en pensez-vous ? Si le châtiment vous surprend inopinément ou s'il tombe au grand jour, *précédé de quelque signe*, quel autre sera anéanti que le peuple des méchants ?

48. Nos envoyés ne viennent que pour avertir et pour annoncer. Quiconque croit et pratique la vertu sera à l'abri de toute crainte et ne sera point attristé.

49. Ceux qui traitent nos signes de mensonges seront atteints par le supplice pour prix de leurs crimes.

50. Dis-leur : Je ne vous dis pas que je possède des trésors de Dieu, que je connais les choses cachées; je ne vous dis pas que je suis un ange, je ne fais que suivre ce qui m'a été révélé. Dis-leur : L'aveugle et le clairvoyant seront-ils à l'égal l'un de l'autre ? N'y réfléchirez-vous pas ?

51. Avertis ceux qui craignent, qu'un jour ils seront rassemblés devant leur Seigneur; ils n'auront d'autre protecteur ni d'autre intercesseur que Dieu : peut-être le craindront-ils.

52. Ne repousse point ceux qui invoquent le Seigneur le soir et le matin et qui désirent ses regards. Il ne t'appartient pas de juger de leurs intentions, comme il ne leur appartient pas de juger les tiennes. Si tu les repoussais, tu agirais comme les méchants.

53. C'est ainsi que nous avons éprouvé les hommes les uns par les autres, afin qu'ils disent : Sont-ce là ceux que Dieu a comblés parmi nous de ses bienfaits ? — Dieu ne connaît-il pas ceux qui sont reconnaissants ?

54. Lorsque ceux qui auront cru à nos signes viendront à toi, dis-leur : La paix soit avec vous. Dieu s'est imposé la miséricorde comme un devoir. Si quelqu'un d'entre vous commet une mauvaise action par ignorance et s'en repent ensuite, certes Dieu est indulgent et miséricordieux.

55. C'est ainsi que nous développons nos enseignements, afin que le sentier des criminels soit connu.

56. Dis-leur : Il m'a été défendu d'adorer ceux que vous adorez à l'exclusion de Dieu. Dis : Si je suivais vos désirs, je m'égarerais du chemin droit et je ne serais point dirigé.

57. Dis : Si je m'en tiens à l'enseignement évident de mon Seigneur, vous le traitez de mensonge. Ce que vous voulez hâter n'est pas dans mon pouvoir; le pouvoir n'appartient qu'à Dieu. Il fera connaître la vérité, il est le plus habile à trancher les débats.

58. Dis-leur : S'il était dans mon pouvoir de hâter ce que vous voulez hâter, le différend entre vous et moi serait bientôt terminé. Dieu connaît les méchants.

59. Il a les clefs des choses cachées; lui seul les connaît. Il sait ce qui est sur la terre et au fond des mers. Il ne tombe pas une feuille qu'il n'en ait connaissance. Il n'y a pas un seul grain dans les ténèbres de la terre, un brin vert ou desséché qui ne soit inscrit dans le livre évident.

60. Il vous fait jouir du sommeil pendant la nuit et sait ce que vous avez fait pendant le jour; il vous ressuscitera le jour, afin que le terme fixé d'avance soit accompli; vous retournerez ensuite à lui, et alors il vous récitera ce que vous avez fait.

61. Il est le maître absolu de ses serviteurs; il envoie des anges qui vous surveillent; lorsque la mort s'approche de l'un d'entre vous, nos messagers le font mourir; ils n'y font pas défaut.

62. Ensuite vous êtes rendus à votre véritable maître. N'est-ce pas à lui qu'appartient le jugement ? à lui qui est le plus prompt des juges.

63. Dis-leur : Qui est celui qui vous délivre des ténèbres de la terre et de la mer quand vous l'invoquez humblement et en secret, disant : Si tu nous délivres de cette infortune, nous te serons reconnaissants ?

64. Dis : C'est Dieu qui vous délivre de cette infortune et de toute affliction, et néanmoins vous lui associez d'autres divinités.

65. Dis-leur : C'est lui qui peut envoyer le supplice sur vos têtes ou le faire surgir sous vos pieds, vous couvrir de discordes,

et faire goûter aux uns les violences des autres. Voilà comment nous savons tourner les enseignements, afin qu'ils comprennent enfin.

66. Ton peuple accuse le Coran de mensonge. Dis-leur : Je ne suis point chargé de vos intérêts; chaque prophétie a son terme fixe. Vous l'apprendrez.

67. Lorsque tu vois les incrédules entamer la conversation sur nos enseignements, éloigne-toi d'eux jusqu'à ce qu'ils entament une autre matière. Satan peut te faire oublier ce précepte. Aussitôt que tu t'en ressouviendras, ne reste pas avec les méchants.

68. On n'en demandera pas compte à ceux qui craignent Dieu; mais ils doivent se le rappeler afin qu'ils craignent Dieu [1].

69. Eloigne-toi de ceux qui regardent leur religion comme un jeu et une frivolité. La vie de ce monde les a aveuglés. Avertis-les que toute âme sera perdue par ses œuvres. Il n'y aura pour elle aucun autre protecteur ni intercesseur hormis Dieu. Quand même elle offrirait toute espèce d'équivalent, elle sera refusée. Ceux qui seront voués à la perte éternelle en rétribution de leurs œuvres auront pour boisson l'eau bouillante, et un supplice cruel sera le prix de leur incrédulité.

70. Dis : Invoquerons-nous, à l'exclusion de Dieu, ceux qui ne peuvent ni nous être utiles ni nous nuire ? Retournerons-nous sur nos pas après que Dieu nous a dirigés dans le chemin droit, pareils à celui que les tentateurs égarèrent dans le pays pendant que ses compagnons l'appellent à la route droite et lui crient : Viens à nous ? Dis : La direction de Dieu, voilà la direction! Nous avons reçu l'ordre de nous vouer au Seigneur de l'univers.

71. Accomplissez exactement la prière et craignez Dieu; c'est devant lui que vous serez rassemblés.

72. C'est lui qui a créé les cieux et la terre d'une création vraie. Ce jour où il dit : Sois, il sera.

73. Sa parole est la vérité. A lui seul appartiendra le pouvoir au jour où l'on embouchera la trompette. Il connaît ce qui est invisible et ce qui est visible; il est le Savant, l'Instruit.

74. Abraham dit à son père Azar : Prendras-tu des idoles pour dieux ? Toi et ton peuple vous êtes dans un égarement évident.

75. Voici comment nous fîmes voir à Abraham le royaume des cieux et de la terre, et lui enseignâmes de croire fermement.

76. Quand la nuit l'eut environné de ses ombres, il vit une

---

1. Les musulmans objectaient que s'il fallait s'éloigner des infidèles, toutes les fois qu'ils raillent la nouvelle religion, on ne pourrait rester nulle part un seul instant. Muḥammad compléta le précepte du verset précédent par celui-ci.

étoile et s'écria : Voilà mon Dieu! L'étoile disparut. Il dit alors :
Je n'aime point ceux qui disparaissent.

77. Il vit la lune se lever et il dit : Voilà mon Dieu! et lorsqu'elle
se coucha, il s'écria : Si mon Seigneur ne m'avait dirigé, je me
serais égaré.

78. Il vit le soleil se lever et il dit : Celui-ci est mon Dieu,
celui-ci est bien plus grand! Mais lorsque le soleil se coucha,
il s'écria : O mon peuple! je suis innocent du culte idolâtre que
vous professez.

79. Je tourne mon front vers celui qui a formé les cieux et la
terre; je suis orthodoxe et nullement du nombre de ceux qui
associent.

80. Son peuple disputa avec lui. Disputerez-vous, leur dit-il,
avec moi au sujet de Dieu ? Il m'a dirigé vers le chemin droit,
et je ne crains point ceux que vous lui associez, à moins que Dieu
ne veuille quelque chose, car il embrasse tout dans sa science.
N'y réfléchirez-vous pas ?

81. Et comment craindrais-je ceux que vous lui associez, si
vous ne craignez pas de lui associer des divinités sans qu'aucun
pouvoir ne vous ait été donné à cet égard ? Lequel des deux partis
est le plus sûr ? Dites, si vous le savez.

82. Ceux qui croient et qui ne revêtent point leur foi de l'injustice, ceux-là jouiront de la sécurité; ceux-là sont sur le chemin
droit.

83. Tels sont les arguments *de l'unité de Dieu* que nous four-
nîmes à Abraham contre son peuple. Nous élevons ceux qu'il
nous plaît. Ton Seigneur est sage et savant.

84. Nous lui donnâmes Isaac et Jacob, et nous les avons
dirigés tous deux. Antérieurement nous avons déjà dirigé Noé.
Parmi les descendants d'Abraham nous dirigeâmes aussi David
et Salomon, et Job et Joseph, et Moïse et Aaron. C'est ainsi que
nous récompensons ceux qui font le bien.

85. Zacharie, Yahia (Jean), Jésus et Elie; tous, ils étaient
justes.

86. Ismaël, Elisée, Jonas et Loth, nous les avons élevés au-
dessus de tous les êtres créés.

87. De même, parmi leurs pères et leurs enfants, parmi leurs
frères, nous en avons élu un grand nombre et conduit dans le
chemin droit.

88. Telle est la direction de Dieu; il dirige celui qu'il veut
d'entre ses serviteurs. Si les hommes lui associent d'autres dieux,
il est certain que leurs œuvres se réduiront à rien.

89. Ceux-là sont les hommes à qui nous donnâmes les Ecritures et la sagesse, et la prophétie. Si leur postérité n'y croit pas,
nous les confions à ceux qui y croient.

90. Ceux-là ont été dirigés par Dieu lui-même dans le chemin droit. Suis donc leur direction. Dis-leur : Je ne vous demande point de salaire *pour le Coran :* il n'est qu'une instruction pour l'univers.

91. Ceux-là n'apprécient point Dieu comme il le mérite, qui disent : Il n'a jamais rien révélé à l'homme. Dis-leur : Qui donc a révélé le livre que Moïse apporta pour être la lumière et le guide des hommes, ce livre que vous écrivez sur des feuillets, le livre que vous montrez et dont vous cachez une grande partie ? Vous avez appris (de *Muḥammad*) ce que vous ne saviez pas, non plus que vos pères. Dis-leur : C'est Dieu, et puis laisse-les se divertir par leurs frivoles discours.

92. C'est un livre que nous avons envoyé d'en haut, un livre béni, corrobant les Ecritures antérieures, afin que tu avertisses la mère des cités *(La Mecque)* et ses alentours. Ceux qui croient à la vie future croiront à ce livre et seront exacts observateurs de la prière.

93. Qui est plus méchant que celui qui invente des mensonges sur le compte de Dieu et qui dit : J'ai reçu une révélation, lorsque rien ne lui a été révélé; qui dit : Je ferai descendre un livre pareil à celui que Dieu a fait descendre ? Oh! si tu voyais les méchants dans les angoisses de la mort, lorsque les anges étendant leurs bras sur eux prononceront ces mots : Dépouillez-vous de vos âmes; aujourd'hui vous allez subir un supplice ignominieux pour prix de vos discours mensongers au sujet de Dieu et de vos dédains à l'égard de ses miracles.

94. Vous revenez à nous, dépouillés de tout, tels que nous vous créâmes la première fois; vous laissez derrière vous les biens que nous vous accordâmes, et nous ne voyons pas avec vous vos intercesseurs que vous avez regardés parmi vous comme compagnons de Dieu. Les liens qui vous unissaient sont rompus, et ceux que vous vous imaginiez *être les égaux de Dieu* ont disparu.

95. C'est Dieu qui sépare le fruit du noyau; il fait sortir le vivant de ce qui est mort, et la mort de ce qui est vivant. Tel est Dieu : pourquoi donc vous détournez-vous de lui ?

96. Il fait poindre l'aurore; il a établi la nuit pour le repos, et le soleil et la lune pour le comput des temps. Tel est l'arrêt du Sage, du Savant.

97. C'est lui qui a placé pour vous les étoiles *(dans le ciel),* afin que vous soyez dirigés dans les ténèbres sur la terre et les mers. Nous avons partout déployé des signes pour ceux qui comprennent.

98. C'est lui qui vous a produits d'un seul individu; vous avez un réceptacle *dans les reins de vos pères* et un dépôt *dans le sein*

de vos mères. Nous avons déployé des signes pour ceux qui comprennent.

99. C'est lui qui fait du ciel descendre l'eau. Par elle nous faisons pousser les germes de toutes les plantes; par elle nous produisons la verdure d'où sortent les grains disposés par séries, et les palmiers dont les branches donnent des grappes suspendues, et les jardins plantés de vignes, et les olives et les grenades qui se ressemblent et qui diffèrent les unes des autres. Jetez vos regards sur leurs fruits, considérez leur fructification et leur maturité. Certes dans tout ceci il y a des signes pour ceux qui comprennent.

100. Ils ont associé les génies à Dieu, à Dieu qui les a créés; dans leur ignorance ils lui inventent des fils et des filles. Loin de sa gloire ces blasphèmes! il est trop au-dessus de ce qu'ils lui attribuent.

101. Créateur du ciel et de la terre, comment aurait-il des enfants, lui qui n'a point de compagne, qui a créé toutes choses et qui connaît toutes choses ?

102. C'est Dieu, votre Seigneur; il n'y a point d'autre Dieu que lui. Créateur de toutes choses, adorez-le; il veille sur toutes choses.

103. La vue ne saurait l'atteindre; lui, il atteint la vue, le Subtil, l'Instruit.

104. La lumière vous est venue de la part de votre Seigneur. Quiconque voit voit à son profit; quiconque est aveugle l'est à son propre détriment. Moi, je ne suis point votre gardien.

105. C'est ainsi que nous expliquons les signes, afin que l'on dise : Tu l'as étudié avec assiduité, et afin que nous en instruisions ceux qui comprennent.

106. Suis ce qui t'a été révélé par ton Seigneur. Il n'y a point d'autre Dieu que lui; et éloigne-toi de ceux qui lui associent *(d'autres dieux)*.

107. Si Dieu voulait ils ne lui en associeraient point. Nous ne l'avons point chargé d'être leur gardien ni de veiller à leurs intérêts.

108. N'injurie point les divinités qu'ils invoquent à l'exclusion de Dieu, de peur qu'ils n'injurient Dieu dans leur ignorance. C'est ainsi que nous avons tracé à chaque peuple ses actions. Plus tard ils retourneront à leur Seigneur qui leur redira ce qu'ils faisaient.

109. Ils ont juré devant Dieu par le serment le plus solennel que s'il leur fait voir un miracle, ils y croiront. Dis : Dieu dispose à son gré des miracles, mais il ne veut pas vous faire entendre que si un miracle est opéré ils n'y croiront pas.

110. Nous détournerons leurs cœurs et leurs yeux de la vérité,

puisqu'ils n'ont point cru la première fois, et nous les laisserons errer confus dans leur égarement.

111. Quand même nous eussions fait descendre les anges, quand même les morts leur auraient parlé, quand même nous eussions rassemblé devant eux tout ce qui existe, ils n'auraient pas cru sans la volonté de Dieu; mais la plupart d'entre eux ignorent cette vérité.

112. C'est ainsi que nous avons suscité un ennemi aux prophètes; parmi les tentateurs des hommes et des génies, les uns suggèrent aux autres le clinquant des discours éblouissants. Si Dieu l'avait voulu, ils ne l'auraient pas fait. Eloigne-toi d'eux et de ce qu'ils inventent.

113. Laisse les cœurs de ceux qui ne croient pas à la vie future s'arrêter sur ce sentiment et s'y complaire; laisse-les gagner ce qu'ils gagnent.

114. Chercherai-je un autre juge que Dieu, ce Dieu qui vous a fait descendre le Coran par portions ? Ceux à qui nous avons donné les Ecritures savent bien qu'il a été véritablement envoyé de Dieu. Ne sois donc point de ceux qui doutent.

115. Les paroles de ton Seigneur sont le comble de la vérité et de la justice. Nul ne peut changer ses paroles. Il entend et sait tout.

116. Si tu suis le plus grand nombre de ceux qui habitent la terre, ils t'égareront du sentier de Dieu. Ils ne suivent que des opinions et ne sont que des menteurs.

117. Dieu, ton Seigneur, connaît celui qui s'égare de son chemin, et il connaît ceux qui sont dirigés dans la droite voie.

118. Mangez toute nourriture sur laquelle a été prononcé le nom de Dieu, si vous croyez à ses enseignements.

119. Et pourquoi ne mangeriez-vous pas la nourriture sur laquelle a été prononcé le nom de Dieu, s'il vous a déjà énuméré ce qu'il vous interdit, sauf les cas où vous êtes contraints par la nécessité ? Le plus grand nombre des hommes égarent les autres par leurs passions et par ignorance. Mais Dieu connaît les transgresseurs.

120. Abandonnez les dehors et le dedans du péché, car ceux qui travaillent au péché seront rétribués selon ce qu'ils ont gagné.

121. Ne mangez point de nourritures sur lesquelles le nom de Dieu n'a pas été prononcé : c'est un crime. Les tentateurs exciteront leurs clients à disputer avec vous *là-dessus*. Si vous les écoutez, vous deviendrez idolâtres.

122. Celui qui était mort et à qui nous avons donné la vie, à qui nous avons donné la lumière pour marcher parmi les hommes, sera-t-il semblable à celui qui marche dans les ténèbres

et n'en sortira point ? C'est ainsi que les actions des infidèles ont été préparées d'avance.

123. C'est ainsi que dans chaque cité nous avons fait des grands les criminels de cette même cité; ils agissent avec fraude, mais ils ne trahiront qu'eux-mêmes, et ils ne le savent pas.

124. Lorsqu'un miracle leur apparaît, ils disent : Nous ne croirons pas tant que nous ne verrons pas un miracle pareil à ceux qui ont été accordés aux prophètes de Dieu. Dieu sait mieux où il doit placer sa mission. La honte devant Dieu, et le châtiment terrible atteindra les criminels pour prix de leurs fourberies.

125. Dieu ouvrira pour l'islam le cœur de celui qu'il voudra diriger; il rendra resserré, étroit, et comme s'efforçant à s'élever en l'air, le cœur de celui qu'il voudra égarer. Telle est la punition dont Dieu atteindra ceux qui ne croient pas.

126. C'est le chemin de Dieu, le chemin droit. Nous avons déjà expliqué en détail les enseignements à ceux qui réfléchissent.

127. Une demeure de paix leur est réservée près de Dieu; il sera leur protecteur, en récompense de leurs œuvres.

128. Au jour où il les rassemblera tous, il dira aux génies : Assemblée de génies! vous avez trop abusé des hommes. Seigneur, diront leurs clients parmi les hommes, nous nous rendions les uns aux autres des services réciproques. Nous voici parvenus au terme que tu nous as fixé. Le feu sera votre demeure, reprit Dieu; vous y resterez éternellement. A moins qu'il ne plaise autrement à Dieu; car il est sage et savant.

129. C'est ainsi que parmi les méchants nous donnons les uns comme chefs aux autres, pour prix de leurs œuvres.

130. O assemblée d'hommes et de génies! n'avez-vous pas eu des apôtres choisis parmi vous qui vous répétaient nos enseignements, qui vous avertissaient de la comparution de ce jour ? Ils répondront : Nous l'avouons à notre perte. La vie de ce monde les a aveuglés, et ils déposeront qu'eux-mêmes ont été incrédules.

131. Cela fut ainsi afin que Dieu n'anéantît pas les cités par tyrannie et sans qu'elles s'y attendissent.

132. Toute âme occupera un degré correspondant à ses œuvres. Ton Seigneur n'est point inattentif à ce qu'elles font.

133. Ton Seigneur est riche, plein de pitié; s'il voulait, il vous ferait disparaître, et vous remplacerait par tels autres peuples qu'il voudrait, de même qu'il vous a fait sortir des générations passées.

134. Ce dont on vous menace aura lieu et vous ne saurez l'annuler.

135. Dis-leur : O mon peuple! agis selon tes forces, moi j'agirai aussi. — Vous apprendrez

136. A qui écherra la demeure éternelle du paradis. Dieu ne fera point prospérer les méchants.

137. Ils destinent à Dieu une portion de ce qu'il a fait naître dans leurs récoltes et dans leur bétail, et disent : Ceci est à Dieu (à Dieu selon leur invention), et ceci aux compagnons, que nous lui donnons. Mais ce qui était destiné à leurs compagnons n'arrivera jamais à Dieu, et ce qui était distribué à Dieu arrivera à leurs compagnons. Que leurs jugements sont faux !

138. C'est ainsi que parmi un grand nombre des associants, leurs compagnons les ont amenés à tuer leurs enfants, pour les perdre et pour embrouiller leur religion. Si Dieu l'avait voulu, ils n'auraient jamais agi ainsi ; mais laisse-les faire et éloigne-toi de ce qu'ils inventent.

139. Ils disent : Tels animaux et telles récoltes sont défendus ; nul autre que ceux que nous voulons (c'est ainsi qu'ils ont imaginé) ne doit s'en nourrir. Tels animaux doivent être exempts de porter les fardeaux. Ils ne prononcent pas le nom de Dieu *en les égorgeant ;* ils inventent tout cela sur le compte de Dieu. Il les rétribuera de leurs inventions.

140. Ils disent : Le petit de tels animaux sera licite pour nos enfants mâles ; il sera défendu à nos femmes. Mais si le fœtus est avorté, ils sont tous de compagnie à le manger. Dieu les récompensera de leurs distinctions. Il est savant et sage.

141. Ils sont perdus, ceux qui tuent leurs enfants par folie, par ignorance, ceux qui défendent les aliments accordés de Dieu, par pure invention sur son compte. Ils sont égarés, ils ne sont point sur le chemin droit.

142. C'est lui qui a créé les jardins de vignes supportés par des treillis et ceux qui ne le sont pas, qui a créé les palmiers et les blés produisant des fruits variés, les olives et les grenades qui se ressemblent et diffèrent entre elles. Il a dit : Nourrissez-vous de leurs fruits et acquittez ce qui est dû au jour de la moisson ; évitez la prodigalité, car Dieu n'aime point les prodigues.

143. Parmi les animaux, les uns sont faits pour porter des fardeaux, les autres pour être égorgés. Nourrissez-vous de ce que Dieu vous a accordé, et ne suivez pas les traces de Satan, car il est votre ennemi déclaré.

144. Il y a huit pièces de bétail, savoir : deux brebis et deux chèvres. Demande-leur : Est-ce les mâles qui sont défendus ou bien les femelles, ou bien ce que renferment les entrailles des femelles ? Instruisez-moi, si vous êtes sincères.

145. De plus deux chameaux et deux bœufs. Demande-leur : Est-ce les mâles qui sont défendus ou bien les femelles, ou bien ce que renferment les entrailles des femelles ? Etiez-vous présents quand Dieu vous a prescrit tout cela ? Et qui est plus méchant

que celui qui, par ignorance, invente un mensonge sur le compte de Dieu pour égarer les hommes ? Dieu ne dirige point les méchants.

146. Dis-leur : Je ne trouve, dans ce qui m'a été révélé, d'autre défense, relativement à la nourriture, que les animaux morts, le sang qui a coulé et la chair de porc; car c'est une abomination, une nourriture profane sur laquelle fut invoqué un autre nom que celui de Dieu. Si quelqu'un y est contraint, que ce soit par le besoin, et non pas par l'appétit sensuel ou comme transgresseur; certes, Dieu est indulgent et miséricordieux.

147. Pour les juifs, nous leur avons interdit tous les animaux qui n'ont pas la corne du pied fendue; nous leur avons également défendu la graisse des bœufs et des moutons, excepté celle du dos et des entrailles, et celle qui est mêlée avec des os. C'est pour les punir de leurs iniquités. Nous sommes équitables.

148. S'ils t'accusent d'imposture, dis-leur : Votre Seigneur est d'une miséricorde immense, mais sa colère ne saurait être détournée des criminels.

149. Ceux qui associent *(d'autres personnes à Dieu)* diront : Si Dieu l'avait voulu, ni nous ni nos pères ne lui aurions associé *(d'autres personnes);* nous n'aurions point interdit l'usage d'aucune chose. C'est ainsi que ceux qui les ont précédés accusaient d'imposture *d'autres apôtres* jusqu'au moment où ils éprouvèrent notre colère. Dis-leur : Si vous en avez quelque connaissance, faites-la voir. Mais vous ne suivez que des opinions et vous n'êtes que des menteurs.

150. Dis : A Dieu seul appartient l'argument démonstratif. S'il avait voulu, il vous aurait dirigés tous dans le chemin droit.

151. Dis-leur : Faites venir vos témoins qui attestent que Dieu a défendu ces animaux. S'ils prêtent ce témoignage, toi, ne témoigne pas avec eux, et ne recherche point l'affection de ceux qui traitent nos signes de mensonges, qui ne croient pas à la vie future, et qui donnent des égaux à leur Seigneur.

152. Dis-leur : Venez, et je vais vous lire ce que votre Seigneur vous a défendu : Ne lui associez aucun être; traitez vos pères et mères avec générosité; ne tuez point vos enfants à cause de l'indigence : nous vous donnerons de quoi vivre ainsi qu'à eux; soyez éloignés aussi bien des dehors que de l'intérieur des turpitudes; ne tuez point les hommes, car Dieu vous l'a défendu, excepté si la justice l'exige. Voilà ce que Dieu vous recommande, pour que vous compreniez enfin.

153. Ne touchez point au bien de l'orphelin, à moins que ce ne soit avec des procédés qui lui seraient avantageux, et ce jusqu'à l'âge de puberté. Remplissez la mesure, et pesez au poids juste. Nous n'imposerons à aucune âme que ce qu'elle

peut supporter. Quand vous prononcez un jugement, prononcez-le avec justice, dût-ce être à l'égard d'un parent. Soyez fidèles à l'alliance du Seigneur. Voici ce que Dieu vous a recommandé; afin que vous y réfléchissiez.

154. Ceci est mon sentier. Il est droit. Suivez-le, et ne suivez point plusieurs sentiers, de peur que vous ne soyez détournés de celui de Dieu. Voici ce que Dieu vous recommande, afin que vous le craigniez.

155. Nous avons donné le livre à Moïse, livre complet, pour celui qui fait le bien, une distinction détaillée en toute matière, livre destiné à servir de direction et de preuve de la miséricorde, afin qu'ils (les juifs) croient à la comparution devant leur Seigneur.

156. Et ce Coran que nous avons fait descendre est un livre béni; suivez-le, et craignez Dieu, afin que vous éprouviez sa miséricorde.

157. Vous ne direz plus : Deux peuples ont reçu avant nous les Ecritures, et nous avons négligé de les étudier.

158. Vous ne direz plus : Si l'on nous eût envoyé un livre, nous aurions été mieux dirigés qu'eux. Une déclaration patente est cependant venue vers vous de la part de votre Seigneur; elle est la direction et la preuve de la miséricorde divine. Et qui est plus méchant que celui qui traite de mensonges les signes de Dieu, et qui s'en détourne ? Nous punirons ceux qui se détournent de nos signes, d'un supplice douloureux, parce qu'ils se sont détournés de nos signes.

159. Attendent-ils que les anges viennent, ou que Dieu vienne lui-même, ou qu'un signe d'entre les signes de ton Seigneur vienne vers eux ? Le jour où un signe d'entre les signes de ton Seigneur viendra vers eux, la foi ne profitera plus à l'âme qui n'aura pas cru auparavant, ou qui, dans sa foi, n'aura fait aucune bonne œuvre. Dis-leur : Si vous attendez, nous attendrons aussi.

160. Tu ne seras point de ceux qui scindent leur foi et qui se partagent en sectes. Leur affaire concernera Dieu, qui leur répétera ce qu'ils ont fait.

161. Quiconque a fait une bonne œuvre en recevra la récompense décuple; celui qui a commis une mauvaise action en recevra un prix équivalent. Ils ne seront point opprimés.

162. Dis-leur : Le Seigneur m'a conduit dans le sentier droit, dans une religion droite, dans la croyance d'Abraham, qui était orthodoxe et qui n'associait point.

163. Dis : Ma prière et mes dévotions, ma vie et ma mort, appartiennent à Dieu, Seigneur de l'univers, qui n'a point de compagnon. Ceci m'a été ordonné, et je suis le premier des musulmans.

164. Désirerais-je avoir pour Seigneur un autre que Dieu, qui est le Seigneur de toutes choses ? Toute âme ne fait des œuvres qu'en son propre compte; aucune ne portera le fardeau d'une autre. Vous retournerez à votre Seigneur, qui déclarera ce sur quoi vous étiez en désaccord les uns avec les autres.

165. C'est lui qui vous a établis sur la terre, pour remplacer vos devanciers; il assigna aux uns des degrés plus élevés qu'aux autres, afin de vous éprouver par cela même qu'il vous donne. Votre Seigneur est prompt dans ses châtiments, mais il est indulgent et miséricordieux.

SOURATE VII

AL-A'RÂF

Donnée à La Mecque. — 204 versets.

Au nom de Dieu clément et miséricordieux.

1. A. L. M. S. Un livre t'a été envoyé (et qu'aucun doute ne s'élève dans ton cœur), afin que tu avertisses par lui et qu'il serve d'admonition aux croyants.

2. Suivez la loi qui vous est venue de votre Seigneur, et ne suivez point d'autres patrons que lui. Oh, que vous y pensez peu!

3. Que de villes nous avons détruites! Notre colère les a surprises, les unes dans la nuit, d'autres à la clarté du jour.

4. Quel était leur cri au moment où notre colère les a surpris? Ils criaient : Oui! nous avons été impies.

5. Nous demanderons compte aux peuples à qui nous avons envoyé des prophètes; nous demanderons compte aux prophètes même.

6. Nous leurs raconterons leurs propres actions avec connaissance parfaite; car nous n'étions point absents.

7. Ce jour-là, la balance sera tenue avec équité; ceux qui feront pencher la balance seront bien heureux.

8. Ceux qui n'auront pas fourni le poids auront perdu leurs âmes, parce qu'ils ont été injustes envers nos enseignements.

9. Nous vous avons établis sur la terre, nous vous y avons donné la nourriture. Combien peu vous êtes reconnaissants!

10. Nous vous créâmes et nous vous donnâmes la forme, puis nous dîmes aux anges : Inclinez-vous devant Adam; et ils s'inclinèrent, excepté Eblis qui n'était point de ceux qui s'inclinèrent.

11. Dieu lui dit : Qu'est-ce qui te défend de t'incliner devant lui, quand je te l'ordonne? Je vaux mieux que lui, dit Eblis; tu m'as créé de feu et lui, tu l'as créé de limon.

12. Sors d'ici, lui dit le Seigneur, il ne te sied pas de t'enfler d'orgueil dans ces lieux. Sors d'ici, tu seras au nombre des méprisables.

13. — Donne-moi du répit jusqu'au jour où les hommes seront ressuscités.

14. — Tu l'as, reprit le Seigneur.

15. Et parce que tu m'as égaré, reprit Eblis, je les guetterai dans ton sentier droit.

16. Puis, je les assaillirai par devant et par derrière; je me présenterai à leur droite et à leur gauche. La plupart d'entre eux ne te seront point reconnaissants.

17. Sors d'ici, lui dit le Seigneur, couvert d'opprobre et repoussé au loin, et qui te suivra... je remplirai l'enfer de vous tous.

18. Toi, Adam, habite avec ton épouse le jardin, et mangez de ses fruits partout où vous voudrez; seulement n'approchez point de l'arbre que voici, de peur que vous ne deveniez coupables.

19. Satan mit en œuvre ses suggestions pour leur montrer leur nudité qui leur était cachée. Il leur dit : Dieu ne vous interdit cet arbre qu'afin que vous ne deveniez pas deux anges, et que vous ne soyez immortels.

20. Il leur jura qu'il était leur conseiller fidèle.

21. Il les séduisit en les aveuglant; et lorsqu'ils eurent goûté de l'arbre, leur nudité leur apparut, et ils se mirent à la couvrir de feuilles du jardin. Le Seigneur leur cria alors : Ne vous ai-je point défendu cet arbre ? ne vous ai-je point dit que Satan est votre ennemi déclaré ?

22. Adam et Eve répondirent : O notre Seigneur! nous sommes coupables, et si tu ne nous pardonnes pas, si tu n'as pas pitié de nous, nous sommes perdus.

23. Descendez, leur dit Dieu, vous serez ennemis l'un de l'autre. Vous trouverez sur la terre un séjour et une jouissance temporaires.

24. Vous y vivrez et vous y mourrez, et vous en sortirez un jour.

25. O enfants d'Adam! nous vous avons envoyé des vêtements pour couvrir votre nudité, et des ornements précieux; mais le vêtement de la piété vaut encore mieux. Tels sont les enseignements de Dieu : peut-être les hommes les méditeront-ils.

26. O enfants d'Adam! que Satan ne vous séduise pas comme il a séduit vos pères, qu'il a fait sortir du jardin, il leur ôta leur vêtement pour leur faire voir leur nudité. Lui et ses suppôts vous voient d'où vous ne les voyez pas. Nous les avons donnés pour patrons à ceux qui ne croient pas.

27. Quand les pervers ont commis quelque action abjecte, ils disent : Nous l'avons vu pratiquer par nos pères, c'est Dieu qui le commande. Dis-leur : Dieu n'ordonne point d'actions abjectes; allez-vous dire de Dieu ce que vous ne savez pas ?

28. Dis-leur : Mon Seigneur ordonne l'équité. Tournez vos

fronts vers le lieu où on l'adore; invoquez-le, sincères dans votre culte. De même qu'il vous a fait sortir du néant, il vous ramènera chez lui. Il dirige les uns d'entre vous et laisse les autres dans l'égarement. Ceux-ci ont pris les suppôts de Satan pour leurs patrons plutôt que Dieu, et ils se croient dans le chemin droit.

29. O enfants d'Adam! mettez vos plus beaux habits quand vous allez au temple. Mangez et buvez, mais sans excès, car Dieu n'aime point ceux qui commettent des excès.

30. Dis-leur : Qui peut défendre de se parer d'ornements que Dieu produit pour ses serviteurs, ou de se nourrir d'aliments délicieux qu'il leur accorde ? Ces biens appartiennent aux fidèles dans ce monde, mais surtout au jour de la résurrection. C'est ainsi que Dieu explique ses enseignements à ceux qui savent.

31. Dis-leur : Dieu a défendu toute turpitude ouverte ou secrète; il a défendu l'iniquité et la violence injuste. Il a défendu de lui associer quelque être que ce soit; il ne vous a donné aucun pouvoir à ce sujet, et il vous a défendu de dire de lui ce que vous ne savez pas.

32. Chaque nation a son terme. Quand leur terme est arrivé, les hommes ne sauraient ni le reculer ni l'avancer.

33. O enfants d'Adam! il s'élèvera au milieu de vous des apôtres. Ils vous réciteront mes enseignements. Quiconque craint le Seigneur et pratique la vertu sera à l'abri de toute crainte et ne sera point attristé.

34. Ceux qui traitent mes signes de mensonges, ceux qui les dédaignent, seront livrés au feu et y demeureront éternellement.

35. Qui est plus impie que celui qui forge des mensonges sur le compte de Dieu ou qui traite ses enseignements d'imposture ? A ces hommes une part des biens de ce monde, conformément au livre éternel, sera accordée jusqu'au moment où nos envoyés, en leur ôtant la vie, leur demanderont : Où sont les idoles que vous invoquiez à l'exclusion de Dieu ? Ils répondront : Elles sont disparues; et ils témoigneront ainsi eux-mêmes qu'ils étaient infidèles.

36. Dieu leur dira : Entrez dans le feu pour rejoindre les générations des hommes et des génies qui ont disparu avant vous. Toutes les fois qu'une nouvelle génération y entre, elle maudit sa sœur jusqu'au moment où elles seront toutes réunies ensemble; la dernière dira alors en montrant la première : Seigneur, voilà ceux qui nous ont égarés; inflige-leur un double châtiment du feu, et Dieu leur dira : Le double sera pour vous tous; mais vous l'ignorez.

37. Et la première dira à la dernière : Quel avantage avez-vous sur nous ? Goûtez le châtiment que vous ont valu vos œuvres.

38. Certes, ceux qui ont traité nos enseignements de mensonges et qui les ont dédaignés, les portes du ciel ne s'ouvriront point pour eux; ils n'entreront au paradis que quand un chameau passera par le trou d'une aiguille. C'est ainsi que nous récompenserons les criminels.

39. La géhenne sera leur lit, et au-dessus d'eux les couvertures du feu. C'est ainsi que nous récompenserons les impies.

40. Nous n'imposerons point de charges au-dessus de leurs forces à ceux qui auront cru et pratiqué les bonnes œuvres. Ils seront en possession du paradis, où ils demeureront éternellement.

41. Nous ôterons tout ressentiment de leurs cœurs. Les fleuves couleront sous leurs pas, et ils s'écrieront : Gloire à Dieu qui nous a conduits en ces lieux! Certes, nous nous serions égarés, si Dieu ne nous avait pas conduits. Les apôtres de notre Seigneur nous avaient bien annoncé vrai. Une voix leur fera entendre ces paroles : Voici le paradis que vous avez gagné par vos œuvres.

42. Et les habitants du jardin crieront aux habitants du feu : Nous avons éprouvé la vérité des promesses de votre Seigneur, et vous, l'avez-vous éprouvée ? Et ils répondront : Oui! Un héraut qui crie parmi eux criera ces paroles : Malédiction de Dieu sur les impies;

43. Sur ceux qui détournaient les autres du sentier de Dieu, qui voulaient le rendre tortueux, et qui ne croyaient pas à la vie future!

44. Un voile sépare les bienheureux des réprouvés. Sur l'Alaraf [1], se tiendront les hommes qui connaîtront chacun à sa marque distinctive; ils diront aux habitants du paradis : La paix soit avec vous! Les réprouvés n'y entreront pas, bien qu'ils le désirent ardemment.

45. Et lorsque leurs regards se tourneront vers les habitants du feu, ils s'écrieront : O notre Seigneur! ne nous place pas avec les pervers.

46. Ceux qui se tiendront sur l'Alaraf crieront aux hommes qu'ils reconnaîtront à leurs marques distinctives : A quoi vous ont servi vos richesses amassées et votre orgueil ?

47. Sont-ce là les hommes dont vous avez juré qu'ils n'obtiendront jamais la miséricorde de Dieu ? Entrez dans le paradis, vous serez à l'abri de toute crainte et vous ne serez point attristés.

1. *Alaraf* est, d'après les commentateurs, un rempart qui sépare le paradis de l'enfer.

48. Les habitants du feu crieront aux habitants du paradis : Répandez sur nous un peu d'eau ou un peu de ces délices que Dieu vous a accordées. Dieu, répondront ceux-là, a interdit l'un et l'autre aux infidèles,

49. Qui ont fait de la religion leur jouet et l'objet de leurs railleries, que la vie du monde a rendus aveugles. Nous les oublions aujourd'hui comme ils ont oublié le jour de leur comparution, et parce qu'ils niaient la vérité de nos signes.

50. Nous leur avons cependant apporté un livre, et nous l'avons expliqué avec science, afin qu'il fût la règle et la preuve de la miséricorde à ceux qui auront cru.

51. Attendent-ils encore son interprétation ? Le jour où son interprétation sera arrivée, ceux qui l'auront négligée dans le monde s'écrieront : Les apôtres de Dieu nous enseignaient bien la vérité. Ne trouverons-nous pas quelque intercesseur qui intercède pour nous, afin que nous puissions retourner sur la terre et que nous agissions autrement que nous ne l'avons fait ? Mais alors ils seront déjà perdus sans retour, et les divinités qu'ils avaient inventées auront disparu.

52. Votre Seigneur est ce Dieu qui créa les cieux et la terre en six jours et s'assit ensuite sur le trône ; il couvre la nuit avec le jour, qui, à son tour, la poursuit rapidement ; il créa le soleil et la lune et les étoiles, soumis par son ordre à certaines lois. La création et la suprême modération de tout ne lui appartiennent-elles pas ? Béni soit Dieu Seigneur de l'univers.

53. Invoquez Dieu avec humilité et en secret. Il n'aime point les transgresseurs.

54. Ne corrompez pas la terre quand elle a été rendue à un meilleur état ; invoquez Dieu par crainte et par désir, car la miséricorde de Dieu est proche de ceux qui font le bien.

55. C'est lui qui envoie les vents avant-coureurs de sa grâce. Nous leur faisons porter les nuages gros de pluie et nous les poussons vers le pays mort de sécheresse ; nous en faisons descendre l'eau, et par elle, nous faisons sortir tous les fruits. C'est ainsi que nous faisons sortir les morts de leurs tombeaux ; peut-être y serez-vous.

56. La bonne terre produit de bons fruits par la permission de Dieu ; la mauvaise terre n'en donne que de mauvais. C'est ainsi que nous varions nos signes pour les hommes qui rendent des actions de grâce.

57. Nous avons envoyé Noé vers son peuple. Il leur dit : O mon peuple ! adore Dieu. Pourquoi adorer d'autres divinités que lui ? Je crains pour vous le châtiment du grand jour.

58. Un grand nombre d'entre eux lui dit : Nous voyons que tu es dans une grossière erreur.

59. O mon peuple! je ne suis point dans l'erreur; je suis l'envoyé du Seigneur de l'univers.

60. Je vous annonce les commandements du Seigneur, et je vous donne des conseils salutaires. Je sais de Dieu ce que vous ne savez pas.

61. Vous étonnez-vous de ce que la parole de votre Seigneur vous arrive par un homme d'entre vous chargé de vous exhorter à craindre Dieu, afin que vous éprouviez sa miséricorde?

62. Mais ces hommes le traitèrent d'imposteur. Nous avons sauvé lui et ceux qui l'ont suivi dans un vaisseau, et nous avons noyé ceux qui ont traité nos signes de mensonges. C'était un peuple d'aveugles.

63. Nous avons envoyé son frère Houd aux peuplades d'Ad. Celui-ci leur disait de même : O mon peuple! adore Dieu, et n'adore point d'autres divinités que lui. Ne craignez-vous pas le Seigneur?

64. Un grand nombre des incrédules d'entre eux lui dit : Nous te voyons plongé dans la folie, et nous pensons que tu n'es qu'un imposteur.

65. O mon peuple! leur dit Ad, ce n'est point la folie; loin de là, je suis l'envoyé de Dieu Seigneur de l'univers.

66. Je vous annonce les commandements de Dieu; je suis votre conseiller sincère et fidèle.

67. Vous étonnez-vous de ce que la parole de votre Seigneur vous arrive par un d'entre vous chargé de vous exhorter? Rappelez-vous qu'il vous a fait succéder au peuple de Noé, qu'il vous a rendus puissants parmi les êtres. Souvenez-vous des bienfaits de Dieu, afin que vous soyez heureux.

68. Es-tu venu, lui dirent-ils, pour nous faire adorer un seul Dieu et abandonner les divinités de nos pères? Fais donc que tes menaces s'accomplissent, si tu es sincère.

69. Bientôt, reprit-il, la vengeance et la colère de Dieu vont fondre sur vous. Disputerez-vous avec moi sur les noms que vous et vos pères ont donnés aux divinités, au sujet desquelles Dieu ne vous a accordé aucun pouvoir? Attendez seulement, et moi j'attendrai aussi avec vous.

70. Par l'effet de notre miséricorde, nous sauvâmes Houd et ceux qui l'ont suivi, et nous exterminâmes jusqu'au dernier ceux qui avaient traité nos enseignements de mensonges et qui ne croyaient pas.

71. Nous avons envoyé vers les Thémudéens Saleh leur frère. Il leur dit : O mon peuple! adorez Dieu; pourquoi adoreriez-vous d'autres divinités que lui? Voici un signe évident de Dieu. Cette chamelle de Dieu est pour vous un signe : laissez-la paître dans

le champ de Dieu, ne lui faites aucun mal, de peur qu'un châtiment douloureux ne tombe sur vous.

72. Souvenez-vous que Dieu vous a fait succéder au peuple
d'Ad, qu'il vous a établis sur la terre, où, du milieu de ses plaines,
vous élevez des châteaux, où vous taillez des rochers en maisons.
Souvenez-vous des bienfaits du ciel, et ne vous répandez pas sur
la terre pour y causer du désordre.

73. Mais les puissants chefs des Thémudéens dirent à ceux
d'entre eux qu'ils regardaient comme faibles et qui avaient cru :
Etes-vous sûrs que Saleh soit envoyé par son Seigneur ? Nous
croyons, reprirent-ils, à sa mission.

74. Quant à nous, nous n'admettons pas ce en quoi vous
croyez.

75. Et ils coupèrent les jarrets de la chamelle, furent rebelles
aux commandements de Dieu, et dirent ensuite à Saleh : Fais
donc que tes menaces s'accomplissent, si tu es réellement apôtre.

76. Alors une commotion violente les surprit, et le lendemain
les trouva morts et gisant dans leurs maisons.

77. Saleh les laissa, en disant : Je vous ai annoncé l'avertissement de Dieu et je vous ai donné des conseils, mais vous n'aimez
point ceux qui vous donnent des conseils.

78. Nous avons aussi envoyé Loth vers les siens. Il leur dit :
Commettrez-vous des turpitudes qu'aucun peuple n'a jamais
commises avant vous ? Abuserez-vous des hommes au lieu de
femmes pour assouvir vos appétits charnels ? En vérité, vous
êtes un peuple livré aux excès.

79. Et quelle fut la réponse du peuple de Loth ? Ils se dirent
les uns aux autres : Chassez-le de votre ville. Ce sont des gens qui
se piquent d'être chastes.

80. Nous sauvâmes Loth et sa famille, excepté sa femme qui
demeura en arrière.

81. Nous fîmes pleuvoir sur eux une pluie... Regarde quelle a
été la fin des coupables.

82. Nous avons envoyé vers les Madianites Choaïb leur frère,
qui leur dit : O mon peuple! adore Dieu; pourquoi adorerais-tu
d'autres divinités que lui ? Un signe évident du ciel vous a paru.
Observez rigoureusement la mesure et le poids; n'enlevez point
aux hommes leur dû, ne propagez point la destruction sur la
terre après qu'elle a été rendue à l'ordre. Cela vous sera plus
avantageux, si vous êtes croyants.

83. Ne vous mettez pas en embuscade à tout sentier, et ne
détournez point de la voie de Dieu ceux qui croient en lui; vous
voulez la rendre tortueuse. Rappelez-vous que vous n'étiez qu'un
petit nombre, et qu'il vous a multipliés. Voyez plutôt quelle a
été la fin des méchants.

84. Si une partie de vous croit à ma mission, tandis que l'autre la rejette, prenez patience, et attendez que Dieu juge entre nous. Il est le meilleur des juges.

85. Les chefs du peuple enflés d'orgueil dirent à Choaïb : O Choaïb! nous te chasserons de notre ville, ainsi que ceux qui ont cru avec toi, ou bien revenez à notre religion. — Comment ? nous qui avons de l'aversion pour elle,

86. Nous serions coupables d'avoir inventé des mensonges au sujet de Dieu, si nous revenions à votre religion après que Dieu nous en a délivrés une fois. Comment pourrions-nous revenir à elle autrement que par la volonté de Dieu, qui embrasse tout dans sa science ? Nous avons mis notre confiance en Dieu. Seigneur, décide entre nous, car tu es le plus habile parmi ceux qui décident.

87. Les chefs d'entre ceux qui n'ont point cru dirent au peuple. Si vous suivez Choaïb, vous périrez.

88. Un tremblement de terre violent les surprit, et le lendemain on les trouva morts, gisant dans leurs maisons.

89. Ceux qui traitèrent Choaïb d'imposteur disparurent, comme s'ils n'avaient pas habité ces pays-là; ceux qui traitèrent Choaïb d'imposteur sont perdus.

90. Choaïb s'éloigna en disant : O mon peuple! je vous prêchai les commandements de Dieu, et je vous donnai des conseils salutaires. Mais pourquoi m'affligerais-je du sort des infidèles ?

91. Nous n'avons jamais envoyé d'apôtres vers une ville sans visiter ses habitants par l'adversité et les calamités, afin qu'ils s'humilient.

92. Ensuite nous échangeâmes la prospérité contre les malheurs, au point qu'ils disaient, oublieux de tout : Le bonheur et le malheur visitaient aussi nos pères. Puis soudain nous les saisîmes de châtiments, au moment où ils n'y songeaient pas.

93. Si le peuple des villes avait voulu croire et craindre Dieu, nous lui aurions ouvert les bénédictions du ciel et de la terre; mais ils ont accusé nos apôtres d'imposture, et nous les avons châtiés de leurs œuvres.

94. Les habitants des villes ont-ils été sûrs que notre colère ne les surprendra pas dans la nuit, pendant qu'ils dormiront ?

95. Les habitants des villes ont-ils été sûrs que notre colère ne les surprendra pas à la clarté du jour, pendant qu'ils se livreront aux divertissements ?

96. Se croyaient-ils à l'abri des stratagèmes de Dieu ? Et qui donc se croira à l'abri des stratagèmes de Dieu, excepté le peuple condamné à la perdition ?

97. N'est-il pas encore prouvé aux yeux de ceux qui ont hérité de la terre après ses anciens habitants que si nous voulions, nous

les châtierions de leurs péchés ? Nous imprimerons un sceau sur leurs cœurs, et ils n'entendront rien

98. Nous allons te raconter quelques histoires de ces villes. Des prophètes s'y élevèrent et firent voir des miracles; mais ces peuples ne croyaient point à ce qu'ils avaient précédemment taxé de mensonge. C'est ainsi que Dieu imprime le sceau sur les cœurs des incrédules.

99. Nous n'avons trouvé, chez la plupart, aucune fidélité à l'alliance; le plus grand nombre étaient des pervers.

100. A la suite de ces prophètes, nous envoyâmes Moïse, armé de nos signes, vers Pharaon et les grands de son peuple. Ils ont agi avec iniquité. Tu verras quelle a été la fin des méchants.

101. Moïse dit à Pharaon : Je suis l'envoyé de Dieu, Seigneur de l'univers.

102. Il est juste que je ne dise de Dieu que la pure vérité. Je viens chez vous pour opérer un prodige éclatant; laisse partir avec moi les enfants d'Israël. Puisque tu es venu, dit Pharaon, pour opérer un prodige, fais-nous-le voir, si tu es véridique.

103. Moïse jeta sa baguette, et tout d'un coup elle se changea en serpent très distinctement.

104. Moïse tira sa main de son sein, et la voilà toute blanche aux yeux des spectateurs.

105. Les grands du peuple de Pharaon s'écrièrent : C'est un magicien habile!

106. Il veut vous faire sortir de votre pays, dit Pharaon, que jugez-vous qu'il faille faire ?

107. Ils répondirent : Retenez-le, ainsi que son frère, et envoyez dans toutes les villes des hommes qui réunissent,

108. Et qui t'amènent tous les habiles magiciens.

109. Les magiciens se réunirent chez Pharaon, et dirent : Sans doute, nous aurons une récompense si nous l'emportons sur lui ?

110. Oui, certes, et vous serez au nombre des plus favorisés.

111. Les magiciens demandèrent à Moïse : Est-ce toi qui jetteras le premier ou bien nous ?

112. Jetez les premiers, dit Moïse; et ils jetèrent et fascinèrent les regards des spectateurs et les épouvantèrent. C'était une magie surprenante.

113. Alors, nous nous révélâmes à Moïse : Jette ta baguette; et voici qu'elle dévore les autres baguettes changées en serpents.

114. La vérité brilla, et les opérations des magiciens s'évanouirent.

115. Ils furent vaincus et se retirèrent humiliés.

116. Les magiciens se prosternèrent adorant Dieu,

117. En disant : Nous croyons en Dieu, Seigneur de l'univers,

118. Seigneur de Moïse et d'Aaron.

119. Pharaon leur dit : Comment! vous devenez croyants avant que je vous en aie donné la permission. Vous avez concerté cette fourberie dans la ville pour en faire sortir les habitants. Bientôt vous verrez.

120. Je vous ferai couper les pieds et les mains alternativement, et ensuite, je vous ferai crucifier tous.

121. Ils répondirent : Nous devons tous retourner à notre Seigneur.

122. Tu veux te venger de nous, parce que nous avons cru aux miracles de Dieu. Seigneur! accorde-nous la constance, et fais que nous mourions dévoués à toi.

123. Les grands du royaume de Pharaon lui dirent : Laisseras-tu partir Moïse et sa nation, afin qu'ils ravagent ta terre, t'abandonnent toi et tes divinités ? Alors, répondit Pharaon, faisons mourir leurs enfants mâles, et n'épargnons que leurs filles; ainsi, nous aurons le dessus sur eux.

124. Moïse dit alors à son peuple : Implorez l'assistance de Dieu et attendez, car la terre est à Dieu, et il la donne en héritage à celui de ses serviteurs qu'il veut. La vie future sera la récompense de ceux qui craignent.

125. Nous étions opprimés avant toi, répondirent-ils, et nous le sommes encore. Dieu peut exterminer vos ennemis, reprit Moïse, et vous faire héritiers de leur terre, afin qu'il voie comment vous vous conduirez.

126. Déjà nous avons fait sentir aux peuples de Pharaon la stérilité et un déchet de denrées, afin qu'ils réfléchissent.

127. Quand ensuite nous leur avons accordé la prospérité, ils disaient : Voici ce qui nous est dû. Qu'un malheur leur arrive, ils l'attribuent au mauvais augure de Moïse et de ceux qui le suivent. Leur mauvaise fortune vient de Dieu, mais la plupart ne l'entendent guère.

128. Ils dirent à Moïse : Tu as beau nous apporter des miracles pour nous fasciner, nous ne te croirons pas.

129. Alors, nous envoyâmes contre eux l'inondation, les sauterelles, la vermine, les grenouilles et le sang, signes distincts; mais ils s'enflèrent d'orgueil, et ils demeurèrent criminels.

130. Chaque fois qu'une plaie leur arriva, ils dirent à Moïse : Invoque ton Dieu suivant l'alliance que tu as contractée avec lui, Si tu nous délivres de cette plaie, nous t'ajouterons foi, et nous laisserons partir avec toi les enfants d'Israël. Mais aussitôt que nous les eûmes délivrés de la plaie et que le terme indiqué fut expiré, ils violèrent leurs promesses.

131. Nous avons tiré vengeance de ce peuple, et nous l'avons noyé dans la mer, parce qu'ils ont traité de mensonges nos signes, et n'y ont prêté aucune attention.

132. Nous avons donné en héritage aux faibles les contrées orientales et les contrées occidentales de la terre sur lesquelles nous avons répandu nos bénédictions. Les magnifiques promesses de ton Seigneur aux enfants d'Israël se sont accomplies, parce qu'ils ont été constants. Nous avons détruit les ouvrages et les édifices de Pharaon et de son peuple.

133. Nous avons traversé la mer avec les enfants d'Israël, et ils trouvèrent dans le pays un peuple adorant leurs idoles. O Moïse, dirent les Israélites, fais-nous des dieux comme ces gens en ont. Vous êtes un peuple d'ignorants, répondit Moïse.

134. Le culte qu'ils professent est caduc et leurs actions sont vaines.

135. Chercherai-je pour vous une divinité autre que ce Dieu qui vous a élevés au-dessus de tous les peuples ?

136. Souvenez-vous que nous vous avons délivrés de la famille de Pharaon, qui vous accablait de maux, qui tuait vos enfants mâles et n'épargnait que vos filles. C'était une dure épreuve de la part de votre Seigneur.

137. Nous donnâmes à Moïse un rendez-vous pour trente nuits, et nous les complétâmes par dix autres nuits, en sorte que le temps de son entretien avec Dieu fut de quarante nuits. Moïse dit alors à son frère Aaron : Remplace-moi auprès de mon peuple, agis avec justice et ne suis point le sentier des méchants.

138. Lorsque Moïse arriva à l'heure indiquée et que Dieu lui eut parlé, il dit à Dieu : Seigneur, montre-toi à moi, afin que je te contemple. Tu ne me verras pas, reprit Dieu, regarde plutôt la montagne. Si elle reste immobile à sa place tu me verras. Et lorsque Dieu se manifesta sur la montagne, il la réduisit en poussière. Moïse tomba évanoui la face contre terre.

139. Revenu à lui, il s'écria : Gloire à toi. Je retourne à toi pénétré de repentir, et je suis le premier des croyants.

140. O Moïse, dit le Seigneur, je t'ai choisi de préférence à tous les hommes pour porter mes commandements et ma parole. Prends ce que je te donne et sois reconnaissant.

141. Nous avons tracé pour lui, sur des tables, des commandements sur toutes matières et des explications détaillées sur toutes choses. Emporte-les avec une ferme résolution, et commande à ton peuple de les observer de son mieux. Je vous montrerai le séjour des criminels.

142. J'écarterai de mes signes ceux qui s'enorgueilliront injustement sur la terre, qui, voyant mes miracles, n'y ajouteront aucune foi, et qui, voyant le chemin droit, ne le prendront point, mais qui, apercevant le chemin de l'égarement, s'y précipiteront aussitôt.

143. Il en sera ainsi, parce qu'ils ont traité mes signes de mensonges et n'y prêtaient aucune attention.

144. Les œuvres de ceux qui traitent mes signes de mensonges et qui ne croient point à la vie future seront vaines. Seraient-ils récompensés autrement qu'ils n'ont agi ?

145. Le peuple de Moïse prit, pendant son absence, pour objet de son culte, un veau corporel formé de ses ornements, et qui mugissait. Ne voyaient-ils pas qu'il ne pouvait pas leur parler ni les diriger dans le chemin droit ?

146. Ils prirent ce veau pour objet de leur culte, et ils agirent avec iniquité.

147. Et lorsqu'ils se furent repentis, et qu'ils eurent reconnu leur égarement, ils s'écrièrent : Si notre Seigneur n'a pas pitié de nous, et s'il ne nous pardonne nos péchés, nous sommes perdus.

148. Moïse revenu au milieu de son peuple, rempli de colère et de dépit, s'écria : Détestable action que celle que vous avez commise pendant mon absence! Voulez-vous hâter la vengeance de Dieu ? Il jeta les tables, saisit son frère par la tête et l'attira vers lui. O fils de ma mère! reprit Aaron, le peuple m'a ôté toute force : peu s'en est fallu qu'il ne m'ait tué; ne va pas réjouir mes ennemis en me punissant, et ne me mets pas au nombre des pervers.

149. Seigneur! s'écria Moïse, pardonne-moi et à mon frère; donne-nous une place dans ta miséricorde, car tu es le plus miséricordieux.

150. Ceux qui adorèrent le veau encourront sa colère et l'ignominie dans ce monde. C'est ainsi que nous rétribuerons ceux qui forgent des mensonges.

151. Ceux qui, après avoir commis une mauvaise action reviennent à Dieu et croient... Dieu sera pour eux indulgent et miséricordieux.

152. Lorsque le courroux de Moïse se calma, il ramassa les tables de la loi. Les caractères qui y étaient tracés renfermaient la direction et la grâce pour ceux qui redoutent leur Seigneur.

153. Moïse prit dans le peuple soixante et dix hommes pour les faire comparaître devant nous. Un violent tremblement de terre les frappa et les engloutit. Moïse s'écria : Seigneur! tu aurais pu les anéantir avant ce jour, et moi avec eux. Nous feras-tu périr tous à cause des crimes de quelques insensés ? Ce n'était qu'une de ces épreuves par lesquelles tu égares ou diriges ceux que tu veux. Tu es notre protecteur. Pardonne-nous nos fautes et aie pitié de nous; tu es le meilleur de ceux qui pardonnent.

154. Assigne-nous une belle portion dans ce monde et dans l'autre; nous sommes dans le chemin droit qui conduit à toi. Mon châtiment, reprit Dieu, tombera sur quiconque je voudrai;

ma miséricorde embrasse toutes choses; je la destine à ceux qui craignent, qui font l'aumône et qui croient en mes signes;

155. Qui suivent l'envoyé, le prophète illettré qu'ils trouveront indiqué dans leurs livres : dans le Pentateuque et dans l'Evangile; qui leur commande le bien et leur interdit le mal; qui leur permet l'usage des aliments excellents et leur défend les aliments impurs; qui allégera leurs fardeaux et ôtera les chaînes qui les accablaient; ceux qui croiront en lui, et qui l'assisteront, qui suivront la lumière descendue avec lui; ces hommes-là seront bienheureux.

156. Dis-leur : O hommes! je suis l'apôtre de Dieu envoyé vers vous tous;

157. De ce Dieu à qui les cieux et la terre appartiennent; il n'y a point d'autre Dieu que lui; il donne la vie et fait mourir. Croyez en Dieu et en son envoyé, le prophète illettré, qui croit, lui aussi, en Dieu et en sa parole. Suivez-le et vous serez dans le droit chemin.

158. Il y a dans le peuple de Moïse un certain nombre d'hommes qui prennent la vérité pour leur guide et qui pratiquent l'équité.

159. Nous avons partagé les Hébreux en douze tribus, formant autant de nations, et nous avons révélé à Moïse, implorant la pluie pour son peuple, ces paroles : Frappe le rocher de ta baguette; et le rocher se fendit en douze sources. Chaque tribu savait de laquelle elle devait boire. Puis, nous fîmes planer sur eux un nuage, et nous leur envoyâmes la manne et les cailles. Nourrissez-vous des délices que nous vous accordons. Ce n'est pas à nous qu'ils ont fait du mal; c'est à eux-mêmes.

160. On leur disait : Habitez cette ville et nourrissez-vous de ses produits tant qu'il vous plaira. Demandez l'absolution de vos péchés, et en entrant dans sa porte prosternez-vous pour adorer Dieu. Alors, nous vous pardonnerons vos péchés, et nous augmenterons les richesses de ceux qui font le bien.

161. Mais les méchants parmi eux ont substitué d'autres paroles à celles qui leur furent dites. Alors, nous envoyâmes contre eux un châtiment du ciel pour prix de leur méchanceté.

162. Interroge-les sur cette ville située sur le bord de la mer, dont les habitants transgressaient le sabbat, lorsque, le jour du sabbat, les poissons venaient paraître à la surface de l'eau et qu'ils disparaissaient les autres jours. C'est ainsi que nous les éprouvions, parce qu'ils étaient des prévaricateurs.

163. Une partie d'entre eux disait alors à ceux qui exhortaient les méchants : Pourquoi prêchez-vous un peuple que Dieu extermina ou châtiera d'un châtiment terrible ? — C'est pour nous disculper devant Dieu et afin qu'ils le craignent.

164. Et lorsque les méchants ont oublié ces exhortations, nous

sauvâmes ceux qui défendaient de faire le mal, et nous surprîmes les méchants par un châtiment terrible, pour prix de leur impiété.

165. Lorsqu'ils franchirent ce qu'on leur avait défendu de franchir, nous leur dîmes : Soyez changés en singes, repoussés de la communauté des hommes. Ton Seigneur déclara qu'avant le jour de la résurrection il enverra contre eux une nation qui leur fera éprouver des maux terribles, car ton Seigneur est prompt dans ses châtiments, mais il est indulgent et miséricordieux.

166. Nous les avons dispersés sur la terre, formant plusieurs peuples distincts. Il y en a qui sont vertueux, et d'autres qui ne le sont pas. Nous les avons éprouvés par le bien et par le mal, afin qu'ils reviennent à nous.

167. Après ceux-ci vinrent leurs successeurs; ils ont reçu l'héritage du livre (le Pentateuque). Ils reçoivent (à titre de corruption) les biens de ce monde, et disent : Cela nous sera pardonné; et puis, si on leur en offre de nouveaux, ils les reçoivent encore, comme si l'on n'avait point reçu d'eux l'alliance du livre, lorsqu'il leur fut dit : Ne dites que la vérité sur le compte de Dieu; vous, étudiez cependant le livre. Le séjour de l'autre monde a plus de valeur pour ceux qui craignent Dieu; (ne le comprendrez-vous pas ?)

168. Pour ceux qui s'attachent fermement au livre, qui observent la prière; car nous ne ferons point périr la récompense des justes.

169. Quand nous élevâmes la montagne de Sinaï comme un ombrage au-dessus de leurs têtes, ils croyaient qu'elle allait tomber sur eux; alors nous leur dîmes : Recevez ces tables que nous vous donnons, avec une ferme résolution de les observer, et souvenez-vous de ce qu'elles contiennent, afin que vous craigniez le Seigneur.

170. Souvenez-vous que Dieu tira un jour des reins des fils d'Adam tous leurs descendants, et leur fit rendre un témoignage contre eux. Il leur dit : Ne suis-je pas votre Seigneur ? Ils répondirent : Oui, nous l'attestons. Nous l'avons fait afin que vous ne disiez pas au jour de la résurrection : Nous l'avons ignoré.

171. Afin que vous ne disiez pas : Nos pères associaient d'autres divinités à Dieu avant nous; nous sommes leur postérité, nous perdras-tu pour les actions de ceux qui ont menti ?

172. C'est ainsi que nous expliquons nos enseignements; peut-être reviendront-ils à Dieu.

173. Récite-leur l'histoire de celui auquel nous avons fait voir un signe, et qui s'en détourna pour suivre Satan, et qui fut ainsi parmi les égarés [1].

_____

1. Il s'agit ici de Balaam, fils de Beor.

174. Or, si nous avions voulu, nous l'aurions élevé par ce miracle : mais il demeura attaché à la terre et suivit ses passions. Il ressemble au chien qui aboie quand tu le chasses, et qui aboie quand tu t'éloignes de lui. Voilà à quoi ressemblent ceux qui traitent nos signes de mensonges. Répète-leur ces histoires afin qu'ils réfléchissent.

175. C'est à quelque chose de mauvais que ressemblent ceux qui ont traité nos signes de mensonges, et c'est à eux-mêmes qu'ils font du mal.

176. Celui que Dieu dirige est bien dirigé, et celui qu'il égare est perdu.

177. Nous avons créé pour la géhenne un grand nombre de génies et d'hommes qui ont des cœurs avec lesquels ils ne comprennent rien, qui ont des yeux avec lesquels ils ne voient rien, qui ont des oreilles avec lesquelles ils n'entendent rien. Ils sont comme les brutes, ils s'égarent même plus que les brutes. Tels sont les hommes qui ne prêtent aucune attention.

178. Les plus beaux noms appartiennent à Dieu. Invoquez-le par ces noms, et éloignez-vous de ceux qui en détournent le sens. Ils recevront la récompense de leurs œuvres.

179. Il est, parmi ceux que nous avons créés, des hommes qui sont dans la droite voie et qui pratiquent l'équité.

180. Pour ceux qui traitent nos signes de mensonges, nous les anéantirons peu à peu et par des moyens qu'ils ne connaissent pas.

181. Je prolongerai leurs jouissances, car mes stratagèmes sont inébranlables.

182. Ne réfléchiront-ils pas que leur compagnon Muḥammad n'est point démoniaque, mais qu'il est un apôtre chargé d'avertir ouvertement ?

183. Que ne tournent-ils leurs regards vers le royaume des cieux et de la terre et sur toutes les choses que Dieu a créées, pour voir si leur terme n'approche pas ? Et en quel autre livre croiront-ils, eux qui ne croient pas au Coran ?

184. Celui que Dieu égarera ne trouvera plus de guide; il le laissera errant sans connaissance.

185. Ils te demanderont à quand est fixée l'arrivée de l'heure. Dis-leur : La connaissance en est réservée à Dieu seul. Personne ne saurait révéler son terme excepté lui. Elle pèse aux cieux comme à la terre [1], et elle n'arrivera qu'inopinément.

186. Ils te le demanderont comme si tu en avais la connaissance. Dis-leur : La connaissance en est chez Dieu; mais la plupart des hommes ignorent cette vérité.

1. Non seulement elle préoccupe la pensée des hommes, mais celle des anges aussi.

187. Dis-leur : Je n'ai aucun pouvoir soit de me procurer ce qui m'est utile, soit d'éloigner ce qui m'est nuisible, qu'autant que Dieu le veut. Si je connaissais les choses cachées, je deviendrais riche et aucun malheur ne pourrait m'atteindre. Mais je ne suis qu'un homme chargé d'annoncer et d'avertir pour ceux qui croient.

188. C'est lui qui vous a créés tous d'un seul homme, qui en a produit son épouse afin qu'il habitât avec elle; et lorsque l'homme eut cohabité avec elle, elle porta d'abord un fardeau léger et marchait sans peine; puis, lorsqu'il devint plus pesant, les deux époux adressèrent cette prière à Dieu leur Seigneur : Si tu nous donnes un fils bien conformé [1], nous te rendrons des actions de grâces.

189. Et lorsque Dieu leur eut donné un fils bien conformé, ils donnèrent des associés à Dieu en retour de ce qu'il leur avait accordé. Mais Dieu est trop élevé pour qu'on lui donne des associés.

190. Lui associeront-ils des divinités qui ne peuvent rien créer et qui sont créées elles-mêmes, qui ne peuvent les aider en rien, ni s'aider elles-mêmes ?

191. Si tu les appelles à la vraie religion, ils ne te suivront pas. Si vous les y appelez ou si vous restez muets, cela revient au même pour eux.

192. Ceux que vous invoquez à l'exclusion de Dieu sont ses serviteurs comme vous; priez-les donc pour eux pour voir s'ils vous exauceront, si vous êtes sincères.

193. Ont-ils des pieds pour marcher ? ont-ils des mains pour saisir quelque chose ? ont-ils des yeux pour voir ? ont-ils des oreilles pour entendre ? Dis-leur : Appelez vos compagnons, imaginez contre moi quelque ruse, et ne me donnez pas de répit. Je ne crains rien.

194. Car mon patron est Dieu, celui qui fait descendre le livre et qui protège les justes.

195. Mais ceux que vous invoquez, à l'exclusion de Dieu, ne peuvent vous porter aucun secours ni les aider eux-mêmes.

196. Si tu les appelles à la vraie religion, ils ne t'entendent pas; ils te regardent, mais ils ne voient rien.

197. Perçois le superflu, et prononce entre les parties avec équité, et fuis les ignorants.

198. Si une suggestion te vient de Satan, cherche un refuge auprès de Dieu, car il entend et sait tout.

199. Ceux qui craignent Dieu, lorsqu'un fantôme tentateur

---

1. Ceci a trait à une tradition d'après laquelle Satan prédisait à Eve enceinte qu'elle mettrait au monde une brute.

suscité par Satan leur apparaît, se souviennent de Dieu et deviennent aussitôt clairvoyants.

200. Leurs frères ne font que prolonger leur égarement et ne sauraient se préserver eux-mêmes.

201. Quand tu ne leur apportes pas un verset du Coran, ils te disent : Tu ne l'as donc pas encore trouvé. Dis-leur : Je ne fais que suivre ce qui m'est révélé par Dieu. Ce sont des preuves évidentes de la part de votre Seigneur, c'est une direction et une grâce de miséricorde envers ceux qui croient.

202. Quand on fait la lecture du Coran, soyez attentifs et écoutez-le en silence, afin que vous obteniez la miséricorde de Dieu.

203. Pense à Dieu dans l'intérieur de toi-même, avec humilité et crainte, sans ostentation de paroles, au matin et au soir, et ne sois pas négligent.

204. Ceux qui séjournent avec Dieu ne dédaignent pas de lui adresser la prière, ils célèbrent ses louanges et se prosternent devant lui.

SOURATE VIII

LE BUTIN

Donnée à Médine. — 76 versets.

Au nom de Dieu clément et miséricordieux.

1. Ils t'interrogeront au sujet du butin. Réponds-leur : Le butin appartient à Dieu et à son envoyé. Craignez le Seigneur. Cherchez à vous arranger à l'amiable entre vous, et obéissez à Dieu et à son envoyé, si vous êtes fidèles.

2. Les vrais croyants sont ceux dont les cœurs sont pénétrés de crainte lorsque le nom de Dieu est prononcé; dont la foi augmente à chaque lecture de ses enseignements, et qui ne mettent de confiance qu'en leur Seigneur;

3. Qui observent la prière et font l'aumône des biens que nous leur dispensons.

4. Ceux-là sont les vrais croyants; ils occuperont les degrés les plus élevés auprès de leur Seigneur; à eux son indulgence et ses bienfaits généreusement répartis;

5. Ainsi que Dieu *(l'a fait)* quand il t'obligea à quitter ta maison contre les vœux d'une partie des fidèles.

6. Ils se mirent à disputer avec toi sur la vérité dont l'évidence frappait leurs yeux, comme s'ils allaient être abreuvés de la mort, et qu'ils l'eussent vue de leurs yeux.

7. Lorsque le Seigneur vous dit : Une des deux nations vous sera livrée, vous désirâtes que ce fût celle qui était sans défense. Le Seigneur cependant a voulu prouver la vérité de ses paroles, et exterminer jusqu'au dernier des infidèles,

8. Pour établir la vérité et anéantir le mensonge, dussent les coupables en concevoir du dépit.

9. Lorsque vous implorâtes l'assistance du Très-Haut, il vous exauça. Je vous appuierai, dit-il, de dix mille anges se succédant sans intervalle.

10. Il vous fit cette promesse afin de porter dans vos cœurs la joie et la confiance. Tout secours vient de Dieu, car il est puissant et sage.

11. Souvenez-vous de ce moment où il vous enveloppa dans le sommeil de la sécurité et fit descendre l'eau du ciel pour vous

purifier et vous délivrer de l'abomination de Satan, pour lier vos cœurs par la foi et affermir vos pas.

12. Il dit alors aux anges : Je serai avec vous. Allez affermir les croyants. Moi, je jetterai la terreur dans le cœur des infidèles. Abattez leurs têtes et frappez les extrémités de leurs doigts.

13. Ils ont fait un schisme avec Dieu et son apôtre. Quiconque se séparera de Dieu et de son apôtre, Dieu lui fera éprouver combien il est terrible dans ses châtiments.

14. Telle est votre rétribution, souffrez-la; le feu est préparé pour les infidèles.

15. O croyants! lorsque vous rencontrez l'armée ennemie marchant en ordre, ne prenez pas la fuite.

16. Quiconque tournera le dos au jour du combat, à moins que ce ne soit pour revenir à la charge, ou pour se rallier, sera chargé de la colère de Dieu. Sa demeure sera l'enfer; quel affreux séjour!

17. Ce n'est pas vous qui les tuez, c'est Dieu. Quand tu lançais *(un trait)*, ce n'est pas toi qui le lançais, c'était Dieu, pour éprouver les fidèles par une belle épreuve; car Dieu entend et sait tout.

18. Dieu l'a fait parce qu'il met au néant les ruses des infidèles.

19. Vous avez désiré la victoire, ô infidèles, et la victoire a tourné contre vous. Si vous, vous cessez de nous combattre, cela vous sera plus avantageux. Si vous y revenez, nous y reviendrons aussi. Votre grand nombre ne vous servira à rien, car Dieu est avec les croyants.

20. O croyants! obéissez à Dieu et à son apôtre; ne vous en éloignez jamais. Vous l'avez entendu.

21. Ne ressemblez pas à ceux qui disent : Nous vous écoutons, et ils n'écoutent pas.

22. Il n'y a point d'animal plus vil auprès de Dieu que les sourds et les muets qui n'entendent rien.

23. Si Dieu leur eût connu quelque bonne disposition, il leur aurait donné l'ouïe; mais s'ils l'avaient, ils se détourneraient et s'éloigneraient de lui.

24. O croyants! répondez à l'appel de Dieu et du prophète quand il vous appelle à ce qui vous fait vivre, et sachez que Dieu se glisse entre l'homme et son cœur, et que vous serez un jour rassemblés autour de lui.

25. Redoutez la tentation : les injustes ne seront pas les seuls qu'elle atteindra, et sachez que Dieu est terrible dans ses châtiments.

26. Souvenez-vous que faibles et en petit nombre dans cette contrée vous craigniez d'être exterminés par vos ennemis; mais Dieu vous a donné un asile et protégés par son secours, et il a

pourvu à votre subsistance. Peut-être lui rendrez-vous des actions de grâces.

27. O croyants! gardez-vous de tromper Dieu et le Prophète. N'usez pas de fraude dans vos engagements, puisque vous êtes instruits.

28. Songez que vos richesses et vos enfants sont un sujet de tentation, et que la récompense que Dieu vous prépare est magnifique.

29. O croyants! si vous craignez le Seigneur, il vous séparera des méchants, il expiera vos fautes, il vous les pardonnera, car il est généreux dispensateur de grâces.

30. Quand les infidèles tramaient un complot contre toi, quand ils voulaient te saisir, te tuer ou te chasser, Dieu à son tour complota contre eux, et certes Dieu est le plus habile à nouer un complot.

31. Quand on leur relit nos enseignements, ils disent : Nous les avons déjà entendus. Il ne tiendrait qu'à nous d'en produire de semblables. Ce n'est qu'un tissu de rêveries des anciens.

32. Dieu tout-puissant! si le Coran est réellement la vérité, fais pleuvoir du ciel les pierres sur nos têtes; fais-nous éprouver quelque châtiment douloureux.

33. Dieu ne les punit pas, tant que tu es au milieu d'eux; il ne les punit pas non plus pendant qu'il implore leur pardon.

34. Mais rien n'empêchera Dieu de les châtier quand ils éloigneront les fidèles du temple sacré de La Mecque, quoiqu'ils n'en soient pas les gardiens, car les gardiens du temple sont ceux qui craignent Dieu; la plupart d'entre eux l'ignorent.

35. Leur prière à la maison sainte n'était qu'un sifflement et un battement de mains. Ils entendront ces mots : Goûtez la peine de votre impiété.

36. Les infidèles dépensent leurs richesses pour détourner les autres de la voie de Dieu; ils les dépenseront toutes. Un repentir amer en sera le fruit, et ils seront vaincus.

37. Les infidèles seront réunis dans l'enfer.

38. Dieu séparera le bon du méchant, il entassera les méchants les uns sur les autres, les liera en faisceau et les précipitera dans l'enfer.

39. Dis aux infidèles que s'ils mettent fin à leur impiété, Dieu leur pardonnera le passé; mais s'ils y retombent, ils ont devant eux l'exemple des anciens peuples.

40. Combattez-les jusqu'à ce que la sédition soit anéantie, et que toute croyance devienne celle de Dieu; s'ils mettent un terme à leurs impiétés : certes Dieu voit tout.

41. S'ils nous tournent le dos, sachez que Dieu est votre protecteur; quel protecteur, et quel défenseur!

42. Sachez que lorsque vous avez fait un butin, la cinquième part en revient à Dieu, au Prophète, aux parents, aux orphelins, aux pauvres et aux voyageurs; si vous croyez en Dieu, à ce que nous révélâmes à notre serviteur dans la journée de la Distinction [1], dans la journée où les deux armées se rencontrèrent. Dieu est tout-puissant.

43. Lorsque vous étiez campés en deçà de la vallée, et que vos ennemis en occupaient le côté opposé, la caravane se tenait au-dessous de vous. Si vous aviez pris des engagements mutuels, vous y auriez manqué, effrayés du nombre de l'ennemi; mais vous vous y êtes trouvés réunis, afin que Dieu accomplît l'œuvre décrétée dans ses destins;

44. Afin que celui qui devait périr pérît par un signe évident du ciel, et que celui qui devait survivre vécut par le même signe. Dieu sait et entend tout.

45. Souviens-toi, ô Muḥammad! que Dieu te montra en songe l'armée ennemie peu nombreuse. S'il te l'eût montrée plus forte, vous auriez tous perdu courage, et vous auriez soulevé à ce propos des disputes; il a voulu vous en préserver. Il connaît ce que recèlent les cœurs des hommes.

46. Quand vous vous trouvâtes en face des ennemis, Dieu les fit voir peu nombreux à vos yeux; il en diminua le nombre à vos yeux pour accomplir l'œuvre décrétée dans ses destins. Il est le terme de toutes choses.

47. O croyants! quand vous êtes en face d'une troupe armée, soyez inébranlables, et répétez sans cesse le nom du Seigneur. Vous serez bénis.

48. Obéissez à Dieu et au prophète; ne soulevez point de disputes, car elles abattraient votre courage et vous enlèveraient le succès. Soyez persévérants, car Dieu est avec les persévérants.

49. Ne soyez pas comme ces Mecquois qui sortirent avec jactance et ostentation de leurs demeures pour détourner les hommes de la voie du Seigneur. Il voit leurs actions.

50. Satan leur avait déjà préparé leurs actions, et leur dit : Aujourd'hui vous êtes invincibles; je suis votre auxiliaire; mais quand les deux armées furent en présence, il leur tourna le dos en disant : Je ne m'en mêle pas, je vois ce que vous ne voyez pas, je crains Dieu dont les châtiments sont terribles.

51. Les hypocrites et ceux dont le cœur est atteint d'une infirmité disaient alors : Leur croyance aveugle ces hommes. Mais celui qui met sa confiance en Dieu sait qu'il est puissant et sage.

---

1. La journée de *Badr*, où les infidèles furent pour la première fois en présence des croyants.

52. Quel spectacle, lorsque les anges ôtent la vie aux infidèles! ils frappent leurs visages et leurs reins, et leur crient : Allez goûter la peine du feu.

53. Ce supplice est l'œuvre de vos mains, car Dieu n'est point un tyran pour ses serviteurs.

54. Leur sort ressemble à celui de la famille de Pharaon et des incrédules qui les ont précédés. Dieu les anéantit à cause de leurs iniquités. Il est fort et terrible dans ses châtiments.

55. C'est parce que Dieu ne change point les bienfaits dont il comble les hommes, tant qu'ils ne pervertissent point leurs cœurs. Il voit et entend tout.

56. Leur sort ressemble à celui de la famille de Pharaon et à ceux qui, avant eux, ont traité de mensonges les signes du Seigneur. Nous les avons anéantis à cause de leurs péchés, et nous avons submergé la famille de Pharaon; ce n'étaient que des impies.

57. Il n'y a point auprès de Dieu d'animaux plus vils que ceux qui ne croient pas et qui restent infidèles,

58. Que ceux avec qui tu as fait un pacte et qui le brisent à tout moment et ne craignent point Dieu.

59. Si tu parviens à les saisir pendant la guerre, disperse par leur supplice ceux qui les suivront, afin qu'ils y songent.

60. Si tu crains quelque perfidie de la part d'une nation, rejette son alliance en agissant de la même manière à son égard, car Dieu n'aime pas ceux qui agissent avec perfidie.

61. Ne crois pas que les infidèles auront le dessus, car ils ne sauraient affaiblir la puissance de Dieu.

62. Mettez donc sur pied toutes les forces dont vous disposez et de forts escadrons, pour en intimider les ennemis de Dieu et les vôtres, et d'autres encore que vous ne connaissez pas et que Dieu connaît. Tout ce que vous aurez dépensé dans la voie de Dieu vous sera payé, et vous ne serez point lésés.

63. S'ils inclinent à la paix, tu t'y prêteras aussi, et tu mettras ta confiance en Dieu, car il entend et sait tout.

64. S'ils te trahissent, Dieu te suffira : c'est lui qui t'a aidé par son assistance et par celle des fidèles. Il a uni leurs cœurs. Si tu avais dépensé toutes les richesses de la terre, tu n'y serais pas parvenu. Mais Dieu les a unis, car il est puissant et sage.

65. O prophète! Dieu et ceux des croyants qui te suivent te suffisent.

66. O prophète! excite les croyants au combat. Vingt braves d'entre eux terrasseront deux cents infidèles. Cent en mettront mille en fuite, parce que les infidèles n'ont point de sagesse.

67. Dieu veut alléger votre tâche, car il connaît votre faiblesse. Cent braves d'entre vous vaincront deux cents ennemis, et mille

triompheront de deux mille par la permission de Dieu qui est
avec les intrépides.

68. Il n'a jamais été donné aux prophètes de faire des prisonniers sans commettre de grands massacres sur la terre. Vous désirez le bien de ce monde, et Dieu veut vous donner ceux de l'autre.
Il est puissant et sage.

69. Si la révélation faite précédemment n'avait pas semblé
vous y autoriser, Dieu vous aurait fait expirer par des châtiments
douloureux la rançon des captifs à Baedr.

70. Nourrissez-vous des biens licites enlevés aux ennemis et
craignez le Seigneur. Il est clément et miséricordieux.

71. O prophète! dis aux prisonniers qui sont entre vos mains :
Si Dieu voit de la droiture dans vos cœurs, il vous donnera des
richesses plus précieuses que celles qu'on vous a enlevées, et il
vous pardonnera, parce qu'il est clément et miséricordieux.

72. S'ils veulent le tromper c'est qu'ils ont résolu d'avance
de tromper Dieu. Il les a livrés à toi; et Dieu est savant et sage.

73. Les croyants qui auront abandonné leurs foyers pour
combattre de leurs biens et de leurs personnes dans la voie de
Dieu, ceux qui ont donné asile au prophète et l'ont assisté dans
ses œuvres, seront regardés comme parents les uns des autres.
Ceux qui ont cru, mais qui n'ont point émigré, ne seront point
compris dans vos relations de parenté, jusqu'à ce qu'eux aussi
ils quittent leurs foyers. Mais s'ils implorent votre appui à cause
de la foi, vous le leur accorderez, à moins que ce ne soit contre
ceux qui sont vos alliés. Le Très-Haut voit vos actions.

74. Les infidèles se prêtent une assistance mutuelle. Si vous
n'agissez pas de même, la sédition et de graves désordres auront
lieu sur la terre.

75. Ceux qui ont cru et quitté leurs foyers pour combattre
dans la voie de Dieu, ceux qui ont donné asile et assisté le prophète, ceux-là sont les véritables croyants. L'indulgence du Seigneur leur est acquise et des bienfaits généreux.

76. Ceux qui ont cru et émigré depuis, et qui combattent dans
la voie de Dieu, sont des vôtres. Les hommes unis par les seuls
liens du sang sont inscrits dans le livre de Dieu selon leurs mérites.
Car Dieu sait toutes choses.

SOURATE IX

LE REPENTIR [1]

Donnée à Médine. — 130 versets.

1. Voici la déclaration d'immunité [2] de la part de Dieu et de son prophète à ceux d'entre les idolâtres avec lesquels vous avez fait alliance.

2. Voyagez dans le pays pendant quatre mois *avec sécurité*, et sachez que vous ne prévaudrez pas contre Dieu, mais que Dieu couvrira d'opprobre les infidèles.

3. Voici quelle est la proclamation de la part de Dieu et de son prophète adressée aux hommes pour le jour du grand pèlerinage [3]. Dieu est libre de tout engagement envers les idolâtres ainsi que son apôtre. Si vous vous convertissez, cela vous sera plus avantageux; si vous tournez le dos, sachez que vous ne prévaudrez pas contre Dieu. Annonce le châtiment douloureux à ceux qui ne croient pas.

4. Cela toutefois ne concerne pas les idolâtres avec qui vous avez fait la paix et qui ne l'ont point violée, ni prêté à personne aucun secours contre vous. Gardez fidèlement envers eux les engagements pris jusqu'à l'expiration du terme. Dieu aime ceux qui le craignent.

5. Les mois sacrés expirés [4], tuez les idolâtres partout où vous les trouverez, faites-les prisonniers, assiégez-les et guettez-les dans toute embuscade; mais s'ils se convertissent, s'ils observent la prière, s'ils font l'aumône, alors laissez-les tranquilles, car Dieu est indulgent et miséricordieux.

6. Si quelque idolâtre te demande un asile, accorde-le-lui, afin qu'il puisse entendre la parole de Dieu, puis fais-le recon-

---

1. C'est la seule sourate qui ne porte pas la formule *Au nom de Dieu clément et miséricordieux*, omission que les commentateurs arabes expliquent différemment.
2. Le mot *berat* du texte peut être traduit ou par *déclaration d'immunité*, que Muḥammad accorde aux infidèles pendant un certain temps, ou bien par dégagement de toute alliance avec les infidèles, par suite de leur infidélité à observer celle qu'ils avaient jurée.
3. C'est-à-dire le 10 du mois de *dhoulhiddjè*.
4. Les quatre mois *Chawwāl*, *Dhu-l-Qaʿda*, *Dhu-l-Hijja* et *Muḥarram*.

duire à un lieu sûr. Ceci t'est prescrit, parce que ce sont des gens qui ne savent pas.

7. Comment pourrait-il y avoir une alliance entre Dieu, son apôtre et les idolâtres, sauf ceux avec qui vous l'avez contractée auprès de l'oratoire sacré ? Tant qu'ils agissent loyalement avec vous, agissez loyalement avec eux. Dieu aime ceux qui le craignent.

8. Comment observeraient-ils cette alliance ? S'ils ont le dessus, ils n'auront aucun égard ni aux liens du sang, ni à la foi jurée. La plupart d'entre eux sont des criminels.

9. Ils vendent les enseignements de Dieu pour obtenir un vil prix, et ils détournent les autres de son sentier. Que leurs actions sont mauvaises!

10. Ils n'auront aucun égard aux liens du sang ni à la foi jurée dans leurs rapports avec les croyants, parce qu'ils sont injustes.

11. Mais s'ils se convertissent, s'ils s'acquittent de la prière, s'ils font l'aumône, ils sont vos frères en religion. Nous expliquons distinctement nos enseignements à ceux qui comprennent.

12. S'ils violent leurs serments après avoir contracté l'alliance et attaquent votre croyance, attaquez les chefs des infidèles (parce qu'il n'y a point de serments sacrés pour eux), afin qu'ils cessent *leurs méfaits*.

13. Ne combattrez-vous pas contre un peuple qui a violé ses serments, qui s'efforce de chasser votre prophète ? Ce sont eux qui ont été les agresseurs. Les craindrez-vous ? Dieu mérite bien plus que vous le craigniez, si vous êtes croyants.

14. Combattez-les, afin que Dieu les châtie par vos mains et les couvre d'opprobre, afin qu'il vous donne la victoire sur eux, et guérisse les cœurs des fidèles;

15. Afin qu'il anéantisse la colère dans les cœurs des infidèles. Dieu revient à celui qu'il veut, car il est savant et sage.

16. Pensez-vous que vous serez abandonnés, comme si Dieu ne connaissait pas ceux d'entre vous qui combattent et qui ne recherchent d'autre alliance que celle de Dieu, de son apôtre et des croyants ? Dieu est instruit de ce que vous faites.

17. Les idolâtres ne doivent pas visiter le temple de Dieu, eux qui sont des témoins vivants de leur infidélité. Leurs œuvres deviendront nulles, et ils demeureront éternellement dans le feu.

18. Qu'ils visitent seuls les temples de Dieu, ceux qui croient en Dieu et au jour dernier, qui observent la prière et font l'aumône, et qui ne craignent que lui; ils seront sans doute dirigés sur la voie droite.

19. Mettrez-vous ceux qui portent de l'eau aux pèlerins et visitent l'oratoire sacré au même niveau que celui qui croit en

Dieu et au jour dernier, qui combat dans le sentier de Dieu ? Non, ils ne seront point égaux devant Dieu. Dieu ne dirige point les méchants.

20. Ceux qui ont quitté leur pays, qui combattent dans le sentier de Dieu, de leurs biens et de leurs personnes, occuperont un degré plus élevé devant Dieu. Ils seront bienheureux.

21. Leur Seigneur leur annonce sa miséricorde, sa satisfaction et les jardins où ils goûteront des délices constantes.

22. Ils y demeureront éternellement, à jamais, car Dieu dispose d'immenses récompenses.

23. O croyants ! n'ayez point pour amis vos pères et vos frères, s'ils préfèrent l'incrédulité à la loi. Ceux qui y désobéiraient seraient méchants.

24. Si vos pères et vos enfants, vos frères et vos femmes, vos parents et les biens que vous avez acquis, et le commerce dont vous craignez la ruine, et les habitations dans lesquelles vous vous complaisez, vous sont plus chers que Dieu, son apôtre et la guerre sainte, attendez-vous à voir venir Dieu exécuter ses arrêts. Dieu ne dirige point les méchants.

25. Dieu vous a secourus dans maintes occasions. A la journée de Honeïn où vous vous êtes complu dans votre grand nombre qui ne vous servit à rien : quelque étendue qu'elle soit, la terre fut alors étroite pour vous, vous tournâtes le dos en fuyant.

26. Puis Dieu fit descendre sa protection sur son apôtre et les fidèles ; il fit descendre les armes invisibles pour vous, et il châtia ceux qui ne croyaient pas. C'est la rétribution des incrédules.

27. Après cela Dieu reviendra à ceux qu'il voudra, car il est indulgent et miséricordieux.

28. O croyants ! ceux qui associent sont immondes ; cette année expirée, ils ne doivent point s'approcher de l'oratoire sacré. Si vous craignez l'indigence, Dieu vous rendra riches par les trésors de sa grâce. Il est sage et savant.

29. Faites la guerre à ceux qui ne croient point en Dieu ni au jour dernier, qui ne regardent point comme défendu ce que Dieu et son apôtre ont défendu, et à ceux d'entre les hommes des Ecritures qui ne professent pas la vraie religion. Faites-leur la guerre jusqu'à ce qu'ils payent le tribu de leurs propres mains et qu'ils soient soumis.

30. Les juifs disent : Ozaïr est le fils de Dieu. Les chrétiens disent : Moïse est le fils de Dieu. Telles sont les paroles de leurs bouches ; elles ressemblent à celles des infidèles d'autrefois. Que Dieu leur fasse la guerre ! Qu'ils marchent à rebours !

31. Ils ont pris leurs docteurs et leurs moines plutôt que Dieu pour leurs seigneurs, et le Messie fils de Marie ; et cependant il ne leur a été ordonné que d'adorer un seul Dieu, hormis lequel

il n'y a point d'autre Dieu. Loin de sa gloire les divinités qu'ils lui associent!

32. Ils veulent éteindre la lumière de Dieu avec leurs bouches; mais Dieu ne veut que rendre sa lumière plus parfaite, dussent les infidèles en concevoir du dépit.

33. C'est lui qui a envoyé son apôtre avec la direction et la vraie religion, pour l'élever au-dessus de toutes les autres, dussent les idolâtres en concevoir du dépit.

34. O croyants! un grand nombre de docteurs et de moines consument les biens des autres [1] pour des choses vaines, et détournent les hommes du sentier de Dieu. Annonce un châtiment douloureux à ceux qui amassent l'or et l'argent, et ne le dépensent point dans le sentier de Dieu.

35. Le jour où le feu de la géhenne sera allumé sur leurs têtes, des marques brûlantes seront imprimées avec cet or et cet argent sur leurs fronts, sur leurs flancs et sur leurs reins; et on leur dira : Voici ce que vous avez amassé pour vous-mêmes. Goûtez ce que vous avez amassé.

36. Le nombre des mois est de douze devant Dieu : tel il est dans le livre de Dieu depuis le jour où il créa les cieux et la terre. Quatre de ces mois sont sacrés. C'est la croyance constante. Pendant ces mois n'agissez point avec iniquité envers vous-mêmes, mais combattez les idolâtres dans tous les mois, de même qu'ils vous combattent dans tous les temps, et sachez que Dieu est avec ceux qui le craignent.

37. Transporter à un autre temps les mois sacrés est un surcroît d'incrédulité. Les infidèles sont dans l'égarement. Ils le permettent dans une année, et le défendent dans une autre, pour accomplir le nombre des mois rendus sacrés par Dieu, de façon qu'ils rendent licite ce que Dieu a interdit. Leurs mauvaises actions ont été exprès préparées pour eux, car Dieu ne dirige point les infidèles.

38. O croyants! qu'avez-vous donc, lorsque au moment où l'on vous a dit : Allez combattre dans le sentier de Dieu, vous vous êtes montrés lourds et comme attachés à la terre? Vous avez préféré la vie de ce monde à la vie future; les jouissances d'ici-bas sont bien peu, comparées à la vie future.

39. Si vous ne marchez pas au combat, Dieu vous châtiera d'un châtiment douloureux; il vous remplacera par un autre peuple, et vous ne saurez lui nuire en aucune manière. Dieu est tout-puissant.

40. Si vous ne secourez pas votre prophète, Dieu *le secourra*,

---

1. On entend par là les présents que l'on donnait aux prêtres pour obtenir des dispenses, etc.

comme il l'a déjà secouru lorsque les infidèles l'ont chassé lui
deuxième [1]. Ils étaient tous deux dans une caverne; il dit alors à
son compagnon : Ne t'afflige point, car Dieu est avec nous. Il a
fait descendre d'en haut sa protection; il l'a soutenue par des
armées invisibles, et il a abaissé la parole des infidèles. La parole
de Dieu est bien la plus élevée. Dieu est le puissant, le sage.

41. Chargés ou légers [2], marchez et combattez dans le sentier
de Dieu, de vos biens et de vos personnes. Cela vous sera plus
avantageux si vous le comprenez.

42. S'il se fût agi d'un succès très proche, d'une expédition
avec un but fixe, ils t'auraient suivi sans *difficulté* [3]; mais la route
leur parut longue, et cependant ils jureront par Dieu, et diront :
Si nous l'avions pu, nous aurions fait l'expédition avec vous. Ils
se perdent eux-mêmes. Dieu sait bien qu'ils mentent.

43. Que Dieu te le pardonne. Pourquoi leur as-tu permis de
rester avant qu'il te fût démontré qu'ils disaient la vérité, et que
tu eusses connu les menteurs ?

44. Ceux qui croient en Dieu et au jour dernier ne te demanderont point la permission de ne point combattre de leurs biens
et de leurs personnes. Dieu connaît ceux qui le craignent.

45. Ceux-là t'en demanderont la permission qui ne croient
point en Dieu ni au jour dernier. Leurs cœurs doutent, et ils
chancellent dans leur doute.

46. S'ils avaient eu l'intention d'aller à la guerre, ils auraient
fait des préparatifs. Mais il a déplu à Dieu qu'ils y allassent; il
les a rendus paresseux, et on leur dit : Restez avec ceux qui
restent.

47. S'ils étaient allés avec vous, ils n'auraient fait qu'augmenter vos embarras; ils auraient mis le désordre au milieu de
vous; ils cherchaient à exciter la mutinerie; or, il y a parmi vous
des hommes qui les écoutent avidement. Et Dieu connaît les
méchants.

48. Déjà précédemment ils ont cherché à faire naître la rébellion; ils ont même renversé tes plans, jusqu'au moment où la
vérité fut connue et que la volonté de Dieu devint manifeste en
dépit d'eux.

49. Il en est parmi eux qui disent : Exempte-nous de la guerre;
ne nous expose pas à la tentation. N'y sont-ils pas déjà tombés ?
Mais la géhenne environnera les infidèles.

50. Si tu obtiens un succès, ce succès les met mal à leur aise;

---

1. C'est-à-dire quand il n'avait avec lui qu'un seul compagnon, qui était
Abū Bakr.
2. C'est-à-dire à cheval ou à pied, mal gré ou bon gré, couverts de cuirasses
ou légèrement armés.
3. Muḥammad fait ici allusion à l'expédition de Tabuk.

si un revers t'atteint, ils disent : Nous avons pris nos mesures d'avance. Puis ils tournent le dos, et se réjouissent.

51. Dis-leur : Il ne nous arrivera que ce que Dieu nous a destiné; il est notre maître, et c'est en Dieu que les croyants mettent leur confiance.

52. Dis-leur : Qu'attendez-vous ? que, sur deux balles *destinées*, il nous en arrive une : *la victoire ou le martyre ?* Quant à nous, nous attendons que Dieu vous visite de son châtiment ou du châtiment opéré par nos mains. Eh bien, attendez; nous attendrons aussi avec vous.

53. Dis-leur : Offrez vos biens volontairement ou à contre-cœur; ils ne seront point acceptés, car vous êtes un peuple de méchants.

54. Quel autre obstacle y a-t-il à ce que leurs dons ne soient pas acceptés, si ce n'est qu'ils ne croient pas en Dieu et à son apôtre, qu'ils ne font la prière qu'avec nonchalance, qu'ils ne font l'aumône qu'à contre-cœur ?

55. Que leurs richesses et leurs enfants ne te causent point d'étonnement. Dieu veut les punir par là dans ce monde; il veut que leurs âmes s'en aillent, eux demeurant infidèles.

56. Ils jurent par Dieu qu'ils sont de votre parti, et ils n'en sont point; mais ils ont peur.

57. Qu'ils trouvent un asile sûr, des cavernes ou des souterrains, ils tournent le dos et y courent à toutes jambes.

58. Ils en est parmi eux qui te calomnient par rapport à la distribution des aumônes. Si on leur en donne, ils sont contents; si on les leur refuse, ils s'irritent.

59. Que ne sont-ils satisfaits de ce que Dieu et son apôtre leur départissent ? Que ne disent-ils : Dieu nous suffit, Dieu nous donnera sa grâce ainsi que son apôtre, nous ne désirons que Dieu ?

60. En effet, les aumônes doivent servir aux pauvres, aux indigents, à ceux qui les recueillent, à ceux dont les cœurs ont été gagnés *pour l'islam*, au rachat des esclaves, aux insolvables, aux voyageurs, pour la cause de Dieu. Tel est le précepte de Dieu. Il est savant et sage.

61. Il en est parmi eux qui déchirent le Prophète; ils disent : Il est tout oreille. Réponds-leur : Il est tout oreille pour votre bien; il croit en Dieu et aux croyants.

62. La miséricorde est réservée à ceux d'entre vous qui croient en Dieu. Ceux qui déchirent l'apôtre de Dieu éprouveront un châtiment douloureux.

63. Ils jurent devant vous par Dieu pour vous plaire; cependant Dieu et son apôtre méritent bien plus qu'ils cherchent à leur plaire, s'ils sont croyants.

64. Ne savent-ils pas que le feu est réservé à celui qui s'oppose à Dieu et à son apôtre ? Il y restera éternellement. C'est un grand opprobre.

65. Les hypocrites craignent qu'une *sourate* ne descende d'en haut et ne dévoile ce qui est dans leurs cœurs. Dis : Vous riez. — Dieu fera sortir au grand jour ce que vous appréhendez.

66. Si tu leur demandes *la cause de leur rire*, ils diront : Nous étions en conversation et nous plaisantions. Dis-leur : Vous moquerez-vous de Dieu, de ses miracles et de son apôtre ?

67. Ne cherchez point à vous excuser : vous êtes devenus infidèles après avoir cru. Si nous pardonnons à une partie d'entre vous, nous en châtierons une autre, et cela parce qu'ils sont criminels.

68. Les hommes et les femmes hypocrites s'excitent mutuellement au mal et se défendent mutuellement le bien, et ferment leurs mains pour l'aumône. Ils oublient Dieu, et Dieu les oubliera à son tour. Les hypocrites sont des méchants.

69. Dieu menace du feu de la géhenne les hypocrites, hommes et femmes, et les infidèles; ils y resteront éternellement. C'est la portion qui leur est destinée. Dieu les a maudits, un supplice constant leur est réservé.

70. Vous agissez comme ceux qui vous ont précédés. Ils étaient plus forts que vous et plus riches, et avaient plus d'enfants que vous : ils se contentaient d'en jouir. Vous aussi, vous vous contentez de jouir de ce qui vous est échu en partage comme le faisaient vos devanciers; vous tenez des discours pareils à ceux qu'ils tenaient. Leurs actions ont été vaines dans ce monde et dans l'autre. Ils sont perdus.

71. N'ont-ils point entendu l'histoire de leurs devanciers, du peuple de Noé, de ʿĀd, de Thamīrd, du peuple d'Abraham, des habitants de Madian et des villes renversées ? Ils eurent des apôtres accompagnés de signes évidents. Ce n'est point Dieu qui a agi mal envers eux, ce sont eux-mêmes.

72. Les croyants, hommes et femmes, sont amis les uns des autres; ils se recommandent mutuellement le bien et s'interdisent mutuellement le mal; ils observent la prière, font l'aumône, obéissent à Dieu et à son apôtre. Dieu aura pitié d'eux, car Dieu est puissant et sage.

73. Dieu a promis aux croyants, hommes et femmes, les jardins où coulent les torrents; ils y demeureront éternellement, ils auront des habitations charmantes dans les jardins d'Eden et une grâce infinie de Dieu. C'est un bonheur ineffable.

74. O prophète! combats les hypocrites et les infidèles; traite-les avec rigueur. La géhenne est leur demeure. Quel détestable séjour!

75. Ils jurent par le nom de Dieu de n'avoir pas dit telle chose, et cependant ils ont dit la parole de l'incrédulité, il sont devenus infidèles après avoir embrassé l'islam. Ils ont formé un dessein, mais ne l'ont point accompli [1], et ils ne l'ont formé que parce que Dieu et son apôtre les ont enrichis de leur bonté. S'ils se convertissent, cela leur sera plus avantageux; mais s'ils tergiversent, Dieu les châtiera d'un châtiment douloureux dans ce monde et dans l'autre. Sur toute la terre ils ne trouveront ni protecteur ni aide.

76. Il en est parmi eux qui ont pris cet engagement avec Dieu : s'il nous accorde des dons de sa grâce, nous ferons l'aumône et nous serons justes.

77. Et lorsque Dieu les combla de ses dons, ils se sont montrés avares; ils tergiversent, ils se détournent de la vérité.

78. Dieu a fait succéder l'hypocrisie dans leurs cœurs jusqu'au jour où ils comparaîtront devant lui *pour rendre compte* d'avoir violé les promesses qu'ils avaient faites à Dieu, et d'avoir accusé les autres de mensonges.

79. Ne savent-ils pas que Dieu connaît leurs secrets et leurs entretiens cachés ? Dieu connaît parfaitement les choses cachées.

80. Quant à ceux qui calomnient les fidèles au sujet des aumônes qu'ils font au-delà de ce qui est dû, et qui se livrent avec ardeur au travail pour en faire, ceux qui les raillent à ce propos, Dieu les raillera aussi. Un châtiment douloureux les attend.

81. Implore le pardon pour eux ou ne l'implore pas, *peu importe*. Si tu l'implores soixante et dix fois, Dieu ne leur pardonnera pas, car ils ne croient point en Dieu ni à son apôtre, et Dieu ne dirige point les méchants.

82. Ceux qui restèrent dans leurs foyers *à l'époque de l'expédition de Tabuk*, étaient enchantés de rester en arrière du prophète; il leur répugnait de combattre, dans le sentier de Dieu, de leurs biens et de leurs personnes. Ils disaient : N'allez pas à la guerre pendant ces chaleurs. Dis-leur : La chaleur du feu de la géhenne est plus brûlante. Ah! s'ils le comprenaient!

83. Qu'ils rient un peu, un jour ils pleureront beaucoup en récompense de leurs œuvres.

84. Si Dieu te ramène du combat au milieu d'eux, ils te demanderont la permission d'aller en expédition. Dis-leur : Vous n'irez jamais avec moi, jamais vous n'irez avec moi combattre l'ennemi. La première fois vous avez préféré de rester; restez maintenant avec ceux qui restent en arrière.

85. S'il meurt quelqu'un d'entre eux, ne prie point pour lui, ne

---

1. Celui de tuer Muḥammad.

t'arrête point sur sa tombe, car ils n'ont point cru en Dieu et à son apôtre. Ils moururent criminels.

86. Que leurs richesses et leurs enfants ne te séduisent pas. Dieu veut les punir par ces dons mêmes, dans ce monde; leurs âmes les quitteront dans leur infidélité.

87. Lorsque la *sourate*, qui leur enjoignait de croire en Dieu et d'aller à la guerre avec le Prophète, fut envoyée d'en haut, les plus aisés d'entre eux te demandèrent pour les exempter; ils te dirent : Laisse-nous ici, nous resterons avec ceux qui restent.

88. Ils ont préféré de rester en arrière. Le sceau a été imprimé sur leurs cœurs; ils n'entendent rien.

89. Mais le Prophète et ceux qui ont cru avec lui combattent de leurs biens et de leurs personnes dans le sentier de Dieu. A eux sont réservés tous les biens, et ils seront les bienheureux.

90. Dieu a préparé pour eux des jardins arrosés de torrents; ils y resteront éternellement. C'est un bonheur ineffable.

91. Plusieurs des Arabes du désert sont venus s'excuser et demander d'être exemptés de la guerre. Ceux qui accusent de mensonges Dieu et son apôtre sont restés chez eux. Un châtiment douloureux attendra ceux d'entre eux qui n'ont point de foi.

92. Les faibles, les malades, ceux qui n'ont point de moyens, ne seront point tenus d'aller à la guerre, pourvu qu'ils soient sincères envers Dieu et son apôtre. On ne peut inquiéter ceux qui font le bien. Dieu est indulgent et miséricordieux;

93. Ni ceux non plus qui sont venus te demander de leur donner des chevaux, à qui tu as répondu : Je n'ai point de chevaux à vous donner, et qui s'en retournèrent les larmes aux yeux, affligés de ce qu'ils n'avaient point de ressources.

94. On agira contre ceux qui te demanderont l'exemption, quoiqu'ils soient riches, qui préfèrent de rester avec ceux qui restent. Le sceau est imprimé sur leurs cœurs. Ils ne savent rien.

95. Quand vous revenez au milieu d'eux, ils présentent des excuses. Dis-leur : Ne vous excusez point, nous ne vous croyons pas. Dieu nous a renseignés sur votre compte. Dieu et son apôtre voient vos actions. Vous retournerez un jour à celui qui connaît les choses visibles et invisibles, et qui vous redira ce que vous avez fait.

96. Quand vous serez de retour au milieu d'eux, ils vous adjureront, au nom de Dieu, de vous éloigner d'eux *et de ne pas les punir*. Eloignez-vous d'eux, ils sont immondes. La géhenne leur servira de demeure comme récompense de leurs œuvres.

97. Ils vous adjureront d'être bienveillants envers eux; si vous l'êtes, Dieu ne sera point bienveillant envers les méchants.

98. Les Arabes du désert sont les plus endurcis dans leur

impiété et dans leur hypocrisie, et il est naturel qu'ils ignorent les préceptes que Dieu a révélés à son apôtre. Dieu est sage et savant.

99. Il en est, parmi les Arabes du désert, qui regardent l'aumône comme une contribution; ils épient, attendant un revers de votre fortune, *pour en être délivrés*. Ils éprouveront un terrible revers, car Dieu entend et sait tout.

100. Il en est, parmi les Arabes du désert, qui croient en Dieu et au jour dernier, qui regardent l'aumône comme un moyen de s'approcher de Dieu et d'obtenir les prières du prophète. Certainement l'aumône les approchera de Dieu. Il les fera participer à sa miséricorde, car il est indulgent et miséricordieux.

101. Les plus anciens, les premiers d'entre les Mohadjers [1] et les Ansars [2], et ceux qui les ont suivis dans leur belle conduite seront satisfaits de Dieu comme il sera satisfait d'eux. Il leur a promis des jardins arrosés par des torrents; ils y resteront éternellement. C'est un bonheur ineffable.

102. Il y a, parmi les Arabes nomades qui habitent autour de vous, et parmi les habitants de Médine, des hommes endurcis dans leur hypocrisie. Tu ne les connais pas, mais nous les connaissons. Nous les punirons deux fois, puis ils seront livrés au châtiment douloureux.

103. D'autres ont avoué leurs fautes; ils ont ainsi mêlé une bonne action à d'autres actions mauvaises. Peut-être Dieu leur pardonnera-t-il, car il est indulgent et miséricordieux.

104. Reçois une aumône de leurs biens pour les purifier et les relever de leurs péchés; prie pour eux, car tes prières leur rendront le repos. Et Dieu entend et sait tout.

105. Ne savent-ils pas que Dieu accepte le repentir de ses serviteurs, qu'il agrée l'aumône ? Il est indulgent et miséricordieux.

106. Dis-leur encore : Agissez, Dieu verra vos actions, ainsi que son apôtre et les croyants. Vous retournerez un jour à celui qui connaît les choses visibles et invisibles, alors il vous redira ce que vous avez fait.

107. D'autres attendent la décision de Dieu, soit qu'il les punisse, soit qu'il leur pardonne. Dieu est savant et sage.

108. Il en est qui ont bâti un temple pour nuire aux croyants, par infidélité, dans le but de désunir les croyants, et pour servir d'embûche à ceux qui font la guerre à Dieu et à son apôtre. Ils jureront en disant : Nous n'avons voulu que le bien. Dieu est témoin qu'ils mentent.

---

1. C'est-à-dire qui ont émigré de La Mecque.
2. C'est-à-dire ceux qui ont reçu Muḥammad à Médine.

109. N'y mets jamais ton pied. Il est un temple bâti dès le premier jour sur la crainte de Dieu. Il mérite mieux que tu y entres. Il s'y rassemble des hommes qui désirent être purs. Dieu aime ceux qui aspirent à la pureté.

110. Quel est le plus juste de celui qui a établi ses fondements sur la crainte de Dieu et sur le désir de lui plaire, ou de celui qui a établi ses fondements sur un escarpement d'argile miné par un torrent, et prêt à s'écrouler avec lui dans le feu de la géhenne ? Dieu ne conduit pas les méchants.

111. Le temple qu'ils ont construit ne cessera d'être une occasion de doute dans leurs cœurs, jusqu'à ce que leurs cœurs soient brisés en morceaux. Dieu est savant et sage.

112. Dieu a acheté des croyants leurs biens et leurs personnes pour qu'il leur donnât en retour le paradis; ils combattront dans le sentier de Dieu, ils tueront et seront tués. La promesse de Dieu est vraie : il l'a faite dans le Pentateuque, dans l'Evangile, dans le Coran; et qui est plus fidèle à son alliance que Dieu ? Réjouissez-vous du pacte que vous avez contracté, c'est un bonheur ineffable.

113. Ceux qui se convertissent, qui adorent Dieu, qui le louent, qui le célèbrent, qui font des génuflexions et des prosternations, qui recommandent le bien et défendent le mal, qui observent les préceptes de Dieu, *seront récompensés*. Annonce cette bonne nouvelle aux croyants.

114. Il ne sied point au Prophète ni aux croyants d'implorer le pardon de Dieu pour les idolâtres, fussent-ils leurs parents, lorsqu'il est devenu évident qu'ils seront livrés au feu.

115. Abraham n'implorait le pardon de Dieu pour son père que parce qu'il le lui avait promis; mais quand il lui fut démontré qu'il était l'ennemi de Dieu, il y renonça; et certes Abraham était compatissant et humain.

116. Dieu n'égare un peuple, après l'avoir conduit dans le chemin droit, que lorsqu'il lui a déclaré ce qu'il devait craindre. Dieu sait tout.

117. L'empire des cieux et de la terre appartient à Dieu; il donna la vie et la mort; hors lui il n'y a ni patron ni protecteur.

118. Dieu retourna au Prophète et aux Mohadjers et aux Ansars [1] qui l'avaient suivi à l'heure d'affliction, alors que les cœurs d'une grande partie d'entre eux étaient si prêts à défaillir. Il retourna à eux parce qu'il est plein de bonté et de miséricorde.

119. Il retourna aussi à ces trois d'entre eux qui étaient restés en arrière. Toute vaste qu'elle soit, la terre devint étroite pour

1. Voyez plus haut ces deux mots.

eux; leurs propres corps leur semblèrent trop à l'étroit, et ils pensaient que pour se sauver devant *la colère* de Dieu, ils n'avaient qu'à chercher un asile chez lui. Il revint à eux, afin qu'eux aussi revinssent à lui, car Dieu aime à revenir, et il est miséricordieux.

120. O croyants! craignez Dieu et soyez avec les justes.

121. Quelle raison avaient les habitants de Médine et les Arabes nomades d'alentour de se séparer de l'apôtre de Dieu, et de préférer leurs vies à la sienne ? Quelle raison avaient-ils d'en agir ainsi, quand ni la soif, ni la fatigue, ni le besoin ne pouvaient les atteindre dans le sentier de Dieu, quand ils ne faisaient aucun pas capable d'irriter les infidèles, quand ils n'essuyaient de la part de l'ennemi aucun dommage sans qu'on leur en tînt compte ? Certes Dieu ne laisse point périr la récompense de ceux qui font le bien.

122. Ils ne feront pas une aumône petite ou grande; ils ne franchiront pas un torrent sans que tout soit inscrit, afin que Dieu leur accorde la plus magnifique récompense de leurs actions.

123. Il ne faut pas que tous les croyants marchent à la fois à la guerre. Pourquoi ne marcherait-il pas plutôt un détachement de chaque tribu, afin que, s'instruisant dans la foi, les uns puissent instruire à leur retour leurs concitoyens, et afin que ceux-ci sachent se prémunir ?

124. O croyants! combattez les infidèles qui vous avoisinent; qu'ils vous trouvent toujours sévères à leur égard. Sachez que Dieu est avec ceux qui le craignent.

125. Quand une nouvelle *sourate* descend d'en haut, il en est parmi eux qui disent : Cette nouvelle *sourate* peut-elle accroître la foi d'aucun de vous ? Oui, elle augmente la foi des croyants, et ils s'en réjouissent.

126. Mais pour ceux dont les cœurs sont atteints d'une maladie, elle n'ajoute qu'une abomination à l'abomination; ils meurent infidèles.

127. Ne voient-ils pas qu'ils sont éprouvés une ou deux fois par an ? et cependant ils ne se convertissent pas, ni ne réfléchissent.

128. Lorsqu'une nouvelle *sourate* descend d'en haut, ils se regardent mutuellement *pour savoir* si personne ne les observe, puis ils se retirent. Que Dieu détourne leur cœur *de la vérité*, parce qu'ils ne la comprennent pas.

129. Un prophète est venu vers vous, un prophète de votre sein. Vos iniquités lui pèsent, il désire ardemment vous voir croyants. Il est plein de bonté et de miséricorde.

130. S'ils se détournent *de tes enseignements*, dis-leur : Dieu me suffit. Il n'y a point d'autre Dieu que lui. J'ai mis ma confiance en lui; *il est le Seigneur du grand trône.*

SOURATE X

JONAS

Donnée à La Mecque. — 109 versets.

Au nom de Dieu clément et miséricordieux.

1. A. L. R. Voici les signes du livre sage.

2. Les hommes s'étonnent-ils de ce que nous avons accordé la révélation à un homme pris parmi eux, en lui disant : Avertis les hommes, et annonce à ceux qui croient, qu'ils ont auprès de Dieu une récompense de leur loyauté antérieure. Les infidèles disent : Cet homme est un sorcier avéré.

3. Votre Seigneur est ce Dieu qui créa les cieux et la terre en six jours, et s'assit ensuite sur le trône pour gouverner l'univers. Il n'y a point d'intercesseur auprès de lui, si ce n'est quand il le permet. C'est Dieu votre Seigneur, adorez-le. N'y réfléchirez-vous pas ?

4. Vous retournerez tous à lui. Telle est la promesse véritable de Dieu; il fait émaner la création, et puis il la fait rentrer, pour récompenser ceux qui croient, qui pratiquent les bonnes œuvres avec toute équité. Ceux qui ne croient pas auront pour breuvage l'eau bouillante et un châtiment douloureux pour prix de leur incrédulité.

5. C'est lui qui a donné le soleil pour éclairer le monde, et la lune pour *refléter* sa lumière, qui a déterminé les phases de celle-ci, afin que vous connaissiez le nombre des années et leur comput. Dieu n'a point créé tout cela en vain, mais pour la vérité; il explique ses signes à ceux qui comprennent.

6. Et certes, dans l'alternative du jour et de la nuit, et dans tout ce que Dieu a créé, il y a des signes d'avertissement pour ceux qui craignent.

7. Ceux qui n'espèrent point nous voir, qui se contentent de la vie du monde et s'y confient avec sécurité, ceux qui ne prêtent aucune attention à nos signes,

8. Ceux-là auront le feu pour demeure, comme prix de leurs œuvres.

9. Ceux qui auront cru et pratiqué les bonnes œuvres, Dieu les dirigera par leur foi dans le droit chemin. Sous leurs pieds couleront des torrents dans le jardin des délices.

10. Pour toute invocation dans ce séjour, ils répéteront : Gloire à Toi, ô Dieu! et leur salutation sera le mot : Paix!

11. La conclusion de leur prière sera : Louange à Dieu, Seigneur de l'univers.

12. Si Dieu voulait hâter le mal envers les hommes, comme il hâte le bien, leur terme serait bientôt arrivé. Mais nous laissons ceux qui n'espèrent point nous voir après leur mort, errer avec confusion dans leur égarement.

13. Qu'un mal atteigne l'homme, il nous invoque couché de côté, ou assis, ou debout; mais aussitôt que nous l'en avons délivré, il marche comme s'il ne nous avait pas appelé pendant le mal qui l'avait atteint. Ainsi sont ménagées les actions des transgresseurs.

14. Et cependant, avant vous, nous avons déjà anéanti plusieurs générations, lorsque, après leurs iniquités, des prophètes vinrent à eux, accompagnés de signes évidents, et qu'ils n'étaient point disposés à y croire. C'est ainsi que nous récompensons les criminels.

15. Nous vous avons établis leurs successeurs dans ce pays-ci, afin de voir comment vous agirez.

16. Lorsqu'on récite nos enseignements à ceux qui n'espèrent point nous voir après leur mort, ils disent : Apporte-nous quelque autre livre, ou bien change un peu celui-ci. Dis-leur : il ne me convient pas de le changer de mon propre chef : je sais ce qui m'a été révélé. Je crains, si je désobéis, le châtiment de mon Seigneur au jour terrible.

17. Dis-leur : Si Dieu ne le voulait pas, je ne vous les lirais pas et je ne vous les enseignerais pas. J'avais pourtant habité au milieu de vous sans le faire, jusqu'à l'âge de quarante ans. Ne le comprendrez-vous donc pas ?

18. Qui est plus méchant que celui qui invente des mensonges sur le compte de Dieu, que celui qui traite ses signes d'impostures ? Mais Dieu ne fera pas prospérer les coupables.

19. Ils adorent à l'exclusion de Dieu des divinités qui ne les servent ni ne leur nuisent, et ils disent : Voici nos intercesseurs auprès de Dieu. Dis-leur : Ferez-vous connaître à Dieu ce qu'il ne connaît ni dans les cieux ni sur la terre ? Sa gloire est loin de ce blasphème; il est trop élevé pour qu'on lui associe d'autres divinités.

20. Les hommes formaient d'abord un seul peuple; ils se divisèrent dans la suite; et si la parole de Dieu (différant leur châtiment) n'avait pas été révélée précédemment, le sujet de leur dissentiment aurait été décidé.

21. Ils disent : Si un miracle ne lui est accordé par son Seigneur... nous ne croirons pas. Dis-leur : Les choses cachées

appartiennent à Dieu. Attendez seulement, et moi j'attendrai aussi avec vous.

22. Nous avons fait goûter notre miséricorde aux hommes après les malheurs qui les avaient atteints, et voici qu'ils ont recours aux subterfuges par rapport à nos signes. Dis-leur : Dieu est plus adroit à manier le subterfuge; nos envoyés couchent par écrit les vôtres.

23. C'est lui qui vous conduit sur la terre ferme et sur la mer. Lorsqu'ils sont montés dans les vaisseaux et qu'ils courent avec vous, poussés par un vent doux, ils se réjouissent; qu'un vent violent s'élève et que les flots les assaillent de tous côtés au point qu'ils s'en croient enveloppés, ils invoquent Dieu avec une foi sincère, en criant : Si tu nous sauves de ce péril, nous te serons reconnaissants.

24. Mais lorsqu'il les a sauvés, ils commettent des injustices sur la terre. O hommes! l'injustice que vous commettez contre vous-mêmes n'est que pour la jouissance de ce monde, et cependant vous devez tous retourner ensuite à Dieu : là, nous vous réciterons ce que vous avez fait.

25. Le monde d'ici-bas ressemble à l'eau que nous faisons descendre du ciel; elle se mêle aux plantes de la terre dont se nourrissent les animaux, jusqu'à ce que la terre, l'ayant absorbée, s'en pare et s'en embellisse. Les habitants de la terre croient qu'ils en sont les maîtres; mais notre commandement y a passé durant la nuit ou pendant le jour, et les fruits sont devenus aussitôt comme s'ils étaient moissonnés, et comme s'il n'y avait eu rien la veille. C'est ainsi que nous expliquons nos miracles.

26. Dieu appelle au séjour de paix, et dirige celui qu'il veut vers le sentier droit.

27. Ceux qui feront le bien auront une belle récompense et une augmentation de bienfaits. Ni la noirceur ni la honte ne terniront l'éclat de leurs visages. Ils habiteront le paradis et y resteront éternellement.

28. Ceux qui feront le mal, leur rétribution sera pareille au mal [1]; l'ignominie les couvrira (et il n'y aura point de protecteur contre Dieu), et leurs visages seront noirs comme un lambeau de nuit épaisse. Ils habiteront le feu et y demeureront éternellement.

29. Un jour nous les réunirons tous, et nous crierons à ceux qui donnaient des associés à Dieu : A vos places! vous et vos compagnons; puis nous les séparerons les uns des autres. Leurs

---

1. Ce n'est pas le seul passage du Coran où pour mettre en relief la bonté de Dieu, les récompenses des justes seront plus généreuses que ne seront sévères les châtiments des méchants.

compagnons leur diront alors : Ce n'est pas nous que vous avez adorés (mais plutôt vos passions).

30. Dieu est un témoin compétent entre nous et vous. Nous ne nous soucions guère de vos adorations.

31. Ainsi toute âme éprouvera la rétribution de ce qu'elle aura fait ; ils seront tous rendus à Dieu, leur véritable Seigneur, et les dieux qu'ils avaient inventés disparaîtront.

32. Dis-leur : Qui est-ce qui vous fournit la nourriture du ciel et de la terre ? Qui est-ce qui dispose de l'ouïe et de la vue ? Qui est-ce qui produit l'être vivant de l'être mort ? Qui est-ce qui gouverne tout ? Ils répondront : C'est Dieu. Dis-leur : Pourquoi donc ne le craignez-vous pas ?

33. Celui-ci est Dieu, votre Seigneur véritable. Qu'y a-t-il en dehors de la vérité, si ce n'est l'erreur ? Comment se fait-il que vous vous en détourniez ?

34. Ainsi s'est vérifiée cette parole de Dieu sur les criminels, qu'ils ne croiront jamais !

35. Dis-leur : Quelqu'un de vos compagnons peut-il produire un être, et le faire rentrer ensuite *dans le non-être ?* Dis plutôt : C'est Dieu qui produit cette création, et la fait rentrer. Comment se fait-il que vous vous éloigniez de la foi ?

36. Dis-leur : Quelqu'un de vos compagnons peut-il nous diriger vers la vérité ? Dis : C'est Dieu qui dirige vers la vérité. Qui donc est plus digne d'être obéi de celui qui dirige, ou de celui qui ne dirige qu'autant qu'il est dirigé lui-même ? Quelle est donc la cause que vous jugiez comme vous le faites ?

37. La plupart d'entre eux ne suivent qu'une opinion ; mais l'opinion ne tient aucunement lieu de la vérité, et Dieu sait ce que vous faites.

38. Ce livre (le Coran) n'est point inventé par quelque autre que Dieu ; il est donné pour confirmer ce qui était avant lui et pour expliquer les Ecritures qui viennent du Seigneur de l'univers. Il n'y a point de doute à cet égard.

39. Disent-ils : C'est lui (Muḥammad) qui l'a inventé. Réponds-leur : Composez donc un seul chapitre semblable ; appelez-y même tous ceux que vous pouvez, outre Dieu, si vous êtes sincères.

40. Mais ils accusent de mensonge ce qu'ils sont incapables d'embrasser avec leur science, bien qu'on leur en ait donné l'explication. Ainsi ont agi, avant eux, ceux qui traitaient d'imposteurs d'autres que toi. Regarde quelle a été la fin des impies.

41. Il en est parmi eux qui croient ; il en est qui ne croient pas. Dieu connaît les méchants.

42. S'ils te traitent d'imposteur, dis-leur : Mes actions m'ap-

partiennent, et à vous les vôtres. Vous êtes innocents de ce que je fais, et moi de ce que vous faites.

43. Il est parmi eux des hommes qui viennent pour t'écouter sans rien comprendre. Peux-tu faire que les sourds t'entendent ?

44. Il en est d'autres qui te regardent, sans rien voir. Peux-tu diriger les aveugles ?

45. Dieu ne commet aucune injustice envers les hommes; les hommes la commettent envers eux-mêmes.

46. Un jour il les rassemblera tous; à les voir on pourra croire qu'ils ne sont restés (dans le tombeau) qu'une heure de la journée, et ils se connaîtront tous les uns les autres. Alors ceux qui ont traité de mensonge la componction de Dieu, et n'étaient pas dirigés dans la droite voie, périront.

47. Soit que nous te fassions voir une partie des peines dont nous les menaçons, soit que nous te fassions mourir auparavant, tous retourneront à Dieu. Il apparaîtra alors comme témoin de leurs actions.

48. Chaque nation a eu son prophète, et lorsqu'un prophète vint à eux aussi, le différend fut décidé avec équité, et ils ne furent pas traités injustement.

49. Ils disent : Quand donc ces menaces seront-elles accomplies ? Dites-nous-le, si vous êtes sincères.

50. Dis-leur : Je n'ai aucun pouvoir sur ce qui m'est utile ou nuisible, sinon autant que cela plaît à Dieu. Chaque nation a son terme; lorsque ce terme est venu, elles ne sauraient le retarder ni l'avancer d'une heure.

51. Dis-leur : Si le châtiment de Dieu doit les surprendre pendant la nuit ou pendant le jour, pourquoi les coupables voudraient-ils le hâter ?

52. Y croirez-vous au moment où le châtiment viendra vous surprendre ? — Oui, vous y croirez alors; mais pourquoi l'avez-vous hâté ?

53. On dira alors aux injustes : Goûtez le châtiment éternel; seriez-vous rétribués autrement que vous ne l'avez mérité ?

54. Ils voudront apprendre de toi s'il en sera véritablement ainsi. Dis-leur : Oui, j'en jure par mon Seigneur. C'est la vérité, et vous ne pouvez annuler la puissance de Dieu.

55. Certes toute âme qui a commis des iniquités désirerait alors se racheter au prix de toutes les richesses de la terre. Ils cacheront leur dépit lorsqu'ils verront le châtiment qui les attend. Leur cause sera décidée bientôt, et ils ne seront pas lésés.

56. Tout ce qui est dans les cieux et sur la terre n'appartient-il pas à Dieu ? Les promesses de Dieu ne sont-elles pas véritables ? Mais la plupart des hommes ne le savent pas.

57. Il donne la vie et il fait mourir, et vous retournerez à lui.

58. O hommes! un avertissement. Il vous est venu de votre Seigneur un remède pour les maux de vos cœurs, et la direction du chemin, et la grâce réservée aux croyants.

59. Dis-leur : Par la grâce de Dieu et par sa miséricorde, qu'ils s'en réjouissent; ceci leur sera plus avantageux que les richesses qu'ils amassent.

60. Dis-leur : Dites-moi, parmi les dons que Dieu vous a fait descendre d'en haut, vous avez interdit certaines choses et vous en avez permis d'autres. Demande-leur : Est-ce Dieu qui vous l'a commandé, ou bien le mettez-vous mensongèrement sur son compte ?

61. Mais que penseront au jour de la résurrection ceux qui inventent les mensonges sur le compte de Dieu ? Certes Dieu est d'une bonté infinie envers les hommes; mais la plupart d'entre eux ne lui sont pas reconnaissants.

62. Tu ne te trouveras pas dans une circonstance quelconque, tu ne liras pas un seul mot du livre, tu ne commettras pas une action quelconque, que nous ne soyons présents et témoins dans ce que vous entreprenez. Le poids d'un atome sur la terre ou dans les cieux ne saurait échapper à ton Seigneur. Il n'y a pas de poids plus petit ou plus grand qui ne soit inscrit dans le livre évident.

63. Les amis de Dieu seront à l'abri de toute crainte et ne seront point attristés.

64. A ceux qui croient et qui craignent;

65. A ceux-là bonne nouvelle dans ce monde et dans l'autre. Les paroles de Dieu ne changent point. Ce sera un bonheur immense.

66. Que leurs discours ne t'affligent pas. Toute la puissance appartient à Dieu; il entend et sait tout.

67. Tout ce qui est dans les cieux et sur la terre n'est-il pas à Dieu ? Ceux qui invoquent à côté de Dieu ses compagnons ne suivent qu'une croyance vaine et commettent un mensonge.

68. C'est lui qui a établi la nuit pour votre repos et le jour lumineux *pour le travail*. Certes il y a dans ceci des signes pour ceux qui écoutent.

69. Ils disent : Dieu a un fils : loin de sa gloire ce blasphème. Il se suffit à lui-même; à lui appartient tout ce qui est dans les cieux et sur la terre. Avez-vous reçu quelque pouvoir pour parler ainsi, ou bien dites-vous ce que vous ne savez pas ?

70. Dis-leur : Ceux qui inventent des mensonges sur le compte de Dieu ne seront pas heureux.

71. Ils jouiront temporairement de ce monde, et ensuite retourneront à nous; puis nous leur ferons goûter le châtiment terrible pour prix de leur incrédulité.

72. Relis-leur l'histoire de Noé lorsqu'il dit à son peuple :
O mon peuple! si mon séjour au milieu de vous et le souvenir
des signes de Dieu vous sont insupportables, je mets ma confiance
en Dieu seul. Réunissez vos efforts et vos compagnons, et ne
cachez pas vos desseins : décidez de moi et ne me faites point
attendre.

73. Si vous tergiversez, je ne vous demande aucune rétribution; ma rétribution est près de Dieu; il m'a ordonné d'être résigné à sa volonté.

74. On l'a traité d'imposteur, et nous l'avons sauvé lui et ceux
qui étaient avec lui dans le vaisseau. Nous les avons fait survivre
aux autres; nous avons noyé ceux qui traitaient nos signes de
mensonges. Voilà quelle a été la fin de ceux qu'avertissait Noé.

75. Nous envoyâmes dans la suite d'autres prophètes vers
leurs peuples; ils leur firent voir des signes évidents; mais ces
peuples n'étaient point portés à croire en ce qu'ils ont naguère
traité de mensonges. C'est ainsi que nous imprimons le sceau sur
les cœurs des injustes.

76. Nous envoyâmes ensuite Moïse et Aaron, accompagnés de
nos signes, vers Pharaon et vers les grands de son empire; mais
ils s'enflèrent d'orgueil et devinrent coupables.

77. Lorsque la vérité leur fut venue de nous, ils dirent : C'est
de la magie pure.

78. Moïse leur dit alors : Quand la vérité vous apparaît, pourquoi demandez-vous si c'est de la magie ? Les magiciens ne pros-
péreront pas.

79. Es-tu venu, répondirent-ils, pour nous détourner de ce que
nous avons vu pratiquer à nos pères, et pour que le pouvoir dans
ce pays appartienne à vous deux ? Nous ne vous croyons pas.

80. Pharaon dit alors : Faites venir tous les magiciens habiles;
et lorsque les magiciens arrivèrent, Moïse leur dit : Jetez ce que
vous avez à jeter.

81. Et lorsqu'ils eurent jeté *ce qu'ils avaient à jeter*, Moïse
reprit : Ce que vous faites n'est qu'une magie. Dieu en montrera
la vanité, car Dieu ne fait point réussir les actions des méchants.

82. Dieu corrobore la vérité par ses paroles, dussent les coupables en concevoir du dépit.

83. Et personne ne crut à Moïse, excepté son propre peuple,
de crainte que Pharaon et les grands ne les opprimassent,
car Pharaon était puissant dans le pays, et il commettait des
excès.

84. Moïse dit alors à son peuple : O mon peuple! si vous avez
cru en Dieu, mettez entièrement votre confiance en lui, si vous
êtes réellement résignés à sa volonté.

85. Ils répondirent : Nous avons mis notre confiance en Dieu.

Seigneur, ne nous livre point à l'oppression d'un peuple d'oppresseurs.

86. Par ta miséricorde délivre-nous du peuple des infidèles.

87. Nous fîmes entendre alors à Moïse et à son frère cette révélation : Disposez pour votre peuple des maisons en Egypte, et faites-en des maisons d'adoration. Observez exactement la prière, et faites entendre de joyeuses nouvelles aux croyants.

88. Seigneur, s'écria Moïse, tu as donné à Pharaon et à ses grands les richesses et la splendeur dans ce monde, afin qu'ils s'égarent de ton chemin; ô Seigneur, détruis leurs richesses et endurcis leurs cœurs; qu'ils ne croient point jusqu'à ce qu'ils éprouvent le châtiment terrible.

89. Votre prière est exaucée, répondit Dieu; marchez dans le sentier droit, et ne suivez point ceux qui ne savent rien.

90. Nous franchîmes la mer avec les enfants d'Israël. Pharaon et ses armées les poursuivirent avec ardeur et en ennemis, jusqu'au moment où, débordé par les flots, il s'écria : Je crois qu'il n'y a point d'autre Dieu que celui en lequel croient les enfants d'Israël. Je suis de ceux qui se résignent à sa volonté.

91. Oui, à l'heure qu'il est; mais naguère tu t'es montré rebelle, et tu étais du nombre des méchants.

92. Aujourd'hui nous retirons des flots ton corps, afin qu'il soit un signe d'avertissement pour tes successeurs; et cependant la plupart des hommes ne prêtent aucune attention à nos signes.

93. Nous avons disposé pour les enfants d'Israël des habitations fixes, et nous leur avons donné des choses excellentes pour leur nourriture. Ils ne furent partagés d'avis que lorsqu'ils reçurent la science de la part de ton Seigneur. Mais Dieu prononcera entre eux, au jour de la résurrection, sur leurs dissentiments.

94. Si tu es dans le doute sur ce qui t'a été envoyé d'en haut, interroge ceux qui lisent les Ecritures envoyées avant toi. La vérité de la part de Dieu est descendue sur toi; ne sois pas de ceux qui doutent.

95. Ne sois pas de ceux qui traitent de mensonges les signes de Dieu, de peur d'être du nombre des réprouvés.

96. Ceux contre lesquels la parole de Dieu a prononcé ne croiront pas.

97. Quand même tous les miracles seraient faits, ils ne croiront pas, jusqu'à ce qu'ils éprouvent le châtiment terrible.

98. S'il en était autrement, une ville qui aurait cru y aurait trouvé son salut; mais il n'y eut que le peuple de Jonas qui fut sauvé, ayant cru. Nous le délivrâmes du châtiment d'opprobre dans ce monde, et nous le laissâmes subsister jusqu'à un certain temps.

99. Si Dieu voulait, tous les hommes de la terre croiraient. Veux-tu contraindre les hommes à devenir croyants ?

100. Comment une âme pourrait-elle croire, sans la volonté de Dieu ? Il déversera son indignation sur ceux qui ne comprennent pas.

101. Dis-leur : Contemplez ce qui est dans les cieux et sur la terre. Mais les signes et les avertissements ne seront d'aucune utilité à ceux qui ne croient pas.

102. Attendez-vous quelque autre dénouement que celui des générations qui vous ont précédés ? Dis-leur : Attendez, et moi j'attendrai avec vous.

103. Puis nous sauverons nos envoyés et ceux qui auront cru. Il est juste que nous sauvions les croyants.

104. Dis-leur : O hommes! si vous êtes dans le doute relativement à ma religion, je vous déclare que je n'adore point ceux que vous adorez à côté de Dieu; j'adore ce Dieu qui vous fera mourir. Il m'a été ordonné d'être croyant.

105. Il m'a été dit : Dirige ton front vers la vraie foi; sois orthodoxe, et ne sois pas de ceux qui associent.

106. N'invoque point, à l'exclusion de Dieu, ce qui ne saurait ni te servir ni te nuire. Si tu le fais, tu es impie.

107. Si Dieu te visite d'un mal, nul autre que lui ne peut t'en délivrer; s'il te destine quelque bonheur, nul ne saurait t'en priver. Il visite ceux qu'il veut d'entre ses serviteurs. Il est indulgent et miséricordieux.

108. Dis : O hommes! la vérité vous est venue de votre Seigneur; quiconque prend le chemin droit, il le prend pour son bien; quiconque s'égare s'égare au détriment de son âme. Je ne suis point chargé de vos intérêts.

109. Suis donc ce qui t'a été révélé, et prends patience jusqu'au moment où Dieu aura jugé. Il est le meilleur des juges.

SOURATE XI

HOUD

Donnée à La Mecque. — 123 versets.

Au nom de Dieu clément et miséricordieux.

1. A. L. R. Ce livre, dont les versets ont été fermement rédigés, puis développés, vient du Sage, de l'Instruit.

2. N'adorez donc que Dieu : moi, je viens, envoyé par lui, comme apôtre chargé d'avertir et d'annoncer.

3. Implorez le pardon de votre Seigneur et revenez à lui; il vous fera jouir d'une belle part, jusqu'au terme marqué, et il accordera la récompense à tout homme qui l'aura méritée. Mais si vous vous détournez, je crains pour vous le châtiment du grand jour.

4. Vous retournerez tous à Dieu, il est tout-puissant.

5. N'enveloppent-ils pas leurs cœurs d'un double repli pour cacher leurs desseins ?

6. Et lorsqu'ils cherchent à se couvrir de leurs vêtements, ne sait-il pas ce qu'ils recèlent et ce qu'ils laissent paraître ?

7. Certes, il connaît ce que leurs cœurs renferment.

8. Il n'y a point de créature sur la terre à laquelle Dieu ne se charge de fournir sa nourriture; il connaît son repaire et le lieu de sa mort [1]; tout est inscrit dans le livre évident.

9. C'est lui qui a créé les cieux et la terre dans l'espace de six jours; son trône était, *avant la création*, établi sur les eaux, pour s'assurer qui de vous agira le mieux [2].

10. Quand tu dis : Vous serez ressuscités après votre mort, les infidèles répondent : C'est de la magie pure.

11. Et si nous différons le châtiment jusqu'au temps déterminé, ils disent : Qu'est-ce qui l'empêche *de le faire sur-le-champ ?* — Croient-ils donc qu'il ne viendra pas le jour où personne ne saura plus le conjurer ? Ce qui était l'objet de leurs railleries les enveloppera de toutes parts.

---

1. Ou bien, d'après un autre sens de deux mots du texte, il connaît sa place dans les reins et dans le ventre de ses parents.
2. C'est-à-dire : laquelle des choses créées sera plus apte à se charger de ses commandements, des hommes ou de la terre et des cieux.

12. Si nous faisons éprouver notre grâce à l'homme, et si nous la lui retirons ensuite, il se désespère et devient ingrat.

13. Le faisons-nous goûter de nos bienfaits, après que l'adversité l'a atteint, il dit : Le mal m'a quitté ; il est plein de joie et de jactance.

14. Ceux qui persévèrent et font le bien, ceux-là obtiendront indulgence et la récompense magnifique.

15. Il se peut que tu oublies *de faire connaître* une partie de ce qui t'a été révélé, et que ton cœur soit dans l'angoisse quand ils te diront : A moins qu'un trésor ne lui soit envoyé d'en haut, ou qu'un ange ne l'accompagne, *nous ne croirons pas*. Toi, Muḥammad, tu n'es qu'un apôtre chargé de prêcher. Dieu seul gouverne tout.

16. Diront-ils : Il l'a inventé, ce Coran. Réponds-leur : Eh bien, apportez dix *sourates* pareilles, inventées, et appelez pour vous y aider tous ceux que vous pourrez, hormis Dieu. Faites-le, si vous êtes sincères.

17. Si vous ne l'obtenez pas, apprenez qu'il est descendu avec la science de Dieu, et qu'il n'y a point de Dieu que lui. Etes-vous musulmans ?

18. Nous rétribuerons avec justice les œuvres de ceux qui désireront la vie de ce monde et ses charmes ; ils ne seront point lésés.

19. Ce sont ceux-là qui n'auront dans la vie future que le feu pour partage ; ce qu'ils ont fait ici-bas se réduira à rien ; leurs actions seront vaines.

20. Seront-ils les égaux de ceux qui ont suivi la déclaration du Seigneur, que leur récite un témoin venant de Dieu, précédé du livre de Moïse, comme marchant à la tête et donné comme marque de grâce *aux hommes ?* Ceux-ci croient à lui. Le feu menace les confédérés infidèles. Ne conserve aucun doute sur ce livre : il est la vérité même ; mais la plupart des hommes n'y croient pas.

21. Qui est plus méchant que celui qui invente des mensonges sur le compte de Dieu ? Ces hommes comparaîtront un jour devant leur Seigneur, et les témoins diront : Voilà ceux qui ont accusé leur Seigneur de mensonge. La malédiction de Dieu ne tombera-t-elle pas sur les méchants

22. Qui détournent les autres du sentier de Dieu et veulent le rendre tortueux ? Ce sont ceux qui n'ont point cru à la vie future. Ils ne rendront point Dieu impuissant sur la terre et ne trouveront aucun protecteur contre lui. Le châtiment qui les attend sera doublé, parce qu'ils n'ont pu entendre et ne voyaient pas.

23. Ce sont eux qui se sont perdus eux-mêmes, et les divinités qu'ils avaient inventées ont disparu.

24. Nul doute qu'ils ne soient les plus malheureux dans l'autre monde.

25. Ceux qui croient et font le bien, qui s'humilient devant leur Seigneur, seront en possession du paradis où ils resteront éternellement.

26. Ces deux portions *des humains* ressemblent à l'aveugle et au sourd, à celui qui voit et qui entend. Sont-ils égaux les uns et les autres ? N'y réfléchirez-vous pas ?

27. Nous envoyâmes Noé vers son peuple : Je suis, leur dit-il, chargé de vous avertir clairement

28. De n'adorer que Dieu. Je crains pour vous le châtiment du jour terrible.

29. Les chefs du peuple incrédule lui dirent : Tu n'es qu'un homme comme nous, et nous ne voyons que la plus vile populace qui t'ait suivi sans réflexion. Vous ne possédez aucun mérite qui vous rende supérieurs à nous. Bien plus, nous vous regardons comme des imposteurs.

30. O mon peuple! reprit Noé, qu'en pensez-vous ? Si je ne fais que suivre la révélation de Dieu et la grâce qui me vient de lui, et que vous ne voyez pas, faut-il que je vous l'impose malgré vous ?

31. O mon peuple! je ne vous demande pas de richesses en retour; ma récompense est à la charge de Dieu, et je ne puis repousser ceux qui croient qu'un jour ils reverront leur Seigneur. Mais je vois que vous êtes un peuple d'ignorants.

32. O mon peuple! qui est-ce qui m'assistera contre Dieu, si je repousse ceux qui croient ? N'y réfléchirez-vous pas ?

33. Je ne vous dis pas : Les trésors de Dieu sont à ma disposition. Je ne connais pas les choses cachées, je ne vous dis pas : Je suis un ange; je ne dis pas à ceux que vos yeux regardent avec mépris : Dieu ne leur accordera aucun bienfait. Dieu sait le mieux ce qui est au fond de leurs âmes. Si je disais cela, je serais du nombre des méchants.

34. Ils répondirent : O Noé! tu as déjà disputé avec nous, et tu ne fais qu'augmenter nos querelles. Fais donc arriver ce dont tu nous menaces, si tu es véridique.

35. Sans doute Dieu le fera arriver s'il le veut, et ce n'est pas vous qui le rendrez impuissant.

36. Si je donnais des conseils, ils ne vous serviraient à rien, si Dieu voulait vous égarer. Il est votre Seigneur, et c'est à lui que vous retournerez.

37. Te diront-ils : Il l'a inventé, ce Coran. Dis-leur : Si je l'ai inventé, le crime en retombera sur moi, mais je suis innocent des vôtres.

38. Il a été ensuite révélé à Noé : Il n'y aura de croyants dans

ton peuple que ceux qui ont déjà cru. Ne t'afflige point de leurs actions.

39. Construis un vaisseau sous nos yeux et d'après notre révélation, et ne nous parle plus pour les méchants. Ils seront submergés.

40. Et il construisit un vaisseau, et chaque fois que les chefs de son peuple passaient auprès de lui ils le raillaient. Ne me raillez pas, dit Noé, je vous raillerai à mon tour comme vous me raillez, et vous apprendrez

41. Sur qui tombera le châtiment qui le couvrira d'opprobre. Ce châtiment restera perpétuellement sur sa tête.

42. Et il en fut ainsi jusqu'au moment où notre ordre fut donné, et où la fournaise creva. Nous dîmes à Noé : Emporte dans ce vaisseau un couple de chaque espèce, ainsi que ta famille, excepté celui sur qui le jugement a été prononcé [1]. Prends aussi tous ceux qui ont cru; et il n'y eut qu'un petit nombre qui aient cru.

43. Noé leur dit : Montez dans le vaisseau. Il voguera et il s'arrêtera au nom de Dieu. Dieu est indulgent et miséricordieux.

44. Et le vaisseau voguait avec eux au milieu de flots *soulevés* comme des montagnes. Noé cria à son fils qui était à l'écart : O mon enfant! monte avec nous, et ne reste pas avec les incrédules.

45. Je me retirerai sur une montagne, dit-il, qui me mettra à l'abri des eaux. Noé lui dit : Nul ne sera aujourd'hui à l'abri des arrêts de Dieu, excepté celui dont il aura eu pitié. Les flots les séparèrent, et le fils de Noé fut submergé.

46. Et il fut dit : O terre! absorbe tes eaux. O ciel! arrête! et les eaux diminuèrent; l'arrêt fut accompli. Le vaisseau s'arrêta sur la montagne *Djoudi*, et il fut dit : Loin d'ici les méchants!

47. Noé cria alors vers son Seigneur et dit : O mon Seigneur! mon fils est de ma famille. Tes promesses sont véritables, et tu es le meilleur des juges.

48. O Noé! reprit Dieu, il n'est point de ta famille. Ce que tu fais est une action injuste. Ne me demande point ce que tu ne sais pas. Je t'avertis, afin que tu ne sois pas du nombre des ignorants.

49. Seigneur! je me réfugie auprès de toi; dispense-moi de te demander ce que je ne sais pas, et si tu ne me pardonnes pas, si tu n'as point pitié de moi, je suis perdu.

50. Et il lui fut dit : O Noé! descends du vaisseau accompagné de notre salut et de nos bénédictions sur toi et sur les peuples qui sont avec toi. Il est des peuples que nous ferons jouir des biens du monde; plus tard, un châtiment terrible les atteindra.

---

1. Un des fils de Noé, que la tradition représente comme infidèle.

51. Voilà une des histoires cachées. Nous révélons cette histoire que vous n'avez pas connue jusqu'ici, ni toi ni ton peuple. Prends patience; la fin heureuse est pour ceux qui craignent Dieu.

52. Nous envoyâmes aux hommes de ʿĀd leur frère Houd. Il leur dit : O mon peuple! adorez Dieu. Vous n'avez point d'autre Dieu que lui. Vous inventez vous-mêmes les autres.

53. O mon peuple! je ne te demande aucun salaire; mon salaire est à la charge de celui qui m'a créé. Ne le comprendrez-vous pas ?

54. O mon peuple! implorez le pardon de votre Seigneur, revenez à lui, il vous enverra du ciel une pluie abondante [1].

55. Il fera accroître vos forces [2]. Ne vous en allez pas pour commettre de nouveaux crimes.

56. O Houd! répondirent-ils, tu ne viens point accompagné d'un signe évident; nous n'abandonnerons point nos divinités à ta parole seule; nous ne te croyons pas.

57. Que dirons-nous, si ce n'est qu'un de nos dieux t'a frappé de quelque coup ? Il répondit : Je prends à témoin Dieu, et vous témoignez vous-mêmes que je suis innocent de ce que vous associez *d'autres divinités*

58. à Dieu; mettez en œuvre vos machinations et ne me faites point attendre,

59. Car j'ai mis ma confiance en Dieu qui est mon Seigneur et le vôtre. Il n'existe pas une seule créature qu'il ne tienne par le bout de la chevelure. Dieu est sur le sentier droit.

60. Si vous tournez le dos, je vous ai fait connaître ma mission. Dieu mettra un autre peuple à votre place, et vous ne pourrez lui causer aucun mal. Mon Seigneur contient toute chose dans ses limites.

61. Notre volonté prête à s'accomplir, nous sauvâmes, par l'effet de notre miséricorde, Houd et ceux qui ont cru avec lui; nous les avons sauvés d'un châtiment terrible.

62. Ce peuple de ʿĀd avait nié la vérité de son Seigneur; il a désobéi à ses apôtres et suivi les ordres des hommes puissants et rebelles.

63. La malédiction les poursuit dans ce monde. Au jour de la résurrection on leur criera : ʿĀd n'a-t-il point été incrédule envers son Seigneur ? Loin d'ici, ʿĀd peuple de Houd!

64. Nous envoyâmes vers les Thémoudéens leur frère Saleh, qui leur dit : O mon peuple! adorez Dieu. N'ayez point d'autres dieux que lui. Il vous a produits de la terre, et il vous l'a donnée

---

1. Les peuples de ʿĀd souffraient de la sécheresse.
2. Les peuples de ʿĀd sont représentés comme remarquables par leur taille gigantesque et leur force.

pour l'habiter. Implorez son pardon; revenez à lui. Mon Seigneur est proche; il examine ceux qui le prient.

65. Ils répondirent : O Saleh! tu étais l'objet de nos espérances [1]. Nous défendras-tu maintenant d'adorer ce que nos pères adoraient ? Nous avons de grands doutes sur le *culte* auquel tu nous rappelles.

66. O mon peuple! répondit-il, songez-y. Lorsqu'une volonté manifeste de Dieu m'accompagne, lorsque sa miséricorde est descendue sur moi, qui m'assistera contre lui si je lui désobéis ? Vous ne sauriez accroître que ma perte [2].

67. O mon peuple! cette chamelle que voici est la chamelle de Dieu, elle sera un signe pour vous; laissez-la paître tranquillement sur la terre de Dieu, ne lui faites aucun mal; un châtiment terrible est prêt à le suivre.

68. Ils tuèrent la chamelle. Saleh leur dit alors : Attendez trois jours dans vos maisons. C'est une menace qui ne sera point démentie.

69. Nos arrêts prêts à s'accomplir, nous sauvâmes, par l'effet de notre miséricorde, Saleh, et ceux qui ont cru avec lui, de l'opprobre de ce jour-là. Ton Seigneur est le fort, le puissant.

70. Une tempête violente surprit les méchants; le lendemain ils furent trouvés gisant morts dans leurs habitations.

71. Comme s'ils n'y avaient jamais habité. Thémoud a été incrédule envers son Seigneur. Loin d'ici Thémoud!

72. Nos envoyés allèrent vers Abraham, porteurs d'une heureuse nouvelle. Ils leur dirent : Paix! — Paix! répondit-il, et il ne demeura pas longtemps à apporter un veau rôti.

73. Et lorsqu'il vit que leurs mains ne touchaient pas même *le mets préparé*, cela lui déplut, et il conçut de la frayeur. N'aie pas peur, lui dirent-ils. Nous sommes envoyés vers le peuple de Loth.

74. Sa femme se tenait là debout, et elle se mit à rire [3]. Nous lui annonçâmes Isaac, et après Isaac, Jacob.

75. Ah! moi, enfanter ? moi, lorsque je suis si vieille et mon mari un vieillard. Ceci est bien extraordinaire.

76. Tu t'étonneras donc de la volonté de Dieu. Sa miséricorde et ses bénédictions sont sur vous, famille de cette maison. Dieu est digne de gloire et de louanges.

77. Lorsque la frayeur d'Abraham se dissipa, et que l'heureuse prédiction lui fut faite, il disputa avec nous en faveur du peuple de Loth, car Abraham était doux, humain, enclin à l'indulgence.

1. Nous pensions t'élire pour notre roi.
2. Vous qui aviez le projet de m'élire roi, et d'augmenter ainsi ma considération.
3. Le mot que nous traduisons ici par *rire* est susceptible d'une autre interprétation; il veut dire : *menstrua passa est.*

78. O Abraham! cesse d'en parler, car l'ordre de ton Seigneur a déjà été manifesté; le châtiment les atteindra; il est irrévocable.

79. Nos envoyés allèrent vers Loth; il s'affligea à cause d'eux, et son cœur se serra. C'est un jour difficile, dit-il.

80. Des hommes de son peuple se portèrent en foule chez lui; ils commettaient des turpitudes. Il leur dit : Voici mes filles; il serait moins impur d'abuser d'elles. Ne me déshonorez pas dans mes hôtes. Y a-t-il un homme droit parmi vous ?

81. Tu sais, lui dirent-ils, que nous n'avons rien à démêler avec tes filles; tu sais ce que nous voulons.

82. Ah! si j'avais assez de force pour vous résister, ou si je pouvais trouver asile auprès d'un chef puissant.

83. O Loth! lui dirent *les étrangers*, nous sommes les envoyés de ton Seigneur, ils ne te toucheront pas. Sois avec ta famille cette nuit encore; mais que personne d'entre vous ne se détourne pour regarder. Ta femme seule le fera; le châtiment qui les surprendra tombera aussi sur elle. Ce dont ils sont menacés s'accomplira avant demain. Le demain n'est pas loin.

84. Un ordre émana de nous ; nous renversâmes cette ville de fond en comble; nous fîmes pleuvoir des briques de terre cuite, tombant continuellement et marquées de Dieu même. Elles ne sont pas loin de tous les méchants! *Avis aux Mecquois.*

85. Nous envoyâmes vers les Madianites leur frère Choaïb. O mon peuple! leur dit-il, adorez Dieu; n'ayez point d'autre Dieu que lui; ne diminuez pas le boisseau et le poids. Je vous vois dans l'aisance; mais je crains pour vous le châtiment du jour qui vous enveloppera tous.

86. O mon peuple! remplissez la mesure, pesez avec justice, et ne fraudez pas les hommes dans leur avoir; ne commettez pas de dévastations sur la terre.

87. La plus petite quantité qui vous restera par la faveur de Dieu vous sera plus avantageuse, si vous êtes croyants.

88. Je ne suis point votre gardien.

89. Ils lui dirent : O Choaïb! sont-ce tes dévotions qui t'enjoignent de nous ordonner d'abandonner ce qu'adoraient nos pères, ou de ne point faire avec nos biens ce qu'il nous plaît ? Cependant tu es un homme doux et droit.

90. O mon peuple, répondit Choaïb, dites-le-moi : si Dieu m'a donné une instruction claire, et s'il m'accorde une belle part de ses biens, dois-je ne pas m'opposer à ce qu'il m'a défendu ? Je ne veux que vous corriger, autant que je le puis; ma seule assistance me vient de Dieu, c'est en lui que j'ai mis ma confiance, et c'est à lui que je retournerai.

91. O mon peuple! puisse ma séparation d'avec vous ne pas vous valoir les maux pareils à ceux qui accablèrent le peuple de

Noé, le peuple de Houd, le peuple de Saleh. Le sort du peuple de Loth n'est pas éloigné de vous.

92. Implorez le pardon de votre Seigneur, et revenez à lui. Dieu est miséricordieux et plein d'amour.

93. O Choaïb, répondit le peuple, nous ne comprenons pas trop ce que tu veux dire; tu es faible parmi nous. Si nous n'avions égard à ta famille, nous t'aurions lapidé. Tu n'aurais pas eu le dessus.

94. O mon peuple! dit Choaïb, ma famille vous est-elle donc plus chère que Dieu ? Ferez-vous comme si vous le laissiez derrière vous ? Dieu embrasse de sa connaissance ce que vous faites.

95. O mon peuple! agissez, faites le mal tant que vous pourrez, j'agirai de mon côté et vous apprendrez

96. Sur qui tombera le châtiment ignominieux, et qui de nous est menteur. Attendez l'heure, moi je l'attends aussi.

97. Un ordre émana de nous, et nous sauvâmes par l'effet de notre miséricorde Choaïb et ceux qui ont cru avec lui. Une tempête violente surprit les méchants; le lendemain on les trouva gisant dans leurs demeures,

98. Comme s'ils n'avaient jamais habité ce pays. Madian ne s'est-il point éloigné *du chemin droit*, dont s'était éloigné Thémoud ?

99. Nous envoyâmes Moïse, accompagné de nos signes et d'un pouvoir incontestable, vers Pharaon et ses grands. Les grands suivirent les ordres de Pharaon, mais les ordres de Pharaon n'étaient pas justes.

100. Pharaon marchera à la tête de son peuple au jour de la résurrection; il le fera descendre dans le feu. De quelle affreuse descente ils descendront!

101. La malédiction les suit dans ce monde; et au jour de la résurrection quel affreux présent leur sera donné!

102. Telle est l'histoire des cités que nous te raconterons. Quelques-unes d'elles sont debout, d'autres par terre comme moissonnées.

103. Ce n'est pas nous qui avons agi avec iniquité envers eux, ce sont eux-mêmes. Les divinités qu'ils invoquaient à l'exclusion de Dieu ne leur ont servi à rien au moment où l'arrêt de Dieu fut prononcé. Elles n'ont fait qu'accroître leur défaite.

104. Quand Dieu s'empare des cités criminelles, c'est ainsi qu'il s'en empare. Il s'en empare terriblement, avec violence.

105. Certes, il y a dans ceci des signes pour celui qui craint le supplice de l'autre monde. Ce sera le jour où tous les hommes seront rassemblés, ce sera le jour où sera rendu le témoignage.

106. Nous ne le différons qu'à un terme marqué.

107. Ce jour-là aucune âme n'élèvera la parole qu'avec la

permission de Dieu. Parmi les hommes, tel sera réprouvé, tel autre bienheureux.

108. Les réprouvés seront précipités dans le feu; ils y pousseront des soupirs et des sanglots.

109. Ils y demeureront tant que dureront les cieux et la terre, à moins que Dieu ne le veuille autrement. Ton Seigneur fait bien ce qu'il veut.

110. Les bienheureux seront dans le paradis; ils y séjourneront tant que dureront les cieux et la terre, sauf si ton Seigneur ne veut ajouter quelque bienfait qui ne saurait discontinuer.

111. Ne sois point dans le doute sur ce qu'ils adorent. Ces hommes adorent ce qu'adoraient avant eux leurs pères. Nous leur paierons leur part sans diminution quelconque.

112. Nous donnâmes le livre à Moïse; on se mit à disputer sur ce livre. Si la parole de Dieu n'avait pas été prononcée [1], certes leurs différends auraient été bientôt terminés. Ton peuple aussi, ô Muḥammad! est dans le doute là-dessus.

113. Dieu paiera à tous le prix de leurs œuvres, car il est instruit de tout ce que vous faites.

114. Suis le chemin droit comme tu en as reçu l'ordre; que ceux qui se convertissent avec toi ne commettent plus d'iniquités, car Dieu voit vos actions.

115. Ne vous appuyez pas sur les méchants, de peur que le feu ne vous atteigne; vous n'aurez point de protecteur contre Dieu, vous ne serez point secourus.

116. Fais la prière aux deux extrémités du jour et à l'entrée de la nuit; les bonnes actions repoussent les mauvaises. Avis à ceux qui pensent.

117. Persévère, car Dieu ne laissera point périr la récompense de ceux qui font le bien.

118. Parmi les générations qui vous ont précédés, ceux qui pratiquaient la vertu et défendaient de commettre des crimes sur la terre n'étaient qu'en petit nombre. Nous les avons sauvés; mais les méchants suivirent leurs appétits et furent coupables.

119. Ton Seigneur n'anéantit point injustement les cités dont les habitants sont justes.

120. Si Dieu avait voulu, il n'aurait fait qu'un seul peuple de tous les hommes. Mais ils ne cesseront de différer entre eux, excepté ceux à qui Dieu aura accordé sa miséricorde. Il les a créés pour cela, afin que la parole de Dieu s'accomplisse lorsqu'il a dit : Je remplirai l'enfer de génies et d'hommes à la fois.

121. Nous te racontons ces histoires de nos envoyés pour en

---

1. Qui différait le châtiment.

affermir ton cœur. Par elles la vérité descend sur toi, ainsi que l'admonition et l'avertissement pour les croyants.

122. Dis à ceux qui ne croient pas : Agissez autant qu'il est en votre pouvoir. Nous agirons aussi; mais attendez la fin; nous l'attendons aussi.

123. A Dieu appartiennent les choses cachées des cieux et de la terre; tout revient à lui. Adore-le et mets ta confiance en lui. Ton Seigneur n'est point inattentif à ce qu'ils font.

SOURATE XII

JOSEPH

Donnée à La Mecque. — 111 versets.

Au nom de Dieu clément et miséricordieux.

1. A. L. R. Ce sont les signes du livre évident.

2. Nous l'avons fait descendre du ciel en langue arabe, afin que vous le compreniez.

3. Nous allons te raconter la plus belle histoire que nous t'ayons révélée dans ce Coran, une histoire dont tu ne t'es point douté jusqu'ici.

4. Un jour Joseph dit : O mon père! j'ai vu onze étoiles et le soleil et la lune qui m'adoraient.

5. O mon enfant! lui répondit Jacob, garde-toi bien de raconter ton songe à tes frères, de peur qu'ils n'imaginent contre toi quelque artifice, car Satan est l'ennemi déclaré de l'homme.

6. C'est ainsi que Dieu te prendra pour son élu et t'enseignera l'interprétation des événements; il te comblera de ses bienfaits toi et la famille de Jacob, comme il en a comblé tes aïeux d'autrefois, Abraham et Isaac. Ton Seigneur est savant et sage.

7. Joseph et ses frères peuvent servir de marque de la bonté divine à ceux qui veulent s'instruire.

8. Un jour ses frères se disaient l'un à l'autre : Joseph et son frère *Benjamin* sont plus chers à notre père, et cependant nous sommes plus nombreux. En vérité notre père est dans une erreur évidente.

9. Tuez Joseph, ou bien éloignez-le quelque part; les regards de votre père seront exclusivement pour vous. Ensuite vous vous conduirez en hommes de bien.

10. L'un d'entre eux dit alors : Ne mettez pas à mort Joseph, jetez-le plutôt au fond d'un puits, si vous voulez absolument vous en défaire; quelque voyageur viendra et le ramassera.

11. Un jour les frères de Joseph dirent à Jacob : O notre père! pourquoi ne veux-tu pas nous confier Joseph ? nous lui voulons cependant du bien.

12. Laisse-le partir demain avec nous, il paîtra les troupeaux et il jouera; nous serons ses gardiens.

13. J'éprouverai du chagrin, dit Jacob, si vous l'enlevez ; je crains qu'un loup ne le dévore pendant que vous n'y ferez pas attention.

14. Si un loup doit le dévorer, nous qui sommes plusieurs, nous serions bien malheureux de ne pouvoir le défendre.

15. Puis ils emmenèrent Joseph avec eux, et d'un commun accord le jetèrent au fond d'un puits. Nous fîmes *plus tard*[1] une révélation à Joseph, au moyen de laquelle il leur rappela cette circonstance, pendant qu'ils ne s'en doutaient pas.

16. Le soir ils se présentèrent devant leur père en pleurant.

17. O notre père ! dirent-ils, nous nous sommes éloignés pour courir à l'envi, et nous avons laissé Joseph auprès de nos hardes, et voici qu'un loup l'a dévoré. Mais tu ne nous croiras pas, quoique nous disions vrai.

18. Puis ils lui montrèrent sa chemise teinte d'un autre sang. Jacob leur dit : C'est vous-mêmes qui avez arrangé tout cela, mais la résignation vaut mieux. J'implore le secours de Dieu dans le malheur que vous venez de m'apprendre.

19. Il arriva que des voyageurs vinrent à passer par là ; ils envoyèrent un homme chargé de leur apporter de l'eau ; celui-ci laissa descendre son seau dans le puits, et s'écria : Quelle heureuse rencontre ! voici un enfant. Ils le cachèrent pour le vendre ; mais Dieu connaissait leurs actions.

20. Ils le vendirent pour un vil prix, pour quelques drachmes d'argent, et comme tenant peu à le garder.

21. Celui qui l'acheta (ce fut un Egyptien) dit à sa femme : Donne-lui une hospitalité généreuse ; il peut nous être utile un jour, ou bien nous l'adopterons pour notre fils. C'est ainsi que nous avons établi Joseph dans ce pays-là ; nous lui apprîmes l'interprétation des événements. Dieu est puissant dans ses œuvres ; mais la plupart des hommes ne le savent pas.

22. Lorsque Joseph parvint à l'âge de puberté, nous lui donnâmes la sagesse et la science ; c'est ainsi que nous récompensons ceux qui font le bien.

23. La femme dans la maison de laquelle il se trouvait conçut une passion pour lui ; elle ferma les portes de l'appartement et lui dit : Viens ici. Dieu m'en préserve, répondit Joseph. Mon maître m'a donné une généreuse hospitalité. Les méchants ne prospèrent pas.

24. Mais elle le sollicita, et il était sur le point de céder lorsqu'un avertissement de Dieu vint l'en détourner. Nous le lui avons donné pour le détourner du mal, d'une action déshonorante, car il était de nos serviteurs sincères.

1. En Egypte, quand ses frères vinrent chercher des vivres.

25. Alors tous les deux s'élancèrent vers la porte, *lui pour fuir*, *elle pour le retenir*, et la femme déchira sa tunique par derrière. Sur ces entrefaites arrive le mari de la femme; tous deux le rencontrent à l'entrée de la porte. Que mérite, dit la femme, celui qui a formé des intentions coupables à l'égard de ta femme, sinon la prison ou une punition terrible ?

26. C'est elle, dit Joseph, qui m'a sollicité au mal. Un parent de la femme témoigna contre elle alors, en disant : Si la tunique est déchirée par devant, c'est la femme qui dit la vérité et c'est Joseph qui est menteur.

27. Mais si elle est déchirée par derrière, c'est la femme qui a menti, et c'est Joseph qui dit la vérité.

28. Le mari examina la tunique et vit qu'elle était déchirée par derrière. Voilà de vos fourberies! s'écria-t-il : elles sont grandes.

29. O Joseph! laisse s'assoupir cette aventure; et toi, ô femme! demande pardon de ta faute, car tu as péché.

30. Les femmes de la ville se racontaient l'aventure en disant : La femme du seigneur d'Egypte a voulu jouir de son esclave, qui l'a rendue folle de lui. Elle est vraiment dans une fausse route.

31. Lorsque la femme du seigneur eut entendu ces propos, elle envoya des invitations à ces femmes, prépara un banquet, et donna à chacune d'elles un couteau : puis elle ordonna à Joseph de paraître devant ces femmes; et quand elles l'eurent vu, elles le comblaient de louanges et se coupaient les doigts *par distraction* en s'écriant : O Dieu! ce n'est pas un homme, c'est un ange adorable.

32. Voilà, leur dit l'épouse du seigneur, celui qui a été cause des blâmes que vous avez déversés sur moi. J'ai voulu lui faire partager ma passion, mais il s'y refuse constamment; s'il ne condescend pas à mes désirs, il sera jeté dans un cachot et réduit dans un état misérable.

33. Seigneur! s'écria Joseph, la prison est préférable au crime auquel elles m'invitent; et si tu ne me protèges contre leurs pièges, je pourrais y donner par un penchant de jeune homme et agir comme un insensé.

34. Dieu l'exauça et détourna de lui leurs machinations, car il entend et sait tout.

35. Cependant il leur plut, même après les signes de son innocence, de le jeter pour quelque temps dans un cachot.

36. Deux hommes furent en même temps emprisonnés avec lui; l'un d'eux dit : J'ai rêvé *cette nuit* que je pressais du raisin; Et moi, dit l'autre, j'ai rêvé que je portais sur ma tête des pains que les oiseaux venaient becqueter. Donne-nous l'interprétation de ces songes, car nous te tenons pour un homme vertueux.

37. Joseph leur répondit : On ne vous aura pas encore apporté votre nourriture journalière que je vous aurai expliqué vos songes avant qu'ils se réalisent. Cette science me vient de Dieu qui me l'a enseignée, car j'ai abandonné la religion de ceux qui ne croient point en Dieu et qui nient la vie future.

38. Je professe la religion de mes pères Abraham, Isaac et Jacob; nous n'associons aucune créature à Dieu. Cela vient de la faveur de Dieu envers nous comme envers tous les hommes; mais la plupart des hommes ne sont point reconnaissants.

39. O mes camarades de prison! est-ce une multitude de seigneurs qui valent mieux, ou bien un Dieu unique et puissant ?

40. Ceux que vous adorez à côté de Dieu ne sont que de vains noms que vous avez inventés, vous et vos pères. Dieu ne vous a donné aucune preuve à l'appui *de votre culte*. Le pouvoir suprême n'appartient qu'à Dieu; il vous commande de ne point adorer d'autre Dieu que lui. C'est la vraie religion, mais la plupart des hommes ne le savent pas.

41. O mes camarades de prison! l'un d'entre vous présentera la coupe de vin à son maître; l'autre sera crucifié, et les oiseaux viendront se repaître de sa tête. La chose sur laquelle vous venez de m'interroger est décrétée infailliblement.

42. Puis Joseph dit à celui auquel il prédisait son élargissement : *Quand tu seras libre*, rappelle-moi au souvenir de ton maître. Satan lui fit oublier de parler de Joseph à son maître, et Joseph resta encore quelques années en prison.

43. Le roi d'Egypte dit un jour aux grands du royaume : j'ai vu en songe sept vaches grasses dévorées par sept vaches maigres, et sept épis verts, et sept autres épis desséchés. O seigneurs, expliquez-moi ma vision, si vous savez expliquer les songes.

44. Ce sont là des fantômes, des songes, nous n'entendons rien à l'explication des songes.

45. Celui des deux prisonniers qui avait été élargi leur dit (or il s'était souvenu de Joseph après quelques années) : Je vous en donnerai l'explication. Laissez-moi aller voir *la personne qui le fera*.

46. O Joseph! homme véridique, explique-nous ce que signifient sept vaches grasses que sept vaches maigres dévorent, et sept épis verts et sept autres épis desséchés, afin que quand je serai de retour auprès de ceux qui m'ont envoyé, ils en connaissent l'explication.

47. Joseph lui répondit : Vous sèmerez pendant sept ans, comme d'habitude, le blé que vous aurez moissonné; laissez-le dans l'épi [1], excepté le peu que vous emploierez pour vos besoins.

---

1. C'est-à-dire dans vos magasins sans le battre.

48. Ensuite de cela viendront sept années stériles qui consumeront tout ce que vous aurez mis en réserve, excepté le peu que vous aurez économisé.

49. Puis viendra une année pendant laquelle les habitants de ce pays auront beaucoup de pluies et presseront *le raisin et les olives*.

50. Alors le roi dit : Amenez-moi cet homme. Lorsque le messager vint trouver Joseph, celui-ci lui dit : Retourne auprès de ton maître, et demande-lui qu'est-ce que voulaient faire ces femmes qui se coupaient les doigts. Mon Seigneur (Dieu) connaît parfaitement leurs machinations.

51. Le roi demanda alors à ces femmes : Que voulaient dire ces instances pour faire partager à Joseph votre passion ? Dieu nous préserve, répondirent-elles; il ne s'est rendu coupable d'aucun péché que nous sachions. Et la femme du gouverneur de l'Egypte ajouta : Maintenant la vérité s'est montrée à nu, c'est moi qui avais sollicité Joseph au mal; lui a toujours dit la vérité.

52. *Lorsque Joseph apprit tout cela*, il dit : Que *mon ancien maître* sache maintenant que je ne l'ai point trahi dans son absence. Dieu ne mène pas à bonne fin les machinations des traîtres.

53. Je ne me dis pas non plus entièrement innocent : la concupiscence conduit au mal, sauf si Dieu a pitié de nous; mais Dieu est indulgent et miséricordieux.

54. Le roi dit alors : Amenez-moi Joseph, je le prendrai à mon service particulier; et quand il lui eut adressé quelques paroles, il lui dit : Dès aujourd'hui tu seras auprès de nous, investi d'autorité et de notre confiance.

55. Joseph lui dit : Donnez-moi l'intendance des magasins du pays. Je saurai les conserver avec intelligence.

56. C'est ainsi que nous avons établi fermement Joseph dans ce pays; il pouvait choisir sa demeure partout où il voulait. Nous comblons de nos faveurs ceux que nous voulons, et nous ne laissons point périr la récompense des hommes qui font le bien.

57. Mais la récompense de la vie future est préférable pour ceux qui croient et craignent Dieu.

58. Il arriva que les frères de Joseph vinrent en Egypte et se présentèrent devant lui : il les reconnut; mais eux ne le reconnurent pas.

59. Et lorsqu'il les eut pourvus de leurs provisions, il leur dit : Amenez-moi votre frère qui est resté avec votre père. Ne voyez-vous pas que je vous donne une bonne mesure et que je reçois bien mes hôtes ?

60. Si vous ne me l'amenez pas, vous n'aurez plus de blé; sans lui ne paraissez pas devant moi.

61. Nous nous efforcerons, dirent-ils, de l'obtenir auprès de notre père, et nous ferons tout pour réussir.

62. Puis Joseph dit à ses gens : Mettez le prix de leur blé parmi leurs hardes; peut-être s'en apercevront-ils à leur arrivée chez eux, et reviendront-ils *ici pour le restituer.*

63. Quand ils furent de retour auprès de leur père, ils lui dirent : On nous refusera à l'avenir le blé *en Egypte;* laisse partir notre frère avec nous, et nous en obtiendrons. Nous aurons soin de lui.

64. Vous confierai-je encore celui-ci comme je vous avais confié autrefois son frère (Joseph) ? Dieu est le meilleur gardien; il est le plus clément.

65. Et lorsqu'ils défirent leurs hardes, ils trouvèrent que le prix de leur blé leur avait été rendu. O notre père, dirent-ils, que pouvons-nous désirer de plus ? Voici le prix de notre blé qui nous a été rendu; nous allons y retourner pour acheter des provisions pour nos familles; nous aurons soin de notre frère; cette fois-ci nous apporterons la charge d'un chameau de plus. C'est une charge si légère!

66. Je ne le laisserai pas partir avec vous, dit Jacob, à moins que vous ne juriez devant Dieu que vous me le ramènerez *sain et sauf,* s'il ne vous arrive pas quelque événement majeur. Lorsqu'ils le lui eurent promis, Jacob s'écria : Dieu m'est caution de vos engagements.

67. Puis il leur dit : O mes enfants ! *en arrivant en Egypte,* n'entrez point tous par une seule porte, mais par plusieurs à la fois; cette précaution ne vous servira à rien contre les décrets de Dieu, car le pouvoir suprême appartient à Dieu. Je mets ma confiance en lui, et c'est en lui que mettent leur confiance les hommes qui se résignent.

68. Ils entrèrent donc dans la ville suivant l'ordre de leur père; mais cette précaution ne pouvait leur être d'aucune utilité contre les arrêts de Dieu, sauf qu'elle satisfaisait au désir de Jacob qui la leur avait recommandée. Or Jacob possédait la science que nous lui enseignâmes; mais la plupart des hommes n'en ont point.

69. Et quand ils se présentèrent devant Joseph, il retint son frère *Benjamin,* et lui dit : Je suis ton frère, ne t'afflige plus du crime qu'ils ont commis.

70. Joseph, les ayant pourvus de leurs provisions, glissa une coupe à boire dans les hardes de son frère *Benjamin*, puis, *par ses ordres,* un héraut cria après eux : Hé! voyageurs! vous êtes donc voleurs?

71. Les fils de Jacob retournèrent et s'écrièrent : Que cherchez-vous ?

72. Nous cherchons, leur répondit-on, la coupe du roi. Quiconque la restituera recevra une récompense en blé de la charge d'un chameau; j'en suis garant, *dit le héraut*.

73. Nous en jurons par Dieu, répondirent *les fils de Jacob;* vous savez que nous ne sommes point venus ici pour commettre des brigandages; nous ne sommes point voleurs.

74. Et si vous mentez, quelle sera la peine de celui qui l'a fait ? dirent les autres.

75. Celui, répondirent-ils, dans les hardes duquel sera trouvée la coupe vous sera livré en expiation. C'est ainsi que nous punissons les coupables [1].

76. Joseph commença par fouiller dans leurs sacs avant de fouiller celui de son frère, puis il sortit la coupe du sac de son frère. C'est nous qui avons suggéré cette ruse à Joseph; il n'aurait pas pu, d'après la loi du roi de l'Egypte, s'emparer de la personne de son frère, à moins que Dieu ne l'eût voulu. Nous élevons le rang de celui que nous voulons. Il est quelqu'un plus savant que les savants.

77. Les fils de Jacob dirent alors : Si *Benjamin* a commis ce vol, son frère en avait commis un avant lui [2]. Joseph dissimulait tout et ne se fit pas connaître, et disait en lui-même : Vous êtes dans une condition plus à plaindre que nous deux. Dieu connaît mieux ce que vous racontez.

78. O Seigneur! dirent-ils alors, il a un père âgé, respectable; prends plutôt un d'entre nous à sa place. Nous savons que tu es généreux.

79. A Dieu ne plaise que je prenne un autre que celui chez qui notre coupe a été trouvée. Si je le faisais, j'agirais injustement.

80. Quand ils eurent désespéré du succès de leurs demandes, ils se retirèrent pour se consulter. Le plus âgé d'entre eux dit : Ne savez-vous pas que votre père a reçu de vous une promesse faite devant Dieu ? Ne vous rappelez-vous pas quel crime vous avez commis à l'égard de Joseph ? Je ne quitterai pas le pays que mon père ne me l'ait permis, ou que Dieu ne m'ait manifesté ses ordres, car il est le meilleur des juges.

81. Retournez auprès de votre père et dites-lui : O notre Père! ton fils a commis un vol : nous ne pouvons témoigner excepté de ce qui est à notre connaissance, et nous ne pouvions nous tenir en garde contre les choses imprévues.

82. Fais prendre des renseignements dans la ville où nous

1. C'est-à-dire : d'après l'usage en vigueur chez nous Hébreux, le voleur est retenu comme esclave.
2. D'après les traditions des Mahométans, Joseph aurait volé, étant enfant, une idole à son grand-père Laban.

étions, et près de la caravane avec laquelle nous sommes arrivés, et tu verras que nous disons la vérité.

83. *De retour chez eux, Jacob leur parla ainsi :* Vous avez arrangé tout cela vous-mêmes; mais prenons courage, peut-être Dieu me les rendra-t-il tous deux, car il est le Savant, le Sage.

84. Il s'éloigna donc d'eux et s'écria : Hélas! ô Joseph! et ses yeux blanchirent de tristesse, et il était opprimé de douleur.

85. Ses fils lui dirent : Au nom de Dieu, tu ne cesseras donc de parler de Joseph jusqu'à ce que la mort te surprenne ou que la douleur termine tes jours ?

86. Je porte mon affliction et ma douleur devant Dieu, et je sais de Dieu ce que vous ne savez pas.

87. O mes enfants! allez et informez-vous partout de Joseph et de son frère, et ne désespérez pas de la bonté de Dieu, car les ingrats seuls désespèrent de la bonté de Dieu.

88. Ils revinrent en Egypte; et s'étant présentés chez Joseph, ils lui dirent : Seigneur! la misère s'est appesantie sur nous et sur notre famille : nous n'apportons qu'une modique somme; mais fais-nous remplir la mesure, fais-nous-en l'aumône. Dieu récompensera ceux qui font l'aumône.

89. Savez-vous ce que vous avez fait de Joseph et de son frère, quand vous étiez plongés dans l'ignorance ?

90. Serais-tu Joseph ? lui dirent-ils. Oui, je suis Joseph, et celui-ci est mon frère. Dieu a été bienfaisant envers nous; car quiconque le craint et persévère *est heureux.* Dieu ne fera pas périr la récompense des vertueux.

91. Par le nom de Dieu, répondirent-ils, Dieu t'a permis de nous faire du bien quoique nous ayons péché.

92. Je ne vous ferai point de reproches aujourd'hui; Dieu vous pardonnera vos fautes, car il est le plus miséricordieux.

93. Allez et emportez ma tunique; couvrez-en le visage de mon père, il recouvrera la vue. Puis amenez-moi toute votre famille.

94. Quand la caravane partit d'Egypte, Jacob *dit à ceux qui l'environnaient :* Je sens l'odeur de Joseph; vous pensez peut-être que je suis en délire ?

95. Par le nom de Dieu, lui répondit-on, tu es dans ton ancienne erreur.

96. Lorsque le messager porteur d'heureuse nouvelle arriva, il jeta la tunique *de Joseph* sur le visage de Jacob, et il recouvra la vue.

97. Ne vous ai-je pas dit que je sais de Dieu des choses que vous ne savez pas ?

98. O notre père! dirent ses fils, implore notre pardon auprès de Dieu, car nous avons péché.

99. Oui, j'implorerai votre pardon auprès de Dieu, il est indulgent et miséricordieux.

100. Quand Jacob, avec sa famille arrivée en Egypte, vint chez Joseph, il les reçut chez lui et leur dit : Entrez en Egypte, s'il plaît ainsi à Dieu ; et habitez ce pays, à l'abri de toute crainte.

101. Il plaça sur un siège élevé ses père et mère qui tombèrent sur leurs faces pour l'adorer. O mon père! dit Joseph, voilà l'explication de mon songe de l'autre jour : Dieu l'a réalisé ; il a été bienfaisant envers moi, quand il me délivra de la prison, quand il vous a amené auprès de moi du désert, après que Satan nous eut séparés moi et mes frères. Le Seigneur est plein de bonté quand il le veut. Il est le Savant, le Sage.

102. Seigneur, tu m'as accordé le pouvoir et tu m'as appris l'interprétation des événements. Créateur des cieux et de la terre, tu es mon protecteur dans ce monde et dans l'autre ; fais-moi mourir résigné à ta volonté, et place-moi au nombre des vertueux.

103. Telle est cette histoire, ô Muḥammad! du nombre des récits inconnus que nous te révélons. Tu n'as pas été présent quand *les frères de Joseph* ourdirent en commun leur machination, et qu'ils lui tendirent un piège ; mais la plupart des hommes, quel que soit leur désir, n'y croiront pas.

104. Tu ne leur demanderas pas de salaire pour ce récit : c'est un avertissement pour tous les hommes.

105. Que de miracles répandus dans les cieux et sur la terre! Ils passent auprès d'eux et s'en détournent.

106. La plupart ne croient point en Dieu, sans mêler à son culte celui des idoles.

107. Sont-ils donc sûrs que le châtiment de Dieu ne les enveloppera pas, que l'heure ne fondra pas à l'improviste sur eux pendant qu'ils ne s'y attendront pas ?

108. Dis-leur : Voici mon sentier : je vous appelle à Dieu par des preuves évidentes. Moi et celui qui me suivra, par la gloire de Dieu, nous ne sommes point idolâtres.

109. Nous n'avons jamais envoyé avant toi que des hommes choisis parmi le peuple de différentes cités, auxquels nous révélions nos ordres. N'ont-ils pas voyagé dans le pays ? n'y ont-ils pas remarqué quelle a été la fin de ceux qui ont vécu avant eux ? Certes, la demeure de l'autre monde est d'un plus haut prix pour ceux qui craignent Dieu. Ne le comprendront-ils pas ?

110. Lorsque à la fin nos apôtres désespérèrent *du succès de leurs efforts*, quand les hommes s'imaginaient qu'ils mentaient, notre assistance ne fit pas défaut aux apôtres ; nous sauvons ceux que nous voulons, et notre vengeance ne saurait être détournée des têtes des coupables.

111. L'histoire des prophètes est remplie d'exemples instruc-
tifs pour les hommes doués de sens. Le livre n'est point un récit
inventé à plaisir : il corrobore les Ecritures révélées avant lui,
il donne l'explication de toute chose, il est la direction et une
preuve de la grâce divine pour les croyants.

SOURATE XIII

LE TONNERRE

Donnée à La Mecque. — 43 versets.

Au nom de Dieu clément et miséricordieux.

1. A. L. M. R. Tels sont les signes du livre. La doctrine que tu as reçue du ciel est véritable; cependant le plus grand nombre ne croient pas.

2. C'est Dieu qui éleva les cieux sans colonnes visibles, et s'assit sur son trône. Il a soumis le soleil et la lune. Chacun de ces astres poursuit sa course jusqu'à un point déterminé; il imprime le mouvement et l'ordre à tout; il fait voir distinctement ses merveilles. Peut-être finirez-vous par croire fortement qu'un jour vous verrez votre Seigneur.

3. C'est lui qui étendit la terre, qui y éleva les montagnes et forma les fleuves, qui a établi les deux sexes dans tous les êtres produits, qui ordonne à la nuit d'envelopper le jour. Certes, dans tout cela il y a des signes pour ceux qui réfléchissent.

4. Et sur la terre vous voyez des portions différentes par leur nature, quoique voisines, des jardins de vigne, des blés, des palmiers isolés ou réunis sur un tronc. Ils sont arrosés par la même eau; et c'est nous qui les rendons supérieurs les uns aux autres, quant au goût. Certes il y a dans ceci des signes pour les hommes doués de sens.

5. Si quelque chose doit t'étonner de leur part, étonne-toi quand tu les entends dire : Se peut-il qu'étant changés en poussière, nous devenions ensuite une création nouvelle ?

6. Ils ne croient point en Dieu, des chaînes entourent leurs cous; ils seront voués aux flammes, et y demeureront éternellement.

7. Ils te solliciteront plutôt de hâter le mal que le bien, le courroux que la grâce du ciel. De semblables exemples ont déjà eu lieu avant eux. Mais si Dieu est indulgent pour les hommes malgré leur iniquité, il est aussi terrible dans ses châtiments.

8. Les incrédules disent : Est-ce que par hasard Dieu ne lui aurait donné aucun pouvoir pour faire des miracles ? Tu n'es donc qu'un donneur d'avis, et chaque peuple a eu un envoyé chargé de le diriger.

9. Dieu sait ce que la femme porte dans son sein; de combien la matrice se resserre ou s'élargit. Tout est pesé devant lui.

10. Il connaît ce qui est caché et ce qui est manifeste. Il est le Grand, le Très-Haut.

11. Pour lui tout est égal : celui qui cache son discours et celui qui le proclame tout haut, celui qui s'enveloppe dans la nuit et celui qui se produit au grand jour.

12. Tout homme a des anges qui se succèdent sans cesse, placés devant lui, derrière lui; ils veillent sur lui par ordre du Seigneur. Dieu ne changera point ce qu'il a accordé aux hommes, tant qu'ils ne le changeront pas les premiers. Quand il veut les punir, rien ne peut lui mettre obstacle; les hommes n'ont aucun autre protecteur que lui.

13. C'est lui qui fait briller l'éclair à vos regards pour inspirer la crainte et l'espérance. C'est lui qui élève les nuages chargés de pluie.

14. Le tonnerre célèbre ses louanges, les anges le glorifient pénétrés de frayeur. Il lance la foudre, et atteint ceux qu'il veut pendant qu'ils se disputent au sujet de Dieu, car il est immense dans son pouvoir.

15. Lui seul est digne d'être invoqué, et ceux qui implorent d'autres dieux les implorent en vain. Semblables à celui qui étend ses deux mains vers l'eau pour la porter à sa bouche, mais qui ne parvient jamais à l'atteindre. L'invocation n'est qu'un égarement.

16. Tout ce qui est dans les cieux et sur la terre rend à l'Eternel un hommage volontaire ou forcé. Les ombres même de tous les êtres s'inclinent devant lui les matins et les soirs.

17. Quel est le souverain des cieux et de la terre ? Réponds : C'est Dieu. L'oublierez-vous pour chercher des patrons incapables de se protéger eux-mêmes ou de détourner d'eux ce qui leur nuit ? Dis-leur : L'aveugle sera-t-il considéré l'égal de celui qui voit et les ténèbres et la lumière ? Donneront-ils pour compagnons à Dieu des divinités qui auraient créé comme a créé Dieu, en sorte que les deux créations se confondent à leurs yeux ? Dis plutôt : Dieu est créateur de toutes choses; il est unique et victorieux.

18. Il fait descendre la pluie des cieux, et les torrents selon certaine mesure coulent dans leurs lits; ils entraînent l'écume qui surnage; telle est dans la fournaise l'écume des métaux que les hommes travaillent pour leur utilité ou leur parure. Dieu établit le solide et le vain. L'écume disparaît subitement; ce qui est utile aux hommes reste sur la terre. C'est ainsi que Dieu propose des paraboles. Ceux qui sont soumis à sa volonté posséderont, recevront de plus belles récompenses; mais les rebelles,

quand ils auraient une fois plus de trésors que la terre n'en contient, ne pourront se racheter des tourments. Leur compte sera terrible, leur demeure sera le feu d'enfer et un affreux lit de douleur.

19. Celui qui sait que Dieu t'a envoyé la vérité du ciel se conduira-t-il comme un aveugle ? Les sages y réfléchiront.

20. Ceux qui remplissent fidèlement les engagements pris envers Dieu et ne brisent point son alliance;

21. Qui unissent ce qu'il lui a plu d'unir, qui redoutent leur Seigneur et craignent le compte terrible qu'ils seront forcés de rendre un jour;

22. Ceux que l'espoir de voir Dieu rend constants dans l'adversité, qui s'acquittent avec exactitude de la prière, qui donnent en secret ou en public des biens que nous leur avons dispensés, qui effacent leurs fautes par leurs bonnes œuvres : ceux-là auront pour séjour le palais éternel.

23. Ils seront introduits dans les jardins d'Eden, ainsi que leurs pères, leurs épouses et leurs enfants qui auront été justes. Là ils recevront la visite des anges qui y entreront par toutes les portes.

24. La paix soit avec vous, leur diront-ils. Vous avez persévéré; qu'il est doux le séjour du palais éternel!

25. Ceux qui violent le pacte de Dieu après l'avoir accepté, qui séparent ce que Dieu a voulu unir, et commettent les iniquités sur la terre : ceux-là, chargés de malédictions, auront pour séjour une demeure affreuse.

26. Dieu verse à pleines mains ses bienfaits à qui il veut, ou les resserre. Ils se réjouissent des biens de ce monde; mais qu'est-ce donc que la vie d'ici-bas comparée à la vie future, si ce n'est un usufruit temporaire ?

27. Les infidèles disent : Il n'a reçu sans doute d'en haut aucun pouvoir de faire des miracles. Dis-leur : Dieu égare celui qu'il veut, et ramène à lui ceux qui se repentent...

28. Qui croient, et dont les cœurs se reposeront en sécurité dans le souvenir de Dieu. Eh quoi! des cœurs ne se reposent-ils pas en sécurité dans le souvenir de Dieu? Ceux qui croient et pratiquent les bonnes œuvres, la béatitude et la plus belle retraite seront leur partage.

29. Nous t'avons envoyé à un peuple que d'autres ont précédé, afin que tu leur récites nos révélations. Ils ne croient point au Clément sans bornes. Dis-leur : C'est mon Seigneur, il n'y a point d'autres dieux que lui. J'ai mis ma confiance en lui. C'est à lui que tout doit retourner.

30. Quand le Coran ferait mouvoir les montagnes, quand il partagerait la terre en deux et ferait parler les morts, ils ne croi-

raient pas; mais Dieu commande à tout. Les croyants ignorent-ils que Dieu pourrait diriger dans la droite voie tous les hommes, s'il le voulait ?

31. L'infortune ne cessera pas d'accabler les infidèles à cause de leurs œuvres, elle les serrera de près dans leurs demeures, jusqu'à ce que les menaces de Dieu soient accomplies, et certes Dieu ne manque pas à sa parole.

32. Avant toi, mes ministres furent les objets de la raillerie; j'ai accordé un répit aux infidèles, puis je les ai châtiés; et quels furent mes châtiments!

33. Quel est celui qui observe toutes les actions des hommes ? Ils ont donné des égaux à l'Eternel. Dis-leur : Nommez vos divinités; prétendez-vous apprendre à Dieu ce qu'il aurait jusqu'ici ignoré sur la terre, ou bien les divinités ne sont qu'un vain nom ? La fraude des infidèles leur fut préparée de longue main, et ils se sont égarés du vrai sentier, et certes celui que Dieu voudra égarer n'aura plus de guide.

34. Le châtiment les atteindra dans ce monde, un autre plus terrible les attend dans l'autre; ils n'auront point de protecteur qui les défende contre Dieu.

35. Voici quel sera le jardin promis à ceux qui craignent : le jardin où coulent les fleuves; il leur fournira une nourriture et une ombre inépuisables. Telle sera la fin des croyants; celle des infidèles sera le feu.

36. Ceux qui ont reçu les Ecritures se réjouissent de ce qui t'a été révélé. D'autres, parmi les confédérés, en rejettent une partie. Dis-leur : Dieu m'a ordonné de l'adorer et de ne lui associer aucun être. J'appelle les hommes à son culte et je retournerai à lui.

37. Nous t'avons donné un code en langue arabe : si tu suivais leurs désirs, après avoir reçu la science, quel protecteur et quel secours trouverais-tu contre Dieu ?

38. Avant toi, nous avons envoyé d'autres prophètes, à qui nous avons donné des épouses et une lignée. Aucun d'eux n'a fait de miracles, si ce n'est par la volonté de Dieu. Chaque époque a eu son livre sacré.

39. Dieu efface ce qu'il veut ou le maintient. La mère du livre [1] est entre ses mains.

40. Soit que nous te fassions voir l'accomplissement d'une partie de nos menaces, soit que ta mort les prévienne, ta mission est de prêcher, et à nous appartient de demander un compte sévère.

41. Ne voient-ils pas que nous avons pénétré dans leur pays

---

1. Ce prototype, la mère du livre, sert ordinairement à indiquer la première sourate du Coran. Ce mot a encore chez les mystiques mahométans un sens différent : ici il veut dire le fond immuable de la vérité.

et que nous en avons resserré les limites ? Dieu juge, et personne ne revise ses arrêts. Il est prompt dans ses comptes.

42. Leurs pères ont agi avec ruse; mais Dieu est maître de toute ruse : il connaît les œuvres de chacun, et les infidèles apprendront un jour qui sera en possession du séjour éternel.

43. Les infidèles te diront : Tu n'as point été envoyé par Dieu. Réponds-leur : Il me suffit que Dieu et ceux qui connaissent le livre sacré soient mes témoins entre vous et moi.

SOURATE XIV

et que vous en avez reconnu la vérité? Dieu place entre eux qui étaient sur la voie. Il est prompt dans ses comptes.
47. J'aurai pitié, non pas avec mois seuls. Dieu est maître de notre vie. Il n'en est sourd de rien ... t'a prédit, ... traité un ... ... Oui, Dieu ... accord.
... ... le jour où ... En ce point où aux yeux ... Dieu, Seigneur du monde, ... et la voie de Dieu sera ... unit
... ... nement, aux infidèles, peine grave et ...

SOURATE XIV

Donnée à La Mecque. — 52 versets.

Au nom de Dieu clément et miséricordieux.

1. A. L. R. Nous t'avons envoyé ce livre pour faire passer les hommes des ténèbres à la lumière et les conduire, par la volonté de Dieu, vers le sentier du puissant, du glorieux.

2. Tout ce qui est dans les cieux et sur la terre appartient à Dieu. Malheur aux infidèles! Un châtiment terrible les attend.

3. Ceux qui préfèrent la vie d'ici-bas à la vie future, qui éloignent les hommes de la voie de Dieu et désirent la rendre tortueuse, sont dans un égarement sans terme.

4. Tous nos ministres parlèrent la langue des peuples qu'ils prêchaient, afin de se rendre intelligibles. Dieu égare et conduit ceux qu'il veut. Il est puissant et sage.

5. Nous envoyâmes Moïse muni de nos signes. Nous lui dîmes : Fais sortir ton peuple des ténèbres à la lumière. Rappelle-lui les journées du Seigneur. Certes il y a dans ceci des signes d'avertissement pour tout homme qui sait souffrir et faire des actions de grâces.

6. Moïse dit à son peuple : Souvenez-vous des bienfaits de Dieu, lorsqu'il vous a délivrés du joug de la famille de Pharaon, qui vous opprimait par des châtiments cruels, immolait vos enfants et n'épargnait que vos filles. C'était une dure épreuve de la part de votre Seigneur.

7. Il vous a dit : Soyez reconnaissants et j'accroîtrai mes grâces; mais si vous êtes infidèles, tremblez, car mes châtiments sont terribles.

8. Quand vous seriez infidèles, quand toute la terre le serait, Dieu est riche et plein de gloire.

9. N'avez-vous jamais entendu l'histoire des peuples qui vous ont précédés, les peuples de Noé, de 'Ād, de Thamoud ?

10. Dieu seul connaît leur postérité. Ces peuples eurent des prophètes qui leur offrirent des signes évidents de leur mission; mais ils portaient leurs mains à la bouche et s'écriaient : Nous ne croyons pas à l'objet de votre mission, et nous sommes dans le

doute relativement au culte vers lequel vous nous appelez. Aussi c'est pour nous un sujet douteux.

11. Les prophètes leur répondirent : Y a-t-il quelque doute au sujet de Dieu, créateur des cieux et de la terre, qui vous appelle à lui pour effacer vos péchés, et vous donne un délai jusqu'au moment fixé d'avance ?

12. Ils dirent : Vous n'êtes que des hommes comme nous, vous voulez nous détourner des divinités qu'adoraient nos pères. Apportez-nous un pouvoir évident, le pouvoir des miracles.

13. Les prophètes leur dirent : Certes nous ne sommes que des hommes comme vous; mais Dieu répand ses grâces sur ceux qu'il veut d'entre ses serviteurs, et nous ne pouvons vous apporter aucun pouvoir.

14. Si ce n'est avec la permission de Dieu. Les croyants ne mettent leur confiance qu'en Dieu seul.

15. Et pourquoi ne mettrions-nous pas notre confiance en lui ? Il nous guide sur notre chemin, et nous supportons vos injures avec patience. Les hommes résignés ne mettent de confiance qu'en Dieu.

16. Nous vous chasserons de notre pays, dirent les idolâtres, ou bien rentrez dans notre religion. Et alors Dieu se révéla ainsi aux prophètes : J'anéantirai les impies.

17. Vous habiterez leur pays après eux. C'est la récompense de ceux qui craignent moi et mes menaces.

18. Alors les prophètes demandèrent l'assistance de Dieu, et tout homme orgueilleux et rebelle fut anéanti.

19. L'enfer l'a englouti, et il sera abreuvé d'une eau infecte.

20. Il l'avalera à petites gorgées, et elle aura peine à passer. La mort fondra sur lui de tous côtés et il ne mourra pas. A cela succédera un tourment terrible.

21. Les œuvres des incrédules sont semblables aux cendres dont s'empare le vent dans un jour orageux. Ils ne sauront en rien réussir, et leur égarement sera au comble.

22. Ne voyez-vous pas que Dieu a créé réellement les cieux et la terre ? S'il le veut, il peut vous faire disparaître et mettre d'autres créatures à votre place.

23. Cela est facile à sa puissance.

24. Tous les hommes paraîtront devant Dieu; les faibles de la terre diront aux puissants : Nous marchions à votre suite, ne pouvez-vous pas nous ôter quelque peu du châtiment de Dieu ?

25. Ils répondront : Si Dieu nous avait dirigés, nous vous aurions servi de guides. Se plaindre de tourments ou les supporter avec patience, tout nous est égal. Il n'y a point de refuge pour nous.

26. Et quand tout fut fini, Satan leur dit : Dieu vous a fait une promesse véritable. Moi, je vous ai fait aussi des promesses, mais je vous ai trompés. Je n'avais aucun pouvoir sur vous.

27. Je n'ai fait que vous appeler et vous m'avez répondu. Ne me faites point de reproches, n'en faites qu'à vous-mêmes. Je ne puis ni vous donner du secours ni en recevoir de vous. Quand vous me mettiez à côté de Dieu, je ne me croyais point son égal. Les injustes ne méritent qu'un châtiment douloureux.

28. Ceux qui auront cru et pratiqué les bonnes œuvres seront introduits dans les jardins où coulent des fleuves; ils y demeureront éternellement par la volonté de Dieu. Ils seront salués par ce mot : *Salut*.

29. Ne savez-vous pas à quoi Dieu compare la bonne parole ? C'est un arbre dont les racines sont fermement enracinées dans la terre, et dont les rameaux s'élèvent dans les cieux.

30. Elle porte des fruits dans chaque saison. Le Seigneur parle aux hommes en paraboles, afin qu'ils réfléchissent.

31. La parole mauvaise est comme un arbre mauvais : elle est à fleur de terre et n'a point de stabilité.

32. Dieu affermira les croyants dans cette vie et dans l'autre par la parole immuable. Il égarera les méchants, car Dieu fait ce qu'il veut.

33. Ne vois-tu pas ces hommes qui, payant les bienfaits du Seigneur d'incrédulité, ont fait descendre leurs peuples dans le séjour de la perdition,

34. Dans l'enfer, où ils seront brûlés ? Quel détestable séjour!

35. Ils donnent des égaux à Dieu pour égarer les hommes de la voix du Seigneur. Dis-leur : Jouissez, jouissez, votre réceptacle sera le feu.

36. Dis à mes serviteurs qui croient : qu'ils ont à s'acquitter de la prière, à faire l'aumône des biens que nous leur dispensons, en secret ou en public, avant qu'arrive le jour où il n'y aura plus ni trafic ni amitié.

37. C'est Dieu qui a créé les cieux et la terre; il fait descendre l'eau du ciel, par elle il fait germer les fruits qui vous nourrissent; il vous a soumis les vaisseaux qui fendent la mer par son ordre; il a soumis les fleuves pour votre utilité; il a soumis le soleil et la lune, poursuivant leur course dans leurs ornières. Il fait servir le jour et la nuit à vos besoins. Il vous a donné tous les biens que vous lui avez demandés. Comptez les bienfaits de Dieu si vous le pouvez! Mais l'homme est injuste et ingrat.

38. Abraham adressa à Dieu cette prière : Seigneur, fais jouir ce pays de la sécurité parfaite, et préserve-moi ainsi que mes enfants du culte des idoles.

39. O mon Seigneur! elles ont déjà égaré un grand nombre de

personnes. Que celui qui me suivra soit des miens ; celui qui me désobéit..... Seigneur, tu es indulgent et miséricordieux !

40. Seigneur ! j'ai établi une partie de ma famille dans une vallée stérile près de ta demeure sainte. Fais qu'ils accomplissent la prière. Dispose en leur faveur les cœurs des hommes ; prends soin de leur subsistance, ils te rendront des actions de grâces.

41. Tu sais ce que nous recélons et ce que nous produisons au grand jour. Rien n'est caché devant Dieu de ce qui est dans les cieux et sur la terre. Louange au Dieu qui dans ma vieillesse m'a donné Ismaël et Isaac. Il écoute nos vœux.

42. Seigneur, fais que j'observe la prière, fais que ma postérité y soit fidèle. Daigne entendre mes vœux. Pardonne-moi, à mes pères et aux croyants au jour du jugement.

43. Ne pensez pas que Dieu soit inattentif aux actions des méchants. Il leur donne un délai jusqu'au jour où tous les regards se fixeront sur le ciel.

44. Courant en toute hâte, la tête levée, leurs regards seront immobiles et leurs cœurs vides. Avertis donc les hommes du jour des châtiments.

45. Seigneur ! s'écrieront les impies, attends-nous encore quelque temps ;

46. Nous écouterons ton appel à la foi, nous obéirons à tes apôtres. On leur répondra : Ne juriez-vous pas que vous ne changeriez jamais ?

47. Vous habitiez même les lieux qu'habitaient les hommes iniques envers eux-mêmes, et vous saviez comment nous avons agi avec eux. Nous vous proposâmes des paraboles. Ils ont mis en œuvre leurs ruses. Dieu était le maître de leurs artifices, quand même ils eussent été assez puissants pour remuer les montagnes.

48. Ne pensez pas que Dieu manque à la promesse faite à ses apôtres. Il est puissant et vindicatif.

49. Le jour viendra où la terre et les cieux seront changés ; les hommes comparaîtront devant Dieu, l'unique, le vainqueur.

50. Alors tu verras les criminels pieds et poings chargés de chaînes.

51. Leurs tuniques seront de poix, le feu couvrira leurs figures, afin que Dieu rétribue chaque âme selon ses œuvres. Il est prompt dans ses comptes.

52. Tel est l'avis adressé aux hommes. Qu'ils y puisent leurs enseignements et sachent que Dieu est un, et que les hommes de sens y réfléchissent.

SOURATE XV

AL-HÌJR

Donnée à La Mecque. — 99 versets.

Au nom de Dieu clément et miséricordieux.

1. A. L. R. Tels sont les signes du livre et de la lecture lucide.

2. Le jour viendra où les infidèles préféreraient avoir été musulmans.

3. Laisse-les se repaître et jouir et se bercer d'espérance. Bientôt ils sauront la vérité.

4. Nous n'avons anéanti aucune ville qui n'ait eu un terme fixé.

5. Aucun peuple ne peut avancer ni retarder son terme.

6. Ils disent à Muḥammad : O toi qui as reçu le Coran d'en haut, tu es possédé du démon.

7. Ne viendrais-tu pas accompagné d'anges, si ce que tu dis était vrai ?

8. Ces anges ne viendront que pour la vérité; alors les infidèles ne seront plus attendus.

9. Nous avons fait descendre l'Avertissement [1], et nous le conservons avec soin.

10. Déjà avant toi nous envoyâmes des apôtres parmi les sectes des anciens.

11. Et il n'y eut pas un seul apôtre qu'ils n'eussent pris pour l'objet de leurs railleries.

12. Nous mettrons les mêmes sentiments dans les cœurs des criminels *de La Mecque.*

13. Ils ne le croiront pas, bien que l'exemple des anciens soit là.

14. Si nous ouvrions la porte des cieux, et qu'ils fussent prêts à y entrer,

15. Ils diraient encore : Nos yeux sont obscurcis par l'ivresse, ou bien nous sommes sous l'influence d'un enchantement.

16. Nous avons établi les signes du zodiaque dans les cieux, et nous les avons disposés en ordre pour ceux qui regardent.

17. Nous les défendons de l'atteinte de tout démon repoussé à coups de pierres [2].

18. Si quelqu'un d'entre eux s'y glisse pour écouter, il est atteint par un trait de feu visible à tous [3].

---

1. C'est-à-dire le Coran.
2. Voyez plus haut la cause de cette épithète à la sourate III.
3. C'est ainsi que les musulmans expliquent les étoiles qui filent.

19. Nous avons étendu la terre, et nous y avons lancé des montagnes, et nous y avons fait éclore toutes choses en proportion.

20. Nous y avons mis des aliments pour vous et pour des êtres que vous ne nourrissez pas.

21. Il n'y a pas de chose dont les trésors n'existent chez nous, et nous ne les faisons descendre que dans une proportion marquée.

22. Nous envoyons les vents qui fécondent, nous faisons descendre du ciel l'eau dont nous vous abreuvons, et que vous ne conservez pas.

23. Nous faisons vivre et nous faisons mourir; nous seuls héritons de tout.

24. Nous connaissons ceux d'entre vous qui marchent en avant et ceux qui restent en arrière [1].

25. Votre Seigneur vous rassemblera un jour. Il est sage et savant.

26. Nous avons créé l'homme de limon, d'argile moulée en formes.

27. Avant lui nous avions déjà créé les génies du feu subtil.

28. Souviens-toi que Dieu dit aux anges : Je crée l'homme de limon, d'argile moulée en formes.

29. Lorsque je l'aurai formé et que j'aurai soufflé dans lui mon esprit, prosternez-vous devant lui en l'adorant.

30. Et les anges se prosternèrent tous,

31. Excepté Eblis; il refusa d'être avec ceux qui se prosternaient.

32. Dieu lui dit alors : O Eblis! pourquoi n'es-tu pas avec ceux qui se prosternent ?

33. Je ne me prosternerai pas devant l'homme que tu as créé de limon, d'argile moulée en formes.

34. Dieu lui dit : Alors sors d'ici; tu es lapidé.

35. La malédiction pèsera sur toi jusqu'au jour de la foi.

36. Il répondit : O Seigneur! donne-moi du répit jusqu'au jour où les hommes seront ressuscités.

37. Dieu lui dit : Le délai t'est accordé

38. Jusqu'au jour du terme marqué.

39. Seigneur, dit Eblis, puisque tu m'as circonvenu, je comploterai contre eux sur la terre, et je chercherai à les circonvenir tous,

40. Excepté tes serviteurs sincères.

41. Dieu répondit : C'est précisément le chemin droit;

42. Car tu n'as aucun pouvoir sur mes serviteurs, tu n'en auras que sur ceux qui te suivront et qui s'égareront.

43. La géhenne est le séjour qui leur est promis à tous.

44. Elle a sept portes; à chacune se tiendra une troupe d'entre eux.

---

1. Ou bien ceux qui veulent hâter le terme et ceux qui veulent le retarder.

45. Quant à ceux qui craignent Dieu, ils auront des jardins et des sources vives.

46. On leur dira : Entrez en paix, et à l'abri de toute crainte.

47. Nous ôterons de leurs cœurs toute fausseté; vivant comme frères, ils prendront leur repos sur des lits, face à face les uns des autres.

48. La fatigue ne les y atteindra pas, et ils ne seront jamais expulsés de cette demeure.

49. Déclare à mes serviteurs que je suis l'indulgent, le miséricordieux,

50. Et que mon châtiment est un châtiment douloureux.

51. Raconte-leur l'histoire des hôtes d'Abraham.

52. Lorsqu'ils entrèrent chez lui et le saluèrent, il dit : Vous nous avez fait peur.

53. Ils répondirent : N'aie pas peur, nous venons t'annoncer un fils sage.

54. Il leur répondit : Me l'annoncez-vous à moi qui suis accablé de vieillesse ? Comment me l'annoncez-vous ?

55. Nous te l'annonçons sérieusement. Ne désespère point.

56. Et qui désespérera, dit-il, de la grâce de Dieu, si ce n'est les hommes égarés ?

57. Et quel est le but de votre mission, ô messagers ? dit-il.

58. Nous sommes envoyés vers un peuple criminel, reprirent-ils, pour l'anéantir.

59. Nous sauverons la famille de Loth;

60. Sauf sa femme, que nous avons destinée à rester derrière.

61. Lorsque les envoyés vinrent chez la famille de Loth,

62. Celui-ci leur dit : Vous m'êtes inconnus.

63. Ils répondirent : Nous venons à vous avec le *châtiment* que vos concitoyens révoquent en doute.

64. Nous venons avec la vérité, nous sommes véridiques.

65. Sors cette nuit avec ta famille. Marche après elle. Qu'aucun de vous ne détourne la tête. Allez où l'on vous ordonne.

66. Nous lui signifiâmes cet ordre, parce que ce peuple devait être anéanti jusqu'au dernier avant le lendemain.

67. Des habitants de la ville vinrent tout joyeux *chez Loth*.

68. Il leur dit : Ce sont mes hôtes, ne me déshonorez pas.

69. Craignez Dieu, et ne me couvrez pas d'opprobre.

70. Ils répondirent : Nous ne t'avons pas défendu de donner asile à qui que ce soit au monde.

71. Voici mes filles, dit Loth, si vous voulez commettre quelque action honteuse.

72. Par ta vie, ô Muḥammad! ils étaient comme étourdis dans leur ivresse.

73. Au lever du soleil une tempête les surprit.

74. Nous avons renversé la ville de fond en comble, et nous avons fait pleuvoir sur eux des briques cuites.

75. Il y a dans ceci des signes pour les hommes intelligents.

76. Ils suivent une route constante.

77. Il y a dans ceci des signes pour les croyants.

78. Les habitants de la forêt (de Madian) étaient des méchants.

79. Nous en tirâmes vengeance. Nous anéantîmes ces deux cités ; elles servent d'exemple frappant aux hommes.

80. Les habitants de Al-Hijr [1] ont traité d'imposteurs les apôtres qui furent envoyés vers eux.

81. Nous leur avons fait voir nos signes ; mais ils s'en sont détournés.

82. Ils taillaient des maisons dans les rochers et se croyaient en sûreté.

83. Une tempête les surprit au lever du matin.

84. Leurs travaux ne leur servirent à rien.

85. Nous avons créé les cieux et la terre et tout ce qui est entre eux pour la vérité, *et non pas en vain*. L'heure viendra. Toi, Muḥammad ! pardonne d'un beau pardon.

86. Car ton Seigneur est le Créateur, le savant.

87. Déjà nous t'avons donné les sept versets qui doivent être répétés constamment [2], ainsi que le grand Coran.

88. N'étends point tes regards sur les biens dont nous faisons jouir plusieurs des infidèles, et ne t'afflige point à cause d'eux, et incline ton aile sur les croyants [3].

89. Dis-leur : Je suis l'apôtre véritable.

90. Nous punirons ceux qui distinguent [4],

91. Qui scindent le Coran en parties.

92. Par ton Seigneur, ô Muḥammad ! nous les interrogeons.

93. Sur toutes leurs actions.

94. Fais donc connaître ce que l'on t'a ordonné, et éloigne-toi des idolâtres.

95. Nous te suffisons contre ceux qui se moquent,

96. Qui placent à côté de Dieu d'autres divinités. Ils apprendront *la vérité*.

97. Nous savons que ton cœur se serre à leur langage.

98. Mais célèbre les louanges de ton Seigneur, et sois avec ceux qui se prosternent.

99. Adore le Seigneur avant que ce qui est certain arrive.

1. Province d'Arabie.
2. On croit que ce sont les versets de la première sourate.
3. Sois doux et bienveillant pour eux.
4. C'est-à-dire qui admettent certaines choses de l'Ecriture et qui en rejettent d'autres.

SOURATE XVI

L'ABEILLE

Donnée à La Mecque. — 129 versets.

Au nom de Dieu clément et miséricordieux.

1. Les arrêts de Dieu s'accompliront. Ne les hâtez pas. Gloire à lui! il est trop au-dessus des divinités qu'on lui associe.

2. Par sa volonté il fait descendre les anges avec l'esprit *de Dieu* sur celui qu'il veut d'entre ses serviteurs. Il leur dit : Avertissez les hommes qu'il n'y a point d'autre Dieu que moi. Craignez-moi.

3. Il a créé les cieux et la terre pour la vérité; il est trop élevé au-dessus des divinités qu'on lui associe.

4. Il a créé l'homme d'une goutte de sperme, et voilà que l'homme dispute ouvertement.

5. Il a créé sur la terre les bêtes de somme; vous en tirez vos vêtements et de nombreux avantages; vous vous en nourrissez.

6. Vous y trouvez une belle part quand vous les ramenez le soir et quand vous les lâchez le matin pour le pâturage.

7. Elles portent vos fardeaux dans des pays où vous ne les vendriez qu'avec peine. Certes votre Seigneur est plein de bonté et de miséricorde.

8. Il vous a donné des chevaux, des mulets, des ânes, pour vous servir de monture et d'appareil. Il crée ce dont vous ne vous doutez pas.

9. Il se charge de la direction du chemin. Il y en a qui s'en éloignent. S'il le voulait, il vous dirigerait tous.

10. C'est lui qui fait descendre du ciel l'eau qui vous sert de boisson et qui fait croître les plantes dont vous nourrissez vos troupeaux.

11. Au moyen de l'eau il fait germer les blés, l'olive, le palmier, la vigne et toute sorte de fruits. Il y a dans ceci des signes pour ceux qui réfléchissent.

12. Il vous a soumis la nuit et le jour; le soleil et la lune et les étoiles vous servent par sa volonté. Il y a dans ceci des signes pour ceux qui réfléchissent.

13. Il vous a soumis aussi tout ce qu'il a créé sur la terre d'ob-

jets de différentes couleurs. Il y a dans ceci des signes pour ceux qui réfléchissent.

14. C'est lui qui vous a soumis la mer; vous en mangez des chairs fraîches, vous en retirez des ornements dont vous vous parez. Vous voyez les vaisseaux fendre les flots pour demander à Dieu des trésors de sa bonté. Peut-être serez-vous reconnaissants.

15. Il a lancé de hautes montagnes sur la terre, afin qu'elles se meuvent avec vous; il a tracé des fleuves et des chemins, afin que vous soyez dirigés *dans votre marche*.

16. Il a posé des signes de routes. Les hommes se dirigent aussi d'après les étoiles.

17. Celui qui crée sera-t-il semblable à celui qui ne crée rien ? N'y réfléchissez-vous pas ?

18. Comptez les bienfaits de Dieu; êtes-vous capables de les dénombrer ? Il est indulgent et miséricordieux.

19. Dieu connaît ce que vous cachez et ce que vous produisez au grand jour.

20. Les dieux qu'ils invoquent ne peuvent rien créer et sont créés eux-mêmes.

21. Etres morts, dépourvus de vie, ils ne savent point

22. Quand ils seront ressuscités.

23. Votre Dieu est le Dieu unique; ceux qui ne croient pas à la vie future ont des cœurs qui nient tout et s'enflent d'orgueil.

24. Certainement Dieu connaît ce qu'ils cachent et ce qu'ils produisent au grand jour.

25. Il n'aime pas les orgueilleux.

26. Quand on leur demande : Qu'est-ce que Dieu vous a envoyé d'en haut ? ils disent : Ce sont les fables de l'antiquité.

27. Ils porteront tous le fardeau de leurs propres œuvres et le fardeau de ceux qu'ils ont égarés par stupidité. Quel insupportable fardeau que le leur!

28. Leurs devanciers avaient agi en fourbes. Dieu attaqua leur édifice par les fondements; le toit s'écroula sur leurs têtes, et le châtiment les surprit du côté d'où ils ne s'attendaient pas.

29. Il les couvrira d'opprobre au jour de la résurrection. Il leur demandera : Où sont donc mes associés qui ont été le sujet de vos scissions ? Ceux qui ont reçu la science s'écrieront : Aujourd'hui l'ignominie et le supplice tomberont sur les infidèles.

30. Ceux à qui les anges ôteront la vie comme à des impies offriront leur soumission. Ils diront alors : Nous n'avons fait aucun mal. Vous avez fait du mal, répondront les anges, et Dieu sait bien ce que vous avez fait.

31. Entrez par les portes de la géhenne, vous y resterez éternellement. Qu'il est détestable le séjour des orgueilleux!

32. On dira à ceux qui ont craint Dieu : Qu'est-ce que votre Seigneur vous a accordé ? Il a accordé toutes sortes de bienfaits dans ce monde à ceux qui ont fait le bien; mais la vie future en est encore un plus grand. Quel beau séjour que celui des hommes pieux!

33. Ces jardins d'Eden où ils seront introduits! Des rivières y coulent, et ils y trouveront tout ce qu'ils désireront. C'est ainsi que Dieu récompense ceux qui le craignent.

34. Ceux-ci seront bien à leur aise au moment où les anges, leur ôtant la vie, leur diront : Que la paix soit sur vous! Entrez dans le paradis pour prix de vos œuvres.

35. Les infidèles attendent-ils que les anges les surprennent, ou que les arrêts de Dieu s'accomplissent ? Ainsi ont agi leurs devanciers : ils n'ont point nui à Dieu, mais à eux-mêmes.

36. Les crimes qu'ils avaient commis retombèrent sur eux, et ce qui était l'objet de leurs railleries les a environnés de tous côtés.

37. Ceux qui associent d'autres divinités à Dieu disent : Si Dieu avait voulu, nous n'aurions adoré que lui seul, nous et nos pères; nous n'aurions interdit l'usage que de ce que lui-même a interdit. Ceux qui les ont précédés ont agi de même. Les apôtres ne sont tenus que de prêcher ouvertement.

38. Nous avons envoyé des apôtres vers chaque peuple en disant : Adorez Dieu et évitez le Thaghout. Il y en eut parmi eux que Dieu a dirigés; il y en eut d'autres qui ont été destinés à l'égarement. Parcourez la terre, et voyez quelle a été la fin de ceux qui ont traité les apôtres de menteurs.

39. Si tu désires qu'ils soient dirigés, sache que Dieu ne dirige plus celui qu'il a égaré. Ils n'auront aucun protecteur.

40. Ils jurent devant Dieu, de leur plus grand serment, qu'il ne ressuscitera plus celui qui sera mort. Non. Dieu a fait une promesse vraie; mais la plupart des hommes ne le savent pas.

41. Il le fera pour leur montrer clairement ce qui était le sujet de leurs disputes, et afin que les infidèles reconnaissent qu'ils en avaient menti.

42. Quelle est notre parole quand nous voulons qu'une chose existe ? Nous disons : Sois. Et elle est.

43. Nous donnerons une habitation honorable à ceux qui ont quitté leur pays pour Dieu après avoir souffert l'oppression. Mais la récompense de la vie future est encore plus magnifique. Oh! s'ils le savaient,

44. Ceux qui souffrent et qui mettent leur confiance en Dieu!

45. Les apôtres que nous avons envoyés avant toi n'étaient que des hommes que nous avons inspirés. Demandez-le aux hommes des Ecritures, si vous ne le savez pas.

46. Nous les avons envoyés avec des signes et des livres. A toi aussi nous avons donné un livre, afin que tu expliques aux hommes ce qui leur a été envoyé, et afin qu'ils réfléchissent.

47. Ceux qui ont mis en œuvre des machinations sont-ils sûrs que Dieu ne fera pas s'entrouvrir la terre sous leurs pas, ou qu'un châtiment terrible ne viendra pas les surprendre là où ils ne s'y attendront pas ?

48. Qu'ils ne les surprendra pas pendant leurs allées et venues, incapables d'affaiblir son action;

49. Ou qu'il ne les châtiera pas par la destruction graduelle de leurs biens ? Mais Dieu est plein de bonté et de miséricorde.

50. N'ont-ils pas vu que tout ce que Dieu a créé incline son ombre à droite et à gauche pour l'adorer, pour se prosterner devant lui ?

51. Toute créature dans les cieux et sur la terre, les anges même, se prosternent devant Dieu et dépouillent tout orgueil.

52. Tous craignent Dieu, de peur qu'il ne fonde d'en haut sur leurs têtes, et ils exécutent ses ordres.

53. Dieu a dit : N'adorez point deux dieux, car Dieu est unique. Craignez-moi.

54. A lui appartient tout ce qui est dans les cieux et sur la terre. Un culte perpétuel lui est dû. Craignez-vous un autre que Dieu ?

55. Tous les biens dont vous jouissez viennent de lui. Qu'un malheur vous atteigne, c'est à lui que vous adressez vos supplications.

56. Mais aussitôt qu'il vous a délivrés du mal, une partie d'entre vous lui donne des compagnons,

57. Pour nier le bien que nous leur avons fait. Jouissez : bientôt vous saurez la vérité.

58. Ils affectent une portion des biens que nous leur accordons à des êtres qu'ils ne connaissent pas. J'en jure par Dieu, on vous demandera compte de ce que vous inventez.

59. Ils attribuent des filles à Dieu (loin de sa gloire ce blasphème!), et ils n'en désirent pas pour eux-mêmes.

60. Si l'on annonce à quelqu'un d'entre eux la naissance d'une fille, son front se rembrunit et il s'afflige profondément.

61. Il se cache aux siens, à cause de la désastreuse nouvelle. Doit-il contenir sa disgrâce ou l'ensevelir dans la poussière ? Que leurs jugements sont déraisonnables!

62. A ceux qui ne croient pas à la vie future, cherchez la comparaison dans tout ce qui est mauvais. Assimilez Dieu à tout ce qu'il y a de plus élevé. Il est le sage, le puissant.

63. Si Dieu voulait châtier les hommes de leur perversité, il ne laisserait aucune créature vivante sur la terre; mais il leur

accorde.un délai jusqu'au terme marqué. Lorsque le terme sera arrivé, ils ne sauront ni le retarder ni l'avancer d'un seul instant.

64. Ils attribuent à Dieu ce qu'ils abhorrent eux-mêmes; leurs langues profèrent un mensonge quand ils disent qu'une belle récompense leur est réservée. En vérité, ce qui leur est réservé, c'est le feu. Ils y seront précipités les premiers.

65. J'en jure par Dieu. Nous avons envoyé avant toi des apôtres aux différents peuples. Satan leur a préparé leurs actions. Aujourd'hui il est leur patron; mais un châtiment douloureux les attend.

66. Nous t'avons envoyé le livre, afin que tu expliques ce qui est le sujet de leurs controverses, afin qu'il serve de direction et de preuve de notre miséricorde envers ceux qui croient.

67. Dieu envoie du ciel l'eau dont il rend la vie à la terre mourante. Il y a dans ceci un signe pour ceux qui écoutent.

68. Vous trouverez dans les animaux des signes propres à vous instruire. Nous vous faisons boire ce qui, dans leurs entrailles, est dans les aliments élaborés et le sang : le lait pur, d'une absorption si douce pour ceux qui le boivent.

69. Parmi les fruits, vous avez le palmier et la vigne, d'où vous retirez une boisson enivrante et une nourriture agréable. Il y a dans ceci des signes pour ceux qui entendent.

70. Ton Seigneur a dit à l'abeille : Cherche-toi des maisons dans les montagnes, dans les arbres et dans les constructions des hommes.

71. Nourris-toi de tous les fruits, et voltige dans les chemins frayés de ton Seigneur. De leurs entrailles sort une liqueur variée qui sert de remède à l'homme. Certes, il y a dans ceci des signes pour ceux qui réfléchissent.

72. Dieu vous a créés, et il vous fera mourir. Tel d'entre vous parviendra à l'âge de décrépitude, au point qu'il oubliera tout ce qu'il aura appris. Dieu est savant et puissant.

73. Dieu vous a favorisés les uns au-dessus des autres dans la distribution de ses dons. Mais ceux qui ont été favorisés font-ils participer leurs esclaves aux acquis de leurs mains ?

74. Dieu vous a élevés les uns au-dessus des autres dans les moyens de ce monde; mais ceux qui ont obtenu une plus grande portion ne vont point jusqu'à faire participer leurs esclaves à leurs biens [1], au point que tous soient égaux. Nieront-ils donc les bienfaits de Dieu ?

75. Dieu vous a choisi des épouses dans votre race. De vos épouses il vous donne des fils et des petits-fils; il vous nourrit de

---

1. C'est un reproche que Muḥammad adresse aux Arabes idolâtres, qui associent d'autres divinités à Dieu, tandis qu'eux-mêmes ne veulent pas partager leurs biens avec leurs esclaves.

mets délicieux. Croiront-ils en des divinités mensongères et seront-ils ingrats envers les bienfaits de Dieu ?

76. Adoreront-ils à côté de Dieu des êtres qui ne peuvent leur procurer aucune nourriture du ciel ni de la terre, et qui n'ont aucun pouvoir ?

77. Ne prenez point Dieu pour objet de vos paraboles. Dieu sait tout et vous ne savez rien.

78. Dieu vous propose pour exemple un homme esclave qui ne dispose de rien et un autre homme à qui nous avons accordé une subsistance ample, et qui en distribue une partie en aumônes publiquement et secrètement; ces deux hommes sont-ils égaux ? Non, grâce à Dieu; mais la plupart d'entre eux n'entendent rien.

79. Dieu vous propose encore pour parabole deux hommes, dont un est muet de naissance, et qui ne peut rien entendre et qui est un fardeau pour son maître; quelque part qu'il l'envoie, celui-ci ne lui rapportera aucun avantage; un tel homme peut-il aller de pair avec un homme qui commande selon toute justice et marche dans la droite voie [1] ?

80. Les secrets des cieux et de la terre appartiennent à Dieu. La venue [2] de l'heure est comme un clin d'œil ou peut-être plus proche encore, car Dieu est tout-puissant.

81. Dieu vous fait sortir des entrailles de vos mères, privés de toute connaissance; puis il vous donne l'ouïe, la vue et l'intelligence, afin que vous soyez reconnaissants.

82. Avez-vous jeté un regard sur les oiseaux assujettis *à la volonté de Dieu* au milieu de l'espace des cieux ? quel autre que Dieu a le pouvoir sur eux ? Certes, il y a dans ceci des signes pour ceux qui savent comprendre.

83. Dieu vous procure vos tentes [3] pour demeures; il vous donne des peaux de bestiaux pour des tentes, que vous pouvez porter facilement quand vous vous mettez en marche ou quand vous vous arrêtez; il vous a créé des hardes et des ustensiles pour un usage temporaire, de la laine, du poil et du crin de votre bétail.

84. Dieu vous a procuré, dans les objets de sa création, des ombrages; il vous a donné des montagnes pour retraite, des vêtements qui vous abritent contre les chaleurs, et des vêtements qui vous garantissent contre la violence des *coups que vous vous portez les uns aux autres :* c'est ainsi qu'il vous comble de ses bienfaits, afin que vous vous résigniez à sa volonté.

85. Si les Arabes te tournent le dos, *qu'importe ?* O Muḥam-

---

1. La parabole de l'esclave du verset précédent, et de l'homme muet de celui-ci, s'applique aux idoles et à leur inutilité pour l'homme.
2. Mot à mot, l'affaire de l'heure, c'est-à-dire du jour de la résurrection.
3. Le mot *béit,* en arabe, veut dire tente ou toute autre maison.

mad, tu n'es chargé que de leur faire entendre clairement tes prédications.

86. Ils connaissent les bienfaits de Dieu et cherchent à les méconnaître ensuite. La plupart d'entre eux sont incrédules.

87. Un jour nous susciterons un témoin pour chaque nation; alors on ne permettra point aux infidèles *de faire valoir des excuses*, et ils ne seront point accueillis.

88. Alors les méchants verront de leurs yeux le supplice qu'ils ne sauront adoucir. Dieu ne daignera pas même jeter un regard sur eux.

89. Les idolâtres apercevront leurs compagnons, *ces divinités qu'ils associent à Dieu*, et diront : Seigneur, voici nos compagnons que nous adorions à côté de toi; mais ceux-ci leur riposteront : Vous n'êtes que des menteurs [1].

90. Ce jour-là les idolâtres offriront leur soumission à Dieu, et les divinités qu'ils avaient inventées disparaîtront.

91. Nous ferons subir châtiment sur châtiment pour prix de leur méchanceté à ceux qui n'ont point cru et qui ont détourné les autres du chemin droit.

92. Un jour nous susciterons du sein de chaque peuple un témoin qui déposera contre lui, et toi, ô *Muḥammad!* nous t'instituerons témoin chargé de déposer contre les Arabes, car nous t'avons donné un livre qui contient l'explication de toute chose, qui est une preuve de notre miséricorde, qui sert de direction et annonce d'heureuses nouvelles à ceux qui se résignent à la volonté de Dieu.

93. Dieu commande la justice et la bienfaisance, la libéralité envers ses parents, il défend la prostitution et l'iniquité, et l'injustice, il vous avertit, afin que vous réfléchissiez.

94. Soyez fidèles au pacte de Dieu, vous qui l'avez conclu; ne violez point les serments que vous avez jurés solennellement. J'ai pris Dieu pour votre garant, et il sait ce que vous faites.

95. Ne ressemblez point à cette femme qui a défait le fil qu'elle avait tordu solidement, ne faites point entre vous de serments fallacieux, parce qu'une troupe d'entre vous est plus nombreuse qu'une autre. Dieu cherche à vous éprouver à cet égard, mais au jour de la résurrection, il vous rappellera l'objet de vos disputes.

96. Si Dieu avait voulu, il aurait fait de vous un seul peuple, mais il égare celui qu'il veut et dirige celui qu'il veut; un jour on vous demandera compte de vos actions.

97. Ne vous servez point de vos serments comme d'un moyen de fraude, de peur que vos pieds, fermement posés, ne viennent à glisser, et que vous n'éprouviez le châtiment pour avoir détourné

---

1. C'est-à-dire : les divinités chimériques s'empresseront elles-mêmes de désavouer toute prétention de se croire égales à Dieu.

les autres du sentier de Dieu. Un supplice terrible vous serait réservé.

98. N'allez point acheter un objet de vil prix avec le pacte de Dieu. Ce que Dieu tient en réserve vous sera plus avantageux, si vous avez de l'intelligence.

99. Ce que vous possédez passe, ce que Dieu tient en réserve est éternel. Nous donnerons aux persévérants la récompense qui leur est due, la plus conforme à leurs œuvres.

100. Quiconque fait une bonne action, et aura été croyant en même temps, qu'il soit homme ou femme, nous lui accorderons une vie heureuse, et nous lui accorderons la plus belle récompense digne de ses œuvres.

101. Quand tu lis le Coran, cherche auprès de Dieu le refuge de Satan le maudit [1].

102. Satan n'a point de pouvoir sur ceux qui croient et qui mettent leur confiance en Dieu.

103. Son pouvoir s'étend sur ceux qui s'éloignent de Dieu et lui associent d'autres divinités.

104. Si nous remplaçons *dans ce Coran* un verset par un autre (Dieu connaît mieux que qui que ce soit ce qu'il révèle), ils disent que tu l'inventes toi-même. Non, mais la plupart d'entre eux ne savent rien.

105. Dis-leur que l'esprit de sainteté te l'a réellement apporté de la part de ton Seigneur pour affermir les croyants, pour les diriger et pour annoncer d'heureuses nouvelles aux vrais croyants.

106. Nous savons bien qu'ils disent : Un homme instruit Muḥammad. La langue de celui qu'ils veulent insinuer est une langue barbare, et vous voyez que le Coran est un livre arabe clair.

107. Certes, Dieu ne dirige point ceux qui ne croient point en ses signes; un châtiment cruel leur est réservé.

108. Ceux qui ne croient point aux signes de Dieu commettent un mensonge, ils sont des menteurs.

109. Quiconque, après avoir cru, redevient infidèle (à moins qu'il ne soit pas contraint et que son cœur ne reste ferme dans la foi) *ne sera point coupable;* mais la colère de Dieu s'appesantira sur celui qui ouvre son cœur pour l'infidélité, et un châtiment terrible l'attend.

110. Et cela pour prix de ce qu'ils ont préféré la vie de ce monde à celle de l'autre. Dieu ne dirige point les infidèles.

111. Ce sont ceux sur les cœurs, les yeux et les oreilles de qui Dieu a apposé son sceau. Ils n'entendent rien, et nul doute qu'ils ne soient les plus malheureux dans l'autre vie.

1. Mot à mot, le lapidé.

112. Mais Dieu est indulgent et plein de miséricorde pour ceux qui ont quitté leur pays après y avoir éprouvé des malheurs, qui depuis ont combattu pour la cause de Dieu et supporté tout avec patience.

113. Le jour viendra où toute âme plaidera pour elle-même, et où elle sera rétribuée selon ses œuvres, et nul ne sera lésé.

114. Dieu vous propose pour parabole une ville qui jouissait de la sécurité et de la tranquillité. Dieu lui avait donné de la nourriture en abondance; mais elle se montra ingrate envers les bienfaits de Dieu, et il l'a visitée de la faim et de la terreur pour prix des œuvres de ses habitants [1].

115. Un apôtre s'éleva au milieu d'eux et ils le traitèrent d'imposteur; le châtiment *de Dieu* les saisit, parce qu'ils étaient injustes.

116. Nourrissez-vous des aliments que Dieu vous accorde, des aliments licites et bons, et soyez reconnaissants pour les bienfaits de Dieu, si c'est lui que vous adorez.

117. Il vous a défendu de vous nourrir de cadavres, de sang et de la chair de porc, ainsi que de toute nourriture sur laquelle on aurait invoqué un autre nom que celui de Dieu; mais si quelqu'un y est contraint, et qu'il ne le fasse pas comme impie et transgresseur, Dieu est indulgent et miséricordieux, *il le lui pardonnera*.

118. Ne dites point : Ceci est licite et ceci est illicite, selon que vos langues sont portées au mensonge, vous imputeriez un mensonge à Dieu, car ceux qui imputent un mensonge à Dieu ne prospèrent point.

119. *Leurs jouissances sont* un bien de peu de valeur et leur châtiment est douloureux.

120. Nous avions défendu aux juifs les mets dont nous t'avons instruit précédemment; nous ne les avons point traités injustement, ce sont eux qui ont agi injustement envers eux-mêmes.

121. Pour ceux qui auraient commis une mauvaise action par ignorance, mais qui reviendraient à Dieu et s'amenderaient, Dieu sera indulgent et miséricordieux.

122. Abraham était un homme [2] soumis à Dieu, orthodoxe; il n'était point du nombre de ceux qui donnaient des égaux à Dieu.

123. Il était reconnaissant pour ses bienfaits; Dieu l'avait élu et dirigé dans la droite voie.

124. Nous lui accordâmes une belle récompense dans ce monde, et il est au nombre des justes dans l'autre.

---

1. Mot à mot, il la revêtit du vêtement de la faim etc.
2. Il y a dans le texte : Abraham était un peuple, c'est-à-dire la nation d'Abraham, dont les Qoreïchites idolâtres prétendaient tirer leur origine.

125. Nous t'avons révélé que tu as à suivre la religion d'Abraham, qui était orthodoxe, et n'était point du nombre des idolâtres.

126. On a établi le sabbat pour ceux qui engagent des disputes à son sujet. Dieu prononcera entre eux au jour de la résurrection sur leurs différends.

127. Appelle *les hommes* dans le sentier de Dieu par la sagesse et par des admonitions douces; si tu entres en dispute avec eux, fuis-les avec honnêteté, car ton Seigneur connaît le mieux ceux qui dévient de son sentier et ceux qui suivent le droit chemin.

128. Quand vous exercez une vengeance *pour des injures reçues*, faites qu'elle soit analogue à celles que vous avez souffertes; mais si vous préférez de les supporter avec patience, cela profitera mieux à ceux qui auront souffert avec patience.

129. Prends donc patience; mais la patience n'est possible qu'avec *l'aide de* Dieu. Ne t'afflige point à cause d'eux; que ton cœur ne soit pas dans l'angoisse à cause de leurs machinations, car Dieu est avec ceux qui le craignent et font le bien.

SOURATE XVII

LE VOYAGE NOCTURNE

Donnée à Médine. — 111 versets.

Au nom de Dieu clément et miséricordieux.

1. Louange à celui qui a transporté, pendant la nuit, son serviteur du temple sacré *de La Mecque* au temple éloigné *de Jérusalem*, dont nous avons béni l'enceinte pour lui faire voir nos merveilles. Dieu entend et voit tout.

2. Nous donnâmes à Moïse le Livre *de la loi*, et nous en avons fait un guide pour les enfants d'Israël. Ne prenez point, *leur avons-nous dit*, d'autre patron que Dieu.

3. O postérité de ceux que nous avons sauvés dans l'arche de Noé! il était un serviteur reconnaissant.

4. Nous avions déclaré aux enfants d'Israël dans le Livre : Vous commettrez deux fois des iniquités sur la terre, et vous vous enorgueillirez d'un orgueil démesuré.

5. Lorsque l'accomplissement de la première prédiction arriva, nous envoyâmes contre vous nos serviteurs, doués d'une puissance terrible; ils pénétrèrent jusque dans l'intérieur de votre temple, et la prédiction fut accomplie.

6. Ensuite nous vous laissâmes prendre votre revanche sur eux, et nous accrûmes vos richesses et vos enfants; nous avons fait de vous un peuple nombreux.

7. *Nous vous avons dit :* Si vous faites le bien, vous le ferez pour vous; si vous faites le mal, vous le faites à vous-mêmes. Lorsque le terme de la seconde promesse arriva, *nous envoyâmes des ennemis* pour vous affliger, pour entrer dans votre temple, comme ils y pénétrèrent la première fois et pour démolir tout.

8. Peut-être Dieu aura pitié de vous; mais si vous revenez à vos péchés, nous aussi, nous reviendrons pour vous punir. Nous avons destiné la géhenne à être la prison des infidèles.

9. En vérité, ce Coran dirige vers le plus droit chemin; il annonce le bonheur aux croyants

10. Qui pratiquent les bonnes œuvres. Ils recevront une récompense magnifique.

11. Nous avons préparé un supplice terrible à ceux qui ne croient point à la vie future.

12. L'homme fait des vœux pour obtenir le mal comme il en fait pour obtenir le bien. L'homme est prompt de sa nature.

13. Nous fîmes de la nuit et du jour deux signes de notre puissance. Nous effaçâmes [1] le signe de la nuit et nous rendîmes visible celui du jour, afin que vous cherchiez à obtenir des bienfaits de la générosité de Dieu, afin que vous connaissiez le nombre des années et leur comput. Nous avons introduit la distinction parfaite dans toutes choses.

14. Nous avons attaché à chaque homme son oiseau au cou [2]. Au jour de la résurrection, nous lui montrerons un livre qu'il trouvera ouvert.

15. Lis dans ton livre, lui dirons-nous; il suffit que tu fasses toi-même ton compte aujourd'hui.

16. Quiconque suit le chemin droit le suit pour lui-même; quiconque s'égare, s'égare à son propre détriment. Toute âme chargée d'un fardeau ne portera pas celui d'aucune autre. Nous n'avons point puni de peuple avant d'avoir suscité dans son sein un apôtre.

17. Lorsque nous voulûmes détruire une cité, nous adressâmes d'abord nos ordres à ses citoyens opulents; mais ils y commettaient des crimes. L'arrêt fut prononcé, et nous l'avons exterminée.

18. Combien, depuis Noé, avons-nous exterminé de nations ? Il suffit que ton Seigneur voie et connaisse les péchés de ses serviteurs.

19. Quiconque a désiré les biens de ce monde qui passera promptement, à celui-là nous avons promptement accordé dans ce monde ce que nous avons voulu, ensuite nous lui avons préparé la géhenne; il y sera brûlé, couvert de honte et privé de toute ressource.

20. Celui qui désire la vie future, qui fait des efforts pour l'obtenir, qui en outre est croyant, les efforts de celui-là seront agréables à Dieu.

21. Nous accorderons en abondance nos grâces à tous, à ceux-ci et à ceux-là. Les grâces de ton Seigneur ne seront refusées à personne.

22. Vois comme nous avons élevé les uns au-dessus des autres *par les biens de ce monde*. Mais la vie future a des degrés plus élevés et des supériorités plus grandes encore.

23. Ne mets point d'autres dieux à côté de Dieu, car tu seras couvert de honte et d'avilissement.

24. Dieu a décidé de n'adorer que lui, de tenir une belle

1. C'est-à-dire que la nuit est obscure.
2. C'est-à-dire la destinée de chaque homme.

conduite envers vos père et mère, soit que l'un d'eux ait atteint la vieillesse ou qu'ils y soient parvenus tous deux et qu'ils restent avec vous. Garde-toi de leur marquer du mépris [1], de leur faire des reproches. Parle-leur avec respect.

25. Sois humble envers eux et plein de tendresse [2], et adresse cette prière à Dieu : Seigneur, aie pitié d'eux, ils m'ont élevé dans mon enfance.

26. Dieu connaît mieux que personne le fond de vos cœurs; il sait si vous êtes justes.

27. Il est indulgent pour ceux qui reviennent à lui.

28. Rends à tes proches ce qui leur est dû, ainsi qu'au pauvre et au voyageur, et ne sois point prodigue.

29. Les prodigues sont les frères de Satan. Satan a été ingrat envers son Seigneur.

30. Si tu t'éloignes de ceux qui ont besoin, obligé toi-même d'avoir recours à la miséricorde de Dieu, parle-leur au moins avec douceur.

31. Ne te lie pas le bras au cou et ne l'ouvre pas de toute son étendue [3], de peur que tu n'encoures le blâme et ne deviennes pauvre.

32. Dieu, tantôt répand à pleines mains ses dons à ceux qu'il veut, et tantôt il les mesure. Il est instruit de l'état de ses serviteurs et les voit.

33. Ne tuez point vos enfants par crainte de pauvreté; nous leur donnerons leur nourriture, ainsi qu'à vous. Les meurtres que vous commettez sont un péché atroce.

34. Evitez l'adultère, car c'est une turpitude et une mauvaise route.

35. Ne tuez point l'homme, car Dieu vous l'a défendu, sauf pour une juste cause; celui qui serait tué injustement, nous avons donné à son héritier le pouvoir d'exiger une satisfaction; mais qu'il ne dépasse point les limites en tuant le meurtrier [4], car il est déjà assisté *par la loi.*

36. Ne touchez point aux biens de l'orphelin, à moins que ce ne soit d'une manière louable *pour les faire accroître* jusqu'à ce qu'il ait atteint l'âge fixé. Remplissez vos engagements, car on vous en demandera compte.

37. Quand vous mesurez, remplissez la mesure. Pesez avec une balance juste. Ceci vaut mieux et c'est plus beau.

38. Ne poursuis point ce que tu ne connais pas, l'ouïe, la vue, l'esprit. On vous demandera compte de tout.

---

1. Mot à mot : de leur dire *fi!*
2. Mot à mot : Abaisse vers eux l'aile de ton humilité.
3. Ne sois ni avare ni prodigue.
4. C'est-à-dire qu'il ne commette pas des cruautés.

39. Ne marche point orgueilleusement sur la terre, tu ne saurais ni la fendre en deux, ni égaler la hauteur des montagnes.

40. Tout cela est mauvais et abominable devant Dieu.

41. Voici ce que Dieu t'a révélé de la sagesse. Ne place point d'autres dieux à côté de Dieu, car tu serais précipité dans la géhenne, couvert de réprobation et d'avilissement.

42. Dieu vous a-t-il choisis pour ses fils, et les anges sont-ils ses filles ? Vous proférez là une parole atroce.

43. Nous avons répandu *des enseignements* dans ce Coran, afin que les hommes réfléchissent; mais il n'a fait qu'augmenter votre éloignement.

44. Dis-leur : S'il y avait d'autres dieux à côté de Dieu, comme vous le dites, ces dieux désireraient à coup sûr d'évincer le possesseur du trône.

45. Louange à Dieu, il est élevé au-dessus de ce blasphème d'une immense hauteur.

46. Les sept cieux et tout ce qu'ils renferment, ainsi que la terre, célèbrent ses louanges. Il n'y a point de chose qui ne célèbre ses louanges, mais vous ne comprenez pas leurs chants. Dieu est humain et indulgent.

47. Quand tu lis le Coran, nous élevons un voile entre toi et ceux qui ne croient point à la vie future.

48. Nous avons recouvert leurs cœurs de voiles, afin qu'ils ne comprennent pas. Nous avons jeté la pesanteur dans leurs oreilles.

49. Quand tu prononces dans le Coran le nom du Dieu unique, ils tournent le dos et s'éloignent avec aversion.

50. Nous savons comment ils t'écoutent quand ils viennent t'écouter et quand ils se parlent en secret, puisque les méchants disent : Vous ne faites là que suivre un homme ensorcelé.

51. Vois à quoi ils te comparent; mais ils sont dans l'égarement et ne sauront retrouver le sentier.

52. Ils disent : Est-ce que, lorsque nous serons devenus os et cendres, nous pourrons nous lever sous une forme nouvelle ?

53. Dis-leur : Oui, quand même vous seriez pierre, fer ou telle autre chose de celles qui paraissent impossibles à votre esprit. Ils répondront : Et qui nous fera retourner à la vie ? Dis : Celui qui vous a créés la première fois. Alors ils secoueront la tête et te demanderont : Quand cela aura-t-il lieu ? Dis : Il se peut que cela ne soit pas éloigné.

54. Un jour Dieu vous appellera *de vos tombeaux;* vous lui répondrez en le louant; il vous semblera n'y avoir demeuré que très peu de temps.

55. Dis à mes serviteurs de ne parler qu'avec douceur, car Satan pourrait semer la discorde entre eux. Satan est l'ennemi déclaré de l'homme.

56. Votre Seigneur vous connaît; s'il le veut, il vous fera sentir sa miséricorde; s'il le veut, il vous punira. Nous te t'avons pas envoyé, ô Muḥammad! pour être leur patron.

57. Ton Seigneur connaît mieux que personne ce qui est aux cieux et sur la terre. Nous avons élevé les prophètes les uns au-dessus des autres. Et nous avons donné les psaumes à David.

58. Dis : Appelez à votre secours ceux que vous vous imaginez être dieux hors lui, et vous verrez qu'ils ne peuvent ni vous délivrer d'un mal, ni le détourner.

59. Ceux que vous invoquez briguent d'avoir un accès auprès de leur Seigneur, c'est à qui sera plus près de lui, ils attendent sa miséricorde et craignent son châtiment, car le châtiment de ton Seigneur est terrible.

60. Nous détruirons ou punirons sévèrement toutes les villes de la terre avant le jour de la résurrection. C'est un arrêt écrit dans le Livre éternel.

61. Rien ne nous aurait empêché de t'envoyer avec le pouvoir des miracles, si les peuples d'autrefois n'avaient déjà traité de mensonges les précédents. Nous avons fait voir aux Thamoudéens la femelle du chameau, bien distinctement; *c'était un avertissement*, et cependant ils l'ont maltraitée. Nous n'envoyons de prophètes avec des miracles que pour intimider.

62. Souviens-toi que nous avons dit : Dieu environne les hommes de tous côtés. Nous ne t'avons accordé la vision que nous t'avons fait voir [1], et l'arbre maudit dans le Coran [2]. que pour fournir un sujet de dispute aux hommes, et pour les intimider; mais cela ne fera que rendre leur perversité bien plus grande.

63. Nous dîmes aux anges : Prosternez-vous devant Adam, et ils se prosternèrent, *Eblis* seul excepté. Me prosternerai-je, dit-il, devant celui que tu crées de limon ?

64. Il ajouta : Que t'en semble ? Si tu me donnes du répit jusqu'au jour de la résurrection, j'exterminerai, un petit nombre excepté, la postérité de celui que tu as élevé au-dessus de moi.

65. Eloigne-toi. Ceux qui te suivront d'entre les hommes et toi, vous aurez tous la géhenne pour récompense; ample récompense *de vos crimes*.

66. Attire par ta voix ceux que tu pourras; fonds sur eux avec tes cavaliers et tes piétons [3]; sois leur associé dans leurs richesses et leurs enfants, et fais-leur des promesses (Satan ne saurait faire des promesses que pour aveugler les hommes).

---

1. C'est la vision des cieux, que Muḥammad disait avoir eue, et qui ensuite a été regardée comme un voyage nocturne réel.
2. L'arbre maudit. C'est le *zaqqoum*, qui s'élève du fond de l'enfer.
3. Expression proverbiale pour dire : Avec toutes tes forces.

67. Mais tu n'auras aucun pouvoir sur mes serviteurs. Il leur suffira d'avoir Dieu pour patron.

68. C'est votre Seigneur qui fait voguer pour vous les vaisseaux à travers les mers, afin que vous cherchiez les dons de sa générosité. Il est miséricordieux pour vous.

69. Lorsqu'un malheur vous atteint sur mer, ceux que vous invoquez vous abandonnent. Dieu seul est là. Mais, lorsqu'il vous a sauvés et rendus à la terre ferme, vous vous éloignez de lui. En vérité, l'homme est ingrat.

70. Etes-vous sûrs qu'il ne vous fera pas engloutir par quelque partie de la terre s'entrouvrant sous vos pas, ou qu'il n'enverra pas contre vous un tourbillon qui vous ensevelira sous le sable, sans que vous puissiez alors trouver de protecteur ?

71. Etes-vous sûrs qu'il ne vous ramènera pas une seconde, fois sur la mer, et qu'il n'enverra pas contre vous un vent violent, qu'il ne vous submergera pas pour prix de votre incrédulité ? Alors vous ne trouverez aucun protecteur.

72. Nous honorâmes les enfants d'Adam. Nous les portâmes sur la terre et les mers, nous leur donnâmes pour nourriture des aliments délicieux et nous leur accordâmes une grande supériorité sur un grand nombre d'êtres que nous avons créés.

73. Un jour nous ferons venir les peuples, leurs chefs à leur tête. Celui qui recevra son livre dans la main droite le lira : tous ne seront point lésés d'un seul brin.

74. Celui qui est aveugle dans ce monde le sera également dans l'autre, et se trouvera sur le sentier du plus funeste égarement.

75. Peu s'en est fallu que les infidèles ne t'aient éloigné par leurs tentations de ce que nous t'avons révélé, et ne t'aient porté à nous prêter d'autres révélations. Oh! alors ils t'auraient regardé comme leur ami.

76. Si nous ne t'avions point raffermi dans notre foi, *tu aurais cédé*, car tu penchais déjà un peu vers eux.

77. Alors nous t'aurions fait éprouver les malheurs de la vie et ceux de la mort, et tu n'aurais point trouvé d'assistance contre nous.

78. Peu s'en est fallu que les infidèles ne t'aient fait abandonner ce pays pour t'en chasser. Oh! alors, ils n'y auraient pas demeuré longtemps après ton éloignement.

79. C'est la voie qu'ont suivie nos apôtres envoyés avant toi. Tu ne saurais trouver de changement dans nos voies.

80. Fais ta prière au déclin du soleil et au moment de l'arrivée des ténèbres de la nuit; récite la lecture de l'aube du jour; les anges assistent à la lecture de l'aube du jour.

81. Dans la nuit, consacre tes veilles à la prière. Ce sera pour

toi une œuvre surérogatoire. Il se peut que Dieu t'accorde dans ces veilles une place glorieuse [1].

82. Dis : Seigneur, fais-moi entrer d'une entrée favorable, et fais-moi sortir d'une sortie favorable [2] et accorde-moi une puissance protectrice.

83. Dis encore : La vérité est venue et le mensonge s'est évanoui, car le mensonge est destiné à s'évanouir.

84. Nous envoyons dans le Coran la guérison et la grâce aux fidèles. Quant aux injustes, il ne fera que mettre le comble à leur ruine.

85. Quand nous accordons quelque bienfait à l'homme, il se détourne de nous et se met à l'écart. Lorsqu'un malheur vient l'atteindre, il se désespère.

86. Dis : Chacun agit à sa manière; mais Dieu sait qui est celui qui suit le chemin le plus droit.

87. Ils t'interrogeront au sujet de l'esprit. Dis-leur : L'esprit a été créé par l'ordre du Seigneur, mais il n'y a qu'un petit nombre d'entre vous qui soit en possession de la science.

88. Si nous voulions, nous pourrions te retirer ce que nous t'avons révélé, et tu ne saurais trouver personne qui se chargeât de ta cause auprès de nous,

89. Excepté la grâce même qui te vient de Dieu. En vérité, la générosité de ton Seigneur à ton égard est immense.

90. Dis : Quand les hommes et les génies se réuniraient pour produire quelque chose de semblable à ce Coran, ils ne produiraient rien de pareil, lors même qu'ils s'aideraient mutuellement.

91. Nous avons répandu dans ce Coran toute sorte de paraboles pour *l'instruction* des hommes; mais les hommes se sont refusés à tout, excepté à l'incrédulité.

92. Ils dirent : Nous ne te croirons pas, à moins que tu ne fasses jaillir de la terre une source d'eau vive;

93. Ou à moins que tu n'aies un jardin planté de palmiers et de vignes, et que tu ne fasses jaillir des torrents du milieu de ce jardin;

94. Ou à moins qu'une partie du ciel ne tombe sur nous, ou à moins que tu n'amènes Dieu et les anges comme garants de tes paroles;

---

1. Il est à remarquer que les Soufis éprouvent leurs extases et les manifestations de Dieu pendant ces veilles. Nul doute que le mot *maqâm*, employé dans le texte, a créé à ce mot son acception technique, chez les Soufis, dans le sens de rang dans la hiérarchie des états spirituels qui mènent à Dieu.

2. On peut entendre ceci soit comme une prière à Dieu, pour qu'il accorde à l'homme une mort et une résurrection désirée, soit, en supposant qu'il s'agit ici de Muḥammad, pour que Dieu lui accorde la libre entrée à La Mecque et la faculté d'en sortir libre.

95. Ou à moins que tu n'aies une maison ornée de dorures, ou à moins que tu ne montes aux cieux par une échelle, nous ne croirons non plus que tu y sois monté que lorsque tu nous feras descendre un livre que nous puissions lire tous. Réponds-leur : Louange à Dieu! Suis-je donc autre chose qu'un homme et un apôtre ?

96. Qu'est-ce donc qui empêche les hommes de croire, lorsque la doctrine de la direction est venue vers eux ? C'est qu'ils ont dit : Dieu aurait-il envoyé un homme pour être son apôtre ?

97. Dis-leur : Si les anges marchaient sur la terre et y vivaient tranquillement, nous leur aurions envoyé un ange pour apôtre.

98. Dis-leur : Dieu sera un témoin suffisant entre vous et moi, car il est instruit des actions de ses serviteurs et les voit.

99. Celui que Dieu dirige est seul sur le droit chemin; celui que Dieu égare ne trouvera aucun patron en dehors de lui. Au jour de la résurrection, nous les réunirons tous, prosternés sur leurs faces, aveugles, muets et sourds. La géhenne sera leur demeure; nous attiserons son feu toutes les fois qu'il s'éteindra.

100. Telle sera leur rétribution de ce qu'ils n'ont point cru à nos miracles, et de ce qu'ils avaient coutume de dire : Quand nous ne serons qu'os et poussière, nous nous lèverons revêtus d'une forme nouvelle.

101. Ne voient-ils pas que Dieu, qui a créé les cieux et la terre, peut aussi créer des corps semblables à eux ? Il a fixé un terme pour eux; il n'y a point de doute là-dessus; mais les injustes se refusent à tout, excepté à l'incrédulité.

102. Dis-leur : Si vous disposiez des trésors de la miséricorde divine, vous les serreriez, de peur de les dépenser. En vérité, l'homme est avare.

103. Nous avons accordé à Moïse neuf prodiges évidents; interroge plutôt les enfants d'Israël. Lorsque Moïse se présenta devant Pharaon, celui-ci lui dit : J'estime, Moïse, que tu es sous le pouvoir d'un enchantement.

104. Tu sais bien, répondit Moïse, que c'est Dieu, le seigneur des cieux et de la terre, qui envoie ces prodiges évidents; j'estime, ô Pharaon! que tu es voué à la perdition.

105. Pharaon voulut les expulser du pays, et nous l'avons submergé, lui et tous ceux qui l'ont suivi.

106. Nous dîmes ensuite aux enfants d'Israël : Habitez cette terre, et lorsque le terme de la vie future sera arrivé, nous vous réunirons tous ensemble. Nous avons envoyé le Coran réellement, et il est descendu réellement. Et toi, ô Muḥammad! nous ne t'avons envoyé que pour annoncer et pour avertir.

107. Nous avons partagé le Coran *en portions*, afin que tu le

récites aux hommes par pauses. Nous l'avons fait descendre réellement.

108. Dis-leur : Croyez en lui ou n'y croyez pas, *peu importe!* Ceux à qui la science a été donnée précédemment se prosternent et tombent sur leurs faces quand on leur en récite les versets. Gloire à Dieu! s'écrient-ils. Les promesses de Dieu sont accomplies.

109. Ils tombent sur leurs faces, ils pleurent, et leur soumission ne fait que s'accroître.

110. Invoquez Dieu ou invoquez le Miséricordieux, de quel nom que vous l'invoquiez, les plus beaux noms lui appartiennent. Ne prononce la prière ni d'une voix trop élevée ni d'une voix trop basse. Cherche le milieu entre les deux.

111. Dis : Gloire à Dieu qui n'a point d'enfants ni d'associés au pouvoir. Il n'a point de protecteur chargé de le préserver de l'abaissement. Glorifie Dieu en proclamant sa grandeur.

SOURATE XVIII

Donnée à Médine. — 110 versets.

Au nom de Dieu clément et miséricordieux.

1. Louange à Dieu, qui a envoyé à son serviteur le Livre, où il n'a point mis de tortuosités,

2. Un livre droit destiné à menacer les hommes d'un châtiment terrible de la part de Dieu, et à annoncer aux croyants qui font le bien une belle récompense dont ils jouiront éternellement,

3. Un livre destiné à avertir ceux qui disent : Dieu a un fils.

4. Ils n'en ont aucune connaissance, pas plus que leurs pères. C'est une parole coupable qui sort de leurs bouches. C'est un mensonge.

5. S'ils ne croient pas à ce livre (le Coran), tu es capable de t'anéantir de chagrin en les poursuivant de ton zèle.

6. Tout ce qui sert d'ornement à la terre, nous l'avons donné pour éprouver les hommes, pour savoir qui d'entre eux se conduira le mieux.

7. Mais *tous ces ornements*, nous les réduirons en poussière.

8. As-tu fait attention que l'histoire des compagnons de la Caverne et d'Al-Raqîm [1] est un de nos signes et une chose extraordinaire ?

9. Lorsque ces jeunes gens s'y furent retirés, ils s'écrièrent : Seigneur! accorde-nous ta miséricorde, et assure-nous la droiture dans notre conduite.

10. Nous avons frappé leurs oreilles de surdité dans la caverne pendant un certain nombre d'années.

11. Nous les réveillâmes ensuite pour voir qui d'entre eux saurait mieux compter le temps qu'ils y étaient restés.

12. Nous te racontons leur histoire en toute vérité. C'étaient des jeunes gens qui croyaient en Dieu, et auxquels nous avons ajouté encore des moyens de suivre la droite voie.

---

1. On n'est pas d'accord sur la signification du mot *Raqim*. Les uns croient que c'est le nom des chiens des Sept-Dormants, d'autres que c'est le nom d'une table sur laquelle étaient inscrits les noms des hommes qui s'étaient retirés dans la caverne.

13. Nous fortifiâmes leurs cœurs, lorsque, amenés devant le prince [1], ils dirent : Notre Seigneur est le maître des cieux et de la terre; nous n'invoquerons point d'autre Dieu que lui, autrement nous commettrions un crime.

14. Nos concitoyens adorent d'autres divinités que Dieu; peuvent-ils nous montrer une preuve évidente en faveur de leur culte ? Et qui est plus coupable que celui qui a forgé un mensonge sur le compte de Dieu ?

15. Ils se dirent alors l'un à l'autre : Si vous les quittiez, ainsi que les idoles qu'ils adorent à côté de Dieu, et si vous vous retiriez dans une caverne, Dieu vous accorderait sa grâce et disposerait vos affaires pour le mieux.

16. Tu aurais vu le soleil, quand il se levait, passer à droite de l'entrée de la caverne, et, quand il se couchait, s'en éloigner à gauche; et ils se trouvaient dans un endroit spacieux de la caverne. C'est un des miracles de Dieu. Celui-là est bien dirigé que Dieu dirige; mais quiconque Dieu égare, on ne saurait lui trouver ni patron ni guide.

17. Tu aurais cru qu'ils veillaient, et cependant ils dormaient; nous les retournions tantôt à droite et tantôt à gauche; leurs chiens étaient couchés, les pattes étendues, à l'entrée de la caverne. Si, arrivé à l'improviste, tu les eusses vus dans cet état, tu t'en serais détourné et enfui; tu aurais été transi de frayeur.

18. Nous les éveillâmes ensuite, afin qu'ils s'interrogeassent mutuellement. L'un d'entre eux demanda : Combien de temps sommes-nous restés ici ? Un jour, répondit l'autre, ou une partie seulement du jour. Dieu sait mieux que personne, reprirent les autres, le temps que nous y avons demeuré. Envoyez quelqu'un d'entre vous avec cet argent à la ville; qu'il s'adresse à celui qui aura les meilleurs aliments, qu'il vous en apporte pour votre nourriture, mais qu'il se comporte avec civilité, et ne découvre à personne votre retraite.

19. Car si les habitants en avaient connaissance, ils vous lapideraient, ou bien vous forceraient à embrasser leur croyance. Alors tout bonheur disparaîtrait pour vous.

20. Nous avons fait connaître à leurs concitoyens leur aventure, afin qu'ils apprennent que les promesses de Dieu sont véritables, et qu'il n'y a point de doute sur l'arrivée de l'heure. Leurs concitoyens se disputaient à leur sujet. Elevons un édifice au-dessus *de la caverne*. Dieu connaît mieux que personne la vérité à leur égard. Ceux dont l'avis l'emporta dans leur affaire dirent : Nous y élèverons une chapelle.

21. On disputera sur leur nombre. Tel dira : Ils étaient trois;

1. Selon les commentateurs, ce dut être Décianus (Decius).

leur chien était le quatrième. Tel autre dira : Ils étaient cinq, et leur chien était le sixième. On scrutera le mystère. Tel dira : Ils étaient sept, et leur chien faisait le huitième. Dis : Dieu sait mieux que personne combien ils étaient. Il n'y a qu'un petit nombre qui le sait.

22. Aussi ne dispute point à ce sujet, si ce n'est pour la forme, et ne demande point *à aucun chrétien* des avis à cet égard.

23. Ne dis jamais : Je ferai telle chose demain, sans ajouter : Si c'est la volonté de Dieu. Souviens-toi de Dieu si tu viens à l'oublier, et dis : Peut-être Dieu me dirigera-t-il vers la vraie connaissance de cette aventure [1].

24. Ces jeunes gens demeurèrent dans leur caverne trois cents ans, plus neuf.

25. Dis : Dieu sait mieux que personne combien de temps ils y demeurèrent; les secrets de Dieu et de la terre lui appartiennent; prétends-tu lui faire voir ou entendre quelque chose ? Les hommes n'ont point d'autre patron que lui; Dieu n'associe personne dans ses arrêts.

26. Révèle ce qui t'a été révélé du Livre de Dieu, sans introduire aucun changement dans ses paroles; dans le cas contraire, tu ne saurais trouver aucun refuge devant Dieu.

27. Prends patience avec ceux qui invoquent le Seigneur au matin et au soir et recherchent ses regards. Ne détourne point tes yeux d'eux pour te livrer aux plaisirs de ce monde, et n'obéis point à celui dont nous avons rendu le cœur insouciant de nous, qui suit ses penchants, et dont la conduite n'est qu'un excès.

28. Dis : La vérité vient de Dieu, que celui qui veut croire croie, et que celui qui veut être infidèle, le soit. Quant à nous, nous avons préparé pour les impies le feu, qui les entourera de ses parois. Quand ils imploreront du secours, on leur donnera de l'eau ardente comme le métal fondu, qui leur brûlera la figure. Quel détestable breuvage! quel mauvais support!

29. Ceux qui auront cru et pratiqué les bonnes œuvres ne seront pas privés de la récompense qui leur est due pour avoir mieux agi que les autres.

30. A ceux-ci les jardins d'Eden; sous leurs pieds couleront des fleuves; ils s'y pareront de bracelets d'or, se vêtiront de robes vertes de soie et de satin, accoudés sur des trônes. Quelle belle récompense! quel admirable support!

31. Propose-leur la parabole des deux hommes : A l'un d'eux nous donnâmes deux jardins plantés de vignes; nous entourâmes ces jardins de palmiers, et entre les deux nous plaçâmes des

1. Muḥammad, questionné par les juifs au sujet des Sept-Dormants, leur promit de leur répondre le lendemain. Il oublia d'ajouter : s'il plaît à Dieu. La révélation ne vint pas pendant plusieurs jours en punition de cet oubli.

champs ensemencés. Les deux jardins portèrent des fruits et ne furent point stériles.

32. Nous avons fait couler une rivière au sein même de ces jardins. Cet homme a récolté quantité de fruits, et a dit à son voisin en conversation : Je suis plus riche que toi, et j'ai une famille plus nombreuse.

33. Il entra dans son jardin, coupable envers lui-même, et s'écria : Je ne pense pas que ce jardin périsse jamais.

34. Je ne pense pas que l'heure arrive jamais, et si je reparais devant Dieu, j'aurai en échange un jardin encore plus beau que celui-ci.

35. Son ami lui dit, pendant qu'ils étaient ainsi en conversation : Ne crois-tu pas en celui qui t'a créé de poussière, puis de sperme, et qui enfin t'a donné la forme parfaite d'homme ?

36. Quant à moi, Dieu est mon Seigneur, et je ne lui associerai nul autre dans mon culte.

37. Que ne dis-tu pas plutôt en entrant dans ton jardin : Il arrivera ce que Dieu voudra; il n'y a point de force si ce n'est en Dieu. Bien que tu me voies plus pauvre et ayant moins d'enfants.

38. Il se peut que Dieu m'accorde quelque chose qui vaudra mieux que ton jardin; il fera tomber des flèches du ciel, et tu seras un beau matin réduit en poussière stérile.

39. Les eaux qui l'arrosent peuvent disparaître sous terre, où tu ne saurais les retrouver.

40. Les possessions de l'incrédule furent enveloppées dans la destruction avec tous ses fruits. Il se tordait les mains, regrettant ses dépenses, car les vignes se tenaient sur les échalas, dépouillées de leurs fruits, et il s'écriait : Plût à Dieu que je ne lui eusse associé aucun autre dieu!

41. Il n'avait point de troupe armée qui l'eût secouru contre Dieu, il ne trouva aucun secours.

42. La protection n'appartient qu'à Dieu seul, le Dieu vrai. Il sait récompenser mieux que personne, et procurer la plus heureuse issue.

43. Propose-leur la parabole de la vie mondaine. Elle ressemble à l'eau que nous faisons descendre du ciel, les plantes de la terre se mêlent à elle; le lendemain elles sont sèches; les vents les dispersent. Car Dieu est tout-puissant.

44. Les richesses et les enfants sont les ornements de la vie mondaine; mais les bonnes œuvres qui restent obtiennent auprès de ton Seigneur une meilleure récompense, et donnent de plus belles espérances.

45. Un jour que nous ferons marcher les montagnes, tu verras la terre nivelée comme une plaine; nous rassemblerons tous les hommes, sans en oublier un seul.

46. Ils paraîtront devant ton Seigneur rangés en ordre. Dieu leur dira : Vous paraissez devant moi dans l'état où je vous ai créés pour la première fois, et vous pensiez que je ne remplirais pas mes promesses.

47. Le livre où sont inscrites les actions de chacun sera mis entre ses mains; tu verras les coupables saisis de frayeur, à cause de ce qui est écrit : Malheur à nous! Que veut donc dire ce livre ? Les plus petites choses comme les plus grandes, aucune n'y est omise; il les a comptées toutes; toutes leurs actions leur seront présentées. Dieu ne lèsera pas un seul homme.

48. Quand nous dîmes aux anges : Prosternez-vous devant Adam, ils se prosternèrent tous, à l'exception d'Eblis, qui était un des démons; il se révolta contre les ordres de Dieu; prendrez-vous donc plutôt Eblis et sa race pour patrons que moi ? Ils sont vos ennemis. Quel détestable échange que celui des méchants!

49. Je ne vous ai point pris à témoin quand je créais les cieux et la terre, et quand je vous créais, vous; je n'ai point appelé à mon aide ceux qui s'égarent.

50. Un jour, Dieu dira aux infidèles : Appelez vos compagnons, ceux que vous croyez être dieux. Ils les appelleront, mais ils n'obtiendront aucune réponse. Nous mettrons entre eux la vallée de la distinction.

51. Les coupables verront le feu de l'enfer et sauront qu'ils y seront précipités; ils ne trouveront aucun moyen d'y échapper.

52. Nous avons répandu dans le Coran toute sorte de paraboles à l'usage des hommes; mais l'homme engage la dispute sur la plupart des choses.

53. Qu'est-ce donc qui empêche les hommes de croire quand la direction du droit chemin leur a été donnée ? qu'est-ce qui les empêche d'implorer le pardon de Dieu ? Peut-être attendent-ils le sort des hommes d'autrefois, ou que le châtiment les atteigne à la face de l'univers.

54. Nous envoyons des apôtres chargés d'avertir et d'annoncer. Les incrédules se servent d'arguments futiles pour effacer la vérité, et prennent nos miracles et les peines dont on les menace pour l'objet de leurs railleries.

55. Quel être plus coupable que celui qui se détourne quand on lui récite nos enseignements, qui oublie les actions qu'il avait commises lui-même ? Nous avons recouvert leurs cœurs de plus d'une enveloppe, pour qu'ils ne comprennent point le Coran, et nous avons jeté la surdité dans leurs oreilles.

56. Quand même tu les appellerais à la droite voie, ils ne la suivront jamais.

57. Ton Seigneur est indulgent et plein de compassion; s'il voulait les punir de leurs œuvres, il aurait avancé l'heure du

châtiment. Mais ils ont un terme fixé pour l'accomplissement des menaces, et ils ne trouveront aucun refuge contre sa vengeance.

58. Nous avons détruit ces anciennes cités, à cause de leur impiété. Précédemment nous les avions menacées de leur ruine.

59. Un jour Moïse dit à son serviteur [1] : Je ne cesserai de marcher jusqu'à ce que je sois parvenu à l'endroit où les deux mers se joignent, ou je marcherai pendant plus de quatre-vingts ans.

60. Lorsqu'ils furent arrivés au confluent des deux mers, ils s'aperçurent qu'ils avaient perdu leur poisson [2], qui prit la route de la mer par une voie souterraine.

61. Ils passèrent outre, et Moïse dit à son serviteur : Sers-nous notre repas, nous avons éprouvé beaucoup de fatigue dans ce voyage.

62. Qu'en dis-tu ? reprit son serviteur. Lorsque nous nous sommes arrêtés auprès de ce rocher, je n'ai fait aucune attention au poisson. Il n'y a que Satan qui eût pu me le faire oublier ainsi, pour que je ne te le rappelasse pas; le poisson a pris son chemin vers la mer; c'est miraculeux.

63. C'est ce que je désirais, reprit Moïse. Et ils retournèrent tous deux sur leurs pas.

64. Ils rencontrèrent un de nos serviteurs que nous avons favorisé de notre grâce et éclairé de notre science.

65. Puis-je te suivre, lui dit Moïse, afin que tu m'enseignes une portion de ce qu'on t'a enseigné à toi-même par rapport à la vraie route ?

66. L'inconnu répondit : Tu ne pourras jamais supporter ma société.

67. Et comment pourrais-tu supporter certaines choses dont tu ne comprendras pas le sens ?

68. S'il plaît à Dieu, reprit Moïse, je serai constant et soumis à tes ordres.

69. Puisque tu veux me suivre, *reprit l'inconnu*, ne m'interroge sur aucun fait avant que je t'aie parlé le premier.

70. Ils partirent donc et marchèrent jusqu'au bord de la mer; étant entré dans un bateau, l'*inconnu* le brisa. L'as-tu brisé, demanda Moïse, pour noyer ceux qui sont dedans ? Tu viens de commettre là une action étrange.

71. Ne t'ai-je pas dit que tu ne pourrais pas demeurer avec moi ?

72. Ne me blâme pas, reprit Moïse, d'avoir oublié tes ordres, et ne m'impose point des obligations trop difficiles.

1. Josué, fils de Noren.
2. Ils avaient pris un poisson; à l'endroit où il disparaîtrait Moïse devait trouver celui qu'il cherchait.

73. Ils partirent, et ils marchèrent jusqu'à ce qu'ils eurent rencontré un jeune homme. L'inconnu le tua. Eh quoi! tu viens de tuer un homme innocent qui n'a tué personne! Tu as commis là une action détestable.

74. Ne t'ai-je point dit que tu ne pourrais jamais vivre avec moi ?

75. Si je t'interroge encore une seule fois, tu ne me permettras plus de t'accompagner. Maintenant excuse-moi.

76. Ils partirent, et ils marchèrent jusqu'à ce qu'ils arrivassent aux portes d'une ville. Ils demandèrent l'hospitalité aux habitants; ceux-ci refusèrent de les recevoir. Les deux voyageurs s'aperçurent que le mur de la ville menaçait ruine. L'inconnu le releva. Si tu avais voulu, lui dit Moïse, tu aurais pu en demander la récompense.

77. Ici nous nous séparerons, reprit l'inconnu. Je vais seulement t'apprendre la signification des choses que tu as été impatient de savoir.

78. Le navire appartenait à de pauvres gens qui travaillaient sur mer; je voulus l'endommager, parce que derrière lui il y avait un roi qui s'emparait de tous les navires.

79. Quant au jeune homme, ses parents étaient croyants, et nous avons craint qu'il ne les infectât de sa perversité et de son incrédulité.

80. Nous avons voulu que Dieu leur donnât en retour un fils plus vertueux et plus digne d'affection.

81. Le mur était l'héritage de deux orphelins de la ville. Sous ce mur était un trésor qui leur appartenait. Leur père était un homme de bien. Le Seigneur a voulu les laisser atteindre l'âge de puberté pour leur rendre le trésor. Ce n'est point de mon propre chef que j'ai fait tout cela. Voilà les choses dont tu as été impatient de connaître le sens [1].

82. On t'interrogera, ô Muḥammad! au sujet de Dhoul'Qarneïn [2]. Réponds : Je vous raconterai son histoire.

83. Nous affermîmes sa puissance sur la terre, et nous lui donnâmes les moyens d'accomplir tout ce qu'il désirait, et il suivit une route.

84. Il marcha jusqu'à ce qu'il fût arrivé au couchant du soleil; il vit le soleil se coucher dans une fontaine boueuse; il y trouva établie une nation.

85. Nous lui dîmes : O Dhoul'Qarneïn! tu peux châtier ce peuple ou le traiter avec générosité.

1. L'inconnu dont il est question ici est Khiḍr, personnage choisi de Dieu pour accomplir ses arrêts.
2. Possesseur de deux cornes. C'est le nom sous lequel les Arabes entendaient Alexandre le Grand.

86. Nous châtierons, répondit-il, tout homme impie; ensuite nous le livrerons à Dieu, qui lui fera subir un supplice affreux.

87. Mais quiconque aura cru et pratiqué le bien obtiendra une belle récompense, et nous ne lui donnerons que des ordres faciles à exécuter.

88. Dhoul'Qarneïn de nouveau suivit une route,

89. Jusqu'à ce qu'il arrivât à l'endroit où le soleil se lève; il se levait sur un peuple auquel nous n'avons rien donné pour se mettre à l'abri de son ardeur.

90. Cette narration est véritable. Nous connaissons tous ceux qui étaient avec Dhoul'Qarneïn.

91. Il suivit de nouveau une route,

92. Jusqu'à ce qu'il arrivât entre les deux digues au pied desquelles habitait un peuple qui entendait à peine quelque langue.

93. Ce peuple lui dit : O Dhoul'Qarneïn! voici que Yâdjoudj et Madjoudj commettent des brigandages sur la terre. Pouvons-nous te demander, moyennant une récompense, d'élever une barrière entre eux et nous ?

94. La puissance que m'accorde mon Seigneur, répondit-il, est pour moi une récompense plus considérable. Aidez-moi seulement avec zèle, et j'élèverai une barrière entre vous et eux.

95. Apportez-moi de grandes pièces de fer, jusqu'à ce que j'aie fermé le défilé entre les deux montagnes. Il dit *aux travailleurs* : Soufflez le feu jusqu'à ce que le fer devienne rouge comme le feu. Puis il dit : Apportez-moi de l'airain fondu, afin que je le jette dessus.

96. Yâdjoudj et Madjoudj ne purent ni escalader le mur, ni le percer.

97. Cet ouvrage, dit Dhoul'Qarneïn, est un effet de la miséricorde de Dieu.

98. Quand l'arrêt du Seigneur sera arrivé, il le réduira en pièces; les promesses de Dieu sont infaillibles.

99. Le jour viendra où nous les laisserons se presser en foule comme les flots les uns sur les autres. On sonnera la trompette, et nous réunirons tous les hommes ensemble.

100. Alors nous livrerons les infidèles au feu de l'enfer,

101. Ainsi que ceux dont les yeux étaient couverts de voiles pour ne pas voir nos avertissements, et qui ne pouvaient pas nous écouter.

102. Les infidèles ont-ils pensé qu'ils pourront prendre pour patrons ceux qui ne sont que nos serviteurs ? Nous leur avons préparé la géhenne pour demeure.

103. Vous ferai-je connaître ceux qui ont le plus perdu à leurs œuvres ?

104. Dont les efforts dans ce monde ont été en pure perte, et qui croyaient cependant avoir bien agi ?

105. Ce sont les hommes qui n'ont point cru à nos signes, ni à leur comparution devant leur Seigneur; leurs actions sont vaines, et nous ne leur assignerons pas de poids au jour de la résurrection.

106. Leur récompense sera l'enfer, parce qu'ils ont fait de mes signes et de mes apôtres l'objet de leur risée.

107. Ceux qui croient et pratiquent le bien auront pour demeure les jardins du paradis.

108. Ils les habiteront éternellement, et ne désireront aucun changement à leur sort.

109. Dis : Si la mer se changeait en encre pour décrire les paroles de Dieu, la mer faillirait avant les paroles de Dieu, quand même nous y emploierions une autre mer pareille.

110. Dis : Je suis un homme comme vous, mais j'ai reçu la révélation qu'il n'y a qu'un Dieu. Quiconque espère voir un jour la face du Seigneur, qu'il pratique le bien et qu'il n'associe aucune autre créature dans l'adoration due au Seigneur.

SOURATE XIX

MARIE

Donnée à La Mecque. — 98 versets.

Au nom de Dieu clément et miséricordieux.

1. K. H. I. Aïn. S. Récit de la miséricorde de ton Seigneur envers son serviteur Zacharie.

2. Un jour il invoqua son Seigneur d'une invocation secrète,

3. Et dit : Seigneur, mes os languissants se dérobent sous moi, et ma tête s'allume de la flamme de la calvitie.

4. Je n'ai jamais été malheureux dans les vœux que je t'ai adressés.

5. Je crains que mes neveux n'hésitent d'en faire après moi. Ma femme est stérile. Donne-moi un héritier qui vienne de toi,

6. Qui hérite de moi, qui hérite de la famille de Jacob, et fais, ô Seigneur! qu'il te soit agréable.

7. L'ange dit : O Zacharie! nous t'annonçons un fils. Son nom sera Iahia.

8. Avant lui, personne n'a porté ce nom.

9. Zacharie dit : Seigneur! comment aurai-je un fils ? Mon épouse est stérile, et moi je suis arrivé à l'âge de décrépitude.

10. Il en sera ainsi. Ton Seigneur a dit : Ceci est plus facile pour moi. Je t'ai créé quand tu n'étais rien.

11. Seigneur, donne-moi un signe *pour garant de ta promesse.* Ton signe sera celui-ci : Tu ne parleras pas aux hommes pendant trois nuits, quoique bien portant.

12. Zacharie s'avança du sanctuaire vers le peuple, et lui faisait signe de louer Dieu matin et soir.

13. O Iahia! prends ce livre avec une résolution ferme. Nous avons donné à Iahia la sagesse quand il n'était qu'un enfant,

14. Ainsi que la tendresse et la candeur. Il était pieux et bon envers ses parents. Il n'était point violent ni rebelle.

15. Que la paix soit sur lui au jour où il naquit, et au jour où il mourra, et au jour où il sera ressuscité.

16. Parle dans le Coran de Marie, comme elle se retira de sa famille et alla du côté de l'est *du temple.*

17. Elle se couvrit d'un voile qui la déroba à leurs regards.

Nous envoyâmes vers elle notre esprit. Il prit devant elle la forme d'un homme, d'une figure parfaite.

18. Elle lui dit : Je cherche auprès du Miséricordieux un refuge pour toi. Si tu le crains...

19. Il répondit : Je suis l'envoyé de ton Seigneur, chargé de te donner un fils saint.

20. Comment, répondit-elle, aurai-je un fils ? Nul homme ne s'est approché de moi, et je ne suis point une dissolue.

21. Il répondit : Il en sera ainsi : ton Seigneur a dit : Ceci est facile pour moi. Il sera notre signe devant les hommes, et la preuve de notre miséricorde. L'arrêt est fixé.

22. Elle devint grosse de l'enfant, et se retira dans un endroit éloigné.

23. Les douleurs de l'enfantement la surprirent auprès d'un tronc de palmier. Plût à Dieu, s'écria-t-elle, que je fusse morte avant que je fusse oubliée d'un oubli éternel!

24. Quelqu'un lui cria de dessous elle [1] : Ne t'afflige point. Ton Seigneur a fait couler un ruisseau à tes pieds.

25. Secoue le tronc du palmier, des dattes mûres tomberont vers toi.

26. Mange et bois [2], et console-toi; et si tu vois un homme,

27. Dis-lui : J'ai voué un jeûne au Miséricordieux; aujourd'hui, je ne parlerai à aucun homme.

28. Elle alla chez sa famille, portant l'enfant dans ses bras. On lui dit : O Marie! tu as fait une chose étrange.

29. O sœur d'Aaron! ton père n'était pas un homme méprisable, ni ta mère une femme suspecte.

30. Marie leur fit signe d'interroger l'enfant : Comment, dirent-ils, parlerons-nous à un enfant au berceau ?

31. Je suis le serviteur de Dieu; il m'a donné le Livre et m'a constitué prophète.

32. Il a voulu que je sois béni partout où je me trouve; il m'a recommandé de faire la prière et l'aumône tant que je vivrai;

33. D'être pieux envers ma mère; il ne permettra pas que je sois rebelle et abject.

34. La paix sera sur moi au jour où je naquis et au jour où je mourrai, et au jour où je serai ressuscité.

35. Ce fut Jésus fils de Marie, pour parler la parole de la vérité, celui qui est le sujet de doutes d'un grand nombre.

36. Dieu ne peut pas avoir d'enfants. Loin de sa gloire ce blasphème! Quand il décide d'une chose, il dit : Sois, et elle est.

---

1. On peut entendre ces mots de deux manières : ou bien que l'enfant parla, ou bien l'ange qui était à ses pieds.
2. Mot à mot : rafraîchis ton œil.

37. Dieu est mon Seigneur et le vôtre. Adorez-le. C'est la voie droite.

38. Les conciliabules diffèrent d'avis entre eux. Malheur à ceux qui ne croient pas, à cause de la comparution du grand jour.

39. Fais-leur entendre, fais-leur voir le jour où ils viendront devant nous. Aujourd'hui, les méchants sont dans un égarement manifeste.

40. Avertis-les du jour des regrets, du jour où l'œuvre sera accomplie, quand, plongés dans l'insouciance, ils ne croient pas.

41. C'est nous qui hériterons de la terre et de tout ce qui existe dessus; eux, ils retourneront à nous.

42. Parle aussi, dans le Livre, d'Abraham; il était juste et prophète.

43. Un jour il dit à son père : O mon père! pourquoi adores-tu ce qui n'entend ni ne voit, et qui ne saurait servir à rien ?

44. O mon père! il m'a été révélé une portion de la science qui ne t'est point parvenue. Suis-moi; je te conduirai sur un sentier égal.

45. O mon père ! ne sers point Satan, car il a été rebelle au Miséricordieux.

46. O mon père! je crains que le châtiment du Miséricordieux ne t'atteigne et que tu ne deviennes client de Satan.

47. Son père lui répondit : Tu as donc de l'aversion pour mes divinités. O Abraham! si tu ne cesses d'en agir de la sorte, je te lapiderai. Quitte-moi pour de longues années.

48. Que la paix soit sur toi, répondit Abraham; j'implorerai le pardon de mon Seigneur, car il est bienveillant pour moi.

49. Je m'éloigne de vous et des divinités que vous invoquez à l'exclusion de Dieu. Moi, j'invoquerai mon Seigneur : peut-être ne serai-je pas malheureux dans mes prières au Seigneur.

50. Quand il se fut séparé d'eux et des divinités qu'ils invoquaient, nous lui donnâmes Isaac et Jacob, et nous les avons faits prophètes tous deux.

51. Nous leur accordâmes des dons de notre miséricorde et la langue sublime de la véracité.

52. Parle aussi, dans le Livre, de Moïse. Il était pur. Il était envoyé et prophète en même temps.

53. Nous lui criâmes du côté droit du mont Sinaï, et nous le fîmes approcher pour nous entretenir avec lui en secret.

54. Par l'effet de notre miséricorde, nous lui donnâmes son frère Aaron pour prophète.

55. Parle aussi, dans le Livre, d'Ismaël. Il était fidèle à ses promesses, envoyé et prophète.

56. Il ordonnait à son peuple de faire la prière et l'aumône. Il était agréable devant son Seigneur.

57. Parle aussi, dans le Livre, d'Edris [1]. Il était véridique et prophète.

58. Nous l'avons élevé à une place sublime.

59. Voilà ceux que Dieu a comblés de ses bienfaits, ce sont les prophètes de la postérité d'Adam, ce sont ceux que nous avons conduits avec Noé, c'est la postérité d'Abraham et d'Israël, ce sont ceux que nous avons dirigés et élus en grand nombre. Lorsqu'on leur récitait les enseignements du Miséricordieux, ils se prosternaient la face contre terre, en pleurant.

60. D'autres générations leur succédèrent; elles laissèrent la prière se perdre et suivirent leurs appétits. Elles ne rencontreront que le mal.

61. Mais ceux qui reviennent à Dieu, qui croient et pratiquent le bien, seront introduits dans le paradis, et ne seront point lésés dans la plus petite partie.

62. Ils seront introduits dans les jardins d'Eden, que le Miséricordieux a promis à ses serviteurs. Sa promesse sera accomplie.

63. Ils n'y entendront aucun discours futile; mais le mot Paix. Ils recevront la nourriture le matin et le soir.

64. Tels sont les jardins que nous donnerons en héritage à celui d'entre nos serviteurs qui nous craint.

65. Nous ne descendons du ciel [2] que par l'ordre de ton Seigneur. A lui seul appartient ce qui est devant nous et derrière nous, et ce qui est entre eux deux. Et ton Seigneur n'est point oublieux.

66. Il est le Seigneur des cieux et de la terre, et de ce qui existe entre eux deux. Adore-le et persévère dans ton adoration. En connais-tu quelque autre du même nom ?

67. L'homme dit : Quand je serai mort, sortirai-je de nouveau vivant ?

68. L'homme ne se souvient-il pas que nous l'avons créé quand il n'était rien ?

69. J'en jure par ton Seigneur, nous rassemblerons tous les hommes et les démons, puis nous les placerons autour de la géhenne, à genoux.

70. Puis nous en séparerons de chaque troupe ceux qui ont été les plus rebelles envers le Miséricordieux.

71. Et c'est nous qui connaissons le mieux ceux qui méritent d'être brûlés.

72. Il n'y aura aucun d'entre vous qui n'y soit précipité; c'est un arrêt fixe, décidé chez ton Seigneur.

73. Puis nous sauverons ceux qui craignent, et nous laisserons les méchants à genoux.

1. Enoch.
2. On suppose que c'est l'ange Gabriel qui répond ici à Muḥammad qui se plaignait des longs intervalles entre les révélations.

74. Lorsqu'on récite nos enseignements clairs aux incrédules, ils disent aux croyants : Lequel de nos deux partis occupe une place plus élevée ? lequel forme une plus belle assemblée ?

75. Oh! combien de générations n'avons-nous pas anéanties, qui les surpassaient cependant en richesses et en splendeur!

76. Dis-leur : Dieu prolongera la vie de ceux qui sont dans l'égarement,

77. Jusqu'au moment où ils verront de leurs yeux si le châtiment dont on les menaçait était celui de cette vie, ou bien si c'est le supplice de l'heure. Alors ils apprendront qui est celui qui occupera la plus mauvaise place et qui sera le plus faible en secours.

78. Dieu ajoutera à la bonne direction de ceux qui ont été conduits dans le chemin droit.

79. Les biens qui restent, les bonnes actions sont destinés à recevoir une belle récompense et un plus beau résultat auprès de ton Seigneur.

80. As-tu vu celui qui n'ajoutait pas foi à nos enseignements, et qui disait : J'aurai des richesses et des enfants ?

81. Connaît-il les choses cachées, ou bien a-t-il stipulé avec Dieu qu'il en fût comme il dit ?

82. Certes, nous inscrirons ses paroles et nous accroîtrons son supplice.

83. C'est nous qui hériterons des biens qu'il se promet, et lui, il apparaîtra tout nu devant notre tribunal.

84. Ils ont pris des divinités autres que nous, pour en faire leur gloire.

85. Ces divinités les renieront et seront leurs adversaires.

86. Ne vois-tu pas que nous avons envoyé les démons pour exciter les infidèles au mal ?

87. Ne cherche donc point à hâter leur supplice; nous leur comptons nous-mêmes *leurs jours.*

88. Le jour où nous rassemblerons devant le Miséricordieux les hommes pieux avec toutes les marques d'honneur;

89. Le jour où nous précipiterons les criminels dans l'enfer,

90. Nul ne saura faire valoir une intercession, si ce n'est ceux qui avaient fait une alliance avec le Miséricordieux.

91. Ils disent : Le Miséricordieux a des enfants. Vous venez de prononcer une impiété.

92. Peu s'en faut que les cieux ne se fendent à ces mots, que la terre ne s'entrouvre, et que les montagnes ne s'écroulent,

93. De ce qu'ils attribuent un fils au Miséricordieux. Il ne lui sied point d'avoir un fils.

94. Tout ce qui existe dans les cieux et sur la terre est serviteur du Miséricordieux. Il les a comptés et dénombrés tous.

95. Tous paraîtront devant lui au jour de la résurrection, seuls, isolés.

96. Il comblera d'amour ceux qui croient et pratiquent les bonnes œuvres.

97. Nous avons rendu le Coran facile en te le donnant dans ta langue, afin que par lui tu annonces de belles promesses aux pieux et avertisses le peuple querelleur.

98. Combien de générations n'avons-nous pas anéanties ? Peux-tu trouver un seul homme qui en reste ? As-tu entendu un seul d'entre eux proférer le plus léger murmure ?

SOURATE XX

ȚÂ HÂ

Donnée à La Mecque. — 135 versets.

Au nom de Dieu clément et miséricordieux.

1. Țâ Hâ Nous ne t'avons pas envoyé le Coran pour te rendre malheureux,

2. Mais pour servir d'admonition à celui qui craint Dieu.

3. Il a été envoyé par celui qui a créé la terre et les cieux élevés;

4. Le Miséricordieux qui siège sur le trône.

5. A lui appartient ce qui est dans les cieux et sur la terre, ce qui est entre eux deux, et ce qui est sous la terre.

6. Si tu récites *la prière* à haute voix, *tu fais ce qui est inutile*, car Dieu connaît le secret, et même ce qui est encore plus caché.

7. Dieu, il n'y a point d'autre Dieu que lui. Il a les plus beaux noms [1].

8. As-tu entendu raconter l'histoire de Moïse?

9. Lorsqu'il aperçut un feu, il dit à sa famille : Restez ici, je viens d'apercevoir du feu.

10. Peut-être vous en apporterai-je un tison, ou bien je pourrai, à l'aide du feu, me diriger dans la route.

11. Et lorsqu'il s'en approcha, une voix lui cria : O Moïse!

12. En vérité, je suis ton Seigneur, ôte ta chaussure; tu es dans la vallée sainte de Thouwa.

13. Je t'ai élu. Ecoute attentivement ce qui te sera révélé.

14. Moi, je suis Dieu, il n'y a point d'autre Dieu que moi. Donc adore-moi, et fais la prière en souvenir de moi;

15. Car l'heure viendra (peu s'en est fallu que je ne te l'aie révélée),

16. Afin que toute âme soit rétribuée pour ses œuvres.

17. Que celui qui ne croit pas, et suit ses passions, ne te détourne pas de *la vérité*, car tu périrais.

18. Qu'est-ce que tu portes dans ta droite?

19. C'est mon bâton, dit-il, sur lequel je m'appuie et avec

---

1. Comme le grand, le bon, le savant, etc.

lequel j'approche les feuilles d'arbres pour mon troupeau, et il me sert encore à d'autres usages.

20. Dieu dit : Jette-le, ô Moïse!

21. Et Moïse le jette, et voici qu'il devient un serpent qui se mit à courir.

22. Dieu dit : Prends-le et ne crains rien; nous le rendrons à son ancien état.

23. Porte ta main dans ton sein, elle en sortira blanche, sans aucun mal. Cela te servira d'un second signe.

24. Pour te faire ensuite voir de plus grands miracles,

25. Va trouver Pharaon. Il est impie.

26. Seigneur, dit Moïse, élargis mon sein,

27. Et rends-moi facile ma tâche.

28. Et dénoue le nœud de ma langue,

29. Afin qu'ils comprennent ma parole.

30. Donne-moi un conseiller de ma famille;

31. Que ce soit mon frère Aaron.

32. Fortifie-moi par lui [1],

33. Et associe-le à moi dans mon entreprise,

34. Afin que nous célébrions sans cesse tes louanges, et pensions à toi sans cesse;

35. Car tu nous vois.

36. Dieu répondit : O Moïse! je t'accorde ta demande.

37. Déjà une première fois, nous avons été bienveillant envers toi,

38. Lorsque nous fîmes entendre ces paroles à ta mère :

39. Mets ton fils dans une caisse, et lance-le sur la mer; la mer le ramènera au rivage. Mon ennemi et le sien l'accueillera. Je lui ai inspiré de l'affection pour toi, ô Moïse!

40. Et j'ai voulu que tu sois élevé sous mes yeux.

41. Un jour ta sœur se promenait disant : Voulez-vous que je vous enseigne une nourrice ? Nous te rendîmes alors à ta mère, afin qu'elle en conçût de la joie [2] et qu'elle cessât de s'affliger. Puis tu as tué un homme; nous te sauvâmes du malheur, et nous t'éprouvâmes par de nombreuses épreuves.

42. Tu as habité plusieurs années parmi les Madianites; ensuite tu es venu ici en vertu d'un ordre, ô Moïse!

43. Je t'ai formé pour moi-même.

44. Allez, toi et ton frère, accompagnés de mes miracles, et ne négligez point mon souvenir.

45. Allez vers Pharaon qui est impie.

46. Parlez-lui un langage doux : peut-être réfléchira-t-il ou craindra-t-il ?

1. Mot à mot : ceins mes reins avec lui.
2. Mot à mot : que son œil fût rafraîchi.

47. Ils répondirent : Seigneur, nous craignons qu'il n'use de violence envers nous, ou qu'il commette des impiétés.

48. Ne craignez rien, je suis avec vous, j'entends et je vois.

49. Allez et dites : Nous sommes des envoyés de ton Seigneur; renvoie avec nous les enfants d'Israël, et ne les accable pas de supplices. Nous venons chez toi avec un signe de ton Seigneur. Que la paix soit sur celui qui suit la route droite.

50. Il nous a été révélé que le châtiment est réservé à celui qui nous traiterait d'imposteurs et qui nous tournerait le dos.

51. Qui donc est votre Seigneur, ô Moïse ? demanda Pharaon.

52. Notre Seigneur est celui qui a donné la forme à tout ce qui existe et qui dirige dans la voie droite.

53 Quelle fut donc la pensée des générations passées ?

54. La connaissance en est dans le sein de Dieu et renfermée dans le Livre [1]. Notre Seigneur ne se trompe pas et n'oublie rien.

55. Qui vous a donné la terre pour lit de repos, et qui y a tracé des chemins pour vous ? qui fait descendre du ciel l'eau avec laquelle il produit les espèces de plantes variées ?

56. Nourrissez-vous et paissez vos troupeaux. Il y a dans ceci des signes pour les hommes doués d'intelligence.

57. Nous vous avons créés de terre et nous vous y ferons retourner, et nous vous en ferons sortir une seconde fois.

58. Nous lui fîmes voir nos miracles; mais il les traita de mensonges et refusa d'y croire.

59. Pharaon dit : O Moïse! es-tu venu pour nous chasser de notre pays par tes enchantements ?

60. Nous t'en ferons voir de pareils. Donnez-nous un rendez-vous, nous n'y manquerons pas : toi non plus, tu n'y manqueras pas. Que tout soit égal.

61. Moïse répondit : Que le rendez-vous soit fixé un jour de notre solennité, que le peuple soit rassemblé en plein jour.

62. Pharaon se retira; il prépara ses artifices et vint *au jour fixé.*

63. Moïse leur dit alors : Malheur à vous! Gardez-vous d'inventer des mensonges sur le compte de Dieu,

64. Car il vous atteindrait de son châtiment. Ceux qui inventaient des mensonges ont péri.

65. Les magiciens se concertèrent et se parlèrent en secret.

66. Ces deux hommes, dirent-ils, sont des magiciens; ils veulent vous chasser de votre pays par leurs artifices et emmener vos principaux chefs.

1. Il s'agit ici du livre éternel qui est dans le ciel.

67. Réunissez, dit Moïse, vos artifices, puis venez vous ranger en ordre. Celui qui aura le dessus aujourd'hui sera heureux.

68. O Moïse, dirent-ils, est-ce toi qui jetteras ta baguette le premier ou bien nous ?

69. Il répondit : Jetez les premiers. Et voici que tout d'un coup leurs cordes et leurs baguettes lui parurent courir par l'effet de leurs enchantements.

70. Moïse conçut une frayeur secrète dans lui-même.

71. Nous lui dîmes : Ne crains rien, car tu es le plus fort.

72. Jette ta baguette : elle dévorera ce qu'ils ont imaginé; ce qu'ils ont imaginé n'est qu'un artifice de magicien; et le magicien ne prospère jamais.

73. Et les magiciens se prosternèrent en disant : Nous avons cru au Seigneur d'Aaron et de Moïse.

74. Comment, dit Pharaon, vous avez cru en lui sans attendre ma permission ? A coup sûr, il est votre chef, et c'est lui qui vous a enseigné la magie. Je vous ferai couper les mains et les pieds alternés et vous ferai crucifier aux tiges de palmiers. Je vous apprendrai qui de nous est plus terrible et plus constant dans ses châtiments, *de Dieu ou de moi.*

75. Les magiciens reprirent : Nous ne te mettrons pas au-dessus des signes évidents ni au-dessus de celui qui nous a créés. Accomplis ce que tu as résolu; tu ne peux disposer que de choses de ce monde. Quant à nous, nous avons cru en notre Seigneur, afin qu'il nous pardonne nos péchés, et les artifices magiques auxquels tu nous as contraints. Dieu est plus puissant et plus stable que toi.

76. Celui qui se présentera à Dieu, chargé de crimes, aura pour récompense la géhenne. Il n'y mourra pas et n'y vivra pas.

77. Mais tous ceux qui se présenteront devant lui, et ayant pratiqué les bonnes œuvres, tous ceux-là occuperont une échelle élevée.

78. Ils habiteront les jardins où coulent des torrents; ils y resteront éternellement. C'est la récompense de celui qui a été juste.

79. Nous révélâmes à Moïse ces paroles : Emmène mes serviteurs pendant la nuit, et fraye-leur à travers la mer un chemin sec.

80. Ne crains point d'être atteint et n'aie pas peur.

81. Pharaon les poursuivit avec son armée, et les eaux de la mer les couvrirent tous. Pharaon a égaré son peuple; il ne l'a pas conduit dans le chemin droit.

82. O enfants d'Israël! nous vous avons délivrés de votre ennemi et nous vous avons donné pour rendez-vous le flanc droit du mont Sinaï; nous vous avons donné la manne et les cailles.

83. Jouissez des mets délicieux que nous vous donnons, et évitez l'excès, de peur que mon courroux ne s'appesantisse sur vous, car celui sur qui tombera notre colère périra.

84. Je suis indulgent pour celui qui se repent, fait le bien et suit le chemin droit.

85. Qui t'a si tôt fait quitter ton peuple ? dit Dieu à Moïse.

86. *Les chefs de mon peuple* s'avancent sur mes pas, et je m'empressais d'aller vers toi pour t'être agréable.

87. Nous venons d'éprouver ton peuple, ô Moïse! Depuis ton départ, le Samaritain les a égarés.

88. Moïse retourna au milieu de son peuple, enflammé de colère et accablé de tristesse,

89. Et dit : O mon peuple! Dieu ne vous a-t-il pas fait une belle promesse ? L'alliance vous paraîtrait-elle déjà durer trop longtemps ? ou bien avez-vous voulu que la colère de votre Seigneur tombât sur vous, et avez-vous violé vos promesses ?

90. Nous n'avons point violé nos promesses de notre propre mouvement, mais on nous a commandé de porter plusieurs charges de nos ornements; nous les avons réunis ensemble. Le Samaritain les jeta *dans le feu*, et en retira pour le peuple un veau corporel, mugissant. On nous a dit : Ceci est votre Dieu et le Dieu de Moïse; mais il l'a oublié *pour en chercher un autre.*

91. N'ont-ils pas observé que ce veau ne pouvait pas leur répondre, et qu'il ne pouvait ni leur servir à rien, ni leur nuire ?

92. Aaron leur disait bien : O mon peuple! on vous éprouve par ce veau. Votre Seigneur est miséricordieux. Suivez-moi et obéissez à mes ordres.

93. Nous ne cesserons de l'adorer, répondaient-ils, que Moïse ne soit de retour.

94. Il dit à Aaron : Qu'est-ce qui t'a empêché de me suivre lorsque tu les a vus s'égarer ? Veux-tu désobéir à mes ordres ?

95. O fils de ma mère! répond Aaron, cesse de me tirer par la barbe et par la tête. J'ai craint que tu ne me dises ensuite : Pourquoi as-tu semé la scission parmi les enfants d'Israël; pourquoi n'as-tu pas observé mes ordres ?

96. Et toi, ô Samaritain! quel a été ton dessein ? Il répondit : J'ai vu ce qu'eux ne voyaient pas. J'ai pris une poignée de poussière sous les pas de l'envoyé de Dieu, et je l'ai jetée dans le veau fondu; mon esprit me l'a suggéré ainsi.

97. Eloigne-toi d'ici, lui dit Moïse. Ton châtiment dans ce monde sera celui-ci. Tu diras à quiconque te rencontrera : Ne me touchez pas. En outre, il t'est réservé une comparution à laquelle tu ne saurais échapper. Jette tes yeux sur ce dieu que tu as adoré avec tant de dévotion. Nous le brûlerons, nous le réduirons en poudre et le jetterons dans la mer.

98. Votre Dieu est le Dieu unique; il n'y a point d'autre Dieu que lui; il embrasse tout de sa science.

99. C'est ainsi que nous te racontons les histoires d'autrefois; en outre, nous t'avons envoyé de notre part une admonition.

100. Quiconque s'en détourne portera un fardeau au jour de la résurrection.

101. Il le portera éternellement. Quelle insupportable charge ce sera au jour de la résurrection!

102. Au jour où l'on enflera la trompette et où nous rassemblerons les coupables, qui auront alors les yeux gris [1],

103. Ils se diront à voix basse : Vous n'êtes restés que dix jours *sur la terre*.

104. Nous savons bien ce que veulent dire leurs chefs quand ils répondront : Vous n'y êtes restés qu'un jour.

105. Ils t'interrogeront au sujet de montagnes. Dis-leur : Dieu les dispersera comme la poussière.

106. Il les changera en plaines égales; tu n'en trouveras plus les sinuosités, ni les terrains, tantôt élevés, tantôt déprimés.

107. Puis ils suivront *l'ange* qui les appellera au jugement, et qui marchera sans détours; les voix s'abaisseront devant le Miséricordieux, et tu n'entendras que le bruit sourd de leurs pas.

108. Ce jour-là l'intercession de qui que ce soit ne pourra profiter, sauf l'intercession de celui à qui le Miséricordieux permettra de la faire et à qui il permettra de parler.

109. Il connaît ce qui est devant et derrière eux. Des hommes n'embrassent point cela de leur science.

110. Leurs fronts seront baissés alors devant le Vivant, l'Immuable. Celui qui sera chargé d'iniquités périra.

111. Celui qui fait le bien, s'il est en même temps croyant, n'aura point à craindre l'injustice ni la diminution *de sa récompense*.

112. Ainsi, nous avons fait descendre un livre arabe et nous y avons répandu des menaces; peut-être finiront-ils par craindre Dieu, peut-être ce Coran fera-t-il naître des réflexions.

113. Qu'il soit exalté ce Dieu, le roi, la vérité. Ne te hâte point de répéter les versets du Coran, tant que la révélation sera incomplète. Dis plutôt : Seigneur! augmente ma science.

114. Déjà nous avions fait un pacte avec Adam, mais il l'oublia; nous ne lui avons pas trouvé de résolution ferme.

115. Et lorsque nous dîmes aux anges : Prosternez-vous devant Adam, ils le firent, excepté Eblis; il s'y refusa. Nous dîmes à Adam : Celui-ci est ton ennemi et l'ennemi de ton épouse. Prenez

---

1. Les yeux gris, ainsi que les cheveux roux et le teint noir sont regardés par les musulmans comme d'un mauvais augure.

garde qu'il ne vous chasse du paradis et que vous ne soyez malheureux.

116. Tu n'y souffriras ni de la faim, ni de la nudité.

117. Tu n'y seras point altéré de soif ni incommodé de la
chaleur.

118. Satan lui fit des suggestions : O Adam! lui dit-il, veux-tu
que je te montre l'arbre de l'éternité et d'un royaume qui ne
vieillit pas ?

119. Ils mangèrent *(du fruit)* de l'arbre, et leur nudité leur
apparut, et ils se mirent à coudre des vêtements de feuilles du
paradis. Adam désobéit à son Seigneur, et s'égara.

120. Puis Dieu en fit son élu, revint à lui et le dirigea sur le
chemin droit.

121. Il dit *à Adam et à Eve :* Descendez du paradis tous, les
uns animés d'inimitié contre les autres. Un jour la direction du
chemin droit vous viendra de moi.

122. Celui qui la suivra ne s'égarera point et ne sera point
malheureux.

123. Mais celui qui se détournera de mes avertissements
mènera une vie misérable.

124. Nous le ferons comparaître aveugle au jour du jugement.

125. Il dira : Seigneur! pourquoi m'as-tu fait comparaître
aveugle, moi qui voyais auparavant ?

126. Nos signes vinrent à toi, et tu les as oubliés : de même
tu seras oublié aujourd'hui.

127. C'est ainsi que nous rétribuerons le transgresseur qui ne
croit pas aux signes de son Seigneur. Le châtiment de l'autre
monde sera terrible et permanent.

128. Ignorent-ils combien de générations nous avons anéanties avant eux ? Ils foulent la terre qu'ils habitaient. Il y a dans
ceci des signes pour les hommes doués d'intelligence.

129. Si une parole de ton Seigneur ne s'était déjà fait entendre,
le châtiment se serait déjà attaché à eux, et le terme fixé serait
venu.

130. Supporte avec patience leurs discours et célèbre les
louanges de ton Seigneur avant le lever du soleil et avant le coucher, et à l'entrée de la nuit; célèbre-le aux extrémités du jour
pour lui plaire.

131. Ne porte point tes yeux sur les divers biens dont nous les
faisons jouir, sur le clinquant de ce monde, que nous leur donnons pour les éprouver. La portion que t'assigne ton Seigneur
est plus magnifique et plus durable.

132. Commande la prière à ta famille, fais-la avec persévérance; nous ne te demandons point de nourriture; c'est nous qui
te nourrissons. Le dénouement est réservé à la piété.

133. Ils disent : Que ne nous fait-il voir un miracle de la part de son Seigneur ? N'ont-ils pas une preuve évidente dans ce que contiennent les pages d'anciennes annales ?

134. Si nous les avions anéantis de notre châtiment avant *la venue de Muḥammad*, ils auraient dit : Pourquoi ne nous as-tu point envoyé d'apôtre ? Nous aurions suivi tes enseignements, plutôt que de tomber dans l'avilissement et dans l'opprobre.

135. Dis : Nous attendons tous la fin. Attendez, vous aussi, et vous apprendrez qui de nous tient le sentier droit, qui de nous est dirigé.

SOURATE XXI

LES PROPHÈTES

Donnée à La Mecque. — 112 versets.

Au nom de Dieu clément et miséricordieux.

1. Le temps approche où les hommes rendront compte, et cependant ils se détournent de nos admonitions, plongés dans l'insouciance.

2. Il ne leur arrive jamais une nouvelle admonition de leur Seigneur, qu'ils ne l'écoutent pour s'en moquer

3. Par la frivolité de leurs cœurs. Les méchants se disent en secret : Est-il donc autre chose qu'un homme comme nous ? Assisterez-vous à ces sorcelleries quand vous voyez clairement ce qui en est ?

4. Dis : Mon Seigneur connaît les discours tenus au Ciel et sur la terre; il entend et sait tout.

5. Bien plus, ils disent : Ce n'est qu'un amas de rêves; c'est lui qui a inventé le Coran; c'est un poète; qu'il nous montre un miracle, comme des apôtres d'autrefois en faisaient.

6. Aucune des villes que nous avons détruites n'a cru; ils ne croiront pas non plus.

7. Avant toi nous n'avons envoyé que des hommes qui recevaient des révélations. Demandez-le aux hommes qui possèdent les Ecritures, si vous ne le savez pas.

8. Nous ne leur donnâmes point un corps qui pût se passer de la nourriture; ils n'étaient point immortels.

9. Nous avons tenu envers eux notre promesse, et nous les avons sauvés, ainsi que ceux qu'il nous a plu, et nous avons anéanti les transgresseurs.

10. Nous venons de vous envoyer un livre qui contient des avertissements pour vous. N'entendez-vous pas raison ?

11. Que de villes criminelles avons-nous renversées, et établi à leur place d'autres populations!

12. Quand ils ont senti la violence de nos coups, ils se sont mis à fuir de leurs villes.

13. Ne fuyez pas, revenez à vos jouissances et à vos demeures. Vous serez interrogés.

14. Ils répondaient : Malheur à nous, nous avons été méchants.

15. Et ces lamentations ne cessèrent pas jusqu'à ce que nous les eussions étendus comme le blé moissonné et se desséchant.

16. Nous n'avons pas créé le ciel, la terre et tout ce qui est entre eux pour nous divertir.

17. Si nous avions voulu nous divertir, nous aurions trouvé des jouets chez nous, si nous avions voulu le faire absolument.

18. Mais nous opposons la vérité au mensonge, et elle le fera disparaître. Le voilà qui disparaît, et malheur à vous à cause de ce que vous attribuez à Dieu.

19. A lui appartient tout être dans le ciel et sur la terre. Ceux qui sont auprès de lui ne dédaignent point de l'adorer, et ne s'en lassent pas.

20. Ils célèbrent ses louanges le jour et la nuit; ils n'inventent rien contre lui.

21. Ont-ils pris leurs dieux sur la terre, des dieux capables de ressusciter les morts ?

22. S'il y avait un autre dieu que lui dans le ciel et sur la terre, ils auraient déjà péri. La gloire du maître du trône est au-dessus de ce qu'ils lui attribuent.

23. On ne lui demandera point compte de ses actions, et il leur demandera compte des leurs.

24. *Les anges* adorent-ils d'autres divinités que Dieu ? Dis-leur : Apportez vos preuves. C'est l'avertissement adressé à ceux qui sont avec moi, et tel qu'il a été fait à ceux qui ont vécu avant moi; mais la plupart d'entre eux ne connaissent point la vérité et se détournent *des avis qu'on leur donne.*

25. Nous n'avons point envoyé d'apôtres à qui il n'ait été révélé qu'il n'y a point d'autre Dieu que moi. Adorez-moi donc.

26. Ils disent : Le Miséricordieux a eu des enfants; *les anges sont ses enfants.* A Dieu ne plaise ! ils ne sont que ses serviteurs honorés.

27. Ils ne parlent jamais avant lui et exécutent ses ordres.

28. Il sait tout ce qui est devant eux et derrière eux; ils ne peuvent intercéder,

29. Excepté pour celui pour lequel il lui plaît, et ils tremblent de frayeur devant lui.

30. Et quiconque dirait : Je suis un dieu à côté de Dieu, aurait pour récompense la géhenne. C'est ainsi que nous récompensons les méchants.

31. Les infidèles ne voient-ils pas que les cieux et la terre formaient une masse compacte, et que nous les avons séparés, et qu'au moyen de l'eau nous donnons la vie à toutes choses ? Ne croiront-ils pas ?

32. Nous avons placé sur la terre les montagnes, afin

qu'elles puissent se mouvoir avec eux. Nous y avons pratiqué des passages pour leur servir de routes, afin qu'ils se dirigent.

33. Nous avons fait du ciel un toit solidement établi, et cependant ils ne font point attention à ses merveilles.

34. C'est lui qui a créé la nuit et le jour, le soleil et la lune ; chacun de ces astres court dans une sphère à part.

35. Nous n'avons accordé la vie éternelle à aucun homme avant toi. Si tu meurs, eux croient-ils être immortels ?

36. Toute âme goûtera la mort. Nous vous éprouverons par le mal et par le bien, et vous serez ramenés à nous.

37. Lorsque les infidèles te voient, ils te prennent pour l'objet de leurs railleries. Est-ce cet homme, disent-ils, qui parle de nos dieux *avec mépris ?* Et cependant eux ne croient point aux avertissements du Miséricordieux.

38. L'homme a été créé de précipitation [1]; mais je vous ferai voir mes signes, et vous ne chercherez point à les accélérer.

39. Ils diront : Quand donc s'accompliront les menaces ? Dites-le si vous êtes sincères.

40. Ah! si les infidèles savaient l'heure où ils ne pourront détourner le feu de leurs visages ni de leurs dos [2], où ils n'auront point de protecteur!

41. Le châtiment les saisira à l'improviste et les rendra stupéfaits; ils ne sauront l'éloigner ni obtenir du répit.

42. Avant toi aussi des apôtres ont été pris en dérision; mais le châtiment, objet des moqueries, enveloppa les moqueurs.

43. Dis-leur : Qui peut vous défendre, dans la nuit ou dans le jour, *des coups* du Miséricordieux ? Et cependant ils tournent le dos aux avertissements!

44. Ont-ils des dieux capables de les défendre contre nous ? Ils ne sauraient s'aider eux-mêmes, et ils ne seront pas assistés contre nous par leurs compagnons.

45. Oui! nous avons fait jouir ces hommes, ainsi que leurs pères, des biens de ce monde, tant que durera leur vie. Ne voient-ils pas que nous venons dans le pays *des infidèles*, et que nous en resserrons les limites de toutes parts ? Croient-ils être vainqueurs ?

46. Dis-leur : Je vous prêche ce qui m'a été révélé; mais les sourds n'entendent point quand on leur prêche.

47. Qu'un seul souffle du châtiment de Dieu les atteigne, ils crieront : Malheur à nous! nous étions impies.

48. Nous établirons des balances d'équité au jour de la résurrection. Nul ne sera lésé, pas même du poids d'un grain de moutarde. Nous montrerons la balance. Notre compte suffira.

---

1. Il est prompt et impétueux.
2. C'est-à-dire que le feu les enveloppera de tous côtés.

49. Nous avons donné à Moïse et à Aaron la distinction et la lumière, et un avertissement pour ceux qui craignent;

50. Qui craignent leur Seigneur dans le secret, et tremblent au souvenir de l'heure.

51. Et ce livre est un avertissement béni que nous avons envoyé d'en haut. Le méconnaîtrez-vous?

52. Nous avions déjà donné auparavant la direction à Abraham, et nous le connaissions.

53. Quand il dit à son père et à son peuple : Que signifient ces statues que vous adorez avec tant d'ardeur?

54. Ils répondirent : Nous les avons vu adorer à nos pères.

55. Vous et vos pères, dit Abraham, vous êtes dans une erreur évidente.

56. Dis-tu la vérité ou plaisantes-tu?

57. Loin de là. Votre Seigneur est le Seigneur des cieux et de la terre qu'il a créés, et moi j'en rends le témoignage.

58. J'en jure par Dieu, je jouerai un tour à vos idoles aussitôt que vous serez partis.

59. Et il les mit en pièces, excepté la plus grande, afin qu'ils s'en prissent à elle *de ce qui arriva.*

60. Ils dirent : Celui qui a agi ainsi avec nos divinités est certes méchant.

61. Nous avons entendu un jeune homme nommé Abraham médire de nos dieux.

62. Amenez-le, dirent les autres, en présence de tous, afin qu'ils soient témoins *de son châtiment.*

63. Ils dirent : Est-ce toi, Abraham, qui as ainsi arrangé nos dieux?

64. C'est la plus grande des idoles que voici; interrogez-les pour savoir si elles parlent.

65. Et ils se parlèrent à eux-mêmes en disant : En vérité, vous êtes des impies.

66. Et puis ils revinrent à leurs anciennes erreurs, et dirent à Abraham : Tu sais bien que les idoles ne parlent pas.

67. Adorerez-vous, à l'exclusion de Dieu, ce qui ne peut ni vous être utile en rien, ni vous nuire? Honte sur vous et sur ce que vous adorez à l'exclusion de Dieu! Ne le comprendrez-vous pas?

68. Brûlez-le! s'écrièrent-ils, et venez au secours de nos dieux, s'il faut absolument le punir.

69. Et nous, nous avons dit : O feu! sois-lui froid! que le salut soit avec Abraham!

70. Ils ont voulu lui tendre des pièges; mais nous leur avons fait perdre la partie.

71. Nous le sauvâmes, ainsi que Loth, et nous les transpor-

tâmes dans un pays dont nous avons béni tous les hommes.

72. Nous lui donnâmes Isaac et Jacob comme une faveur surérogatoire, et nous les rendîmes justes.

73. Nous les avions institués chefs chargés de conduire les hommes, et nous leur avons inspiré la pratique des bonnes œuvres, l'accomplissement de la prière, ainsi que l'aumône, et ils nous adoraient.

74. Nous donnâmes à Loth la science et la sagesse; nous le sauvâmes de la ville qui se livrait à des turpitudes. Certes, c'était un peuple méchant et pervers.

75. Nous le comprîmes dans notre miséricorde; car il était du nombre des justes.

76. Souviens-toi de Noé quand il cria vers nous; nous l'exauçâmes et nous le sauvâmes, ainsi que sa famille, de la grande calamité.

77. Nous l'avons secouru contre un peuple méchant; nous les avons submergés tous.

78. Souviens-toi aussi de David et de Salomon quand ils prononçaient une sentence concernant un champ où les troupeaux d'une peuplade avaient causé des dégâts. Nous étions présent à leur jugement.

79. Nous donnâmes à Salomon l'intelligence de cette affaire, et à tous les deux la science et la sagesse, et nous assujettîmes les montagnes et les oiseaux à chanter avec David nos louanges. Nous avons agi.

80. Nous apprîmes à David l'art de faire des cuirasses pour vous; c'est pour vous préserver de vos violences mutuelles. Ne serez-vous pas reconnaissants ?

81. Nous soumîmes à Salomon le vent impétueux, courant à ses ordres vers le pays que nous avons béni. Nous savions tout.

82. Nous lui soumîmes des démons qui plongeaient pour pêcher des perles pour lui, et exécutaient d'autres ordres. Nous les surveillions nous-même.

83. Souviens-toi de Job quand il cria vers son Seigneur : Voici le malheur qui m'atteint; mais tu es le plus compatissant des compatissants.

84. Nous l'exauçâmes et nous le délivrâmes du mal qui l'accablait; nous lui rendîmes sa famille et en ajoutâmes une nouvelle, par un effet de notre miséricorde, et pour servir d'avertissement à ceux qui nous adorent.

85. Souviens-toi d'Ismaël, d'Edris, de Zoulkifl, qui tous souffraient avec patience.

86. Nous les comprîmes dans notre miséricorde; car tous ils étaient justes.

87. Et Zoulnoun [1] aussi qui s'en alla plein de colère, et croyait que nous n'avions plus de pouvoir sur lui. Mais il cria ensuite vers nous au milieu des ténèbres : Il n'y a point d'autre Dieu que toi. Gloire à toi! gloire à toi! j'ai été du nombre des injustes.

88. Nous l'exauçâmes et nous le délivrâmes de l'affliction. C'est ainsi que nous délivrons les croyants.

89. Souviens-toi de Zacharie quand il cria vers son Seigneur : Seigneur, ne me laisse point seul, tu es le meilleur des héritiers.

90. Nous l'exauçâmes et lui donnâmes Iahia (Jean), et nous rendîmes sa femme capable d'enfanter. Ils pratiquaient à l'envi les bonnes œuvres, nous invoquaient avec amour et avec crainte, et s'humiliaient devant nous.

91. Nous soufflâmes notre esprit à celle qui a conservé sa virginité; nous la constituâmes, avec son fils, un signe pour l'univers.

92. Toutes ces religions n'étaient qu'une religion. Je suis votre Seigneur, adorez-moi.

93. Ils ont formé des scissions entre eux; mais tous reviendront à nous.

94. Quiconque fera le bien et sera en même temps croyant, ses efforts ne seront point méconnus; nous mettons par écrit ses œuvres.

95. Un anathème pèsera sur la cité que nous aurons anéantie; ses peuples ne reviendront pas,

96. Jusqu'à ce que le passage soit ouvert à Iadjoudj et Madjoudj [2]; alors ils descendront rapidement de chaque montagne.

97. Alors l'accomplissement de la promesse véritable sera près de s'accomplir, et les regards des infidèles seront fixés avec stupéfaction. Malheur à nous! diront-ils. Nous étions insouciants de l'heure, et nous étions impies.

98. En vérité, vous et les idoles que vous adorez à l'exclusion de Dieu, vous deviendrez l'aliment de la géhenne, où vous serez précipités.

99. Si ces idoles étaient des dieux, elles n'y seraient pas précipitées. Tous y resteront pour l'éternité.

100. Ils y pousseront des sanglots et n'entendront rien.

101. Ceux à qui nous avions précédemment promis de belles récompenses seront éloignés *de ce séjour terrible*.

102. Ils n'entendront point venir le moindre bruit, et jouiront éternellement des objets de leurs désirs.

103. La grande terreur ne les préoccupera pas; les anges leur

1. C'est le prophète Jonas.
2. C'est Gog et Magog qui, d'après les musulmans, sont des peuples renfermés dans une enceinte de murs impénétrables.

adresseront ces paroles : Voici votre jour, celui qui vous a été promis.

104. Ce jour-là nous plierons les cieux de même que l'ange Sidjil [1] plie les feuillets écrits. Comme nous avons produit la création, de même nous la ferons rentrer. C'est une promesse qui nous oblige. Nous l'accomplirons.

105. Nous avons écrit dans les psaumes, après la loi *donnée à Moïse*, que la terre sera l'héritage de nos serviteurs justes.

106. Il y a dans ce livre une instruction suffisante pour ceux qui nous adorent.

107. Nous ne t'avons envoyé que par miséricorde pour l'univers.

108. Dis-leur : Il m'a été révélé que votre Dieu est le Dieu unique. Etes-vous résignés à sa volonté (ô musulmans!) ?

109. Mais s'ils tournent le dos, dis-leur : J'ai proclamé la guerre contre vous tous également, et je ne sais pas si ce dont vous êtes menacés est proche ou éloigné.

110. Certes, Dieu connaît la parole prononcée à haute voix comme ce que vous recelez.

111. Je ne sais pas, mais *ce délai* est peut-être pour vous éprouver et vous faire jouir de ce monde jusqu'à un certain temps.

112. Dieu te fait dire : Seigneur, juge-nous avec justice. Notre Seigneur est le Miséricordieux, celui dont nous invoquons l'assistance contre vos assertions.

---

1. L'ange Sidjil est chargé d'inscrire toutes les actions de l'homme sur un rouleau qu'il plie à sa mort.

SOURATE XXII

LE PÈLERINAGE DE LA MECQUE

Donnée à La Mecque. — 78 versets.

Au nom de Dieu clément et miséricordieux.

1. O hommes [1]! craignez votre Seigneur. Le tremblement de terre du grand jour sera terrible.

2. Dans ce jour-là tu verras la nourrice abandonner son nourrisson à la mamelle, la femme enceinte accoucher, et tu verras les hommes comme ivres. Non, ils ne sont point ivres; mais le châtiment de Dieu est terrible, et *son arrivée les étourdira.*

3. Il est des hommes qui disputent de Dieu sans connaissance; ils suivent tout démon rebelle.

4. Il a été décidé qu'il égarât quiconque se sera livré à lui et le conduisît au supplice du feu.

5. O hommes! si vous doutez de la résurrection, considérez que nous vous avons créés de poussière, puis d'une goutte de sperme, qui devint un grumeau de sang; puis d'un morceau de chair tantôt formé tantôt informe. Pour vous démontrer notre puissance, nous laissons demeurer dans les entrailles ce qu'il nous plaît jusqu'à un terme marqué, et puis nous vous en faisons sortir tendres enfants. Vous atteignez ensuite l'âge de maturité; les uns meurent, d'autres parviennent à l'âge décrépit, au point d'oublier tout ce qu'ils savaient autrefois. Tu as vu tantôt la terre séchée; mais que nous y fassions descendre de l'eau, la voilà qui s'ébranle, se gonfle et fait germer toute espèce de végétaux luxuriants.

6. C'est parce que Dieu est la vérité même; il ressuscite les morts, et il peut tout.

7. C'est parce que *l'heure* doit venir, on ne peut en douter, et que Dieu rappellera à la vie les habitants des tombeaux.

8. Il est des hommes qui disputent de Dieu sans connaissance, sans avoir reçu aucune direction, sans être guidés par un livre qui les éclaire.

---

1. Presque toujours les mots O hommes! veulent dire : O Mecquois! ou bien O vous qui m'écoutez! C'est la formule par laquelle un orateur qui harangue le peuple ou un prédicateur de la mosquée commence son discours.

9. Ils se détournent *avec orgueil* pour éloigner les autres du chemin de Dieu. L'opprobre est réservé à ces hommes dans ce monde ; dans l'autre, nous leur ferons subir le supplice du feu.

10. Ce ne sera qu'une rétribution de nos œuvres ; car Dieu n'est point injuste envers ses serviteurs.

11. Il en est qui servent Dieu ; mais, incertains et méchants, s'il leur arrive quelque avantage, leur cœur s'en rassure ; mais à la moindre tentation ils reviennent aussitôt à leurs erreurs ; ils perdent ainsi la vie de ce monde et la vie future. C'est une ruine évidente.

12. Ils invoquent à côté de Dieu des divinités qui ne peuvent ni leur nuire ni leur être d'aucune utilité. Qu'ils sont loin du vrai chemin !

13. Ils invoquent les divinités qui leur seraient plutôt funestes que favorables. Quels détestables patrons et quels détestables clients !

14. Dieu introduira les croyants qui auront pratiqué le bien dans des jardins arrosés par des fleuves ; il fait ce qu'il lui plaît.

15. Que celui qui pense que le Prophète sera privé des secours de Dieu dans ce monde et dans l'autre attache la corde au toit de sa maison [1], *se pende*, et la coupe, il verra si ses artifices rendront vain ce qui l'irrite.

16. C'est ainsi que nous t'avons révélé le Coran en *signes* (versets) évidents. Dieu dirige ceux qu'il lui plaît.

17. Dieu prononcera, au jour de la résurrection, entre les vrais croyants, les juifs, les sabéens, les chrétiens, les mages (adorateurs du feu) et les idolâtres ; car Dieu est témoin de toutes choses.

18. Ne vois-tu pas que tout ce qui est dans les cieux et sur la terre adore le Seigneur, le soleil, la lune, les étoiles, les montagnes, les arbres, les animaux, et une grande partie des hommes ? mais beaucoup d'entre les hommes sont destinés au supplice.

19. Et celui que Dieu rendra méprisable, qui l'honorera ? Dieu fait ce qu'il lui plaît.

20. *Les fidèles et les incrédules* sont deux adversaires qui se disputent au sujet de Dieu ; mais les vêtements des infidèles seront taillés de feu, et l'eau bouillante sera versée sur leurs têtes.

21. Leurs entrailles et leur peau en seront consumées ; ils seront frappés de gourdins de fer.

22. Toutes les fois que, transis de douleur, ils voudront s'en évader, on les y fera rentrer et on leur criera : Subissez le supplice du feu.

23. Dieu introduira les croyants qui auront pratiqué le bien

1. Mot à mot : qu'il allonge une corde vers le ciel, c'est-à-dire en haut.

dans des jardins arrosés par des fleuves; ils y porteront des bracelets d'or et de perles; ils s'y vêtiront de soie.

24. C'est qu'ils ont été conduits pour entendre de belles paroles, et guidés dans le glorieux chemin.

25. Les incrédules sont ceux qui éloignent les hommes du chemin de Dieu et les écartent de l'oratoire sacré que nous avons établi pour tous les hommes, que les habitants *de La Mecque* ont le droit de visiter, aussi bien que les externes.

26. Et ceux qui voudraient le profaner dans leur iniquité éprouveront un châtiment douloureux.

27. Souviens-toi que nous avons assigné à Abraham l'emplacement de la maison sainte, en lui disant : Ne nous associe aucun autre Dieu dans ton adoration; conserve cette maison pure pour ceux qui viendront y faire des tours *de dévotion*, qui s'y acquitteront des œuvres de piété debout, agenouillés ou prosternés.

28. Annonce aux peuples le pèlerinage *de la maison sainte*, qu'ils y arrivent à pied ou montés sur des chameaux prompts à la course, venant des contrées éloignées.

29. Afin qu'ils soient eux-mêmes témoins des avantages qu'ils en recueilleront, et afin qu'ils répètent le nom de Dieu à des jours fixes, de Dieu qui leur a donné des bestiaux pour leur nourriture. Nourrissez-vous-en donc, et donnez-en à l'indigent, au pauvre.

30. Mettez un terme à la négligence par rapport à votre extérieur [1]; accomplissez les vœux que vous aviez formés, et faites les tours *de dévotion* de la maison antique [2].

31. Agissez ainsi. Celui qui respectera ces respectables préceptes de Dieu trouvera une récompense de Dieu. Il vous est permis de vous nourrir de la chair des animaux, à l'exception de ceux au sujet desquels la défense vous a été lue dans le Coran. Fuyez l'abomination des idoles, et évitez la fausseté dans vos discours.

32. Soyez pieux, *n'associez* point de dieu à Dieu; car celui qui lui associe d'autres dieux est comme celui qui, précipité du ciel sur la terre, y deviendrait la proie des oiseaux, ou que le vent emporterait au loin.

33. Il en sera ainsi. Celui qui observe les divers rites de Dieu, *tels que les offrandes*, fait une action qui provient de la piété dans le cœur.

34. Vous retirez des animaux consacrés aux offrandes de nombreux avantages jusqu'au temps marqué. Le lieu de sacrifice est dans la maison antique.

---

1. Par ce verset, Muḥammad insinue aux musulmans de raser leurs têtes, couper leurs ongles, etc.
2. C'est-à-dire du temple de La Mecque.

35. Nous avons donné à chaque nation ses rites sacrés, afin que l'on répète le nom de Dieu qui leur a accordé des troupeaux. Votre Dieu est le Dieu unique. Résignez-vous entièrement à sa volonté. Et toi, Muḥammad! annonce des nouvelles propices aux humbles,

36. Dont le cœur est saisi de frayeur quand ils entendent prononcer le nom de Dieu, qui supportent avec patience les maux qui les visitent, qui observent la prière et font l'aumône des biens que nous leur avons départis.

37. Nous avons destiné les chameaux pour servir aux rites des sacrifices; vous y trouvez aussi d'autres avantages. Prononcez donc le nom de Dieu sur ceux que vous allez immoler. Ils doivent rester sur trois pieds, attachés par le quatrième. Quand la victime tombe, mangez-en, et donnez-en à celui qui se contente de ce qu'on lui donne, ainsi qu'à celui qui en demande. Nous vous les avons assujettis ainsi, afin que vous soyez reconnaissants.

38. Dieu ne reçoit ni la chair ni le sang des victimes; mais votre piété monte vers lui; il vous les a soumises, afin que vous le glorifiiez de ce qu'il vous a dirigés sur le droit chemin. Annoncez à ceux qui font le bien

39. Que Dieu protégera ceux qui croient *contre toute machination des infidèles*, car il n'aime point les perfides et les infidèles.

40. Il a promis à ceux qui ont reçu des outrages de combattre leurs ennemis; Dieu est capable de les protéger,

41. Ceux qui ont été injustement chassés de leurs foyers, uniquement pour avoir dit : Notre Seigneur est le Dieu unique. Si Dieu n'eût repoussé une partie des hommes par les autres, les monastères, les églises, les synagogues et les oratoires des Musulmans où le nom de Dieu est invoqué sans cesse auraient été détruits. Dieu assistera celui qui l'assiste *dans sa lutte contre les impies.* Dieu est fort et puissant.

42. *Il assistera ceux* qui, mis en possession de ce pays, observent exactement la prière, font l'aumône, commandent le bien et interdisent le mal. Dieu est le terme de toutes choses.

43. S'ils t'accusent d'imposture, ô Moḥammed! songe donc qu'avant eux les peuples de Noé, de ʿĀd, de Thamoud, d'Abraham, de Loth, les Madianites, en accusaient leurs prophètes. Moïse aussi a été traité de menteur. J'ai accordé un long délai aux incrédules, puis je les ai visités de mon châtiment. Qu'il a été terrible!

44. Combien de villes criminelles avons-nous renversées! A l'heure qu'il est elles sont désertes et rasées; le puits comblé et le château fortifié n'existent plus.

45. N'ont-ils pas voyagé dans le pays ? leurs cœurs sont-ils incapables de le comprendre ? n'ont-ils pas des oreilles pour

entendre ? Leurs yeux ne sont point privés de la vue, mais leurs cœurs, ensevelis dans leurs poitrines, sont aveugles.

46. Ils te presseront de hâter le châtiment; *qu'ils attendent.* Dieu ne manque jamais à ses promesses. Un jour auprès de Dieu fait mille ans de votre calcul.

47. Combien de cités criminelles n'avons-nous pas laissées prospérer pendant un certain temps! A la fin nous les visitâmes de notre châtiment. Tout retourne à nous.

48. Dis : O hommes! je suis un apôtre chargé de vous exhorter.

49. Ceux qui ont cru et pratiqué le bien obtiendront le pardon de leurs péchés, et des faveurs généreuses.

50. Ceux qui s'efforcent de prévaloir contre les signes de notre puissance habiteront l'enfer.

51. Nous n'avons envoyé avant toi aucun apôtre que Satan ne lui eût suggéré des erreurs dans la lecture d'un livre divin[1]; mais Dieu met au néant ce que Satan suggère, et affermit le sens de ses *signes.* Car Dieu est savant et sage.

52. Mais Dieu permet de le faire, afin que les suggestions de Satan soient une épreuve pour ceux dont le cœur est atteint, malade ou endurci. (Les méchants sont plongés dans un schisme bien éloigné *de la vérité.*)

53. Afin que ceux qui ont reçu la science sachent que le Coran est une vérité qui provient du Seigneur, afin qu'ils y croient, que leurs cœurs s'humilient devant Dieu; car il guide ceux qui croient vers le sentier droit.

54. Les infidèles ne cesseront point d'en douter jusqu'à ce que l'heure les surprenne soudain, ou que le jour d'un châtiment exterminateur les visite.

55. Dans ce jour, l'empire sur toutes choses restera à Dieu, il jugera entre les hommes; alors ceux qui auront cru et pratiqué les bonnes œuvres iront habiter les jardins des délices;

56. Tandis que les infidèles, qui ont traité nos signes de mensonges, seront livrés au supplice ignominieux.

57. Dieu accordera une belle récompense à ceux qui ont émigré pour la cause de Dieu, ont succombé en combattant, ou qui moururent *éloignés de leur patrie.* Dieu sait le mieux accorder des récompenses.

58. Il les introduira d'une manière qui leur plaira. Dieu est savant et humain.

59. Il en sera ainsi. Celui qui, ayant exercé des représailles en

---

1. Ceci fait allusion à ce qui arriva une fois à Muḥammad, quand il récitait un verset du Coran où les divinités païennes étaient nommées; il prononça, par distraction ou parce qu'il sommeillait, ces mots : Ce sont des demoiselles belles et très distinguées et qui méritent l'adoration. De là, grande joie parmi les infidèles qui se trouvaient alors à ses côtés.

rapport rigoureux avec l'outrage reçu, en recevra un nouveau, sera assisté par Dieu lui-même. Dieu aime à pardonner : il est indulgent.

60. C'est parce que Dieu fait entrer la nuit dans le jour et le jour dans la nuit; il entend et voit tout.

61. C'est parce que Dieu est la vérité même, et que les divinités que vous invoquez à côté de lui sont un mensonge, et que Dieu est le sublime, le grand.

62. N'as-tu pas considéré que Dieu fait descendre l'eau du ciel ? par elle, le lendemain, la terre se couvre de verdure. Dieu est plein de bonté et instruit de tout.

63. A lui appartient tout ce qui est dans les cieux et sur la terre; il est le riche, le glorieux.

64. Ne voyez-vous pas qu'il vous a soumis tout ce que la terre contient ? le vaisseau court à travers les mers par ses ordres; il soutient le ciel, afin qu'il ne s'affaisse pas sur la terre, sauf quand il le permettra. Dieu est plein de bonté et de miséricorde pour les hommes.

65. C'est lui qui vous a fait vivre et qui vous fera mourir; puis il vous fera revivre; en vérité, l'homme est ingrat.

66. Nous avons établi pour chaque nation des rites sacrés qu'elle suit. Qu'ils cessent donc de disputer avec toi sur cette matière. Appelle-les au Seigneur, car tu es dans le sentier droit.

67. S'ils disputent encore, dis-leur : Dieu connaît vos actions.

68. Dieu prononcera au jour de la résurrection dans vos différends.

69. Ne sais-tu pas que Dieu connaît tout ce qui est dans les cieux et sur la terre ? Tout est inscrit dans le livre, et c'est facile à Dieu.

70. Ils adorent des divinités à côté de Dieu, bien que Dieu ne leur ait envoyé aucune preuve à l'appui de ce culte, des divinités dont ils ne savent rien. Mais les impies n'auront aucun protecteur.

71. Quand on lit aux infidèles nos *signes*, tu verras l'aversion se peindre sur leurs fronts; ils sont prêts à se jeter sur ceux qui leur relisent nos signes. Dis-leur : Vous annoncerai-je quelque chose de plus terrible ? C'est le feu que Dieu a promis à ceux qui ne croient pas. Et quel affreux terme de voyage!

72. O hommes! on vous propose une parabole, écoutez-la. Ceux que vous invoquez à côté de Dieu ne sauraient créer une mouche, quand même ils se réuniraient tous; et si une mouche venait leur enlever quelque chose, ils ne sauraient le lui arracher. L'adoré et l'adorateur sont également impuissants.

73. Les hommes ne savent point apprécier Dieu comme il le mérite; il est fort et puissant.

74. Il choisit ses messagers parmi les hommes et parmi les anges; il entend et voit tout.

75. Il connaît ce qui est devant eux et derrière eux; il est le terme de toutes choses.

76. O vous qui croyez! fléchissez vos genoux, prosternez-vous, adorez votre Seigneur, faites le bien, et vous serez heureux.

77. Combattez pour la cause de Dieu comme il convient de le faire; vous êtes ses élus. Il ne vous a rien commandé de difficile dans votre religion, dans la religion de votre père Abraham, il vous a nommés musulmans.

78. Il y a longtemps qu'il vous a ainsi nommés dans le Coran, afin que votre prophète soit témoin contre vous et que vous soyez témoins contre le reste des hommes. Observez donc la prière, faites l'aumône, attachez-vous fermement à Dieu, il est votre patron; et quel patron et quel protecteur!

SOURATE XXIII

LES CROYANTS

Donnée à La Mecque. — 117 versets.

Au nom de Dieu clément et miséricordieux.

1. Heureux sont les croyants
2. Qui font la prière avec humilité,
3. Qui évitent toute parole déshonnête,
4. Qui font l'aumône,
5. Qui gardent les lois de la chasteté,
6. Et qui bornent leur jouissance à leurs femmes et aux esclaves que leur a procurés leur main droite [1]; dans ce cas ils n'encourront aucun blâme.
7. Mais celui qui porte ses désirs au-delà est transgresseur.
8. Ceux-là aussi seront heureux qui rendent fidèlement les dépôts qu'on leur confie et remplissent leurs engagements,
9. Qui observent strictement les heures de la prière.
10. Ceux-là seront de véritables héritiers,
11. Qui hériteront du paradis pour y demeurer éternellement.
12. Nous avons créé l'homme de l'argile fine.
13. Ensuite nous l'avons fait une goutte de sperme fixé dans un réceptacle solide.
14. De sperme nous l'avons fait un grumeau de sang, le grumeau de sang devint un morceau de chair, que nous avons formé en os, et nous revêtîmes les os de chair; ensuite nous l'avons formé par une seconde création. Béni soit Dieu, le plus habile des créateurs!
15. Après avoir été créés vous mourrez;
16. Et ensuite vous serez ressuscités au jour de la résurrection.
17. Nous créâmes au-dessus de vous les sept voiles (les sept cieux), et nous ne négligeons point ce que nous avons créé.
18. Nous faisons descendre du ciel l'eau en certaine quantité, nous la faisons rester sur la terre, et nous pouvons aussi l'en faire disparaître.

1. Cela veut dire non seulement celles qu'ils ont achetées, mais aussi les captives.

19. Au moyen de cette eau nous avons fait surgir pour vous des jardins de palmiers et de vignes. Vous y trouvez des fruits en abondance, et vous vous en nourrissez.

20. Nous créâmes aussi l'arbre qui s'élève au mont Sinaï, qui produit l'huile et le suc bon à manger.

21. Vous avez aussi dans les animaux un sujet d'instruction : nous vous donnons à boire du lait contenu dans leurs entrailles; vous y trouvez de nombreuses utilités, et vous vous en nourrissez.

22. Vous voyagez tantôt montés sur leur dos, et tantôt vous voguez dans les mers sur des navires.

23. Nous envoyâmes Noé vers son peuple. Il leur dit : O mon peuple! adorez Dieu; à quoi vous servent d'autres divinités ? ne le craignez-vous pas ?

24. Mais les chefs de ceux qui ne croyaient point dirent : Il n'est qu'un homme comme nous; mais il veut se distinguer de nous; si Dieu avait voulu envoyer quelqu'un, il aurait envoyé des anges. Nous n'avons entendu rien de pareil de nos pères les anciens.

25. Ce n'est qu'un homme possédé par le démon. Mais laissez-le tranquille jusqu'à un certain temps.

26. Seigneur, s'écria Noé, prête-moi ton secours, parce qu'on me traite de menteur.

27. Alors nous fîmes une révélation à Noé, en disant : Construis un vaisseau sous nos yeux et d'après notre révélation; et aussitôt que l'arrêt sera prononcé et que la fournaise crèvera,

28. Embarque-toi dans ce vaisseau, et prends une paire de chaque couple, ainsi que ta famille, excepté l'individu au sujet duquel notre ordre a été donné précédemment. Et ne me parle plus en faveur des méchants; car ils seront engloutis par les flots.

29. Lorsque tu auras pris place dans le vaisseau, ainsi que ceux qui t'accompagneront, dis alors : Louange à Dieu, qui nous a délivrés des méchants!

30. Dis aussi : Seigneur, fais-moi descendre sur un lieu comblé de tes bénédictions; tu sais mieux que tout autre procurer une descente heureuse.

31. Il y a certes dans cet événement des signes évidents, bien que nous ayons par là atteint douloureusement les hommes.

32. Nous fîmes surgir d'autres générations après celle-ci,

33. Et nous envoyâmes au milieu d'elles des apôtres qui leur disaient : Adorez Dieu; à quoi vous serviront d'autres divinités que lui ? ne le craindrez-vous pas ?

34. Mais les chefs des peuples incrédules, qui traitaient de mensonge l'apparition devant Dieu de ces peuples que nous avons laissés jouir des biens du monde, disaient : Cet homme n'est qu'un homme comme vous : il mange ce que vous mangez,

35. Et il boit ce que vous buvez.

36. Si vous obéissez à un homme qui vous est égal, à coup sûr vous êtes perdus.

37. Vous prédira-t-il encore que, devenus os et poussière, vous serez de nouveau rendus à la vie ?

38. Loin, loin avec ses prédictions!

39. Il n'y a point d'autre vie que celle dont nous jouissons ici-bas; nous mourons et nous vivons, et nous ne serons point ressuscités.

40. Ce n'est qu'un homme qui a prêté un mensonge à Dieu; nous ne croirons pas en lui.

41. Seigneur, s'écria-t-il, prête-moi ton assistance, car voici qu'ils me traitent d'imposteur.

42. Encore quelques instants, et ils s'en repentiront, répondit le Seigneur.

43. Un cri violent de *l'ange exterminateur* les saisit, et nous les rendîmes semblables à des débris emportés par le torrent.

44. Nous avons fait surgir d'autres générations à leur place.

45. Nous n'avançons ni ne reculons le terme fixé à l'existence de chaque peuple.

46. Nous envoyâmes successivement des apôtres. Chaque fois qu'un envoyé se présenta devant son peuple, celui-ci le traita d'imposteur; nous avons fait succéder un peuple à un autre, et nous les avons faits la fable des nations. Loin de nous ceux qui ne croient pas.

47. Puis nous avons envoyé Moïse et son frère Aaron, accompagnés de nos signes et munis d'un pouvoir évident,

48. Vers Pharaon et ses semblables; ceux-ci s'enflèrent d'orgueil : c'était un peuple altier.

49. Croirons-nous, disaient-ils, à deux hommes comme nous, et dont le peuple est notre esclave ?

50. Ils les traitèrent donc tous deux d'imposteurs, et ils furent anéantis.

51. Nous donnâmes le Pentateuque à Moïse, afin que les Israélites fussent dirigés sur le droit chemin.

52. Nous fîmes du fils de Marie, ainsi que de sa mère, un signe pour les hommes. Nous leur donnâmes à tous deux pour demeure un lieu élevé, sûr et abondant en sources d'eau.

53. Prophètes de Dieu! nourrissez-vous d'aliments délicieux, pratiquez le bien; je connais vos actions.

54. Votre religion, celle que vous prêchez, est une. Je suis votre Seigneur, craignez-moi.

55. Les peuples se sont divisés en différentes sectes, et chacune est contente de sa croyance.

56. Laisse-les dans leur erreur jusqu'au temps voulu.

57. Pensent-ils que les biens et les enfants que nous leur avons accordés à profusion leur ont été donnés pour les rendre heureux au plus tôt ? Ils ne le comprennent pas.

58. Ceux qui sont humbles par la crainte de Dieu,

59. Qui croient aux signes que leur Seigneur leur envoie,

60. Qui n'associent point à Dieu *d'autres divinités*,

61. Qui font l'aumône, et dont les cœurs sont pénétrés de frayeur, parce qu'un jour ils retourneront auprès de Dieu,

62. Ceux-là courent à l'envi les uns des autres vers les bonnes œuvres, et les gagnent.

63. Nous n'imposons à personne que la charge qu'il peut supporter. Chez nous est déposé le livre qui dit la vérité; les hommes n'y seront point traités injustement.

64. Mais leurs cœurs sont plongés dans les profondeurs *de l'erreur* au sujet de cette religion, et leurs actions sont différentes *de celles que nous avons nommées*, et ils pratiquent ces actions.

65. Ils le feront jusqu'au moment où nous visiterons les plus aisés d'entre eux de notre châtiment. Alors ils crieront tumultueusement.

66. On leur dira : Cessez de crier aujourd'hui; vous n'obtiendrez de nous aucun secours.

67. On vous relisait autrefois nos enseignements, mais vous vous en détourniez.

68. Enflés d'orgueil, au milieu des conversations nocturnes, et proférant des discours insensés,

69. Ne feront-ils donc aucune attention à ce qu'on leur dit, ou bien leur est-il venu une révélation inconnue à leurs pères, les anciens ?

70. Ne connaissent-ils pas leur apôtre, au point de le renier ?

71. Diront-ils qu'il est possédé par le démon ? Cependant il leur apporte la vérité; mais la plupart d'entre eux ont de l'aversion pour la vérité.

72. Si la vérité avait suivi leurs désirs, les cieux et la terre et tout ce qu'ils renferment seraient tombés dans le désordre. Nous leur avons envoyé un avertissement, mais ils s'en éloignent.

73. Leur demanderas-tu une récompense ? La récompense de ton Seigneur vaut mieux; il est le meilleur dispensateur des biens.

74. Tu les appelles vers le chemin droit;

75. Mais ceux qui ne croient pas à la vie future s'en écartent.

76. Si nous leur avions témoigné de la compassion et les avions délivrés du mal qui les opprimait, ils n'en auraient pas moins persévéré dans leur aveuglement criminel.

77. Nous les avons visités d'un de nos châtiments, et cependant ils ne se sont point humiliés ni ne nous ont adressé d'humbles prières.

78. Il en fut ainsi jusqu'au moment où nous ouvrîmes la porte du supplice terrible; alors ils se sont abandonnés au désespoir.

79. C'est Dieu qui vous a donné l'ouïe, et la vue, et un cœur. Qu'il est petit le nombre des reconnaissants!

80. C'est lui qui vous a fait naître sur la terre, et vous retournerez à lui.

81. C'est lui qui fait vivre et mourir; de lui dépend la succession alternative des jours et des nuits. Ne le comprendrez-vous pas?

82. Mais ils parlent comme parlaient les hommes d'autrefois.

83. Ils disent : Est-ce que, quand nous serons morts et qu'il ne restera de nous que poussière et os, nous serons ranimés de nouveau?

84. On nous le disait déjà autrefois, ainsi qu'à nos pères; ce sont des contes des temps anciens.

85. Demande-leur : A qui appartiennent les cieux et la terre, et tout ce qui y existe? Dites si vous le savez.

86. Ils répondront : Tout cela appartient à Dieu. Dis-leur alors s'ils n'y réfléchiront pas?

87. Demande-leur : Quel est le Seigneur des sept cieux et du trône sublime?

88. Ils répondront : C'est Dieu. Dis-leur : Ne le craindrez-vous donc pas?

89. Demande-leur : Dans la main de qui est le pouvoir sur toutes choses? qui est celui qui protège et qui n'a besoin de la protection de personne? Dites-le si vous le savez.

90. Ils répondront : C'est Dieu. Dis-leur : Et pourquoi donc vous laissez-vous fasciner?

91. Oui, nous leur avons envoyé la vérité; mais ils ne sont que des menteurs.

92. Dieu n'a point de fils, et il n'y a point d'autre Dieu à côté de lui; autrement, chaque dieu s'emparerait de sa création, et les uns seraient plus élevés que les autres. Loin de la gloire de Dieu les mensonges qu'ils inventent;

93. De Dieu qui connaît les choses visibles et invisibles; il est trop élevé au-dessus des êtres qu'on lui associe.

94. Dis : Seigneur! fais-moi voir les châtiments qui leur sont prédits,

95. Et ne me place point, ô Seigneur! au nombre des injustes.

96. Nous pouvons te faire voir les supplices dont on les a menacés.

97. Rends-leur le bien pour le mal; nous savons mieux que personne ce qu'ils disent.

98. Dis : Seigneur! je cherche un refuge auprès de toi contre les suggestions des démons.

99. Je me réfugie vers toi, afin qu'ils n'aient aucun accès auprès de moi.

100. L'impie, au moment de la mort, s'écrie : Seigneur, fais-moi retourner sur la terre,

101. Afin que je pratique le bien que j'avais négligé. — Nullement. Telle sera la parole que Dieu prononcera; et derrière eux s'élèvera une barrière jusqu'au moment où ils seront ressuscités.

102. Lorsque la trompette sonnera, les liens dc parenté n'existeront plus pour les hommes. On ne se demandera plus l'assistance.

103. Ceux dont la balance penchera jouiront de la félicité.

104. Ceux pour qui la balance sera légère seront les hommes qui se sont perdus eux-mêmes, et ils demeureront éternellement dans la géhenne.

105. Le feu consumera leurs visages, et ils tordront leurs lèvres.

106. Ne vous a-t-on pas lu les versets du Coran ? et vous les avez traités de mensonges.

107. Ils diront : Seigneur, notre mauvaise fortune a prévalu contre nous, et nous étions dans l'égarement.

108. Seigneur! retire-nous d'ici; si nous retombons dans nos crimes, nous serons les plus impies.

109. Restez-y, leur répondra Dieu, et ne me parlez plus.

110. Quand une partie de nos serviteurs s'écriaient : Seigneur, nous croyons, efface nos péchés, aie pitié de nous, tu es le plus miséricordieux,

111. Vous les avez pris pour objets de vos railleries, au point qu'ils vous ont permis d'oublier mes avertissements. Ils étaient l'objet de vos rires moqueurs.

112. Aujourd'hui je les récompenserai de leur patience, et ils seront bienheureux.

113. Dieu leur demandera : Combien d'années êtes-vous restés sur la terre ?

114. Ils répondront : Nous n'y sommes restés qu'un jour, ou même une partie du jour. Interrogez plutôt ceux qui comptent.

115. Vous n'y êtes restés que peu de temps; mais vous l'ignorez.

116. Pensez-vous que nous vous avions créés en vain, et que vous ne reparaîtriez plus devant nous ? Qu'il soit élevé, ce Dieu, véritable roi; il n'y a point d'autre dieu que lui. Il est le maître du trône glorieux. Celui qui invoque d'autres dieux à côté de

Dieu, sans qu'il apporte quelque preuve *à l'appui de ce culte*, celui-là aura son compte près de Dieu, et Dieu ne fait point prospérer les infidèles.

117. Dis : Seigneur, efface mes péchés et aie pitié de moi, tu es le plus miséricordieux.

SOURATE XXIV

Donnée à Médine. — 64 versets.

Au nom de Dieu clément et miséricordieux.

1. Nous avons fait descendre ce chapitre du ciel, et nous l'avons rendu obligatoire; nous y révélons des choses claires, afin que vous réfléchissiez.

2. Vous infligerez à l'homme et à la femme adultères cent coups de fouet à chacun. Que la compassion ne vous entrave pas dans l'accomplissement de ce précepte de Dieu, si vous croyez en Dieu et au jour dernier. Que le supplice ait lieu en présence d'un certain nombre de croyants.

3. Un homme adultère ne doit épouser qu'une femme adultère ou une idolâtre, et une femme adultère ne doit épouser qu'un homme adultère ou un idolâtre. Ces alliances sont interdites aux croyants.

4. Ceux qui accuseront d'adultère une femme vertueuse, sans pouvoir produire quatre témoins, seront punis de quatre-vingts coups de fouet; au surplus, vous n'admettrez jamais leur témoignage en quoi que ce soit, car ils sont pervers;

5. A moins qu'ils ne se repentent de leur méfait et ne se conduisent exemplairement; car Dieu est indulgent et miséricordieux.

6. Ceux qui accuseront leurs femmes et qui n'auront d'autres témoins à produire qu'eux-mêmes jureront quatre fois devant Dieu qu'ils disent la vérité,

7. Et la cinquième fois pour invoquer la malédiction de Dieu sur eux s'ils ont menti.

8. On n'infligera aucune peine à la femme si elle jure quatre fois devant Dieu que son mari a menti,

9. Et la cinquième fois, en invoquant la malédiction de Dieu sur elle si ce que le mari a avancé est vrai.

10. Si ce n'était la grâce inépuisable de Dieu et sa miséricorde, il vous punirait à l'instant; mais il aime à pardonner, et il est miséricordieux.

11. Ceux qui ont avancé un mensonge [1] sont en assez grand nombre parmi vous; mais ne le regardez pas comme un mal [2]; bien plus, c'est un avantage pour vous. Chacun de ceux qui sont coupables de ce crime en sera puni; celui qui l'aura aggravé éprouvera un châtiment douloureux.

12. Lorsque vous avez entendu l'accusation, les croyants des deux sexes n'ont-ils pas pensé intérieurement en bien de cette affaire ? N'ont-ils pas dit : C'est un mensonge évident ?

13. Pourquoi *les calomniateurs* n'ont-ils pas produit quatre témoins, et s'ils n'ont pu les produire, ils sont menteurs devant Dieu.

14. Si ce n'était la grâce inépuisable de Dieu et sa miséricorde dans cette vie et dans l'autre, un châtiment terrible vous aurait déjà atteints en punition des bruits que vous avez propagés, quand vous les avez fait courir de bouche en bouche, quand vous prononciez de vos lèvres ce dont vous n'aviez aucune connaissance, que vous regardiez comme une chose légère, et qui est grave devant Dieu.

15. Que n'avez-vous pas dit plutôt, en entendant ces bruits : Pourquoi en parlerons-nous ? Louange à Dieu ! c'est un mensonge atroce.

16. Dieu vous avertit de vous garder à l'avenir de pareilles imputations, si vous êtes croyants.

17. Dieu vous explique ses enseignements; il est savant et sage.

18. Ceux qui se plaisent à répandre des propos calomnieux sur le compte des croyants éprouveront un châtiment pénible.

19. Dans ce monde et dans l'autre, Dieu sait tout et vous ne savez rien.

20. Si ce n'était la grâce inépuisable de Dieu et sa miséricorde, *il vous punirait;* mais il est humain et miséricordieux.

21. O croyants! ne suivez pas les traces de Satan; car celui qui suit ses traces, Satan lui commande le déshonneur et le crime; et sans la grâce inépuisable de Dieu et sa miséricorde, nul d'entre vous ne serait jamais innocent; mais Dieu rend innocent celui qu'il veut : il entend et voit tout.

22. Que les riches et les puissants d'entre vous ne jurent jamais de ne plus faire aucune largesse à leurs parents, aux pauvres et à ceux qui se sont expatriés pour la cause de Dieu; qu'ils leur

1. Tout ce chapitre est relatif à l'accusation d'adultère portée contre *Aïcha*, femme de Muḥammad. Muḥammad ne savait qu'en penser; au bout d'un mois, ce chapitre lui fut révélé; il proclame l'innocence d'*Aïcha* et règle à l'avenir les procès de cette nature.
2. C'est Dieu qui parle ici à Muḥammad, à sa famille et à celle d'*Aïcha*.

pardonnent leurs fautes [1]. Ne désirez-vous pas que Dieu vous pardonne vos péchés ? Il est indulgent et miséricordieux.

23. Ceux qui accusent les femmes vertueuses, femmes croyantes, et qui, *fortes de leur conscience*, ne s'inquiètent pas des apparences, ceux-là seront maudits dans ce monde et dans l'autre ; ils éprouveront un châtiment terrible.

24. Un jour leurs langues, leurs mains et leurs pieds témoigneront contre eux.

25. Dans ce jour, Dieu acquittera leurs dettes avec exactitude ; ils reconnaîtront alors que Dieu est la vérité même.

26. Les femmes impudiques sont faites pour les hommes impudiques ; les hommes impudiques sont faits pour les femmes impudiques ; les femmes vertueuses pour les hommes vertueux, et les hommes vertueux pour les femmes vertueuses. Ils seront justifiés des propos calomnieux ; l'indulgence de Dieu leur est acquise, ainsi que des dons magnifiques.

27. O croyants ! n'entrez pas dans une maison étrangère sans en demander la permission et sans saluer ceux qui l'habitent. Ceci vous vaudra mieux. Pensez-y.

28. Si vous n'y trouvez personne, n'entrez pas, à moins qu'on ne vous l'ait permis. Si l'on vous dit : Retirez-vous, retirez-vous aussitôt. Vous en serez plus purs. Dieu connaît vos actions.

29. Il n'y aura aucun mal si vous entrez dans une maison qui n'est pas habitée ; vous pouvez vous y mettre à votre aise. Dieu connaît ce que vous produisez au grand jour et ce que vous cachez.

30. Commande aux croyants de baisser leurs regards et d'être chastes. Ils en seront plus purs. Dieu est instruit de tout ce qu'ils font.

31. Commande aux femmes qui croient de baisser leurs yeux et d'être chastes, de ne découvrir de leurs ornements que ce qui est en évidence, de couvrir leurs seins de voile, de ne faire voir leurs ornements qu'à leurs maris ou à leurs pères, ou aux pères de leurs maris, à leurs fils ou aux fils de leurs maris, à leurs frères ou aux fils de leurs frères, aux fils de leurs sœurs, ou aux femmes de ceux-ci, ou à leurs esclaves acquêts de leurs mains droites, ou aux domestiques mâles qui n'ont point besoin de femmes, ou aux enfants qui ne distinguent pas encore les parties sexuelles d'une femme. Que les femmes n'agitent point les pieds de manière à faire voir les ornements cachés. Tournez vos cœurs vers Dieu, afin que vous soyez heureux.

---

1. Parmi les personnes qui avaient calomnié *Aïcha*, il y avait un homme parent d'Abū Bakr, à qui celui-ci faisait beaucoup de bien. Abū Bakr avait voulu lui retirer ses gages pour l'en punir. Muḥammad l'interdit par ce verset.

32. Mariez ceux qui ne le sont pas encore; vos serviteurs probes à vos servantes; s'ils sont pauvres, Dieu les rendra riches; car Dieu est immense, et il sait tout.

33. Que ceux qui ne peuvent trouver un parti *à cause de leur pauvreté* vivent dans la continence jusqu'à ce que Dieu les ait enrichis de sa faveur. Si quelqu'un de vos esclaves vous demande son affranchissement par écrit, donnez-le-lui si vous l'en jugez digne. Donnez-leur quelque peu de ces biens que Dieu vous a accordés. Ne forcez point vos servantes à se prostituer, si elles désirent se prémunir contre la prostitution en vue des biens de ce monde. Si quelqu'un les y forçait, Dieu sera indulgent et aura pitié d'elles, de ce qu'elles n'ont fait le mal que par contrainte.

34. Nous venons de vous révéler des versets qui vous expliquent tout clairement par des exemples tirés de ceux qui ont existé avant vous, et qui sont un avertissement pour ceux qui craignent Dieu.

35. Dieu est la lumière des cieux et de la terre. Cette lumière ressemble à un flambeau, à un flambeau placé dans un cristal, cristal semblable à une étoile brillante; ce flambeau s'allume de l'huile de l'arbre béni, de cet olivier qui n'est ni de l'Orient ni de l'Occident, et dont l'huile semble s'allumer sans que le feu y touche. C'est une lumière sur une lumière. Dieu conduit vers sa lumière celui qu'il veut, et propose aux hommes des paraboles; car il connaît tout.

36. Dans les maisons que Dieu a permis d'élever pour que son nom y soit répété chaque jour au matin et au soir,

37. Célèbrent ses louanges des hommes que le commerce et les contrats ne détournent point du souvenir de Dieu, de la stricte observance de la prière et de l'aumône. Ils redoutent le jour où les cœurs et les yeux des hommes seront en confusion;

38. *Ce jour que Dieu a fixé* pour récompenser tous les hommes selon leurs meilleures œuvres, et pour les combler de ses faveurs. Dieu donne la nourriture à qui il veut, et sans compte.

39. Pour les incrédules, leurs œuvres seront comme ce mirage du désert, que l'homme altéré de soif prend pour de l'eau, jusqu'à ce qu'il y accourt et ne trouve rien. Mais il trouvera devant lui Dieu qui réglera son compte; Dieu est exact dans ses comptes.

40. Leurs œuvres ressemblent encore aux ténèbres étendues sur une mer profonde, que couvrent des flots tumultueux; d'autres flots s'élèvent, et puis un nuage, et puis des ténèbres entassées sur des ténèbres; l'homme étend sa main et ne la voit pas; si Dieu ne donne pas de lumière à un homme, où la trouvera-t-il ?

41. N'as-tu pas considéré que tout ce qui est dans les cieux et sur la terre publie les louanges de Dieu, et les oiseaux aussi en

étendant leurs ailes ? tout être sait la prière et le récit de ses louanges; Dieu connaît leurs actions.

42. A Dieu appartient le royaume des cieux et de la terre. Il est le point où tout aboutit.

43. N'as-tu pas considéré comment Dieu pousse légèrement les nuages, comme il les réunit et les entasse par monceaux; puis tu vois sortir de leur sein une pluie abondante; on dirait qu'il fait descendre du ciel des montagnes grosses de grêle, dont il atteint ceux qu'il veut, et qu'il détourne de ceux qu'il veut. Peu s'en faut que l'éclat de la foudre n'enlève la vue aux hommes.

44. Dieu fait succéder tour à tour le jour et la nuit. Il y a certes dans ceci un exemple frappant pour les hommes doués d'intelligence. Il a créé d'eau tous les animaux. Les uns marchent sur leur ventre, d'autres sur deux pieds, d'autres marchent sur quatre. Dieu crée ce qu'il veut, car il est tout-puissant.

45. Nous venons de vous révéler des versets qui vous expliquent tout clairement. Dieu dirige ceux qu'il veut vers le sentier droit.

46. *Les hypocrites* disent : Nous avons cru en Dieu et à l'apôtre, et nous obéirons; puis une partie d'entre eux reviennent sur leurs pas et ne sont point des croyants.

47. Quand on les appelle devant Dieu et devant son apôtre afin qu'il décide entre eux, voici qu'une portion d'entre eux s'éloigne et se détourne.

48. Si la vérité était de leur côté, ils obéiraient et viendraient à lui.

49. Une maladie siège-t-elle dans leur cœur, ou bien doutent-ils, ou bien craignent-ils que Dieu et son apôtre ne les trompent ? — Non. Mais ils sont méchants.

50. Quelles sont les paroles des croyants quand on les appelle devant Dieu et devant son apôtre afin qu'il décide entre eux ? Ils disent : Nous avons entendu et nous obéissons. Et ils seront heureux.

51. Quiconque obéit à Dieu et à son prophète, quiconque le craint, le redoute, sera du nombre des bienheureux.

52. Ils ont juré, par le nom de Dieu, le plus solennel des serments, que si tu leur ordonnais de marcher au combat ils le feraient. Dis-leur : Ne jurez point; c'est l'obéissance qui a un prix. Dieu connaît vos actions.

53. Dis-leur : Obéissez à Dieu et à l'apôtre. Si vous tournez le dos, *on ne lui en demandera pas compte*, on n'attend de lui que ses œuvres, comme on attend de vous les vôtres. Si vous obéissez vous serez dirigés. La prédication ouverte est seule à la charge de l'apôtre.

54. Dieu a promis à ceux qui auront cru et pratiqué les bonnes

œuvres de les constituer héritiers dans ce pays, ainsi qu'il a fait
succéder vos devanciers aux infidèles qui les ont précédés; il leur
a promis d'établir fermement cette religion dans laquelle ils se
sont complu, et de changer leurs inquiétudes en sécurité. Ils
m'adoreront et ne m'associeront dans leur culte aucun autre
être. Ceux qui, après ces avertissements, demeureraient infidèles
seraient prévaricateurs.

55. Observez exactement la prière, faites l'aumône, obéissez à
l'apôtre, et vous éprouverez la miséricorde de Dieu.

56. N'allez pas croire que les infidèles puissent affaiblir la
puissance de Dieu sur la terre, eux qui auront le feu pour demeure.
Et quel affreux séjour!

57. O croyants! que vos esclaves, les enfants qui n'ont point
atteint l'âge de puberté, vous demandent permission avant d'entrer chez vous, et ce trois fois par jour : avant la prière de l'aurore, lorsque vous quittez vos habits à midi, et après la prière
du soir; ces trois moments doivent être respectés par décence.
Il n'y aura aucun mal ni pour vous ni pour eux s'ils entrent à
d'autres heures sans permission, quand vous allez vous voir les
uns les autres. C'est ainsi que Dieu vous explique ses signes. Or,
il est savant et sage.

58. Lorsque vos enfants auront atteint l'âge de puberté, ils
devront, à toute heure, demander la permission d'entrer comme
l'avaient demandée ceux qui avaient atteint cet âge avant eux.
C'est ainsi que Dieu vous explique ses signes. Or, il est savant et
sage.

59. Les femmes qui n'enfantent plus, et qui n'espèrent plus
pouvoir se marier, peuvent, sans inconvénient, ôter leurs vêtements, sans cependant montrer leurs ornements; mais si elles
s'en abstiennent, cela leur vaudra mieux. Dieu entend et sait
tout.

60. On ne tiendra pas à crime à un aveugle, ni à un boiteux,
ni à un homme malade, de manger à vos tables, ni à vous, si vous
faites vos repas dans vos maisons, dans celles de vos pères ou de
vos mères, ou de vos frères, ou de vos oncles et de vos tantes
paternels, ou de vos oncles et de vos tantes maternels, dans les
maisons dont vous avez les clefs, dans celles de vos amis. Il n'y a
aucun inconvénient pour vous à manger en commun ou séparément [1].

61. Quand vous entrez dans une maison, saluez-vous réciproquement, celui qui entre et celui qui reçoit, en vous souhaitant

---

1. Ce verset relève des scrupules fondés sur quelques usages superstitieux
chez les Arabes de ne point admettre à leur table des boiteux ou des aveugles,
et de ne point faire des repas chez d'autres, comme il y en avait qui se faisaient
un scrupule de manger seuls.

de par Dieu une bonne et heureuse santé. C'est ainsi que Dieu vous explique ses signes, afin que vous les compreniez.

62. Les vrais croyants sont ceux qui croient en Dieu et à son apôtre, qui, lorsqu'ils se réunissent chez toi pour quelque affaire d'intérêt commun, ne s'éloignent pas sans ta permission. Ceux qui te la demandent sont ceux qui croient en Dieu et à son apôtre. S'ils te la demandent pour s'occuper de quelque autre affaire, tu l'accorderas à celui que tu voudras. Implore pour eux l'indulgence de Dieu ; car il est indulgent et miséricordieux.

63. N'appelez point l'Apôtre avec cette familiarité que vous mettez à vous appeler entre vous. Dieu connaît ceux qui se retirent de l'assemblée en secret, se cachant les uns derrière les autres. Que ceux qui désobéissent à ses ordres redoutent un malheur ou le châtiment terrible.

64. Tout ce qui est dans les cieux et sur la terre n'appartient-il pas à Dieu ? Il connaît l'état où vous êtes. Un jour les hommes seront ramenés devant lui, et il leur rappellera vos œuvres, car il connaît tout.

SOURATE XXV

AL-FURQĀN OU LA DISTINCTION

Donnée à La Mecque. — 77 versets.

1. Béni soit celui qui a envoyé du ciel la distinction à son serviteur, afin qu'il avertisse les hommes.

2. Le royaume des cieux et de la terre lui appartient; il n'a point de fils, il n'a point d'associé à l'empire; il a créé toutes choses et assigne à toutes leur destination.

3. Les idolâtres ont pris d'autres dieux que lui, dieux qui n'ont rien créé et ont été créés eux-mêmes,

4. Qui ne peuvent faire ni aucun bien ni aucun mal, qui ne disposent ni de la vie, ni de la mort, ni de la résurrection.

5. Les incrédules disent : Ce livre n'est qu'un mensonge qu'il a forgé; d'autres aussi l'ont aidé à le faire. Voici quelle est leur méchanceté et leur perfidie.

6. Ce ne sont que des fables de l'antiquité, disent-ils encore, qu'il a mises par écrit; elles lui sont dictées le matin et le soir.

7. Dis : Celui qui connaît les secrets des cieux et de la terre a envoyé ce livre. Il est indulgent et miséricordieux.

8. Ils disent : Quel est donc cet apôtre ? Il fait ses repas, il se promène dans les marchés. A moins qu'un ange ne descende et ne prêche avec lui,

9. A moins qu'un trésor ne lui soit envoyé, ou qu'il n'ait un jardin qui lui fournisse la nourriture, nous ne croirons pas. Les méchants disent : Vous ne suivez qu'un homme ensorcelé.

10. Vois à quoi ils te comparent. Ils se sont égarés et ne peuvent trouver aucune issue.

11. Béni soit celui qui, s'il lui plaît, peut te donner quelque chose de plus précieux *que leurs biens*, des jardins où coulent des torrents, et des palais.

12. Mais ils traitent de mensonge l'arrivée de l'heure. Nous avons préparé, à ceux qui la traitent de mensonge, un feu ardent.

13. Lorsqu'ils les verra de loin, ils l'entendront mugir de rage et ronfler.

14. De là ils seront jetés dans un cachot étroit, liés ensemble; alors ils appelleront la mort.

15. N'en appelez pas une seulement, appelez plusieurs genres de morts, leur dira-t-on.

16. Dis-leur : Qu'est-ce qui vaut mieux de ceci ou du jardin de l'éternité, qui a été promis aux hommes pieux, et qui doit leur servir de récompense et de demeure ?

17. Ils y trouveront tout ce qu'ils peuvent désirer dans leur séjour éternel. C'est une promesse qu'ils seront en droit de réclamer de Dieu.

18. Le jour où il les réunira tous, ainsi que les dieux qu'ils adoraient à l'exclusion de Dieu, il demandera à ceux-ci : Est-ce vous qui avez égaré mes serviteurs, ou bien sont-ce eux-mêmes qui ont perdu la route ?

19. Ils répondront : Que ton nom soit glorifié! Nous ne pouvions rechercher d'autre allié que toi; mais tu les as laissés jouir des biens de ce monde, ainsi que leurs pères, et ils ont perdu ton souvenir; c'est ce qui les a égarés.

20. Il dira aux idolâtres : Voici vos dieux qui démentent vos paroles. Elles ne sauraient ni détourner le châtiment ni vous secourir.

21. Quiconque de vous a agi avec iniquité éprouvera un châtiment terrible.

22. Les apôtres que nous avons envoyés avant toi se nourrissaient et se promenaient dans les marchés *comme les autres hommes*. Nous vous éprouvons les uns par les autres. Serez-vous constants ? Dieu voit tout.

23. Ceux qui n'espèrent point nous revoir *dans l'autre monde* disent : Nous ne croirons point, à moins que les anges ne descendent du ciel ou que nous ne voyions Dieu de nos yeux. Ils sont enflés d'orgueil, et commettent un crime énorme.

24. Il n'y aura point d'heureuses nouvelles pour les coupables, le jour où ils verront venir les anges. Ils crieront : Loin, loin avec eux!

25. Alors nous produirons les œuvres de chacun, et nous les réduirons en poussière dispersée de tous côtés.

26. Ce jour-là les hôtes du paradis auront un beau lieu de repos et un endroit délicieux pour prendre la méridienne.

27. Le jour où le ciel se fendra par nuages, et où les anges descendront par troupes,

28. Alors le véritable empire sera au Miséricordieux. Ce sera un jour difficile pour les infidèles.

29. Alors le méchant mordra le revers de sa main et dira : Plût à Dieu que j'eusse suivi le sentier avec l'Apôtre.

30. Malheur à moi! Plût à Dieu que je n'eusse pas pris un tel pour patron!

31. Il m'a fait perdre de vue le Livre après qu'il me fut montré. Satan est un traître pour l'homme.

32. Le Prophète dira : Seigneur! mon peuple a pris ce Coran en dédain.

33. C'est ainsi que nous avons donné à tous les apôtres des criminels pour ennemis; mais Dieu te servira de guide et d'assistance.

34. Les incrédules disent : Pourquoi le Coran ne lui a-t-il pas été envoyé en un seul corps ? — Nous faisons ainsi pour fortifier ton cœur; nous le lui récitons par refrains.

35. Toutes les fois qu'ils te proposeront des ressemblances, nous te donnerons la vérité et la plus parfaite explication.

36. Ceux qui seront rassemblés et précipités de leurs têtes dans l'enfer auront certainement, dans un lieu détestable et sûr, un chemin d'égarement.

37. Nous avons donné le Livre à Moïse, et nous lui avons donné pour lieutenant son frère Aaron.

38. Nous leur dîmes : Allez vers le peuple qui traite nos miracles de mensonges. Nous détruisîmes ce peuple d'une destruction complète.

39. Nous ensevelîmes dans les eaux le peuple de Noé qui accusa ses apôtres d'imposture, et nous en fîmes un signe d'avertissement pour tous les peuples. Nous avons préparé aux méchants un supplice douloureux.

40. Nous anéantîmes Ad et Themoud et les habitans de Rass, et tant d'autres générations, dans cet espace de temps.

41. A chacun de ces peuples nous proposions des paraboles d'avertissement, et nous les exterminâmes entièrement.

42. Les infidèles ont souvent passé près de la ville sur laquelle nous avons fait pleuvoir une pluie fatale. Ne l'ont-ils pas vue ? Oui; mais ils n'espèrent point d'être ressuscités un jour.

43. Lorsqu'ils te voient, ils te prennent pour objet de leurs railleries. Est-ce cet homme, disent-ils, que Dieu a suscité pour être un apôtre ?

44. Peu s'en est fallu qu'il ne nous ait fait délaisser nos dieux, si nous n'avions pas montré de la constance. Lorsqu'ils verront approcher le châtiment, ils apprendront qui d'entre nous s'est le plus éloigné du chemin droit.

45. Que t'en semble ? Seras-tu l'avocat de ceux qui ont pris leurs passions pour leur dieu ?

46. Crois-tu que la plupart d'entre eux entendent ou comprennent ? Ils sont comme des brutes, et même plus que les brutes, éloignés du chemin droit.

47. As-tu remarqué comme ton Seigneur étend l'ombre ? S'il voulait, il la rendrait permanente. Nous avons fait du soleil son guide;

48. Et puis nous la resserrons avec facilité.

49. C'est lui qui vous donne la nuit pour manteau et le sommeil pour repos. Il a donné le jour pour le mouvement.

50. Il envoie les vents comme précurseurs de ses grâces. Nous faisons descendre du ciel l'eau pure,

51. Pour faire revivre par elle une contrée mourante; nous en désaltérons nos créatures, un nombre infini d'animaux et d'hommes.

52. Nous la tournons de tous côtés au milieu d'eux, afin qu'ils se souviennent de nous; mais la plupart des hommes se refusent à tout, excepté à être ingrats.

53. Si nous avions voulu nous aurions envoyé vers chaque cité un apôtre.

54. Ne cède point aux infidèles, mais combats-les fortement avec ce livre.

55. C'est lui qui a rapproché deux mers, l'une d'eau douce et rafraîchissante, l'autre salée et amère, et il a placé entre elles un espace et une barrière insurmontables.

56. C'est lui qui crée d'eau les hommes, qui établit entre eux les liens de parenté et d'affinité. Ton Seigneur est puissant.

57. Plutôt que Dieu ils adorent ce qui ne peut ni leur être utile ni leur nuire. L'infidèle assiste *le diable* contre son Seigneur.

58. Nous ne t'avons envoyé que pour annoncer et pour menacer.

59. Dis-leur : Je ne vous demande pas d'autre salaire que de vous voir prendre le sentier qui conduit à Dieu.

60. Mets ta confiance dans le Vivant qui ne meurt pas; célèbre ses louanges. Il connaît suffisamment les péchés de ses serviteurs. Il a créé les cieux et la terre, et tout ce qui se trouve entre eux, dans l'espace de six jours; puis il est allé s'asseoir sur le trône. Il est le Miséricordieux. Interroge sur lui les hommes instruits.

61. Quand on leur dit : Prosternez-vous devant le Miséricordieux, ils demandent : Qui est le Miséricordieux ? Nous prosternerons-nous devant ce que tu nous dis ? Et leur éloignement s'en accroît.

62. Béni soit celui qui a placé au ciel les signes du zodiaque, qui y a suspendu le flambeau et la lune qui éclairent.

63. Il a établi la nuit et le jour se succédant tour à tour pour ceux qui veulent penser à Dieu ou lui rendre des actions de grâces.

64. Les serviteurs du Miséricordieux sont ceux qui marchent avec modestie et qui répondent : Paix! aux ignorants qui leur adressent la parole;

65. Qui passent leur nuit à prier Dieu, prosternés et debout;

66. Qui disent : Seigneur! éloigne de nous le supplice de la géhenne, car ses tourments sont perpétuels; car c'est un mauvais lieu pour se reposer et pour s'y arrêter;

67. Qui, dans leurs largesses, ne sont ni prodigues ni avares, mais qui se tiennent entre les deux;

68. Qui n'invoquent point avec Dieu d'autres divinités; qui ne tuent point l'homme, comme Dieu l'a défendu, excepté pour une juste raison; qui ne commettent point d'adultère. Celui qui le fait recevra le prix de l'iniquité.

69. Au jour de la résurrection, le supplice lui sera doublé; il le subira éternellement, couvert d'ignominie.

70. Mais ceux qui se repentiront, qui auront cru et pratiqué les bonnes œuvres, Dieu changera les mauvaises actions de ceux-là en bonnes; car Dieu est indulgent et miséricordieux.

71. Celui qui se repent et qui croit revient à Dieu et en est accueilli.

72. Ceux qui ne portent point de faux témoignage, et qui, engagés dans une conversation frivole, la traversent avec décence;

73. Qui, lorsqu'on leur récite les avertissements du Seigneur, ne sont point couchés immobiles comme s'ils étaient sourds et aveugles;

74. Qui disent : Seigneur! accorde-nous, dans nos épouses et dans nos enfants, un sujet de joie, et fais que nous marchions à la tête de ceux qui craignent :

75. Ceux-là auront pour récompense les lieux élevés du paradis, parce qu'ils ont persévéré, et ils y trouveront le salut et la paix.

76. Ils y séjourneront éternellement. Quel beau lieu pour se reposer et pour s'y arrêter!

77. Dis : Peu importe à Dieu que vous ne l'invoquiez pas. Vous avez déjà traité son apôtre d'imposteur. Mais la peine permanente vous atteindra.

SOURATE XXVI

LES POÈTES

Donnée à La Mecque. — 228 versets.

Au nom de Dieu clément et miséricordieux.

1. T. S. M. Ce sont les signes du livre évident.

2. Tu te consumes d'affliction de ce qu'ils ne veulent pas croire.

3. Si nous avions voulu, nous aurions envoyé du ciel un signe (un prodige) devant lequel, humiliés, ils courberaient leurs têtes.

4. Il ne descend aucun nouvel avertissement du Miséricordieux qu'ils ne s'éloignent pour ne pas l'entendre.

5. Ils le traitent de mensonge, mais bientôt ils apprendront des nouvelles du châtiment dont ils se riaient.

6. N'ont-ils pas jeté les yeux sur la terre ? N'ont-ils pas vu comment nous avons établi d'excellentes espèces en toutes choses ?

7. Il y a des signes dans ceci, mais la plupart des hommes ne croient pas.

8. Certes, ton Seigneur est puissant et sage.

9. Souviens-toi que Dieu appela Moïse, et lui dit : Rends-toi vers ce peuple pervers;

10. Vers le peuple de Pharaon; ne me craindront-ils pas ?

11. Seigneur! je crains qu'ils ne me traitent d'imposteur.

12. Mon cœur est dans l'angoisse et ma langue est embarrassée. Appelle plutôt mon frère Aaron.

13. Ils ont à me faire expier un crime, et je crains qu'ils ne me mettent à mort.

14. Nullement, répondit Dieu. Allez tous deux, accompagnés de mes signes; nous serons avec vous, et nous écouterons.

15. Allez donc tous deux auprès de Pharaon, et dites-lui : Je suis Moïse, l'envoyé du Maître de l'univers.

16. Laisse partir avec nous les enfants d'Israël.

17. *Ils s'y rendirent; et Pharaon dit à Moïse :* Ne t'avons-nous pas élevé parmi nous dans ton enfance ? Tu as passé plusieurs années de ta vie au milieu de nous.

18. Tu as commis l'action que tu sais; tu es un ingrat.

19. Oui, répondit Moïse, j'ai commis cette action, mais alors j'étais dans l'égarement

20. J'ai fui du milieu de vous par crainte; ensuite Dieu m'a investi du pouvoir et m'a constitué son apôtre.

21. Est-ce cette faveur envers moi que tu me reproches ? Tu as réduit les enfants d'Israël en esclavage.

22. Qu'est-ce donc, dit Pharaon, que le Maître de l'univers ?

23. — C'est le Maître des cieux et de la terre, et de tout ce qui est entre eux, si vous croyez.

24. Entendez-vous ? dit Pharaon à ceux qui l'entouraient.

25. Votre Maître est le Maître de vos pères les anciens, continua Moïse.

26. Votre apôtre, que l'on a envoyé vers vous, est un possédé, dit Pharaon.

27. C'est le Maître de l'Orient et de l'Occident, et de tout ce qui est dans l'intervalle, si vous avez de l'intelligence, *ajouta Moïse.*

28. Si tu prends pour Dieu un autre que moi, dit Pharaon, je te ferai mettre en prison.

29. Alors même que je te ferais voir quelque preuve évidente *de ma mission ?* dit Moïse.

30. Fais-la voir, dit Pharaon, si tu es véridique.

31. Moïse jeta son bâton, qui se changea en un véritable serpent.

32. Puis il étendit la main, et elle parut blanche à tous les spectateurs.

33. Pharaon dit aux grands qui l'entouraient : En vérité, c'est un magicien habile!

34. Par ses sorcelleries il va vous chasser de votre pays; quel est votre avis ?

35. Les grands répondirent : Donnez-lui quelque espoir ainsi qu'à son frère, et envoyez, en attendant, des hommes chargés de faire venir des villes de l'empire

36. Les plus habiles magiciens.

37. Les magiciens furent réunis à un rendez-vous, un jour de fête.

38. On demanda au peuple : Y assisterez-vous ?

39. Nous suivrons les magiciens s'ils l'emportent, *disait-on dans le peuple.*

40. Quand les magiciens furent assemblés, ils dirent à Pharaon : Pouvons-nous compter sur une récompense si nous sommes vainqueurs ?

41. Oui, sans doute, répondit Pharaon; vous prendrez place parmi les hommes honorés de ma faveur particulière.

42. Moïse leur dit alors : Jetez ce que vous avez à jeter.

43. Ils jetèrent leurs cordes et leurs bâtons en prononçant ces paroles : Par la puissance de Pharaon, nous sommes vainqueurs.

44. Moïse jeta sa baguette, et la voici qui dévore leurs inventions mensongères.

45. Et les magiciens se prosternèrent en signe d'adoration,

46. Et s'écrièrent : Nous croyons au Souverain de l'univers,

47. Le Dieu de Moïse et d'Aaron.

48. Vous avez donc cru en lui, dit Pharaon, avant que je vous l'aie permis ? Il est donc votre chef ? C'est lui qui vous a appris la magie. — Mais vous saurez *ce qui vous en reviendra!*

49. Je vous ferai couper les mains et les pieds alternativement, et je vous ferai crucifier tous.

50. — Nous n'y verrions aucun mal, car nous retournerions à notre Seigneur.

51. Nous espérons que Dieu nous pardonnera nos péchés, car nous avons cru des premiers.

52. Nous révélâmes à Moïse cet ordre : Tu sortiras avec mes serviteurs pendant la nuit, mais vous serez poursuivis.

53. Pharaon envoya dans les villes *de son empire* des hommes chargés de rassembler *des troupes.*

54. *Les Israélites* ne sont qu'un ramassis de gens de toute espèce, et ils sont peu nombreux;

55. Mais ils sont irrités contre nous.

56. Nous, au contraire, nous sommes nombreux, disciplinés.

57. C'est ainsi que nous les avons fait sortir (les Egyptiens) du milieu de leurs jardins et de leurs fontaines,

58. De leurs trésors et de leurs superbes demeures.

59. Oui, il en fut ainsi, et nous les donnâmes en héritage aux enfants d'Israël [1].

60. Au lever du soleil, les Egyptiens les poursuivirent.

61. Et lorsque les deux armées furent à une distance telle qu'elles pouvaient se voir, des compagnons de Moïse s'écrièrent : Nous sommes atteints.

62. Point du tout, dit Moïse. Dieu est avec moi; il me guidera.

63. Nous révélâmes à Moïse cet ordre : Frappe la mer de ta baguette : la mer se fendit en deux, et chacune de ses parties se dressait comme une grande montagne.

64. Puis nous fîmes approcher les autres *(les Egyptiens).*

65. Nous sauvâmes Moïse et tous ceux qui le suivirent,

66. Et nous submergeâmes les autres.

67. Certes, il y a dans cet événement un signe *de la puissance de Dieu;* mais la plupart des hommes ne croient pas.

---

1. On pourrait penser, d'après ce verset, que les Israélites retournèrent en Egypte après la destruction des Egyptiens.

68. Et cependant ton Seigneur est puissant et miséricordieux.

69. Relis-leur l'histoire d'Abraham

70. Qui dit un jour à son père et à sa famille : Qu'est-ce que vous adorez ?

71. Nous adorons des idoles, dirent-ils, et nous passons avec assiduité notre temps dans leurs temples.

72. Vous entendent-elles quand vous les appelez ? demanda Abraham.

73. Vous servent-elles à quelque chose ? peuvent-elles vous faire quelque mal ?

74. Non, dirent-ils ; mais c'est ainsi que nous avons vu faire à nos pères.

75. Que vous en semble ? dit Abraham. Ceux que vous adorez,

76. Ceux qu'adoraient vos pères, les anciens,

77. Sont mes ennemis. Il n'y a qu'un Dieu souverain de l'univers ;

78. Qui m'a créé, et qui me dirige dans la droite voie ;

79. Qui me nourrit et me donne à boire ;

80. Qui me guérit quand je suis malade ;

81. Qui me fera mourir, et qui me ressuscitera ;

82. Qui, j'espère, me pardonnera mes péchés au jour de la rétribution.

83. Seigneur ! donne-moi la sagesse, et place-moi au nombre des justes.

84. Accorde-moi la langue de la véracité jusqu'aux temps les plus reculés [1].

85. Mets-moi au nombre des héritiers du jardin des délices.

86. Pardonne à mon père, car il était égaré.

87. Ne me déshonore pas au jour où les hommes seront ressuscités ;

88. Au jour où les richesses et les enfants ne seront d'aucune utilité,

89. Si ce n'est pour celui qui viendra à Dieu avec un cœur droit.

90. Quand le paradis sera rapproché pour les hommes pieux,

91. Et que l'enfer se dressera pour *engloutir* les égarés ;

92. Quand on dira à ceux-ci : Où sont ceux que vous adorez

93. A côté de Dieu ? vous aideront-ils ? s'aideront-ils eux-mêmes ?

94. Ils seront précipités tous dans l'enfer, les séducteurs et les séduits,

95. Et toutes les armées d'Eblis.

---

1. C'est-à-dire que mes paroles soient citées dans la postérité la plus reculée, et qu'on y ajoute foi.

96. Ils s'y disputeront, et *les séduits diront :*

97. Par le nom de Dieu! nous étions dans une erreur évidente,

98. Quand nous vous mettions de pair avec le souverain de l'univers.

99. Les coupables seuls nous ont séduits.

100. Nous n'avons point d'intercesseurs,

101. Ni un ami zélé.

102. Ah! si une seule fois encore *il nous était permis de revenir sur la terre,* nous serions des croyants!

103. Il y a des signes dans ceci, mais la plupart des hommes ne croient pas.

104. Ton Seigneur est puissant et sage.

105. Le peuple de Noé a aussi traité les apôtres d'imposteurs.

106. Lorsque leur frère Noé leur dit : Ne craindrez-vous pas Dieu ?

107. Je viens vers vous comme apôtre digne de confiance.

108. Craignez Dieu, et obéissez-moi.

109. Je ne vous en demande pas de salaire, car mon salaire est à la charge de Dieu, souverain de l'univers.

110. Craignez Dieu, et obéissez-moi.

111. Ils répondirent : Croirons-nous à toi, que les plus vils du peuple suivent seuls ?

112. Je n'ai aucune connaissance de leurs œuvres, répondit Noé.

113. Ils ne doivent en rendre compte qu'à Dieu; puissiez-vous le comprendre!

114. Je ne puis pas repousser ceux qui croient.

115. Je ne suis qu'un apôtre prêchant ouvertement.

116. Si tu ne cesses d'agir de la sorte, ô Noé! tu seras lápidé.

117. Noé cria vers Dieu : Seigneur! mon peuple m'accuse de mensonge!

118. Décide entre eux et moi; sauve-moi, et ceux qui me suivent et qui ont cru.

119. Nous le sauvâmes, ainsi que ceux qui étaient avec lui, dans une arche qui les comprenait tous.

120. Ensuite nous submergeâmes le reste des hommes.

121. Certes, il y a dans ceci un signe d'avertissement; mais la plupart des hommes ne croient pas.

122. Certes, ton Seigneur est puissant et miséricordieux.

123. Les Adites accusèrent leurs apôtres d'imposture.

124. Houd, leur frère, leur criait : Ne craindrez-vous pas Dieu ?

125. Je viens vers vous comme envoyé digne de confiance.

126. Craignez Dieu, et obéissez moi.

127. Je ne vous en demande aucun salaire, car mon salaire est à la charge de Dieu, souverain de l'univers.

128. Bâtirez-vous sur chaque colline des monuments pour votre plaisir ?

129. Elèverez-vous des édifices, apparemment pour y vivre éternellement ?

130. Quand vous exercez le pouvoir, l'excercez-vous en tyrans ?

131. Craignez donc Dieu, et obéissez-moi.

132. Craignez celui qui vous a donné en abondance ce que vous savez;

133. Qui vous a donné en abondance des troupeaux et une nombreuse postérité;

134. Qui vous a pourvus de jardins et de fontaines.

135. Je crains pour vous le châtiment du jour terrible.

136. Ils répondirent : Il nous est égal que tu nous exhortes ou non.

137. Tes exhortations ne sont que les vieilleries des temps d'autrefois.

138. Nous ne serons jamais punis.

139. Ils accusèrent Houd d'imposture, et nous les exterminâmes. Il y a dans cet événement un signe, mais la plupart ne croient pas.

140. Et certes, votre Seigneur est puissant et miséricordieux.

141. Les Thamoudéens accusèrent aussi de mensonge leurs apôtres.

142. Leur frère Saleh leur dit : Ne craindrez-vous pas Dieu ?

143. Je viens vers vous comme apôtre digne de confiance.

144. Craignez donc Dieu, et obéissez-moi.

145. Je ne vous en demande pas de salaire, car mon salaire est à la charge de Dieu, souverain de l'univers.

146. Pensez-vous qu'on vous laissera pour toujours en sûreté,

147. Au milieu de vos jardins et des fontaines ?

148. Au·milieu des champs ensemencés, des palmiers aux branches touffues ?

149. Taillerez-vous toujours des maisons dans les rochers, insolents que vous êtes ?

150. Craignez donc Dieu, et obéissez-moi.

151. N'obéissez point aux ordres de ceux qui se livrent aux excès,

152. Qui mettent tout en désordre sur la terre et ne l'améliorent pas.

153. Ils lui répondirent : Tu es sous l'empire d'un enchantement.

154. Tu n'es qu'un homme comme nous : fais-moi voir un signe si ce que tu dis est véridique.

155. Que cette femelle de chameau soit un signe; elle aura

sa portion d'eau un jour, et vous la vôtre à un autre jour fixe [1].

156. Ne lui faites aucun mal, car vous éprouveriez le châtiment du grand jour.

157. Ils la tuèrent; ils s'en repentirent le lendemain.

158. Le châtiment les a atteints. C'était un signe du ciel; la plupart n'y croient pas.

159. Mais ton Seigneur est puissant et miséricordieux.

160. Le peuple de Loth accusa ses prophètes d'imposture.

161. Loth, leur frère, leur dit : Ne craindrez-vous pas Dieu ?

162. Je viens vers vous comme apôtre digne de confiance.

163. Craignez Dieu, et obéissez-moi.

164. Je ne vous en demande aucun salaire, mon salaire est à la charge de Dieu, souverain de l'univers.

165. Aurez-vous commerce avec des hommes parmi toutes les créatures,

166. Abandonnant les femmes que Dieu a créées pour vous ? En vérité, vous êtes un peuple criminel!

167. Ils lui répondirent : Si tu ne cesses pas tes exhortations, nous te chasserons de la ville.

168. Je fuis l'abomination pour ce que vous faites.

169. Seigneur! délivrez-moi et ma famille de leurs infâmes actions.

170. Nous le sauvâmes, ainsi que toute sa famille,

171. Excepté une vieille qui était restée en arrière;

172. Puis nous exterminâmes les autres.

173. Nous fîmes pleuvoir sur eux une pluie; quelle terrible pluie que celle qui fondit sur ces hommes que nous exhortions!

174. C'était un signe du ciel; mais la plupart ne croient pas.

175. Ton Seigneur, cependant, est puissant et miséricordieux.

176. Les habitants de la forêt *de Madian* ont accusé leurs prophètes d'imposture.

177. Choaïb leur criait : Craignez Dieu!

178. Je viens vers vous comme apôtre digne de confiance.

179. Craignez donc Dieu, et obéissez-moi.

180. Je ne vous en demande aucun salaire, mon salaire est à la charge de Dieu, souverain de l'univers.

181. Remplissez la mesure, et ne fraudez pas vos semblables.

182. Pesez avec une balance exacte.

183. Ne fraudez point les hommes, et ne marchez point sur la terre en commettant des désordres.

---

1. C'était une femelle de chameau qui buvait toute l'eau du jour de la fontaine, de sorte que les Thamoudéens n'en avaient que le lendemain.

184. Craignez celui qui vous a créés ainsi que les générations précédentes.

185. Ils lui répondirent : En vérité, ô Choaïb! tu es sous l'empire d'un enchantement.

186. Tu n'es qu'un homme comme nous, et nous pensons que tu n'es qu'un imposteur.

187. Fais donc tomber sur nos têtes une portion du ciel, si tu es véridique.

188. Dieu connaît parfaitement vos actions, *reprit Choaïb*.

189. Ils le traitaient de menteur; le châtiment du nuage ténébreux les surprit; c'était le jour d'un châtiment terrible.

190. C'était un signe du ciel; mais la plupart des hommes ne croient pas.

191. Ton Seigneur est puissant et miséricordieux.

192. Le Coran est une révélation du souverain de l'univers.

193. L'esprit fidèle [1] l'a apporté du ciel,

194. Et l'a déposé sur ton cœur, afin que tu fusses apôtre.

195. Il (le Coran) est écrit en langue arabe facile à entendre.

196. Il a été prédit par les Ecritures des anciens.

197. N'est-ce pas un signe *qui parle en sa faveur*, que les docteurs des enfants d'Israël en aient connaissance ?

198. Si nous l'avions révélé à un homme d'une nation étrangère,

199. Et qu'il l'eût récité aux infidèles, ils n'y auraient pas ajouté foi.

200. C'est ainsi que nous avons gravé l'incrédulité dans les cœurs des coupables.

201. Ils n'y croiront pas jusqu'à ce que le châtiment cruel frappe leurs yeux.

202. Certes, ce châtiment fondra sur eux à l'improviste, quand ils ne s'y attendront pas.

203. Ils s'écrieront alors : Nous accordera-t-on un délai ?

204. Eh bien! chercheront-ils aujourd'hui à hâter ce moment ?

205. Que t'en semble ? Si après les avoir laissés jouir des biens de ce monde pendant de longues années,

206. Le supplice dont on les menaçait les surprend à la fin,

207. A quoi leur serviront leurs jouissances ?

208. Nous n'avons point détruit de cité qui n'ait pas eu ses apôtres

209. Chargés de l'avertir. Nous n'avons point agi injustement.

210. Ce ne sont pas les démons qui ont apporté le Coran du ciel;

211. Cela ne leur convenait pas, et ils n'auraient pu le faire.

---

1. C'est l'ange Gabriel.

212. Ils sont même privés du droit de l'entendre dans le ciel.

213. N'invoque point un autre que Dieu, de peur que tu ne sois un jour au nombre des damnés.

214. Prêche tes plus proches parents.

215. Abaisse les ailes de ta protection sur les croyants qui t'ont suivi.

216. S'ils te désobéissent, tu leur diras : Je suis innocent de vos œuvres.

217. Mets ta confiance dans le Dieu puissant et miséricordieux,

218. Qui te voit quand tu te lèves;

219. Qui voit ta conduite quand tu te trouves au milieu de ses adorateurs :

220. Car il entend et sait tout.

221. Vous dirai-je quels sont les hommes que les démons inspirent ?

222. Ils inspirent le menteur, l'homme plongé dans les péchés;

223. Les hommes qui enseignent ce qu'ils ont entendu : la plupart d'entre eux étant des menteurs.

224. Ce sont les poètes, que les hommes égarés suivent à leur tour.

225. Ne vois-tu pas qu'ils suivent toutes les routes [1] comme des insensés ?

226. Qu'ils disent ce qu'ils ne font pas ?

227. Sauf ceux qui ont cru, qui pratiquent le bien, et répètent sans cesse le nom de Dieu;

228. Qui se défendent quand ils sont attaqués : car ceux qui attaquent les premiers apprendront un jour quel sort leur est réservé.

---

1. C'est-à-dire qu'ils font des poésies sur toutes sortes de sujets extravagants et chimériques.

SOURATE XXVII

LA FOURMI

Donnée à La Mecque. — 95 versets.

Au nom de Dieu clément et miséricordieux.

1. T. S. [1] Ce sont les signes du Coran et du livre de l'évidence.

2. Ils servent de direction et annoncent d'heureuses nouvelles aux croyants,

3. Qui observent la prière, font l'aumône et croient fermement à la vie future.

4. Pour ceux qui ne croient point à la vie future, nous avons embelli leurs œuvres à leurs propres yeux, et ils marchent dans l'aveuglement.

5. Ce sont eux à qui est réservé le plus cruel châtiment; ils seront les plus malheureux dans l'autre monde.

6. Tu as obtenu le Coran du savant, du sage.

7. Moïse dit un jour à sa famille : J'ai aperçu du feu. Je vais vous en apporter des nouvelles; peut-être vous en apporterai-je un tison ardent, pour que vous ayez de quoi vous réchauffer.

8. Il y alla, et voici qu'une voix lui cria : Béni soit celui qui est dans le feu et autour du feu! Louange au Dieu souverain de l'univers.

9. O Moïse! je suis le Dieu puissant et sage.

10. Jette ton bâton. *Moïse le jeta*, et lorsqu'il le vit se remuer comme un serpent, il se mit à fuir sans se retourner en arrière. O Moïse, *lui cria-t-on*, ne crains rien. Les envoyés n'ont rien à craindre de moi,

11. Si ce n'est peut-être celui qui a commis une iniquité; mais s'il a remplacé le mal par le bien, je suis indulgent et miséricordieux.

12. Porte ta main dans ton sein, et tu la retireras toute blanche, sans que ce soit une infirmité [2]. Ce sera un des sept prodiges envoyés contre Pharaon et son peuple; c'est un peuple pervers.

13. Quand nos miracles frappèrent leurs yeux en toute évidence, ils disaient : C'est de la magie, à n'en pas douter.

---

1. Voyez, au sujet de ces lettres, la note 2 de la sourate II, p. 40.
2. C'est-à-dire : ne crois pas que ce soit la lèpre, maladie qui fait que le corps qui en est atteint est couvert d'une croûte blanche.

14. Quoiqu'ils aient acquis la certitude de leur vérité ils les nièrent par orgueil et injustice. Mais considère quelle fut la fin des méchants.

15. Nous avons donné la science à David et à Salomon. Ils disaient : Louange à Dieu qui nous a élevés au-dessus de tant de ses serviteurs croyants!

16. Salomon fut l'héritier de David; il dit : O hommes! on m'a appris à comprendre la langue des oiseaux. Nous avons reçu le don de toutes choses. Certes, c'est un bienfait incontestable.

17. Un jour, les armées de Salomon, composées de génies et d'hommes, se rassemblèrent devant lui, et les oiseaux aussi, tous rangés séparément.

18. Lorsque tout ce cortège arriva à la vallée des fourmis, une d'entre elles dit : O fourmis! rentrez dans vos demeures, de peur que Salomon et ses armées ne nous foulent par mégarde sous leurs pieds!

19. Salomon se mit à rire, en entendant ces paroles, et s'écria : Seigneur! fais que je te sois reconnaissant pour les grâces dont tu m'as comblé ainsi que mes pères; fais que je pratique le bien pour te plaire, et assigne-moi une part dans la miséricorde dont tu environnes tes serviteurs vertueux.

20. Il passa en revue l'armée des oiseaux, et dit : Pourquoi ne vois-je pas la huppe ? Est-elle absente ?

21. Je lui infligerai un châtiment terrible; je la ferai mettre à mort, à moins qu'elle ne me donne une excuse légitime.

22. La huppe ne tarda pas à venir, et s'adressa à Salomon, en disant : J'ai acquis la connaissance qui te manque; j'arrive du pays de Saba; je t'en rapporte des nouvelles exactes.

23. J'y ai vu une femme régner sur un peuple; elle possède toutes sortes de choses; elle a un trône magnifique.

24. J'ai vu qu'elle et son peuple adoraient le soleil à côté de Dieu : Satan a embelli ce genre de culte à leurs yeux; il les a détournés de la vraie voie, en sorte qu'ils ne sont point dirigés,

25. Et qu'ils n'adorent point ce Dieu qui produit au grand jour les secrets des cieux et de la terre, qui connaît ce que vous cachez et ce que vous publiez;

26. Le Dieu unique possesseur du grand trône.

27. Nous verrons, dit Salomon, si tu dis vrai ou si tu n'es qu'un menteur.

28. Va leur porter ma lettre; remets-la-leur, et place-toi à l'écart; tu verras quelle sera leur réponse.

29. *La huppe partit et s'acquitta de sa mission. La reine dit* aux grands de son royaume : Seigneurs, une lettre honorable vient de m'être remise.

30. Elle est de Salomon; en voici le contenu : « Au nom de Dieu clément et miséricordieux,

31. « Ne vous élevez pas contre moi; venez plutôt avec « résignation [1]. »

32. Seigneurs, dit la reine, conseillez-moi dans cette affaire; je ne déciderai rien sans votre concours.

33. Nous sommes forts et redoutables, reprirent-ils; mais c'est à toi qu'il appartient de donner des ordres; c'est à toi de voir ce que tu as à nous commander.

34. Lorsque les rois entrent dans une ville, dit la reine, ils la ravagent et réduisent les plus puissants de ses habitants à une condition vile. C'est ainsi qu'ils agissent.

35. J'enverrai des présents, et j'attendrai la réponse de mes envoyés.

36. Lorsque l'envoyé *de la reine* se présenta devant Salomon, celui-ci lui dit : Vous voulez donc augmenter mes trésors ? Ce que Dieu m'a donné vaut mieux que les biens dont il vous a comblés. Mais vous, vous mettez votre bonheur dans vos richesses.

37. Retourne vers le peuple qui t'envoie. Nous irons l'attaquer avec une armée à laquelle ils ne sauraient résister. Nous les chasserons de leur pays, avilis et humiliés.

38. Salomon s'adressa alors aux siens, en disant : Qui d'entre vous m'apportera le trône de Saba avant qu'ils se rendent eux-mêmes à discrétion ?

39. Ce sera moi, répondit Ifrit, un des démons; je te l'apporterai avant que tu te sois levé de ta place. J'en ai les forces, et tu peux compter sur moi.

40. Un autre démon, qui avait reçu de la science du livre, dit : Je te l'apporterai avant que tu aies cligné de l'œil. Et lorsque Salomon vit le trône placé devant lui, il dit : C'est une marque de la faveur de Dieu; il m'éprouve pour savoir si je serai reconnaissant ou ingrat. Quiconque est reconnaissant l'est à son avantage; quiconque est ingrat, Dieu *peut s'en passer*, car il est riche et généreux.

41. Transformez ce trône à le rendre méconnaissable. Nous verrons si elle [2] est sur la droite voie, ou bien du nombre de ceux qui ne sauraient être dirigés.

42. Et lorsqu'elle se présenta devant Salomon, on lui demanda : Est-ce là votre trône ? On dirait que c'est lui-même [3]. Or, nous avions reçu la science avant elle, et nous étions résignés à la volonté de Dieu.

1. Ou, ce qui revient au même, soyez musulmans.
2. C'est-à-dire la reine de Saba.
3. Le texte arabe est trop vague pour pouvoir dire qui prononce ces paroles. Est-ce Salomon ou la reine ?

43. Les divinités qu'elle adorait à côté de Dieu l'avaient égarée, et elle fut du nombre des infidèles.

44. On lui dit : Entrez dans ce palais. Et quand elle le vit, elle croyait que c'était une pièce d'eau, et se retroussa les jambes. C'est un édifice pavé de cristal, répondit Salomon [1].

45. Seigneur, j'avais agi iniquement envers moi-même *en adorant les idoles;* maintenant je me résigne, comme Salomon, à la volonté de Dieu, maître de l'univers.

46. Nous avons envoyé Saleh vers les Thamoudéens, ses frères, pour leur faire adorer Dieu. Ils se divisèrent en deux partis.

47. O mon peuple! leur disait Saleh, pourquoi voulez-vous hâter le mal *du supplice* plutôt que le bien *des récompenses divines ?* Que n'implorez-vous le pardon de Dieu, afin qu'il ait pitié de vous ?

48. Toi et ceux qui ont embrassé ton parti, vous êtes le présage d'un malheur. Votre malheur dépend de Dieu, répondit-il, vous êtes un peuple que Dieu veut éprouver.

49. Il y avait dans la ville neuf individus qui commettaient des excès dans le pays, et ne faisaient aucune bonne action.

50. Ils se dirent entre eux : Engageons-nous, par un serment devant Dieu, de tuer, pendant la nuit, Saleh et sa famille; nous dirons ensuite aux vengeurs de son sang : Nous n'avons pas été présents à la mort de sa famille. Nous disons la vérité.

51. Ils mirent en œuvre leurs artifices, et nous mîmes en œuvre les nôtres pendant qu'ils ne s'en doutaient pas.

52. Considère quelle a été la fin de leurs subterfuges. Nous les avons exterminés, ainsi que toute leur nation.

53. Leurs demeures, *que vous voyez,* sont désertes, parce qu'ils étaient impies. Il y a dans ceci un signe d'avertissement pour les hommes qui ont de l'intelligence.

54. Nous sauvâmes ceux qui avaient cru et qui craignaient Dieu.

55. Nous envoyâmes Loth, qui disait à son peuple : Commettrez-vous une action infâme ? Vous le savez cependant.

56. Aurez-vous commerce avec des hommes plutôt qu'avec des femmes ? Vous êtes dans l'égarement.

57. Et quelle a été la réponse de son peuple ? Ils se dirent entre eux : Chassons la famille de Loth de notre ville; ce sont des hommes qui veulent faire les chastes.

58. Nous sauvâmes la famille de Loth, à l'exception de sa femme, que nous avons destinée à être parmi ceux qui restèrent en arrière.

1. Les commentateurs ajoutent que Salomon n'avait fait introduire la reine dans l'appartement pavé de cristal que pour lui procurer cette illusion, et s'assurer, en la forçant à se retrousser les jambes, si elle les avait semblables à celles d'une chèvre, comme on le lui avait rapporté.

59. Nous avons fait pleuvoir une pluie de *pierres*. Qu'elle fut terrible la pluie qui tomba sur ces hommes, qu'on avertissait en vain!

60. Dis : Louange à Dieu, et paix à ceux d'entre ses serviteurs qu'il a élus! Qui, de Dieu ou des idoles qu'ils lui associent, mérite la préférence ?

61. Qui donc a créé les cieux et la terre ? qui nous envoie l'eau du ciel, avec laquelle nous faisons germer nos jardins riants ? Ce n'est pas vous qui faites pousser les arbres. Est-ce quelque autre dieu que Dieu ? — Et cependant vous lui donnez des égaux!

62. Qui donc est celui qui a établi solidement la terre ? qui a fait surgir des fleuves au milieu de sa surface ? qui a établi des montagnes et élevé une barrière entre les deux mers ? Est-ce quelque autre dieu que Dieu ? — Et cependant la plupart ne le comprennent pas.

63. Qui donc exauce l'opprimé quand il lui adresse la prière ? qui le délivre d'un malheur ? qui vous a établis ses lieutenants sur la terre ? Est-ce quelque autre dieu que Dieu ? Oh! que vous réfléchissez peu!

64. Qui vous dirige dans les ténèbres du continent et de la mer ? qui envoie les vents précurseurs de ses dons ? Est-ce quelque autre dieu que Dieu ? Il est trop élevé pour qu'on lui associe d'autres divinités.

65. Qui est celui qui fait surgir la création, et qui la fera retourner à lui ? qui vous envoie la nourriture du ciel ? Est-ce quelque autre dieu que Dieu ? Dis-leur : Apportez vos preuves, si vous êtes véridiques.

66. Dis : Nul autre que Dieu, au ciel et sur la terre, n'en connaît les secrets. Les hommes ne savent pas

67. Quand ils seront ressuscités.

68. Ils conçoivent par leur science la vie future; mais ils en doutent, ou plutôt ils sont aveugles à cet égard.

69. Les incrédules disent : Quand nous et nos pères deviendrons poussière, est-il possible qu'on nous en fasse sortir vivants ?

70. On nous le promettait déjà ainsi qu'à nos pères; mais ce ne sont que des fables des temps d'autrefois.

71. Dis-leur : Parcourez le pays, et voyez quelle a été la fin des coupables.

72. Ne t'afflige point du sort qui les attend, et que ton cœur ne soit pas dans l'angoisse par crainte de leurs machinations.

73. Ils vous demandent : Quand donc s'accompliront ces menaces ? dites-le, si vous êtes sincères.

74. Réponds-leur : Il se peut que le supplice que vous voulez hâter soit à vos trousses.

75. Ton Seigneur est plein de bonté pour les hommes; mais la plupart d'entre eux ne sont pas reconnaissants.

76. Ton Seigneur connaît ce que leurs cœurs recèlent et ce qu'ils produisent au grand jour.

77. Il n'y a point de chose cachée dans les cieux et sur la terre qui ne soit inscrite dans le livre de l'évidence [1].

78. Le Coran déclare aux enfants d'Israël la plupart des sujets de leurs disputes.

79. Le Coran sert de direction aux croyants, et constitue une preuve de la miséricorde divine envers eux.

80. Dieu prononcera son arrêt pour décider entre vous. Il est le puissant, le sage.

81. Mets ta confiance en Dieu, car tu t'appuies sur la vérité évidente.

82. Tu ne saurais rien faire entendre aux morts; tu ne saurais faire entendre aux sourds l'appel *à la vérité*, quand ils te tournent le dos.

83. Tu n'es point le guide des aveugles pour les prémunir contre l'égarement. Tu ne saurais te faire écouter, excepté de ceux qui ont cru à nos signes et qui se résignent à la volonté de Dieu.

84. Lorsque la sentence prononcée contre eux sera prête à recevoir son exécution, nous ferons sortir de la terre un monstre qui leur criera : En vérité! les hommes n'ont point cru fermement à nos miracles!

85. Un jour nous rassemblerons ceux qui ont traité nos signes de mensonges; ils seront rangés séparément,

86. Jusqu'à ce qu'ils paraissent devant le tribunal de Dieu, qui leur dira : Avez-vous accusé de mensonges mes signes, faute de les avoir pu comprendre, ou aviez-vous un autre motif d'en agir ainsi ?

87. La sentence sera exécutée en punition de leur impiété, et ils ne prononceront pas un seul mot.

88. Ne voyaient-ils pas que nous avons établi la nuit pour prendre du repos, et le jour clair *pour travailler ?* Certes, il y a dans ceci des signes pour un peuple qui croit fermement.

89. Au jour où l'on enflera la trompette, tout ce qui sera dans les cieux et sur la terre sera saisi d'effroi, à l'exception de ceux que Dieu voudra *en délivrer*. Tous les hommes viendront se prosterner devant lui.

90. Tu verras les montagnes, que tu crois solidement fixées, marcher comme marchent les nuages. Ce sera l'ouvrage de Dieu,

---

1. Le livre de l'évidence ou le livre évident est un livre gardé au ciel, et où sont inscrits tous les arrêts qui régissent le monde. Le livre évident est aussi un des noms du Coran.

qui dispose artistement toutes choses. Il est instruit de toutes vos actions.

91. Quiconque se présentera avec de bonnes œuvres, il en retirera les avantages. Ceux-là seront à l'abri de toute frayeur.

92. Ceux qui n'apporteront que leurs péchés seront précipités la face dans le feu. Seriez-vous rétribués autrement que selon vos œuvres ?

93. J'ai reçu ordre d'adorer le Seigneur de cette contrée, ce Dieu qui l'a sanctifiée et à qui tout appartient. J'ai reçu ordre d'être résigné à sa volonté;

94. De réciter le Coran aux hommes. Quiconque se dirigera sur la droite voie le fera pour son propre bien; s'il y en a qui restent dans l'égarement, dis-leur : Je ne suis chargé que d'avertir.

95. Dis : Louange à Dieu! Bientôt il vous donnera des marques de sa puissance, et vous ne saurez les nier. Ton Seigneur n'est point inattentif à ce que vous faites.

SOURATE XXVIII

L'HISTOIRE

Donnée à La Mecque. — 88 versets.

Au nom de Dieu clément et miséricordieux.

1. T. S. [1] Ce sont les signes du livre évident.

2. Nous te réciterons en toute vérité quelques traits de l'histoire de Moïse et de Pharaon, pour l'instruction des croyants.

3. Pharaon s'éleva au sommet de la puissance dans le pays de l'Egypte, et occasionna la division de son peuple en différents partis; il en opprimait une portion; il mettait à mort leurs fils et n'épargnait que leurs femmes. C'était un homme pervers.

4. Nous avons voulu combler de nos faveurs les habitants opprimés du pays; nous avons voulu les choisir pour chefs de la religion et les établir héritiers du pays.

5. Nous avons voulu établir leur puissance dans le pays, et faire éprouver à Pharaon, à Haman [2] et à leurs armées les maux qu'ils redoutaient.

6. Voici que ce que nous révélâmes à la mère de Moïse : Allaite-le, et si tu crains pour lui, jette-le dans la mer, et cesse de craindre; ne t'afflige pas, car nous te le restituerons un jour, et nous en ferons notre apôtre.

7. La famille de Pharaon recueillit l'enfant. Qui sait s'il ne deviendra pas un jour leur ennemi et un sujet d'affliction ? car Pharaon, Haman et ses soldats étaient prévaricateurs.

8. La femme de Pharaon lui dit un jour : Cet enfant réjouira nos yeux; ne le mettez pas à mort, peut-être nous sera-t-il utile un jour; adoptons-le pour notre fils. Ils ne savaient rien.

9. Le cœur de la mère de Moïse fut accablé de douleur; peu s'en est fallu qu'elle ne découvrît son origine; *elle l'aurait fait*, si nous n'avions pas affermi son cœur, afin qu'elle aussi fût croyante.

10. Elle dit à sa sœur : Suivez l'enfant. Elle l'observait de loin sans qu'on l'eût remarquée.

11. Nous lui avons interdit le sein des nourrices étrangères, jusqu'au moment où la sœur de sa mère, arrivant, dit à la famille

---

1. Voyez la note 2 de la sourate II, p. 40.
2. Selon le Coran, Haman est le vizir de Pharaon.

de Pharaon : Voulez-vous que je vous enseigne une maison où l'on s'en chargera pour votre compte, et où on lui voudra du bien ? *On y consentit.*

12. Ainsi nous l'avons rendu à sa mère, afin que ses yeux attristés se consolassent, qu'elle ne s'affligeât plus, et qu'elle apprît que les promesses de Dieu sont infaillibles. Mais la plupart des hommes ne le savent pas.

13. Lorsque Moïse eut atteint l'âge de maturité, et que son corps eut pris de la force, nous lui donnâmes la sagesse et la science : c'est ainsi que nous récompensons les hommes vertueux.

14. Un jour il entra dans la ville sans qu'on l'eût remarqué, et il vit deux hommes qui se battaient ; l'un était de sa nation, l'autre était son ennemi (Egyptien). L'homme de sa nation lui demanda du secours contre l'homme de la nation ennemie. Moïse le frappa du poing et le tua ; mais, *revenu de son emportement*, il dit : C'est une œuvre de Satan ; il est notre ennemi déclaré, il nous égare.

15. Seigneur, dit-il, j'ai commis une injustice envers moi-même, pardonnez-le-moi. Et Dieu lui pardonna, car il est indulgent et miséricordieux.

16. Seigneur, dit-il, puisque tu as été bienfaisant à mon égard, je ne serai jamais du parti des coupables.

17. Le lendemain, il marchait dans la ville en tremblant et regardant de tous côtés, et voici que l'homme qu'il avait secouru la veille l'appelait à grands cris. Tu es évidemment un séditieux, lui dit Moïse.

18. Et quand il voulut repousser par la force l'homme leur ennemi commun, *son compatriote* lui dit : Voudrais-tu me tuer comme tu as tué hier un homme ? Tu veux donc devenir tyran dans ce pays ? Tu ne veux pas, à ce qu'on voit, être des justes ?

19. Un homme accouru de l'extrémité de la ville lui dit : O Moïse ! les grands délibèrent pour te faire mourir. Quitte la ville, je te le conseille en ami.

20. Moïse en sortit tout tremblant et regardant autour de lui. Seigneur, s'écria-t-il, délivre-moi des mains des méchants.

21. Il se dirigea du côté de Madian. Peut-être Dieu, dit-il, me dirigera dans le droit chemin.

22. Arrivé à la fontaine de Madian, il y trouva une troupe d'hommes qui abreuvaient leurs troupeaux.

23. Il y aperçut deux femmes qui gardaient leurs troupeaux à quelque distance de là. Que faites-vous ici ? leur demanda-t-il. Nous n'abreuverons nos brebis, répondirent-elles, que lorsque les bergers seront partis. Notre père est un vieillard respectable.

24. Moïse fit boire leur troupeau [1], et, s'étant écarté sous

---

1. En ôtant l'énorme pierre dont on couvre ordinairement une citerne.

l'ombrage, s'écria : Seigneur, je soupire après un bien pareil à celui que tu viens de me faire entrevoir [1].

25. Une des deux filles revint à lui, et, s'approchant modestement, lui dit : Mon père te demande pour te récompenser de la peine que tu t'es donnée à abreuver notre troupeau. Moïse s'y rendit et lui raconta ses aventures. *Le vieillard* lui répondit : Ne crains rien, te voici délivré des méchants.

26. Une des filles dit alors à son père : O mon père! prends cet homme à ton service, car tu ne saurais mieux choisir pour ton service qu'en prenant un homme robuste et digne de confiance.

27. Je veux te donner en mariage, dit le vieillard, une de mes deux filles que voici, à condition que tu me serviras pendant huit ans. Si tu veux aller jusqu'à dix, c'est à ta volonté. Je ne veux point cependant t'imposer rien d'onéreux, et, s'il plaît à Dieu, tu me trouveras toujours équitable.

28. C'est convenu entre nous, répondit Moïse; et, quel que soit le terme que j'accomplisse, il n'y aura aucune transgression de ma part. Dieu lui-même est garant de nos engagements.

29. Lorsque Moïse eut accompli, au service de son beau-père, un certain temps, il partit avec sa famille. Tout d'un coup il aperçut le feu du côté de la montagne, et dit à sa famille : Attendez ici un instant, j'ai aperçu le feu; j'irai pour vous en donner des nouvelles, ou je vous en apporterai un tison, afin que vous puissiez vous réchauffer.

30. Et, quand il y arriva, une voix lui cria du côté droit de la vallée, dans la plaine bénie, du fond d'un buisson : O Moïse! je suis le Dieu souverain de l'univers.

31. Jette ton bâton. Et quand Moïse après l'avoir jeté le vit se mouvoir comme un serpent, il se mit à fuir, sans se retourner. O Moïse! lui cria une voix, approche, ne crains rien; tu es en sûreté.

32. Mets ta main dans ton sein, elle en sortira toute blanche sans être atteinte d'aucun mal [2]. Retire-la à toi sans crainte. Ces deux mouvements seront les deux preuves de la part de ton Seigneur auprès de Pharaon et des grands de son royaume. C'est un peuple pervers.

33. Seigneur, répondit Moïse, j'ai tué l'un des leurs, et je crains qu'ils ne me mettent à mort.

34. Mon frère Aaron a l'élocution plus facile que moi; envoie-le avec moi pour m'assister, car je crains qu'on ne me traite de menteur.

---

1. Moïse trahit ici le désir qu'il aurait d'épouser une femme pareille à celles qu'il venait de voir.
2. C'est-à-dire que ce ne sera pas la lèpre.

35. Nous fortifierons ton bras par ton frère, lui dit Dieu; nous vous donnerons des arguments irrésistibles; *les Egyptiens* ne parviendront jamais à faire des prodiges pareils aux nôtres. Toi et ceux qui te suivront vous serez les plus forts.

36. Lorsque Moïse parut devant eux muni de nos signes évidents, ils s'écrièrent : Ce n'est que de la magie nouvellement inventée; nous n'en avons point entendu parler à nos pères les anciens.

37. Dieu, mon Seigneur, leur dit Moïse, sait mieux que personne à qui il a donné *la direction*, et qui de nous sera en possession du séjour éternel; car il ne fait point prospérer les méchants.

38. Pharaon, s'adressant alors aux grands, leur dit : Vous n'avez, que je sache, d'autre dieu que moi; et toi, Haman, fais-moi cuire des briques de limon, et construis-moi un palais, afin que je monte vers le Dieu de Moïse, et m'en *assure moi-même;* car je crois qu'il ment.

39. Or, Pharaon et son armée étaient pleins d'orgueil dans le pays d'Egypte, et ils l'étaient à tort; ils croyaient qu'ils ne seraient jamais ramenés devant nous.

40. Mais nous le saisîmes ainsi que son armée; nous les précipitâmes tous dans la mer. Considère donc quelle a été la fin des pervers.

41. Nous en avons fait des chefs qui appellent au feu et s'y *font suivre.* Ils ne trouveront point de secours au jour de la résurrection.

42. La malédiction leur a survécu dans ce monde, et ils seront avilis dans l'autre.

43. Nous donnâmes à Moïse le livre (le Pentateuque), après avoir anéanti les générations précédentes; c'étaient autant d'exemples d'avertissement pour les hommes, c'étaient la direction et la preuve de notre miséricorde; peut-être les méditeront-ils.

44. Tu n'étais pas, ô Muḥammad! du côté occidental du *mont Sinaï,* quand nous réglâmes la mission de Moïse; tu n'y assistais pas en témoin.

45. Nous avons fait surgir beaucoup de générations depuis Moïse; leur vie était de longue durée; tu n'as point séjourné parmi les Madianites pour leur réciter nos signes; mais nous, nous y envoyions des apôtres.

46. Tu n'étais point sur le penchant du mont Sinaï quand nous appelâmes Moïse; c'est par l'effet de la miséricorde de ton Seigneur que tu prêches un peuple qui n'a point eu d'apôtre avant toi chargé de les appeler à réfléchir;

47. Afin qu'ils ne disent pas, quand la calamité les atteindra :

Seigneur, pourquoi ne nous as-tu pas envoyé un apôtre ? nous aurions suivi tes *signes* et nous aurions cru.

48. Mais lorsque la vérité, venant de nous, leur eut apparu, ils dirent : Pourquoi ne lui a-t-on pas donné ce qui a été accordé à Moïse ? Eh! n'ont-ils pas nié le livre donné autrefois à Moïse ? ne disent-ils pas : Le Coran et le Pentateuque ne sont que deux œuvres de sorciers qui s'entraident ? Nous ne croyons ni en l'un ni en l'autre.

49. Dis-leur : Apportez donc d'auprès de Dieu un autre livre qui soit un meilleur guide que ces deux-là, et je le suivrai si vous êtes véridiques.

50. Et s'ils ne le font pas, sache qu'ils ne suivent que leurs penchants. Or, y a-t-il un homme plus égaré que celui qui suit ses penchants sans aucune *direction* de la part de Dieu ? et certes Dieu ne dirige point les méchants.

51. Nous leur avons fait entendre notre parole, afin qu'ils réfléchissent.

52. Ceux à qui nous avons donné les écritures avant eux y croient.

53. Quand on les leur récite, ils disent : Nous croyons à ce livre parce qu'il est la vérité qui vient de notre Seigneur. Nous étions musulmans avant sa venue.

54. Ceux-ci recevront une double récompense, car ils souffrent avec patience, car ils repoussent le mal avec le bien, et font des largesses des biens que nous leur avons accordés.

55. Quand ils entendent un discours frivole, ils s'éloignent pour ne pas l'écouter, et disent *à ceux qui le tiennent :* A nous nos œuvres, à vous les vôtres. Que la paix soit avec vous, nous ne recherchons point les insensés.

56. Ce n'est pas toi qui dirigeras ceux que tu voudras, c'est Dieu qui dirige ceux qu'il lui plaît ; il connaît mieux que personne ceux qui suivent la bonne voie.

57. Les Mecquois disent : Si nous te suivons, nous serons chassés du pays. Ne leur avons-nous pas procuré un asile sûr, où l'on apporte des productions de toute espèce qui sont notre don, et qui vous servent de nourriture ? Mais la plupart des hommes ne le savent pas.

58. Combien n'avons-nous pas détruit de cités dont les habitants vivaient dans l'abondance! Vous voyez leurs habitations, elles sont presque désertes, et c'est nous qui en avons recueilli l'héritage.

59. Ton Seigneur n'a détruit aucune nation sans qu'il ait envoyé dans sa métropole un apôtre chargé de lui réciter ses commandements. Nous n'avons exterminé que les villes dont les habitants étaient impies.

60. Les dons qu'on vous accordait n'étaient que des jouissances de ce monde et une vaine pompe; mais ce que Dieu tient en réserve vaut mieux et est plus durable. Ne le comprendrez-vous pas ?

61. Celui à qui nous avons fait de brillantes promesses, et qui les a recueillies, sera-t-il comme celui à qui nous avons accordé les biens de ce monde, et qui, au jour de la résurrection, sera forcé de comparaître devant Dieu ?

62. Au jour où Dieu leur criera : Où sont mes compagnons [1], ces dieux imaginaires que vous adoriez ?

63. Ceux sur lesquels la condamnation a été prononcée diront : Seigneur, voilà ceux que nous avons séduits; nous les avons séduits comme nous l'avons été nous-mêmes. Nous n'en sommes pas coupables. Ce n'est pas nous qu'ils adoraient, *mais leurs propres penchants*.

64. On leur dira : Appelez vos compagnons [2]; ils les appellent; mais ceux-ci ne leur répondent pas; ils verront les supplices qu'on leur réserve; ils désireront alors d'avoir suivi le chemin droit.

65. Dans ce jour, Dieu leur criera et leur dira : Qu'avez-vous répondu à nos envoyés ?

66. Leurs anciens souvenirs deviendront confus, ils ne sauront que répondre et ils ne pourront pas se le demander les uns aux autres.

67. Mais celui qui se sera converti, qui aura cru et pratiqué le bien, celui-là peut espérer la félicité éternelle.

68. Ton Seigneur crée ce qu'il lui plaît, et il agit librement; mais les *faux dieux* n'ont point de volonté. Gloire à lui! il est trop au-dessus des êtres qu'on lui associe.

69. Votre Seigneur connaît ce que vos cœurs recèlent et ce qu'ils produisent au grand jour.

70. Il est Dieu, il n'y a point d'autre dieu que lui; à lui appartient la gloire dans ce monde et dans l'autre; à lui le pouvoir suprême : c'est à lui que vous retournerez.

71. Dis-leur : Que vous en semble ? Si Dieu voulait étendre sur vous la nuit éternelle, la faire durer jusqu'au jour de la résurrection, quel autre dieu que lui vous donnerait la lumière ? Ne l'entendez-vous pas ?

72. Dis-leur encore : Que vous en semble ? Si Dieu voulait étendre sur vous le jour éternel, le faire durer jusqu'au jour de la résurrection, quel autre dieu que lui vous amènerait la nuit pour votre repos ? Ne le voyez-vous pas ?

1. C'est par ironie que Dieu leur demande des nouvelles de ses prétendus compagnons.
2. Les divinités qu'ils regardaient comme associées de Dieu.

73. Mais Dieu, par l'effet de sa miséricorde, vous a donné la nuit et le jour, tantôt pour vous reposer, tantôt pour demander à sa faveur des richesses *par le travail*, et cela afin que vous soyez reconnaissants.

74. Un jour il leur criera : Où sont mes compagnons, ceux que vous vous imaginiez *être dieux avec moi ?*

75. Nous ferons venir un témoin de chaque nation, et nous dirons : Apportez vos preuves. Et ils sauront que la vérité n'est qu'avec Dieu; les dieux qu'ils avaient inventés disparaîtront.

76. Karoun était du peuple de Moïse; mais il agissait iniquement envers ses concitoyens. Nous lui avions donné des trésors dont les clefs auraient pu à peine être portées par une troupe d'hommes robustes. Ses concitoyens lui disaient : Ne te glorifie pas de tes trésors; car Dieu n'aime point les glorieux.

77. Cherche à gagner, avec les biens que Dieu t'a donnés, le séjour de l'autre monde; n'oublie point ta quote-part dans ce monde, et sois bienfaisant envers les autres comme Dieu l'a été envers toi; garde-toi de commettre des excès sur la terre; car Dieu n'aime point ceux qui commettent des excès.

78. Les trésors que j'ai ramassés sont le fruit de la science que je possède. Ne savait-il pas que Dieu avait détruit avant lui tant de générations plus fortes et plus riches que lui, et qu'on ne demandera pas compte aux coupables de leurs crimes ?

79. Karoun s'avançait vers le peuple avec pompe. Ceux qui n'ambitionnaient que les biens de ce monde disaient : Plût à Dieu que nous eussions des richesses comme Karoun! Il a une fortune immense.

80. Mais ceux qui avaient reçu la science leur disaient : Malheureux! la récompense de Dieu est préférable pour celui qui croit et pratique le bien; mais ceux qui souffriront avec patience l'obtiendront seuls.

81. Nous ordonnâmes que la terre l'engloutît lui et son palais. La multitude de ses gens n'a pu le secourir contre Dieu, et il resta privé de tout secours.

82. Ceux qui, la veille, désiraient d'être à sa place disaient le lendemain : Dieu verse à pleines mains ses trésors à qui il veut, ou les départit dans une certaine mesure. Sans la faveur de Dieu, nous aurions été engloutis par la terre.

83. Cette demeure de la vie future, nous la donnerons à ceux qui ne cherchent point à s'élever au-dessus des autres ni à faire le mal. Le dénouement heureux est réservé aux hommes pieux.

84. Quiconque aura fait une bonne action en retirera son profit; mais celui qui aura fait le mal... ceux qui font le mal seront rétribués selon leurs œuvres.

85. Celui qui t'a donné le Coran te ramènera à l'asile (à La

Mecque). Dis : Dieu sait mieux que personne qui est celui qui suit la direction et celui qui est dans l'égarement.

86. Tu n'espérais point que le Coran te fût donné. Il t'a été donné par l'effet de la miséricorde divine. Ne prête point d'appui aux infidèles.

87. Qu'ils ne t'écartent jamais des signes de Dieu quand ils ont été révélés. Invite les hommes au culte de Dieu, et ne sois pas du nombre des idolâtres.

88. N'invoque pas d'autres dieux que Dieu : il n'y a point d'autres dieux que lui; tout périra, excepté la face de Dieu. Le pouvoir suprême lui appartient; c'est à lui que vous retournerez tous.

SOURATE XXIX

L'ARAIGNÉE

Donnée à La Mecque. — 69 versets.

Au nom de Dieu clément et miséricordieux.

1. A. L. M. Les hommes s'imaginent-ils qu'on les laissera tranquilles pour peu qu'ils disent : Nous croyons; et qu'on ne les mettra pas à l'épreuve ?

2. Nous avons mis à l'épreuve ceux qui les ont précédés, et certes Dieu connaîtra ceux qui ont été sincères et ceux qui ont menti.

3. Ceux qui commettent des iniquités pensent-ils qu'ils prendront les devants sur notre châtiment ? Qu'ils jugent mal!

4. Le terme fixé viendra pour ceux qui espèrent comparaître un jour devant Dieu. Il sait et entend tout.

5. Quiconque combat pour la foi combat pour son propre avantage; car Dieu peut se passer de tout le monde.

6. Nous effacerons les péchés de ceux qui auront cru et pratiqué les bonnes œuvres, et nous les rétribuerons selon leurs plus belles actions.

7. Nous avons recommandé à l'homme de tenir une belle conduite à l'égard de ses père et mère. S'ils t'engagent à m'associer d'autres divinités dont tu ne saches rien, ne leur obéis pas. Vous reviendrez tous devant moi, et alors je vous réciterai ce que vous avez fait.

8. Nous placerons au nombre des justes ceux qui auront cru et pratiqué les bonnes œuvres.

9. Il en est parmi les hommes qui disent : Nous croyons; et quand ils éprouvent quelques souffrances pour la cause de Dieu, ils mettent la persécution des hommes à l'égal du châtiment de Dieu. Que l'assistance de Dieu éclate, ils diront : Nous sommes avec vous; mais Dieu connaît mieux que personne ce que renferment les cœurs des hommes.

10. Dieu connaît les croyants; il connaît aussi les hypocrites.

11. Les incrédules disent aux croyants : Suivez notre chemin, et nous porterons vos péchés; ils ne sauront porter aucun de leurs péchés. Ils ne sont que des menteurs.

12. Ils porteront leurs propres fardeaux, et d'autres encore que les leurs. Au jour de la résurrection, on leur demandera compte de leurs inventions mensongères.

13. Nous envoyâmes Noé vers son peuple; il demeura au milieu d'eux neuf cent cinquante années. Le déluge les surprit plongés dans leurs iniquités.

14. Nous le sauvâmes et ceux qui étaient avec lui dans l'arche; nous avons fait de cette arche un signe pour les hommes.

15. Nous envoyâmes ensuite Abraham. Il dit à son peuple : Adorez Dieu et craignez-le. Ceci vous sera plus avantageux si vous avez quelque intelligence.

16. Vous adorez des idoles à l'exclusion de Dieu, et vous commettez un mensonge; car les dieux que vous adorez à l'exclusion du Dieu unique ne sauraient vous procurer la subsistance journalière. Demandez-la plutôt à Dieu, adorez-le et rendez-lui des actions de grâces; vous retournerez à lui.

17. S'ils le traitent de menteur, les peuples qui ont vécu avant vous ont agi de la même manière. Il n'appartient à l'Apôtre que de prêcher clairement la foi.

18. N'ont-ils pas considéré comment Dieu produit la création, et comme ensuite il la fera rentrer en lui-même ? Cela est facile à Dieu.

19. Dis : Parcourez la terre et considérez comment Dieu a produit les êtres créés. Il les fera renaître par une seconde création; car il est tout-puissant.

20. Il punit celui qu'il veut et exerce sa miséricorde envers celui qu'il veut. Vous retournerez à lui.

21. Vous ne pourrez affaiblir sa puissance ni dans le ciel ni sur la terre. Vous n'avez ni patron ni protecteur, hormis Dieu.

22. Ceux qui ne croient point aux signes de Dieu et à la comparution devant lui désespèrent de sa miséricorde. Un supplice douloureux leur est réservé.

23. Et quelle a été la réponse du peuple à Abraham ? Les uns disaient aux autres : Tuez-le ou brûlez-le vif. Dieu l'a sauvé du feu. Certes, il y a dans ceci des signes pour ceux qui croient.

24. Vous avez pris des idoles pour l'objet de votre culte, à l'exclusion de Dieu, afin d'affermir parmi vous l'amour de ce monde; mais au jour de la résurrection une partie de vous désavouera l'autre; les uns maudiront les autres; le feu sera votre demeure, et vous n'aurez aucun protecteur.

25. Loth crut à Abraham, et dit : Je quitte les miens et je me réfugie vers le Seigneur; il est puissant et sage.

26. Nous donnâmes à Abraham Isaac et Jacob; nous établîmes la prophétie et le livre dans sa postérité; nous lui accordâmes

une récompense dans ce monde, et il est au nombre des justes dans l'autre.

27. Nous envoyâmes aussi Loth. Il dit à son peuple : Vous commettez une action infâme qu'aucun peuple du monde ne commettait avant vous.

28. Aurez-vous commerce avec les hommes ? les attaquerez-vous sur les grands chemins ? commettrez-vous des iniquités dans vos assemblées ? Et quelle a été la réponse de ce peuple ? Ils disaient : Si tu es sincère, attire sur nous le châtiment de Dieu.

29. Seigneur ! s'écria Loth, viens à mon secours contre le peuple méchant.

30. Lorsque nos envoyés vinrent trouver Abraham, porteurs d'une heureuse nouvelle, ils dirent : Nous allons anéantir les habitants de cette ville ; car les habitants de cette ville sont impies.

31. Loth est parmi eux, dit Abraham. Nous savons, reprirent-ils, qui est parmi eux. Nous le sauverons, ainsi que sa famille, à l'exception toutefois de sa femme, qui restera en arrière.

32. Lorsque nos envoyés vinrent chez Loth, il fut affligé à cause d'eux, et son bras fut impuissant pour les protéger. Ils lui dirent : Ne crains rien, et ne t'afflige pas. Nous te sauverons ainsi que ta famille, à l'exception de ta femme, qui restera en arrière.

33. Nous ferons descendre du ciel un châtiment sur les habitants de cette ville pour prix de leurs crimes.

34. Nous avons fait de ses ruines un signe d'avertissement pour les hommes doués d'intelligence.

35. Nous envoyâmes vers les Madianites leur frère Choaïb, qui leur dit : O mon peuple ! adorez Dieu et attendez-vous à l'arrivée du jour dernier, et ne marchez point sur la terre pour y commettre des désordres.

36. Mais ils le traitèrent d'imposteur : une commotion violente les surprit, et le matin on les trouva dans leurs maisons, étendus la face contre terre.

37. Nous anéantîmes ʿĀd et Thamoud. Vous le voyez clairement aux débris de leurs demeures. Satan avait embelli leurs actions à leurs yeux et il les avait éloignés de la droite voie, malgré leur pénétration.

38. Nous avons fait périr Qaroun [1] et Pharaon, et Haman [2], et cependant Moïse avait paru au milieu d'eux avec des preuves évidentes *de sa mission*. Ils se croyaient puissants sur la terre, mais ils n'ont pu prendre les devants *sur le châtiment qui les poursuivait*.

39. Tous furent châtiés de leurs péchés : contre tel d'entre eux

1. Qaroun, c'est Coré de la Bible.
2. Selon Muḥammad, Haman était vizir de Pharaon.

nous envoyâmes un vent lançant des pierres; tel d'entre eux fut saisi soudain par un cri terrible *de l'ange Gabriel;* nous ordonnâmes à la terre d'engloutir les uns, et nous noyâmes les autres. Ce n'est point que Dieu ait voulu les traiter injustement, ils ont agi iniquement envers eux-mêmes.

40. Ceux qui cherchent des protecteurs en dehors de Dieu ressemblent à l'araignée qui se construit une demeure; y a-t-il une demeure plus frêle que la demeure de l'araignée ? S'ils le savaient!

41. Dieu connaît tout ce qu'ils invoquent *dans leurs prières,* en dehors de lui. Il est le puissant, le sage.

42. Voilà les paraboles que nous proposons aux hommes, mais les hommes sensés seuls les entendent.

43. Dieu a créé les cieux et la terre en toute vérité. Il y a dans ceci un signe d'instruction pour ceux qui croient.

44. Récite donc ce qui t'a été révélé du livre, acquitte-toi de la prière, car la prière préserve des péchés impurs et de tout ce qui est blâmable. Se souvenir de Dieu est un devoir grave [1]. Dieu connaît vos actions.

45. N'engagez des controverses avec les hommes des écritures que de la manière la plus honnête, à moins que ce ne soient des hommes méchants. Dites : Nous croyons aux livres qui nous ont été envoyés, ainsi qu'à ceux qui vous ont été envoyés. Notre Dieu et le vôtre, c'est tout un. Nous nous résignons entièrement à sa volonté.

46. C'est ainsi que nous t'avons envoyé le livre. Ceux à qui nous avons donné des écritures y croient, beaucoup d'entre les Arabes y croient, et il n'y a que les infidèles qui nient nos signes.

47. Il y avait un temps où tu ne récitais aucun livre, où tu n'en aurais écrit aucun de ta main droite; alors, ceux qui cherchent à anéantir la vérité peuvent élever des doutes sur ce livre.

48. Oui, *les versets du Coran* sont des signes évidents dans la pensée de ceux qui ont reçu la science, et il n'y a que les méchants qui nient nos signes.

49. Ils disent : A moins qu'il n'y ait des miracles qui lui soient envoyés de la part de son Seigneur, *nous ne croirons pas.* Réponds-leur : Les signes (les miracles) sont chez Dieu, et moi, je ne suis qu'un apôtre chargé d'avertir.

50. Ne leur suffit-il pas que nous t'ayons envoyé le livre dont tu leur récites les versets ? Certes, il y a dans ceci une preuve de la miséricorde de Dieu et un avertissement pour tous les hommes qui croient.

---

1. Penser à Dieu, ou se souvenir de lui, c'est prononcer son nom et faire la prière.

51. Dis-leur : Il suffit que Dieu soit témoin entre moi et vous.

52. Il connaît tout ce qui est dans les cieux et sur la terre. Ceux qui croient en des divinités chimériques et ne croient point en Dieu, ceux-là sont les malheureux.

53. Ils te demanderont de hâter le supplice. Si un terme fixe n'avait pas été établi précédemment, ce supplice les aurait déjà atteints soudain, quand ils s'y attendaient le moins.

54. Ils te demanderont de hâter le supplice. Déjà la géhenne enveloppe les infidèles.

55. Un jour le supplice les enveloppera par-dessus leurs têtes et par-dessous leurs pieds. Dieu leur criera alors : Goûtez vos propres œuvres.

56. O mes serviteurs, la terre est vaste [1], et c'est moi que vous devez adorer.

57. Toute âme éprouvera la mort, ensuite vous reviendrez tous à moi.

58. Nous donnerons, à ceux qui auront cru et pratiqué les bonnes œuvres, des palais, des jardins arrosés par les courants d'eau. Ils y demeureront éternellement. Qu'elle est belle la récompense de ceux qui font le bien,

59. Qui supportent la peine avec patience et mettent leur confiance en Dieu!

60. Que de créatures *dans le monde* qui ne prennent aucun soin de leur nourriture! c'est Dieu qui les nourrit, comme il vous nourrit, lui qui entend et voit tout.

61. Si tu leur demandes qui est celui qui a créé les cieux et la terre, ils te répondront : C'est Dieu. Pourquoi donc mentent-ils *en adorant d'autres divinités ?*

62. Dieu répand à pleines mains les dons sur celui d'entre ses serviteurs qu'il lui plaît, ou bien il le départit en une certaine mesure. Dieu connaît toutes choses.

63. Si tu leur demandes : Qui est-ce qui fait descendre l'eau du ciel, qui en ranime la terre naguère morte ? Ils te répondront : C'est Dieu : Louanges soient donc rendues à Dieu! Mais la plupart d'entre eux n'entendent rien.

64. La vie de ce monde n'est qu'un jeu et une frivolité; mais la demeure de l'autre monde, c'est la *véritable* vie. Ah! s'ils le savaient!

65. Montés sur un vaisseau, ils invoquent le nom de Dieu, sincères dans leur culte; mais quand il les a rendus sains et saufs à la terre ferme, les voilà qui lui associent d'autres dieux.

---

1. C'est-à-dire : la terre est vaste; par conséquent, si l'on vous défend de m'adorer dans un pays, quittez-le pour un autre.

66. Qu'ils ne croient point aux livres révélés et jouissent des biens de ce monde; un jour, ils apprendront la vérité.

67. Ne voient-ils pas comment nous avons rendu sûr le territoire sacré *de La Mecque*, pendant que dans les pays d'alentour les voyageurs *sont attaqués et dépouillés ?* Croiront-ils aux mensonges et resteront-ils ingrats pour les bienfaits de Dieu ?

68. Eh! qui est plus méchant que celui qui invente des propos sur le compte de Dieu, ou accuse la vérité d'imposture ? La géhenne n'est-elle pas destinée pour demeure aux infidèles ?

69. Nous dirigeons dans nos sentiers tous ceux qui s'efforceront de propager notre culte, et certes Dieu est avec ceux qui font le bien.

SOURATE XXX

LES GRECS

Donnée à La Mecque. — 60 versets.

Au nom de Dieu clément et miséricordieux.

1. A. L. M. Les Grecs ont été vaincus

2. Dans un pays très rapproché du nôtre; mais après leur défaite, ils vaincront à leur tour

3. Dans l'espace de quelques années. Avant comme après, les choses dépendent de Dieu, Ce jour-là, les croyants se réjouiront

4. De la victoire obtenue par l'assistance de Dieu; il assiste celui qu'il veut; il est le puissant, le miséricordieux.

5. C'est la promesse de Dieu. Il n'est point infidèle à ses promesses; mais la plupart des hommes ne le savent pas.

6. Ils connaissent l'extérieur de ce monde, et vivent dans l'insouciance de la vie future.

7. Ont-ils réfléchi dans eux-mêmes que Dieu a créé les cieux et la terre, et tout ce qui est entre eux pour la vérité, et fixé leur durée jusqu'au terme marqué ? Mais la plupart des hommes ne croient point qu'ils comparaîtront un jour devant leur Seigneur.

8. N'ont-ils point voyagé dans les pays ? n'y ont-ils pas vu quelle a été la fin de leurs devanciers plus robustes qu'eux ? Ils ont sillonné le pays *de routes et de digues;* ils en habitaient une partie plus considérable que ceux-ci. Des apôtres se présentèrent chez eux, accompagnés de preuves évidentes. Ce n'est pas Dieu qui les traite injustement; ils ont été iniques envers eux-mêmes.

9. Mauvaise a été la fin de ceux qui commettaient de mauvaises actions. Ils ont traité de mensonges nos signes et ils les prenaient pour l'objet de leurs railleries.

10. Dieu produit la création et la fait rentrer *dans son sein.* Vous retournerez à lui.

11. Le jour où l'heure sera venue, les criminels deviendront muets.

12. Ils ne trouveront pas d'intercesseurs parmi leurs compagnons [1]; ils renieront leurs compagnons.

---

1. Leurs compagnons, c'est-à-dire les idoles qu'ils associaient à Dieu.

13. Le jour où l'heure sera arrivée, ils se sépareront les uns des autres.

14. Quant à ceux qui auront cru et pratiqué les bonnes œuvres, ils se divertiront dans un parterre de fleurs.

15. Ceux qui ne croient point et qui traitent de mensonges nos signes et leur comparution dans l'autre monde, seront livrés au supplice.

16. Célébrez donc Dieu le soir et le matin.

17. Car la gloire lui appartient dans les cieux et sur la terre; célébrez-le à l'entrée de la nuit, et quand vous vous reposez à midi.

18. Il fait sortir le vivant de ce qui est mort et ce qui est mort du vivant, il vivifie la terre naguère morte; c'est ainsi que, vous aussi, vous serez ressuscités.

19. C'est un des signes *de sa puissance* qu'il vous a créés de poussière. Puis vous devîntes hommes disséminés de tous côtés.

20. C'en est un aussi, qu'il vous a créé des épouses *formées* de vous-mêmes, pour que vous habitiez avec elles. Il a établi entre vous l'amour et la compassion. Il y a dans ceci des signes pour ceux qui réfléchissent.

21. La création des cieux et de la terre, la diversité de vos langues et de vos couleurs sont aussi un signe; certes, il y a dans ceci des signes pour l'univers.

22. Du nombre de ses signes est votre sommeil dans la nuit et dans le jour, et votre désir d'obtenir des richesses de sa générosité. Il y a dans ceci des signes pour ceux qui entendent.

23. C'est aussi un de ses signes qu'il fait briller à vos yeux l'éclair pour vous inspirer la crainte et l'espérance; qu'il fait descendre du ciel l'eau avec laquelle il rend la vie à la terre naguère morte. Il y a dans ceci des signes pour les hommes intelligents.

24. C'en est aussi un, que, par son ordre, le ciel et la terre subsistent. Puis, quand il vous appellera de la terre, vous en sortirez tout à coup.

25. A lui appartient tout ce qui est dans les cieux et sur la terre, tout lui est soumis.

26. C'est lui qui produit la création et qui la fera rentrer *dans son sein;* cela lui est facile. Lui seul a le droit d'être comparé à tout ce qu'il y a de plus élevé dans les cieux et sur la terre.

27. Il vous propose des exemples tirés de vous-mêmes. Prenez-vous vos esclaves, que vos mains vous ont acquis, pour vos associés dans la jouissance des biens que nous vous avons donnés, au point que vos portions soient égales ? Avez-vous pour eux cette déférence que vous avez pour vous ? C'est ainsi que nous

exposons nos enseignements aux hommes doués d'intelligence.

28. Non; seulement les méchants suivent leurs passions sans discernement. Et qui dirigera celui que Dieu a égaré ? qui peut lui servir de protecteur ?

29. Elève donc ton front vers la religion orthodoxe, qui est l'institution de Dieu, pour laquelle il a créé les hommes. La création de Dieu ne peut supporter aucun changement. C'est une religion immuable; mais la plupart des hommes ne l'entendent pas.

30. Tournez-vous vers Dieu et craignez-le; observez la prière et ne soyez point du nombre des idolâtres;

31. Du nombre de ceux qui ont fait des scissions et se sont divisés en sectes. Chaque parti se contente de sa croyance.

32. Lorsqu'un malheur les atteint, tournés vers leur Seigneur, ils crient vers lui; puis, qu'il leur fasse goûter sa miséricorde, un grand nombre d'entre eux lui donnent des associés.

33. C'est pour témoigner leur ingratitude des bienfaits dont nous les avons comblés. Jouissez. Bientôt vous apprendrez *la vérité.*

34. Leur avons-nous envoyé quelque autorité qui leur parle des divinités qu'ils associent à Dieu ?

35. Quand nous faisons goûter aux hommes les bienfaits de notre grâce, ils sont dans la joie; mais si un malheur les surprend pour punition de leurs péchés, ils se désespèrent tout à coup.

36. N'ont-ils pas considéré que Dieu distribue à pleines mains la nourriture à qui il veut, et que tantôt il la mesure ?

37. Donne à chacun ce qui lui est dû, à ton proche, au pauvre, au voyageur. Ceci sera plus avantageux à ceux qui veulent obtenir le regard bienveillant de leur Seigneur. Ils seront heureux.

38. Tout ce que vous donnerez à usure pour augmenter vos biens ne vous produira rien auprès de Dieu. Mais tout ce que vous donnerez en aumônes pour obtenir les regards bienveillants de Dieu vous sera porté au double.

39. Dieu vous a créés et il vous nourrit; il vous fera mourir et puis revivre. Y a-t-il parmi vos compagnons un seul qui soit en état d'en faire quoi que ce soit ? Gloire à Dieu! il est trop au-dessus de ce qu'on lui associe.

40. Des malheurs ont surgi sur la terre et sur la mer, en punition des œuvres des hommes. Ils leur feront goûter les fruits de quelques-uns de leurs méfaits, et peut-être se convertiront-ils.

41. Dis-leur : Parcourez le pays et voyez quelle a été la fin de ces peuples d'autrefois, dont la plupart ont été incrédules.

42. Elève ton front vers la religion immuable avant que ce jour arrive où l'on ne pourra plus s'éloigner de Dieu. Alors seront séparés en deux partis

43. Les incrédules portant le fardeau de leur incrédulité et ceux qui ont pratiqué le bien et préparé leur lit de repos.

44. Afin que Dieu récompense de sa générosité ceux qui ont cru et fait le bien. Il n'aime point les infidèles.

45. C'est un des signes de sa puissance, qu'il envoie les vents précurseurs d'heureuses nouvelles, pour faire goûter aux hommes les dons de sa miséricorde; qu'à son ordre les vaisseaux fendent les vagues, que les hommes demandent des richesses à sa générosité. Peut-être serez-vous reconnaissants envers lui.

46. Avant toi nous avons envoyé des apôtres vers chacun de ces peuples, ils se présentèrent munis de preuves évidentes. Nous avons tiré vengeance des coupables. Il était de notre devoir de secourir les croyants.

47. Dieu envoie les vents, et les vents sillonnent le nuage. Dieu l'étend dans le ciel comme il veut; il le divise en fragments, et tu vois sortir la pluie de son sein; et lorsqu'il la fait tomber sur celui qu'il lui plaît d'entre ses serviteurs, ils sont dans l'allégresse;

48. Eux qui, avant qu'elle tombât, étaient dans le désespoir.

49. Tourne tes regards sur les traces de la miséricorde de Dieu; vois comme il rend la vie à la terre morte. Ce même Dieu fera revivre les morts; il est tout-puissant.

50. Mais si nous envoyons un vent brûlant, tout à coup ils deviennent ingrats.

51. O Muḥammad! tu ne pourras faire entendre ta voix aux morts ni ta prière aux sourds; ils s'éloignent et se détournent.

52. Tu n'es point chargé de conduire les aveugles de peur qu'ils ne s'égarent. Tu ne sauras te faire écouter que de ceux qui croient en nos signes et qui se dévouent entièrement à nous.

53. Dieu vous a créés dans un état de faiblesse. Après la faiblesse il vous a donné la force; après la force il ramène la faiblesse et les cheveux blancs. Il crée ce qu'il veut. Il est le savant, le puissant.

54. Le jour où viendra l'heure, les coupables jureront

55. Qu'ils ne sont demeurés qu'une heure *dans les tombeaux*. C'est ainsi qu'ils mentaient *sur la terre*.

56. Mais ceux à qui la science et la foi furent données leur diront : Vous y êtes demeurés, selon l'arrêt du livre de Dieu, jusqu'au jour de la résurrection. Voilà ce jour, mais vous ne le saviez pas.

57. Ce jour-là les excuses des méchants ne leur serviront à rien; ils ne seront plus invités à se rendre agréables à Dieu.

58. Nous avons proposé dans ce Coran toutes sortes d'exemples. Si tu leur fais voir un signe, les incrédules diront : Vous n'êtes que des imposteurs.

59. C'est ainsi que Dieu imprime le sceau sur les cœurs de ceux qui ne savent rien,

60. Et toi, Muḥammad, prends patience; car les promesses de Dieu sont véritables; que ceux dont la foi est incertaine ne te communiquent pas leur légèreté.

SOURATE XXXI

LUQMĀN

Donnée à La Mecque. — 34 versets.

Au nom de Dieu clément et miséricordieux.

1. A. L. M. Tels sont les signes du livre sage.

2. Il sert de direction et a été donné par la miséricorde de Dieu à ceux qui font le bien,

3. Qui s'acquittent exactement de la prière, qui font l'aumône et croient fermement à la vie future.

4. Ils sont dirigés par leur Seigneur et ils sont les bienheureux.

5. Il est des hommes qui achètent des histoires frivoles [1] pour faire dévier par elles les hommes du sentier de Dieu : c'est l'effet de leur ignorance, et ils le tournent en dérision. Une peine ignominieuse leur est préparée.

6. Quand on leur relit nos enseignements, ils s'en détournent avec dédain comme s'ils ne les entendaient pas, comme s'il y avait un poids dans leurs oreilles. Annonce à ceux-là un châtiment douloureux.

7. Ceux qui auront cru et pratiqué les bonnes œuvres habiteront les jardins de délices.

8. Ils y demeureront éternellement, Dieu le leur a promis d'une promesse véritable; il est le puissant, le sage.

9. Il a créé les cieux et la terre sans colonnes visibles; il a jeté sur la terre des montagnes pour qu'elles se meuvent avec vous; il l'a remplie de toutes sortes de créatures. Nous faisons descendre du ciel l'eau, et par elle nous produisons chaque couple précieux.

10. C'est la création de Dieu; maintenant faites-moi voir ce qu'ont fait d'autres que Dieu. Les méchants sont dans un égarement évident.

11. Nous donnâmes à Luqmān la sagesse et nous lui dîmes : Sois reconnaissant envers Dieu, car celui qui est reconnaissant

---

1. Muḥammad a ici en vue un Arabe païen qui apporta de son voyage en Perse des livres de récits persans.

le sera à son propre avantage. Celui qui est ingrat... *Dieu peut s'en passer*. Dieu est riche et glorieux.

12. Luqmān dit un jour à son fils par voie d'admonition : O mon enfant! n'associe point à Dieu d'autres divinités, car l'idolâtrie est une méchanceté énorme.

13. Nous avons recommandé à l'homme ses père et mère (sa mère le porte dans son sein et endure peine sur peine, il n'est sevré qu'au bout de deux ans). Sois reconnaissant envers moi et envers tes parents. Tu retourneras en ma présence.

14. S'ils t'engagent à m'associer ce que tu ne sais pas, ne leur obéis point; comporte-toi envers eux honnêtement dans ce monde, et suis le sentier de celui qui revient à moi. Vous reviendrez tous à moi et je vous redirai ce que vous avez fait.

15. O mon enfant! ce qui n'aurait que le poids d'un grain de moutarde, fût-il caché dans un rocher, au ciel ou dans la terre, sera produit au grand jour par Dieu; car il est pénétrant et instruit de tout.

16. O mon enfant! Observe la prière, ordonne la conduite honnête, défends ce qui est malhonnête, et supporte avec patience les maux qui peuvent t'atteindre. C'est la conduite nécessaire dans les affaires humaines.

17. Ne te tords point la lèvre de dédain pour les hommes; ne marche point fastueusement sur la terre, car Dieu hait tout homme arrogant, glorieux.

18. Marche d'un pas modéré, baisse la voix *en parlant;* la plus désagréable des voix est celle de l'âne.

19. Ne voyez-vous pas que Dieu a soumis à votre usage tout ce qui est dans les cieux et sur la terre ? Il a versé sur vous ses bienfaits évidents et cachés. Il est des hommes qui disputent de Dieu sans science, sans guide, sans livre propre à les éclairer.

20. Lorsqu'on leur dit : Suivez ce que Dieu vous a envoyé d'en haut, ils disent : Nous suivrons plutôt ce que nous avons trouvé chez nos pères. Et si Satan les invite au supplice du feu ?

21. Celui qui se résigne entièrement à Dieu est juste, il a saisi une anse solide. Le terme de toutes choses est en Dieu.

22. Que l'incrédulité de l'incrédule ne t'afflige pas; ils reviendront tous à nous, nous leur redirons leurs œuvres. Dieu connaît ce que les cœurs recèlent.

23. Nous les ferons jouir pendant quelque temps, puis nous les contraindrons à subir un supplice terrible.

24. Si tu leur demandes qui a créé les cieux, ils répondent : C'est Dieu. Dis-leur : Gloire à Dieu! mais la plupart d'entre eux ne le savent pas.

25. A lui appartient tout ce qui est dans les cieux et sur la terre. Il est riche et glorieux.

26. Quand tous les arbres qui sont sur la terre deviendraient des plumes, quand Dieu formerait des sept mers un océan d'encre, les paroles de Dieu ne seraient point épuisées; il est puissant et sage.

27. Il vous a créés comme un seul individu, il vous fera ressusciter. Dieu voit et entend tout.

28. Ne vois-tu pas que Dieu fait entrer le jour dans la nuit et la nuit dans le jour? il vous a assujetti le soleil et la lune; l'un et l'autre poursuivent leur cours jusqu'au terme marqué. Dieu est instruit de tout ce que vous faites.

29. C'est parce que Dieu est la vérité même, et que les divinités que vous invoquez en dehors de lui ne sont que vanité. Certes, Dieu est le sublime, le grand.

30. Ne vois-tu pas le vaisseau voguer dans la mer chargé de dons de Dieu pour vous faire voir ses enseignements? Il y a dans ceci des signes pour tout homme constant, reconnaissant.

31. Lorsque les flots couvrent le vaisseau comme des ténèbres, ils invoquent Dieu avec une foi sincère; mais aussitôt qu'il les a sauvés et rendus à la terre ferme, tel d'entre eux flotte dans le doute. Mais qui niera nos miracles, si ce n'est le perfide, l'ingrat?

32. O hommes qui m'écoutez! craignez votre Seigneur, et redoutez le jour où le père ne satisfera pas pour son fils, ni l'enfant pour son père.

33. Les promesses de Dieu sont véritables. Que la vie de ce monde ne vous éblouisse pas; que l'orgueil ne vous aveugle pas sur Dieu.

34. La connaissance de l'heure est auprès de Dieu. Il fait tomber la pluie. Il sait ce que portent les entrailles des mers; il sait. L'homme ne sait point ce qui lui arrivera demain; l'homme ne sait dans quelle plage il mourra. Dieu seul est savant et instruit.

L'ADORATION

Donnée à La Mecque. — 30 versets.

Au nom de Dieu clément et miséricordieux.

1. A. L. M. C'est le Seigneur de l'univers qui a fait descendre le livre. Il n'y a point de doute là-dessus.

2. Diront-ils : C'est Muḥammad qui l'a inventé ? Non, c'est plutôt la vérité venue de ton Seigneur pour que tu avertisses un peuple qui n'a point eu de prophète avant toi, et pour qu'ils soient dirigés dans le droit chemin.

3. C'est Dieu qui créa les cieux et la terre et tout ce qui est entre eux, dans l'espace de six jours; puis il alla s'asseoir sur le trône. Vous n'avez point d'autre patron ni d'intercesseur que lui. N'y réfléchirez-vous pas ?

4. Il gouverne tout depuis le ciel jusqu'à la terre, *tout;* puis tout retournera à lui au jour dont la durée sera de mille années de votre comput.

5. C'est lui qui connaît les choses visibles, et invisibles, le puissant, le compatissant.

6. Il a donné la perfection à tout ce qu'il a créé, et a formé d'abord l'homme d'argile.

7. Puis il a fait dériver sa descendance du sperme, d'une goutte d'eau sans valeur.

8. Puis il lui a donné son complet développement et lui a soufflé son esprit. Il vous a donné l'ouïe et la vue, le cœur. Que vous êtes peu reconnaissants!

9. Ils disent : Quand nous disparaîtrons sous terre, reprendrons-nous une forme nouvelle ?

10. Ils ne croient pas qu'ils comparaîtront devant leur Seigneur.

11. Dis-leur : L'ange de la mort, qui est chargé de vous vous ôtera d'abord la vie, puis vous retournerez à Dieu.

12. Si tu pouvais voir comme les coupables baisseront leurs têtes devant leur Seigneur! Ils s'écrieront : Seigneur, nous avons vu et nous avons entendu. Laisse-nous retourner sur la terre, nous ferons le bien, maintenant nous croyons fermement.

13. Si nous avions voulu, nous aurions donné à toute âme la direction de son chemin, mais ma parole est véritable : nous comblerons la géhenne d'hommes et de génies.

14. Goûtez la récompense de votre oubli de la comparution de ce jour. Nous aussi, nous vous avons oubliés. Goûtez le supplice éternel pour prix de vos actions.

15. Ceux-là croient à nos miracles qui, lorsqu'on en fait mention, se prosternent en signe d'adoration, célèbrent les louanges de leur Seigneur, et ne sont point orgueilleux;

16. Dont les flancs se dressent de leurs couches pour invoquer leur Seigneur, de crainte et d'espérance; qui distribuent en aumônes les dons que nous leur avons accordés.

17. L'homme ne sait pas combien de joie lui est réservée en secret pour récompense de ses actions.

18. Celui qui a cru sera-t-il comme celui qui s'est livré au péché? seront-ils égaux l'un et l'autre?

19. Ceux qui ont cru et qui pratiquent les bonnes œuvres auront les jardins du séjour éternel pour récompense de leurs œuvres.

20. Pour les criminels, le feu sera leur séjour. Chaque fois qu'ils désireront d'en sortir, ils y seront ramenés. On leur dira : Goûtez le supplice du feu que vous traitiez jadis de mensonge.

21. Nous leur ferons éprouver une peine légère *dans ce monde* avant de leur faire essuyer le grand supplice; peut-être reviendront-ils à nous.

22. Qui est plus coupable que celui qui, ayant été averti par des signes de Dieu, s'en détourne? Nous nous vengerons des coupables.

23. Nous avons donné le livre à Moïse. Ne doute point qu'il ait eu une entrevue avec le Seigneur. Nous avons fait de ce livre la direction des enfants d'Israël.

24. Nous avons établi parmi eux des pontifes pour les conduire suivant nos ordres, après qu'ils se seront montrés persévérants, et croyant fermement à nos miracles.

25. Certes, Dieu prononcera entre vous au jour de la résurrection dans l'objet de vos disputes.

26. Ignorent-ils combien de générations nous avons anéanties avant eux? Ils foulent cependant les anciennes demeures de ces peuples. Il y a des signes dans ceci. Ne l'entendent-ils pas?

27. Ne voient-ils pas comme nous poussons devant nous *les nuages chargés d'eau* vers le pays stérile, et que nous faisons germer les blés dont ils se nourrissent, eux et leurs troupeaux? Ne le voient-ils pas?

28. Ils demanderont : Quand donc viendra ce dénouement? dites-le si vous êtes sincères.

29. Dis-leur : Au jour du dénouement la foi des infidèles ne sera d'aucun usage. On ne leur accordera plus de délai.

30. Eloigne-toi d'eux et attends. Ils attendent aussi.

SOURATE XXXIII

LES CONFÉDÉRÉS

Donnée à Médine. — 71 versets.

Au nom de Dieu clément et miséricordieux.

1. O prophète! crains Dieu et n'écoute point les infidèles et les hypocrites. Dieu est savant et sage.

2. Suivez plutôt ce qui a été révélé par Dieu. Il connaît vos actions.

3. Mets ta confiance en Dieu; sa protection vous suffira.

4. Dieu n'a pas donné deux cœurs à l'homme; il n'a pas accordé à vos épouses le droit de vos mères, ni à vos fils adoptifs ceux de vos enfants. Ces mots ne sont que dans votre bouche. Dieu seul dit la vérité et dirige dans le droit chemin.

5. Appelez vos fils adoptifs du nom de leur père ce sera plus équitable devant Dieu. Si vous ne connaissez pas leurs pères, qu'ils soient vos frères en religion et vos compagnons; vous n'êtes pas coupables si vous ne le savez pas; mais c'est un péché que de le faire sciemment. Dieu est plein de bonté et de miséricorde.

6. Le prophète aime les croyants plus qu'ils ne s'aiment eux-mêmes; ses femmes sont leurs mères. Ses parents seront plus honorablement cités dans le livre de Dieu que ceux qui combattent pour la foi et qui ont émigré; mais tout le bien que vous ferez à vos proches y sera écrit.

7. Souviens-toi que nous avons contracté un pacte avec les prophètes et avec toi, ô Muḥammad! ainsi qu'avec Noé, et Abraham, et Moïse, et Jésus, fils de Marie; nous avons formé une alliance ferme,

8. Afin que Dieu puisse interroger ceux qui disent la vérité au sujet de la vérité; car il a préparé un châtiment terrible pour les infidèles.

9. O croyants! souvenez-vous des bienfaits de Dieu envers vous, lorsque l'armée ennemie fondait sur vous, et que nous envoyâmes contre eux un vent et des milices invisibles. Dieu a vu ce que vous faisiez.

10. Lorsqu'ils fondaient sur vous d'en haut et d'en bas, lorsque

vos regards furent troublés et que vos cœurs étaient prêts à vous quitter, vous formiez alors des conjectures coupables.

11. Les fidèles furent mis à l'épreuve et tremblèrent de frayeur.

12. Lorsque les hypocrites et ceux dont le cœur est atteint d'une maladie vous disaient que Dieu vous avait fait une fausse promesse;

13. Lorsqu'une partie d'entre eux disait : O habitants de Iathub [1]! il n'y a point ici d'asile pour vous; retournez plutôt chez vous, une partie d'entre vous demanda au prophète la permission de se retirer, en disant : Nos maisons sont sans défense; mais ils n'avaient d'autre intention que de fuir.

14. Si dans cet instant l'ennemi fût entré dans Médine et leur eût proposé d'abandonner les croyants et même de les combattre, ils y auraient consenti; mais dans ce cas ils n'y seraient restés que très peu de temps.

15. Ils avaient précédemment promis à Dieu de ne point déserter leur poste. On examinera un jour votre conduite dans l'observance de l'engagement.

16. Dis : La fuite ne vous servira à rien si vous fuyez la mort ou le carnage; si Dieu voulait, il ne vous ferait jouir de ce monde qu'un court espace de temps.

17. Dis : Qui est celui qui vous donnera un abri contre Dieu, s'il veut vous affliger d'un malheur, ou s'il veut vous témoigner sa miséricorde ? Vous ne trouverez contre lui ni patron ni protecteur.

18. Dieu connaît bien ceux d'entre vous qui empêchent les autres de suivre le prophète, qui disent à leurs frères : Venez à nous, car nous combattons peu;

19. C'est par jalousie envers vous; mais lorsque la peur s'en empare, tu les vois chercher du secours, et rouler les yeux comme celui qu'environnent les ombres de la mort. Que ta frayeur se dissipe; voilà qu'ils vous déchirent de leurs langues, envieux des bienfaits *qui vous attendent*. Ces hommes n'ont pas de foi. Dieu rendra leurs œuvres nulles. Cela lui est facile.

20. Ils s'imaginaient que les confédérés ne s'éloigneraient pas, et ne lèveraient pas le siège; si les confédérés reviennent encore, ils désireraient de vivre alors avec les Arabes scénites, et de s'instruire de vos affaires; quoiqu'ils fussent avec vous, ils étaient peu enclins à combattre.

21. Vous avez un excellent exemple dans votre prophète; un exemple pour tous ceux qui espèrent en Dieu et croient au jour dernier; qui y pensent souvent.

22. Quand les croyants virent les confédérés, ils s'écrièrent :

---

1. Nom de Médine.

Voici ce que Dieu et son apôtre vous ont promis. Dieu et son apôtre ont dit la vérité; cela servit à raffermir leur foi et leur résignation.

23. Il est parmi les fidèles des hommes qui accomplissent strictement leurs engagements envers Dieu; plusieurs d'entre eux ont fourni leur carrière, beaucoup d'autres attendent le terme de leurs jours et n'ont point violé leur promesse par le moindre écart.

24. Dieu récompensera les hommes fidèles à leurs engagements; il punira les hypocrites s'il le veut, ou bien il leur pardonnera; car Dieu est enclin à pardonner et à avoir pitié.

25. Dieu, dans sa colère, repoussa les infidèles; ils n'obtinrent aucun avantage. Dieu a suffi pour protéger les croyants dans le combat. Il est fort et puissant.

26. Il a fait que les juifs qui assistaient les confédérés sortirent de leurs forteresses; il a jeté dans leurs cœurs la terreur et le désespoir; vous en avez tué une partie, vous en avez réduit en captivité une autre. Dieu vous a rendus héritiers de leur pays, de leurs maisons et de leurs richesses; du pays que vous n'aviez jamais foulé jusqu'alors de vos pieds. Dieu est tout-puissant.

27. O Prophète! dis à tes femmes : Si vous recherchez la vie d'ici-bas avec sa pompe, venez, je vous accorderai une belle part et un congé honorable; mais si vous recherchez Dieu et son apôtre, ainsi que la vie future, Dieu a préparé des récompenses magnifiques à celles qui pratiquent la vertu.

28. O femmes du Prophète! si l'une d'entre vous se rend coupable de la fornication qui soit prouvée, Dieu portera sa peine au double; c'est facile à Dieu.

29. Celle qui croira fermement en Dieu et à son apôtre, qui pratiquera la vertu, sera récompensée du double de ses bonnes œuvres; nous vous réservons une belle part au paradis.

30. O femmes du Prophète! vous n'êtes point comme les autres femmes; si vous craignez Dieu, ne montrez pas trop de complaisance dans vos paroles, de peur que l'homme dont le cœur est atteint d'une infirmité ne conçoive de la passion pour vous. Tenez toujours un langage décent.

31. Restez tranquilles dans vos maisons, et n'étalez pas le luxe des temps de l'ignorance; observez les heures de la prière; faites l'aumône : obéissez à Dieu et à son apôtre. Dieu ne veut qu'éloigner de vous l'abomination de la vanité, et vous assurer une pureté parfaite.

32. Pensez souvent aux versets que l'on relit chez vous, et à la sagesse révélée dans le Coran. Dieu voit tout; il est instruit de vos actions.

33. Les hommes et les femmes qui se résignent, les hommes

et les femmes qui croient, les personnes pieuses des deux sexes,
les personnes justes des deux sexes, les personnes des deux sexes
qui supportent tout avec patience, les humbles des deux sexes,
les hommes et les femmes qui font l'aumône, les personnes des
deux sexes qui observent le jeûne, les personnes chastes des deux
sexes, les hommes et les femmes qui se souviennent de Dieu à
tout moment, tous obtiendront le pardon de Dieu et une récompense généreuse.

34. Il ne convient pas aux croyants des deux sexes de suivre
leur propre choix, si Dieu et son apôtre en ont décidé autrement.
Quiconque désobéit à Dieu et à son apôtre est dans un égarement
manifeste.

35. O Muḥammad! tu as dit un jour à cet homme envers lequel
Dieu a été plein de bonté, et qu'il a comblé de ses faveurs :
Garde ta femme et crains Dieu; et tu cachais dans ton cœur ce
que Dieu devait bientôt mettre au grand jour. Il était cependant
plus juste de craindre Dieu. Mais lorsque Zeid prit un parti et
résolut de répudier sa femme, nous te l'unîmes par mariage, afin
que ce ne soit pas pour les croyants un crime d'épouser les femmes
de leurs fils adoptifs après leur répudiation. Le précepte divin
doit avoir son exécution.

36. Il n'y a point de crime de la part du prophète d'avoir
accepté ce que Dieu lui accordait conformément aux lois établies
avant lui. (Les arrêts de Dieu sont fixés d'avance)

37. Par des apôtres porteurs de ses messages, qui le craignaient
et ne craignaient nul autre que lui. Dieu est instruit de tout.

38. Muḥammad n'est le père d'aucun de vous. Il est l'envoyé
de Dieu et le sceau des prophètes. Dieu connaît tout.

39. O croyants! répétez souvent le nom de Dieu! et célébrez-
le matin et soir.

40. Il a de la bienveillance pour vous; ses anges intercèdent
pour vous, afin que vous passiez des ténèbres à la lumière; il est
miséricordieux envers les vrais croyants.

41. La salutation qu'ils recevront au jour où ils comparaîtront
devant lui sera ce mot : *Paix*. Il leur a préparé en outre une
récompense magnifique.

42. O Prophète! nous t'avons envoyé pour être témoin, pour
annoncer nos promesses et nos menaces.

43. Tu appelles les hommes à Dieu, tu es le flambeau lumineux.

44. Annonce aux croyants les trésors de la munificence divine.

45. N'écoute ni les infidèles ni les hypocrites. Ne les opprime
pas cependant. Mets ta confiance en Dieu. Le patronage de Dieu
te suffira.

46. O croyants! si vous répudiez une femme fidèle avant d'avoir
eu commerce avec elle, ne la retenez point au delà du terme

prescrit. Donnez-lui ce que la loi ordonne, et renvoyez-la avec honnêteté.

47. O prophète! il t'est permis d'épouser les femmes que tu auras dotées, les captives que Dieu a fait tomber entre tes mains, les filles de tes oncles et de tes tantes maternels et paternels qui ont pris la fuite avec toi, et toute femme fidèle qui livrera son cœur au Prophète, si le Prophète veut l'épouser. C'est un privilège que nous t'accordons sur les autres croyants.

48. Nous connaissons les lois de mariage que nous avons établies pour les croyants. Ne crains point de te rendre coupable en usant de tes droits. Dieu est indulgent et miséricordieux.

49. Tu peux à ton gré accorder ou refuser tes embrassements à tes femmes. Il t'est permis de recevoir dans ta couche celle que tu en avais rejetée, afin de ramener la joie dans un cœur affligé. Tu ne seras coupable d'aucun péché en agissant ainsi; mais il serait plus convenable qu'elles fussent toutes satisfaites, qu'aucune d'elles n'eût à se plaindre, que chacune reçût de toi ce qui peut la contenter. Dieu connaît ce qui est dans vos cœurs; il est savant et humain.

50. Il ne t'est pas permis de prendre d'autres femmes que celles que tu as, ni de les échanger contre d'autres, quand même leur beauté te charmerait, à l'exception des esclaves que peut acquérir ta droite. Dieu voit tout.

51. O croyants ! n'entrez point sans permission dans la maison du Prophète, excepté lorsqu'il vous invite à sa table. Rendezvous-y lorsque vous y êtes appelés. Sortez séparément après le repas et ne prolongez point vos entretiens, vous l'offenseriez. Il rougirait de vous le dire; mais Dieu ne rougit point de la vérité. Si vous avez quelque demande à faire à ses femmes, faites-la à travers un voile; c'est ainsi que vos cœurs et les leurs se conserveront en pureté. Evitez de blesser l'envoyé de Dieu. N'épousez jamais les femmes avec qui il aura eu commerce; ce serait grave aux yeux de Dieu.

52. L'action que vous produisez au grand jour, celle que vous ensevelissez dans l'ombre, sont également dévoilées à ses yeux.

53. Vos épouses peuvent se découvrir devant leurs pères, leurs enfants, leurs neveux et leurs femmes, et devant leurs esclaves. Craignez le Seigneur, il est le témoin de toutes vos actions.

54. Dieu et les anges sont propices au prophète. Croyants! adressez pour lui vos prières au Seigneur, et prononcez son nom avec salutation.

55. Ceux qui offenseront Dieu et son envoyé seront maudits dans ce monde et dans l'autre, et dévoués au supplice ignominieux.

56. Quiconque blessera injustement la réputation des fidèles sera coupable d'un mensonge et d'un crime.

57. O Prophète! prescris à tes épouses, à tes filles et aux femmes des croyants, d'abaisser un voile sur leur visage. Il sera la marque de leur vertu et un frein contre les propos des hommes. Dieu est indulgent et miséricordieux.

58. Si les hypocrites, les hommes dont le cœur est atteint d'une maladie, ne se corrigent pas, nous t'assisterons contre eux, et Médine les verra bientôt disparaître; ils ne seront plus tes voisins, excepté un très petit nombre.

59. En quelque lieu qu'ils soient, ils seront couverts de malédictions; on les tuera partout où l'on les trouvera.

60. Telle a été la conduite de Dieu envers les hommes qui les ont précédés. Tu ne trouveras aucun changement dans la conduite de Dieu.

61. Ils te demanderont quand viendra l'heure. Réponds : La connaissance de l'heure est chez Dieu; et qui peut te dire si l'heure n'est pas imminente ?

62. Il a maudit les infidèles et les a menacés du feu.

63. Ils y demeureront éternellement sans intercesseurs et sans secours.

64. Le jour où ils tourneront leurs regards sur les flammes, ils s'écrieront : Fasse le ciel que nous eussions obéi à Dieu et au prophète!

65. Seigneur! nous avons suivi nos princes et nos chefs, et ils nous ont écartés du droit chemin.

66. Seigneur! redouble l'horreur de leurs supplices, accable-les de ta malédiction.

67. O croyants! ne ressemblez pas à ceux qui offensèrent Moïse; Dieu le lava de leurs calomnies, et lui donna une place distinguée dans le ciel.

68. O croyants! craignez le Seigneur; parlez avec droiture.

69. Dieu accordera un mérite à vos actions et effacera vos fautes. Celui qui obéit à Dieu et à son apôtre jouira de la félicité suprême.

70. Nous avons proposé la foi au ciel, à la terre, aux montagnes; ils n'ont osé la recevoir. Ils tremblaient de recevoir ce fardeau. L'homme s'en chargea, et il est devenu injuste et insensé.

71. Dieu punira les hypocrites des deux sexes et les idolâtres des deux sexes. Il pardonnera aux fidèles, parce qu'il est clément et miséricordieux.

SOURATE XXXIV

SABĀ'

Donnée à La Mecque. — 54 versets.

Au nom de Dieu clément et miséricordieux.

1. Louange à Dieu, à qui appartient tout ce qui est dans les cieux et sur la terre. Les louanges dans l'autre monde lui appartiennent aussi; il est le sage, l'instruit.

2. Il sait ce qui entre dans la terre et ce qui en sort; ce qui descend du ciel et ce qui y monte. Il est le compatissant, l'indulgent.

3. Les incrédules disent : L'heure ne viendra pas. Réponds : Certes, elle viendra, j'en jure par le Seigneur. Celui qui connaît les choses cachées, le poids d'un atome, rien de ce qu'il y a de plus petit ou de plus grand dans les cieux et sur la terre n'échappe à sa connaissance. Il n'y a rien qui ne soit inscrit dans le livre évident,

4. Afin qu'il récompense ceux qui ont cru et pratiqué les bonnes œuvres. A eux le pardon et une subsistance généreuse.

5. Ceux qui s'efforcent de rendre nuls nos enseignements recevront le châtiment d'un supplice douloureux.

6. Ceux qui ont reçu la science voient bien que le livre qui t'a été envoyé d'en haut par ton Seigneur est la vérité; qu'il conduit dans le sentier du puissant, du glorieux.

7. Les incrédules disent *à ceux qu'ils rencontrent :* Voulez-vous que nous vous montrions l'homme qui vous prédit que lorsque vous aurez été déchirés et rongés en tous sens, vous serez ensuite revêtus d'une forme nouvelle ?

8. Ou il a inventé un mensonge contre Dieu, ou il est démoniaque. Dis plutôt : Ceux qui ne croient point à la vie future seront dans le supplice et dans un égarement sans terme.

9. Ne voient-ils pas ce qui est devant eux et derrière eux ? le ciel et la terre ? Si nous voulions, nous pourrions les faire engloutir par la terre entrouverte, ou faire tomber sur leurs têtes un fragment du ciel. Dans ceci il y a un signe pour tout serviteur capable de se convertir.

10. Nous leur avons accordé un don précieux. Nous dîmes :

O montagnes et oiseaux! alternez avec lui dans ses chants. Nous avons amolli le fer entre ses mains : fais-en des cottes complètes et observe bien la proportion des mailles. Faites le bien, car je vois vos actions.

11. Nous assujettîmes le vent à Salomon. Il soufflait un mois le matin et un mois le soir. Nous fîmes couler pour lui une fontaine d'airain. Les génies travaillaient sous ses yeux, par la permission du Seigneur, et quiconque s'écartait de nos ordres était livré au supplice de l'enfer.

12. Ils exécutaient pour lui toute sorte de travaux, des palais, des statues, des plateaux larges comme des bassins, des chaudrons solidement étayés comme des montagnes. O famille de David! travaillez en rendant des actions de grâces. Qu'il y a peu d'hommes reconnaissants parmi mes serviteurs!

13. Lorsque nous eûmes décidé qu'il mourût, un reptile de la terre l'apprit le premier aux génies; il rongea le bâton qui étayait son cadavre; lorsqu'il tomba, les génies reconnurent que, s'ils avaient pénétré le mystère, ils ne seraient pas restés aussi longtemps dans cette peine avilissante.

14. Les habitants de Saba avaient, dans le pays qu'ils habitaient, un signe céleste : deux jardins, à droite et à gauche. Nous leur dîmes : Mangez de la nourriture que vous donne votre Seigneur; rendez-lui des actions de grâces. Vous avez une contrée charmante et un Seigneur indulgent.

15. Mais ils se détournèrent *de la vérité*. Nous envoyâmes contre eux l'inondation des digues, et nous échangeâmes leurs deux jardins contre deux autres produisant des fruits amers, des tamarins et quelques fruits du petit lotus.

16. C'est ainsi que nous les rétribuâmes de leur incrédulité. Récompenserons-nous ainsi d'autres que les ingrats ?

17. Nous établîmes entre eux et les villes que nous avons bénies des cités florissantes; nous établîmes à travers ce pays une route, et nous dîmes : Voyagez-y en sûreté le jour et la nuit.

18. Mais ils dirent : Seigneur, mets une plus grande distance entre nos chemins. Ils ont agi injustement envers eux-mêmes. Nous les rendîmes la fable des nations et nous les dispersâmes de tous côtés. Il y a dans ceci un avertissement pour tout homme qui sait souffrir et qui est reconnaissant.

19. Eblis reconnut qu'il les avait bien jugés. Tous l'ont suivi, sauf quelques croyants.

20. Il n'avait cependant aucun pouvoir sur eux; seulement, nous voulions savoir qui d'entre eux croira à la vie future et qui en doutera. Ton Seigneur surveille tout.

21. Dis-leur : Appelez ceux que vous croyez exister outre Dieu. Ils n'ont pas de pouvoir au ciel ni sur la terre, pas même pour le

poids d'un atome. Ils n'ont eu aucune part à la création, et Dieu ne les a point pris pour ses aides.

22. L'intercession de qui que ce soit ne servira à rien, sauf s'il en accorde la permission. Ils attendront jusqu'au moment où la crainte sera bannie de leurs cœurs. Ils diront alors : Qu'est-ce que Dieu a dit ? On leur répondra : La vérité. Il est le sublime, le grand.

23. Dis-leur : Qui est-ce qui vous envoie la nourriture des cieux et de la terre ? Dis : C'est Dieu. Moi et vous, nous sommes sur le droit chemin ou dans l'égarement évident.

24. On ne vous demandera point compte de nos fautes, ni à nous non plus de vos actions.

25. Dis : Notre Seigneur nous réunira tous, et prononcera entre nous en toute justice. Il est le juge suprême, le savant.

26. Dis : Montrez-moi ceux que vous lui avez adjoints comme associés. Il n'en a point. Il est le puissant, le sage.

27. Nous t'avons envoyé vers les hommes, ô Muḥammad! pour annoncer et menacer à la fois. Mais la plupart des hommes ne savent pas.

28. Ils disent : Quand donc s'accomplira cette promesse ? Dites si vous êtes sincères.

29. Dis-leur : On vous menace du jour que vous ne saurez ni reculer, ni avancer d'un seul instant.

30. Les incrédules disent : Nous ne croirons ni à ce Coran ni aux livres envoyés avant lui. Si tu voyais les méchants lorsqu'ils seront amenés devant leur Seigneur et se renverront des reproches mutuels; les faibles de la terre diront aux puissants : Sans vous, nous aurions été croyants.

31. Et les puissants répondront aux faibles : Est-ce nous qui vous avons empêchés de suivre la direction quand elle vous a été donnée ? Vous en êtes coupables vous-mêmes.

32. Et les faibles répondront aux puissants : Non, ce sont vos ruses de chaque jour et de chaque nuit, lorsque vous nous commandiez de ne point croire à Dieu et de lui donner des égaux. Tous ils cacheront leur dépit à la vue des tourments. Nous chargerons de chaînes le cou des infidèles. Seraient-ils rétribués autrement qu'ils n'ont agi ?

33. Nous n'avons pas envoyé un seul apôtre vers une cité que les hommes opulents n'aient dit : Nous ne croyons pas à sa mission.

34. Ils disaient : Nous sommes plus riches en biens et en enfants; ce n'est pas nous qui subirons le supplice.

35. Dis-leur : Mon Seigneur verse à pleines mains ses dons à qui il veut, ou les mesure; mais la plupart des hommes ne le savent pas.

36. Ce n'est point par vos richesses ni par vos enfants que vous vous placerez plus près de nous. Il n'y a que ceux qui croient et pratiquent les bonnes œuvres qui en auront le droit; à eux la récompense portée au double pour prix de leurs actions. Ils se reposeront en sûreté dans les hautes galeries du paradis.

37. Mais ceux qui s'efforcent d'effacer nos enseignements seront livrés au supplice.

38. Dis : Mon Seigneur verse à pleines mains ses dons sur celui qu'il veut d'entre ses serviteurs, ou les mesure. Tout ce que vous donnerez en aumône, il vous le rendra. Il est le meilleur dispensateur.

39. Un jour il vous rassemblera tous, puis il demandera aux anges : Est-ce vous qu'ils adoraient ?

40. Et les anges répondront : Gloire à toi, tu es notre patron et non point eux. Ils adoraient plutôt les génies, le plus grand nombre croit en eux.

41. Dans ce jour-là, nul d'entre vous ne saurait aider un autre ni lui nuire. Nous dirons aux infidèles : Goûtez le châtiment du feu que vous avez jadis traité de mensonge.

42. Lorsqu'on leur récite nos enseignements, ils disent : Cet homme ne veut que nous détourner des divinités qu'adoraient nos pères. Ils diront encore : Le Coran n'est qu'un mensonge forgé. Quand la vérité se fait clairement voir à eux, les incrédules disent : Ce n'est que de la magie pure.

43. Avant toi nous ne leur avions donné aucun livre ni envoyé aucun apôtre.

44. Ceux qui les ont précédés accusèrent nos messagers d'imposture. Ceux-ci n'ont point obtenu le dixième de ce que nous avions accordé aux autres, et ils ont traité également nos messagers d'imposture. Que mon châtiment a été terrible!

45. Dis-leur : Je vous engage à une seule chose. Présentez-vous sous l'invocation de Dieu, deux à deux ou séparément, et considérez bien si votre compatriote est atteint de la démonomanie; s'il est autre chose qu'un apôtre chargé de vous avertir à l'approche du supplice terrible.

46. Dis-leur : Je ne vous demande pas de salaire, gardez-le pour vous. Mon salaire n'est qu'à la charge de Dieu. Il est témoin de toutes choses.

47. Dis : Dieu n'envoie que la vérité à ses apôtres. Il connaît parfaitement les choses cachées.

48. Dis : La vérité est venue, le mensonge disparaîtra et ne reviendra plus.

49. Dis : Si je suis dans l'erreur, je le suis à mon détriment; si je suis dans le droit chemin, c'est par suite de ce que m'a révélé mon Seigneur. Il entend et voit tout; il est proche *partout*.

50. Ah! si tu voyais comme ils trembleront sans trouver d'asile, et comme ils seront assaillis d'un endroit proche!

51. Ils diront : Voilà! nous avons cru en lui. Et comment recevront-ils la foi d'un endroit aussi éloigné *que la terre ?*

52. Eux qui ne croyaient pas auparavant et raillaient les mystères de loin!

53. Un intervalle immense s'interposera entre eux et l'objet de leurs désirs;

54. Ainsi qu'il en fut avec leurs semblables d'autrefois, qui étaient dans l'incertitude, révoquant tout en doute.

SOURATE XXXV

LES ANGES [1]

Donnée à la Mecque. — 45 versets.

Au nom de Dieu clément et miséricordieux.

1. Gloire à Dieu, créateur des cieux et de la terre! celui qui emploie pour messagers les anges à deux, trois et quatre ailes. Il ajoute à la création autant qu'il veut; il est tout-puissant.

2. Ce que Dieu, dans sa miséricorde, ouvre aux hommes *de ses bienfaits*, nul ne saurait le renfermer, et nul ne saurait leur envoyer ce que Dieu retient. Il est le puissant, le sage.

3. O hommes! souvenez-vous des bienfaits dont Dieu vous a comblés; y a-t-il un créateur autre que Dieu qui vous nourrisse des dons du ciel et de la terre ? Il n'y a point d'autres dieux que lui. Pourquoi donc vous en détournez-vous ?

4. S'ils te traitent d'imposteur, ô Muḥammad! les apôtres qui t'ont précédé ont été traités de même; mais toutes choses reviendront à Dieu.

5. O hommes! les promesses de Dieu sont véritables; que la vie de ce monde ne vous éblouisse pas; que la vanité ne vous aveugle pas sur Dieu.

6. Satan est votre ennemi; regardez-le comme votre ennemi. Il appelle ses alliés au feu de l'enfer.

7. Ceux qui ne croient pas éprouveront un supplice terrible.

8. Ceux qui croient et qui pratiquent les bonnes œuvres obtiendront le pardon et une récompense magnifique.

9. Celui à qui on a présenté de mauvaises actions sous un beau jour, et qui les croit belles, *sera-t-il comme celui à qui le contraire arrive ?* Dieu égare celui qu'il veut, et dirige celui qu'il veut. Que ton âme, ô Muḥammad! ne s'abîme donc point dans l'affliction sur leur sort. Dieu connaît leurs actions.

10. C'est Dieu qui envoie les vents et fait marcher le nuage. Nous le poussons vers une contrée mourante de sécheresse, nous en vivifions la terre après qu'elle est morte. C'est ainsi qu'aura lieu la résurrection.

---

1. Ce chapitre est encore intitulé le Créateur.

11. Si quelqu'un désire la grandeur, la grandeur appartient tout entière à Dieu. Toute bonne parole et toute bonne action montent vers lui, et il les élève. Ceux qui trament de mauvais projets recevront un châtiment terrible. Leurs machinations se réduiront à rien.

12. Dieu vous a d'abord créés de poussière, puis de la semence, ensuite il vous a divisés en sexes : la femelle ne porte et ne met rien au monde dont il n'ait connaissance ; rien n'est ajouté à l'âge d'un être qui vit longtemps et rien n'en est retranché qui ne soit consigné dans le livre. Ceci est facile à Dieu.

13. Les deux mers ne se ressemblent point ; l'une est d'eau fraîche et douce, de facile absorption ; l'autre d'eau amère et salée. Vous vous nourrissez de viandes fraîches l'un et l'autre, et vous en retirez des ornements que vous portez. Vous voyez les vaisseaux fendre les flots pour obtenir des richesses de la faveur de Dieu. Peut-être lui rendrez-vous des actions de grâces.

14. Il fait entrer la nuit dans le jour et le jour dans la nuit. Il vous a assujetti le soleil et la lune ; chacun de ces astres poursuit sa course jusqu'à un terme marqué. Tel est votre Seigneur ; l'empire lui appartient. Ceux que vous invoquez en dehors de lui ne disposent pas même de la pellicule qui enveloppe le noyau de la datte.

15. Si vous les appelez, ils n'entendront point ; s'ils entendaient vos cris, ils ne sauraient vous exaucer. Au jour de la résurrection ils désavoueront votre alliance. Et qui peut t'instruire, si ce n'est celui qui est instruit ?

16. O hommes ! vous êtes des indigents ayant besoin de Dieu, et Dieu est riche et plein de gloire.

17. S'il le veut, il peut vous faire disparaître et former une création nouvelle.

18. Ceci n'est point difficile à Dieu.

19. Aucune âme portant son propre fardeau ne portera celui d'une autre, et si l'âme surchargée demande à en être déchargée d'une partie, elle ne le sera point, même par son proche. Tu avertiras ceux qui craignent Dieu dans le secret *de leurs cœurs*, et qui observent la prière. Quiconque sera pur le sera pour son propre avantage ; car tout doit un jour revenir à Dieu.

20. L'aveugle et celui qui voit ne sont point de même ; pas plus que les ténèbres et la lumière, que la fraîcheur de l'ombre et la chaleur.

21. Les vivants et les morts ne sont point de même ; Dieu se fera entendre de quiconque il voudra ; et toi, tu ne peux pas te faire entendre dans les tombeaux. Tu n'es chargé que de prêcher.

22. Nous t'avons envoyé avec une mission vraie, chargé d'an-

noncer et d'avertir. Il n'y a pas eu une seule nation où il n'y ait point eu d'apôtre.

23. S'ils te traitent d'imposteur, leurs devanciers aussi ont traité d'imposteurs les apôtres qui se présentèrent munis de signes évidents, des Écritures et du livre qui éclaire [1].

24. J'ai puni ceux qui n'ont point cru, et quel terrible châtiment!

25. Ne vois-tu pas que Dieu fait descendre l'eau du ciel? Par elle nous produisons des fruits d'espèces variées. Dans les montagnes il y a des sentiers blancs et rouges, de couleurs variées; il y a des corbeaux noirs, et, parmi les hommes, les reptiles et les troupeaux, il y en a de couleurs variées. C'est ainsi que les plus savants d'entre les serviteurs de Dieu le craignent. Il est puissant et indulgent.

26. Ceux qui récitent le livre de Dieu, qui observent la prière et font l'aumône des biens que nous leur donnons en secret et en public, doivent compter sur un fonds qui ne manquera pas.

27. Dieu soldera leur salaire, et y ajoutera encore de sa grâce; car il est indulgent et reconnaissant.

28. Ce que nous t'avons révélé du Coran est la vérité même; il confirme ce qui a été donné avant sa révélation. Dieu est instruit de ce que font ses serviteurs, et il voit tout.

29. Nous avons ensuite transporté l'héritage du livre aux élus d'entre nos serviteurs. Parmi eux il y en eut qui ont agi iniquement envers eux-mêmes; d'autres flottaient entre les deux; tel autre d'entre eux a devancé, dans les bonnes œuvres, tous les autres, avec la permission de Dieu. C'est une faveur insigne.

30. Ils seront introduits dans les jardins d'Eden, où ils seront ornés de bracelets d'or, de perles, et revêtus de robes de soie.

31. Ils diront : Gloire à Dieu qui a éloigné de nous l'affliction! Notre Seigneur est indulgent et reconnaissant.

32. Il nous a donné, par un effet de sa grâce, l'hospitalité dans l'habitation éternelle, où la fatigue ne nous atteindra plus, où la langueur ne nous saisira point.

33. Mais le feu de la géhenne est réservé à ceux qui ne croient point. Il n'y aura point d'arrêt qui prononce leur mort; leur supplice ne sera point adouci; c'est ainsi que nous rétribuerons les infidèles.

34. Ils crieront *du fond de l'enfer :* Seigneur! fais-nous sortir d'ici; nous pratiquerons la vertu autrement que nous ne l'avions fait auparavant. — Ne vous avons-nous pas accordé une vie assez longue pour que celui qui devait réfléchir ait eu le temps de le faire ? Un apôtre fut envoyé vers vous.

1. Le livre qui éclaire, c'est l'Évangile.

35. Subissez donc votre peine; il n'y a point de protecteur pour les méchants.

36. Dieu connaît les secrets des cieux et de la terre; il connaît ce que les cœurs recèlent.

37. C'est lui qui vous constitue ses lieutenants sur la terre; quiconque ne croit pas, son incrédulité retombera sur lui; l'incrédulité n'ajoutera à l'incrédule qu'un surcroît d'indignation auprès de Dieu; elle ne fera que porter leur ruine au comble.

38. Dis-leur : Vous avez considéré ces divinités que vous invoquez à l'exclusion de Dieu; faites-moi voir quelle portion de la terre elles ont créée; ont-ils leur part dans la création des cieux ? Leur avons-nous envoyé un livre qui leur serve de preuve évidente ? Non; seulement les méchants se font des promesses illusoires.

39. Dieu contient les cieux et la terre, afin qu'ils ne s'affaissent pas; s'ils s'affaissent, quel autre que lui saurait les soutenir ? Il est humain et indulgent.

40. Ils ont juré devant Dieu, par un serment solennel, que, si un apôtre venait au milieu d'eux, ils se maintiendraient dans le chemin droit plus que ne l'a fait aucun peuple de la terre; mais lorsque l'apôtre parut, sa venue ne fit qu'accroître leur éloignement;

41. Et cela à cause de leur orgueil dont ils s'enflent sur la terre, et de leurs machinations criminelles : mais les machinations criminelles n'enveloppent que ceux qui les mettent en œuvre. Espèrent-ils autre chose que d'être jetés dans la voie des peuples d'autrefois ?

42. Tu ne trouveras point de variations dans les voies de Dieu.

43 N'ont-ils pas voyagé dans ces pays ? n'ont-ils pas vu quel a été le sort de leurs devanciers, qui étaient cependant plus robustes qu'eux ? Rien aux cieux et sur la terre ne saurait affaiblir sa puissance. Il est savant et puissant.

44. Si Dieu avait voulu punir les hommes selon leurs œuvres, il n'aurait laissé à l'heure qu'il est pas un seul reptile à la surface de la terre; mais il vous donne un délai jusqu'au terme marqué.

45. Lorsque le terme sera arrivé... Certes, Dieu voit ses serviteurs.

SOURATE XXXVI

YÂ SÎN

Donnée à La Mecque. — 83 versets.

Au nom de Dieu clément et miséricordieux.

1. Yâ Sîn. J'en jure par le Coran sage,
2. Que tu es un envoyé,
3. Chargé d'enseigner le sentier droit.
4. C'est la révélation du Puissant, du Miséricordieux,
5. Afin que tu avertisses ceux dont les pères n'ont pas été avertis, et qui vivent dans l'insouciance.
6. Notre sentence a déjà été prononcée relativement à la plupart d'entre eux, et ils ne croiront pas.
7. Nous avons chargé leur cou de chaînes qui leur serrent leur menton; ils ne peuvent plus redresser leur tête.
8. Nous leur avons attaché une barre par devant et une barre par derrière. Nous avons couvert leurs yeux d'un voile, et ils ne voient rien.
9. Peu leur importe si tu les avertis ou non; ils ne croiront pas.
10. Prêche plutôt ceux qui craignent le Coran et redoutent Dieu dans le secret de leurs cœurs; annonce-leur le pardon et une récompense magnifique.
11. Nous ressuscitons les morts, et nous inscrivons leurs pas et leurs traces. Nous avons compté tout dans le prototype évident.
12. Propose-leur comme parabole les habitants d'une cité que visitèrent les envoyés de Dieu.
13. Nous en envoyâmes d'abord deux, et ils furent traités d'imposteurs; nous les appuyâmes par un troisième, et tous trois dirent *aux habitants de cette cité :* Nous sommes envoyés chez vous.
14. Vous n'êtes que des hommes comme nous. Le Miséricordieux ne vous a rien révélé; vous n'êtes que des imposteurs.
15. Notre Seigneur, répondirent-ils, sait bien que nous sommes envoyés chez vous.
16. Nous ne sommes chargés que de vous prêcher ouvertement.

17. Nous avons consulté le vol des oiseaux sur vous, et si vous ne cessez pas *de nous prêcher*, nous vous lapiderons. Nous vous réservons une peine terrible.

18. Les apôtres répondirent : Votre mauvais sort vous accompagne, quand même on vous avertirait. En vérité, vous êtes des transgresseurs.

19. Un homme, accouru de la partie la plus éloignée de la ville, leur criait : O mes concitoyens! croyez à ces apôtres;

20. Suivez ceux qui ne vous en demandent aucune récompense, et vous serez sur la droite voie.

21. Pourquoi n'adorerais-je pas celui qui m'a créé, et à qui vous retournerez tous ?

22. Prendrai-je d'autres dieux que lui ? Si le Miséricordieux veut me faire du mal, leur intercession ne me sera d'aucune utilité; ils ne sauraient me sauver.

23. Je serais dans un égarement évident *si je les adorais*.

24. J'ai cru à votre Seigneur; écoutez-moi.

25. *Il fut lapidé; après sa mort on lui dit :* Entre dans le paradis. Ah! si mes concitoyens savaient

26. Ce que Dieu m'a accordé, et comme il m'a honoré!

27. Nous n'envoyâmes point contre cette cité ni armée du ciel ni autres fléaux que nous envoyons *contre les autres*.

28. Un seul cri se fit entendre, et ils furent anéantis.

29. Que mes serviteurs sont malheureux! Aucun apôtre n'est venu vers eux qu'ils ne l'eussent pris pour l'objet de leurs railleries.

30. Ne voient-ils pas combien de générations nous avons détruites avant eux ?

31. Ce n'est point à eux qu'ils retourneront;

32. Tous, étant réunis, seront amenés devant nous.

33. Que la terre morte de sécheresse leur serve de signe *de notre puissance*. Nous lui rendons la vie, et nous en faisons sortir des grains dont ils se nourrissent.

34. Nous y plantâmes des jardins de dattiers et de vignes; nous y avons fait jaillir des sources.

35. Qu'ils mangent de leurs fruits et jouissent des travaux de leurs mains. Ne vous seront-ils pas reconnaissants ?

36. Gloire à celui qui a créé toutes les espèces dans les plantes que produit la terre parmi les hommes, et dans tout ce que les hommes ne connaissent pas.

37. Que la nuit, dont nous faisons sortir le jour pendant que les hommes sont plongés dans l'obscurité, leur serve de signe de notre puissance.

38. Et le soleil aussi, qui poursuit sa carrière jusqu'à un point fixe. Tel a été l'ordre du Puissant, du Sage.

39. Nous avons établi des stations pour la lune, jusqu'à ce qu'elle devienne semblable à une vieille branche de palmier.

40. Il n'est point donné au soleil d'atteindre la lune, ni à la nuit de devancer le jour ; tous ces *astres* se meuvent séparément.

41. Que ce soit aussi un signe pour vous, que nous portâmes la postérité des hommes dans un vaisseau pourvu de toutes choses,

42. Et que nous créâmes d'autres véhicules capables de les porter.

43. Si nous le voulons, nous les noyons dans les mers; ils ne sont sauvés, ils ne sont délivrés

44. Que par notre grâce et pour leur faire jouir quelques instants encore de ce monde.

45. Lorsqu'on leur dit : Craignez ce qui est devant vous et derrière vous [1], afin d'obtenir la miséricorde divine, *ils n'en tiennent aucun compte.*

46. Il ne leur apparut aucun signe d'entre les signes de Dieu dont ils n'eussent détourné leurs yeux.

47. Si l'on dit : Faites l'aumône des biens que Dieu vous accorde, les infidèles disent aux croyants : Nourrirons-nous ceux que Dieu nourrirait lui-même s'il le voulait ? Vous êtes dans l'erreur.

48. Ils disent encore : Quand donc s'accompliront vos menaces ? dites-le si vous êtes sincères.

49. Qu'attendent-ils donc ? Est-ce un seul cri parti du ciel qui les surprendra au milieu de leurs querelles ?

50. Ils ne pourront ni disposer par leurs testaments, ni retourner auprès de leurs familles.

51. On enflera la trompette, et ils sortiront de leurs tombeaux, et ils accourront en toute hâte auprès du Seigneur.

52. Malheur à nous, s'écrieront-ils; qui nous a extraits de ces lieux de repos ? Voici venir les promesses de Dieu. Ses apôtres nous disaient la vérité.

53. Il n'y aura qu'un seul cri *parti du ciel*, et tous rassemblés comparaîtront devant nous.

54. Dans ce jour, pas une seule âme ne sera traitée injustement; ils ne seront rétribués que selon leurs œuvres.

55. Dans ce jour, les héritiers du paradis seront remplis de joie.

56. En compagnie de leurs épouses, ils se reposeront dans l'ombrage, appuyés sur des sièges.

57. Ils y auront des fruits, ils y auront tout ce qu'ils demanderont.

1. Les châtiments de ce monde et ceux de l'autre.

58. Salut! sera la parole qui leur sera adressée de la part de leur Seigneur le miséricordieux.

59. Ce jour-là vous serez séparés, ô infidèles!

60. N'ai-je point stipulé avec vous, ô enfants d'Adam! de ne point servir Satan ? (Il est votre ennemi déclaré.)

61. Adorez-moi; c'est le sentier droit.

62. Il a séduit une grande portion d'entre vous. Ne l'avez-vous pas compris ?

63. Voilà la géhenne dont on vous menaçait.

64. Aujourd'hui chauffez-vous à son feu, pour prix de vos œuvres.

65. Ce jour-là nous apposerons un sceau sur leurs lèvres; leurs mains nous parleront seules, et leurs pieds témoigneront de leurs actions.

66. Si nous voulions, nous leur ôterions la vue; ils s'élanceraient à l'envi sur leurs chemins d'habitude; et comment y verraient-ils leur erreur ?

67. Si nous voulions, nous leur ferions revêtir d'autres formes; ils seraient fixés aux lieux qu'ils habitent; ils ne pourraient ni marcher en avant ni reculer.

68. Nous courbons le dos de celui dont nous prolongeons les jours. Ne le comprennent-ils pas ?

69. Nous n'avons point enseigné à Muḥammad l'art de la poésie; elle ne lui sied pas. Le Coran n'est qu'un avertissement et un livre évident,

70. Afin qu'il prêche les vivants, et que la sentence portée contre les infidèles soit exécutée.

71. Ne voient-ils pas que parmi les choses formées par nos mains, nous avons créé les animaux pour eux, et qu'ils en disposent en maîtres.

72. Nous les leur avons soumis; ils en font des montures, et se nourrissent des autres.

73. Ils en tirent de nombreux avantages : le lait des animaux leur sert de boisson. Ne nous seront-ils pas reconnaissants ?

74. Ils adorent d'autres divinités que Dieu pour se procurer leur assistance.

75. Mais elles ne sauraient les secourir; ce sont plutôt eux qui servent d'armée à leurs divinités.

76. Que leurs discours ne t'affligent pas, ô Muḥammad! nous connaissons ce qu'ils recèlent et ce qu'ils mettent au grand jour.

77. L'homme ne voit-il pas que nous l'avons créé d'une goutte de sperme ? et il s'érige en véritable adversaire.

78. Il nous propose des paraboles, lui qui oublie sa création. Il nous dit : Qui peut faire revivre les os, une fois cariés ?

79. Réponds-leur : Celui-là les fera revivre qui les a produits la première fois, celui qui sait créer tout.

80. Celui qui vous fait jaillir le feu d'un arbre vert, dont vous allumez vos feux;

81. Celui qui a créé les cieux et la terre, n'est-il pas capable de créer des êtres pareils à vous ? Oui, sans doute : il est le créateur savant.

82. Quel est son ordre ? Lorsqu'il veut qu'une chose soit faite, il dit : Sois. Et elle est.

83. Gloire à celui qui dans ses mains tient la souveraineté sur toutes choses. Vous retournerez tous à lui.

SOURATE XXXVII

LES RANGS

Donnée à La Mecque. — 176 versets.

Au nom de Dieu clément et miséricordieux.

1. J'en jure par les êtres qui se rangent en ordre,
2. Par les êtres qui poursuivent et menacent,
3. Par ceux qui récitent le Coran,
4. Votre Dieu est un Dieu unique,
5. Souverain des cieux et de la terre, de tout ce qui est entre eux, et souverain de l'Orient.
6. Nous avons orné le ciel le plus proche de la terre d'un ornement brillant, d'étoiles,
7. Qui gardent le ciel contre tout démon rebelle,
8. Afin qu'ils ne viennent pas écouter ce qui se passe dans l'assemblée sublime (car ils sont assaillis de tous côtés),
9. Repoussés et livrés à un supplice permanent.
10. Celui qui se serait approché jusqu'à saisir à la dérobée quelques paroles est atteint d'un dard flamboyant.
11. Demande aux infidèles qui est d'une création plus forte, d'eux ou des anges ? Or nous avons créé les hommes de boue dure.
12. Tu admires la puissance de Dieu, et eux ils la raillent.
13. Si on les exhorte, ils n'en tiennent aucun compte;
14. S'ils voient un signe d'avertissement, ils s'en rient.
15. C'est de la magie pure, disent-ils.
16. Morts, devenus poussière, serions-nous ranimés de nouveau ?
17. Et nos pères. les anciens, ressusciteront-ils aussi ?
18. Dis-leur : Oui, et vous serez couverts d'opprobre.
19. La trompette retentira une seule fois, et ils *se lèveront de leurs tombeaux*, et jetteront des regards de tous côtés.
20. Malheur à nous, s'écrieront-ils : c'est le jour de la rétribution.
21. C'est le jour de la décision, leur dira-t-on, ce jour que vous traitiez de chimère.
22. Rassemblez, *dira Dieu aux exécuteurs de ses ordres*, les impies et leurs compagnes, et les divinités qu'ils adoraient

23. A côté de Dieu, et conduisez-les sur la route de l'enfer.

24. Arrêtez-les, ils seront interrogés.

25. Pourquoi ne vous prêtez-vous pas secours (vous et vos dieux) ?

26. Mais ce jour-là ils se soumettront au jugement de Dieu.

27. Alors ils s'approcheront les uns des autres, et se feront des reproches mutuels.

28. Vous veniez à nous du côté droit [1], *diront-ils à leurs séducteurs.*

29. Non. — C'est plutôt que vous n'avez pas voulu croire, *répondront les autres.*

30. Car nous n'avions aucun pouvoir sur vous. C'est plutôt que vous étiez criminels.

31. La sentence de notre Seigneur a été prononcée contre nous aussi, et nous éprouverons bientôt sa vengeance.

32. Nous vous avons égarés, car nous étions égarés nous-mêmes.

33. C'est ainsi que ce jour-là ils seront associés et confondus dans un même supplice.

34. C'est ainsi que nous traiterons les coupables.

35. Car lorsqu'on leur disait : Il n'y a point de dieu si ce n'est Dieu, ils s'enflaient d'orgueil. Ils répondaient : Abandonnerons-nous nos dieux pour un poète, pour un fou ?

36. Non. — Il vous apporte la vérité et confirme les apôtres précédents.

37. Certes, vous éprouverez le châtiment douloureux;

38. Vous ne serez rétribués que selon vos œuvres.

39. Mais les fidèles serviteurs de Dieu

40. Recevront certains dons précieux,

41. Des fruits délicieux; et ils seront honorés

42. Dans les jardins des délices,

43. Se reposant sur des sièges, et se regardant face à face.

44. On fera courir à la ronde la coupe remplie d'une source d'eau

45. Limpide et d'un goût délicieux pour ceux qui la boiront.

46. Elle n'offusquera point leur raison et ne les enivrera pas.

47. Ils auront des vierges au regard modeste, aux grands yeux noirs et au teint éclatant, semblable à celui d'une perle dans sa coquille.

48. Les uns s'approcheront des autres, et ils se feront des questions.

---

1. Ce côté droit étant le côté de bon augure, ces mots peuvent être entendus dans le sens : Vous veniez à nous avec l'apparence de la vérité.

49. Tel d'entre eux dira : J'avais un ami *sur la terre.*

50. Il me demandait : Regardes-tu *la résurrection* comme une vérité ?

51. Serait-il possible que nous soyons jugés quand une fois nous serons morts et devenus os et poussière.

52. Il dira ensuite : Voulez-vous regarder ?

53. Ils regarderont et ils verront au fond de l'enfer.

54. Le juste dira : J'en jure par Dieu, tu as failli causer ma perte.

55. Sans la miséricorde de Dieu, j'aurais été au nombre de ceux que l'on amène devant lui.

56. Subirons-nous encore une autre mort,

57. Outre celle que nous avons subie ? Serons-nous livrés au châtiment ?

58. En vérité, c'est un grand bonheur *que celui dont nous jouissons.*

59. A l'œuvre, travailleurs! pour en gagner un pareil.

60. Notre repas vaut-il mieux, ou le fruit de Zacoum ?

61. Nous en avons fait un sujet de dispute pour les méchants.

62. C'est un arbre qui pousse du fond de l'enfer

63. Ses branches ressemblent aux têtes de démons.

64. Les réprouvés en seront nourris et s'en rempliront le ventre.

65. Là-dessus ils boiront de l'eau bouillante;

66. Et puis retourneront au fond de l'enfer.

67. Ils voyaient leurs pères égarés,

68. Et se précipitaient sur leurs pas.

69. Une grande partie des peuples anciens s'étaient égarés avant eux.

70. Nous envoyâmes chez eux des apôtres.

71. Regarde et vois quelle a été la fin de ceux que l'on avertissait,

72. Et qui n'étaient point nos serviteurs fidèles.

73. Noé cria vers nous, et certes nous sommes prompts à exaucer.

74. Nous le délivrâmes avec sa famille de la grande calamité.

75. Nous laissâmes subsister ses descendants.

76. Et nous lui conservâmes dans les siècles reculés cette salutation :

77. Que la paix soit avec Noé dans l'univers entier.

78. C'est ainsi que nous récompensons ceux qui font le bien.

79. Il était du nombre de nos serviteurs fidèles.

80. Nous submergeâmes les autres.

81. Abraham était de sa secte.

82. Il apporta à son Seigneur un cœur intact.

83. Il dit un jour à son père et à son peuple : Qu'adorez-vous ?

84. Préférez-vous de fausses divinités à Dieu ?

85. Que pensez-vous du souverain de l'univers ?

86. Il jeta un regard sur les étoiles.

87. Je suis malade, *je n'assisterai pas aujourd'hui à vos céré-monies.*

88. Ils s'en allèrent et le laissèrent.

89. Il se déroba pour aller voir leurs idoles, et leur cria : Mangez-vous ?

90. Pourquoi ne parlez-vous pas ?

91. Et là-dessus il leur porta un coup de sa droite.

92. Son peuple accourut précipitamment.

93. Adorerez-vous ce que vous taillez vous-même dans le roc ? leur dit Abraham.

94. C'est Dieu qui vous a créés, vous et les œuvres de vos mains.

95. Ils se disaient les uns aux autres : Dressez-lui un bûcher, et jetez-le dans un feu ardent.

96. Ils voulurent lui tendre un piège; mais nous les réduisîmes au dernier degré d'impuissance.

97. Je me retire, dit Abraham, auprès de mon Dieu, il me montrera le sentier droit.

98. Seigneur! donne-moi *un fils* qui compte parmi les justes.

99. Nous lui annonçâmes la naissance d'un fils d'un caractère doux.

100. Lorsqu'il fut parvenu à l'âge de l'adolescence,

101. Son père lui dit : Mon enfant! j'ai rêvé comme si je t'offrais en sacrifice à Dieu. Réfléchis un peu, qu'en penses-tu ?

102. O mon père! fais ce que l'on te commande; s'il plaît à Dieu, tu me verras supporter *mon sort* avec fermeté.

103. Et quand ils se furent résignés tous deux à la volonté de Dieu, et qu'Abraham l'eut déjà couché, le front contre terre,

104. Nous lui criâmes : O Abraham!

105. Tu as cru à ta vision, et voici comment nous récompensons les vertueux.

106. Certes, c'était une épreuve décisive.

107. Nous rachetâmes Isaac par une hostie généreuse.

108. Nous avons laissé un souvenir glorieux d'Abraham jusqu'aux siècles reculés.

109. Que la paix soit avec Abraham.

110. C'est ainsi que nous récompensons les vertueux.

111. Il est de nos serviteurs fidèles.

112. Nous lui annonçâmes un prophète dans Isaac le juste.

113. Nous répandîmes notre bénédiction sur Abraham et sur Isaac. Parmi leurs descendants, tel est juste, et tel autre est inique envers lui-même.

114. Nous avons comblé de nos bienfaits Moïse et Aaron.

115. C'est ainsi que nous récompensons les vertueux.

116. Ils étaient tous deux de nos serviteurs fidèles.

117. Elie était aussi un de nos apôtres,

118. Quand il dit à son peuple : Ne craindrez-vous pas ?

119. Adorez-vous Baal, et abandonnerez-vous le plus habile des créateurs ?

120. Dieu est votre Seigneur, et le Seigneur de vos pères, les anciens,

121. Ils le traitèrent d'imposteur; ils seront amenés devant nous.

122. Il n'en sera pas de même avec mes serviteurs fidèles.

123. Nous laissâmes subsister le nom d'Elias jusqu'aux siècles reculés.

124. Que la paix soit avec Eliacin.

125. C'est ainsi que nous récompensons les vertueux.

126. Il était de nos serviteurs fidèles.

127. Et Loth aussi fut un de nos apôtres;

128. Celui que nous sauvâmes avec toute sa famille,

129. A l'exception de la vieille qui était restée en arrière.

130. Nous exterminâmes les autres.

131. Vous passez auprès de leurs habitations, le matin,

132. Ou la nuit; ne réfléchissez-vous pas ?

133. Et Jonas aussi fut un de nos apôtres.

134. Il se retira sur un vaisseau chargé.

135. On jeta le sort, et il fut condamné *à être jeté dans la mer.*

136. Le poisson l'avala; or, il avait encouru notre blâme.

137. Et s'il n'avait point célébré nos louanges,

138. Il serait resté dans les entrailles du poisson jusqu'au jour où les hommes seront ressuscités.

139. Nous le rejetâmes sur la côte aride; il était malade.

140. Nous fîmes pousser à ses côtés un arbre [1].

141. Nous l'envoyâmes ensuite vers un peuple de cent mille âmes, ou davantage.

142. Ils crurent en Dieu; nous leur avons accordé la jouissance de ce monde jusqu'à un certain temps.

143. Demande aux Mecquois qu'ils te disent si Dieu a des filles, pendant qu'ils ont des fils.

144. Aurions-nous par hasard créé les anges femelles ? En ont-ils été témoins ?

145. Non; mais ils forgent eux-mêmes des mensonges.

146. Ils disent : Dieu a eu des enfants. Ils mentent.

147. Aurait-il préféré les filles aux fils ?

1. Le mot arbre est suivi dans le texte du mot citrouille.

148. Quelle raison avez-vous de juger ainsi ?

149. Ne réfléchirez-vous pas ?

150. Ou bien avez-vous quelque preuve évidente à l'appui ?

151. Faites voir votre livre, si vous êtes sincères.

152. Ils établissent une parenté entre Dieu et les génies; mais les génies savent qu'un jour ils seront amenés devant Dieu.

153. (Louange à Dieu; loin de lui ces blasphèmes.)

154. Il n'en sera pas ainsi avec les fidèles serviteurs de Dieu.

155. Mais vous et les divinités que vous adorez,

156. Vous ne saurez exciter contre Dieu

157. Que l'homme qui s'égare sur la route qui conduit à l'enfer.

158. Chacun de nous a sa place marquée.

159. Nous nous rangeons en ordre,

160. Et nous célébrons ses louanges.

161. Si ces infidèles disent :

162. Si nous avions un livre qui nous fût transmis par les anciens,

163. Nous serions les fidèles serviteurs de Dieu.

164. Ils ne croient pas au Coran; mais ils sauront *la vérité un jour*.

165. Nous promîmes à nos apôtres

166. De leur prêter notre assistance.

167. Nos armées leur procurent la victoire.

168. Eloigne-toi d'eux un moment, ô *Muḥammad!*

169. Vois *quels seront leurs malheurs*. Ils verront aussi.

170. Veulent-ils donc hâter notre châtiment ?

171. Quand il fondra au milieu de leurs enclos, quelle sera terrible la matinée des hommes exhortés *en vain!*

172. Eloigne-toi d'eux pour un moment.

173. Vois *quelle sera leur fin;* ils le verront aussi.

174. Gloire à Dieu, Dieu de majesté; loin de lui leurs blasphèmes.

175. Que la paix soit avec les apôtres.

176. Gloire à Dieu souverain de l'univers.

SOURATE XXXVIII

Ṣ

Donnée à La Mecque. — 88 versets.

Au nom de Dieu clément et miséricordieux.

1. *Sâd* [1]. J'en jure par le Coran rempli d'avertissements :
Les infidèles sont pleins d'orgueil et vivent dans le schisme.

2. Combien de générations n'avons-nous pas anéanties avant
eux. Tous ils criaient secours; mais il n'était plus temps d'éviter
le châtiment.

3. Les infidèles s'étonnent de ce qu'un apôtre s'est tout à coup
élevé au milieu d'eux; ils disent : C'est un magicien, un imposteur.

4. Veut-il faire de tous ces dieux un seul Dieu ? En vérité, c'est
quelque chose d'extraordinaire.

5. Leurs chefs se séparèrent en leur disant : Allez et persévérez
dans le culte de vos dieux. *Vous faire abandonner ce culte*, voilà
ce que l'on veut.

6. Nous n'avons entendu rien de pareil dans la dernière religion [2]. La religion de Muḥammad n'est qu'un schisme.

7. Un livre d'avertissement serait-il donc envoyé à lui seul
d'entre nous ? — Oui, ils doutent de nos avertissements; car ils
n'ont point encore éprouvé mes châtiments.

8. Ont-ils à leur disposition les trésors de la miséricorde du
Dieu puissant dispensateur des biens ?

9. Possèdent-ils donc le royaume des cieux et de la terre, et des
choses qui sont entre eux deux ? Qu'ils essayent donc d'y monter
au moyen de cordes.

10. De quelques armées que les confédérés disposent, elles
seront mises en fuite.

11. Avant eux aussi, le peuple de Noé, les ʿĀd et Pharaon,
possesseur de pieux [3], accusèrent leurs prophètes de mensonge.

12. Les Thamoudéens, le peuple de Loth, les habitants d'une

---

1. La lettre Sâd, ou s emphatique.
2. C'est-à-dire, dans une des religions établies immédiatement avant Muḥammad.
3. Cette épithète est donnée ici à Pharaon à cause des châtiments qu'il infligeait aux coupables, et qui consistaient à les faire attacher à quatre pieux
et à leur faire subir divers tourments.

forêt de Madian, ont agi de la même manière ; ils étaient confédérés contre les apôtres de Dieu.

13. Tous ceux qui avaient traité nos apôtres d'imposteurs, mon châtiment vint les en punir.

14. Qu'attendent donc les Mecquois ? Est-ce le cri épouvantable *parti du ciel* qui les saisira sans délai ?

15. Ils disent ironiquement : Seigneur ! donne-nous au plus tôt ce qui nous revient, et avant le jour du compte.

16. Souffre patiemment leurs discours, et rappelle-toi notre serviteur David, homme puissant, et qui aimait à retourner souvent à nous.

17. Nous avons assujetti les montagnes à célébrer nos louanges avec lui, au soir et au lever du soleil.

18. Et les oiseaux aussi qui se réunissaient à lui, et qui aimaient à revenir auprès de lui.

19. Nous affermîmes son empire. Nous lui donnâmes la sagesse et l'éloquence.

20. Connais-tu l'histoire de ces deux plaideurs qui, ayant franchi le mur, se présentèrent dans l'oratoire ?

21. Quand ils se présentèrent devant David, il fut effrayé à leur aspect. Ne crains rien, lui dirent-ils. Nous sommes deux adversaires. Un de nous a agi iniquement envers l'autre. Prononce entre nous comme la justice l'exige, sans partialité, et dirige-nous sur le chemin le plus égal.

22. Celui-ci est mon frère ; il avait quatre-vingt-dix-neuf brebis, et moi je n'en avais qu'une. Il me dit un jour : Donne-la-moi à garder. *Il me l'a ravie*, et l'a emporté sur moi dans la dispute.

23. David lui répondit : Il a agi iniquement à ton égard en te demandant une brebis pour l'ajouter aux siennes ; beaucoup d'hommes qui ont des affaires entre eux agissent avec fraude ; ceux qui croient et pratiquent le bien n'agissent pas ainsi, mais leur nombre est si petit ! David s'aperçut que nous voulions l'éprouver par cet exemple ; il demanda pardon à Dieu de son crime ; il se prosterna et se convertit.

24. Nous lui pardonnâmes ; nous lui accordâmes dans le paradis une place près de nous, et une belle demeure.

25. O David ! nous t'avons établi notre lieutenant sur la terre ; prononce donc dans les différends des hommes avec équité, et garde-toi de suivre tes passions : elles te détourneraient du sentier de Dieu. Ceux qui en dévient éprouveront un châtiment terrible, parce qu'ils n'ont point pensé au jour du jugement.

26. Nous n'avons point créé en vain le ciel et la terre, et tout ce qui est entre eux. C'est l'opinion des incrédules, et malheur aux incrédules, ils seront livrés au feu.

27. Traiterons-nous ceux qui croient et font le bien, à l'égal

de ceux qui commettent des désordres sur la terre ? Traiterons-nous les hommes pieux à l'égal des impies ?

28. C'est un livre béni que celui que nous t'avons envoyé; que les hommes doués d'intelligence méditent ses versets, et y puisent des avertissements.

29. Nous donnâmes à David Salomon *pour fils*. Quel excellent serviteur! il aimait à revenir à Dieu.

30. Un jour sur le soir on amena devant lui des chevaux excellents, debout sur trois de leurs pieds, et touchant à peine la terre avec l'extrémité du quatrième.

31. Il dit : J'ai préféré les biens de ce monde au souvenir du Seigneur; *je n'ai pu me rassasier de la vue de ces chevaux*, jusqu'à ce que le jour ait disparu sous le voile *de la nuit*. Ramenez-les devant moi.

32. Et *lorsqu'on les ramena devant lui*, il se mit à leur couper les jarrets et la tête.

33. Nous éprouvâmes Salomon, et nous plaçâmes sur son trône un corps informe [1]. Salomon, *pénétré de repentir*, retourna à nous.

34. Seigneur, s'écria-t-il, pardonne-moi mes fautes, et donne-moi un empire tel que nul autre après moi ne puisse en avoir de pareil. Tu es le dispensateur suprême.

35. Nous lui soumîmes les vents; à son ordre ils couraient partout où il les dirigeait.

36. Nous lui soumîmes les démons; tous étaient des architectes ou des plongeurs chargés de pêcher des perles.

37. Nous lui en livrâmes d'autres chargés de chaînes.

38. Tels sont nos dons, lui dîmes-nous; montre-toi généreux, ou distribue avec parcimonie : tu ne seras pas tenu d'en rendre compte.

39. Salomon aussi occupe une place proche de nous, et jouit de la plus belle demeure.

40. Souviens-toi aussi de notre serviteur Job, lorsqu'il adressa à son Seigneur ces paroles : Satan m'a accablé de maladies et de calamités.

41. Une voix lui cria : Frappe la terre de ton pied. Il le fit, *et il en jaillit une source d'eau*. Cette eau te servira pour les ablutions; elle te servira de rafraîchissement et de boisson.

42. Nous lui rendîmes sa famille, en y ajoutant une fois autant.

---

1. C'est une allusion à une tradition talmudique concernant Salomon. Salomon avait coutume de laisser chez une de ses femmes, toutes les fois qu'il se rendait au bain, son anneau, l'emblème et l'instrument de son pouvoir sur les génies. Un de ces génies parvint à s'en rendre maître, et s'assit sur le trône. Salomon, dépossédé de son anneau, perdit le royaume, et fut obligé d'errer sur la terre, méconnu et renié de ses sujets, jusqu'à ce que l'anneau que le démon avait jeté dans la mer, retiré par un pêcheur, lui fît regagner son autorité.

C'était une preuve de notre miséricorde, et un avertissement pour les hommes doués de sens.

43. Nous lui dîmes : Prends un faisceau de verges, frappes-en ta femme, et ne viole point ton serment [1]. Nous t'avons trouvé patient.

44. Quel excellent serviteur que Job! il aimait à retourner à Dieu.

45. Parle aussi *dans le Coran* d'Abraham, d'Isaac et de Jacob, hommes puissants et prudents.

46. Nous les avons rendus vertueux en leur rappelant la demeure à venir.

47. Ils sont devant nous au nombre des élus privilégiés.

48. Parle aussi *dans le Coran* d'Ismaël, d'Elisa et de Dhoulkefl : tous ils étaient justes.

49. Voilà l'avertissement. Ceux qui craignent Dieu auront une demeure magnifique,

50. Les jardins d'Eden dont les portes s'ouvriront devant eux.

51. Ils s'y reposeront accoudés, et demanderont de toute espèce de fruits et du vin.

52. Auprès d'eux seront des femmes au regard modeste, et leurs égales en âge [2].

53. Voici, leur dira-t-on, ce qu'on promettait pour le jour du compte.

54. Voici, diront-ils, la provision qui ne nous faillira jamais.

55. Oui, il en sera ainsi. Mais le plus affreux séjour est réservé aux pervers.

56. C'est la géhenne où ils seront brûlés. Quel affreux lit de repos!

57. *Oui, il en sera ainsi.* Goûtez, *leur dira-t-on*, l'eau bouillante et le pus,

58. Et autres supplices divers.

59. *On dira aux chefs :* Cette troupe qui vous a suivis sera précipitée avec vous. On ne leur dira point : Soyez les bienvenus, car ils seront brûlés au feu.

60. Ceux-ci diront à leurs chefs : Non, on ne vous dira pas : Soyez les bienvenus; c'est vous qui nous avez préparé le feu. Quel affreux séjour!

61. Et ils diront en *s'adressant à Dieu :* Seigneur! porte au double le supplice du feu à ceux qui nous ont attiré ce châtiment.

62. Pourquoi ne voyons-nous pas, diront les infidèles, des hommes que nous mettions au nombre des méchants,

---

1. Job avait fait vœu d'infliger cent coups de fouet à sa femme aussitôt qu'il guérirait.
2. De 30 à 33 ans, selon les commentateurs.

63. Et dont nous nous moquions ? échapperaient-ils à nos regards ?

64. C'est ainsi que les hommes condamnés au feu disputeront entre eux.

65. Dis-leur, ô *Muḥammad* : Je ne suis que votre apôtre : il n'y a point d'autre dieu que Dieu, l'unique, le tout-puissant;

66. Souverain des cieux et de la terre, et de tout ce qui est entre eux, le puissant, l'indulgent.

67. Dis-leur : Le message est un message grave.

68. Et vous dédaignez de l'entendre!

69. Je n'avais aucune connaissance des princes sublimes [1], quand ils se disputaient au sujet de la création de l'homme.

70. Ceci ne m'a été révélé que parce que je suis un apôtre véritable.

71. Dieu dit un jour aux anges : J'ai formé l'homme de boue.

72. Quand je lui aurai donné la forme parfaite et soufflé en lui de mon esprit, vous aurez à vous prosterner devant lui.

73. Les anges, tous tant qu'ils étaient, se prosternèrent devant lui,

74. A l'exception d'Eblis. Il s'enfla d'orgueil et fut du nombre des ingrats.

75. O Eblis! lui cria Dieu, qui est-ce qui t'empêche de te prosterner devant l'être que nous avons formé de nos mains ?

76. Est-ce par orgueil, ou bien parce que tu es plus élevé ?

77. Eblis répondit : Je vaux mieux que lui. Tu m'as créé de feu, et lui de boue.

78. Sors d'ici, lui cria Dieu; tu seras repoussé loin de ma grâce.

79. Mes malédictions resteront sur toi jusqu'au jour de la rétribution.

80. Seigneur, dit Eblis, accorde-moi un répit jusqu'au jour où les hommes seront ressuscités.

81. Tu l'as obtenu, répondit Dieu,

82. Jusqu'au jour du terme fixé.

83. J'en jure par ta gloire, répondit Eblis, je les séduirai tous,

84. Sauf tes serviteurs sincères.

85. Il en sera ainsi; et je dis la vérité, que je comblerai la géhenne de toi et de tous ceux qui t'auront suivi.

86. Dis-leur : Je ne vous demande point de salaire, et je ne suis point de ceux qui se chargent de plus qu'ils ne peuvent supporter.

87. Le Coran est un avertissement pour l'univers.

88. Au bout d'un certain temps, vous apprendrez la grande nouvelle [2].

1. Les anges.
2. La grande nouvelle, c'est le jour du jugement.

SOURATE XXXIX

TROUPES [1]

Donnée à La Mecque. — 75 versets.

Au nom de Dieu clément et miséricordieux.

1. La révélation du Coran vient du Dieu puissant et sage.

2. Nous t'avons envoyé le livre en toute vérité. Adore donc Dieu, et sois sincère dans ton culte.

3. Un culte sincère n'est-il pas dû à Dieu ?

4. Quant à ceux qui prennent d'autres patrons que Dieu, en disant : Nous ne les adorons qu'afin qu'ils nous rapprochent de Dieu; Dieu prononcera entre eux dans leurs différends.

5. Dieu ne dirige point le menteur ni l'incrédule.

6. Si Dieu avait voulu avoir un fils, il l'aurait choisi parmi les êtres qu'il a voulu créer. Mais que ce blasphème soit loin de sa gloire! Il est unique et puissant.

7. Il a créé les cieux et la terre pour la vérité. Il fait succéder la nuit au jour, et le jour à la nuit; il a soumis à ses ordres le soleil et la lune : l'un et l'autre poursuivent leur course jusqu'au terme marqué. N'est-il pas le Fort et l'Indulgent ?

8. Il vous créa tous d'un seul individu; il en tira ensuite sa compagne. Il vous a donné huit espèces de troupeaux. Il vous crée dans les entrailles de vos mères, en vous faisant passer d'une forme à une autre, dans les ténèbres d'une triple enveloppe [2]. C'est lui qui est Dieu votre Seigneur; c'est à lui qu'appartient l'empire. Il n'y a point d'autre dieu que lui ; pourquoi donc vous détournez-vous de lui ?

9. Si vous êtes ingrats, il est assez riche pour se passer de vous. Mais il n'aime point l'ingratitude dans ses serviteurs. Il aimerait vous trouver reconnaissants. Aucune âme chargée du fardeau de ses œuvres ne portera celui des autres. Vous reviendrez tous à votre Seigneur, et il vous montrera vos œuvres.

10. Car il connaît ce que vos cœurs recèlent.

11. Lorsque le malheur atteint l'homme, il crie vers son Seigneur et revient à lui; à peine Dieu lui a-t-il accordé une faveur,

---

1. Le titre de cette sourate est le mot *par troupes* qui s'y trouve vers la fin.
2. Les entrailles, l'estomac et la membrane qui enveloppe le fœtus.

qu'il oublie celui qu'il invoquait naguère; il lui donne des égaux pour égarer les autres. Dis *à un tel homme :* Jouis quelques instants de ton ingratitude, tu seras un jour livré au feu.

12. L'homme pieux qui passe la nuit à adorer Dieu, prosterné ou debout, qui appréhende la vie future, et espère dans la miséricorde de Dieu, serait-il traité comme l'impie ? Dis : Ceux qui savent et ceux qui ignorent seront-ils traités de la même manière ? Que les hommes doués de sens réfléchissent.

13. Dis : O mes serviteurs qui croyez! craignez votre Seigneur! Ceux qui font le bien dans ce monde obtiendront une belle récompense. La terre du Seigneur est étendue; les persévérants recevront leur récompense; on ne comptera point avec eux.

14. Dis : J'ai reçu l'ordre d'adorer Dieu d'un culte sincère; j'ai reçu l'ordre d'être le premier de ceux qui se résignent à sa volonté (de musulmans).

15. Dis : Si je désobéis au Seigneur, je crains d'éprouver le châtiment du grand jour.

16. Dis : J'adorerai Dieu d'un culte sincère.

17. Et vous, adorez les divinités que vous voulez, à l'exclusion de Dieu. Ceux-là seront vraiment malheureux au jour de la résurrection, qui se perdent eux-mêmes et les leurs. N'est-ce pas une ruine évidente ?

18. Au-dessus de leur tête brûlera une masse de feu, et une masse de feu sous leurs pieds. Voici de quoi Dieu intimide ses serviteurs. Croyez-moi donc, ô mes serviteurs!

19. De belles promesses sont offertes à ceux qui abandonnent le culte de Tâghout [1], et viennent à Dieu. Annonce le bonheur à ceux de mes serviteurs qui écoutent avidement mes paroles, et suivent ce qu'elles contiennent de plus beau. Ce sont eux que Dieu dirigera; ils sont hommes doués de sens.

20. Sauveras-tu celui qui aura encouru la parole du châtiment ? sauveras-tu celui qui sera une fois livré au feu ?

21. Quant à ceux qui craignent leur Seigneur, ils auront au paradis des appartements au-dessus desquels sont construits d'autres appartements; à leurs pieds coulent des ruisseaux. Telles sont les promesses de Dieu, qui ne viole point ses promesses.

22. N'as-tu pas vu comment Dieu fait tomber du ciel l'eau, et la conduit dans les sources cachées dans les entrailles de la terre; comment il fait germer les plantes de diverses espèces; comment il les fait faner et jaunir; comment enfin il les réduit en brins desséchés! Certes, il y a dans ceci un avertissement pour les hommes doués de sens.

23. Celui dont Dieu a ouvert le cœur pour l'islam, qui a reçu

---

1. Nom d'une divinité adorée par les Arabes païens, ou d'un temple.

la lumière de son Seigneur, sera-t-il *mis au même niveau que l'homme endurci ?* Malheur à ceux dont le cœur est endurci au souvenir de Dieu; ils sont dans un égarement manifeste.

24. Dieu t'a révélé la plus belle parole, un livre dont les paroles se ressemblent et se répètent; à leur lecture, le corps de ceux qui craigne leur Seigneur est saisi de frisson, mais, dans la suite, elles l'adoucissent, amollissent leurs cœurs, et les rendent capables de recevoir les avertissements de Dieu. Telle est la direction de Dieu : par elle il dirige ceux qu'il veut; mais celui que Dieu égare, où trouvera-t-il un guide ?

25. Celui qui, au jour de la résurrection, cherchera à soustraire son visage aux tourments du supplice sera-t-il placé l'égal du méchant ? C'est dire aux méchants : Savourez le fruit de vos œuvres.

26. Leurs devanciers ont aussi traité nos signes de mensonges. Le châtiment les surprit au moment où ils ne s'y attendaient pas.

27. Dieu les a abreuvés de honte dans cette vie; ah! s'ils savaient quel sera le châtiment de l'autre!

28. Nous avons proposé aux hommes toute sorte de paraboles dans le Coran, afin qu'ils réfléchissent.

29. C'est un livre que nous t'avons donné en arabe; il est exempt de détours, afin *qu'ils l'entendent et* craignent Dieu.

30. Dieu vous propose comme parabole un homme qui a eu plusieurs maîtres ayant en commun droit sur lui, se disputant l'un avec l'autre, et un homme qui s'était confié à un seul. Ces deux hommes sont-ils dans une condition égale ? Gloire à Dieu! — Non. — Mais la plupart des hommes ne le comprennent pas.

31. Tu mourras, ô Muḥammad! et ils mourront aussi.

32. Ensuite vous vous disputerez devant Dieu au jour de la résurrection.

33. Et qui est plus méchant que celui qui invente un mensonge sur le compte de Dieu, et qui a traité d'imposture la vérité lorsqu'elle lui apparut ? N'est-ce pas la géhenne qui est la demeure réservée aux infidèles ?

34. Celui qui apporte la vérité, et celui qui y croit : tous deux sont pieux.

35. Ils trouveront auprès de Dieu tout ce qu'ils désireront. Telle sera la récompense de ceux qui font le bien.

36. Dieu effacera les fautes qu'ils auront commises, et leur accordera la plus généreuse récompense de leurs actions.

37. Dieu seul ne suffit-il pas à protéger son serviteur ? Les infidèles chercheront à t'effrayer au nom de leurs idoles; mais celui que Dieu égare ne trouvera plus de guide.

38. Celui que Dieu dirige, qui peut l'égarer ? Dieu n'est-il pas puissant et vindicatif ?

39. Si tu leur demandes qui a créé les cieux et la terre, ils répondront : C'est Dieu. Dis-leur : Si Dieu voulait m'atteindre d'un mal, pensez-vous que les divinités que vous invoquez en même temps que lui sauraient m'en délivrer ? et si Dieu voulait m'accorder quelque bienfait, pourraient-elles l'arrêter ? Dis : Dieu me suffit; les hommes ne placent leur confiance qu'en Dieu.

40. Dis : O mes concitoyens! agissez de toutes vos forces. Et moi, j'agirai aussi, et bientôt vous saurez

41. Qui de nous éprouvera un supplice ignominieux, sur qui d'entre nous un supplice pèsera éternellement.

42. Nous t'avons envoyé, ô Muḥammad! le Livre pour le salut des hommes et dans un but réel. Celui qui suit le chemin droit le fait pour son avantage. Quiconque s'égare s'égare à son détriment. Tu n'es point chargé de leur cause.

43. C'est Dieu qui reçoit les âmes lorsque le moment de la mort est venu. Il saisit par le sommeil, *image de la mort*, ceux qui ne sont pas encore destinés à mourir. Il s'empare sans retour de l'âme dont il a décidé la mort, renvoie les autres [1], et leur permet d'y rester jusqu'au temps marqué. Certes, il y a dans ceci des signes pour ceux qui réfléchissent.

44. Les Koreichites chercheront-ils d'autres intercesseurs que Dieu ? A quoi leur serviront-ils, s'ils n'ont aucun pouvoir et sont privés d'entendement ?

45. Dis-leur : L'intercession appartient exclusivement à Dieu, ainsi que le royaume des cieux et de la terre. Vous serez tous ramenés devant lui.

46. Lorsque le nom de Dieu est prononcé, les cœurs des infidèles se contractent *de dépit;* ils s'épanouissent de joie quand on prononce ceux de divinités autres que Dieu.

47. Dis : O mon Dieu! créateur des cieux et de la terre! toi qui connais les choses visibles et invisibles, tu prononceras entre tes serviteurs dans leurs différends.

48. Si les méchants possédaient tout ce que la terre contient, et une fois autant que cela, ils le donneraient au jour de la résurrection pour se racheter du châtiment. Alors leur apparaîtront des choses auxquelles ils ne s'étaient jamais attendus.

49. Leurs mauvaises actions se présenteront à leurs yeux, et le supplice qu'ils prenaient en dérision les enveloppera de tous côtés.

50. Lorsque quelque malheur a visité l'homme, il crie vers nous; mais que notre grâce éclate sur lui, il dit : Cette faveur me vient de ce que Dieu a reconnu mon mérite. Loin de là, c'est

1. C'est-à-dire les âmes de ceux qui ne font que dormir.

plutôt une épreuve *de la part de Dieu;* mais la plupart des hommes ne le savent pas.

51. Ainsi parlaient leurs devanciers; mais à quoi leur ont servi leurs œuvres ?

52. Les crimes qu'ils avaient commis retombèrent sur eux; les crimes aussi de ceux-là (des Mecquois) retomberont sur eux; ils ne sauront prévaloir contre Dieu.

53. Ne savent-ils pas que Dieu donne à pleines mains la nourriture à qui il veut, ou la départit dans une certaine mesure. Il y a dans ceci des signes pour ceux qui croient.

54. Dis : O mes serviteurs! vous qui avez agi iniquement envers vous-mêmes, ne désespérez point de la miséricorde divine, car Dieu pardonne tous les péchés; il est indulgent et miséricordieux.

55. Retournez donc à Dieu, et livrez-vous entièrement à lui avant que le châtiment vous atteigne là où vous ne trouverez aucun secours.

56. Suivez ces beaux commandements que Dieu vous a révélés, avant que le châtiment vous saisisse subitement quand vous ne vous y attendrez pas,

57. Et avant que l'âme s'écrie : Malheur à moi, qui me suis rendu coupable envers Dieu, et qui le tournais en dérision;

58. Ou bien : Si Dieu m'avait dirigé, j'aurais été pieux;

59. Avant que l'âme, à la vue du châtiment, s'écrie : Ah! s'il m'était permis de retourner encore sur la terre, je ferais le bien.

60. Oui, sans doute, lui dira-t-on, nos signes apparurent à tes yeux, et tu les as traités de mensonges; tu as été orgueilleuse et ingrate.

61. Au jour de la résurrection, ceux qui ont menti contre Dieu auront le visage noir. La géhenne n'est-elle pas une demeure destinée aux orgueilleux ?

62. Dieu sauvera ceux qui l'ont craint, et les introduira dans un lieu sûr; aucun mal ne les atteindra, et ils ne seront point affligés.

63. Dieu est le créateur de toutes choses; il a soin de toutes choses; il a les clefs des cieux et de la terre. Ceux qui n'ont point cru à ses signes, ceux-là sont réellement malheureux.

64. Dis : M'ordonnerez-vous d'adorer un autre que Dieu, ô ignorants!

65. Il a été déjà révélé, à toi et à tes prédécesseurs, que vos œuvres seront vaines si vous êtes idolâtres, et que vous serez malheureux.

66. Adore plutôt Dieu et sois reconnaissant.

67. Mais ils ne savent point apprécier Dieu comme il devrait l'être. La terre ne sera qu'une poignée de poussière dans sa main

au jour de la résurrection, et les cieux ployés comme un rouleau dans sa droite. Louange à lui! Il est trop élevé au-dessus des divinités qu'on lui associe.

68. La trompette sonnera, et toutes les créatures des cieux et de la terre expireront, excepté celles dont Dieu disposera autrement; la trompette sonnera une seconde fois, et voilà que tous les êtres se dresseront et attendront l'arrêt.

69. La terre brillera de la lumière de Dieu, le Livre sera déposé, les prophètes et les témoins seront appelés, l'arrêt qui, tranchera les différends sera prononcé avec équité; nul ne sera traité injustement.

70. Toute âme recevra la récompense de ses œuvres. Dieu connaît toutes les actions des hommes.

71. Les infidèles seront poussés par troupes vers la géhenne, et, lorsqu'ils y arriveront, ses portes s'ouvriront devant eux, et leurs gardiens leur crieront : Des apôtres choisis parmi vous ne sont-ils pas venus vous réciter les miracles de votre Seigneur, et vous avertir que vous comparaîtriez devant lui dans ce jour ? Oui, répondront-ils; mais déjà l'arrêt du supplice enveloppera les infidèles.

72. Entrez, leur dira-t-on, dans ces portes de la géhenne, vous y resterez éternellement. Qu'elle est affreuse la demeure des orgueilleux!

73. On fera marcher les croyants par troupes vers le paradis, et, lorsqu'ils y arriveront, ses portes s'ouvriront devant eux, et leurs gardiens leur diront : Que la paix soit avec vous! Vous avez été vertueux; entrez dans le paradis pour y demeurer éternellement.

74. Louange à Dieu, diront-ils; il a accompli ses promesses, et il nous avait accordé l'héritage de la terre, afin que nous puissions ensuite habiter le paradis partout où nous voudrions. Qu'elle est belle la récompense de ceux qui ont fait le bien!

75. Tu verras les anges marchant en procession autour du trône, ils célébreront les louanges du Seigneur. Un arrêt sera prononcé avec équité, et ils s'écrieront : Louange à Dieu, souverain de l'univers!

Donnée à La Mecque. — 85 versets.

Au nom de Dieu clément et miséricordieux.

1. *H. M.* La révélation du Coran vient du Dieu puissant et sage,

2. Qui pardonne les péchés, qui agrée la pénitence. Ses châtiments sont terribles.

3. Il est doué de longanimité. Il n'y a point d'autre Dieu que lui; il est le terme de toutes choses.

4. Il n'y a que les infidèles qui élèvent des disputes sur les miracles de Dieu; mais que leur prospérité dans ce pays ne t'éblouisse pas.

5. Avant eux, Noé fut traité d'imposteur par son peuple. Diverses sectes en ont fait autant depuis. Chaque nation couvait de mauvais desseins contre son apôtre pour s'en saisir; on disputait avec des mensonges pour détruire la vérité. Je les ai saisis. Que mon châtiment fut terrible!

6. C'est ainsi que s'est accomplie cette sentence de ton Seigneur contre les incrédules : Qu'ils seront livrés au feu.

7. Ceux qui portent le trône, ceux qui l'entourent, célèbrent les louanges du Seigneur; ils croient en lui et implorent son pardon pour les croyants. Seigneur, disent-ils, tu embrasses tout de ta miséricorde et de ta science; pardonne à ceux qui reviennent à toi, qui suivent ton sentier; sauve-les du châtiment douloureux.

8. Seigneur, introduis-les dans les jardins d'Eden, que tu leur as promis, ainsi que leurs parents, leurs épouses et leurs enfants qui auront pratiqué la vertu. Tu es le Puissant, le Sage.

9. Préserve-les de leurs péchés; car tu fais éclater ta miséricorde sur quiconque est disposé au bien, et c'est un bonheur immense.

10. Les infidèles entendront dans ce jour une voix qui leur criera : La haine de Dieu contre vous est plus grande que votre haine contre vous-mêmes, quand, invités à la foi, vous n'avez point cru.

11. Seigneur, répondront-ils, tu nous as fait mourir deux fois et tu nous as ranimés deux fois; nous confessons nos péchés; y a-t-il possibilité de sortir d'ici ?

12. Telle sera votre récompense de ce que vous n'avez point cru quand on vous a prêché le Dieu unique, et que vous avez cru à la doctrine qui lui en associe d'autres. Le jugement suprême appartient au Dieu sublime et grand.

13. C'est lui qui vous fait voir ses miracles, qui vous envoie la nourriture du ciel; mais celui-là seul profite de l'avertissement, qui se tourne vers Dieu.

14. Priez donc Dieu en lui offrant un culte pur, sincère, dussent les infidèles en concevoir du dépit.

15. Sublime possesseur du trône, il envoie son esprit sur quiconque il veut d'entre ses serviteurs, pour l'avertir du jour *de l'entrevue* [1].

16. Le jour où ils sortiront de leurs tombeaux, aucune de leurs actions ne sera cachée devant Dieu, à qui appartient l'empire de ce jour, au Dieu unique et tout-puissant.

17. Le jour où toute âme recevra ce qu'elle aura gagné, il n'y aura point d'injustice ce jour-là. Dieu est prompt à régler les comptes.

18. Avertis-les du jour prochain, du jour où les cœurs, remontant à leur gorge, manqueront de les étouffer.

19. Les méchants n'auront ni ami ni intercesseur que l'on écoute.

20. Dieu connaît les yeux perfides et ce que les cœurs recèlent.

21. Dieu prononce ses arrêts avec justice; ceux qu'ils invoquent à côté de Dieu ne sauraient prononcer dans quoi que ce soit, car Dieu seul entend et connaît tout.

22. N'ont-ils pas voyagé sur la terre? n'ont-ils pas vu quelle fut la fin des peuples qui les ont précédés? *Ces peuples* étaient cependant plus forts qu'eux, et ils ont laissé des monuments plus importants sur la terre; mais Dieu les saisit pour leurs péchés. Nul ne saura les garantir contre Dieu.

23. Car les apôtres vinrent au milieu d'eux, accompagnés de signes évidents, et ils nièrent leur mission. Dieu s'empara d'eux. Il est terrible dans ses châtiments.

24. Nous envoyâmes Moïse, accompagné de nos miracles et d'un pouvoir évident,

25. Vers Pharaon et Haman, et Caron; mais ils dirent : Ce n'est qu'un magicien et un menteur.

26. Lorsqu'il vint à eux, leur apportant la vérité qui venait de nous, ils s'écrièrent : Mettez à mort ceux qui le suivent, n'épargnez que leurs femmes; mais les machinations des infidèles étaient vaines.

27. Laissez-moi tuer Moïse, dit Pharaon; qu'il invoque alors

1. C'est-à-dire du jour de la résurrection.

son Dieu, car je crains qu'il ne vous fasse changer votre religion, ou ne répande la destruction dans ce pays.

28. Moïse répondit : Je cherche asile auprès de celui qui est mon Seigneur et le vôtre, contre les orgueilleux qui ne croient point au jour du compte.

29. Un homme croyant de la famille de Pharaon, mais qui dissimulait sa croyance, leur dit : Tuerez-vous un homme, parce qu'il dit : J'adore Dieu, qui est mon maître, et qui vient accompagné de signes manifestes? S'il est menteur, son mensonge retombera sur lui; s'il dit la vérité, il fera tomber sur vous un de ces malheurs dont il vous menace, car Dieu ne dirige pas les transgresseurs et les menteurs.

30. O mon peuple, continua-t-il, l'empire vous appartient; vous marquez sur la terre; mais qui nous défendra contre la colère de Dieu si elle nous visite? Je ne vous fais voir, répondit Pharaon, que ce que je vois moi-même, et je vous guide sur un chemin droit.

31. L'homme qui avait cru leur dit alors : O mon peuple! je crains pour vous le jour pareil au jour des confédérés,

32. Le jour pareil à celui du peuple de Noé, d'Ad et de Thamoud,

33. Et de ceux qui leur succédèrent. Dieu cependant ne veut point opprimer ses serviteurs.

34. O mon peuple! je crains pour vous le jour où les hommes s'appelleront les uns les autres,

35. Le jour où vous serez repoussés et précipités dans l'enfer. Vous n'aurez alors personne qui vous protège contre Dieu; car celui que Dieu égare, qui lui servira de guide?

36. Joseph était déjà venu au milieu de vous, accompagné de signes évidents; mais vous aviez élevé des doutes sur leur vérité, jusqu'au moment où il mourut. Vous disiez alors : Dieu ne suscitera plus de prophètes après sa mort. C'est ainsi que Dieu égare les transgresseurs, et ceux qui doutent.

37. Ceux qui disputent sur les miracles de Dieu sans avoir reçu aucun argument à l'appui sont haïs de Dieu et des croyants. Dieu appose le sceau sur le cœur de tout homme orgueilleux et rebelle.

38. Pharaon dit à Haman : Construis-moi un palais pour que je puisse atteindre ces régions,

39. Les régions du ciel, et que je monte auprès du Dieu de Moïse, car je le crois menteur.

40. C'est ainsi que les actions criminelles de Pharaon parurent belles à ses yeux; il s'écarta du chemin de Dieu; mais les machinations de Pharaon furent en pure perte.

41. L'homme qui avait cru *d'entre les Egyptiens* leur disait :

O mon peuple! suivez mes conseils, je vous conduirai sur la route droite.

42. O mon peuple! la vie de ce monde n'est qu'un usufruit; celle de l'autre est une demeure durable.

43. Quiconque aura fait le mal recevra une récompense analogue; quiconque aura fait le bien (qu'il soit homme ou femme) et qui aura cru sera au nombre des élus qui entreront au paradis, et y jouiront de tous les biens sans compte.

44. Je vous appelle au salut, et vous m'appelez au feu.

45. Vous m'invitez à ne point croire en Dieu et à lui associer des divinités dont je n'ai aucune connaissance, et moi je vous appelle au Puissant, à l'Indulgent.

46. En vérité, les divinités auxquelles vous m'appelez ne méritent point d'être invoquées ni dans ce monde ni dans l'autre, car nous retournerons tous à Dieu, et les transgresseurs seront livrés au feu.

47. Vous vous souviendrez alors de mes paroles; quant à moi, je me confie tout entier en Dieu qui voit les hommes.

48. Dieu sauva cet homme des machinations qu'ils tramaient contre lui, pendant qu'un plus terrible châtiment enveloppa la famille de Pharaon.

49. Les impies seront amenés devant le feu chaque matin et chaque soir, et lorsque l'heure apparaîtra, on leur dira : Famille de Pharaon, subissez le plus terrible des supplices.

50. Lorsque, au milieu du feu, les impies se disputeront entre eux, les petits de ce monde diront aux grands : Nous vous avions suivis sur la terre, pouvez-vous nous délivrer du feu qui nous est échu en partage ?

51. Et les grands leur répondront : Dieu vient de prononcer entre les hommes.

52. Les réprouvés livrés au feu diront alors aux gardiens de la géhenne : Priez votre Seigneur d'adoucir nos tourments;

53. Mais ceux-ci leur répondront : Ne vous est-il pas venu des envoyés accompagnés de signes évidents. Oui, répondront-ils. Alors, invoquez-les. Mais l'appel des incrédules s'égarera *sur sa route.*

54. Assurément, nous prêterons secours à nos envoyés et à ceux qui auront cru à la vie future, au jour où des témoins seront appelés,

55. Le jour où les excuses des méchants ne leur serviront à rien, où ils seront couverts de malédictions, où la plus affreuse demeure sera leur partage.

56. Nous donnâmes à Moïse *la direction,* et nous mîmes les enfants d'Israël en possession du Livre. C'était pour le faire servir de direction et d'avertissement aux hommes doués de sens.

57. Prends donc patience, *ô Muḥammad*, car les promesses de Dieu sont la vérité même; implore auprès de lui le pardon de tes péchés, et célèbre les louanges de ton Seigneur le soir et le matin.

58. Ceux qui disputent au sujet des miracles de Dieu sans avoir reçu argument à l'appui, qu'ont-ils dans leurs cœurs, si ce n'est l'orgueil ? Mais ils n'atteindront point leur but. Toi, *Muḥammad*, cherche ton refuge auprès de Dieu, car il entend et voit tout.

59. La création des cieux et de la terre est quelque chose de plus grand que la création du genre humain; mais la plupart des hommes ne le savent pas.

60. L'aveugle et l'homme qui voit, l'homme vertueux et le méchant, ne sont point traités également. Combien peu d'hommes réfléchissent.

61. L'heure viendra, il n'y a point de doute là-dessus, et cependant la plupart des hommes n'y croient pas.

62. Dieu a dit : Appelez-moi et je vous répondrai; car ceux qui dédaignent de me servir seront ignominieusement précipités dans la géhenne.

63. C'est Dieu qui vous donne la nuit pour vous reposer, et le jour lumineux. Certes, Dieu est plein de bonté envers les hommes, mais la plupart d'entre eux ne lui sont pas reconnaissants.

64. Ce Dieu est votre Seigneur, créateur de toutes choses; il n'y a point d'autre Dieu que lui; pourquoi donc vous détournez-vous de lui ?

65. Ainsi se détournaient ceux qui niaient ses miracles.

66. C'est Dieu qui vous a donné la terre pour base et le ciel pour édifice; c'est lui qui vous a formés (quelles admirables formes il vous a données!), qui vous nourrit de mets délicieux; ce Dieu est votre Seigneur. Béni soit Dieu le souverain de l'univers!

67. Il est le Dieu vivant, il n'y a pas d'autre Dieu que lui. Invoquez-le donc, en lui offrant un culte pur. Gloire à Dieu, souverain de l'univers.

68. Dis : Il m'a été défendu d'adorer les divinités que vous invoquez à côté de Dieu, depuis que des preuves évidentes me furent venues de Dieu. J'ai reçu l'ordre de me résigner à la volonté du souverain de l'univers.

69. C'est lui qui vous a créés de poussière, puis d'une goutte de sperme, puis d'un grumeau de sang coagulé; il vous fait naître enfants, vous parvenez ensuite à la force de l'âge, puis vous devenez vieux. Tel d'entre vous meurt avant cette époque; ainsi vous atteignez le terme marqué pour chacun; tout cela, afin que vous compreniez.

70. C'est lui qui fait vivre et qui fait mourir; quand il est décidé à faire quelque chose, il dit : Sois, et elle est.

71. As-tu vu ceux qui disputaient au sujet des miracles de Dieu ? que sont-ils devenus ?

72. Ceux qui traitent d'impostures le Livre et les autres révélations que nous avions confiées à nos envoyés connaîtront la vérité un jour,

73. Lorsque des colliers et des chaînes chargeront leurs cous, et qu'ils seront entraînés dans l'enfer, lorsqu'ils seront consumés par le feu.

74. On leur criera alors : Et où sont ceux que vous associiez à Dieu ? Ils répondront : Ils ont disparu de nos yeux, ou plutôt : Nous n'invoquions personne autrefois. C'est ainsi que Dieu égare les infidèles.

75. Voici la rétribution de votre injuste insolence sur la terre et de vos joies immodérées.

76. Entrez dans les portes de la géhenne pour y rester éternellement. Quelle affreuse demeure que celle des orgueilleux!

77. Prends patience, *ô Muḥammad*. Les promesses de Dieu sont la vérité même, et, soit que nous te fassions voir quelques-unes de ces peines dont nous les menaçons, soit que nous te fassions mourir avant ce terme, ils retourneront auprès de nous.

78. Avant toi aussi nous avions envoyé des apôtres; nous t'avons raconté l'histoire de quelques-uns d'entre eux, et il y en a d'autres dont nous ne t'avons rien rapporté. Un envoyé ne peut pas faire éclater un signe de Dieu si ce n'est avec sa permission; mais lorsque Dieu a donné un ordre, il est aussitôt infailliblement accompli; alors périssent ceux qui l'avaient traité de chimère.

79. C'est Dieu qui a créé pour vous les bestiaux; les uns vous servent de montures, et vous mangez la chair des autres.

80. Vous en retirez de nombreux avantages; au moyen d'eux, vous satisfaites aux désirs de vos cœurs. Ils vous servent de montures, et vous êtes portés aussi par les vaisseaux.

81. Dieu vous fait voir ses signes; lequel des signes de Dieu nierez-vous ?

82. Ont-ils voyagé sur la terre, ont-ils remarqué quelle fut la fin de leurs devanciers plus nombreux qu'eux, plus robustes et plus riches en monuments qu'ils ont laissés sur la terre; mais les richesses qu'ils avaient acquises ne leur ont servi à rien.

83. Quand leurs apôtres parurent au milieu d'eux avec des signes évidents, ils se vantaient de la science qu'ils possédaient; mais les châtiments dont ils se riaient les enveloppèrent bientôt.

84. Quand ils virent nos vengeances, ils s'écrièrent : Voici,

nous avons cru en Dieu, et nous ne croyons plus aux divinités que nous lui associions.

85. Mais leur croyance ne leur servit plus à rien au moment où ils voyaient s'accomplir notre vengeance. C'est la coutume de Dieu qui s'était déjà autrefois exercée contre ses serviteurs, et les infidèles périrent.

SOURATE XLI

LES DISTINCTEMENT SÉPARÉS

Donnée à La Mecque. — 54 versets.

Au nom de Dieu clément et miséricordieux.

1. *H. M.* Voici le livre envoyé par le Clément, le Miséricordieux;

2. Un livre dont les versets ont été distinctement séparés, formant un Coran arabe pour les hommes qui ont de l'intelligence :

3. Un livre qui annonce et qui avertit : mais la plupart s'en éloignent et ne veulent pas l'entendre.

4. Ils disent : Nos cœurs sont fermés à la croyance vers laquelle vous nous appelez; la dureté bouche nos oreilles; un voile nous sépare de vous; agis *comme il te plaît, et* nous agirons *comme il nous plaira.*

5. Dis-leur : Oui, sans doute, je suis un homme comme vous, à qui il a été révélé que votre Dieu est le Dieu unique; acheminez-vous droit à lui, et implorez son pardon. Malheur à ceux qui associent *d'autres dieux à Dieu;*

6. Qui ne font point l'aumône et nient la vie future.

7. Ceux qui auront cru et pratiqué la vertu recevront une récompense éternelle.

8. Dis-leur : Ne croirez-vous pas à celui qui a créé la terre dans l'espace de deux jours ? lui donnerez-vous des égaux ? C'est lui qui est le maître de l'univers.

9. Il a établi les montagnes sur sa surface, il l'a béni, il y a distribué des aliments dans quatre jours, également pour tous ceux qui demandent.

10. Puis il est allé s'établir au ciel qui n'était qu'un amas de fumée, et il a crié au ciel et à la terre : Vous avez à venir à moi, obéissants ou malgré vous. — Nous venons en toute obéissance.

11. Alors il partagea le ciel en sept cieux dans l'espace de deux jours : à chaque ciel il révéla ses fonctions. Nous ornâmes de flambeaux le ciel le plus voisin de la terre, et le pourvûmes de gardiens. Tel était le décret du Puissant, du Savant.

12. S'ils s'éloignent pour ne pas entendre, dis-leur : Je vous annonce la tempête pareille à la tempête de 'Ād et de Thamoud.

13. Lorsque des apôtres s'élevaient de tous côtés au milieu d'eux et leur criaient : N'adorez que Dieu, ils répondaient : Si Dieu avait voulu *nous convertir*, il nous aurait envoyé des anges. Nous ne croyons pas à votre mission.

14. 'Ãd s'était injustement enflé d'orgueil sur la terre; ses enfants disaient : Qui donc est plus fort que nous ? N'ont-ils pas réfléchi que Dieu qui les avait créés était plus fort qu'eux ? Ils niaient nos miracles.

15. Nous envoyâmes contre eux un vent impétueux pendant des jours néfastes pour leur faire subir le châtiment de l'ignominie dans ce monde. Le châtiment de l'autre est encore plus ignominieux : ils ne trouveront personne qui les en défende.

16. Nous avions d'abord dirigé Thamoud, mais il préféra l'aveuglement à la direction. Une tempête du châtiment ignominieux fondit sur ses peuples en punition de leurs œuvres.

17. Nous sauvâmes ceux qui croyaient et craignaient Dieu.

18. Avertis-les du jour où les ennemis de Dieu seront rassemblés devant le feu et marcheront par bandes.

19. Quand ils y seront, leurs oreilles et leurs yeux et leurs peaux *témoigneront* contre eux de leurs actions.

20. Ils diront à leurs peaux : Pourquoi témoignez-vous contre nous; et leurs peaux répondront : C'est Dieu qui nous fait parler, ce Dieu qui a donné la parole à tout être, Il les a créés la première fois, et vous retournerez à lui.

21. Vous ne pouviez vous voiler au point que vos oreilles, vos yeux et vos peaux ne témoignassent contre vous, et vous vous êtes imaginé que Dieu ignorera une grande partie de vos actions.

22. C'est cette fausse opinion de Dieu dont vous vous êtes bercés qui vous a ruinés; vous êtes entièrement perdus.

23. Qu'ils supportent le feu avec constance, il n'en restera pas moins leur demeure; qu'ils implorent le pardon de Dieu, ils n'en seront pas plus exaucés.

24. Nous leur attachâmes des compagnons inséparables qui ont tout embelli à leurs yeux. La sentence accomplie sur des générations qui les ont précédés, hommes et génies, sera aussi accomplie sur eux, et ils seront perdus.

25. Les infidèles disent : N'écoutez pas la lecture du Coran, ou bien : Parlez haut pour couvrir la voix de ceux qui le lisent.

26. Nous ferons subir aux infidèles un châtiment terrible.

27. Nous rétribuerons avec usure leurs mauvaises actions.

28. La récompense des ennemis de Dieu, c'est le feu; il leur servira d'éternelle demeure, parce qu'ils ont nié nos miracles.

29. Ils crieront alors : Seigneur, montre-nous ceux qui nous avaient égarés, hommes ou génies : nous les jetterons sous nos pieds, afin qu'ils soient abaissés.

30. Mais ceux qui s'écrient : Notre Seigneur est Dieu, et qui s'acheminent vers lui, reçoivent les visites des anges qui leur disent : Ne craignez rien et ne vous affligez pas; réjouissez-vous du paradis qui vous a été promis.

31. Nous sommes vos protecteurs dans ce monde et dans l'autre; vous y aurez tout ce que vos cœurs désirent, tout ce que vous demanderez,

32. Comme une réception de l'Indulgent, du Miséricordieux.

33. Qui est-ce qui tient un plus beau langage que celui qui invoque Dieu, qui fait le bien et s'écrie : Je suis de ceux qui se résignent à la volonté de Dieu.

34. Le mal et le bien ne sauraient marcher de pair. Rends le bien pour le mal, et tu verras ton ennemi se changer en protecteur et ami.

35. Mais nul autre n'atteindra cette perfection, excepté le persévérant; nul autre ne l'atteindra, excepté l'heureux.

36. Si le démon te sollicite au mal, cherche un asile auprès de Dieu, car il entend et sait tout.

37. Du nombre de ses miracles est la nuit et le jour, le soleil et la lune; ne vous prosternez donc ni devant le soleil ni devant la lune, mais devant ce Dieu qui les a créés, si vous voulez le servir.

38. S'ils sont trop orgueilleux pour le faire, ceux qui sont auprès de Dieu célèbrent ses louanges la nuit et le jour, et ne se lassent jamais.

39. C'est encore un de ses miracles, quand tu vois la terre comme abattue; mais aussitôt que l'eau du ciel descend sur elle, elle s'émeut et se gonfle. Celui qui l'a ranimée ranimera les morts, car il est tout-puissant.

40. Ceux qui méconnaissent mes signes ne sauront se soustraire à notre connaissance. L'impie condamné au feu sera-t-il mieux partagé que celui qui se présentera en toute sûreté au jour de la résurrection. Faites ce que vous voulez, Dieu voit vos actions.

41. Ceux qui ne croient point au livre qui leur a été donné *sont coupables* : c'est un livre précieux.

42. Le mensonge ne l'atteindra pas, de quel côté qu'il vienne ; c'est une révélation du Sage, du Glorieux.

43. Les invectives que l'on t'adresse ne sont pas différentes de celles dont on accablait des envoyés qui t'ont précédé ; mais certes, Dieu qui pardonne inflige aussi des supplices terribles.

44. Si nous avions fait de ce Coran un livre écrit en langue étrangère, ils auraient dit : Si, au moins, les versets de ce livre étaient clairs et distincts, mais c'est un livre en langue barbare, et celui qui l'enseigne est un Arabe. Réponds-leur : C'est une

direction et un remède à ceux qui croient; pour les infidèles, la dureté siège dans leurs oreilles, et ils ne le voient pas : ils ressemblent à ceux que l'on apelle de loin.

45. Nous avions déjà donné le Livre à Moïse; il s'éleva des disputes à son sujet. Si la parole *de délai* n'avait pas été prononcée antérieurement, leur différend aurait déjà été décidé, car ils étaient dans le doute.

46. Quiconque fait le bien le fait à son avantage; celui qui fait le mal le fait à son détriment, et Dieu n'est point le tyran des hommes.

47. La connaissance de l'heure est auprès de lui seul; aucun fruit ne sort de son noyau, aucune femelle ne porte et ne met bas, sans sa connaissance. Le jour où Dieu leur criera : Où sont mes compagnons, ces dieux que vous m'associiez? ils répondront : Nous n'avons entendu rien de pareil parmi nous.

48. Les divinités qu'ils invoquaient autrefois auront disparu de leurs yeux; ils reconnaîtront qu'il n'y aura plus de refuge pour eux.

49. L'homme ne se lasse pas de solliciter le bien auprès de Dieu; mais qu'un malheur le visite, il se désespère, il doute.

50. Si, après l'adversité, nous lui faisons goûter les bienfaits de notre miséricorde, il dit : C'est ce qui m'était dû; je n'estime pas que l'heure arrive jamais; et si je retourne à Dieu, il me réserve une belle récompense. Nous ferons connaître aux infidèles leurs actions, et nous leur ferons éprouver un châtiment douloureux.

51. Lorsque nous avons accordé une faveur à l'homme, il s'éloigne, il s'écarte; lorsqu'un malheur l'atteint, il adresse d'humbles prières.

52. Dis-leur : Que vous en semble ? Si le Coran vient de Dieu, et vous ne croyez pas en lui, dites : Y a-t-il un homme plus égaré que celui qui s'en sépare?

53. Nous ferons éclater nos miracles sur les différentes contrées de la terre et sur eux-mêmes, jusqu'à ce qu'il leur soit démontré que le Coran est la vérité. Ne te suffit-il pas du témoignage de ton Seigneur ?

54. Ne doutent-ils pas de la comparution devant Dieu ? Et Dieu n'embrasse-t-il pas l'univers ?

SOURATE XLII

LA DÉLIBÉRATION

Donnée à La Mecque. — 53 versets.

Au nom de Dieu clément et miséricordieux.

1. H. M. A'. S. K. C'est ainsi que Dieu, le Puissant, le Sage, te révèle ses ordres, comme il les révélait aux apôtres qui t'ont précédé.

2. Tout ce qui est dans les cieux et sur la terre lui appartient. Il est le Très-Haut, le Grand.

3. Peu s'en faut que les cieux ne se fendent à leur voûte, de respect devant lui; les anges célèbrent ses louanges; tous les êtres de la terre le louent. Dieu n'est-il pas indulgent et miséricordieux?

4. Dieu surveille ceux qui invoquent d'autres protecteurs que lui. Tu n'es point leur avocat.

5. C'est pour cela que nous te révélâmes un livre en langue arabe, afin que tu avertisses la mère des cités [1] et les peuples d'alentour, que tu les avertisses du jour de la réunion, dont on ne saurait douter. Les uns alors entreront dans le paradis et les autres dans l'enfer.

6. Si Dieu avait voulu, il n'aurait établi qu'un seul peuple *professant la même religion;* mais il embrassera les uns dans sa miséricorde, tandis que les méchants n'auront ni protecteur ni défenseur.

7. Prendront-ils pour patrons d'autres que lui ? Cependant c'est Dieu qui est le véritable protecteur; il fait vivre et il fait mourir, et il est tout-puissant.

8. Quel que soit l'objet de leurs disputes, la décision en appartient à Dieu seul. C'est Dieu mon Seigneur; j'ai mis ma confiance en lui, et je retournerai à lui.

9. Architecte des cieux et de la terre, il vous a donné des compagnes formées de vous-mêmes, comme il a créé des couples dans l'espèce des animaux; il vous multiplie par ce moyen. Rien ne lui ressemble; il entend et voit tout.

---

1. Nom donné à La Mecque, et qui veut dire métropole.

10. Il a les clefs du ciel et de la terre; il verse ses dons à pleines mains, ou les départit dans une certaine mesure, car il sait tout.

11. Il a établi pour vous une religion qu'il recommanda à Noé; c'est celle qui t'est révélée, ô Muḥammad! c'est celle que nous avons recommandée à Abraham, à Moïse, à Jésus, en leur disant : Observez cette religion, ne vous divisez pas en sectes. Elle est pénible aux idolâtres,

12. La religion à laquelle tu les invites. Dieu choisit pour l'embrasser ceux qu'il veut, et il dirige ceux qui se convertissent à lui.

13. Ils ne se sont divisés en sectes que depuis qu'ils ont reçu la science, et c'est par jalousie. Si la parole de Dieu qui fixe le châtiment à un terme marqué n'eût pas été prononcée, leurs différends auraient été déjà décidés, bien que ceux qui ont hérité des Ecritures après eux soient dans le doute à cet égard.

14. C'est pourquoi invite-les à cette religion, et marche droit comme tu en as reçu l'ordre; n'obéis point à leurs désirs, et dis-leur : Je crois au livre que Dieu a révélé; j'ai reçu l'ordre de prononcer entre vous en toute justice. Dieu est mon Seigneur et le vôtre; j'ai mes œuvres et vous avez les vôtres; point de dispute entre nous. Dieu nous réunira tous, car il est le terme de toutes choses.

15. Pour ceux qui disputent au sujet de Dieu, après qu'ils se sont soumis à sa religion, leurs disputes seront vaines devant Dieu; sa colère les atteindra, et ils subiront un châtiment terrible.

16. Dieu a fait descendre du ciel le livre véritable et la balance; qui te l'a dit ? Peut-être l'heure n'est pas éloignée.

17. Ceux qui ne croient pas veulent la hâter; ceux qui croient tremblent à son souvenir, car ils savent qu'elle est vraie. Oh! que ceux qui doutent de l'heure sont égarés!

18. Dieu est plein de bonté envers ses serviteurs; il donne la nourriture à qui il veut; il est le Fort, le Puissant.

19. Celui qui veut labourer le champ de l'autre vie en obtiendra un plus étendu; celui qui désire cultiver le champ de ce monde l'obtiendra également, mais il n'aura aucune part dans l'autre.

20. N'auraient-ils pas eu par hasard des compagnons qui établirent une religion sans la permission de Dieu ? Si ce n'était la parole de la bonté infinie, leur sort aurait été déjà décidé, car les méchants subiront un supplice terrible.

21. Un jour tu verras les méchants trembler à cause de leurs œuvres, et le châtiment les atteindra; mais ceux qui croient et pratiquent le bien habiteront les parterres des jardins; ils auront chez leur Seigneur tout ce qu'ils désireront. C'est une faveur immense.

22. Voilà ce que Dieu promet à ses serviteurs qui croient et

font le bien. Dis-leur : Je ne vous demande pour récompense de mes prédications, que l'amour envers mes parents. Quiconque aura fait une bonne œuvre obtiendra le mérite d'une bonne œuvre de plus, car Dieu est indulgent et reconnaissant.

23. Diront-ils : Muḥammad a forgé un mensonge sur le compte de Dieu ? Certes, Dieu, si cela lui plaît, peut apposer un sceau sur ton cœur [1], effacer lui-même le mensonge, et affermir la vérité par ses ordres ; car il connaît ce qui est au fond des cœurs.

24. C'est lui qui accueille le repentir de ses serviteurs, qui pardonne leurs péchés ; il sait ce que vous faites.

25. Il exauce ceux qui croient et pratiquent le bien ; il les comblera de ses faveurs. Le châtiment terrible est réservé aux incrédules.

26. Si Dieu versait à pleines mains ses dons sur les hommes, ils deviendraient insolents sur la terre ; il les leur départit à mesure, autant qu'il lui plaît, car il est instruit de la condition de ses serviteurs.

27. Quand ils désespèrent de la pluie, c'est lui qui la leur envoie par averses ; il répand ses faveurs. Il est le Protecteur, le Glorieux.

28. La création des cieux et de la terre, des animaux dispersés dans toute leur étendue, est un de ses prodiges. Il peut les réunir autour de lui, aussitôt qu'il le voudra.

29. De lui viennent les malheurs qui vous visitent pour prix de vos œuvres : encore il vous en pardonne beaucoup.

30. Vous ne prévaudrez pas contre lui sur la terre ; vous n'avez point de protecteur ni d'appui en dehors de Dieu.

31. C'est un de ses prodiges que ces vaisseaux qui fendent rapidement les flots et s'élèvent comme des montagnes ; s'il voulait, il calmerait le vent, les navires resteraient immobiles à la surface des eaux (certes, il y a dans ceci des signes pour tout homme constant et reconnaissant),

32. Ou bien il les briserait ; mais il pardonne tant de péchés !

33. Ceux qui se disputent au sujet de nos miracles apprendront un jour qu'il n'y aura point de refuge pour eux.

34. Tous les biens que vous avez reçus ne sont qu'un usufruit ; ce que Dieu tient en réserve vaut mieux et est plus durable : ces dons sont réservés aux croyants qui mettent leur confiance en Dieu ;

35. Qui évitent les grands péchés et les actions infâmes ; qui, emportés par la colère, savent pardonner ;

36. Qui se soumettent à Dieu, observent les prières, qui déli-

1. Ces paroles, que les commentateurs expliquent différemment, me semblent vouloir dire que Dieu, sans se servir des prédications de Muḥammad, peut lui-même prêcher et convertir les hommes.

bèrent en commun sur leurs affaires, et font des largesses des
biens que nous leur avons accordés;

37. Qui, ayant reçu un outrage, se défendent.

38. Mais la vengeance d'une injure doit être égale à l'injure.
Celui qui pardonne entièrement et se réconcilie avec son ennemi
trouvera sa récompense auprès de Dieu. Dieu n'aime pas les
méchants.

39. Quiconque venge une injure reçue ne sera point poursuivi;

40. Car on ne saurait poursuivre que ceux qui oppriment les
hommes, agissent avec violence et contre toute justice. Un châtiment douloureux les attend.

41. C'est la sagesse de la vie que de supporter avec patience
et de pardonner.

42. Celui que Dieu égare, comment trouvera-t-il un autre
protecteur? Tu verras comment les méchants,

43. A la vue des supplices, s'écrieront : N'y a-t-il plus moyen
de retourner sur la terre?

44. Tu les verras amenés devant le lieu du supplice, les yeux
baissés et couverts d'opprobre; ils jetteront des regards furtifs.
Les croyants diront : Voilà ces malheureux qui ont perdu eux-
mêmes et leurs familles. Au jour de la résurrection, les méchants
ne seront-ils pas livrés au supplice éternel?

45. Pourquoi ont-ils cherché d'autres protecteurs que Dieu?
Celui que Dieu égare, comment retrouvera-t-il le chemin?

46. Obéissez donc à Dieu avant que le jour arrive, jour que
Dieu ne voudra pas reculer. Ce jour-là vous n'aurez point d'asile.
Vous ne pourrez nier vos œuvres.

47. S'ils se détournent avec dédain, tu n'es point chargé, ô
Muḥammad, de veiller sur eux. Ton devoir est de les prêcher. Si
nous accordons quelque faveur à l'homme, il se réjouit; mais
qu'un malheur, rétribution de ses propres œuvres, le visite, il
blasphème.

48. Le royaume des cieux et de la terre appartient à Dieu. Il
crée ce qu'il veut; il accorde aux uns des filles, il donne aux autres
des enfants mâles;

49. Ou bien il donne à celui qu'il veut des fils et des filles, et
il rend stérile tel autre. Il est savant, puissant.

50. Dieu ne parle jamais à l'homme, si ce n'est par inspiration
ou derrière un voile.

51. Ou bien il envoie un apôtre à qui il révèle ce qu'il veut.
Il est sublime et sage.

52. C'est ainsi que par notre volonté l'esprit t'a parlé, à toi,
qui ne savais pas ce que c'était que le livre ou la religion. Nous
en avons fait une lumière à l'aide de laquelle nous dirigeons ceux

d'entre nos serviteurs qu'il nous plaît. Toi aussi dirige-les vers le sentier droit;

53. Vers le sentier de Dieu, de celui à qui appartient tout ce qui est dans les cieux et sur la terre. Toutes choses ne retourneront-elles pas à Dieu ?

SOURATE XLIII

LES ORNEMENTS

Donnée à La Mecque. — 89 versets.

Au nom de Dieu clément et miséricordieux.

1. J'en jure par le livre évident.

2. Nous l'avons envoyé en langue arabe, afin que vous le compreniez.

3. L'original [1] est auprès de nous; il est sublime, sage.

4. Nous priverons-nous de l'instruction, parce que vous êtes prévaricateurs ?

5. Combien avons-nous envoyé d'apôtres dans les siècles précédents ?

6. Pas un seul n'échappa à leurs railleries.

7. Nous avons exterminé des nations plus puissantes que les Mecquois. Ils ont sous les yeux l'exemple des anciens.

8. Si tu leur demandes qui est le créateur du ciel et de la terre, ils répondront : c'est le Puissant, le Sage, qui les a créés.

9. C'est lui qui a étendu la terre comme un tapis, et y créa des chemins pour vous guider.

10. C'est lui qui verse la pluie avec mesure. Par cette eau, nous ressuscitons la terre morte. C'est ainsi que vous aussi vous serez ressuscités.

11. C'est lui qui a créé toutes les espèces, qui vous donne les animaux et les vaisseaux pour vous porter.

12. Vous pouvez vous y établir commodément. Souvenez-vous donc des bienfaits de votre Seigneur. Quand vous y êtes assis, dites : Gloire à celui qui nous a soumis *ces animaux et ces vaisseaux :* autrement nous n'aurions pu y parvenir.

13. Nous retournerons à notre Seigneur.

14. Cependant ils lui ont attribué des enfants parmi ses serviteurs. L'homme est vraiment ingrat !

15. Dieu aurait-il pris des filles parmi ses créatures, et vous aurait-il choisis pour ses fils ?

16. Et cependant, quand on annonce à l'un d'entre eux la

---

1. Mot à mot : la mère du livre.

naissance d'un être qu'il attribue à Dieu [1], sa figure se couvre de tristesse, et il est oppressé par la douleur.

17. Attribuez-vous à Dieu des créatures qui comptent comme un simple ornement, ou qui sont la cause de querelles mal fondées?

18. Ils regardent les anges qui sont serviteurs de Dieu comme des femmes. Ont-ils été témoins de leur création? Leur témoignage sera consigné, et on les interrogera un jour là-dessus.

19. Si Dieu avait voulu, nous ne les aurions jamais adorés. — Qu'en savent-ils? ils blasphèment.

20. Leur avons-nous donné un livre *qui l'enseigne*, et qu'ils auraient conservé jusqu'ici?

21. Point du tout. — Mais ils disent : Nous avons trouvé nos pères pratiquant ce culte, et nous nous guidons sur leurs pas.

22. Il en fut ainsi avant toi. Toutes les fois que nous avons envoyé des apôtres pour prêcher quelque cité, ses plus riches habitants leur disaient : Nous avons trouvé nos pères suivant ce culte, et nous marchons sur leurs pas.

23. Dis-leur : Et si je vous apporte un culte plus droit que celui de vos pères? Ils diront : Non, nous ne croyons pas à ta mission.

24. Nous avons tiré vengeance de ces peuples. Vois quelle a été la fin de ceux qui ont traité nos envoyés d'imposteurs.

25. Souviens-toi de ce que dit Abraham à son père et à son peuple : Je suis innocent de votre culte.

26. Je n'adore que celui qui m'a créé; il me dirigera sur le chemin droit.

27. Il a établi cette parole comme une parole qui devait rester éternellement après lui parmi ses enfants, afin qu'ils retournent à Dieu.

28. J'ai permis aux Mecquois et à leurs pères de jouir des biens terrestres jusqu'à ce que la vérité et l'apôtre véritable viennent au milieu d'eux.

29. Mais lorsque la vérité leur apparut, ils s'écrièrent : Ce n'est que de la sorcellerie, nous n'y croyons pas.

30. Ils disent : Si au moins le Coran avait été révélé à un des hommes puissants des deux villes (La Mecque et Médine), nous aurions pu y croire.

31. Sont-ils distributeurs des faveurs divines? C'est nous qui leur distribuons leur subsistance dans ce monde; nous les élevons les uns au-dessus des autres, afin que les uns prennent les autres pour les servir. Mais la miséricorde de Dieu vaut mieux que les biens qu'ils ramassent.

32. Sans la crainte que tous les hommes ne devinssent un seul

---

1. Les Arabes disaient que les anges étaient les filles de Dieu, et cependant ils regardaient la naissance d'une fille comme une calamité.

peuple d'infidèles, nous aurions donné à ceux qui ne croient point en Dieu, des toits d'argent à leurs maisons, et des escaliers en argent pour y monter;

33. Et des portes d'argent et des sièges pour qu'ils s'y reposent à leur aise;

34. Et des ornements en or. Tout ceci n'est qu'une jouissance passagère de cette vie, car la vie future, ton Seigneur la réserve aux pieux.

35. Celui qui cherchera à se soustraire aux exhortations du Très-Haut, nous lui attacherons Satan avec une chaîne; il sera son compagnon inséparable

36. Les démons le détourneront du sentier de Dieu, et croiront cependant suivre le droit chemin,

37. Jusqu'au moment où, arrivé devant nous, l'homme s'écriera : Plût à Dieu qu'il y eût entre moi et Satan la distance des deux levers du soleil. Quel détestable compagnon que Satan!

38. Mais *ces regrets* ne vous serviront à rien dans ce jour; si vous avez été injustes, vous serez encore compagnons dans le supplice.

39. Saurais-tu, ô Muḥammad, faire entendre le sourd, et diriger l'aveugle et l'homme plongé dans l'égarement inextricable ?

40. Soit que nous t'éloignions du milieu d'eux, nous en tirerons vengeance.

41. Soit que nous te rendions témoin de l'accomplissement de nos menaces, nous les tenons en notre pouvoir.

42. Attache-toi fermement à ce qui t'a révélé, car tu es sur le sentier droit.

43. Le Coran est une admonition pour toi et pour ton peuple. Un jour on vous en demandera compte.

44. Interroge les apôtres que nous avons envoyés avant toi, si nous leur avons choisi d'autres dieux que Dieu pour les adorer.

45. Nous envoyâmes Moïse, accompagné de nos signes, vers Pharaon et les grands de son empire. Je suis, leur dit-il, l'envoyé du souverain de l'univers.

46. Lorsqu'il se présenta devant eux avec nos signes, ils s'en moquèrent.

47. Tous ces miracles étaient plus surprenants les uns que les autres. Nous les visitâmes de supplices afin qu'ils se convertissent.

48. Ils dirent une fois à Moïse : O magicien, prie ton Seigneur de faire ce qu'il a promis, car nous voilà sur la droite voie.

49. Et à peine les avons-nous délivrés du malheur qu'ils ont violé leurs engagements.

50. Pharaon fit proclamer à son peuple ses paroles : O mon peuple! le royaume d'Egypte et ces fleuves qui coulent à mes pieds, ne sont-ils pas à moi, ne le voyez-vous pas ?

51. Ne suis-je pas plus fort que cet homme méprisable,

52. Et qui à peine peut s'exprimer ?

53. Si au moins on lui voyait des bracelets d'or, s'il était lié avec des anges.

54. Pharaon inspira de la légèreté à ses peuples, et ils lui obéirent, car ils étaient pervers.

55. Mais quand ils provoquèrent notre colère, nous tirâmes vengeance d'eux, et nous les submergeâmes tous.

56. Nous en avons fait un exemple et la fable de leurs successeurs.

57. Si l'on propose à ton peuple le fils de Marie pour exemple, ils ne veulent pas en entendre parler.

58. Ils disent : Nos dieux valent-ils mieux que le Fils de Marie [1], ou le fils de Marie que nos dieux ? Ils ne proposent cette question que par esprit de dispute, car ils sont querelleurs.

59. Jésus n'est qu'un serviteur (homme) que nous avons comblé de nos faveurs, et que nous proposâmes comme exemple aux enfants d'Israël.

60. (Si nous voulions, nous aurions produit de vous-mêmes [2] des anges pour vous succéder sur la terre.)

61. Il sera l'indice de l'approche de l'heure. N'en doutez donc pas, suivez-moi, car c'est le chemin droit.

62. Que Satan ne vous en détourne pas, car il est votre ennemi déclaré.

63. Quand Jésus vint au milieu des hommes, accompagné de signes, il dit : Je vous apporte la sagesse, et je viens vous expliquer ce qui est l'objet de vos disputes. Craignez donc Dieu, et obéissez-moi.

64. Dieu est mon Seigneur et le vôtre, adorez-le ; c'est le chemin droit.

65. Les confédérés [3] se mirent à disputer entre eux. Malheur au méchant le jour du châtiment douloureux.

66. Qu'attendent-ils donc ? Est-ce l'heure qui les surprendra à l'improviste, quand ils ne s'y attendront pas ?

67. Les amis les plus intimes deviendront ennemis dans ce jour ; il en sera autrement avec ceux qui craignent.

68. O mes serviteurs ! vous n'aurez rien à redouter dans ce jour, vous ne serez point affligés.

69. Vous qui croyiez à nos signes, qui étiez résignés à notre volonté, on vous dira :

1. Ceci a trait à l'objection artificieuse que faisaient les idolâtres à Muḥammad quand il leur disait que leurs idoles seront précipitées dans le feu. Ils lui demandèrent si Jésus, regardé comme Dieu, aurait le même sort.
2. Comme nous avons fait naître Jésus sans père.
3. Par ces mots, Muḥammad entend ici les différentes sectes, soit juives, soit chrétiennes.

70. Entrez dans le paradis, vous et vos compagnes, réjouissez-vous.

71. On leur présentera à la ronde des vases d'or et des coupes remplies de tout ce que leur goût pourra désirer, et tout ce qui charmera leurs yeux; ils y vivront éternellement.

72. Voici le jardin que vous recevez en héritage pour prix de vos œuvres.

73. Vous y avez des fruits en abondance : nourrissez-vous-en.

74. Les méchants éprouveront éternellement le supplice de la géhenne.

75. On ne le leur adoucira pas, ils seront plongés dans le désespoir.

76. Ce n'est pas nous qui les avons traités injustement, ils ont été iniques envers eux-mêmes.

77. Ils crieront : O Malek [1]! que ton Seigneur mette un terme à nos supplices. Non, répondra-t-il, vous y resterez.

78. Nous vous apportâmes la vérité; mais la plupart d'entre vous avaient de l'aversion pour la vérité.

79. Si les infidèles tendent des pièges, nous leur en tendrons aussi.

80. S'imaginent-ils que nous ne connaissons pas leurs secrets, les paroles qu'ils se disent à l'oreille. Oui, nos envoyés qui sont au milieu d'eux inscrivent tout.

81. Dis : Si Dieu avait un fils, je serais le premier à l'adorer.

82. Gloire au souverain des cieux et de la terre, Souverain du trône! loin de lui ce qu'ils lui attribuent!

83. Laisse-les tenir des discours frivoles, et se divertir jusqu'à ce qu'ils se trouvent face à face avec le jour dont on les menace.

84. Il est celui qui est Dieu dans le ciel, Dieu sur la terre. Il est savant et sage.

85. Béni soit celui à qui appartient tout ce qui est dans les cieux, sur la terre, et dans l'intervalle qui les sépare! Lui seul a la connaissance de l'heure; c'est à lui que vous retournerez.

86. Ceux que vous invoquez à côté de Dieu ne pourront intercéder en faveur de personne; celui seul le pourra, qui a témoigné de la vérité. Les infidèles l'apprendront.

87. Si tu les interroges en leur disant : Qui vous a créés? Ils répondront : C'est Dieu. Pourquoi donc mentent-ils?

88. Dieu a entendu ces paroles de Muḥammad : Seigneur, le peuple ne croit pas, *et il a répondu :*

89. Eh bien, éloigne-toi d'eux, et dis-leur : La paix soit avec vous! et ils apprendront la vérité.

1. Malek est l'ange qui préside aux tourments des réprouvés.

SOURATE XLIV

LA FUMÉE

Donnée à La Mecque. — 59 versets.

Au nom de Dieu clément et miséricordieux.

1. H. M. J'en jure par le livre de l'évidence.
2. Nous l'avons envoyé dans une nuit bénie, nous qui avons voulu avertir les hommes;
3. Dans une nuit où toute œuvre sage est décidée une à une [1].
4. Ce livre est un ordre qui vient de notre part; nous envoyons des apôtres *à des intervalles fixés.*
5. Il est la preuve de la miséricorde de ton Seigneur, qui entend et connaît tout;
6. Du seigneur des cieux et de la terre, et de tout ce qui est entre eux, si vous y croyez fermement.
7. Il n'y a point d'autre Dieu que lui, qui fait revivre et qui fait mourir. C'est votre Seigneur, et le Seigneur de vos pères, les anciens.
8. Mais, plongés dans le doute, il s'en font un jeu.
9. Observe-les au jour où le ciel fera surgir une fumée visible à tous,
10. Qui couvrira tous les hommes. Ce sera le châtiment douloureux.
11. Seigneur, s'écrieront-ils, détourne de nous ce fléau, nous sommes croyants.
12. Qu'ont-ils fait des avertissements, lorsqu'un apôtre véritable vint à eux ?
13. Et qu'ils lui tournèrent le dos en disant : C'est un homme instruit par d'autres, c'est un possédé.
14. Que nous ôtions seulement quelque peu du fléau *prêt à les anéantir*, ils retourneront à *l'infidélité.*
15. Le jour où nous agirons avec une terrible violence, nous en tirerons vengeance.
16. Déjà, avant eux, nous éprouvâmes Pharaon, et un apôtre glorieux fut envoyé vers ce peuple.

---

1. Cette nuit, que les musulmans croient être celle du 23 et du 24 de Ramadan, tout ce qui doit arriver l'année suivante est décidé et fixé.

17. Il leur disait : Laissez partir avec moi les serviteurs de Dieu ; je viens vers vous comme apôtre digne de confiance.

18. Ne vous élevez pas au-dessus de Dieu ; je viens vers vous muni d'un pouvoir incontestable.

19. Je chercherai asile auprès de celui qui est mon Seigneur et le vôtre, pour que vous ne me lapidiez pas.

20. Si vous n'êtes pas croyants, séparez-vous de moi.

21. Il (Moïse) adressa alors des prières à Dieu. C'est un peuple coupable, disait-il.

22. Emmène mes serviteurs, lui dit Dieu pendant la nuit. Les Égyptiens vous poursuivront.

23. Laisse les flots de la mer ouverts, l'armée ennemie y sera engloutie.

24. Combien de jardins et de fontaines n'ont-ils pas abandonnés ?

25. De champs ensemencés et d'habitations superbes ?

26. De délices où ils passaient agréablement leur vie ?

27. Telle était leur condition ; mais nous en avons donné l'héritage à un peuple étranger.

28. Les cieux ni la terre n'ont point pleuré sur eux ; leur punition ne fut point différée.

29. Nous délivrâmes les enfants d'Israël de peines humiliantes,

30. De Pharaon, prince orgueilleux et impie.

31. Nous les choisîmes à bon escient, d'entre tous les peuples de l'univers.

32. Nous leur fîmes voir des miracles qui étaient pour eux une épreuve évidente.

33. Mais les incrédules diront :

34. Il n'y a qu'une seule mort, la première, et nous ne serons point ressuscités.

35. Faites donc revenir nos pères, si ce que vous dites est vrai, *disent les incrédules.*

36. Valent-ils mieux que le peuple de *Tobba* [1],

37. Et les générations qui les ont précédés ? Nous les exterminâmes, parce qu'ils étaient coupables.

38. Nous n'avons point créé les cieux et la terre, et tout ce qui est entre eux, pour nous en faire un jeu.

39. Nous les avons créés dans la vérité (sérieusement), mais la plupart d'entre eux ne le savent pas.

40. Au jour de la décision, vous comparaîtrez tous.

41. Dans ce jour, le maître ne saura satisfaire pour le serviteur ; ils n'auront aucun secours à attendre.

1. Tobba est un nom commun donné aux rois qui régnèrent dans le Yémen, et auxquels on attribue des conquêtes.

42. Le secours ne sera accordé qu'à ceux dont Dieu aura eu pitié. Il est puissant et miséricordieux.

43. L'arbre de Zaqqoum

44. Sera la nourriture du coupable.

45. Il bouillonnera dans leurs entrailles comme un métal fondu,

46. Comme bouillonne l'eau bouillante.

47. On criera *aux bourreaux* : Saisissez les méchants, et précipitez-les au plus terrible lieu de l'enfer.

48. Et versez sur leurs têtes le tourment d'eau bouillante;

49. En criant *à chacun d'eux* : Subis ce tourment, toi qui as été puissant et honoré *sur la terre.*

50. Voici les tourments que vous révoquiez en doute.

51. Les hommes pieux seront dans un lieu sûr,

52. Au milieu de jardins et de sources d'eau,

53. Revêtus d'habits de soie et de satin, et placés les uns en face des autres.

54. Telle sera leur condition, et de plus, nous leur donnerons pour épouses des femmes aux yeux noirs.

55. Ils s'y feront servir toute sorte de fruits, et ils en jouiront en sûreté.

56. Ils n'y éprouveront plus de mort après l'avoir subie une fois. Dieu les préservera des tourments.

57. C'est une faveur que Dieu vous accorde, c'est un bonheur ineffable.

58. Nous l'avons facilité en te le donnant dans ta langue, afin que les hommes réfléchissent.

59. Veille donc, ô Muḥammad; car eux aussi veillent et épient *les événements.*

SOURATE XLV

LA GÉNUFLEXION

Donnée à La Mecque. — 36 versets.

Au nom de Dieu clément et miséricordieux.

1. Ḥ. M. La révélation du livre vient du Dieu puissant et sage.

2. Il y a dans les cieux et sur la terre des signes d'avertissements pour les croyants.

3. Dans votre création, dans celle des animaux répandus sur la terre, il y a des signes pour le peuple qui croit fermement.

4. Dans la succession de la nuit et du jour, dans les bienfaits que Dieu envoie du ciel et par lesquels il vivifie la terre naguère morte, dans la direction qu'il imprime aux vents, il y a des signes pour les hommes qui ont de l'intelligence.

5. Ce sont des enseignements de Dieu; nous te les récitons en toute vérité : à quoi donc croiront les *infidèles*, s'ils rejettent Dieu et ses miracles ?

6. Malheur à tout menteur et impie,

7. Qui entend la lecture des enseignements de Dieu, et persévère néanmoins dans l'orgueil, comme s'il ne les avait jamais entendus. Annonce à celui-là un châtiment cruel,

8. A celui qui, lorsqu'il apprend quelques-uns de nos enseignements, les prend pour objet de ses railleries. Un châtiment humiliant est réservé à ces hommes.

9. La géhenne est derrière eux; leurs richesses ne leur serviront à rien, ni ceux non plus qu'ils ont pris pour patrons à l'exclusion de Dieu. Un châtiment terrible les attend.

10. Voilà la règle qui sert de guide. Le châtiment des peines douloureuses est préparé à ceux qui ne croient pas aux signes de Dieu.

11. C'est Dieu qui vous a assujetti la mer pour que les vaisseaux la fendent à son ordre, afin que vous obteniez les dons de sa libéralité, et que vous soyez reconnaissants.

12. Il vous a soumis tout ce qui est dans les cieux et sur la terre; tout vient de lui. Il y a dans ceci des signes pour les hommes qui réfléchissent.

13. Dis aux croyants qu'ils pardonnent à ceux qui n'espèrent

point en les jours de Dieu, institués pour récompenser les hommes selon leurs œuvres.

14. Quiconque fait le bien le fait pour son propre compte; quiconque fait le mal le fait à son détriment. Vous retournerez tous à Dieu.

15. Nous donnâmes aux enfants d'Israël le Livre (le Pentateuque), la sagesse et les prophètes; nous leur donnâmes pour nourriture les mets les plus délicieux, et nous les élevâmes au-dessus de tous les peuples.

16. Nous leur donnâmes des miracles; ils ne se sont séparés en sectes que lorsqu'ils ont reçu la science, et c'est par jalousie les uns envers les autres. Certes, Dieu prononcera entre eux au jour de la résurrection, au sujet de leurs dissentiments.

17. Et toi, Muḥammad, nous t'avons donné une loi divine : suis-la, et ne suis point les désirs de ceux qui ne savent rien,

18. Car ils ne sauraient te servir en rien contre Dieu. Les méchants sont patrons les uns des autres; mais Dieu est le patron de ceux qui le craignent.

19. Le Coran est un argument puissant pour les hommes; il a été donné pour être la direction, et une preuve de la miséricorde de Dieu envers ceux qui ont la foi ferme.

20. Ceux qui font le mal pensent-ils que nous les traiterons à l'égal de ceux qui croient, qui pratiquent le bien; en sorte que la vie et la mort des uns et des autres soient les mêmes ? Qu'ils jugent mal !

21. Dieu a créé les cieux et la terre dans la vérité; il récompensera tout homme selon ses œuvres, et personne ne sera lésé.

22. Qu'en penses-tu ? Celui qui a fait son Dieu de ses passions; celui que Dieu fait errer sciemment, sur l'ouïe et le cœur duquel il a apposé le sceau dont il a couvert la vue avec un bandeau, qui pourrait diriger un tel homme, après que Dieu l'a égaré ? N'y réfléchirez-vous pas ?

23. Ils disent : Il n'y a point d'autre vie que la vie actuelle. Nous mourons et nous vivons, le temps seul nous anéantit. Ils n'en savent rien; ils ne forment que des suppositions.

24. Lorsqu'on leur relit nos miracles évidents (nos versets clairs), que disent-ils ? Ils disent : Faites donc revenir à la vie nos pères, si vous dites la vérité.

25. Dis-leur : Dieu vous fera revivre, et puis il vous fera mourir; ensuite il vous rassemblera au jour de la résurrection. Il n'y a point de doute là-dessus; mais la plupart des hommes ne le savent pas.

26. A Dieu appartiennent les cieux et la terre; au jour où l'heure viendra, les hommes qui nient la vérité seront perdus.

27. Tu verras tous les peuples à genoux. Chaque peuple sera

appelé devant le livre où sont inscrites ses œuvres. Ce jour-là vous serez récompensés selon vos œuvres.

28. Le Coran est notre livre; il déposera contre vous en toute vérité. Nous avons couché par écrit toutes vos actions.

29. Dieu comprendra dans sa miséricorde ceux qui ont cru et pratiqué le bien. C'est un bonheur incontestable.

30. Pour les incrédules, on leur dira : Ne vous a-t-on pas lu le récit de nos miracles ? Mais vous vous êtes enflés d'orgueil, et vous étiez un peuple criminel.

31. Si on leur dit : Les promesses de Dieu sont véritables, et il n'y a point de doute sur l'arrivée de l'heure, ils répondront : Nous ne savons pas ce que c'est que l'heure. Nous n'en avons qu'une idée vague, et nous n'en avons aucune certitude.

32. Les crimes qu'ils ont commis apparaîtront alors à leurs yeux, et ils seront enveloppés par les supplices dont ils se moquaient.

33. Ce jour-là on leur dira : Nous vous oublierons comme vous avez oublié le jour de la comparution devant votre Seigneur; le feu sera votre demeure, et vous n'aurez point de secours.

34. Ce sort vous est échu, parce que vous avez pris les signes de Dieu pour l'objet de vos railleries, et que la vie de ce monde vous a éblouis. Ce jour-là on ne les fera plus revenir sur la terre pour mériter, *par une vie exemplaire*, d'obtenir la satisfaction de Dieu.

35. A Dieu appartient la louange, à Dieu Seigneur des cieux et de la terre, Seigneur de l'univers.

36. La grandeur sublime qui appartient aux cieux comme sur la terre; il est le Puissant, le Sage.

SOURATE XLVI

AL-AḤQĀF

Donnée à La Mecque. — 35 versets.

Au nom de Dieu clément et miséricordieux.

1. Ḥ. M. Le Coran a été envoyé par Dieu, le Puissant, le Sage.

2. Nous avons créé les cieux et la terre, et tout ce qui est dans l'intervalle qui les sépare, d'une création vraie, et pour un temps déterminé ; mais les infidèles s'éloignent pour ne pas entendre les avertissements.

3. Dis-leur : Que vous en semble ? Montrez-moi donc ce que les dieux invoqués par vous ont créé sur la terre. Ont-ils leur part au ciel ? Apportez-moi, si vous êtes véridiques, un livre révélé avant le Coran, ou quelque indice qui le prouve.

4. Y a-t-il un être plus égaré que celui qui invoque, en même temps que Dieu, une divinité qui ne lui répondra mot jusqu'au jour de la résurrection ? c'est que ces dieux ne font pas attention à leur appel.

5. Quand les hommes seront rassemblés *pour être jugés*, ces dieux seront leurs ennemis et se montreront ingrats.

6. Lorsqu'on récite nos prodiges évidents à ceux qui nient la vérité, même alors quand elle leur apparaît, ils disent : C'est de la sorcellerie.

7. Diront-ils : C'est Muḥammad qui l'a inventé ? Réponds-leur : Si je l'ai inventé moi-même, faites que je ne puisse rien obtenir de Dieu. Il sait ce que vous en dites ; son témoignage me suffira entre vous et moi ; il est indulgent et miséricordieux.

8. Dis : Je ne suis pas le seul apôtre qui ait jamais existé, et je ne sais pas ce que nous deviendrons moi et vous ; je ne fais que suivre ce qui m'a été révélé ; je ne suis qu'un apôtre chargé d'avertir ouvertement.

9. Dis-leur : Que vous en semble ? Si ce livre vient de Dieu, n'y ajoutez-vous pas aucune foi ? si un témoin choisi parmi les enfants d'Israël atteste qu'il ressemble à la loi et y croit, ne le rejetez-vous pas avec orgueil ? — En vérité, Dieu ne dirige pas un peuple pervers.

10. Les infidèles disent des croyants : Si le Coran était quelque

chose de bon, ne nous auraient-ils pas devancés pour l'embrasser? Et comme ils ne suivent pas eux-mêmes le chemin droit, ils diront : C'est un mensonge de vieille date.

11. Avant le Coran, il existait le livre de Moïse, donné pour être le guide *des hommes* et la preuve de la bonté de Dieu. Le Coran le confirme en langue arabe, afin que les méchants soient avertis, et afin que les vertueux apprennent d'heureuses nouvelles.

12. Ceux qui disent : Notre Seigneur, c'est Dieu, et agissent avec droiture, ceux-là seront à l'abri de toute crainte et ne seront point affligés.

13. Ils seront en possession du paradis, ils y demeureront éternellement et y recevront la récompense de leurs œuvres.

14. Nous avons recommandé à l'homme la bienfaisance envers ses père et mère. Sa mère le porte avec peine et l'enfante avec peine. Le temps qu'elle le porte et le temps jusqu'au sevrage dure trente mois. Lorsqu'il atteint l'âge de maturité, et parvenu à quarante ans, il adresse à Dieu cette prière : Seigneur, inspire-moi de la reconnaissance pour les bienfaits dont tu m'as comblé ainsi que mes parents; ne permets pas que je néglige le bien que tu aimes; rends-moi heureux dans mes enfants. Je me convertis à toi, et je suis du nombre de ceux qui se livrent à toi [1].

15. Ce sont les hommes dont les bonnes œuvres seront agréées, dont les mauvaises actions seront effacées; ils seront parmi les habitants du paradis; les promesses qu'on leur a faites sont des promesses infaillibles.

16. Celui qui dit à ses parents : Nargue de vous! Allez-vous me promettre que je renaîtrai de mon tombeau ? Tant de générations ont passé avant moi! ses parents imploreront Dieu en sa faveur. Malheur à toi! lui diront-ils; crois, car les promesses de Dieu sont véritables. Mais il dira : Ce sont des fables des anciens.

17. Celui-là sera de ceux dont la condamnation a été prononcée, du nombre de ces peuples anéantis autrefois, des peuples de génies et des hommes. Ils périront.

18. Il y a des degrés pour tous, degrés analogues à leurs œuvres; tous seront rétribués selon leurs œuvres, et nul ne sera lésé.

19. Un jour on livrera les infidèles au feu, et on leur dira : Vous avez dissipé les dons précieux qui vous furent donnés dans la vie terrestre; vous en avez joui; aujourd'hui on vous paiera du châtiment ignominieux, parce que vous avez été injustement orgueilleux sur la terre, et parce que vous avez été prévaricateurs.

20. Parle dans le Coran du frère de ʿĀd, qui prêcha son peuple dans l'Aḥqāf [2], où il y eut avant lui et après lui d'autres apôtres;

1. Du nombre des musulmans.
2. Aḥqāf est un mot arabe qui désigne ces monticules de sables particuliers au pays de Hadramaout, habité jadis par les ʿĀd.

il leur disait : N'adorez d'autres dieux que Dieu; car je crains pour vous le châtiment du grand jour.

21. Viens-tu, lui dirent-ils, pour nous éloigner de nos divinités ? Si tu es véridique, fais venir *ces malheurs* dont tu nous menaces.

22. Dieu seul en a la connaissance, répondit-il; je ne fais que vous exposer ma mission; mais je vois que vous êtes un peuple plongé dans l'ignorance.

23. Et quand ils virent un nuage qui s'avançait vers leurs vallées, ils se disaient : Ce nuage nous donnera de la pluie. — Non, c'est ce que vous vouliez hâter : c'est le vent porteur d'un châtiment cruel.

24. Il va tout exterminer par l'ordre du Seigneur. Le lendemain, on ne voyait plus que leurs habitations. C'est ainsi que nous rétribuerons les coupables.

25. Nous les avions placés dans une condition pareille à la vôtre, *ô Mecquois!* nous leur avions donné l'ouïe, la vue et des cœurs *faits pour sentir;* mais ni l'ouïe, ni la vue, ni leurs cœurs, ne leur servirent à rien; car ils niaient les signes de Dieu; le châtiment dont ils se riaient les enveloppa à la fin.

26. Nous avions détruit des villes autour d'eux; nous avions promené partout nos signes d'avertissement, afin qu'ils revinssent à nous.

27. Ceux qu'ils s'étaient choisis en dehors de Dieu pour être leurs dieux et l'objet de leur culte, les ont-ils secourus ? — Non. — Ils disparurent de leurs yeux. C'était leur mensonge et leur invention.

28. Un jour nous avons amené une troupe de génies pour leur faire écouter le Coran; ils se présentèrent et se dirent les uns aux autres : Ecoutez; et quand la lecture fut terminée, ils retournèrent apôtres au milieu de leur peuple.

29. O notre peuple! dirent-ils, nous avons entendu un livre descendu du ciel depuis Moïse, et qui confirme les livres antérieurs il conduit à la vérité et dans le sentier droit.

30. O notre peuple! écoutez le prédicateur de Dieu, et croyez en lui; il effacera vos péchés et vous sauvera d'un supplice cruel.

31. Que celui qui n'écoutera pas le prédicateur de Dieu n'espère pas d'affaiblir sa puissance sur la terre : il n'aura point de protecteur contre lui. De tels hommes sont dans un égarement évident.

32. Ne voient-ils pas que c'est Dieu qui a créé les cieux et la terre? il n'a point été fatigué de leur création, et il peut ressusciter; les morts; oui, il peut tout.

33. Le jour où les infidèles seront amenés devant le feu de l'enfer, on leur demandera : Est-ce vrai ? Oui, diront-ils par notre

Seigneur, c'est vrai. Subissez donc, leur dira-t-on, le supplice
pour prix de votre incrédulité.

34. Et toi, Muḥammad, prends patience, comme prenaient
patience les hommes courageux parmi les apôtres; ne cherche
point à hâter leur châtiment. Un jour, lorsqu'ils apercevront l'accomplissement des menaces,

35. Il leur semblera qu'ils n'ont demeuré qu'un instant de la
journée sur la terre. Telle est l'exhortation. Les pervers ne seront-
ils pas les seuls qui périront ?

SOURATE XLVII

MUHAMMAD

Donnée à La Mecque. — 40 versets.

Au nom de Dieu clément et miséricordieux.

1. Dieu rendra nulles les œuvres de ceux qui ne croient pas et qui détournent les autres de son chemin.

2. Quant à ceux qui ont la foi, pratiquent le bien et croient en ce qui a été révélé à Muḥammad, et ce qui est la vérité venant du Seigneur, Dieu effacera leurs péchés et rendra leurs cœurs droits.

3. Il en sera ainsi, parce que les infidèles ont suivi le mensonge, et que les croyants ont suivi la vérité qui leur venait de leur Seigneur. C'est ainsi que Dieu propose des exemples aux hommes.

4. Quand vous rencontrerez les infidèles [1], tuez-les jusqu'à en faire un grand carnage, et serrez les entraves des captifs que vous aurez faits.

5. Ensuite vous les mettrez en liberté, ou les rendrez moyennant une rançon, lorsque la guerre aura cessé [2]. Si Dieu voulait, il triompherait d'eux lui-même ; mais il vous fait combattre pour vous éprouver les uns par les autres. Ceux qui auront succombé dans le chemin de Dieu, Dieu ne fera point périr leurs œuvres.

6. Il les dirigera et rendra leurs cœurs droits.

7. Il les introduira dans le paradis dont il leur a parlé.

8. O croyants ! si vous assistez Dieu *dans sa guerre contre les méchants*, lui il vous assistera aussi, et il affermira vos pas.

9. Pour les incrédules, puissent-ils périr, et puisse Dieu rendre nulles leurs œuvres !

10. Ce sera la rétribution de leur aversion pour les révélations de Dieu ; puisse-t-il anéantir leurs œuvres.

11. N'ont-ils jamais traversé ces pays ? N'ont-ils pas vu quelle a été la fin de leurs devanciers que Dieu extermina ? Un sort pareil attend les infidèles *de nos jours*.

12. C'est parce que Dieu est le patron des croyants, et que les infidèles n'en ont point.

1. Il s'agit ici des infidèles de La Mecque et autres tribus arabes.
2. Mot à mot : lorsque la guerre aura mis bas sa charge.

13. Dieu introduira ceux qui croient et font le bien dans les jardins où coulent les fleuves; il accordera les biens de ce monde aux infidèles; ils en jouiront à la manière des brutes; mais le feu sera un jour leur demeure.

14. Combien de villes plus puissantes que la ville où tu es né, et qui t'a exilé, ont été anéanties, sans que personne soit venu à leur secours.

15. Celui qui suit les signes évidents du Seigneur sera-t-il traité comme celui à qui ses mauvaises actions ont paru belles, et qui a suivi ses passions ?

16. Voici le tableau du paradis qui a été promis aux hommes pieux : des fleuves d'eau qui ne se gâte jamais, des fleuves de lait dont le goût ne s'altérera jamais, des fleuves de vin doux à boire,

17. Des fleuves de miel pur, toute sorte de fruits, et le pardon des péchés. En sera-t-il ainsi avec celui qui, condamné au séjour du feu, sera abreuvé d'eau bouillante qui lui déchirera les entrailles ?

18. Il est parmi des hommes qui viennent t'écouter; mais à peine t'ont-ils quitté qu'ils vont dire à ceux qui ont reçu la science : Qu'est-ce qu'il débite ? Ce sont ceux sur les cœurs desquels Dieu a apposé le sceau, et qui ne suivent que leurs passions.

19. Dieu ne fera qu'augmenter la bonne direction de ceux qui suivent le chemin droit, et leur enseignera ce qu'ils doivent éviter.

20. Les infidèles, qu'attendent-ils donc ? Est-ce l'heure qui surgira subitement ? Déjà quelques signes de ce jour ont paru; mais à quoi leur serviront les avertissements ?

21. Sache qu'il n'y a point d'autre Dieu que Dieu; implore de lui le pardon de tes péchés, des péchés des hommes et des femmes qui croient. Dieu connaît tous vos mouvements et le lieu de votre repos.

22. Les vrais croyants disent : Dieu n'a-t-il pas révélé un chapitre *qui ordonne la guerre sainte ?* Mais qu'un chapitre péremptoire soit révélé, et que la guerre y soit ordonnée, tu verras ces hommes dont le cœur est atteint d'une infirmité te regarder d'un regard d'un homme que la vue de la mort fait tomber en défaillance. Cependant, l'obéissance et un langage convenable leur seraient plus avantageux.

23. Quand la guerre est décidée, s'ils tiennent leurs engagements envers Dieu, cela leur sera plus avantageux.

24. A quoi vous eût exposé votre désobéissance : vous auriez commis des brigandages dans le pays et violé les liens sacrés du sang.

25. Ce sont ces hommes que Dieu a maudits et rendus sourds et aveugles.

26. Ne méditeront-ils pas le Coran, ou bien leurs cœurs ne seraient-ils pas fermés par des cadenas ?

27. Ceux qui reviennent à leurs anciennes erreurs, après que la vraie direction a été clairement établie à leurs yeux, Satan leur suggérera leurs œuvres et leur dictera leur conduite.

28. Ce sera le prix de ce qu'ils disaient aux hommes qui ont en aversion le livre révélé par Dieu : Nous vous suivrons dans certaines choses. Dieu connaît ce qu'ils cherchent à cacher.

29. Quelle sera leur condition, lorsque les anges, leur ôtant la vie, frapperont leur figure et leur dos.

30. Ce sera pour prix de ce qu'ils ont suivi les choses qui indignent Dieu et dédaigné ce qui lui plaît, au point qu'il anéantira le fruit de leurs œuvres.

31. Ceux dont le cœur est atteint d'une infirmité, pensent-ils que Dieu ne mettra pas au jour leur méchanceté ?

32. Si nous voulions, nous te les ferions voir, nous te les ferions connaître, ô Muḥammad, par leurs signes; mais tu les reconnaîtras à leur langage vicieux. Dieu connaît vos actions.

33. Nous vous mettrons à l'épreuve jusqu'à ce que nous connaissions les hommes qui combattent pour la religion et qui persévèrent. Nous examinerons votre conduite.

34. Ceux qui ne croient point et qui détournent les autres de la voie de Dieu, ceux qui ont fait schisme avec l'apôtre de Dieu après que la vraie direction leur fut clairement démontrée, ceux-là ne sauraient nuire aucunement à Dieu, mais Dieu peut anéantir leurs œuvres.

35. O croyants, obéissez à Dieu, obéissez au Prophète, ne rendez point nulles vos œuvres.

36. Dieu n'accordera point le pardon aux infidèles qui ont cherché à détourner les autres du chemin de Dieu, et qui sont morts dans leur infidélité.

37. Ne montrez point de lâcheté, et n'appelez point les infidèles à la paix quand vous leur êtes supérieurs, et que Dieu est avec vous; il ne vous privera point du prix de vos œuvres.

38. La vie de ce monde n'est qu'un jeu et une frivolité. Si vous croyez en Dieu et le craignez, il vous donnera votre récompense et ne vous demandera rien de vos biens.

39. S'il vous les demandait et vous pressait, vous vous montreriez avares; alors il mettrait au grand jour votre méchanceté.

40. Voyez un peu, vous êtes appelés à dépenser vos richesses pour la cause de Dieu, et il est des hommes parmi vous qui se montrent avares; mais l'avare n'est avare qu'à son détriment, car Dieu est riche et vous êtes pauvres, et si vous tergiversez, il suscitera un autre peuple à votre place, un peuple qui ne vous ressemblera point.

SOURATE XLVIII

LA VICTOIRE

Donnée à La Mecque. — 29 versets.

Au nom de Dieu clément et miséricordieux.

1. Nous t'avons accordé une victoire éclatante,
2. Afin que Dieu ait l'occasion de te pardonner tes fautes anciennes et récentes, afin qu'il accomplisse ses bienfaits envers toi, et te dirige vers le chemin droit,
3. Afin qu'il t'assiste de son puissant secours.
4. C'est lui qui fait descendre la tranquillité dans les cœurs des fidèles, afin qu'ils augmentent encore leur foi. Les armées des cieux et de la terre appartiennent à Dieu; il est savant et sage.
5. Il introduira les croyants, hommes et femmes, dans les jardins où couleront les fleuves, ils y demeureront éternellement. Dieu effacera leurs péchés. C'est un bonheur immense auprès de Dieu.
6. Il punira les hypocrites, hommes et femmes, les idolâtres des deux sexes, tous ceux qui jugent mal de Dieu. Tous ceux-là éprouveront les vicissitudes du malheur; Dieu est courroucé contre eux, il les a maudits, il a préparé la géhenne pour eux; et quelle affreuse demeure!
7. Les armées des cieux et de la terre lui appartiennent; il est puissant et sage.
8. Nous t'avons envoyé, ô Muḥammad, pour être témoin, et apôtre chargé d'annoncer et d'avertir,
9. Afin que vous, ô hommes, croyiez en Dieu et à son prophète, afin que vous l'assistiez, que vous l'honoriez, et que vous célébriez ses louanges matin et soir.
10. Ceux qui, en te donnant la main, te prêtent serment de fidélité le prêtent à Dieu; la main de Dieu est posée sur leurs mains. Quiconque violera le serment le violera à son détriment, et celui qui reste fidèle au pacte, Dieu lui accorde une récompense magnifique.
11. Les Arabes du désert qui restèrent derrière vous viendront te dire : Nos troupeaux et nos familles nous ont empêchés de te suivre; prie Dieu qu'il nous pardonne nos péchés. Leurs langues

prononceront ce qui n'est point dans leurs cœurs. Dis-leur : Qui pourra lutter contre Dieu s'il veut vous affliger d'un malheur ou vous accorder quelque bien ? Dieu connaît vos actions.

12. Mais vous vous êtes imaginé que l'apôtre et les croyants ne retourneront jamais auprès de leurs familles, et cette pensée plaisait à nos cœurs : vos pensées ont été coupables, et vous êtes un peuple pervers.

13. Nous avons préparé un brasier ardent pour les infidèles qui n'auront point cru en Dieu et à son apôtre.

14. Le royaume des cieux et de la terre appartient à Dieu; il pardonne à qui il veut, et inflige le châtiment à qui il veut. Il est indulgent et miséricordieux.

15. Allez-vous enlever un butin assuré, les Arabes qui sont restés dans leurs maisons vous diront : Laissez-nous marcher avec vous. Ils veulent changer la parole de Dieu [1]. Dis-leur : Vous ne marcherez point avec nous. Dieu l'a ainsi décidé d'avance. Ils te diront que vous le faites par jalousie; point du tout. Mais peu d'entre eux ont de l'intelligence.

16. Dis encore aux Arabes du désert qui sont restés chez eux : Nous vous appellerons à marcher contre des nations puissantes; vous les combattrez jusqu'à ce qu'elles embrassent l'islamisme. Si vous obéissez, Dieu vous accordera une belle récompense; mais si vous tergiversez comme vous l'avez déjà fait autrefois, il vous infligera un châtiment douloureux.

17. Si l'aveugle, le boiteux, l'infirme, ne vont point à la guerre, on ne le leur imputera pas à crime. Quiconque obéit à Dieu et à son apôtre sera introduit dans le jardin où coulent des fleuves; mais Dieu infligera un châtiment douloureux à ceux qui auront tourné le dos à ses commandements.

18. Dieu a été satisfait de ces croyants qui t'ont donné la main en signe de fidélité sous l'arbre; il connaissait les pensées de leurs cœurs; il y a versé la tranquillité et les a récompensés par une victoire immédiate,

19. Ainsi que par un riche butin qu'ils ont enlevé. Dieu est puissant et sage.

20. Il vous avait promis de vous rendre maîtres d'un riche butin, et il s'est hâté de vous le donner; il a détourné de vous le bras de vos ennemis, afin que cet événement fût un signe pour les croyants, et pour vous diriger vers le chemin droit.

21. Il vous avait promis d'autres dépouilles dont vous n'avez pu vous emparer encore; mais Dieu les a déjà en son pouvoir; il est tout-puissant.

1. Car Dieu n'avait promis la victoire qu'à ceux qui avaient constamment combattu à côté de Muḥammad.

22. Si les infidèles vous combattent, ils ne tarderont pas à prendre la fuite, et ils ne trouveront ni protecteur ni secours,

23. En vertu de la loi de Dieu, telle qu'elle a été antérieurement. Tu ne trouveras point de variation dans la loi de Dieu.

24. C'est lui qui a détourné de vous le bras de vos ennemis, comme il les a mis à l'abri de vos coups dans la vallée de La Mecque, après vous avoir accordé la victoire sur eux. Dieu voit vos actions.

25. Ce sont eux qui ne croient pas et qui vous éloignent de l'oratoire sacré, ainsi que des offrandes qu'ils retiennent et ne laissent point parvenir à leur destination. Si les croyants des deux sexes, que vous ne connaissez pas, ne s'étaient pas mêlés parmi eux; s'il n'y avait pas eu à redouter un crime de ta part, commis dans la mêlée, et que Dieu n'eût pas désiré d'accorder sa grâce à qui il voudrait, *si cela n'avait pas eu lieu*, s'ils avaient été séparés (les croyants des infidèles), nous aurions infligé aux infidèles un châtiment douloureux.

26. Tandis que les infidèles ont mis dans leurs cœurs la fureur, la fureur des ignorants, Dieu a fait descendre la tranquillité dans le cœur de l'apôtre. Dans ceux des croyants, il a établi la parole de la dévotion; ils en étaient dignes et les plus propres à la recevoir. Or Dieu connaît tout.

27. Dieu a confirmé la réalité de ce songe de l'apôtre quand il lui fit entendre ces mots : Vous entrerez dans l'oratoire sacré, s'il plaît à Dieu, sains et saufs, la tête rasée ou les cheveux coupés court; vous y entrerez sans crainte. Dieu sait ce que vous ignorez. En outre, il vous a réservé une victoire qui suivra sans retard.

28. C'est lui qui a envoyé son apôtre muni de la *direction* et de la véritable religion, pour l'élever au-dessus de toutes les religions. Le témoignage de Dieu te suffit.

29. Muḥammad est l'envoyé de Dieu; ses compagnons sont terribles aux infidèles et tendres entre eux-mêmes; tu les verras agenouillés, prosternés, rechercher la faveur de Dieu et sa satisfaction; sur leur front brille une marque, trace de leurs prosternations. Voici à quoi les comparent le Pentateuque et l'Évangile : ils sont comme cette semence qui a poussé; elle grandit, elle grossit et s'affermit sur sa tige; elle réjouit le laboureur. Tels ils sont, afin que les infidèles en conçoivent du dépit. Dieu a promis à ceux qui croient et pratiquent les bonnes œuvres le pardon des péchés et une récompense généreuse.

SOURATE XLIX

LES APPARTEMENTS

Donnée à Médine. — 18 versets.

Au nom de Dieu clément et miséricordieux.

1. O vous qui croyez, n'anticipez point sur les ordres de Dieu et de son envoyé; craignez Dieu, car il entend et sait tout.

2. O vous qui croyez, n'élevez point la voix au-dessus de celle du prophète, ne lui parlez pas aussi haut que vous le faites entre vous, afin que vos œuvres ne deviennent infructueuses à votre insu.

3. Ceux qui baissent leur voix en présence du prophète sont précisément ceux dont Dieu a disposé les cœurs pour la dévotion. Ils obtiendront le pardon de leurs péchés, et une récompense généreuse.

4. Ceux qui t'appellent à haute voix, pendant que tu es dans l'intérieur de tes appartements, sont pour la plupart des hommes dépourvus de sens.

5. Que n'attendent-ils plutôt le moment où tu en sortirais toi-même ? Cela vaudrait beaucoup mieux. Mais Dieu est indulgent et miséricordieux.

6. Si un homme méchant vous apporte quelque nouvelle, cherchez d'abord à vous assurer de sa véracité; autrement, vous pourriez faire du tort à quelqu'un sans le savoir, et vous vous en repentiriez ensuite.

7. Sachez que l'apôtre de Dieu est au milieu de vous, S'il vous écoutait dans beaucoup de choses, vous tomberiez dans le péché. Mais Dieu vous a fait préférer la foi, il l'a embellie dans vos cœurs; il vous a inspiré de la répugnance pour l'infidélité, pour l'impiété, pour la désobéissance. De tels hommes sont dans la droite voie

8. Par la grâce de Dieu, et par l'effet de sa générosité. Dieu est savant et sage.

9. Lorsque deux nations des croyants se font la guerre, cherchez à les réconcilier. Si l'une d'entre elles agit avec iniquité envers l'autre, combattez celle qui a agi injustement jusqu'à ce qu'elle revienne aux préceptes de Dieu. Si elle reconnaît ses torts,

réconciliez-la avec l'autre selon la justice; soyez impartiaux, car Dieu aime ceux qui agissent avec impartialité.

10. Car les croyants sont tous frères; arrangez donc le différend de vos pères, et craignez Dieu, afin qu'il ait pitié de vous.

11. Que les hommes ne se moquent point des hommes : ceux que l'on raille valent peut-être mieux que leurs railleurs; ni des femmes des autres femmes : peut-être celles-ci valent mieux que les autres. Ne vous diffamez pas entre vous, ne vous donnez point de sobriquets. Que ce nom : Méchanceté, vient mal après la foi *que vous professez*. Ceux qui ne se repentiraient pas après une pareille action ne seraient que méchants.

12. O vous qui croyez éviter le soupçon trop fréquent, il y a des soupçons qui sont des crimes; ne cherchez point à épier les pas des autres, ne médisez point les uns des autres; qui de vous voudrait manger la chair de son frère mort ? Vous reculez d'horreur. Craignez donc Dieu. Il aime à revenir aux hommes, et il est miséricordieux.

13. O hommes, nous vous avons procréés d'un homme et d'une femme; nous vous avons partagés en familles et en tribus, afin que vous vous connaissiez entre vous. Le plus digne devant Dieu est celui d'entre vous qui le craint le plus. Or, Dieu est savant et instruit de tout.

14. Les Arabes du désert disent : Nous avons cru. Répondsleur : Point du tout. Dites plutôt : Nous avons embrassé l'islam, car la foi n'a pas encore pénétré dans vos cœurs. Si vous obéissez à Dieu et à son apôtre, aucune de vos actions ne sera perdue, car Dieu est indulgent et miséricordieux.

15. Les vrais croyants sont ceux qui ont cru en Dieu et à son apôtre, et qui ne doutent plus, qui combattent de leurs biens et de leur personne dans le sentier de Dieu. Ceux-là seuls sont sincères dans leurs paroles.

16. Pensez-vous apprendre à Dieu quelle est votre religion ? Mais il sait tout ce qui est dans les cieux et sur la terre. Il connaît tout.

17. Ils te reprochent *comme un mérite de leur part* d'avoir embrassé l'islam. Dis-leur : Ne me reprochez point votre *islam*. Dieu pourrait bien vous reprocher comme un bienfait de vous avoir conduits vers la foi. *Convenez-en* si vous êtes sincères.

18. Dieu connaît les secrets des cieux et de la terre; il voit toutes vos actions.

SOURATE L

QÂF

Donnée à La Mecque. — 45 versets.

Au nom de Dieu clément et miséricordieux.

1. Q. Par le Coran glorieux,
2. Ils s'étonnent de ce que de leur sein s'éleva un homme qui les avertit. Ceci est surprenant, disent les infidèles.
3. Une fois morts et réduits en poussière, devrions-nous revivre ? Ce retour est trop éloigné.
4. Nous savons combien la terre en a déjà dévoré; nous avons un livre que nous conservons, et qui en instruit.
5. Ils ont traité de mensonge la vérité qui leur est venue. Ils sont dans une affaire inextricable.
6. N'élèveront-ils pas leurs regards vers le ciel au-dessus de leurs têtes ? Ne voient-ils pas comme nous l'avons bâti et disposé, comme il n'y a aucune fente ?
7. Nous avons étendu la terre, nous y avons jeté des montagnes, et nous y avons fixé le couple précieux de toute espèce.
8. Sujet de réflexion, et avis à tout serviteur qui aime à retourner vers nous.
9. Nous faisons descendre du ciel l'eau bienfaisante; par elle, nous faisons germer les plantes des jardins, et les récoltes des moissons,
10. Et les palmiers élevés, dont les branches retombent avec des dattes en grappes suspendues.
11. Elles servent de nourriture aux hommes. Au moyen de l'eau du ciel, nous rendons la vie à une contrée morte. C'est ainsi que s'opérera la résurrection.
12. Le peuple de Noé, les habitants de Rass, et les Thamoudéens, ont avant ceux-ci traité de menteurs leurs prophètes.
13. 'Âd et Pharaon, les confrères de Loth et les habitants de la forêt [1], le peuple de Tobba', tous ont traité leurs prophètes d'imposteurs, et ont mérité le châtiment dont nous les menacions.
14. Sommes-nous donc fatigué par la première création pour

---

1. Cette forêt était dans le pays des Madianites.

qu'ils soient dans le doute sur la création nouvelle de la résurrection ?

15. Nous avons créé l'homme, et nous savons ce que son âme
lui dit à l'oreille; nous sommes plus près de lui que sa veine
jugulaire.

16. Lorsque les deux anges chargés de recueillir les paroles de
l'homme se mettent à les recueillir, l'un s'assied à sa droite, et
l'autre à sa gauche.

17. Il ne profère pas une seule parole qu'il n'y ait un surveil-
lant prompt à la noter exactement.

18. L'étourdissement de la mort certaine le saisit. Voici le
terme que tu voulais reculer.

19. On enfle la trompette ! C'est le jour dont vous étiez
avertis.

20. Toute âme s'y rendra accompagnée d'un témoin et d'un
conducteur qui la poussera devant soi.

21. Tu vivais dans l'insouciance de ce jour, lui dira-t-on. Nous
avons ôté le voile qui te couvrait les yeux. Aujourd'hui ta vue est
perçante.

22. L'ange qui l'accompagnera dira : Voilà ce que j'ai préparé
contre toi.

23. Jetez dans l'enfer tout infidèle endurci,

24. Qui s'opposait au bien, violait les lois et doutait ;

25. Qui plaçait à côté de Dieu d'autres dieux. Précipitez-le
dans le tourment affreux.

26. L'autre ange dira : Seigneur, ce n'est pas moi qui l'ai séduit
mais il était dans l'égarement lointain.

27. Ne disputez pas devant moi. Je vous avais menacés
d'avance.

28. Ma parole ne change pas, et je ne suis point tyran de mes
serviteurs.

29. Alors nous crierons à l'enfer : Es-tu rempli ? et il répondra :
Avez-vous encore des victimes ?

30. Non loin de là, le jardin de délices est préparé pour les
justes.

31. Voici ce qui a été promis à tout homme qui faisait la pénitence, et observait les lois de Dieu;

32. A tout homme qui craignait le Clément, et qui vient avec
un cœur contrit.

33. Entrez-y en paix, le jour de l'éternité commence.

34. Vous y aurez tout à votre gré, et nous pouvons augmenter
ses bénédictions.

35. Combien nous avons exterminé de peuples plus forts que
les habitants de La Mecque ! Parcourez les pays, et voyez s'il y
a un abri contre notre colère ?

36. Avis à tout homme qui a un cœur, qui prête l'oreille et qui voit.

37. Nous avons créé les cieux et la terre, et tout l'espace qui les sépare, en six jours. La fatigue n'a pas eu de prise sur nous.

38. Souffre avec constance leurs discours, et récite les louanges de ton Seigneur avant le lever et le coucher du soleil,

39. Et pendant la nuit aussi; et accomplis l'adoration.

40. Prête attentivement l'oreille au jour où le crieur criera du lieu voisin [1].

41. Le jour où les hommes entendront le cri véritable sera celui de la résurrection.

42. Nous faisons mourir et nous rendons la vie. Nous sommes le terme de toutes choses.

43. Dans ce jour, la terre s'ouvrira soudain au-dessus d'eux. Ce sera le jour du rassemblement. Cette œuvre nous sera facile.

44. Nous connaissons les discours des infidèles, et toi, tu n'es pas chargé de les contraindre.

45. Avertis par le Coran ceux qui craignent mes menaces.

SOURATE LI

QUI ÉPARPILLENT

Donnée à La Mecque. — 60 versets.

Au nom de Dieu clément et miséricordieux.

1. J'en jure par les brises qui éparpillent et disséminent [2],
2. Par les nuées grosses d'un fardeau [3],
3. Par les nacelles qui courent avec agilité [4],
4. Par les anges qui distribuent toutes choses,
5. Les menaces qu'on vous fait entendre sont véritables,
6. Et le jugement est imminent.
7. Par le ciel traversé de bandes [5],
8. Vous errez dans vos discours opposés.
9. On se détournera de celui qui est détourné de la vraie foi.
10. Que les menteurs périssent;
11. Lesquels s'enfoncent dans les profondeurs de l'ignorance.
12. Ils demandent quand viendra le jour de la foi.
13. Ce jour-là ils seront brûlés au feu.
14. On leur dira : Subissez la peine que vous hâtiez.
15. Ceux qui craignent Dieu sont au milieu des jardins et des sources,
16. Jouissant de ce que leur Seigneur leur a donné, parce qu'ils avaient pratiqué le bien.
17. Ils dormaient peu la nuit (en passant la plus grande partie de la nuit en prières),
18. Et au lever de l'aurore ils demandaient pardon de leurs péchés.
19. Dans leurs richesses il y avait une part pour le mendiant et pour l'infortuné.
20. Il y a sur la terre des signes de la puissance divine pour ceux qui croient fermement.

---

1. C'est-à-dire d'où toutes les créatures pourront l'entendre.
2. Le texte porte *par les éparpillantes*, ce qu'on peut entendre aussi bien des souffles de vent qui dispersent la poussière comme des femmes qui, en donnant des enfants aux hommes, font éparpiller leur postérité sur la terre.
3. Ou bien par les femmes enceintes.
4. Ou bien par les étoiles qui voyagent dans les cieux.
5. De bandes de nuages.

21. Il y en a dans vous-mêmes : ne les voyez-vous pas ?

22. Le ciel a de la nourriture pour vous; il renferme ce qui vous a été promis.

23. J'en jure par le Seigneur du ciel et de la terre, c'est la vérité, pour parler votre langage.

24. As-tu entendu l'histoire des hôtes d'Abraham ? Reçus en tout honneur,

25. Lorsqu'ils entrèrent chez lui, ils lui dirent : Paix! et Abraham leur dit : Paix. — Ce sont des étrangers,

26. Dit-il à part aux siens, et il apporta un veau gras.

27. Il le présenta à ses hôtes, et leur dit : N'en mangerez-vous pas un peu ?

28. Et il eut quelque crainte d'eux; ils lui dirent : Ne crains rien! et ils lui annoncèrent un fils sage.

29. Sa femme survint là-dessus; elle poussa un cri, et se frappa le visage, en disant : Moi, femme vieille et stérile.

30. Ainsi le veut, reprirent les hôtes, Dieu ton Seigneur, le Savant, le Sage.

31. Quel est le but de votre voyage, ô messagers ?

32. Nous sommes envoyés vers un peuple criminel,

33. Pour lancer contre lui des pierres.

34. Destinés chez ton Seigneur pour quiconque commet des excès,

35. Nous en avons énuméré les croyants,

36. Et nous n'y avons trouvé qu'une seule famille d'hommes voués à Dieu.

37. Nous y avons laissé des signes pour ceux qui craignent le châtiment terrible.

38. Il y avait des signes dans la mission de Moïse, lorsque nous l'envoyâmes vers Pharaon, muni d'un pouvoir patent.

39. Mais lui et les grands de son royaume tournèrent le dos en disant : C'est un sorcier ou un fou.

40. Nous l'avons saisi lui et son armée, et nous les avons précipités dans la mer. Il est couvert de réprobation.

41. Il y avait des signes chez le peuple d'Ad, lorsque nous envoyâmes contre lui un vent de destruction.

42. Il ne passa sur aucun être sans qu'il ne l'eût aussitôt converti en poussière.

43. Il y avait des signes chez les Thémoudéens, lorsqu'on leur dit : Jouissez jusqu'à un certain terme.

44. Ils furent rebelles aux ordres du Seigneur, et la tempête les surprit à la clarté du jour.

45. Ils ne pouvaient se soutenir debout ni se sauver.

46. Le peuple de Noé avant eux était aussi un peuple de pervers.

47. Nous avons bâti le ciel par l'effet de notre puissance, et nous l'avons étendu dans l'immensité.

48. Nous avons étendu la terre comme un tapis. Que nous l'avons étendue avec habileté!

49. En toute chose nous avons créé un couple, afin que vous réfléchissiez.

50. Cherchez un asile auprès de Dieu. Je suis envoyé par lui pour vous avertir distinctement.

51. Ne placez point d'autres dieux à côté de Dieu. Je vous en avertis clairement de sa part.

52. C'est ainsi qu'il n'y eut point d'apôtre envoyé vers leurs devanciers, qu'ils n'aient traité de sorcier ou de fou.

53. Se seraient-ils transmis ce procédé comme un legs? En vérité, c'est un peuple rebelle.

54. Laisse-les donc, tu n'encourras aucun reproche;

55. Seulement ne cesse de prêcher. L'avertissement profitera aux croyants.

56. Je n'ai créé les hommes et les génies qu'afin qu'ils m'adorent.

57. Je ne leur demande point de pain; je ne leur demande point qu'ils me nourrissent.

58. Dieu seul est le dispensateur de la nourriture; il est fort et inébranlable.

59. Ceux qui agiront injustement auront la portion pareille à ceux qui ont agi autrefois de la même manière. Qu'ils ne me provoquent pas.

60. Malheur aux infidèles, à cause du jour dont ils sont menacés.

SOURATE LII

LE MONT SINAÏ

Donnée à La Mecque. — 49 versets.

Au nom de Dieu clément et miséricordieux.

1. Par le mont Sinaï;
2. Par le livre écrit
3. Sur un rouleau déployé;
4. Par le temple visité;
5. Par la voûte élevée;
6. Par la mer gonflée,
7. Le châtiment de Dieu est imminent.
8. Nul ne saurait le détourner.
9. Au jour où le ciel flottera d'une ondulation *réelle,*
10. Les montagnes marcheront d'une marche *réelle,*
11. Ce jour-là, malheur à ceux qui accusent les apôtres d'imposture,
12. Qui s'ébattent dans des discours frivoles.
13. Ce jour-là ils seront précipités dans le feu de la géhenne.
14. C'est le feu que vous avez traité de mensonge, *leur dira-t-on.*
15. Est-ce un enchantement ? ou bien ne voyez-vous rien ?
16. Chauffez-vous à ce feu. Supportez-le patiemment ou ne le supportez pas; l'effet en sera égal pour vous. Vous êtes rétribués de ce que vous avez fait.
17. Ceux qui craignaient Dieu seront dans les jardins et dans les délices,
18. Savourant les présents dont vous gratifie votre Seigneur. Leur seigneur les a préservés du supplice du feu.
19. Mangez et buvez en bonne santé, c'est le prix de vos actions.
20. Accoudés sur des lits rangés en ordre, nous les avons mariés à des filles aux grands yeux noirs.
21. Ceux qui ont cru et dont les enfants ont suivi les traces seront réunis à leurs enfants. Nous n'ôterons pas la moindre chose de leurs œuvres. Tout homme sert de gage à ses œuvres.
22. Nous leur donnerons en abondance les fruits et les viandes qu'ils désireront.

23. Ils feront aller à la ronde la coupe qui ne fera naître ni propos indécent ni occasion de péché.

24. Autour d'eux circuleront de jeunes serviteurs, pareils à des perles renfermées *dans leur nacre.*

25. Placés en face les uns des autres, les bienheureux se feront réciproquement des questions.

26. Nous étions jadis, diront-ils, pleins de sollicitude pour notre famille.

27. Dieu a été bienveillant envers nous; il nous a préservés du supplice ardent.

28. Nous l'invoquions jadis; il est bon et miséricordieux.

29. O Muḥammad, prêche les infidèles; tu n'es, grâce à Dieu, ni un devin, ni un possédé.

30. Diront-ils : C'est un poète. Attendons avec lui les vicissitudes de la fortune.

31. Dis-leur : Attendez, et moi j'attendrai avec vous.

32. Sont-ce leurs songes qui les inspirent, ou bien sont-ils un peuple pervers ?

33. Diront-ils : Il a inventé lui-même ce Coran. — C'est plutôt qu'ils ne croient pas.

34. Qu'ils produisent donc un discours semblable, s'ils sont sincères.

35. Ont-ils été créés du néant, ou bien se sont-ils créés eux-mêmes ?

36. Ont-ils créé les cieux et la terre ? C'est plutôt qu'ils ne croient pas.

37. Les trésors de Dieu seraient-ils en leur puissance ? Sont-ils les dispensateurs suprêmes ?

38. Ont-ils une échelle pour *voir ce qui se passe au ciel ?* Que celui qui l'a entendu produise donc une preuve évidente.

39. Dieu a-t-il des filles tout comme vous des fils ?

40. Leur demanderas-tu un salaire ? Ils sont accablés de dettes.

41. Ont-ils la connaissance des choses cachées ? Ecrivent-ils *dans le livre comme Dieu le fait ?*

42. Veulent-ils te tendre des pièges ? Les infidèles y seront pris les premiers.

43. Ont-ils une autre divinité que Dieu ? Loin de sa gloire les dieux qu'ils lui associent.

44. S'ils voyaient une portion du ciel tomber, ils diraient : C'est un nuage amoncelé.

45. Laisse-les jusqu'à ce qu'ils rencontrent leur jour, le jour où ils seront frappés,

46. Le jour où leurs fourberies ne leur serviront de rien, où ils ne recevront aucun secours.

47. Les méchants éprouveront encore d'autres supplices; mais la plupart d'entre eux l'ignorent.

48. Attends avec patience le jugement de ton Seigneur; tu es sous nos yeux. Célèbre les louanges de ton Seigneur en te levant.

49. Célèbre-le pendant la nuit; célèbre-le quand les étoiles s'en vont.

SOURATE LIII

L'ÉTOILE

Donnée à La Mecque — 62 versets.

Au nom de Dieu clément et miséricordieux.

1. J'en jure par l'étoile qui se couche,
2. Votre compatriote n'est point égaré, il n'a point été séduit.
3. Il ne parle pas de son propre mouvement.
4. Ce qu'il dit est une révélation qui lui a été faite.
5. L'énorme en force [1] l'a instruit.
6. Le robuste, après l'avoir instruit, alla se reposer.
7. Il monta au-dessus de l'horizon,
8. Puis il s'abaissa et resta suspendu dans les airs.
9. Il était à la distance de deux arcs, ou plus près encore,
10. Et il révéla au serviteur de Dieu ce qu'il avait à lui révéler.
11. Le cœur de Muḥammad ne ment pas, il l'a vu.
12. Elèverez-vous des doutes sur ce qu'il a vu ?
13. Il l'avait déjà vu dans une autre descente [2],
14. Près du lotus de la limite [3],
15. Là où est le jardin du séjour.
16. Le lotus était couvert d'un ombrage.
17. L'œil du Prophète ne se détourna ni ne s'égara un seul instant.
18. Il a vu la plus grande merveille de son Seigneur.
19. Que vous semble de Lat et d'Al 'Ozza [4] ?
20. Et cette autre, Manat, la troisième idole ?
21. Aurez-vous des fils et Dieu des filles ?
22. Ce partage est injuste.
23. Ce ne sont que des noms; c'est vous et vos pères qui les avez ainsi nommés. Dieu ne vous a révélé aucune preuve à ce sujet; vous ne suivez que des suppositions et vos désirs, et cependant vous avez reçu une direction de votre Seigneur.
24. L'homme aura-t-il ce qu'il désire ?

1. C'est-à-dire l'ange Gabriel.
2. C'est-à-dire durant son voyage nocturne à travers les cieux.
3. C'est l'arbre qui sert de limite au paradis.
4. Noms de divinités arabes.

25. C'est à Dieu qu'appartient la vie future et la vie présente.

26. Quelque nombreux que soient les anges dans les cieux, leur intercession ne servira à rien;

27. Sauf, si Dieu le permet, à celui qu'il voudra, à celui qu'il lui plaira.

28. Ceux qui ne croient pas à la vie future, appellent les anges des femmes.

29. Ils n'en savent rien, ils ne suivent que des suppositions. Les suppositions ne sauraient nullement tenir lieu de la vérité.

30. Eloigne-toi de celui qui tourne le dos quand on parle de nous, qui ne désire que la vie de ce monde.

31. Voilà jusqu'où va leur science. Ton Seigneur sait mieux que personne qui est celui qui s'égare de son sentier; il sait le mieux qui est dans la droite voie.

32. Tout ce qui est dans les cieux et sur la terre appartient à Dieu : il rétribuera ceux qui font le mal selon leurs œuvres; il récompensera d'une belle récompense ceux qui ont pratiqué le bien.

33. Ceux qui évitent les grands crimes et les actions déshonorantes, et tombent dans de légères fautes, pour ceux-là Dieu est d'une vaste indulgence. Il vous connaissait bien quand il vous produisait de la terre; il vous connaît quand vous n'êtes qu'un embryon dans les entrailles de vos mères. Ne cherchez donc pas à vous disculper; il connaît mieux que personne celui qui le craint.

34. As-tu considéré celui qui tourne le dos,

35. Qui donne peu et qui lésine ?

36. Celui-là a-t-il la connaissance des choses cachées et les voit-il ?

37. Ne lui a-t-on pas récité ce qui est consigné dans les feuillets de Moïse,

38. Et d'Abraham fidèle à ses engagements ?

39. L'âme qui porte la charge ne portera pas celle d'une autre.

40. L'homme n'aura que ce qu'il a gagné.

41. Son travail sera apprécié.

42. Il en sera récompensé d'une rétribution scrupuleuse.

43. Ton Seigneur n'est-il pas le terme de tout ?

44. Il fait rire et il fait pleurer.

45. Il fait mourir et il fait revivre.

46. Il a créé le couple, le mâle et la femelle;

47. Il les a créés de la semence par son émission.

48. Une seconde création est à sa charge.

49. Il enrichit et fait acquérir.

50. Il est le Seigneur de la canicule [1].

---

1. La constellation de la Canicule, ou de Sirius, était adorée par les Arabes païens.

51. Il a fait périr le peuple de ʿĀd, l'ancien,

52. Et le peuple de Thamoud, et il n'en a pas laissé un seul ;

53. Et le peuple de Noé avant ceux-ci, car ils étaient méchants et rebelles.

54. Ces villes renversées, c'est lui qui les a renversées.

55. Les décombres qui les couvrent les couvrirent alors.

56. Quels bienfaits du Seigneur mettras-tu en doute ?

57. Cet apôtre (Muḥammad) est comme les apôtres d'autrefois.

58. L'heure qui doit venir s'approche. Il n'y a point de remède contre, hormis en Dieu.

59. Est-ce à cause de ce discours que vous êtes dans l'étonnement ?

60. Vous riez au lieu de pleurer.

61. Vous passez votre temps en discours frivoles.

62. Prosternez-vous devant Dieu et adorez-le.

SOURATE LIV

LA LUNE

Donnée à La Mecque. — 55 versets.

Au nom de Dieu clément et miséricordieux.

1. L'heure approche et la lune s'est fendue;

2. Mais les infidèles, à la vue d'un prodige, détournent leurs yeux et disent : C'est un enchantement puissant.

3. Ils traitent le Coran d'imposture et ne suivent que leurs appétits; mais toute chose sera fixée invariablement.

4. Ils ont déjà entendu dans le Coran des récits capables de les pénétrer de crainte.

5. C'est la sagesse suprême; mais à quoi leur servent les avertissements ?

6. Eloigne-toi d'eux; le jour où l'ange chargé d'appeler les homme, les appellera à l'acte terrible du jugement,

7. Les yeux baissés, ils sortiront de leurs tombeaux, semblables aux sauterelles dispersées,

8. Et se rendront en toute hâte auprès de l'ange. Alors les incrédules s'écrieront : Voici ce jour difficile.

9. Avant eux, les peuples de Noé méconnaissaient la vérité; ils accusèrent notre serviteur d'imposture; c'est un possédé, disaient-ils, et il fut chassé.

10. Noé adressa cette prière au Seigneur : Je suis opprimé; Seigneur, viens à mon aide.

11. Nous ouvrîmes les portes du ciel et l'eau tomba en torrents.

12. Nous fendîmes la terre, d'où jaillirent des sources, et les eaux se rassemblèrent conformément à nos arrêts.

13. Nous emportâmes Noé dans une arche construite de planches jointes avec des clous.

14. Elle fendait les flots sous nos yeux. C'était une récompense due à celui envers lequel on a été ingrat.

15. Nous en avons fait un signe d'avertissement. Y a-t-il quelqu'un qui en profite ?

16. Que mes châtiments et mes menaces ont été terribles!

17. Nous avons rendu le Coran propre à servir d'avertissement. Y a-t-il quelqu'un qui en profite ?

18. Les 'Ād ont méconnu la vérité. Que mes châtiments et mes menaces ont été terribles!

19. Nous déchaînâmes contre eux un vent impétueux, dans ce jour fatal, terrible;

20. Il emportait les hommes comme des éclats de palmiers arrachés avec violence.

21. Que mes châtiments et mes menaces ont été terribles!

22. Nous avons rendu le Coran propre à servir d'avertissement. Y a-t-il quelqu'un qui en profite ?

23. Les Thamoudéens ont traité nos menaces de mensonges.

24. Ecouterons-nous un homme comme nous ? disent-ils; en vérité, nous serions plongés dans l'égarement et dans la folie.

25. Les avertissements du ciel lui seraient-ils donnés à lui seul d'entre nous ? Non, mais c'est un imposteur insolent.

26. — Demain ils apprendront qui de nous était l'imposteur insolent.

27. Nous leur enverrons une femelle de chameau comme tentation; nous épierons leurs démarches, et toi, *Saleh*, prends patience.

28. Annonce-leur que l'eau de leurs citernes doit être partagée entre eux et la chamelle, et que leurs portions doivent se suivre alternativement.

29. Les Thamoudéens appelèrent un de leurs concitoyens; il tira son sabre et tua la chamelle.

30. Que nos châtiments et nos menaces ont été terribles!

31. Nous déchaînâmes contre eux un seul cri de l'ange; et ils devinrent comme des brins de paille sèche qu'on mêle à l'argile.

32. Nous avons rendu le Coran propre à avertir. Y a-t-il quelqu'un qui en profite ?

33. Le peuple de Loth a traité nos menaces de mensonge.

34. Nous déchaînâmes contre eux un vent qui lançait des pierres. A la pointe du jour nous ne sauvâmes que Loth.

35. C'était un bienfait de notre part; c'est ainsi que nous récompensons les reconnaissants.

36. Il les menaça de notre vengeance; mais ils révoquaient en doute nos menaces.

37. Ils voulaient abuser de ses hôtes; nous les privâmes de la vue, et nous leur dîmes : Eprouvez mes châtiments et mes menaces.

38. Un châtiment permanent fondit sur eux le lendemain au matin.

39. Eprouvez mes châtiments et mes menaces.

40. Nous avons rendu le Coran propre aux avertissements; y a-t-il quelqu'un qui en profite ?

41. Nos menaces allèrent trouver la famille de Pharaon.

42. Ils rejetèrent tous nos miracles; nous les châtiâmes comme châtie le Fort, le Puissant.

43. Votre incrédulité, ô Mecquois, vaut-elle mieux que la leur ? Auriez-vous trouvé dans les Ecritures quelque garantie de votre immunité ?

44. Diront-ils : Nous nous réunirons tous et nous serons vainqueurs.

45. Bientôt cette multitude sera dispersée : ils tourneront tous le dos.

46. L'heure du jugement est celle de leur rendez-vous; elle sera douloureuse, amère.

47. Les coupables sont plongés dans l'égarement et dans la folie.

48. Le jour où ils seront traînés sur le front dans le feu de l'enfer, on leur dira : Eprouvez le toucher de l'enfer.

49. Nous avons créé toutes choses d'après une certaine proportion.

50. Notre ordre n'était qu'un seul mot, rapide comme un clignement d'œil.

51. Nous avons exterminé des peuples semblables à vous; y a-t-il quelqu'un qui profite de ces signes ?

52. Toutes leurs actions sont écrites dans les Livres.

53. Les plus grandes comme les plus petites y sont consignées.

54. Les justes habiteront au milieu de fontaines et de jardins,

55. Dans le séjour de la vérité, auprès du Roi Puissant.

SOURATE LV

LE MISÉRICORDIEUX

Donnée à La Mecque. — 78 versets.

Au nom de Dieu clément et miséricordieux.

1. Le Miséricordieux a enseigné le Coran ;
2. Il a créé l'homme ;
3. Il lui a enseigné l'éloquence.
4. Le soleil et la lune parcourent la route tracée.
5. Les plantes et les arbres se courbent devant Dieu.
6. Il a élevé les cieux et établi la balance,
7. Afin que vous ne trompiez pas dans le poids.
8. Pesez avec justice et ne diminuez pas les tiges de la balance.
9. Il a disposé la terre pour les différents peuples.
10. Elle porte des fruits et les palmiers dont les fleurs sont couvertes d'une enveloppe ;
11. Et le blé qui donne la paille et l'herbe.
12. Lequel des bienfaits de Dieu nierez-vous ?
13. Il a formé l'homme de terre, comme celle du potier.
14. Il a créé les génies de feu pur sans fumée.
15. Lequel des bienfaits de Dieu nierez-vous ?
16. Il est le souverain de deux orients.
17. Il est le souverain de deux occidents.
18. Lequel des bienfaits de Dieu nierez-vous ?
19. Il a séparé les deux mers qui se touchent.
20. Il a élevé une barrière entre elles, de peur qu'elles ne se confondissent.
21. Lequel des bienfaits de Dieu nierez-vous ?
22. L'une et l'autre fournissent des perles et du corail.
23. Lequel des bienfaits de Dieu nierez-vous ?
24. A lui appartiennent les vaisseaux qui traversent les mers comme des montagnes.
25. Lequel des bienfaits de Dieu nierez-vous ?
26. Tout ce qui est sur la terre passera.
27. La face seule de Dieu restera environnée de majesté et de gloire.

28. Lequel des bienfaits de Dieu nierez-vous ?

29. Tout ce qui est dans les cieux et sur la terre lui adresse ses vœux. Chaque jour il est occupé à quelque œuvre nouvelle.

30. Lequel des bienfaits de Dieu nierez-vous ?

31. Nous vaquerons un jour à votre jugement, ô hommes et génies!

32. Lequel des bienfaits de Dieu nierez-vous ?

33. Si vous pouvez franchir les limites du ciel et de la terre, fuyez; mais vous n'échapperez pas sans un pouvoir illimité.

34. Lequel des bienfaits de Dieu nierez-vous ?

35. Il lancera contre vous des dards de feu sans fumée et de fumée sans feu. Comment vous défendrez-vous ?

36. Lequel des bienfaits de Dieu nierez-vous ?

37. Quand le ciel se fendra, quand il sera comme la rose ou comme la peau teinte en rouge.

38. Lequel des bienfaits de Dieu nierez-vous ?

39. Alors on ne demandera point aux hommes ni aux génies quels crimes ils auront commis.

40. Lequel des bienfaits de Dieu nierez-vous ?

41. Les criminels seront reconnus à leurs marques; on les saisira par les chevelures et par les pieds.

42. Lequel des bienfaits de Dieu nierez-vous ?

43. Voilà la géhenne que les criminels traitaient de fable.

44. Ils tourneront autour des flammes et de l'eau bouillante.

45. Lequel des bienfaits de Dieu nierez-vous ?

46. Ceux qui craignent la majesté de Dieu auront deux jardins.

47. Lequel des bienfaits de Dieu nierez-vous ?

48. Ornés de bosquets.

49. Lequel des bienfaits de Dieu nierez-vous ?

50. Dans chacun d'eux jailliront deux fontaines.

51. Lequel des bienfaits de Dieu nierez-vous ?

52. Dans chacun d'eux croîtront deux espèces de fruits.

53. Lequel des bienfaits de Dieu nierez-vous ?

54. Ils s'étendront sur des tapis brochés de soie et brodés d'or; les fruits des deux jardins seront rapprochés, aisés à cueillir.

55. Lequel des bienfaits de Dieu nierez-vous ?

56. Là, seront de jeunes vierges au regard modeste, dont jamais homme ni génie n'a profané la pudeur.

57. Lequel des bienfaits de Dieu nierez-vous ?

58. Elles ressemblent à l'hyacinthe et au corail.

59. Lequel des bienfaits de Dieu nierez-vous ?

60. Quelle est la récompense du bien si ce n'est le bien ?

61. Lequel des bienfaits de Dieu nierez-vous ?

62. Outre ces deux jardins, deux autres s'y trouveront encore.

63. Lequel des bienfaits de Dieu nierez-vous ?

64. Deux jardins couverts de verdure.

65. Lequel des bienfaits de Dieu nierez-vous ?

66. Où jailliront deux sources.

67. Lequel des bienfaits de Dieu nierez-vous ?

68. Là, il y aura des fruits, des palmiers et des grenades.

69. Lequel des bienfaits de Dieu nierez-vous ?

70. Là, il y aura des vierges jeunes et belles.

71. Lequel des bienfaits de Dieu nierez-vous ?

72. Des vierges aux grands yeux noirs renfermées dans des pavillons.

73. Lequel des bienfaits de Dieu nierez-vous ?

74. Jamais homme ni génie n'attenta à leur pudeur.

75. Lequel des bienfaits de Dieu nierez-vous ?

76. Leurs époux se reposeront sur des coussins verts et des tapis magnifiques.

77. Lequel des bienfaits de Dieu nierez-vous ?

78. Béni soit le nom du Seigneur, environné de majesté et de gloire !

SOURATE LVI

L'ÉVÉNEMENT [1]

Donnée à La Mecque. — 96 versets.

Au nom de Dieu clément et miséricordieux.

1. Lorsque l'événement arrivera,
2. Nul ne saura nier son arrivée.
3. Il abaissera et il élèvera.
4. Lorsque la terre sera ébranlée par un violent tremblement,
5. Que les montagnes voleront en éclats
6. Et deviendront comme la poussière dispersée de tous côtés;
7. Lorsque vous, hommes, vous serez partagés en trois classes;
8. Que les hommes de la droite seront hommes de la droite;
9. Que les hommes de la gauche seront hommes de la gauche;
10. Que ceux qui ont pris le pas *en ce monde dans la foi* y prendront le pas avant les autres :
11. Ceux-ci seront les plus rapprochés de Dieu.
12. Ils habiteront le jardin des délices,
13. (Il y aura un grand nombre de ceux-ci parmi les peuples anciens,
14. Et un petit nombre seulement parmi les modernes),
15. Se reposant sur des sièges ornés d'or et de pierreries,
16. Accoudés à leur aise et se regardant face à face.
17. Ils seront servis par des enfants doués d'une jeunesse éternelle,
18. Qui leur présenteront des gobelets, des aiguières et des coupes, *remplis de vin exquis.*
19. Sa vapeur ne leur montera pas à la tête et n'obscurcira pas leur raison.
20. Ils auront à souhait les fruits qu'ils désireront,
21. Et la chair des oiseaux les plus rares.
22. Près d'eux seront les houris aux beaux yeux noirs, pareilles aux perles dans leur nacre.
23. Telle sera la récompense de leurs œuvres.
24. Ils n'y entendront ni discours frivole ni paroles criminelles;

1. C'est un nom donné au jour du jugement.

25. On n'y entendra que les paroles : Paix, paix.

26. Les hommes de la droite (qu'ils seront heureux les hommes de la droite !)

27. Séjourneront parmi les arbres de lotus sans épines,

28. Et les bananiers chargés de fruits du sommet jusqu'en bas,

29. Sous des ombrages qui s'étendront au loin,

30. Près d'une eau courante,

31. Au milieu de fruits en abondance,

32. Que personne ne coupera, dont personne n'interdira l'approche;

33. Et ils se reposeront sur des lits élevés.

34. Nous créâmes les vierges du paradis par une création à part;

35. Nous avons conservé leur virginité.

36. Chéries de leurs époux et d'un âge égal au leur,

37. Elles seront destinées aux hommes de la droite.

38. Il y en aura un grand nombre parmi les anciens

39. Et un grand nombre parmi les modernes.

40. Et les hommes de la gauche, oh! les hommes de la gauche

41. Seront au milieu de vents pestilentiels et d'eaux bouillantes,

42. Dans l'obscurité d'une fumée noire,

43. Ni frais ni doux.

44. Autrefois ils menaient une vie pleine d'aisances,

45. Ils persévéraient dans une haine implacable,

46. Et disaient :

47. Quand nous serons morts, que nous ne serons qu'un amas d'os et de poussière, serons-nous ranimés de nouveau,

48. Ainsi que nos aïeux ?

49. Dis-leur : Les anciens et les modernes

50. Seront réunis au rendez-vous du jour fixé.

51. Puis, vous, hommes égarés, et qui aviez traité nos signes de mensonge,

52. Vous mangerez le fruit de Zakoum,

53. Vous vous en remplirez les ventres.

54. Ensuite vous boirez de l'eau bouillante

55. Comme boit un chameau altéré de soif.

56. Tel sera leur festin au jour de la rétribution.

57. Nous vous avons créés, et pourquoi ne croiriez-vous pas à la résurrection ?

58. La semence dont vous engendrez,

59. Est-ce vous qui la créez ou bien nous ?

60. Nous avons arrêté que la mort vous frappe tour à tour à certains moments, et nul ne saurait prendre le pas sur nous,

61. Pour vous remplacer par d'autres hommes, ou pour créer des êtres que vous ne connaissez pas.

62. Vous connaissez la première création, pourquoi ne réfléchissez-vous pas ?

63. Avez-vous remarqué le grain que vous semez ?

64. Est-ce vous qui le faites pousser, ou bien nous ?

65. Si nous voulions, nous le réduirions en brins de paille secs, et vous ne cesseriez pas de vous étonner et de crier :

66. Nous nous sommes endettés pour *nos cultures*, et nous voilà déçus de nos espérances.

67. Avez-vous fait attention à l'eau que vous buvez ?

68. Est-ce vous qui la faites descendre des nuages, ou bien nous ?

69. Si nous voulions nous pourrions la changer en eau saumâtre. Pourquoi n'êtes-vous donc pas reconnaissants ?

70. Avez-vous porté vos regards sur le feu que vous obtenez par frottement ?

71. Est-ce vous qui créez l'arbre qui vous le donne, ou bien nous ?

72. Nous l'avons voulu pour être un enseignement et procurer une utilité à ceux qui voyagent dans le désert.

73. Célèbre le nom du Dieu Très-Haut.

74. J'en jure par le coucher des étoiles,

75. (Et c'est un grand serment, si vous le saviez),

76. Que le Coran glorieux,

77. Dont le prototype est dans le volume caché,

78. Ne doit être touché que par ceux qui sont en état de pureté.

79. Il est la révélation du Souverain de l'univers.

80. Dédaignerez-vous ce Livre ?

81. Chercherez-vous votre nourriture dans les accusations d'imposture que vous portez contre lui ?

82. Pourquoi donc, au moment que vos cœurs remonteront jusqu'à vos gorges;

83. Que vous jetterez des regards de tous côtés;

84. Que nous serons près de vous sans que vous le voyiez;

85. Pourquoi donc, si vous ne devez jamais être jugés et rétribués,

86. Ne ramenez-vous pas l'âme prête à s'envoler ? Dites-le si vous êtes sincères!

87. Celui qui sera au nombre des plus rapprochés de Dieu

88. Jouira du repos, de la grâce et du jardin des délices.

89. Celui qui sera au nombre des hommes de la droite,

90. (Salut à lui de la part des hommes de la droite).

91. Celui qui aura été parmi les hommes accusateurs de mensonge,

92. Les égarés,

93. Aura pour festin l'eau bouillante.
94. Nous le brûlerons au feu.
95. C'est la vérité infaillible.
96. Célèbre le nom du Dieu Très-Haut.

SOURATE LVII

LE FER

Donnée à Médine. — 29 versets.

Au nom de Dieu clément et miséricordieux.

1. Tout ce qui est dans les cieux et sur la terre célèbre les louanges de Dieu. Il est puissant et sage.

2. A lui appartient l'empire des cieux et de la terre; il fait vivre et il fait mourir, et il est tout-puissant.

3. Il est le premier et le dernier; visible et caché, il connaît tout;

4. C'est lui qui a créé les cieux et la terre dans l'espace de six jours, et qui est allé s'asseoir sur le trône; il sait ce qui entre dans la terre et ce qui en sort, ce qui descend du ciel et ce qui y monte; il est avec vous; en quelque lieu que vous soyez, il voit vos actions.

5. L'empire des cieux et de la terre lui appartient; toutes choses retournent à lui.

6. Il fait succéder la nuit au jour, et le jour à la nuit; il connaît ce que les cœurs renferment.

7. Croyez en Dieu et à son apôtre, et donnez en aumônes une portion des biens dont Dieu vous accorda l'héritage. Ceux d'entre vous qui croient et font l'aumône recevront une récompense magnifique.

8. Pourquoi ne croiriez-vous pas en Dieu et à son apôtre, qui vous invite à croire en votre Seigneur, qui a reçu votre pacte à ce sujet, si vous voulez y croire?

9. C'est lui qui fait descendre sur son serviteur des signes évidents pour vous conduire des ténèbres à la lumière. Dieu est à votre égard plein de bonté et de miséricorde.

10. Pourquoi ne dépenseriez-vous pas vos richesses pour la cause de Dieu, à qui appartient l'héritage des cieux et de la terre? Celui qui a donné ses richesses et combattu pour la foi avant la victoire, *et celui qui n'en aura rien fait, ne sont point égaux.* Celui-là occupera un degré plus élevé que ceux qui auront offert leurs richesses après la victoire et combattu depuis. Mais Dieu a promis aux uns et aux autres une belle récompense. Il est instruit de vos actions.

11. A qui fera à Dieu un prêt généreux, Dieu le portera au double, et il recevra une récompense magnifique.

12. Un jour tu verras les croyants des deux sexes; leur lumière courra devant eux, et à leur droite [1]. Aujourd'hui, leur dira-t-on, nous vous annonçons une heureuse nouvelle, celle des jardins où coulent des fleuves et où vous resterez éternellement. C'est un bonheur ineffable.

13. Ce jour-là les hypocrites des deux sexes diront aux croyants: Regardez-nous; attendez un instant [2] que nous empruntions quelques parcelles de votre lumière; mais on leur dira: Retournez sur la terre et demandez-en là. Entre eux s'élèvera une muraille qui aura une porte, en dedans de laquelle siégera la Miséricorde et le Supplice en dehors. Les hypocrites crieront aux croyants: N'avons-nous pas été avec vous ? Oui, leur répondront ceux-ci, mais vous vous sentiez vous-mêmes et vous attendiez le moment favorable; puis vous avez douté, et vos désirs vous ont aveuglés, jusqu'au moment où le décret de Dieu vint s'accomplir. Le Séducteur vous a aveuglés sur Dieu.

14. Aujourd'hui on ne recevra plus de rançon ni de vous ni des infidèles. Le feu sera votre demeure : voilà ce que vous avez gagné. Quelle affreuse fin!

15. Le temps n'est-il pas déjà venu pour les croyants d'humilier leurs cœurs devant l'avertissement de Dieu et devant le Livre de la vérité qu'il a envoyé ? Qu'ils ne ressemblent pas à ceux qui avaient précédemment reçu le Livre, dont les cœurs s'endurcissent avec le temps, et parmi lesquels une grande partie sont des pervers.

16. Sachez que Dieu rend la vie à la terre morte. Nous vous avons déjà expliqué ces miracles afin que vous les compreniez.

17. Ceux qui font l'aumône, hommes et femmes, ceux qui font à Dieu un prêt généreux, en recevront le double, et ils auront une récompense magnifique.

18. Ceux qui croient en Dieu et à ses apôtres sont des hommes véridiques; ils seront témoins devant leur Seigneur, auront leur récompense et leur lumière [3]. Ceux qui n'ont point cru et qui ont traité nos signes de mensonges seront livrés au feu de l'enfer.

19. Sachez que la vie de ce monde n'est qu'un jeu et une frivolité; un vain ornement; désir de gloriole parmi vous, et désir de multiplier vos richesses à l'envi les uns des autres. Tout ceci ressemble à la pluie; les incrédules [4] s'émerveillent à la vue des

1. La lumière qui les précédera les conduira vers le sentier droit, celle qui sera à droite sera une lumière réfléchie du livre où sont inscrites leurs actions.
2. Ces élus courront avec précipitation pour recevoir la récompense.
3. Voyez ci-dessus le verset 12.
4. Muḥammad veut dire les laboureurs; mais comme les laboureurs de son temps étaient encore tous infidèles, il les appelle ici de ce nom.

plantes qu'elle produit; mais elles se fanent, jaunissent, et deviennent des fétus de paille. Dans l'autre monde est le châtiment terrible,

20. Et le pardon de Dieu et sa satisfaction. La vie de ce monde n'est qu'une puissance temporaire qui éblouit.

21. Luttez donc de vitesse pour obtenir le pardon de Dieu et le paradis, dont l'étendue égale celle du ciel et de la terre, et qui a été préparé pour ceux qui croient en Dieu et à ses apôtres. C'est une faveur de Dieu qu'il accordera à qui il voudra, car Dieu est d'une bienfaisance immense.

22. Aucune calamité ne frappe soit la terre, soit vos personnes, qui n'ait été écrite dans le Livre avant que nous les ayons créées. C'était facile pour Dieu.

23. *On vous dit ceci*, afin que vous ne vous affligiez pas à l'excès du bien qui vous échappe, ni ne vous réjouissiez outre mesure de celui qui vous arrive. Dieu n'aime point les présomptueux et les glorieux,

24. Les avares qui excitent à l'avarice les autres. Mais si l'avare se retire *et se soustrait aux actes de libéralité*, Dieu est assez riche *pour s'en passer*, et il est digne de gloire.

25. Nous avons envoyé des apôtres, accompagnés de signes évidents; nous leur avons donné le Livre et la balance, afin que les hommes observent l'équité. Nous avons donné le fer qui porte en lui de terribles malheurs et des avantages; c'est afin que Dieu apprenne qui d'entre vous assistera lui et ses apôtres en secret. Dieu est puissant et fort.

26. Nous envoyâmes Noé et Abraham, et nous établîmes le don de la prophétie dans leurs descendants et le Livre. Tel, parmi eux, suit la droite voie, mais la plupart sont des pervers.

27. Nous envoyâmes sur leurs traces d'autres apôtres, comme Jésus, fils de Marie, à qui nous donnâmes l'Evangile; nous mîmes dans les cœurs des disciples qui les ont suivis la douceur, la bonté et le goût de la vie monastique. Ce sont eux-mêmes qui l'ont inventé. Nous n'avons prescrit que le désir de plaire à Dieu; mais ils ne l'ont point observé comme ils le devaient. Nous avons donné la récompense à ceux d'entre eux qui ont cru, mais la plupart sont des pervers.

28. O vous qui croyez, craignez Dieu et croyez à son apôtre; il vous donnera deux portions de sa miséricorde; il vous donnera la lumière, afin que vous marchiez avec son aide; il effacera vos péchés, car il est indulgent et miséricordieux;

29. Afin que les hommes qui ont reçu les Ecritures sachent qu'ils ne disposent d'aucune des faveurs de Dieu; que la grâce de Dieu est toute entre ses mains, et qu'il l'accorde à qui il veut. Dieu est d'une bonté inépuisable.

SOURATE LVIII

LA PLAIDEUSE

Donnée à La Mecque. — 22 versets.

Au nom de Dieu clément et miséricordieux.

1. Dieu a entendu la voix de celle qui a plaidé chez toi contre son mari, et élevé des plaintes à Dieu. Il a entendu vos plaidoyers. Il entend et connaît tout.

2. Ceux qui jurent que leurs femmes leur seront aussi sacrées que leurs mères [1] commettent une injustice : leurs mères sont celles qui les ont enfantés. Elles ne peuvent devenir leurs épouses.

3. Le Seigneur est indulgent et miséricordieux.

4. Ceux qui jurent de ne plus vivre avec leurs femmes, et qui se repentent de leur serment, ne pourront avoir commerce avec elles avant d'avoir donné la liberté à un captif. C'est un précepte de Dieu. Il connaît toutes vos actions.

5. Celui qui ne trouvera point de captif à racheter jeûnera deux mois de suite avant de s'approcher de sa femme, et s'il ne peut supporter ce jeûne, il nourrira soixante pauvres. Croyez en Dieu et à son envoyé. Il vous explique ses commandements. Leur infraction attirera sur vous le châtiment.

6. L'opprobre est réservé à celui qui désobéit à Dieu et au prophète. Ainsi furent humiliés ceux qui vous précédèrent. Nous avons envoyé du ciel notre religion sublime. L'opprobre et les tourments sont réservés aux incrédules.

7. Ils ont oublié le jour de la résurrection; mais Dieu en a marqué le terme. Il exposera devant eux le tableau de leurs œuvres. Il est le témoin universel.

8. Ignorez-vous que Dieu connaît tout ce qui est au ciel et sur la terre ? Si trois personnes s'entretiennent ensemble, il est le quatrième; si cinq personnes sont réunies pour converser, il est le sixième. Quelque nombre qu'on soit, en quelque lieu qu'on se trouve, il est toujours présent. Au jour du jugement, il dévoilera les actions des hommes, parce qu'il est instruit de tout.

9. As-tu remarqué ceux à qui les assemblées clandestines ont

---

1. Formule solennelle de divorce chez les Arabes idolâtres.

été interdites, et qui y retournent malgré les défenses ? Là ils s'entretiennent de projets criminels, d'hostilités, de révolte contre le prophète, et lorsqu'ils sont en sa présence, ils le saluent en des termes que Dieu ne lui a point accordés, et ils disent en eux-mêmes : Notre hypocrisie ne sera-t-elle pas punie ? Leur récompense sera l'enfer. Ils seront la proie des flammes.

10. O croyants! lorsque vous conversez ensemble, que l'iniquité, la guerre, la désobéissance aux ordres du Prophète, ne soient point le sujet de vos discours; que plutôt la justice, la paix, la crainte de Dieu, en soient l'âme. Vous serez tous rassemblés devant lui.

11. Les assemblées clandestines sont inspirées par Satan pour affliger les croyants; mais il ne saurait leur nuire sans la permission de Dieu. Que les fidèles mettent donc en lui sa confiance.

12. O croyants! lorsqu'on vous dit : Effacez-vous sur vos sièges, faites-le. Dieu vous donnera un espace immense dans le ciel. Lorsqu'on vous commande de vous lever, obéissez. Le Seigneur élèvera les croyants, et ceux que la science éclaire, à des places honorables. Il voit toutes vos actions.

13. O croyants! faites une aumône avant de parler au Prophète : cette œuvre sera méritoire et vous purifiera. Si l'indigence s'y oppose, Dieu est indulgent et miséricordieux.

14. Craindriez-vous de faire une bonne œuvre avant de parler au Prophète ? Dieu vous pardonnera cette omission; mais observez exactement la prière. Payez le tribut prescrit. Obéissez à Dieu et à son apôtre. Dieu voit vos actions.

15. Avez-vous remarqué ceux qui ont formé des liaisons avec des hommes contre lesquels Dieu est courroucé ? Ils ne sont ni de leur parti ni du vôtre; ils profèrent de faux serments, et ils le savent.

16. Dieu les a menacés des plus terribles châtiments, parce qu'ils sont livrés à l'iniquité.

17. Ils écartent les autres du sentier de Dieu, prenant leur serment pour manteau. Une punition terrible les attend.

18. Ni leurs richesses ni leurs enfants ne leur serviront de rien auprès de Dieu; ils seront les victimes d'un feu éternel.

19. Le jour où Dieu les ressuscitera, ils jureront qu'ils lui sont fidèles comme ils vous l'ont juré. Ils croient que ce serment leur sera de quelque utilité; vain espoir! Le mensonge n'est-il pas dans leur cœur ?

20. Ils vivent sous l'empire de Satan. Il leur a fait oublier le souvenir de Dieu. Ils suivent ses inspirations. Ses sectateurs ne sont-ils pas dévoués à la réprobation ?

21. Ceux qui se révoltent contre Dieu et le prophète seront

couverts d'opprobre. Dieu a dit : Je donnerai la victoire à mes envoyés. Dieu est fort et puissant.

22. Vous ne verrez aucun de ceux qui croient en Dieu et au jour dernier aimer l'infidèle qui est rebelle à Dieu et au Prophète, fût-ce un père, un fils, un frère, un allié. Dieu a gravé la foi dans leurs cœurs, il les inspire. Il les introduira dans les jardins de délices arrosés par des fleuves. Ils y demeureront éternellement. Le Seigneur s'est complu en eux, et ils se complurent en Dieu. Ils forment le parti de Dieu. N'est-ce pas le parti de Dieu qui doit prospérer ?

L'ÉMIGRATION

Donnée à Médine. — 25 versets.

Au nom de Dieu clément et miséricordieux.

1. Tout ce qui est dans les cieux et sur la terre célèbre les louanges de Dieu. Il est puissant et sage.

2. C'est lui qui a fait sortir de leur forteresse ceux des infidèles qui ont reçu le Livre. Vous ne pensiez pas qu'on pût les y forcer. Ils croyaient que leurs citadelles les défendraient contre le bras de Dieu; mais il les a surpris du côté d'où ils ne s'attendaient pas; il a jeté la terreur dans leurs âmes. Leurs maisons ont été renversées de leurs propres mains et de celles des croyants. C'est un avertissement pour vous, à vous qui en avez été témoins.

3. Si le ciel n'avait écrit leur exil, il les aurait exterminés, mais le supplice du feu les attend dans l'autre monde.

4. Leur défaite est la punition du schisme qu'ils ont fait avec Dieu et le Prophète. Le Seigneur punit sévèrement ceux qui s'écartent de sa religion.

5. Vous avez coupé leurs palmiers, vous n'en avez laissé qu'une partie sur leurs racines. Dieu l'a permis ainsi pour se venger des prévaricateurs.

6. Le butin qu'il a accordé au Prophète, vous ne l'avez disputé ni avec vos chameaux ni avec vos chevaux; mais Dieu donne la victoire à ses envoyés sur ce qui lui plaît. Il est tout-puissant.

7. Les dépouilles enlevées aux juifs chassés de leur forteresse appartiennent à Dieu et à son envoyé. Elles doivent être distribuées à ses parents, aux orphelins, aux pauvres et aux voyageurs. Il serait injuste que les riches les partageassent. Recevez ce que le Prophète vous donnera, et ne prétendez rien au delà. Craignez Dieu, il est terrible dans ses vengeances.

8. Une portion est due aux pauvres qui ont abandonné leur pays, à ceux que le zèle pour la religion a fait chasser de leurs maisons et de leurs possessions. Ceux qui aident Dieu et le Prophète sont les vrais fidèles.

9. Les habitants de Médine qui les premiers ont reçu la foi chérissent les croyants qui viennent leur demander un asile; ils n'envient point la portion de butin qui leur est accordée : oubliant leurs propres besoins, ils préfèrent leurs hôtes à eux-mêmes. La

félicité sera le prix de ceux qui ont défendu leur cœur de l'avarice.

10. Ceux qui embrasseront l'islamisme après eux adresseront au ciel cette prière : Seigneur, fais éclater ta miséricorde pour nous et pour nos frères qui nous ont devancés dans la foi; ne laisse point dans nos cœurs de haine contre eux. Tu es indulgent et miséricordieux.

11. As-tu entendu les impies qui disent aux juifs infidèles leurs frères : Si l'on vous bannit, nous vous suivrons, nous ne recevrons de loi que de vous. Si l'on vous assiège, nous volerons à votre secours ? Dieu est témoin de leurs mensonges.

12. Si l'on oblige leurs frères à s'expatrier, ils ne les suivront point; si on les assiège, ils ne marcheront point à leur secours. S'ils osaient le faire, on les forcerait à prendre la fuite. Il n'y aurait plus de refuge pour eux.

13. L'épouvante que Dieu a jetée dans leurs âmes vous a donné la victoire sur eux, parce qu'ils n'ont point la sagesse.

14. Ils n'oseraient vous combattre en bataille rangée. Ils ne se défendront que dans les villes fortifiées ou derrière des remparts.

15. Ils n'ont de courage qu'entre eux. Vous les croyez unis, et ils sont divisés, parce qu'ils n'ont point la sagesse.

16. Semblables à ceux qui les ont précédés, ils n'ont fait qu'accélérer leur ruine. L'enfer les attend.

17. Semblables à Satan, qui prêche l'infidélité aux hommes lorsqu'ils ont apostasié, et qui ajoute : Je suis innocent de votre crime, je crains le souverain de l'univers;

18. Ils éprouveront nos châtiments. Les brasiers de l'enfer seront leur demeure perpétuelle. Tel est le sort des pervers.

19. O croyants, craignez le Seigneur. Que chacun de vous songe à ce qu'il fera demain. Craignez le Seigneur, il voit vos actions.

20. N'imitez pas ceux que l'oubli de Dieu a conduits à l'oubli d'eux-mêmes; ils sont prévaricateurs.

21. Les réprouvés et les hôtes du paradis auront un sort différent. Ceux-ci jouiront de la béatitude.

22. Si nous eussions fait descendre le Coran sur une montagne, elle se serait fendue et aurait abaissé son sommet. Nous proposons ces paraboles aux hommes, afin qu'ils réfléchissent.

23. Il n'y a qu'un seul Dieu. Rien n'est caché à ses yeux. Il voit tout; il est clément et miséricordieux.

24. Il n'y a qu'un Dieu; il est roi, saint, sauveur, fidèle, gardien, prédominateur, victorieux, suprême. Gloire à Dieu! et loin de lui ce que les hommes lui attribuent!

25. Il est le Dieu créateur et formateur. Il a tiré tout du néant. Les plus beaux noms sont des attributs. Tous les êtres au ciel et sur la terre célèbrent ses louanges.

SOURATE LX

Donnée à Médine. — 13 versets.

Au nom de Dieu clément et miséricordieux.

1. O croyants! n'entretenez aucune liaison avec mes ennemis et les vôtres. Vous leur montrez de la bienveillance, et ils ont abjuré la vérité qu'on leur a enseignée. Ils vous ont rejetés, vous et le Prophète, du sein de leur ville, parce que vous aviez la foi. Si vous les combattez pour la défense de la religion et pour mériter mes faveurs, comment pouvez-vous conserver leur amitié ? Je connais ce qui est caché au fond de vos cœurs et ce que vous produisez au grand jour. Quiconque agit ainsi s'écarte du sentier droit.

2. S'ils vous avaient en leur puissance, ils vous traiteraient en ennemis, et s'efforceraient de vous faire abjurer votre religion.

3. Les liens du sang et vos enfants ne vous serviront de rien au jour du jugement. Dieu mettra une barrière entre vous. Il observe toutes vos actions.

4. La conduite d'Abraham et de ceux qui avaient sa croyance est un exemple pour vous. Nous sommes innocents de vos crimes et de votre idolâtrie, dirent-ils au peuple. Nous nous séparons de vous. Que l'inimitié et la haine règnent entre nous jusqu'à ce que vous ayez cru en un seul Dieu. Abraham ajouta : O mon père, j'implorerai pour toi l'indulgence du Seigneur; mais il ne m'exaucera pas. Seigneur, nous mettons en toi notre confiance, nous sommes tes adorateurs; un jour nous serons rassemblés devant toi.

5. Seigneur, fais que les infidèles ne nous séduisent pas; pardonne-nous, tu es puissant et sage.

6. O vous qui croyez en Dieu et au jour du jugement! Ils sont un exemple pour vous. Que l'impie refuse ce qui est dû au Seigneur; il est riche et digne de louanges.

7. Peut-être qu'un jour Dieu fera régner la concorde entre vous et vos ennemis. Il est puissant, indulgent et miséricordieux.

8. Dieu ne vous défend pas la bienfaisance et l'équité envers

ceux qui n'ont point combattu contre vous, et qui ne vous ont point bannis de vos foyers. Il aime la justice.

9. Mais il vous interdit toute liaison avec ceux qui vous ont combattus et chassés de vos foyers, et qui ont voulu abolir votre religion. La même défense vous est prescrite contre ceux qui leur ont prêté secours. Quiconque leur montrerait de la bienveillance serait injuste.

10. O croyants! lorsque des femmes fidèles viendront chercher un asile parmi vous, éprouvez-les. Si elles professent sincèrement l'islamisme, ne les rendez pas à leurs maris infidèles. Dieu défend une pareille union; mais vous devez rendre à leurs époux la dot qu'ils leur ont donnée. Il vous sera permis de les épouser, pourvu que vous les dotiez convenablement. Vous ne garderez point une femme infidèle; mais vous pouvez exiger d'elle ce que vous lui avez accordé par le contrat : c'est le précepte de Dieu. Dieu donne des préceptes; il est savant et sage.

11. Si quelqu'une de vos femmes fuyait chez les idolâtres, donnez à son mari, lorsque vous l'aurez recouvrée, une somme égale à la dot qu'il lui avait accordée. Craignez le Seigneur, dont vous professez la religion.

12. O Prophète! si des femmes fidèles viennent te demander un asile après t'avoir promis qu'elles fuiront l'idolâtrie, qu'elles ne voleront point, qu'elles éviteront la fornication, qu'elles ne tueront point leurs enfants, qu'elles ne te désobéiront en rien de ce qui est juste, donne-leur ta foi, et prie Dieu pour elles. Il est indulgent et miséricordieux.

13. O croyants! n'ayez aucun commerce avec ceux contre lesquels Dieu est courroucé; ils désespèrent de la vie future comme les infidèles ont désespéré de ceux qui sont dans les tombeaux.

SOURATE LXI

ORDRE DE BATAILLE

Donnée à Médine. — 14 versets.

Au nom de Dieu clément et miséricordieux.

1. Tout ce qui est dans les cieux et sur la terre célèbre les louanges de Dieu. Il est puissant et miséricordieux.

2. O croyants! pourquoi dites-vous ce que vous ne faites pas ?

3. Dieu hait ceux qui disent ce qu'ils ne font pas.

4. Il aime ceux qui combattent en ordre dans son sentier, et qui sont fermes comme un édifice solide.

5. Moïse disait à son peuple : O mon peuple! pourquoi m'affligez-vous ? Je suis l'apôtre de Dieu envoyé vers vous, vous le savez bien. Mais lorsqu'ils s'écartèrent de la route, Dieu les égara. Il ne dirige point les prévaricateurs.

6. Je suis l'apôtre de Dieu, disait Jésus, fils de Marie, à son peuple. Je viens confirmer le Livre qui m'a précédé, et vous annoncer la venue du prophète qui me suivra, et dont le nom est Ahmed. Lorsqu'il fit éclater à leurs yeux des signes évidents, ils s'écrièrent : C'est de la sorcellerie pure.

7. Et qui est plus impie que celui qui forge un mensonge sur le compte de Dieu, pendant qu'on l'appelle à l'islam ? Dieu ne dirige pas les méchants.

8. Ils voudraient de leurs souffles éteindre la lumière de Dieu; mais Dieu fera briller sa lumière, dussent les infidèles en concevoir du dépit.

9. C'est lui qui a donné à son apôtre la direction et la vraie religion, afin qu'il l'exhausse sur toutes les autres, dussent les infidèles en concevoir du dépit.

10. O croyants! vous ferai-je connaître un capital qui vous délivrera des tourments de l'enfer ?

11. Croyez en Dieu et à son apôtre, combattez dans le sentier de Dieu, faites le sacrifice de vos biens et de vos personnes; cela vous sera plus avantageux si vous le comprenez.

12. Dieu pardonnera vos offenses. Il vous introduira dans les jardins où coulent des fleuves. Vous habiterez éternellement de charmantes demeures. C'est un bonheur immense.

13. Il vous accordera encore d'autres biens que vous désirez, l'assistance de Dieu et la victoire immédiate.

14. O croyants! soyez les aides de Dieu, ainsi que Jésus, fils de Marie, dit à ses disciples : Qui m'assistera dans la cause de Dieu ? C'est nous qui serons les aides de Dieu, répondirent-ils. C'est ainsi qu'une portion des enfants d'Israël a cru, et que l'autre n'a point cru. Mais nous avons donné aux croyants la force contre leurs ennemis, et ils ont remporté la victoire.

SOURATE LXII

L'ASSEMBLÉE

Donnée à Médine. — 11 versets.

Au nom de Dieu clément et miséricordieux.

1. Tout ce qui est dans les cieux et sur la terre célèbre les louanges de Dieu, le roi, le saint, le puissant, le sage.

2. C'est lui qui a suscité au milieu des hommes illettrés un apôtre pris parmi eux, afin qu'il leur redît les miracles du Seigneur, afin qu'il les rendît vertueux, leur enseignât le Livre et la sagesse, à eux qui étaient naguère dans un égarement évident.

3. Il en est parmi eux d'autres qui n'ont pas rejoint les premiers dans la foi. Dieu est puissant et sage.

4. La foi est une faveur de Dieu; il l'accorde à qui il veut, et Dieu est plein d'immense bonté.

5. Ceux qui ont reçu le Pentateuque, et qui ne l'observent pas, ressemblent à l'âne qui porte des livres. C'est à quelque chose de vil que ressemblent les hommes qui traitent les signes de Dieu de mensonges. Dieu ne guidera point les impies.

6. Dis : O juifs! si vous vous imaginez d'être les alliés de Dieu à l'exclusion de tous les hommes, désirez la mort, si vous dites la vérité.

7. Non, ils ne la désireront jamais, à cause de leurs œuvres; car Dieu connaît les méchants.

8. Dis-leur : La mort que vous redoutez vous surprendra un jour. Vous serez ramenés devant celui qui connaît les choses visibles et invisibles; il vous rappellera vos œuvres.

9. O croyants! lorsqu'on vous appelle à la prière du jour de l'assemblée [1], empressez-vous de vous occuper de Dieu. Abandonnez les affaires de commerce; cela vous sera plus avantageux. Si vous saviez!

10. Lorsque la prière est finie, allez où vous voudrez [2], et recherchez les dons de la faveur divine [3]. Pensez souvent à Dieu, et vous serez heureux.

---

1. C'est-à-dire du vendredi.
2. Dispersez-vous dans le pays.
3. Vaquez à vos affaires dont vous retirez du gain.

11. *Mais ils agissent autrement.* Qu'ils voient seulement quelque vente ou quelque divertissement, ils se dispersent et te laissent là debout et seul [4]. Dis-leur : Ce que Dieu tient en réserve vaut mieux que le commerce et le divertissement. Dieu est le meilleur dispensateur de subsistances.

4. Il arriva qu'un vendredi où Muḥammad prêchait le peuple, le tambour se fit en'endre annonçant quelque vente : tous quittèrent la mosquée, à l'exception de douze.

SOURATE LXIII

LES HYPOCRITES

Donnée à Médine. — 11 versets.

Au nom de Dieu clément et miséricordieux.

1. Lorsque les hypocrites viennent chez toi, ils disent : Nous attestons que tu es l'apôtre de Dieu. Dieu sait bien que tu es son apôtre, et il est témoin que les hypocrites mentent.

2. Ils se font un rempart de leur foi, et détournent les autres du sentier de Dieu. Quelle détestable conduite que la leur!

3. Ils ont d'abord cru, puis il retournèrent à l'incrédulité. Le sceau a été apposé sur leur cœur, et ils ne comprennent rien.

4. Quand tu les vois, leur extérieur te plaît; quand ils parlent, tu les écoutes volontiers; mais ils sont comme des soliveaux appuyés contre la muraille; que le moindre bruit se fasse entendre, ils croient qu'il est dirigé contre eux. Ce sont tes ennemis. Evite-les. Que Dieu les extermine. Qu'ils sont faux!

5. Quand on leur dit : Venez, l'apôtre de Dieu implorera Dieu pour vous, ils détournent leurs têtes, ils s'éloignent avec dédain.

6. Peu leur importe si tu implores le pardon de Dieu pour eux ou non. Dieu ne leur pardonnera pas, car Dieu ne dirige point les pervers sur la droite voie.

7. Ce sont eux qui disent aux *Médinois :* Ne donnez rien aux émigrés qui sont avec le prophète, et ils seront forcés de l'abandonner. Les trésors des cieux et de la terre appartiennent à Dieu; mais les hypocrites n'entendent rien.

8. Ils disent : Si nous retournions à Médine, le plus fort chasserait le plus faible. La force appartient à Dieu; elle est avec son apôtre, avec les croyants; mais les hypocrites ne le savent pas.

9. O croyants! que vos richesses et vos enfants ne vous fassent point oublier Dieu; car ceux qui le feraient seraient perdus.

10. Faites l'aumône des biens que nous vous accordons avant que la mort vous surprenne; l'homme dira alors : Seigneur, si tu m'accordais un court délai, je ferais l'aumône et je serais vertueux.

11. Dieu ne donne point de délai à une âme dont le terme est venu. Il connaît vos actions.

SOURATE LXIV

DÉCEPTION MUTUELLE [1]

Donnée à La Mecque. — 18 versets.

Au nom de Dieu clément et miséricordieux.

1. Tout ce qui est dans les cieux et sur la terre chante les louanges de Dieu. L'empire et la gloire sont son partage. Il peut tout.

2. C'est lui qui vous a créés. Tel parmi vous est infidèle, tel autre croyant. Dieu voit ce que vous faites.

3. Il a créé les cieux et la terre d'une création véritable; il vous a formés, il vous a donné de plus belles formes, et vous retournerez tous à lui.

4. Il connaît tout ce qui se passe dans les cieux et sur la terre; il connaît ce que vous recélez et ce que vous produisez au grand jour. Dieu connaît ce que les cœurs renferment.

5. Avez-vous entendu l'histoire des incrédules des temps anciens ? Ils subirent leur dure destinée et le châtiment douloureux.

6. Car lorsque leurs apôtres vinrent à eux accompagnés de signes évidents, ils disaient : Un homme *comme nous* nous enseignerait la voie! et ils ne croyaient pas, et ils tournaient le dos aux avertissements. Dieu peut bien se passer d'eux; il est riche et glorieux.

7. Les infidèles prétendent qu'ils ne seront pas ressuscités. Dis-leur : Dieu vous ressuscitera et vous dira ce que vous avez fait. Cela lui sera facile.

8. Croyez en Dieu, et à son apôtre, et à la lumière que Dieu vous a envoyée. Dieu est instruit de toutes vos actions.

9. Au jour où il vous réunira, au jour de la réunion générale, ce sera le jour de la déception mutuelle. Celui qui aura cru en Dieu, et pratiqué le bien, obtiendra le pardon de ses péchés. Il sera introduit dans les jardins où coulent des fleuves. Ces hommes y demeureront éternellement. Ce sera un bonheur ineffable.

---

1. Le jour de la déception mutuelle, c'est le jour du jugement dernier où les justes et les méchants sont censés se supplanter réciproquement, car si les justes avaient été méchants, ils auraient pris la place des réprouvés, et ceux-ci auraient été mis en possession du paradis s'ils avaient été justes.

10. Les incrédules, ceux qui traitèrent nos signes de mensonges, seront livrés au feu et y demeureront éternellement. Quel détestable voyage!

11. Aucun malheur n'atteint l'homme sans la permission de Dieu. Dieu dirigera le cœur de celui qui croira en lui. Dieu voit tout.

12. Obéissez à Dieu, écoutez son apôtre; mais si vous tournez le dos, *notre envoyé n'en sera pas coupable* : il n'est chargé que de vous prêcher clairement.

13. Dieu. — Il n'y a point d'autre Dieu que lui; les croyants mettent leur confiance en lui.

14. O croyants! vos épouses et vos enfants sont souvent vos ennemis. Mettez-vous en garde contre eux. Si vous pardonnez vos offenses, si vous passez outre, sachez que Dieu est indulgent et miséricordieux.

15. Vos richesses et vos enfants sont votre tentation, et Dieu tient en réserve une récompense magnifique.

16. Craignez Dieu de toutes vos forces; écoutez, obéissez, et faites l'aumône dans votre propre intérêt. Celui qui se tient en garde contre son avarice sera heureux.

17. Si vous faites à Dieu un prêt généreux, il vous paiera le double; il vous pardonnera : car il est reconnaissant et plein de bonté.

18. Il connaît les choses visibles et invisibles. Il est puissant et sage.

SOURATE LXV

LE DIVORCE

Donnée à Médine. — 12 versets.

Au nom de Dieu clément et miséricordieux.

1. O Prophète! ne répudiez vos femmes qu'au terme marqué; comptez les jours exactement. Avant ce temps vous ne pouvez ni les chasser de vos maisons, ni les en laisser sortir, à moins qu'elles n'aient commis un adultère prouvé. Tels sont les préceptes de Dieu; celui qui les transgresse perd son âme. Vous ne savez pas si Dieu ne fera pas surgir une circonstance *qui vous réconciliera avec elles.*

2. Lorsque le terme est accompli, vous pouvez les retenir avec humanité ou les renvoyer suivant la loi. Appelez des témoins équitables, choisis parmi vous; que le témoignage soit fait devant Dieu. Dieu le prescrit à ceux qui croient en lui ainsi qu'au jour du jugement. Dieu accordera des moyens à celui qui le craint, et le nourrira de dons qu'il ne s'imaginait pas.

3. Dieu suffira à celui qui met sa confiance en lui. Dieu mène ses arrêts à bonne fin. Dieu a assigné un terme à toutes choses.

4. Attendez trois mois avant de répudier les femmes qui n'espèrent plus d'avoir leurs mois, et si vous en doutez. Accordez le même délai à celles qui ne les ont point encore eus. Gardez celles qui sont enceintes jusqu'à ce qu'elles aient accouché. Dieu aplanira les difficultés de ceux qui le craignent.

5. Tel est l'ordre de Dieu qu'il vous a envoyé. Dieu effacera les péchés de ceux qui le craignent, il augmentera leur récompense.

6. Laissez aux femmes que vous répudiez un asile dans vos maisons. Ne leur faites aucune violence pour les loger à l'étroit. Ayez soin de celles qui sont enceintes, tâchez de pourvoir à leurs besoins jusqu'à ce qu'elles aient accouché; si elles allaitent vos enfants, donnez-leur une récompense, consultez-vous là-dessus et agissez généreusement. S'il se trouve des obstacles, qu'une autre femme allaite l'enfant.

7. Que l'homme aisé donne selon son aisance; que l'homme qui n'a que des facultés bornées donne en proportion de ce

qu'il a reçu de Dieu. Dieu n'impose que des charges propor-
tionnées aux forces de chacun. Il fera succéder la prospérité
à l'infortune.

8. Combien de villes se sont écartées des préceptes de Dieu et
de ses apôtres! Nous leur avons fait rendre un compte rigoureux,
et leur avons infligé un châtiment douloureux.

9. Elles ont éprouvé des maux mérités. La ruine entière en fut
la suite.

10. Dieu leur réserve des tourments rigoureux. Craignez le
Seigneur, ô hommes doués de sens!

11. O croyants! le Seigneur vous a envoyé l'islamisme et un
apôtre pour vous parler des miracles évidents. Il fera sortir des
ténèbres à la lumière ceux qui auront cru et pratiqué la vertu. Ils
seront introduits dans les jardins arrosés de fleuves et y demeureront éternellement. Dieu leur réserve les dons les plus magnifiques.

12. C'est Dieu qui a créé les sept cieux et autant de terres;
les arrêts de Dieu y descendent, afin que vous sachiez qu'il est
tout-puissant et que sa science embrasse tout.

qu'ils reçu de Dieu. Dieu réclame ensuite cette chose prê-
tée aux revers de chacun. Il leur octroie la récompense
à l'intérieure.

...combien de défiants...quelque temps de l'Ouest...
...son temps de Dieu...
...leur pluie un châtiment douloureux.
9, l'idée ont aimé...à la...la...un...
...donne.

10. Dieu...donnait...proposé...ceux...
Seigneur...mais...ceux...ma...leur...
...9, 11, 0...toujours...propre...l'homme...
...leur...tout...quand...le succès...d'abord...la...

SOURATE LXVI

LA DÉFENSE

Donnée à Médine. — 12 versets.

Au nom de Dieu clément et miséricordieux.

1. O Prophète, pourquoi défends-tu ce que Dieu a permis ?
Tu recherches la satisfaction de tes femmes. Le Seigneur est
indulgent et miséricordieux.

2. Dieu vous a permis de délier vos serments, il est votre
patron. Il est savant et sage.

3. Le Prophète confia un secret à une de ses femmes; elle le
publia. Dieu lui révéla cette indiscrétion. Le Prophète lui en fit
savoir certaines choses, et il passa outre sur d'autres. Quand il
le lui reprocha, elle lui demanda : Qui t'a donc si bien instruit ?
Celui, répondit Muḥammad, à qui rien n'est caché.

4. Revenez à Dieu, si vos cœurs sont coupables, il vous pardonnera. Si vous êtes rebelles au Prophète, le Seigneur est son
protecteur. Gabriel, tout homme juste parmi les croyants et les
anges, lui prêteront assistance.

5. S'il vous répudie, Dieu peut lui donner des épouses meilleures que vous; des femmes qui professeront l'islamisme,
femmes croyantes, pieuses, pénétrées du repentir, obéissantes,
observant le jeûne, des femmes déjà mariées précédemment ou
des vierges.

6. O croyants! sauvez vous-mêmes et vos familles du feu qui
aura pour aliment les hommes et les pierres [1]. Au-dessus d'elles
paraîtront des anges menaçants et terribles, obéissants aux ordres
du Seigneur; ils exécutent tout ce qu'il leur commande.

7. O infidèles! n'ayez point aujourd'hui recours à de vaines
excuses. Vous serez récompensés selon vos œuvres.

8. O croyants! repentez-vous d'un repentir sincère; peut-être
Dieu effacera-t-il vos péchés et vous introduira-t-il dans les jardins arrosés de fleuves, au jour où il ne confondra ni le Prophète
ni ceux qui ont cru avec lui. La lumière jaillira devant eux et à

1. C'est-à-dire les idoles.

leur droite. Ils diront : Seigneur, rends parfaite cette lumière, et pardonne-nous nos péchés, car tu es tout-puissant.

9. O Prophète! fais la guerre aux infidèles et aux hypocrites, sois sévère à leur égard. La géhenne sera leur demeure. Quel détestable séjour!

10. Dieu propose aux infidèles cet exemple : La femme de Noé et celle de Loth étaient incrédules; elles vivaient sous l'empire de deux hommes justes. Elles les trompèrent; et à quoi leur a servi leur fourberie contre Dieu ? On leur a dit : Entrez au feu avec ceux qui y entrent.

11. Quant aux croyants, Dieu leur propose la femme de Pharaon pour exemple. Seigneur, s'écriait-elle, construis-moi une maison chez toi, dans le paradis, et délivre-moi de Pharaon et de ses œuvres; délivre-moi des méchants.

12. Et Marie, fille d'Amran, qui a conservé sa virginité. Nous lui inspirâmes une partie de notre esprit [1]. Elle a cru aux paroles du Seigneur, aux livres qu'il a révélés, et elle était obéissante.

1. C'est-à-dire de Gabriel.

SOURATE LXVII

L'EMPIRE

Donnée à La Mecque. — 30 versets.

Au nom de Dieu clément et miséricordieux.

1. Béni soit celui dans la main de qui est l'empire, et qui est tout-puissant.

2. C'est lui qui a créé la mort et la vie pour voir qui de vous agira le mieux. Ii est puissant et miséricordieux.

3. Il a formé les sept cieux élevés les uns au-dessus des autres. Tu ne trouveras aucune imperfection dans la création du Miséricordieux. Lève les yeux vers le firmament, y voyez-vous une seule fissure ?

4. Lève-les encore deux fois, et tes regards retourneront à toi éblouis et fatigués.

5. Nous avons orné le ciel le plus proche de ce monde de flambeaux; nous les y avons placés afin de repousser les démons pour lesquels nous avons préparé les brasiers de l'enfer.

6. Ceux qui ne croient pas en Dieu recevront le châtiment de la géhenne. Quel affreux séjour!

7. Lorsqu'ils y seront précipités, ils l'entendront rugir, et le feu brûlera avec force.

8. Peu s'en faut que l'enfer ne crève de fureur : toutes les fois qu'on y précipitera une troupe d'infidèles, les gardiens de l'enfer leur crieront : Aucun apôtre n'est-il venu vous prêcher ?

9. Oui, répondront-ils; un apôtre parut au milieu de nous, mais nous l'avons traité d'imposteur, nous lui avons dit : Dieu ne t'a rien révélé. Vous êtes dans une erreur grossière.

10. Ils diront : Si nous avions écouté, si nous avions réfléchi, nous ne serions pas livrés à ce brasier.

11. Ils feront l'aveu de leurs crimes. Loin d'ici, ô vous, habitants de l'enfer!

12. Ceux qui craignent leur Seigneur au fond de leur cœur obtiendront le pardon de leurs péchés et une récompense généreuse.

13. Parlez en secret ou à haute voix, Dieu connaît ce que vos cœurs renferment.

14. Ne connaîtrait-il pas ce qu'il a formé lui-même, lui qui pénètre tout et qui est instruit de tout ?

15. C'est lui qui a aplani la terre pour vous; parcourez ses recoins, et nourrissez-vous de ce que Dieu vous accorde. Vous retournerez à lui au jour de la résurrection.

16. Etes-vous sûrs que celui qui est dans les cieux n'ouvrira pas la terre sous vos pas ? Déjà elle tremble.

17. Etes-vous sûrs que celui qui est dans les cieux n'enverra pas contre vous un ouragan lançant des pierres ? Alors vous reconnaîtrez la vérité de mes menaces.

18. D'autres peuples avant eux accusaient leurs prophètes de mensonge. Que mon courroux fut terrible!

19. Ne voient-ils pas les oiseaux planer sur leurs têtes, déployer et resserrer les ailes ? Qui les soutient dans les airs, si ce n'est le Miséricordieux ? Il voit tout.

20. Qui est celui qui peut vous tenir lieu d'une armée et vous secourir contre le Miséricordieux ? En vérité, les infidèles sont dans l'aveuglement.

21. Qui est celui qui vous donnera la nourriture, si Dieu la retire. Et cependant ils persistent dans leur méchanceté et fuient la vérité.

22. L'homme qui rampe le front contre terre est-il mieux guidé que celui qui marche droit sur le sentier droit ?

23. Dis : C'est lui qui vous a créés, qui vous a donné l'ouïe, la vue et des cœurs *capables de sentir*. Combien peu lui rendent des actions de grâces!

24. Dis : C'est lui qui vous a dispersés sur la terre et qui vous rassemblera un jour.

25. Quand donc s'accompliront ces menaces ? demandent-ils; dites-le si vous êtes véridiques.

26. Réponds : Dieu seul en a la connaissance; je ne suis qu'un apôtre chargé de vous avertir.

27. Mais lorsqu'ils le verront de près, leurs visages se couvriront de tristesse. On leur dira : Voici ce que vous demandiez.

28. Dis : Que vous en semble ? Soit que Dieu me fasse mourir, moi et ceux qui me suivent, soit qu'il ait pitié de nous, qui est-ce qui protégera les infidèles contre le châtiment terrible ?

29. Dis : Il est le Miséricordieux, nous croyons en lui et nous mettons en lui notre confiance. Vous apprendrez un jour qui de nous est dans l'erreur.

30. Dis : Que vous en semble ? Si demain la terre absorbe toutes les eaux, qui fera jaillir de l'eau courante et limpide ?

SOURATE LXVIII

LA PLUME

Donnée à La Mecque. — 51 versets.

Au nom de Dieu clément et miséricordieux.

1. N. Par la plume et par ce qu'ils écrivent,
2. Par la grâce de ton Seigneur, ô Muḥammad, tu n'es pas un possédé du démon.
3. Une récompense éternelle t'attend.
4. Tu es d'un caractère sublime.
5. Tu verras et les infidèles verront aussi
6. Qui de vous est privé d'intelligence.
7. Dieu connaît celui qui s'égare, et il connaît bien ceux qui suivent le droit chemin.
8. N'écoute point ceux qui t'accusent d'imposture :
9. Ils voudraient que tu les traitasses avec douceur; alors ils te traiteraient de même.
10. Mais toi, n'écoute pas celui qui jure à tout moment, et qui est méprisable.
11. N'écoute point le calomniateur, qui va médisant des autres,
12. Qui empêche le bien, le transgresseur, le criminel,
13. Cruel et de naissance impure,
14. Quand même il aurait des richesses et beaucoup d'enfants.
15. Cet homme qui, à la lecture de nos versets, dit : Ce sont de vieux contes.
16. Nous lui imprimerons une marque sur le nez.
17. Nous avons éprouvé les Mecquois comme nous avions éprouvé jadis les possesseurs du jardin quand ils jurèrent qu'ils en cueilleraient les fruits le lendemain matin.
18. Ils jurèrent sans aucune restriction.
19. Une calamité de nuit survint pendant qu'ils dormaient.
20. Le lendemain matin, le jardin fut détruit comme si on avait coupé tout.
21. Le matin ils s'entr'appelaient et se disaient : Allez avec le jour à votre jardin si vous voulez cueillir les fruits.
22. Ils s'en allaient se parlant à l'oreille.
23. Aujourd'hui, pas un seul pauvre n'entrera dans notre jardin.

24. Ils y allèrent avec le jour ayant un but arrêté;

25. Et quand ils virent ce qu'était devenu le jardin, ils s'écrièrent : Nous étions dans l'erreur.

26. Nous voilà déçus de notre espérance.

27. Le plus raisonnable d'entre eux leur dit : Ne vous ai-je pas répété : Célébrez le nom de Dieu ?

28. Louange à Dieu, répondirent-ils, nous avons commis une iniquité.

29. Et ils commencèrent à se faire des reproches mutuels.

30. Malheureux que nous sommes, nous étions prévaricateurs.

31. Peut-être Dieu nous donnera-t-il en échange un autre jardin meilleur que celui-ci : nous désirons ardemment la grâce de Dieu.

32. Tel a été notre châtiment; mais le supplice de l'autre monde sera plus terrible. Ah! s'ils le savaient!

33. Les jardins des délices attendent les hommes qui craignent Dieu.

34. Traiterons-nous également les musulmans et les coupables ?

35. Qui vous fait juger ainsi ?

36. Avez-vous un livre où vous lisez

37. Que vous obtiendrez ce que vous voudrez ?

38. Avez-vous reçu de nous un serment qui nous oblige pour toujours, et jusqu'au jour de la résurrection, de vous fournir ce que vous jugerez à propos d'avoir ?

39. Demande-leur : Qui d'entre vous en est garant ?

40. Ont-ils des compagnons ? qu'ils les amènent s'ils disent la vérité.

41. Le jour où l'on retroussera les jambes [1], on les appellera à l'adoration; mais ils n'auront pas de forces nécessaires.

42. Les yeux baissés et les visages couverts de honte, on les appelait à l'adoration pendant qu'ils étaient sains et saufs, *et ils ne venaient pas.*

43. Ne me parle donc plus en faveur de ceux qui accusent ce nouveau livre de mensonge. Nous les amènerons par degrés à leur perte, sans qu'ils sachent *par quelles voies.*

44. Je leur accorderai un long délai, car mon stratagème est efficace.

45. Leur demanderas-tu une récompense *de ta mission ?* Mais ils sont accablés de dettes.

46. Ont-ils la connaissance des mystères ? les transcrivent-ils du livre de Dieu ?

47. Attends donc avec patience le jugement de ton Seigneur,

1. Expression métaphorique pour dire que l'on sera préparé pour telle chose.

et ne sois pas comme ce prophète, englouti par la baleine, qui, oppressé par la douleur, criait vers Dieu.

48. Si ce n'était la miséricorde de Dieu, il aurait été jeté sur la côte, couvert de honte.

49. Mais Dieu l'avait pris pour son élu, et il l'a rendu juste.

50. Peu s'en faut que les infidèles ne t'ébranlent par leurs regards quand ils entendent le Coran et qu'ils disent : C'est un possédé.

51. Non, il n'est qu'un avertissement pour l'univers.

SOURATE LXIX

Donnée à La Mecque. — 52 versets.

Au nom de Dieu clément et miséricordieux.

1. Le jour inévitable.
2. Qu'est-ce que le jour inévitable ?
3. Qui te fera comprendre ce que c'est que le jour inévitable ?
4. Thémoud et Ad traitèrent de mensonge ce retentissement terrible.
5. Thémoud a été détruit par un cri terrible *parti du ciel.*
6. Ad a été détruit par un ouragan rugissant, impétueux.
7. Dieu le fit souffler contre eux pendant sept nuits et huit jours successifs : tu aurais vu alors ce peuple renversé par terre comme des tronçons de palmiers creux en dedans.
8. Tu n'aurais pas trouvé un seul homme resté sain et sauf.
9. Pharaon, les peuples qui ont vécu avant lui et les villes renversées [1] étaient coupables de crimes.
10. Ils ont désobéi à l'apôtre de Dieu, et Dieu les châtia par des châtiments multipliés.
11. Lorsque les eaux du déluge s'élevèrent, nous vous portâmes dans l'arche qui les parcourait,
12. Afin qu'elle vous servît d'avertissement et que l'oreille attentive en gardât le souvenir.
13. Au premier son de la trompette,
14. La terre et les montagnes emportées dans les airs seront d'un seul coup réduites en poussière.
15. Alors l'événement inévitable paraîtra tout à coup.
16. Les cieux se fondront et tomberont en pièces.
17. Les anges se placeront de chaque côté, et huit d'entre eux porteront dans ce jour le trône de ton Seigneur.
18. Dans ce jour, vous serez amenés et rien ne sera caché.
19. Celui à qui on donnera son livre dans la main droite dira : Tenez, lisez-moi mon livre.

---

1. C'est le nom général donné aux villes de Sodôme, Gomorrhe, et trois autres.

20. Je pensais toujours qu'il me faudrait un jour rendre compte.

21. Cet homme jouira d'une vie pleine de plaisir

22. Dans le jardin

23. Dont les fruits seront proches et aisés à cueillir.

24. Mangez et buvez, leur dira-t-on, pour prix de vos œuvres dans les temps écoulés.

25. Celui à qui son livre sera donné dans la main gauche s'écriera : Plût à Dieu qu'on ne m'eût pas présenté mon livre,

26. Et que je n'eusse jamais connu ce compte.

27. Plût à Dieu que la mort eût terminé ma vie.

28. A quoi me servent mes richesses ?

29. Ma puissance s'est évanouie.

30. Dieu dira alors aux gardiens de l'enfer : Saisissez-le et liez-le,

31. Puis montrez-le au feu de l'enfer.

32. Chargez-le ensuite de chaînes de soixante-dix coudées,

33. Car il n'a pas cru au Dieu grand.

34. Il n'a pas été jaloux de nourrir le pauvre.

35. Aussi, n'aura-t-il pas d'ami aujourd'hui,

36. Ni d'autre nourriture que le pus qui coule du corps des réprouvés.

37. Les coupables seuls s'en nourriront.

38. Je ne jurerai pas, parce que vous voyez

39. Et parce que vous ne voyez pas

40. Que c'est la parole de l'apôtre honoré,

41. Et non pas la parole d'un poète. Combien peu croient à la vérité !

42. Ce n'est pas la parole d'un devin. Combien peu réfléchissent !

43. C'est la révélation du maître de l'univers.

44. Si Muḥammad avait forgé quelques discours sur notre compte,

45. Nous l'aurions saisi par sa main droite,

46. Et nous lui aurions coupé la veine du cœur,

47. Et aucun d'entre vous ne nous aurait arrêté dans son châtiment.

48. Mais ce livre est une admonition pour ceux qui craignent Dieu,

49. Et nous savons qu'il en est parmi vous qui le traitent d'imposteur ;

50. Mais ce sera un sujet de soupirs pour les infidèles,

51. Car le Coran est la vérité même.

52. Célèbre le nom du Dieu grand.

SOURATE LXX

LES DEGRÉS

Donnée à La Mecque. — 44 versets.

Au nom de Dieu clément et miséricordieux.

1. Un homme a invoqué le châtiment immédiat
2. Contre les infidèles [1]. Nul ne saura le détourner,
3. Car il viendra de Dieu. Maître des degrés célestes,
4. Par eux les anges et l'esprit [2] monteront au jour du jugement, dont la durée sera de cinquante mille ans.
5. Souffre avec une patience exemplaire.
6. Ils croient que le châtiment est éloigné,
7. Et nous le voyons très proche.
8. Un jour le ciel ressemblera à de l'airain fondu.
9. Les montagnes seront comme des flocons de laine teinte, agités par les vents.
10. L'ami n'interrogera point son ami.
11. Et cependant ils se verront. Le coupable voudrait se racheter du châtiment de ce jour-là au prix de ses enfants,
12. De sa compagne et de son frère,
13. Au prix des parents qui lui témoignaient de l'affection,
14. Au prix de tout ce qui est sur la terre, et se délivrer.
15. Vains souhaits, car le feu de l'enfer,
16. Saisissant par les crânes,
17. Revendiquera tout homme qui a tourné le dos *à la vérité*,
18. Qui thésaurisait et se montrait avare.
19. L'homme a été créé impatient;
20. Abattu quand le malheur le visite,
21. Orgueilleux quand la prospérité lui sourit.
22. Ceux qui font la prière,
23. Qui l'observent constamment,
24. Qui assignent de leurs richesses une portion déterminée
25. A l'indigent et au malheureux;

---

1. Muḥammad fait ici allusion à ces défis qu'on lui portait de faire éclater un miracle ou un châtiment contre les infidèles.
2. Par l'esprit, les musulmans entendent toujours Gabriel.

26. Ceux qui regardent le jour de la rétribution comme une vérité,

27. Que la pensée du châtiment de Dieu saisit d'effroi

28. (Car nul n'est à l'abri du châtiment de Dieu);

29. Ceux qui se maintiennent dans la chasteté

30. Et n'ont de commerce qu'avec leurs femmes et les esclaves qu'ils ont acquises, car alors ils n'encourent aucun blâme,

31. Et quiconque porte ses désirs au-delà est transgresseur;

32. Ceux qui gardent fidèlement les dépôts qui leur sont confiés et remplissent leurs engagements,

33. Qui sont inébranlables dans leurs témoignages,

34. Qui accomplissent assidûment la prière,

35. Demeureront dans les jardins, entourés de tout honneur.

36. Pourquoi les infidèles passent-ils rapidement devant toi,

37. Partagés en troupes, à droite et à gauche ?

38. Ne serait-ce pas parce que chacun d'eux voudrait entrer au jardin des délices ?

39. Non, sans doute; ils savent de quoi nous les avons créés.

40. Je ne jure point par le souverain de l'Orient et de l'Occident que nous pouvons

41. Les remplacer par un peuple qui vaudra mieux qu'eux, et que rien ne saurait nous devancer *dans l'accomplissement de nos arrêts*.

42. Laisse-les disserter et jouer, jusqu'à ce qu'ils soient surpris par le jour dont on les menaçait.

43. Un jour, ils s'élanceront de leurs tombeaux, aussi promptement que les troupes qui courent se ranger sous leurs étendards.

44. Leurs regards seront baissés. L'ignominie les atteindra. Tel est le jour dont on les menaçait.

SOURATE LXXI

NOÉ

Donnée à La Mecque. — 29 versets.

Au nom de Dieu clément et miséricordieux.

1. Nous envoyâmes Noé vers son peuple, et nous lui dîmes : Va avertir ton peuple avant que le châtiment douloureux tombe sur eux.

2. Noé dit : O mon peuple! je suis le véritable apôtre chargé de vous avertir.

3. Adorez le Dieu unique, craignez-le, et obéissez-moi.

4. Il effacera vos péchés et vous laissera subsister jusqu'au terme fixé, car, lorsque le terme fixé par Dieu arrive, nul autre ne saurait le retarder. Puissiez-vous le savoir!

5. Il s'adressa à Dieu en disant : J'ai appelé mon peuple vers toi nuit et jour, mais mon appel n'a fait qu'augmenter leur éloignement.

6. Toutes les fois que je les invitais *à ton culte*, afin que tu pusses leur pardonner, ils se bouchaient les oreilles de leurs doigts et s'enveloppaient de leurs vêtements; ils persévérèrent *dans leur erreur* et s'enflèrent d'orgueil.

7. Puis, je les ai appelés ouvertement à ton culte.

8. Je les ai prêchés en public et en secret.

9. Je leur disais : Implorez le pardon du Seigneur; il est très enclin à pardonner.

10. Il vous enverra des pluies abondantes du ciel.

11. Il accroîtra vos richesses et le nombre de vos fils; il vous donnera des jardins et des fleuves.

12. Qu'avez-vous pour ne pas croire à la bonté de Dieu ?

13. Il vous a cependant créés sous des formes différentes.

14. Ne voyez-vous pas comment Dieu a créé les sept cieux, disposés par couches, s'enveloppant les unes les autres [1].

15. Il y établit la lune pour servir de lumière, et il y a placé le soleil comme un flambeau.

16. Il vous a fait surgir de la terre comme une plante.

17. Il vous y fera rentrer et vous en fera sortir de nouveau.

18. Il vous a donné la terre pour tapis,

19. Afin que vous y marchiez par des routes larges.

20. Noé cria vers Dieu : Seigneur, les voilà qui sont rebelles à ma voix et suivent ceux dont les richesses et les enfants ne font qu'aggraver la ruine.

21. Ils ont ourdi *contre Noé* une machination affreuse.

22. *Leurs chefs leur criaient :* N'abandonnez pas vos divinités, n'abandonnez pas *Wodd* et *Soa'* ;

23. Ni Iaghouth, ni Iaone, ni Nesr [2].

24. Ces idoles en ont égaré un grand nombre, et ne font qu'accroître l'égarement des méchants.

25. En punition de leurs péchés, ils ont été noyés et puis précipités dans le feu.

26. Ils ne purent trouver de protecteurs contre Dieu.

27. Noé adressa cette prière à Dieu : Seigneur, ne laisse point subsister sur la terre aucune famille infidèle ;

28. Car, si tu en laissais, ils séduiraient tes serviteurs, et n'enfanteraient que des impies et des incrédules.

29. Seigneur, pardonne-moi, ainsi qu'à mes enfants, aux fidèles qui entreront dans ma maison, aux hommes, aux femmes qui croient, et extermine les méchants.

---

1. D'après l'opinion des mahométans, les cieux sont disposés les uns sur les autres comme l'enveloppe de l'oignon.
2. Noms des idoles adorées du temps de Noé.

SOURATE LXXII

LES GÉNIES

Donnée à La Mecque. — 28 versets.

Au nom de Dieu clément et miséricordieux.

1. Dis : Il m'a été révélé qu'une troupe de génies, été écouté la lecture du Coran, s'écria : Nous avons entendu le Coran, c'est une œuvre merveilleuse.

2. Il conduit à la vérité; nous croyons en elle, et nous n'associerons plus aucun être à notre Seigneur.

3. Notre Seigneur (que sa majesté soit élevée) n'a ni épouse ni enfant.

4. Un d'entre nous, insensé qu'il était, a proféré des extravagances au sujet de Dieu.

5. Nous pensions que ni les hommes ni les génies n'auraient jamais énoncé un mensonge sur Dieu.

6. Quelques individus d'entre les humains ont cherché leur refuge auprès de quelques individus d'entre les génies, mais cela ne fit qu'augmenter leur démence.

7. Ces génies croyaient comme vous, ô hommes! que Dieu ne ressusciterait personne.

8. Nous avons touché le ciel *dans notre essor*, mais nous l'avons trouvé rempli de gardiens forts et de dards flamboyants [1].

9. Nous y avons été assis sur des sièges pour entendre *ce qui s'y passait;* mais quiconque voudra écouter désormais trouvera la flamme en embuscade *et prête à fondre sur lui.*

10. Nous ne savons si c'était un malheur qu'on destinait aux habitants de la terre, ou bien si le Seigneur voulait par là les diriger sur la droite voie.

11. Parmi nous, il est des génies vertueux, il en est qui ne le sont pas; nous sommes divisés en diverses espèces.

12. Nous pensions que nous ne saurions affaiblir la puissance de Dieu sur la terre, que nous ne saurions la rendre moins forte par notre fuite.

---

1. L'opinion des anciens Arabes, que Muḥammad a conservée, regarde les étoiles qui filent comme les dards lancés contre les génies qui tentent de pénétrer dans le ciel.

13. Aussitôt que nous avons entendu le livre de la direction (le Coran), nous y avons cru, et quiconque croit en Dieu n'a point à craindre d'être fraudé ni traité injustement.

14. Il en est parmi nous qui se résignent à la volonté de Dieu, il y en a d'autres qui s'éloignent de la vraie route; mais

15. Quiconque s'est résigné suit avec ardeur la droite voie.

16. Ceux qui s'en éloignent serviront d'aliment au feu de la géhenne.

17. S'ils veulent suivre le chemin droit, nous leur donnerons une pluie abondante [1] pour les éprouver par là; et quiconque se détournerait pour ne pas entendre les avertissements du Seigneur, le Seigneur lui fera subir un supplice rigoureux.

18. Les temples sont consacrés à Dieu, n'invoquez point un autre que lui.

19. Lorsque le serviteur de Dieu [2] s'arrêta pour prier, peu s'en fallut que les génies ne l'étouffassent en se pressant en foule pour entendre le Coran.

20. Dis-leur : J'invoque le Seigneur, et je ne lui associe aucun autre dieu.

21. Dis-leur : Je n'ai aucun pouvoir pour vous faire du mal ni pour vous faire embrasser la vérité.

22. Dis-leur : Personne ne saurait me protéger contre Dieu.

23. Je ne trouverai point d'abri *contre sa vengeance*.

24. Je n'ai point d'autre pouvoir que celui de vous prêcher ce qui vient de Dieu, et de vous porter ses messages. Quiconque est rebelle à Dieu et à son apôtre aura le feu de la géhenne pour récompense, et y restera éternellement.

25. Ils seront pervers jusqu'à ce qu'ils auront vu de leurs yeux ce dont on les menaçait. Ils apprendront alors qui de nous avait choisi un plus faible appui, et qui est en plus petit nombre.

26. Dis-leur : J'ignore si les peines dont vous êtes menacés sont proches, ou bien si Dieu leur a assigné un terme éloigné. Dieu seul connaît les choses cachées et ne les découvre à personne,

27. Si ce n'est au plus aimé parmi les apôtres, celui qu'il fait précéder et suivre par son nombreux cortège d'anges,

28. Afin qu'il sache que ses envoyés ont fait parvenir les messages de leur Seigneur. Il embrasse toutes leurs démarches et tient un compte exact de toutes choses.

1. Ces paroles doivent se rapporter aux Mecquois.
2. Muḥammad.

SOURATE LXXIII

LE PROPHÈTE ENVELOPPÉ DANS SON MANTEAU

Donnée à La Mecque. — 20 versets.

Au nom de Dieu clément et miséricordieux.

1. O toi qui es enveloppé de ton manteau,

2. Lève-toi et prie la nuit entière, ou presque entière.

3. Reste en prière jusqu'à la moitié de la nuit, par exemple, ou à peu près,

4. Ou bien un peu plus que cela, et psalmodie le Coran.

5. Nous allons te révéler des paroles d'un grand poids.

6. En se levant pendant la nuit, on est plus dispos à l'œuvre et plus propre à parler,

7. Car, dans la journée, tu as une longue besogne.

8. Répète le nom de ton Seigneur, et consacre-toi exclusivement à lui.

9. Il est le souverain de l'Orient et de l'Occident. Il n'y a point d'autre Dieu que lui, prends-le pour ton protecteur.

10. Supporte avec patience les discours des infidèles, et éloigne-toi d'eux de la manière la plus convenable.

11. Laisse-moi seul aux prises avec les hommes qui le traitent d'imposteur et qui jouissent des bienfaits du ciel. Accorde-leur un peu de répit.

12. Nous avons pour eux de lourdes chaînes et un brasier ardent,

13. Un repas qui leur déchirera les entrailles, et un supplice douloureux.

14. Un jour, la terre sera ébranlée et les montagnes aussi; les montagnes deviendront des amas de sable qui s'éparpillera.

15. Nous vous avons envoyé un apôtre chargé de témoigner contre vous, ainsi que nous en avions envoyé un auprès de Pharaon.

16. Pharaon a été rebelle à la voix de l'Apôtre, et nous l'avons puni d'un châtiment pénible.

17. Si vous demeurez infidèles, comment vous garantirez-vous du jour où les cheveux des enfants blanchiront *de frayeur.*

18. Le ciel se fendra de frayeur; les promesses de Dieu seront accomplies.

19. Voilà l'avertissement : que celui qui veut, s'achemine vers le Seigneur.

20. Ton Seigneur sait bien, ô Muḥammad! que tu restes en prière, tantôt environ les deux tiers de la nuit, tantôt jusqu'à la moitié, et tantôt jusqu'à un tiers; une grande partie de ceux qui te suivent le font également. Dieu mesure la nuit et le jour; il sait que vous ne savez pas compter exactement le temps, c'est pourquoi il vous le pardonne. Lisez donc du Coran autant qu'il vous sera le moins pénible. Dieu sait qu'il y a parmi vous des malades, qu'il y en a d'autres qui voyagent dans le pays pour se procurer des biens par la faveur de Dieu; il sait que d'autres combattent dans le sentier de Dieu. Lisez donc du Coran ce qui vous en sera le moins pénible. Observez la prière, faites l'aumône, et faites un large prêt à Dieu. Tout le bien que vous ferez pour vous, vous le retrouverez auprès de Dieu. Ce sera plus avantageux pour vous, et il vous procurera une plus large récompense. Implorez le pardon de Dieu, car il est indulgent et miséricordieux.

SOURATE LXXIV

Donnée à La Mecque. — 55 versets.

Au nom de Dieu clément et miséricordieux.

1. O toi qui es couvert d'un manteau,
2. Lève-toi et prêche.
3. Glorifie ton Seigneur.
4. Purifie tes vêtements.
5. Fuis l'abomination.
6. Ne fais point de largesses dans l'intention de t'enrichir.
7. Attends avec patience ton Dieu.
8. Lorsqu'on enflera la trompette,
9. Ce jour-là sera un jour pénible,
10. Un jour difficile à supporter pour les infidèles.
11. Laisse-moi seul avec l'homme que j'ai créé [1],
12. A qui j'ai donné des biens en abondance,
13. Et des enfants vivant sous ses yeux.
14. J'ai aplani tout devant lui;
15. Et il veut que j'augmente mes faveurs.
16. Vains souhaits, car il est rebelle à nos enseignements.
17. Je le forcerai à gravir une montée pénible.
18. Il a agi avec préméditation, et disposé tout *pour attaquer le Coran*.
19. Mais il a été tué (c'est-à-dire *vaincu*) de la même manière qu'il avait tout disposé.
20. Alors il a été tué comme il avait tout disposé.
21. Il a porté ses regards autour de lui.
22. Puis il a froncé le sourcil et pris un air sombre.
23. Il s'est détourné de la vérité, et s'est enflé d'orgueil,
24. Et il a dit : Le Coran n'est qu'une sorcellerie d'emprunt.
25. Ce n'est que la parole d'un homme.
26. — Nous le ferons chauffer au feu du plus profond enfer.
27. Qu'est-ce qui te fera connaître le gouffre de l'enfer ?
28. Il consume tout et ne laisse rien échapper.
29. Il brûle la chair de l'homme.

---

1. C'est une allusion à un des personnages les plus marquants alors parmi les idolâtres, Ebn Moghaïre.

30. Dix-neuf anges sont chargés d'y veiller.

31. Nous n'avons établi pour gardiens du feu que les anges [1]; leur nombre a été déterminé ainsi pour tenter les incrédules, pour que les hommes des Ecritures croient à la vérité du Coran, et que la foi des croyants en soit accrue.

32. Que les hommes des Ecritures et les croyants n'en doutent donc pas;

33. Afin que ceux dont les cœurs sont atteints d'une maladie [2], et les infidèles, disent : Que veut dire Dieu par cette parabole ?

34. Il en est ainsi. Dieu égare ceux qu'il veut, et dirige ceux qu'il veut. Nul autre que lui ne connaît le nombre de ses armées. Ce n'est qu'un avertissement pour les hommes.

35. Assurément, j'en jure par la lune,

36. Et par la nuit quand elle se retire,

37. Et par la matinée quand elle se colore,

38. Que l'enfer est une des choses les plus graves,

39. Destiné à servir d'avertissement aux hommes,

40. A ceux d'entre vous qui s'avancent trop, comme à ceux qui restent en arrière.

41. Tout homme est un otage de ses œuvres, excepté ceux qui occuperont la droite;

42. Car ils entreront dans les jardins et s'interrogeront au sujet des coupables. *Ils les interrogeront aussi eux-mêmes, en disant :*

43. Qui vous a conduits dans l'enfer ?

44. Ils répondront : Nous n'avons jamais fait la prière.

45. Nous n'avons jamais nourri le pauvre.

46. Nous passions notre temps à des discours frivoles avec ceux qui en débitaient.

47. Nous regardions le jour de la rétribution comme un mensonge,

48. Jusqu'au moment où nous en acquîmes *la certitude.*

49. L'intercession des intercesseurs ne leur sera d'aucun fruit.

50. Pourquoi fuyaient-ils l'avertissement,

51. Comme un âne sauvage épouvanté fuit devant un lion ?

52. Chacun d'entre eux voudrait qu'il lui arrivât de Dieu un édit spécial.

53. Il n'en sera pas ainsi; mais ils ne craignent pas la vie future.

54. Il n'en sera pas ainsi. Le Coran est un avertissement; quiconque veut est averti.

55. Ceux que Dieu voudra écouteront seuls ces avertissements. Dieu mérite qu'on le craigne. Il aime à pardonner.

---

1. Créatures différentes des hommes, afin qu'ils soient exempts de toute compassion.
2. Sous ces mots, Muḥammad entend les hommes douteux ou les hypocrites.

SOURATE LXXV

LA RÉSURRECTION

Donnée à La Mecque. — 40 versets.

Au nom de Dieu clément et miséricordieux.

1. Je ne jurerai point le jour de la résurrection [1].
2. Je ne jurerai point par l'âme qui s'accuse elle-même.
3. L'homme croit-il que nous ne réunirons pas ses os ?
4. Oui, nous le ferons; nous pouvons replacer exactement jusqu'aux extrémités de ses doigts.
5. Mais l'homme veut nier ce qui est devant ses yeux.
6. Il demande : Quand donc viendra le jour de la résurrection ?
7. Lorsque l'œil sera ébloui,
8. Lorsque la lune s'éclipsera,
9. Lorsque le soleil et la lune seront réunis.
10. L'homme criera alors : Où trouver un asile ?
11. Non, il n'y en a pas.
12. Ce jour-là, la dernière retraite sera auprès de ton Seigneur.
13. On récitera alors à l'homme ce qu'il avait fait autrefois, et ce qu'il a fait en dernier lieu.
14. L'homme sera un témoin oculaire contre lui-même,
15. Quelques excuses qu'il présente.
16. N'agite point ta langue en lisant le Coran, pour finir plus tôt.
17. C'est à nous qu'appartient de le réunir et de t'en apprendre la lecture.
18. Quand nous te lirons le Coran *par la bouche de Gabriel*, suis la lecture avec nous.
19. Nous t'en donnerons ensuite l'interprétation.
20. Garde-toi de le faire à l'avenir. Mais vous aimez la vie actuelle qui s'écoule promptement;
21. Et vous négligez la vie qui doit venir plus tard.
22. Ce jour-là, il y aura des visages qui brilleront d'un vif éclat,

---

1. *Je ne jurerai point.* Cette expression, qui se répète plusieurs fois dans les dernières sourates du Coran, veut dire : Ce que je dis est tellement certain que je pourrais m'abstenir de l'affirmer par un serment.

23. Et qui tourneront leurs regards vers leur Seigneur.

24. Il y aura ce jour-là des visages rembrunis,

25. Qui penseront qu'une grande calamité doit tomber sur eux.

26. Oui, sans doute. Lorsque la mort surprend l'homme,

27. Quand les assistants s'écrient : Où trouver une potion enchantée ?

28. Il songe alors au départ.

29. Ses cuisses s'entrelacent l'une dans l'autre.

30. A ce moment suprême, on le fera marcher vers le Seigneur.

31. Il ne croyait point et ne priait pas.

32. Il accusait plutôt le Coran de mensonge, et s'éloignait.

33. Puis, rejoignant les siens, il marchait avec orgueil.

34. L'heure cependant arrive, elle est proche.

35. Elle est toujours plus proche, et puis encore plus proche.

36. L'homme pense-t-il qu'on le laissera libre ?

37. N'était-il pas d'abord une goutte de sperme qui se répand aisément ?

38. N'était-il pas ensuite un grumeau de sang, dont Dieu le forma ensuite.

39. Il en a formé un couple, l'homme et la femme.

40. N'est-il pas capable de ressusciter les morts ?

SOURATE LXXVI

L'HOMME

Donnée à La Mecque. — 31 versets.

Au nom de Dieu clément et miséricordieux.

1. S'est-il passé un long espace de temps sans qu'on se soit souvenu de lui ?

2. Nous l'avons d'abord créé du sperme où étaient réunis les deux sexes, et c'était pour l'éprouver. Nous lui avons donné la vue et l'ouïe.

3. Nous l'avons dirigé sur la droite voie, dût-il être reconnaissant ou ingrat.

4. Nous avons préparé aux infidèles des chaînes, des colliers et un brasier ardent.

5. Les justes boiront des coupes où Kafour sera mêlé au vin [1],

6. Fontaine où se désaltéreront les serviteurs de Dieu, et dont ils conduiront les eaux où ils voudront.

7. Ils ont accompli leurs vœux [2], et ont craint le jour dont les calamités se répandront au loin.

8. Ils ont distribué, à cause de lui, de la nourriture au pauvre, à l'orphelin, au captif,

9. En disant : Nous vous donnons cette nourriture pour être agréable devant Dieu, et nous ne vous en demanderons ni récompense ni actions de grâces.

10. Nous craignons de la part de Dieu un jour terrible et calamiteux.

11. Aussi Dieu les a préservés du malheur de ce jour; il a donné de l'éclat à leurs fronts et les a comblés de joie.

12. Pour prix de leur constance, il leur a donné le paradis et des vêtements de soie.

13. Ils s'y reposent accoudés sur les divans; ils n'y éprouveront ni la chaleur du soleil, ni les rigueurs du froid.

---

1. *Kafour* veut dire camphre. Mais ce peut être aussi le nom d'une source d'eau au paradis.
2. C'est une allusion à l'accomplissement d'un vœu qu'avait fait la famille d'Ali, gendre de Muḥammad.

14. Des arbres avoisinants les couvriront de leur ombrage, et leurs fruits s'abaisseront pour être cueillis sans peine.

15. On fera circuler parmi eux des vases d'argent et des coupes en cristal,

16. En cristal semblable à l'argent, et qu'ils feront remplir à leur gré.

17. Ils s'y désaltéreront avec des coupes remplies de boisson mêlée de gingembre,

18. Dans une fontaine du paradis nommée Selsebil.

19. Ils seront servis à la ronde par des enfants d'une éternelle jeunesse; en les voyant, tu les prendrais pour des perles défilées.

20. Si tu voyais cela, tu verrais un séjour de délices et un royaume étendu.

21. Ils seront revêtus d'habits de satin vert et de brocart, ornés de bracelets d'argent. Leur Seigneur leur fera boire une boisson pure.

22. Telle sera votre récompense. On vous tiendra compte de vos efforts.

23. Nous t'avons envoyé le Coran d'en haut.

24. Attends avec patience les arrêts de ton Seigneur; n'obéis point aux impies et aux ingrats.

25. Répète le nom de Dieu matin et soir,

26. Et pendant la nuit aussi; adore Dieu, et chante ses louanges pendant de longues nuits.

27. Ces hommes aiment la vie qui s'écoule rapidement, et laissent derrière eux le jour terrible.

28. Nous les avons créés, et nous leur avons donné de la force; si nous voulions, nous pourrions les remplacer par d'autres hommes.

29. Voilà l'avertissement; que celui qui veut entre dans la route qui conduit à Dieu.

30. Mais ils ne peuvent vouloir que ce que Dieu voudra; car il est savant et sage.

31. Il embrassera de sa miséricorde ceux qu'il voudra; il a préparé aux impies un supplice douloureux.

SOURATE LXXVII

LES MESSAGERS

Donnée à La Mecque. — 50 versets.

Au nom de Dieu clément et miséricordieux.

1. Par les anges envoyés l'un après l'autre,
2. Par ceux qui se meuvent avec rapidité [1],
3. Par ceux qui dispersent au loin,
4. Par ceux qui divisent et distinguent,
5. Par ceux qui font parvenir la parole
6. D'excuse ou d'avertissement.
7. Les peines dont on vous menace viendront,
8. Lorsque les étoiles auront été effacées,
9. Lorsque le ciel se fendra,
10. Lorsque les montagnes seront éparpillées comme la poussière,
11. Lorsque les apôtres seront assignés à un terme fixe.
12. Jusqu'à quel jour remettra-t-on le terme ?
13. Jusqu'au jour de la décision.
14. Qu'est-ce qui te fera connaître le jour de la décision ?
15. Malheur dans ce jour à ceux qui t'accusent d'imposture!
16. N'avons-nous pas exterminé des peuples d'autrefois ?
17. Ne les avons-nous pas remplacés par des nations plus récentes ?
18. C'est ainsi que nous traitons les coupables.
19. Malheur dans ce jour à ceux qui t'accusent d'imposture!
20. N'est-ce pas d'une goutte d'eau vile que nous les avons créés,
21. Et placés dans un réceptacle sûr,
22. Jusqu'à un terme marqué ?
23. Nous avons pu le faire. Que nous sommes puissant!
24. Malheur dans ce jour à ceux qui t'accusent d'imposture!
25. N'avons-nous pas constitué la terre pour renfermer
26. Les vivants et les morts ?

1. Le texte portant simplement *par ceux qui sont envoyés*, on peut entendre, soit les vents, soit les anges. Les commentateurs ne sont pas d'accord à ce sujet.

27. Nous y avons établi des montagnes élevées, et nous vous faisons boire de l'eau douce.

28. Malheur dans ce jour à ceux qui t'accusent d'imposture!

29. Allez au supplice que vous avez traité de mensonge.

30. Allez sous l'ombre d'une fumée à trois colonnes;

31. Elle ne vous ombragera pas, elle ne vous mettra point à l'abri des flammes;

32. Elle lancera des étincelles comme des tours,

33. Semblables à des chameaux roux.

34. Malheur dans ce jour à ceux qui t'auront accusé d'imposture!

35. Ce jour-là les coupables seront muets;

36. On ne leur permettra point d'alléguer des excuses.

37. Malheur dans ce jour à ceux qui t'auront accusé d'imposture!

38. Ce sera le jour où nous vous rassemblerons, vous et vos devanciers.

39. Si vous disposez de quelque artifice, mettez-le en œuvre.

40. Malheur dans ce jour à ceux qui t'auront accusé d'imposture!

41. Les hommes pieux seront au milieu des ombrages et des sources d'eau.

42. Ils auront les fruits qu'ils aiment.

43. On leur dira : Mangez et buvez; grand bien vous fasse, pour prix de vos actions.

44. C'est ainsi que nous récompensons ceux qui ont pratiqué le bien.

45. Malheur dans ce jour à ceux qui t'auront accusé d'imposture!

46. Mangez et jouissez ici-bas quelque temps encore. Vous êtes criminels.

47. Malheur dans ce jour à ceux qui t'auront accusé d'imposture!

48. Quand on leur dira : Courbez-vous, ils refuseront de se courber.

49. Malheur dans ce jour à ceux qui t'auront accusé d'imposture!

50. En quel autre livre croiront-ils ensuite ?

SOURATE LXXVIII

LA GRANDE NOUVELLE

Donnée à La Mecque. — 41 versets.

Au nom de Dieu clément et miséricordieux.

1. De quoi s'entretiennent-ils ?
2. De la grande nouvelle (de la résurrection)
3. Qui fait le sujet de leurs controverses.
4. Ils la sauront infailliblement ;
5. Oui, ils la sauront.
6. N'avons-nous pas fait la terre comme une couche ?
7. Et les montagnes comme des pilotis ?
8. Nous vous avons créés homme et femme.
9. Nous vous avons donné le sommeil pour vous reposer.
10. Nous vous avons donné la nuit pour vous envelopper.
11. Nous avons créé le jour pour les affaires de la vie.
12. Nous avons bâti au-dessus de vos têtes sept cieux solides.
13. Nous y avons suspendu un flambeau lumineux.
14. Nous faisons descendre des nuages de l'eau en abondance,
15. Pour faire germer par elle le grain et les plantes,
16. Et des jardins plantés d'arbres.
17. Le jour de la décision est un terme marqué.
18. Un jour on sonnera la trompette, et vous viendrez en foule.
19. Le ciel s'ouvrira et présentera des portes nombreuses.
20. Les montagnes seront mises en mouvement, et paraîtront comme un mirage.
21. La géhenne sera toute formée d'embûches,
22. Où tomberont les méchants,
23. Pour y demeurer des siècles.
24. Ils n'y goûteront ni fraîcheur ni aucune boisson,
25. Si ce n'est l'eau bouillante et le pus,
26. Comme récompense conforme à leur œuvre ;
27. Car ils n'ont jamais pensé qu'il faudra régler les comptes,
28. Et ils niaient nos signes, les traitant de mensonges.
29. Mais nous avons compté et inscrit tout.
30. Goûtez donc la récompense, nous n'augmenterons que vos supplices.

31. Un séjour de bonheur est réservé aux justes;

32. Des jardins et des vignes;

33. Des filles au sein arrondi et d'un âge égal au leur;

34. Des coupes remplies.

35. Il n'y entendront ni discours frivoles ni mensonges.

36. C'est une récompense de ton Seigneur; elle est suffisante;

37. Du maître des cieux et de la terre et de tout ce qui est dans leur intervalle; du Clément; mais ils ne lui adresseront pas la parole

38. Au jour où l'esprit [1] et les anges seront rangés en ordre; personne ne parlera, si ce n'est celui à qui le Miséricordieux le permettra, et qui ne dira que ce qui est juste.

39. Ce jour est un jour infaillible; quiconque le veut peut entrer dans le sentier qui conduit au Seigneur.

40. Nous t'avons averti d'un supplice imminent,

41. Au jour où l'homme verra les œuvres de ses mains, et où l'infidèle s'écriera : Plût à Dieu que je fusse poussière!

---

1. C'est-à-dire l'ange Gabriel.

SOURATE LXXIX

LES ANGES QUI ARRACHENT LES AMES

Donnée à La Mecque. — 46 versets.

Au nom de Dieu clément et miséricordieux.

1. Par les anges qui arrachent les âmes des uns avec violence [1],
2. Par les anges qui les emportent doucement du sein des autres,
3. Par ceux qui traversent rapidement les airs,
4. Par ceux qui courent promptement et devancent,
5. Par ceux qui gouvernent et commandent.
6. Un jour, le premier son de la trompette ébranlera tout.
7. Un autre le suivra.
8. Ce jour-là les cœurs seront saisis d'effroi;
9. Les yeux seront humblement baissés.
10. Les incrédules diront alors : Reviendrons-nous dans notre premier état,
11. Quand nous ne serons plus que des os pourris ?
12. Dans ce cas, disent-ils, ce serait une nouvelle ruine.
13. Un seul son se fera entendre,
14. Et déjà ils seront au fond de l'enfer.
15. Connais-tu l'histoire de Moïse ?
16. Lorsque Dieu lui cria du fond de la vallée de *Thowa :*
17. Va trouver Pharaon, il est impie,
18. Et dis-lui : Veux-tu devenir juste ?
19. Je te guiderai vers Dieu; crains-le.
20. Moïse fit éclater à ses yeux un grand miracle.
21. Pharaon le traita d'imposteur et fut rebelle.
22. Il tourna le dos et se mit à agir.
23. Il rassembla des hommes, et fit proclamer ses ordres,
24. En disant : Je suis votre souverain suprême.
25. Dieu lui fit subir le supplice de ce monde et de l'autre.
26. Il y a dans ceci un enseignement pour quiconque a de la crainte.

---

1. Le texte ne porte que les mots *ceux qui arrachent* etc., de sorte qu'on peut donner à ces mots plusieurs autres sens.

27. Est-ce vous qu'il était le plus difficile de créer ou les cieux ?

28. C'est Dieu qui les a construits; il éleva haut leur sommet, et leur donna une forme parfaite.

29. Il a donné les ténèbres à sa nuit, et il fit luire son jour.

30. Ensuite il étendit la terre comme un tapis.

31. Il en fait jaillir ses eaux et germer ses pâturages.

32. Il a amarré les montagnes,

33. Pour servir à vous et à vos troupeaux;

34. Et lorsque le grand bouleversement arrivera,

35. L'homme se souviendra de ses actions.

36. L'enfer surgira et frappera les yeux de tous.

37. Quiconque a été impie,

38. Quiconque a préféré la vie d'ici-bas,

39. Aura l'enfer pour demeure;

40. Mais celui qui tremblait devant la majesté du Seigneur, et maîtrisait son âme dans ses penchants,

41. Celui-là aura le paradis pour demeure.

42. Ils t'interrogeront en disant : Quand viendra cette heure fatale ?

43. Qu'en sais-tu ?

44. Son terme n'est connu que de Dieu.

45. Tu n'es chargé que d'avertir ceux qui la redoutent.

46. Le *jour où ils la verront*, il leur semblera qu'ils ne sont restés sur la terre qu'une soirée ou un matin.

SOURATE LXXX

LE FRONT SÉVÈRE

Donnée à La Mecque. — 42 versets.

Au nom de Dieu clément et miséricordieux.

1. Le Prophète a montré un front sévère et a détourné les yeux,
2. Parce qu'un aveugle s'est présenté chez lui [1].
3. Qui te l'a dit ? peut-être cet homme est juste;
4. Peut-être accueillera-t-il tes avertissements, et peut-être ces avertissements lui profiteront-ils.
5. Mais le riche,
6. Tu le reçois avec distinction;
7. Et cependant, ce ne sera point de ta faute s'il n'est pas juste.
8. Mais celui qui vient à toi, animé du zèle *pour la foi*,
9. Qui craint le Seigneur,
10. Tu le négliges.
11. Garde-toi d'en agir ainsi : le Coran est un avertissement.
12. Quiconque veut le retiendra dans sa mémoire.
13. Il est écrit sur des pages honorées,
14. Sublimes, pures;
15. Tracé par les mains des écrivains honorés et justes.
16. Puisse l'homme périr! Qu'il est ingrat!
17. De quoi Dieu l'a-t-il créé ?
18. D'une goutte de sperme.
19. Il l'a créé et l'a façonné d'après certaines proportions.
20. Il lui a facilité la voie *pour le faire sortir des entrailles.*
21. Il le fait mourir et il l'ensevelit dans le tombeau;
22. Puis il le ressuscitera quand il voudra.
23. Assurément l'homme n'a pas encore accompli les commandements de Dieu.
24. Qu'il jette les yeux sur sa nourriture.
25. Nous versons l'eau par ondées;
26. Nous fendons la terre par fissures,

---

1. Pendant que Muḥammad travaillait à la conversion d'un riche koreïchite, un aveugle se présenta chez lui pour lui faire quelque question. Muḥammad montra du mécontentement. Cette sourate contient un blâme des égards donnés au riche et du dédain envers le pauvre.

27. Et nous en faisons sortir le grain,
28. La vigne et le trèfle,
29. L'olivier et le palmier,
30. Les jardins aux arbres touffus,
31. Les fruits et les herbes
32. Qui servent à vous et à vos troupeaux.
33. Lorsque le son assourdissant de la trompette retentira;
34. Le jour où l'homme abandonnera son frère,
35. Son père et sa mère,
36. Sa compagne et ses enfants;
37. Alors une seule affaire occupera les pensées de tout homme.
38. On y verra des visages rayonnants,
39. Riants et gais;
40. Et des visages couverts de poussière,
41. Voilés de ténèbres :
42. Ce sont les infidèles, les prévaricateurs.

SOURATE LXXXI

LE SOLEIL PLOYÉ

Donnée à La Mecque. — 29 versets.

Au nom de Dieu clément et miséricordieux.

1. Lorsque le soleil sera ployé,
2. Que les étoiles tomberont,
3. Que les montagnes seront mises en mouvement,
4. Que les femelles de chameaux seront abandonnées,
5. Que les bêtes sauvages seront rassemblées,
6. Que les mers bouillonneront,
7. Que les âmes seront réunies aux corps;
8. Lorsqu'on demandera à la fille enterrée vivante [1]
9. Pour quel crime on l'a fait mourir;
10. Lorsque la feuille du Livre sera déroulée;
11. Lorsque les cieux seront mis de côté;
12. Lorsque les brasiers de l'enfer brûleront avec bruit;
13. Lorsque le paradis s'approchera,
14. Toute âme reconnaîtra alors l'œuvre qu'elle avait faite.
15. Je ne jurerai pas par les cinq planètes rétrogrades
16. Qui courent rapidement et se cachent,
17. Par la nuit quand elle survient,
18. Par l'aurore quand elle s'épanouit,
19. Que le Coran est la parole de l'envoyé illustre [2],
20. Puissant auprès du maître du trône, ferme,
21. Obéi et fidèle.
22. Votre concitoyen n'est pas un possédé.
23. Il l'a vu distinctement au sommet du ciel,
24. Et il ne soupçonne pas des mystères qui lui sont révélés.
25. Ce ne sont pas les paroles du démon poursuivi à coups de pierres.
26. Ou donc allez-vous ? (A quelles pensées vous abandonnez-vous ?)
27. Le Coran est un avertissement pour l'univers;
28. Pour ceux d'entre vous qui recherchent le sentier droit.
29. Mais vous ne pouvez vouloir que ce que veut Dieu, le souverain de l'univers.

1. Les Arabes idolâtres regardaient la naissance des filles comme un malheur, et souvent s'en débarrassaient en les enterrant vivantes.
2. L'ange Gabriel.

SOURATE LXXXII

LE CIEL QUI SE FEND

Donnée à La Mecque. — 19 versets.

Au nom de Dieu clément et miséricordieux.

1. Lorsque le ciel se fendra,
2. Que les étoiles seront dispersées,
3. Que les mers confondront leurs eaux,
4. Que les tombeaux seront renversés,
5. L'âme verra ses actions anciennes et récentes.
6. Mortel! qui t'a aveuglé contre ton maître généreux,
7. Ton maître qui t'a créé, qui t'a donné la perfection et la justesse dans tes formes,
8. Qui t'a façonné d'après la forme qu'il a voulu ?
9. Mais vous traitez sa religion de mensonge.
10. Des gardiens veillent sur vous,
11. Des gardiens honorés qui écrivent vos actions.
12. Ils savent ce que vous faites.
13. Les justes seront dans le séjour des délices,
14. Mais les prévaricateurs dans l'enfer.
15. Au jour de la rétribution, ils seront brûlés au feu.
16. Ils ne pourront s'en éloigner jamais.
17. Qui te fera comprendre ce que c'est que le jour de la rétribution ?
18. Oui! Qui te fera comprendre ce que c'est que le jour de la rétribution ?
19. C'est le jour où l'âme ne pourra rien pour l'âme. Ce jour-là l'empire sera tout entier à Dieu.

SOURATE LXXXIII

LA FAUSSE MESURE

Donnée à La Mecque. — 36 versets.

Au nom de Dieu clément et miséricordieux.

1. Malheur à ceux qui faussent la mesure ou le poids!
2. Qui en achetant exigent une mesure pleine,
3. Et qui, quand ils mesurent ou pèsent aux autres, les trompent.
4. Ne savent-ils pas qu'un jour ils seront ressuscités
5. Pour paraître au jour terrible ?
6. Ce jour-là les hommes paraîtront devant le souverain de l'univers.
7. Oui, la liste des prévaricateurs est dans le *Siddjin*.
8. Qui te fera connaître qu'est-ce que le Siddjin ?
9. C'est le livre couvert de caractères.
10. Alors, malheur à ceux qui traitent la vérité d'imposture,
11. Qui regardent le jour de la rétribution comme une fiction !
12. Le transgresseur, le coupable, peuvent seuls le traiter de mensonge.
13. Quand on leur relit nos signes, ils disent : Ce sont des contes des vieux temps.
14. Non. — Mais leurs mauvaises œuvres ont jeté un voile sur leurs cœurs.
15. Assurément, ce jour-là ils seront exclus de la présence du Seigneur.
16. Ensuite ils seront précipités dans l'enfer.
17. On leur dira : Voilà le châtiment que vous traitiez de mensonge.
18. Assurément, la liste des justes est dans l'Illiiun.
19. Qui te fera connaître ce que c'est que l'Illiiun ?
20. C'est un livre couvert de caractères.
21. Ceux qui approchent de l'Eternel sont témoins de ce qu'on y trace.
22. Certes, les justes seront dans le séjour de délices.
23. Etendus sur des coussins, ils porteront çà et là leurs regards.
24. Tu verras sur leurs fronts briller l'éclat de la félicité.

25. On leur présentera à boire du vin exquis et scellé.

26. Le cachet sera de musc. C'est à quoi tendent ceux qui aspirent au bonheur.

27. Ce vin sera mêlé avec l'eau de Tasnim.

28. C'est une fontaine où se désaltéreront ceux qui approchent de l'Eternel.

29. Les criminels se moquaient des croyants.

30. Quand ils passaient auprès d'eux, ils se faisaient avec les yeux des signes ironiques.

31. De retour dans leurs maisons, ils les prenaient pour l'objet de leurs rires.

32. Quand ils les voyaient, ils disaient : Ce sont des hommes égarés.

33. Mais ils n'ont pas été envoyés pour veiller sur eux.

34. Aujourd'hui les croyants riront des infidèles;

35. Appuyés sur des coussins, et portant leurs regards çà et là.

36. Les infidèles ne seront-ils pas récompensés selon leurs œuvres ?

SOURATE LXXXIV

L'OUVERTURE

Donnée à La Mecque. — 25 versets.

Au nom de Dieu clément et miséricordieux.

1. Lorsque le ciel se fendra,

2. Qu'il aura obéi au Seigneur, et se chargera d'exécuter ses ordres,

3. Lorsque la terre sera aplanie,

4. Qu'elle aura secoué tout ce qu'elle portait et qu'elle restera déserte,

5. Qu'elle aura obéi au Seigneur, et qu'elle se chargera d'exécuter ses ordres,

6. Alors! ô mortel! toi qui désirais de voir ton Seigneur, tu le verras.

7. Celui à qui on donnera le livre *(de ses œuvres)* dans la main droite

8. Sera jugé avec douceur.

9. Il retournera joyeux à sa famille.

10. Celui à qui l'on donnera le livre *(de ses œuvres)* derrière le dos [1]

11. Invoquera la mort,

12. Et sera la proie des flammes.

13. Sur la terre il se réjouissait au sein de sa famille;

14. Il s'imaginait qu'il ne paraîtrait jamais devant Dieu.

15. Mais Dieu voyait tout.

16. Je ne jurerai pas par le crépuscule du soir,

17. Par la nuit et par ce qu'elle rassemble,

18. Par la lune quand elle est dans son plein,

19. Vous serez transformés et passerez par différents degrés.

20. Pourquoi donc ne croient-ils pas ?

21. Pourquoi, lorsqu'on leur récite le Coran, ne se prosternent-ils pas ?

22. Bien plus : les infidèles le traitent d'imposture.

23. Mais Dieu connaît leur haine secrète.

24. Annonce le châtiment terrible,

25. Excepté à ceux qui ont cru, qui pratiquent le bien; car ils recevront une récompense éternelle.

---

1. C'est-à-dire dans la main gauche, car les infidèles auront la droite attachée au cou, et la main gauche retournée derrière le dos.

Au nom de Dieu clément et miséricordieux.

1. Par le ciel orné de douze signes,
2. Par le jour qui doit venir,
3. Par le témoin et le témoignage,
4. Maudits soient ceux qui faisaient précipiter *les croyants* dans le fossé
5. Rempli de feu et entretenu constamment,
6. Quand ils étaient assis tout autour.
7. Ils seront eux-mêmes témoins des tyrannies exercées contre les fidèles.
8. Ils ne les ont tourmentés que parce qu'ils croyaient au Dieu puissant et glorieux,
9. Au Dieu à qui appartient l'empire des cieux et de la terre, et qui est témoin de toutes les actions.
10. Ceux qui ont tourmenté les fidèles des deux sexes, qui n'ont pas fait pénitence, subiront les tourments de la géhenne, les tourments du feu.
11. Ceux qui auront cru et pratiqué le bien auront pour récompense les jardins où coulent des fleuves. Ce sera un bonheur immense.
12. La vengeance de ton Seigneur sera terrible.
13. Il est le créateur et le terme de toutes choses;
14. Il est indulgent et aimant;
15. Il possède le trône glorieux;
16. Il fait ce qu'il lui plaît.
17. As-tu jamais entendu l'histoire des armées
18. De Pharaon et des Thémoudites ?
19. Mais les infidèles nient tout.
20. Dieu est derrière eux; il les enveloppera de tous côtés.
21. Ce Coran glorieux
22. Est écrit sur une table gardée avec soin.

SOURATE LXXXVI

L'ÉTOILE NOCTURNE

Donnée à La Mecque. — 17 versets.

Au nom de Dieu clément et miséricordieux.

1. Par le ciel et l'étoile nocturne.
2. Qui te fera connaître ce que c'est que l'étoile nocturne ?
3. C'est l'étoile qui lance des dards.
4. Toute âme a un gardien qui la surveille.
5. Que l'homme considère de quoi il a été créé :
6. D'une goutte d'eau répandue,
7. Sortie des reins et des os de la poitrine.
8. Certainement Dieu peut le ressusciter,
9. Le jour où tout ce qui est caché sera dévoilé,
10. Et où il n'aura ni puissance ni appui.
11. Par le ciel qui accomplit ses révolutions;
12. Par la terre qui se fend pour faire germer les plantes,
13. En vérité le Coran est une parole qui décide;
14. Ce n'est point un discours frivole.
15. Ils mettent en œuvre leurs stratagèmes;
16. Et moi je mettrai en œuvre les miens.
17. Donne du répit aux infidèles; laisse-les en repos pour quelques instants.

SOURATE LXXXVII

LE TRÈS-HAUT

Donnée à La Mecque. — 19 versets.

Au nom de Dieu clément et miséricordieux.

1. Célèbre le nom de ton Seigneur le Très-Haut,
2. Qui a créé les choses et les a façonnées;
3. Qui a fixé leurs destinées et qui les dirige toutes vers son but;
4. Qui fait germer l'herbe des pâturages,
5. Et la réduit en foin desséché.
6. Nous t'enseignerons à lire le Coran, et tu n'en oublieras rien,
7. Excepté ce qu'il plaira à Dieu; car il connaît ce qui paraît au grand jour et ce qui est caché.
8. Nous te rendrons nos voies faciles.
9. Avertis; car tes avertissements sont salutaires.
10. Quiconque craint Dieu en profitera;
11. Le réprouvé seul s'en éloignera.
12. Celui qui sera exposé au feu terrible,
13. Il n'y mourra pas, et il n'y vivra pas.
14. Heureux l'homme innocent,
15. Qui répète le nom de Dieu, et prie.
16. Mais vous préférez la vie de ce monde;
17. Et cependant la vie future vaut mieux et est plus durable.
18. Cette doctrine est enseignée dans les livres anciens,
19. Dans les livres de Moïse et de Jésus.

SOURATE LXXXVIII

LE VOILE

Donnée à La Mecque. — 26 versets.

Au nom de Dieu clément et miséricordieux.

1. As-tu jamais entendu parler du jour qui enveloppera tout ;
2. Où les hommes, le front humblement courbé,
3. Travaillant et accablés de fatigue,
4. Brûlés au feu ardent,
5. Boiront de l'eau bouillante ?
6. Ils n'auront d'autre nourriture que le fruit de *Dari* [1],
7. Qui ne leur donnera ni embonpoint, ni ne calmera leur faim.
8. D'autres visages seront riants ce jour-là ;
9. Satisfaits de leurs labeurs d'autrefois,
10. Ils séjourneront dans le séjour élevé,
11. Où l'on n'entend aucun discours frivole.
12. On y trouvera des fontaines d'eaux courantes,
13. Des sièges élevés,
14. Des coupes préparées,
15. Des coussins disposés par séries,
16. Des tapis étendus.
17. N'ont-ils pas jeté les yeux sur le chameau, comme il a été créé ;
18. Sur le ciel, comme il a été élevé,
19. Et sur les montagnes, comme elles ont été affermies ;
20. Et sur la terre, comme elle a été étendue ?
21. Prêche les hommes, car tu n'es qu'un apôtre ;
22. Tu n'as pas le pouvoir sans bornes ;
23. Mais quiconque tourne le dos et ne croit pas,
24. Dieu lui fera subir le grand châtiment.
25. C'est à moi que vous retournerez ;
26. C'est à moi de vous faire rendre compte.

---

1. *Dari* est un arbrisseau épineux qui porte un fruit d'un goût très âcre. Ce mot veut dire aussi en général les chardons et les épines.

L'AURORE

Donnée à La Mecque. — 30 versets.

Au nom de Dieu clément et miséricordieux.

1. Par l'aurore et les dix nuits [1],
2. Par ce qui est double et ce qui est simple,
3. Par la nuit, quand elle approche,
4. N'est-ce pas là un serment fait avec intelligence ?
5. Ne voyez-vous pas à quoi Dieu a réduit le peuple de ʿĀd,
6. Qui habitait l'Irem aux grandes colonnes;
7. Peuple dont il n'y eut pas de semblable sur la terre;
8. A quoi il a réduit les Thamoudéens qui taillaient leurs maisons en roc dans la vallée [2],
9. Et Pharaon inventeur du supplice des pieux ?
10. Tous, ils opprimaient la terre,
11. Et multipliaient les désordres.
12. Dieu leur infligea à tous le fouet des châtiments,
13. Car Dieu se tient en embuscade et observe.
14. Quand, pour éprouver l'homme, Dieu le comble d'honneurs et de ses bienfaits,
15. L'homme dit : Le Seigneur m'a honoré;
16. Mais que Dieu, pour l'éprouver, lui mesure ses dons;
17. L'homme s'écrie : Le Seigneur m'avilit.
18. Point du tout; mais vous n'honorez pas l'orphelin;
19. Vous ne vous excitez pas mutuellement à nourrir le pauvre;
20. Vous dévorez les héritages du pauvre avec une avidité insatiable,
21. Et vous aimez les richesses par-dessus tout;
22. Quand la terre sera réduite en menues parcelles;
23. Quand ton Seigneur viendra, et que les anges formeront les rangs;
24. Lorsqu'on approchera de la géhenne, oh! alors, l'homme se souviendra; mais à quoi lui servira de s'en ressouvenir alors ?

---

1. Il s'agit ici des dix nuits sacrées du mois dhoulhiddja.
2. C'est la vallée nommée Wadi'lqora, à une journée de distance d'Alhedji.

25. Il s'écriera : Plût à Dieu que j'eusse fait le bien durant ma vie! Ce jour-là personne ne sera puni du supplice qu'il aura mérité;

26. Personne ne portera ses chaînes.

27. O âme, qui t'endors dans la sécurité,

28. Retourne auprès de Dieu, satisfaite de *ta récompense*, et agréable à Dieu;

29. Entre au nombre de mes serviteurs;

30. Entre dans mon paradis.

SOURATE XC

LE TERRITOIRE

Donnée à La Mecque. — 20 versets.

Au nom de Dieu clément et miséricordieux.

1. Non! J'en jure par ce territoire.
2. Ce territoire que tu es venu habiter;
3. J'en jure par le père et ce qu'il a engendré.
4. Nous avons créé l'homme dans la misère.
5. S'imagine-t-il que nul n'est plus fort que lui?
6. Il s'écrie : J'ai dépensé d'énormes sommes [1].
7. Pense-t-il que personne ne le voit?
8. Ne lui avons-nous pas donné deux yeux,
9. Une langue et deux lèvres?
10. Ne l'avons-nous pas conduit sur les deux grandes routes (du bien et du mal)?
11. Et cependant il n'a pas encore descendu la pente.
12. Qu'est-ce que la pente?
13. C'est de racheter les captifs,
14. De nourrir, aux jours de la disette,
15. L'orphelin qui nous est lié par le sang,
16. Ou le pauvre qui couche sur la dure.
17. Celui qui agit ainsi, et qui en outre croit et recommande la patience aux autres, qui conseille l'humanité,
18. Sera parmi ceux qui occuperont la Droite au jour du jugement.
19. Ceux qui auront accusé nos signes de mensonge occuperont la Gauche;
20. Ils seront entourés d'une voûte de flammes.

---

1. Soit pour le luxe, soit pour combattre Muḥammad.

SOURATE XCI

LE SOLEIL

Donnée à La Mecque. — 15 versets.

Au nom de Dieu clément et miséricordieux.

1. Par le soleil et sa clarté,
2. Par la lune, quand elle le suit de près,
3. Par le jour, quand il le laisse voir dans tout son éclat,
4. Par la nuit, quand elle le voile,
5. Par le ciel et par celui qui l'a bâti,
6. Par la terre et celui qui l'a étendue,
7. Par l'âme et celui qui l'a formée,
8. Et qui lui a inspiré sa méchanceté et sa piété ;
9. Celui qui la conserve pure sera heureux ;
10. Celui qui la corrompt sera perdu.
11. Thémoud a traité son prophète d'imposteur, par l'excès de sa méchanceté.
12. Lorsque les plus factieux accoururent *pour tuer la femelle du chameau,*
13. L'apôtre de Dieu *Saleh* leur dit : C'est la chamelle de Dieu, laissez-la boire.
14. Ils le traitèrent d'imposteur et tuèrent la chamelle. Le Seigneur les châtia de leur crime et l'étendit également sur tous.
15. Il n'en redoute point les suites.

SOURATE XCII

LA NUIT

Donnée à La Mecque. — 21 versets.

Au nom de Dieu clément et miséricordieux.

1. Par la nuit, quand elle étend son voile,
2. Par le jour, quand il brille de tout son éclat,
3. Par celui qui a créé le mâle et la femelle,
4. Vos efforts ont des fins différentes.
5. Celui qui donne et qui craint,
6. Qui regarde la plus belle des croyances comme la véritable,
7. Nous lui rendrons facile la route la plus facile;
8. Mais l'avare qui dédaigne les autres,
9. Qui regarde la plus belle des croyances comme un mensonge,
10. Nous le conduirons facilement sur la route la plus difficile.
11. A quoi lui serviront ses richesses s'il doit être précipité dans l'enfer ?
12. A nous appartient de diriger les hommes,
13. A nous appartient la vie future et la vie d'ici-bas.
14. Je vous annonce un feu qui bruit.
15. Les réprouvés seuls y seront jetés,
16. Eux qui ont traité nos apôtres de menteurs et leur ont tourné le dos.
17. L'homme pieux y échappera,
18. Celui qui dépensait ses richesses pour se rendre plus pur,
19. Qui ne fait pas le bien digne d'une récompense en vue de quelque homme,
20. Mais par le seul désir d'obtenir les regards du Dieu sublime;
21. Et assurément il obtiendra sa satisfaction.

SOURATE XCIII

LE SOLEIL DE LA MATINÉE

Donnée à La Mecque. — 11 versets.

Au nom de Dieu clément et miséricordieux.

1. Par le soleil de la matinée,
2. Par la nuit quand ses ténèbres s'épaississent,
3. Ton Seigneur ne t'a point oublié, et il ne t'a pas pris en haine.
4. La vie future vaut mieux pour toi que la vie présente.
5. Dieu t'accordera des biens et te satisfera.
6. N'étais-tu pas orphelin, et ne t'a-t-il pas acueilli ?
7. Il t'a trouvé égaré, et il t'a guidé.
8. Il t'a trouvé pauvre, et il t'a enrichi.
9. N'use point de violence envers l'orphelin.
10. Garde-toi de repousser le mendiant.
11. Raconte plutôt les bienfaits de ton Seigneur.

SOURATE XCIV

N'AVONS-NOUS PAS OUVERT?

Donnée à La Mecque. — 8 versets.

Au nom de Dieu clément et miséricordieux.

1. N'avons-nous pas ouvert ton cœur
2. Et allégé ton fardeau,
3. Qui accablait tes épaules?
4. N'avons-nous pas élevé haut ton nom?
5. A côté du bonheur est l'adversité;
6. A côté de l'infortune est le bonheur.
7. Quand tu auras achevé l'œuvre [1], travaille pour Dieu,
8. Et recherche-le avec ferveur.

---

1. Ou terminé la prière.

SOURATE XCV

LE FIGUIER

Donnée à La Mecque. — 8 versets.

Au nom de Dieu clément et miséricordieux.

1. Par le figuier et par l'olivier,
2. Par le mont Sinaï,
3. Par ce territoire sacré,
4. Nous avons créé l'homme dans les plus admirables proportions;
5. Puis nous le précipiterons vers le plus bas degré de l'échelle,
6. Excepté ceux qui auront cru et pratiqué le bien; car ceux-là auront une récompense éternelle.
7. Qui peut te faire traiter la vraie religion de mensonge?
8. Dieu n'est-il pas le meilleur des juges?

SOURATE XCVI

LE SANG COAGULÉ

Donnée à La Mecque. — 19 versets.

Au nom de Dieu clément et miséricordieux.

1. Lis, au nom de ton Seigneur qui a créé tout;
2. Qui a créé l'homme de sang coagulé.
3. Lis, car ton Seigneur est le plus généreux.
4. Il t'a appris l'usage de la plume;
5. Il apprit à l'homme ce que l'homme ne savait pas.
6. Oui. — Mais l'homme a été rebelle
7. Aussitôt qu'il s'est vu riche.
8. Tout doit retourner à Dieu.
9. Que penses-tu de celui qui empêche
10. Le serviteur de prier Dieu?
11. Que t'en semble? S'il suivait plutôt la droite voie,
12. Et recommandait la piété.
13. Que t'en semble, si l'homme traite la vérité de mensonge et tourne le dos?
14. Ignore-t-il que Dieu sait tout?
15. Il le sait; et s'il ne cesse, nous le saisirons par les cheveux de son front,
16. De son front menteur et coupable.
17. Qu'il rassemble son conseil,
18. Et nous rassemblerons nos gardiens.
19. Ne lui obéis pas; mais adore Dieu et cherche à t'approcher de lui.

SOURATE XCVII

AL-QADR [1]

Donnée à La Mecque. — 5 versets.

Au nom de Dieu clément et miséricordieux.

1. Nous avons fait descendre le Coran dans la nuit d'Al-qadr.
2. Qui te fera connaître ce que c'est que la nuit d'Al-qadr ?
3. La nuit d'Al-qadr vaut plus que mille mois.
4. Dans cette nuit les anges et l'esprit [2] descendent avec la permission de Dieu, portant ses ordres sur toutes choses.
5. La paix accompagne cette nuit jusqu'au lever de l'aurore.

---

1. Le mot qadr, qui veut dire *puissance*, est joint dans le chapitre au mot *nuit*, où sont réglés les décrets de Dieu et les événements de l'année suivante.
2. L'ange Gabriel.

SOURATE XCVIII

LE SIGNE ÉVIDENT

Donnée à La Mecque. — 8 versets.

Au nom de Dieu clément et miséricordieux.

1. Les infidèles, parmi ceux qui ont reçu les Ecritures, ainsi que les idolâtres, ne se sont divisés en deux partis que lorsque eut apparu le signe évident;

2. Un apôtre de Dieu qui leur lit des feuillets saints, lesquels renferment les Ecritures vraies.

3. Ceux qui ont reçu les Ecritures ne se sont divisés en sectes que lorsque le signe évident vint vers eux.

4. Que leur commande-t-on, si ce n'est d'adorer Dieu d'un culte sincère, d'être orthodoxes, d'observer la prière, de faire l'aumône; c'est la vraie religion.

5. Les infidèles, parmi ceux qui ont reçu les Ecritures, et les idolâtres, resteront éternellement dans le feu de la géhenne. Ils sont les plus pervers de tous les êtres créés.

6. Ceux qui croient et pratiquent le bien sont les meilleurs de tous les êtres créés.

7. Leur récompense près de Dieu sont les jardins où coulent des fleuves, et ils y demeureront éternellement.

8. Dieu sera satisfait d'eux, et eux seront satisfaits de lui. Voilà ce qui est réservé à celui qui craint le Seigneur.

SOURATE XCIX

LE TREMBLEMENT DE TERRE

Donnée à La Mecque. — 8 versets.

Au nom de Dieu clément et miséricordieux.

1. Lorsque la terre tremblera d'un violent tremblement,
2. Qu'elle aura secoué ses fardeaux [1],
3. L'homme demandera : Qu'a-t-elle ?
4. Alors elle racontera ce qu'elle sait,
5. Ce que ton Seigneur lui inspirera.
6. Dans ce jour, les hommes s'avanceront par troupes pour voir leurs œuvres.
7. Celui qui aura fait le bien du poids d'un atome le verra,
8. Et celui qui aura commis le mal du poids d'un atome le verra aussi.

---

1. Les morts dans les tombeaux.

SOURATE C

LES COURSIERS

Donnée à La Mecque. — 11 versets.

Au nom de Dieu clément et miséricordieux.

1. Par les coursiers qui courent à perte d'haleine,
2. Par les coursiers qui, frappant la terre du pied, font jaillir des étincelles,
3. Par ceux qui attaquent les ennemis au matin,
4. Qui font voler la poussière sous leurs pas,
5. Qui se frayent le chemin à travers les cohortes ennemies;
6. En vérité, l'homme est ingrat envers son Seigneur.
7. Lui-même en est témoin.
8. La soif des biens de ce monde le dévore.
9. Ignore-t-il que lorsque les corps renfermés dans les sépulcres seront renversés,
10. Lorsque les secrets du cœur paraîtront au grand jour,
11. Que Dieu sera instruit alors de leurs actions ?

SOURATE CI

LE COUP

Donnée à La Mecque. — 8 versets.

Au nom de Dieu clément et miséricordieux.

1. Le coup. Qu'est-ce que le coup ?
2. Qui te fera entendre ce que c'est que le coup ?
3. Le jour où les hommes seront dispersés comme des papillons,
4. Où les montagnes voleront comme des flocons de laine teinte,
5. Celui dont les œuvres seront de poids dans la balance aura une vie pleine de plaisir.
6. Celui dont les œuvres seront légères dans la balance aura pour demeure le fossé.
7. Qui te dira ce que c'est que ce fossé ?
8. C'est le feu ardent.

Donnée à La Mecque. — 8 versets.

Au nom de Dieu clément et miséricordieux.

1. Le désir d'augmenter vos richesses vous préoccupe
2. Jusqu'au moment où vous descendez dans la tombe;
3. Mais sous peu vous saurez!
4. Mais oui, sous peu vous saurez!
5. Ah! Si vous aviez la science certaine!
6. Vous verrez l'enfer;
7. Vous le verrez de vos propres yeux :
8. Alors, on vous demandera compte des plaisirs de ce monde.

SOURATE CIII

L'HEURE DE L'APRÈS-MIDI

Donnée à La Mecque. — 3 versets.

Au nom de Dieu clément et miséricordieux.

1. J'en jure par l'heure de l'après-midi,
2. L'homme travaille à sa perte.
3. Tu en excepteras ceux qui croient et pratiquent les bonnes œuvres, qui recommandent aux autres la vérité et la patience.

SOURATE CIV

LE CALOMNIATEUR

Donnée à La Mecque. — 9 versets.

Au nom de Dieu clément et miséricordieux.

1. Malheur au calomniateur, au médisant,
2. Qui ramasse les richesses et les garde pour l'avenir.
3. Il s'imagine que ses trésors le feront vivre éternellement.
4. Assurément il sera précipité dans *al ḥoṭama* [1].
5. Qui te dira ce que c'est qu'*Al-ḥotama ?*
6. C'est le feu de Dieu, le feu allumé
7. Qui prendra aux cœurs *des réprouvés.*
8. Il les entourera comme une voûte
9. Appuyée *sur des colonnes.*

---

1. Al ḥoṭama est un des noms de l'enfer, et spécialement de l'un des appartements où tout ce qui y sera jeté sera brisé en morceaux.

SOURATE CV

L'ÉLÉPHANT

Donnée à La Mecque. — 5 versets.

Au nom de Dieu clément et miséricordieux.

1. As-tu vu comment le Seigneur a traité les compagnons de l'éléphant [1] ?
2. N'a-t-il pas jeté dans le désarroi leurs machinations ?
3. N'a-t-il pas envoyé contre eux les oiseaux *ababil ?*
4. Et lancé sur leurs têtes des pierres portant des marques faites au ciel ?
5. Il les a foulés comme le grain broyé par les bestiaux.

---

1. C'est-à-dire ceux qui ont pris part à l'expédition contre le temple de La Mecque, conduite par Abraha, prince éthiopien, qui montait un éléphant blanc.

SOURATE CVI

LES KOREISCHITES

Donnée à La Mecque. — 4 versets.

Au nom de Dieu clément et miséricordieux.

1. A l'union des Koreischites;
2. A leur union, pour envoyer des caravanes pendant l'hiver et l'été;
3. Qu'ils servent le Dieu de ce temple, le Dieu qui les a nourris pendant la famine,
4. Et qui les a *délivrés des alarmes*.

SOURATE CVII

LES USTENSILES

Donnée à La Mecque. — 7 versets.

Au nom de Dieu clément et miséricordieux.

1. Que penses-tu de celui qui traite cette religion de mensonge ?
2. C'est celui qui repousse l'orphelin,
3. Qui n'excite point les autres à nourrir le pauvre.
4. Malheur à ceux qui font la prière,
5. Et la font négligemment;
6. Qui la font par ostentation,
7. Et refusent les ustensiles *nécessaires à ceux qui en ont besoin.*

SOURATE CVIII

LE KAWTHAR

Donnée à La Mecque. — 3 versets.

Au nom de Dieu clément et miséricordieux.

1. Nous t'avons donné le *Kawthar* [1].
2. Adresse ta prière au Seigneur, et immole-lui des victimes.
3. Celui qui te hait mourra sans postérité.

---

1. *Kawthar* est le nom d'un fleuve du paradis.

SOURATE CIX

LES INFIDÈLES

Donnée à La Mecque. — 6 versets.

Au nom de Dieu clément et miséricordieux.

1. O infidèles,
2. Je n'adorerai point ce que vous adorez.
3. Vous n'adorerez pas ce que j'adore.
4. Je n'adore pas ce que vous adorez.
5. Vous n'adorez pas ce que j'adore.
6. Vous avez votre religion, et moi j'ai la mienne.

SOURATE CX

L'ASSISTANCE

Donnée à La Mecque. — 3 versets.

Au nom de Dieu clément et miséricordieux.

1. Lorsque l'assistance de Dieu et la victoire nous arrivent,
2. Tu verras les hommes accourir en foule et embrasser la croyance de Dieu.
3. Célèbre les louanges du Seigneur et implore son pardon, car il aime à pardonner aux hommes.

SOURATE CXI

ABOU-LAHAB

Donnée à La Mecque. — 5 versets.

Au nom de Dieu clément et miséricordieux.

1. Que les deux mains d'Abou-Lahab périssent, et qu'il périsse lui-même.
2. Ses richesses et ses œuvres ne lui serviront à rien.
3. Il sera brûlé au feu flamboyant,
4. Ainsi que sa femme, porteuse de bois.
5. A son cou sera attachée une corde de filaments de palmier.

SOURATE CXII

Donnée à La Mecque. — 4 versets.

Au nom de Dieu clément et miséricordieux.

1. Dis : Dieu est un.
2. C'est le Dieu éternel.
3. Il n'a point enfanté, et n'a point été enfanté.
4. Il n'a point d'égal.

SOURATE CXIII

L'AUBE DU JOUR

Donnée à La Mecque. — 5 versets.

Au nom de Dieu clément et miséricordieux.

1. Dis : Je cherche un asile auprès de Dieu dès l'aube du jour,
2. Contre la méchanceté des êtres qu'il a créés,
3. Contre le malheur de la nuit ténébreuse quand elle nous surprend,
4. Contre la méchanceté des sorcières qui soufflent sur les nœuds,
5. Contre le malheur de l'envieux qui nous envie.

SOURATE CXIV

LES HOMMES

Donnée à La Mecque. — 6 versets.

Au nom de Dieu clément et miséricordieux.

1. Dis : Je cherche un asile auprès du Seigneur des hommes,
2. Roi des hommes,
3. Dieu des hommes,
4. Contre la méchanceté de celui qui suggère les mauvaises pensées et se dérobe;
5. Qui souffle le mal dans les cœurs des hommes;
6. Contre les génies et contre les hommes.

TABLE DES MATIÈRES

Chronologie 5
Comment lire le Coran ?. 11
Orientation bibliographique. 37

LE CORAN

SOURATE PREMIÈRE 39
SOURATE II. — La génisse. 40
SOURATE III. — La famille de 'Imrān 71
SOURATE IV. — Les femmes. 88
SOURATE V. — La table. 105
SOURATE VI. — Le bétail 118
SOURATE VII. — Al-A'Rāf 133
SOURATE VIII. — Le butin. 150
SOURATE IX. — Le repentir 156
SOURATE X. — Jonas. 168
SOURATE XI. — Houd. 177
SOURATE XII. — Joseph. 187
SOURATE XIII. — Le tonnerre 197
SOURATE XIV. — Abraham. La paix soit avec lui. . . 202
SOURATE XV. — Al-Hìjr 206
SOURATE XVI. — L'abeille. 210
SOURATE XVII. — Le voyage nocturne. 220
SOURATE XVIII. — La caverne 229
SOURATE XIX. — Marie. 238
SOURATE XX. — Ṭâ Hâ 244
SOURATE XXI. — Les prophètes 252
SOURATE XXII. — Le pèlerinage de La Mecque. . . 259
SOURATE XXIII. — Les croyants 266
SOURATE XXIV. — La lumière 273
SOURATE XXV. — Al-Furqān ou la distinction 280

SOURATE XXVI. — Les poètes 285
SOURATE XXVII. — La fourmi 294
SOURATE XXVIII. — L'histoire 301
SOURATE XXIX. — L'araignée 309
SOURATE XXX. — Les Grecs 315
SOURATE XXXI. — Luqmān 320
SOURATE XXXII. — L'adoration 323
SOURATE XXXIII. — Les confédérés 325
SOURATE XXXIV. — Sabā' 331
SOURATE XXXV. — Les anges 336
SOURATE XXXVI. — Yâ Sîn 340
SOURATE XXXVII. — Les rangs 345
SOURATE XXXVIII. — Ṣ 351
SOURATE XXXIX. — Troupes 356
SOURATE XL. — Le croyant 362
SOURATE XLI. — Les distinctement séparés . . . 369
SOURATE XLII. — La délibération 373
SOURATE XLIII. — Les ornements 378
SOURATE XLIV. — La fumée 383
SOURATE XLV. — La génuflexion 386
SOURATE XLVI. — Al-Aḥqāf 389
SOURATE XLVII. — Muḥammad 393
SOURATE XLVIII. — La victoire 396
SOURATE XLIX. — Les appartements 399
SOURATE L. — Qâf 401
SOURATE LI. — Qui éparpillent 404
SOURATE LII. — Le mont Sinaï 407
SOURATE LIII. — L'étoile 410
SOURATE LIV. — La lune 413
SOURATE LV. — Le miséricordieux 416
SOURATE LVI. — L'Evénement 419
SOURATE LVII. — Le fer 423
SOURATE LVIII. — La plaideuse 426
SOURATE LIX. — L'émigration 429
SOURATE LX. — Mise à l'épreuve 431
SOURATE LXI. — Ordre de bataille 433
SOURATE LXII. — L'assemblée 435
SOURATE LXIII. — Les hypocrites 437
SOURATE LXIV. — Déception mutuelle 438
SOURATE LXV. — Le divorce 440
SOURATE LXVI. — La défense 442
SOURATE LXVII. — L'empire 444
SOURATE LXVIII. — La plume 446
SOURATE LXIX. — Le jour inévitable 449
SOURATE LXX. — Les degrés 451

SOURATE LXXI. — Noé   453
SOURATE LXXII. — Les génies   455
SOURATE LXXIII. — Le prophète enveloppé dans son
    manteau.   457
SOURATE LXXIV. — Le prophète couvert de son manteau.   459
SOURATE LXXV. — La résurrection   461
SOURATE LXXVI. — L'homme   463
SOURATE LXXVII. — Les messagers   465
SOURATE LXXVIIII. — La grande nouvelle   467
SOURATE LXXIX. — Les anges qui arrachent les âmes . .   469
SOURATE LXXX. — Le front sévère   471
SOURATE LXXXI. — Le soleil ployé   473
SOURATE LXXXII. — Le ciel qui se fend   474
SOURATE LXXXIII. — La fausse mesure   475
SOURATE LXXXIV. — L'ouverture.   477
SOURATE LXXXV. — Les signes célestes   478
SOURATE LXXXVI. — L'étoile nocturne   479
SOURATE LXXXVII. — Le Très-Haut   480
SOURATE LXXXVIII. — Le voile.   481
SOURATE LXXXIX. — L'aurore   482
SOURATE XC. — Le territoire   484
SOURATE XCI. — Le soleil.   485
SOURATE XCII. — La nuit   486
SOURATE XCIII. — Le soleil de la matinée   487
SOURATE XCIV. — N'avons-nous pas ouvert ?   488
SOURATE XCV. — Le figuier   489
SOURATE XCVI. — Le sang coagulé.   490
SOURATE XCVII. — Al-qadr   491
SOURATE XCVIII. — Le signe évident   492
SOURATE XCIX. — Le tremblement de terre   493
SOURATE C. — Les coursiers.   494
SOURATE CI. — Le coup   495
SOURATE CII. — Le désir de s'enrichir.   496
SOURATE CIII. — L'heure de l'après-midi   497
SOURATE CIV. — Le calomniateur   498
SOURATE CV. — L'éléphant   499
SOURATE CVI. — Les Koreischites   500
SOURATE CVII. — Les ustensiles   501
SOURATE CVIII. — Le Kawthar.   502
SOURATE CIX. — Les infidèles   503
SOURATE CX. — L'assistance.   504
SOURATE CXI. — Abou-Lahab.   505
SOURATE CXII. — L'unité de Dieu   506
SOURATE CXIII. — L'aube du jour   507
SOURATE CXIV. — Les hommes   508

Flammarion

99/11/75188-XI-1999 — Impr. MAURY Eurolivres, 45300 Manchecourt.
Nº d'édition FG023730. — 4e trimestre 1970. — Printed in France.